鲁迅传记研究资料汇编

斯日 主编

文化艺术出版社
Culture and Art Publishing House

图书在版编目（CIP）数据

鲁迅传记研究资料汇编 / 斯日主编. — 北京 : 文化艺术出版社, 2022.7
ISBN 978-7-5039-7130-3

Ⅰ.①鲁… Ⅱ.①斯… Ⅲ.①鲁迅（1881—1936）—传记—研究资料—汇编 Ⅳ.①K825.6

中国版本图书馆CIP数据核字（2021）第205073号

鲁迅传记研究资料汇编

主　　编	斯　日
责任编辑	廖小芳
责任校对	李春艳
封面设计	赵　蠢
出版发行	文化藝術出版社
地　　址	北京市东城区东四八条52号　（100700）
网　　址	www.caaph.com
电子邮箱	s@caaph.com
电　　话	（010）84057666（总编室）　　84057667（办公室） 　　　　　84057696—84057699（发行部）
传　　真	（010）84057660（总编室）　　84057670（办公室） 　　　　　84057690（发行部）
经　　销	新华书店
印　　刷	国英印务有限公司
版　　次	2022年7月第1版
印　　次	2022年7月第1次印刷
开　　本	710毫米×1000毫米　1/16
印　　张	42.75
字　　数	555千字
书　　号	ISBN 978-7-5039-7130-3
定　　价	168.00元

版权所有，侵权必究。如有印装错误，随时调换。

编委会

主 编：斯 日
委 员：胡仰曦　郭　卉
　　　　陈梦霏　任腾飞

本书为中国艺术研究院基本科研项目
"中国现代作家传记资料整理和研究"成果

也是一种开始（代序）

斯　日

本书为中国艺术研究院基本科研项目"中国现代作家传记资料整理和研究"成果之一，收录了20世纪80年代以来公开发表的鲁迅传记研究学术论文共44篇。

一

20世纪80年代开始，关于中国现代作家的传记写作迎来了一个繁盛期。据不完全统计，到目前为止，几乎所有在中国现代文学史上占据一席之地的作家都有了传记，少则一两部，多的甚至达上百部，如关于鲁迅的传记已有一百余部。作家传记写作的繁盛，不仅为文学史提供了丰富的文献资料，有助于后来者更全面、完整、系统地了解、评价作家及其作品，更是成为传记百花园中最为枝繁叶茂、最为亮丽的风景。作家传记品种之多、范围之广、影响之大，是其他种类传记所不可同日而语的。但相比之下，对于这些作家传记的整理和研究却一直处于滞后状态，存在比较鲜明而亟须解决的问题，这个问题亦是中国传记研究所面临的现状。

传记作为一种文体，我国古来有之。早在先秦时期，《诗经》中就已出现传记文学萌芽，《离骚》以及诸子散文中已涌现传记文学因素，《左传》《国语》《战国策》《晏子春秋》等史传著作初步孕育传记文学雏形；汉代开始，史传文学走向成熟，而《史记》的出现，则标志着我国传记文学高峰时代的到来。此后一直到 20 世纪初，漫长的 2000 多年历史时期内，传记的发展及其成就虽不及汉代，不过也产生了大量传记作品，更体现出文体上的多元化，极大丰富了中国古代文学的发展史。随着现代学术的发展，我国传记也迎来新的时期。20 世纪初，在梁启超、胡适、朱东润、郁达夫等一批具有海外留学背景的学者的努力下，中国传记开始进入现代学术研究领域，40 年代传记真正脱离史学而归属于文学范畴，实现了现代转型，也产生了一些相关理论研究著作。新时期开始，随着传记写作的繁荣，传记研究取得了突破性成就，较有代表性的著作主要有韩兆琦主编的《中国传记文学史》，杨正润的《传记文学史纲》和《现代传记学》，陈兰村、张新科的《中国古典传记论稿》，李祥年的《传记文学概论》，赵白生的《传记文学理论》，陈兰村主编的《中国传记文学发展史》等。这些著作将传记作为独立的文体和具有内在规律、自成一体的理论体系进行研究，梳理和总结传记在文学史上的重要地位和意义，具有开创性意义，初步建立了传记研究理论体系，但因受文史不分的传统观念、现代学科划分不清晰等诸多客观因素影响，依然无法从根本上改变传记研究边缘化和滞后的现状。具体表现为：一是传记资料整理和汇编工作薄弱，尚没有系统的研究成果出现；二是相关的研究探索不足，缺乏成熟而稳定的传统，没有成熟的理论体系，文体特征、核心理念等与传记体系息息相关的基本要素一直模棱两可，无法对传记创作予以符合自身特色和发展的理论指导和支撑；三是学科归属不清晰，致使研究队伍处于零散、单打独斗状态，没有专业的学术刊物，研究成果无法产生影响，更谈不上形成规模。所以，从这个意义上来讲，传记研究是相当重要而且迫切需要有所突破的重大课题。

面对中国传记研究中存在的实际困境，作为创刊于 1984 年的全国唯一一家以刊发专业传记文章为宗旨的《传记文学》杂志，我们认为我们有责任、有义务、有能力为改变传记研究现状做些事情，遂于 2017 年年底成立了以编辑部同仁为主的课题小组，又特别邀请了几位中国现当代文学研究领域青年学者加盟，共同出谋划策，决定通过课题立项来推进相关研究。课题组同仁一致认为，对一个学科的长足发展而言，基础资料的整理和研究是最根本和最需要的，这有如一座大厦，若没有坚实的地基，无从谈起大厦的正常建造，更遑论其建造之后的坚如磐石。国内传记研究目前最迫切的是整理基础文献资料并对之进行系统的研究，然后在这个基础上推进理论体系的建设。随即就有了"中国现代作家传记资料整理和研究"这个课题，申报中国艺术研究院2018年基本科研项目并顺利立项。

申报课题是我们为改变传记研究现状而采取的系列举措之一，此外还做了以下几个方面的工作：一是开设"传记课堂"栏目（2021年始改为"传记研究"），刊发优秀传记研究论文和传记研究年度发展报告，为传记研究成果提供一个发表、交流、推广的平台；二是成立中国艺术研究院传记研究中心，依托中国艺术研究院在科研、教学、创作方面的优势，通过课题立项、学术交流、成果推广，积极推动传记研究，加强对传记研究界的引领作用；三是创建"传记论坛"，该论坛至今共举办八次，以其时代意识、问题意识及专业性、连续性等特点获得学界广泛关注，《人民日报》《光明日报》《中国艺术报》《中国文化报》等主流媒体给予连续、深度的报道。目前我们一本期刊、一个中心、一个论坛的"三位一体"发展模式基本建立起来，将为改变国内传记研究相对滞后、薄弱、分散的状态，建构中国传记研究理论体系而继续努力。

二

"中国现代作家传记资料整理和研究"课题的设置思路如下：（一）研究对象：以1917年至1949年间登上文坛的现代作家为目标对象，对以这些作家为传主所产生的传记作品、传记研究论文进行整理、汇编和研究。（二）研究成果：（1）《鲁迅传记研究资料汇编》。对以鲁迅传记、日记、书信、回忆录等广义传记为研究对象的学术性论文进行梳理与汇编，预期成果以图书形式出版；（2）《中国现代作家传记文献图典》。依照出版或发表时间的先后次序，对中国现代作家传记作品的作者、作品名、出版时间、出版单位等版权页信息，以及序跋进行整理、编录，同时以图书形式出版。

这里需要说明的是：（1）之所以首先选择整理和出版《鲁迅传记研究资料汇编》，是因为作为中国现代文坛上的一座高山，鲁迅是相关领域的研究者绕不开的一位焦点人物，鲁迅传记研究这些年来方兴未艾，研究成果丰富而庞杂，亟须整理，从鲁迅研究资料的梳理和汇编入手，由点及面，到对中国现代作家传记的整理和编录，有助于对中国现代作家传记作品书写的整体把握和了解，进而推动研究工作的深入开展；（2）这两项子项目分别对应了作家传记研究的两个方向，即传记研究的传记作品、传记研究论文。该项目主要是基础性研究，对传记文学研究的整体推进无疑具有非常重要的奠基作用，而且由于史料价值巨大，将在很长的时间内惠及这一领域的相关研究。

当时我们虽预测了该项目的难度之大，但真正开始整理相关文献资料时才明白所有的预测只是预测，无法准确把握搜集、整理过程中的真实难度。好在功夫不负有心人，经过三年多时间的坚持，第一个成果总算即将问世了。

关于本书编选，需要做以下几个方面的说明。

第一，本书编选对象为公开发表的鲁迅传记研究学术论文，包括关于鲁迅他传、自传、年谱、回忆录、日记、书信等广义传记的研究论文。其中需要特别说明的是自传，因为学界关于《朝花夕拾》是鲁迅自传这个定论还未达成一致的观点，不过鉴于《朝花夕拾》的回忆性质以及近年来引起学界关注的其自传文体特征方面的讨论，本书将其纳入自传范围，故收录了关于《朝花夕拾》传记属性研究方面的论文若干篇。

第二，本书编选论文时间上限为 20 世纪 80 年代初，即各学科学术期刊开始大规模集中创刊时期，第一篇论文是发表于《锦州师院学报》（哲学社会科学版）1983 年第 1 期的王永生的《一部富有特色的鲁迅评传——评彭定安〈鲁迅评传〉》；时间下限为 2020 年年底，最后一篇文章是发表于《鲁迅研究月刊》2020年第10期的张元珂的《论鲁迅传写作中的文体问题》，共收录44篇文章，以发表时间顺序排序。因篇幅等客观原因，不能将相关论文尽数收录，特此说明。

第三，本书编选论文不包括港澳台地区以及国外中文与外文刊物所刊发的相关论文。

第四，关于本书的编辑说明：（1）编选文章尽量保留原貌，其观点、材料、援引文献，概无删改，以便真实呈现鲁迅传记研究发展概貌；（2）早期学术论文注释不规范，除个别文章所援引版本无法确定不便增补之外，本书收录文章基本补齐注释各项内容；（3）对个别人名和词语按照当下规范进行了统一的订正，如"肖军""肖红"规范为"萧军""萧红"；（4）为了方便阅读，将个别连载的文章统一为一篇，如张梦阳的《鲁迅传记写作的历史回顾》，原为六篇，分六期刊发，本书中统一为一篇；（5）鉴于早期论文没有"内容摘要""关键词"二项，为了统一全书体例，本书收录文章均未保留原文"内容摘要""关键词"；（6）编选文章出处，即原载刊名、刊期，均在文后注明。

三

在编选本书过程中，我们发现20世纪80年代以来鲁迅传记研究文章总体上呈现以下几个鲜明的特点，既能反映鲁迅传记研究发展史的基本概貌，也从一个角度或者在一定程度上反映了我国传记研究的发展脉络。

第一，20世纪80年代初的一段较长的时间里，鲁迅传记研究文章多为围绕鲁迅传记著作而进行的评论，即所谓书评。书评与严格学术范式下的学术研究论文是两种研究模式，文章体式上的不同即是二者鲜明差别所在。书评注重评论，重点在于对著作进行价值判断、审美判断和情感理解，评论者主体意识比较鲜明；学术研究论文则注重文本解读和深层阐释，运用各种理论方法对研究对象进行论析，理论色彩更浓。从鲁迅传记研究发展脉络来看，书评是早期研究文章的主要模式，当然这与20世纪80年代中国文学研究开始进行学术规范和步入快速多元发展时期的时代特征是分不开的。作为那个时期文学研究中的一个方向，鲁迅传记研究所呈现的学术特色，自然带有那个时代的特征。这类文章有：王永生的《一部富有特色的鲁迅评传——评彭定安〈鲁迅评传〉》、李彪的《一部有特色的传记——读林志浩的〈鲁迅传〉》、徐允明的《一本为青年写的鲁迅传——〈民族魂〉》等。

第二，《朝花夕拾》文体研究成为鲁迅传记研究中的一大热点。王瑶在1984年第1期《北京大学学报》上发表探讨鲁迅《朝花夕拾》文体的文章《论鲁迅的〈朝花夕拾〉》，认为《朝花夕拾》是回忆性散文，但不是自传。这篇否定鲁迅自传性质的文章反而成为学界开始讨论《朝花夕拾》自传性特征的起点，为鲁迅自传研究开启了新的一页。这类文章有朱文华的《论〈朝花夕拾〉的文献价值》，郑家建、赖建玲的《〈朝花夕拾〉："回忆"的叙述学分析——谨以此文纪念鲁迅诞辰一百三十周年》，王国杰的《是小说，还是回忆录？——关于〈朝花夕拾〉的一桩公案》，龙永干的《纷扰语境中"记忆"呈现的形态及意义——也论〈朝花夕拾〉》，王本朝的《旧事何以重提：〈朝花夕拾〉的杂感笔法》，仲济强的《"朝花"何以"夕拾"：恋爱契机与鲁迅的主体重构》，任辰凯的《〈朝花夕拾〉研究述评》，邢程的《现实照进旧事——〈朝花夕拾〉中的"流言"与"自然"》，刘彬的《"腊叶"的回眸——重读鲁迅〈朝花夕拾〉》，黄立斌的《作为自传文学的〈朝花夕拾〉》，等等，篇目比较多。本书共收录16篇探讨《朝花夕拾》回忆叙事和自传性质的文章，约占全书三分之一，这也是编选之初未曾料想到的，充分反映了学界对于《朝花夕拾》文体问题的关注度。

第三，21世纪初开始大量出现鲁迅生平事迹研究文章，突破以往以传记著作为中心的传记研究思路，为鲁迅传记研究开拓了新的路径。这类文章虽然与一般回忆性文章一样围绕传主生平中某个时间点或某个事件来展开，但从文章体式、叙述方式到主题思想均不同于一般回忆性文章。一般回忆性文章核心是回忆，通过私人记忆或文献记录来重新组织传主生平事迹，建构传主形象。生平事迹研究文章则以传主生平中某个时间、事件等史实为进入传主内心世界、探索创作思路等更深层次世界的切入点，由表到里，由浅到深，分析传主思想和心灵演进史对其作品创作的多重影响。相比一般回忆性文章，这类文章更具有深度性、学术性、思想性。换言之，这类文章的特点在于，运用传记学方法研究作品，即从对作家传记材料的细致梳理和充分了解出发来研究作家、作品。传记学方法作为文学研究方法之一种，很早就在中外文学研究中被予以实践。无论是中国古代的"知人论世""以意逆志"，还是现代的以"作者"为中心的批评范式，无论是韦勒克所提出的文学的外部研究法，还是国内有学者所指出的传记研究法主要是将作品结合作者的人生历程来实践的一种比照式的研究，通过考证作家的传记材料与时代背景之后，根据作家的亲身经历、人格风范去推断作品所呈现出来的思想内涵与精神轨迹，都无不表明以传记研究法展开对作家或作品的研究，是一个重要的实践向度。本书收录的这类文章有汪卫东的《鲁迅的又一个"原点"——1923年的鲁迅》、王富仁的《厦门时期的鲁迅：穿越学院文化》、廖久明围绕《藤野先生》以及鲁迅在日本时期事迹撰写的系列文章等。

第四，21世纪之后出现的另一个鲁迅传记研究新现象是对鲁迅书信、日记等广义传记文体进行多方面、多角度的深入研究。书信、日记等私人文献属于广义传记范畴，也称为边缘自传。在以往文学研究中，作家书信、日记等文献受重视度远不及作品，其最大的价值在于史料性，即为传记家提供写作所需参考的文献资料，但近些年来随着文学研究开始重视文献史料的整理与研究，作家的书信和日记等非创作性文体成为研究热点，以此为研究对象也产生了不少佳作。本书收录的这类文章有程振兴的《鲁迅书信的征集与择取》、侯桂新的《钱玄同与鲁迅交往始末——以日记为视角》、程光炜的《"五四"前后：鲁迅在书信日记中的活动》等。鲁迅书信和日记篇目颇多，16卷本《鲁迅全集》中，7卷是书信和日记，接近鲁迅全部作品的一半，这还不包括因散佚等诸多客观或非客观原因而"全集"未能收录的相关书信。如此之多的量，作为关涉鲁迅生活、思想、作品的第一手文献，其价值和作用需要学界去全方位挖掘，这是当下传记研究的重要课题，也是文学研究的重要课题。

第五，鲁迅传记写作史梳理与论析是近四十年来鲁迅传记研究一个重要的收获。张梦阳发表于2000年的《鲁迅传记写作的历史回顾》一文洋洋洒洒共6万多字，前后分6期刊发，对截止到20世纪90年代末的鲁迅传记写作历史进行了详细的梳理，既有总结，也有评述，不仅对这些传记的优劣、得失作了客观的评述，更是提出了相关建议或意见，是鲁迅传记研究史上的一个里程碑，也是中国传记文学史上一个重要的收获。此外，张元珂的《作为"中间物"的鲁迅传记写作》也是一篇致力于梳理、总结鲁迅传记写作史的佳作。21世纪已走过20多年，这20多年来的鲁迅传记的写作特征及其存在的问题等，也需要学界关注和梳理。

第六，运用古今中外传记学理论方法研究鲁迅传记，是近年来出现的一个颇受瞩目的现象。学科界线不清晰，理论基础薄弱，缺乏系统而成熟的理论体系是中国传记研究存在的问题，亟须加强相关研究的力度。在这样的背景下，一批具有时代责任感的学者在理论研究方面下功夫，运用中外历史、文学、美学等多学科理论，结合具体的传记作品，探索和总结传记文体特征，构建理论体系，助力学科建设并取得了可喜的成就。本书收录的这类文章有辜也平的《论传记文学视野中的〈朝花夕拾〉》，王为生、邹广胜的《谈〈朝花夕拾〉的自传性与鲁迅的自我塑造》，丰杰的《论21世纪传记文学中鲁迅形象的多维建构》，斯日的《文学作品对传主生平建构的可能性及其局限性——以鲁迅〈朝花夕拾〉为例》，张元珂的《论鲁迅传写作中的文体问题》等。可以说，这类文章的集中出现，是近年来在学界引起一定关注的关于传记学方法、传记理论研究的直接成果。

2021年是鲁迅诞辰140周年，作为中国现代文学领域最具分量的研究方向，鲁迅研究又迎来一个新的高峰，但与浩如烟海、汗牛充栋的作品研究相比，鲁迅传记研究还属于薄弱环节，是鲁迅研究百草园中最稚嫩的一枝，无论是在篇目，还是在质量方面，鲁迅传记研究均处于亟须加强和推进的状态，希望更多学界同仁致力于相关研究，让鲁迅研究内容更加丰富和多元、更加完整和系统。

最后，感谢我的工作单位——中国艺术研究院。如果没有中国艺术研究院领导和科研处、人事人才处同仁对学术研究尤其是对传记研究这样一个边缘学科研究给予大力支持，这个课题就不会立项，传记研究中心就不会成立。世间所有新的开始，都是往昔积累所带来的必然结果。对中国艺术研究院而言，传记研究中心是一个新生事物，但这个"新"，与几代学人建院70年来如切如磋、如琢如磨、辛勤耕耘分不开，是中国艺术研究院富饶而优质的土壤，使传记研究中心如同一颗种子，坚挺地冲破泥土，将嫩绿的幼芽伸向地面，指向无尽的远方。

行远自迩，走远路必须从最近的一步走起；跬步千里，希望能够顺利实现将中国现代作家传记资料逐一整理、出版的愿景；笃行不怠，为使传记这个中国既古老而又年轻的文体、学科健康发展，我们将继续努力，毫不停歇。

是为序。

2021年12月22日

目录

001 一部富有特色的鲁迅评传
　　——评彭定安《鲁迅评传》　/　王永生

007 鲁迅研究与鲁迅传记的写作
　　——兼谈新出的七种鲁迅传　/　徐允明

026 论鲁迅的《朝花夕拾》　/　王　瑶

052 一部有特色的传记
　　——读林志浩的《鲁迅传》　/　李　彪

056 一本为青年写的鲁迅传——《民族魂》　/　徐允明

061 鲁迅传记五十年纵横谈
　　——《鲁迅研究的历史和现状》之一章　/　陈金淦

080 谈林非、刘再复的《鲁迅传》以及传记文学的写作　/　王　缓

085 论《朝花夕拾》的文献价值　/　朱文华

097 鲁迅与《朝花夕拾》　/　殷国明

109 《鲁迅年谱》（四卷本）得失谈　/　陈漱渝

116 鲁迅传记与鲁迅精神
　　——新时期鲁迅传记著作述评　/　李程骅

- 129 未完成的雕像
  ——评唐弢的《鲁迅传》 / 孙 郁
- 136 李长之的《鲁迅批判》及其传记批评 / 温儒敏
- 142 真实性：传记文学的生命
  ——评八十年代国内几部鲁迅传对鲁迅早期生活与思想的描述 / 魏绍馨
- 160 一部精神与灵魂的传记
  ——读黄侯兴《鲁迅——"民族魂"的象征》 / 刘 勇
- 165 鲁迅传记写作的历史回顾 / 张梦阳
- 238 鲁迅的又一个"原点"
  ——1923年的鲁迅 / 汪卫东
- 256 厦门时期的鲁迅：穿越学院文化 / 王富仁
- 265 论传记文学视野中的《朝花夕拾》 / 辜也平
- 276 鲁迅书信的征集与择取 / 程振兴
- 289 《朝花夕拾》："回忆"的叙述学分析
  ——谨以此文纪念鲁迅诞辰一百三十周年 / 郑家建 赖建玲
- 304 是小说，还是回忆录？
  ——关于《朝花夕拾》的一桩公案 / 王国杰
- 314 "幻灯片事件"之我见 / 廖久明
- 330 "鲁迅解剖学笔记事件"之我见
  ——兼谈前见对于史料释读的重要影响 / 廖久明
- 347 纷扰语境中"记忆"呈现的形态及意义——也论《朝花夕拾》 / 龙永干
- 365 鲁迅在《藤野先生》中为什么不写同在仙台的同乡施霖 / 廖久明
- 371 从《藤野先生》的研究看日本人的国民性 / 廖久明

388	钱玄同与鲁迅交往始末	
	——以日记为视角 / 侯桂新	
411	旧事何以重提：《朝花夕拾》的杂感笔法 / 王本朝	
425	谈《朝花夕拾》的自传性与鲁迅的自我塑造 / 王为生　邹广胜	
443	自我认知与文学路径	
	——《朝花夕拾》与《从文自传》的比较阅读 / 郭巧瑜	
455	现实照进旧事	
	——《朝花夕拾》中的"流言"与"自然" / 邢　程	
472	《朝花夕拾》研究述评 / 任辰凯	
483	"朝花"何以"夕拾"：恋爱契机与鲁迅的主体重构 / 仲济强	
503	文学作品对传主生平建构的可能性及其局限性	
	——以鲁迅《朝花夕拾》为例 / 斯　日	
519	"五四"前后：鲁迅在书信日记中的活动 / 程光炜	
525	作为"中间物"的鲁迅传记写作 / 张元珂	
556	论21世纪传记文学中鲁迅形象的多维建构 / 丰　杰	
571	从两部"鲁迅年谱"看鲁迅形象的塑造 / 陈华积	
586	"党同伐异"：厦门鲁迅与国民革命 / 邱焕星	
609	"腊叶"的回眸	
	——重读鲁迅《朝花夕拾》 / 刘　彬	
628	真实　亲情　传统	
	——谈鲁迅传记研究与写作中的几个核心问题 / 邹广胜　蔡青辰	
641	作为自传文学的《朝花夕拾》 / 黄立斌	
654	论鲁迅传写作中的文体问题 / 张元珂	

一部富有特色的鲁迅评传
——评彭定安《鲁迅评传》

王永生

关于我国文化革命主将鲁迅的评传，已经陆续出版了几部。彭定安同志最近由湖南人民出版社出版的《鲁迅评传》，是富有特色的最新成果之一。

为作家撰写评传，一要材料翔实、全面，阐述脉络清楚；二要评出见解，善于引出带规律性的经验，在要言不烦的议论中启人深思，引为学习鉴戒；三要文字耐读，使之既有论理性，又具文学色彩，成为传记文学佳品。彭定安《鲁迅评传》在这些方面都显示了一定的特色。

材料翔实丰富，无非是充分占有与运用作家本人的自述材料与大量作品；与此同时，也得广泛采集并善于选取作家亲属与挚友所提供的回忆材料。关于前者，一般不难做到，只要肯花气力，做到认真、细致就行。但对后者的抉择，却颇费斟酌，何取何舍，能见论者功力。

比如鲁迅早年在东京是否参加"光复会"问题，若囿于周作人所提供的材料，应予以否认。然而，彭定安同志从作家当时的爱国情绪，从当时与"光复会"重要成员的密切交往，从周作人东渡时间较晚，特别是从"光复会"当时的守密准则等多方面作认真考察，却否定了周作人所述。又如关于鲁迅在1905年前后是否受《共产党宣言》《社会主义从空想到科学的发展》的影响问题，有的材料曾根据鲁迅当时购买了包括上述两书在内的，日本平民社"社会主义研究"丛书，而有所认定；彭定安同志则就1907年鲁迅所写作的几篇论著作实事求是的分析，认为鲁迅对这些马克思主义著作虽视为"至宝"，"一直保存"，却并未"引起鲁迅注意"。

要使作家评传的立论建立在翔实可靠的材料基础之上，很大的工作量往往不仅在于花大气力去广泛搜罗，还经常需要将主要精力用于对大量材料的甄别、抉择。优秀的作家评传，其重要特色有时并不在于新发现了什么新鲜的材料，而往往在于论者在运用有关材料时，善于发掘其蕴含的深刻意义。

比如关于鲁迅在辛亥革命中的表现，鲁迅友人们的回忆材料虽大致相近，可互作补充，但也有大同小异之处。《评传》作者重点选取了增田涉所提供的材料，既广收众说补充、丰富了作家此时的言行细节，又删削了某些远于事实的传闻，使有关叙述更接近于作家此时此境下的实际情况。比如 1909 年以后鲁迅在家乡与佣工王鹤照的相处，有关材料往往被一般论者所忽视，或仅从中表现鲁迅的平易近人，甚或以与章运水父子交往作同样看待，彭定安同志则充分重视鲁迅此时在王鹤照身上所接受的民间文艺影响，从中论述了杰出的作家在思想上、艺术上"通向人民"的深意。作为在东京有了一定文艺活动实践，写作了《摩罗诗力说》等重要论著的鲁迅，此时有意识地通过王鹤照之口，并在其热心陪同下，接触家乡和民间文艺宝藏，从中汲取可贵的营养……这样来认识问题，完全顺理成章，而不带任何勉强。

彭定安同志还十分重视鲁迅同共产党人联系、交往的材料。比如 1925 年在"女师大风潮"中，鲁迅曾给予热情支持的那批进步女生里，就有赵如芝、刘亚雄、郑德音、蒲振声等是中共党员；1925 年鲁迅曾为其译著作序的北大学生任国桢也是中共党员。1927 年鲁迅在广州中山大学任教期间，不仅与广东区委书记陈延年有直接交往，而且在过往甚密的学生中，特意强调毕磊是广东区学委副书记、徐文雅是中山大学总支书记兼文科支部书记。至于和共产党人李大钊、瞿秋白、陈云、冯雪峰、柔石、白莽、吴奚如、成仿吾，以及方志敏、姚依林等人直接与间接交往，更是不厌其详地记叙，以充分展示其与党组织的密切关系，生动表现共产党人对鲁迅的具体影响与由衷的信赖，揭示了鲁迅在关键时刻对党所领导的革命事业的巨大支持。

《评传》作者也较为重视足以显示文化革命主将平易近人这一重要侧面的材料。毫无疑义，鲁迅作为伟大的革命家、思想家、文学家，对待国家、民族、人民，对待敌人与朋友，在一系列问题上都有爱憎分明的表现，都有革命者的坚定立场与革命家的独特风度，然而鲁迅也并非像某些论者所形容的那样，整天昂首怒目，横眉冷对眼前的一切。他像任何活生生的伟大人物一样，有丰富的生活情趣，有自己的特殊爱好，在爱情、婚姻、家庭问题上有富于个性特征的考虑与安排。彭定安同志在《评传》中，不仅如实地表现了鲁迅在某些时刻的"痛苦和寂寞"，分析了此时此境处于"沉默""深思"的深刻的社会缘由与个人的复杂因素，甚至在"搏击于历史风暴中"这样的专章中，也辟有"家庭、日常生活、隐痛"的专节；在展现一般所谓"上海十年"的光辉战绩时，仍列入"无情未必真豪杰"一节，以充分展示无产阶级革命战士"风号大树中天立"的另一重要侧面。

选取并运用作家传记的材料，本身确能体现论者的立场、观点、见解、情趣，但作为评传，更需通过一定的议论，或夹叙夹议，或关键处浓墨专论，或分散论评后另有点睛概述……从而笔酣墨饱地畅表论者的独特见解，使作家传记避免流于个人身世与创作成果的单纯罗列，而在"评"字上显示出一定的特色。

在彭定安同志的《鲁迅评传》中，这类议论笔墨大都发挥了较好的作用。就以全书最末一章来说，既在专门剖析《二心集》战斗内容的篇章中，热情讴歌了鲁迅在成为伟大的共产主义战士后，以杂文为武器所表现出的巨大战斗威力，而且在全章的第十四节，又提纲挈领地概述"杂文艺术的高峰"，如此分散与集中相呼应的反复论述，使人们对鲁迅的光辉战绩，能获得系统而深刻的认识。对于鲁迅生活道路上的几次带转折性的变动，作者也注意以一定篇幅对其行动契机，有所议论、生发，以避免某些论著忙于交代事件进展过程，而对其所以会走如此生活道路依旧令人茫然之弊。

比如青年时代的入南京水师学堂问题，在东京的弃医从文问题，辛亥革命前的重返故里问题，以及此后的去厦门、广州乃至在上海定居问题，等等。根据作家本人自述以及亲属、友人所提供的回忆材料，一般论著也已大致能说明有关过程及其行动原委，但彭定安同志往往并不满足于某些似乎已成定论的材料与说法，而力图有新的论断，或提出值得存疑的论点。以鲁迅之考入南京水师学堂为例，据周作人说，当时无非是"为的可以免费读书罢了"，有的论者还归结为鲁迅有位叔祖在水师之故，但彭定安从作家当时的爱国情绪，从当时的爱好骑术，以及从所取用"戛剑生""戎马书生"的别号中，却引申出鲁迅当年有"投身戎马"为国捐躯之意。尽管这一立论是否完全站得住脚，还可以进一步争议，但作者的这一分析，也并非毫无根据的臆断。又如鲁迅之所以在东京弃医从文，一般论者都主要依据作家《呐喊·自序》中关于"幻灯片事件"的记述，彭定安同志则参照鲁迅致蒋抑卮函以及后来的《藤野先生》《狂人日记》等作品，认为"幻灯片事件"仅是触发的条件之一，而重要的原因还在于鲁迅对当时祖国日益处于风雨飘摇之中，国内人民的民主革命运动风起云涌所作的重新考虑；加之当时医学教育在教学方法方面基本属于死记硬背，为鲁迅所不满，再加之鲁迅对解剖尸体也有所顾忌……出于种种原因，才使"幻灯片事件"这一触发因素，在弃医从文中发挥了重要作用。

关于1909年鲁迅之所以自日本回国问题，一般都认为作家为了承担母亲及弟弟的家庭负担而作的自我牺牲，彭定安同志在沿用这一说法的同时，认为这同当时创办《新生》的失败，《域外小说集》的冷遇，自己立志发动的文艺运动全无反响"也分不开。作者还认为"这一切，鲁迅当时都无法解答"，以致"自有无端的悲哀"，因而据此提出了"也许是他决定放弃文艺运动回国的一个重要的原因"这一疑问。至于辛亥革命后至十月革命前，鲁迅在北京曾一度回到古代去抄古碑、读佛经、校读辑录古籍的问题，彭定安同志也有细致的评析，认为这"并不是不管什么问题与主义，让生命暗暗地消去"，而是"为了现代，为了今天"，即使就辑录的这些古籍而言，也有其自身的积极意义。为了更有说服力地剖析与认识此时鲁迅的思想状况，彭定安同志还特意列举了孙中山一度亡命日本埋头著述，以及作为进步知识分子代表的李大钊、瞿秋白，乃至更为年轻的郭沫若当时共同处于"为国为民而苦痛忧虑，探索追求"的情况。

在作家评传、年谱一类论著中，往往有一个介绍特定的历史背景同展示作家个人活动的关系问题需妥善处理。单纯阐述作家的言行举止，倘不是有机地置于具体的历史条件下，兼顾背景情况的适当勾画，势必导致孤立地就事论事，而不免使人们对作家的某些行为言论感到难以历史地理解。但若不适当地堆砌无关紧要的背景材料，也会形成割裂、游离，同样达不到预期的效果。彭定安的《鲁迅评传》努力将鲁迅的思想发展与鲁迅的创作道路，同中国人民革命的进展结合起来进行探索，比较注意在介绍鲁迅个人情况的同时，紧密阐述革命形势的发展，尤其将笔墨兼及同时代各种类型知识分子的思想动向，力图揭示伟大的斗争造就伟大的人物，伟大人物又给予影响、作出贡献于伟大斗争的真理，并在特定思潮与知识分子历史动向的背景下，显示鲁迅作为特定时代中国知识分子的先进代表，作为共产主义思想文化先驱的历史面貌。尽管在某些章节的具体阐述方面还做得不那么细密，有些提法与论述还不尽精当、准确，但作者的这一意图和所作的初步努力，却是值得肯定的。

《评传》的文字也较为耐读，要言不烦，却又力避枯燥乏味的平板叙述。在有必要直接引用材料时，大都能精选得当，而很少长篇罗列，避免了某些同类论著"引文加引文"堆砌成灾、难以卒读的情况。全书近四十万言，看不到什么华丽辞藻，也不刻意作字句雕琢，但却不避枝繁叶蔓，使行文活泼、流畅，力求用语生动、鲜明，读来情趣盎然，有助于获取对文化革命主将战斗一生的形象化了解。诸如鲁迅的服饰、饮食、起居之类，尤其是关于他亲自设计的那套独特上装的描述，看似闲笔，却能多侧面地勾画革命者的战斗风貌。

  但是，事物总是一分为二的。彭定安同志这部《鲁迅评传》所显示的一系列可贵特色，有时也难免带来相关联的某些不足与值得进一步斟酌之处。比如文字的生动活泼，不刻意追求简略概括，却也会使全书在体例上尚欠精练，行文有时也稍嫌松散，甚至某些用词与标点还欠斟酌。尤其是前述一系列在观点与材料运用上的特点，不囿定见，勇于探新，颇为难能可贵，然而有些立论也还缺乏足够的论据与说理力量，作者虽力避一味将人物"拔高"之嫌，力图揭示作家的伟大与平凡的不同侧面，但有时所作的引申也不免是从既定的政治认识出发，在一定程度上离开了实际。所有这些都还有待作者进一步斟酌、推敲。尽管这部《鲁迅评传》至今还不可能做到尽善尽美，但我认为它在同类论著中却有一系列可贵特色，值得引起重视，值得认真一读。它是近年来鲁迅研究领域可喜的新收获之一，也是彭定安同志多年辛勤劳作的新成果之一。衷心期待作者再接再厉，为鲁迅研究不断作出更多更可贵的贡献！

原载《锦州师院学报》（哲学社会科学版）1983年第1期

鲁迅研究与鲁迅传记的写作
——兼谈新出的七种鲁迅传

徐允明

一、需要鲁迅传

在我国近代历史人物中，其言论经常被广泛引述的，大约很少有人能超过鲁迅了；凡是受过中等教育的人，都知道鲁迅的名字，并且或多或少地读过他的作品：鲁迅在中国精神世界占有重要位置。但是，知道鲁迅的名字、读过鲁迅作品的人并不见得都了解鲁迅。长期以来，人们崇敬鲁迅，主要因为他是伟大的文学家。鲁迅在中国近代思想史、革命史上的地位没有得到充分的认识。他的思想和著作也常被有意无意地曲解。鲁迅也曾被动员参加一系列在他身后发生的批判运动，后来又"行情看跌"，而最近，人们拿过《阿Q正传》读读，觉得如今看来，倒也还意味深长……要了解鲁迅，确非易事。

要了解鲁迅，必须认真地研究鲁迅，对他的生平、事业、思想作全面的、客观的和深入的认识。这种认识的主要成果，应该在鲁迅传记中反映出来——这样，不打算专门研究的人也可以对鲁迅有较全面、较正确的认识了。

第一个评介鲁迅作品的是"只手打倒孔家店"的吴虞，他看了《狂人日记》，"发了许多感想"，并要"证明"鲁迅的"说法"，写了《吃人与礼教》一文。这篇文字确实还只是一般的读后感，不能算研究鲁迅的论文。中国第一代鲁迅研究者是茅盾等人，他们在 20 世纪 20 年代就开始这一工作了。鲁迅研究已经有了 60 年的历史。经过几代人的努力，取得了不少成果。鲁迅著作的搜集、整理和出版，传记资料的发掘日臻完备，对鲁迅作品和鲁迅思想的探讨也逐步深入。到 40 年代末，就有王士菁《鲁迅传》问世。这是我国第一部完整的鲁迅传记，它标志着对鲁迅作综合研究的阶段开始了。这本书到 50 年代末改写后多次印行，流传甚广，对于介绍鲁迅起了不小的作用。1956 年，朱正《鲁迅传略》出版。作者谦称自己"利用了鲁迅研究的先辈同志们的许多研究成果"，这本书是反映了当时科研水平的。时至今日，这两本传已不能满足要求，因为它们不足以代表今天鲁迅研究的水平了。

像鲁迅这样的历史人物，将会长久地引起传记作者们的注意。只要鲁迅研究继续下去，就必然、也应当不断地有新的传记产生。随着时间的推移，人们对鲁迅的认识会不断加深，自然会要求在传记中得到反映。鲁迅著作宏富、思想渊深，为这样的人物作传，难得尽善尽美，为大家欣然赞同，同时产生几本鲁迅传，也是"题中应有之义"。观点不同的作者，可以通过传记发表其不同的观点；观点大致相同的作者，写出的传记也会有所不同，而又可能各有所长。在纪念鲁迅诞生一百周年时，产生了一批鲁迅传，并且陆续出版，这就是林志浩的《鲁迅传》、林非和刘再复的《鲁迅传》、陈漱渝的《民族魂——鲁迅的一生》、曾庆瑞的《鲁迅评传》、彭定安的《鲁迅评传》、吴中杰的《鲁迅传略》、朱正的《鲁迅传略》(修订版)，说明鲁迅研究的兴旺。读这几本传，等于对 80 年代初的鲁迅研究做一番检阅，并能约略窥见鲁迅研究的若干趋向。现在就这七本传谈谈鲁迅研究与鲁迅传记的写作问题，希望对这一事业有所促进。

二、努力写出真的鲁迅

几十年来，研究鲁迅、回忆鲁迅的论著不知道有多少——"汗牛充栋"

是不足以形容其多了。鲁迅生活的各个细节，差不多都有人写出了回忆录，鲁迅的所有作品，差不多都有人作过研究。这为鲁迅研究、鲁迅传记的写作提供了必要的准备。但是人们在这么多的回忆录和研究论著面前，却也会发生困惑。同一事件，不同的回忆录作者说法往往互有出入，甚至同一作者的先后回忆也会略有不同。年久失记，交代不清，这是正常现象，就是鲁迅本人偶尔忆及往事，也并不总是很准确的。而且，我们还要考虑到，回忆录作者在写作时往往不能摆脱环境的影响，那么回忆录也就难免有时会带有若干"主观"的因素。至于研究鲁迅的论著，所持观点，自然因人而异，但是也往往难免受"时代潮流"的影响。再加上鲁迅有些著作不那么好懂，难免产生一些误解和曲解。要准确地认识、介绍鲁迅，必须提倡实事求是的精神，必须对鲁迅的生平和著作进行客观的、全面的分析，对于过去产生的关于鲁迅的不准确的说法加以甄别、辨正。彭著把"如实地描绘"作为写作的"原则"，是很正确、很必要的，其他一些作者没有作这样的声明，也是实行了这一原则的。因此，我们读这几本传，常常会碰到一些新见解——更加接近事实的论述。

　　鲁迅在民国初年直到1918年的思想状况，过去人们一直按照鲁迅简略的追述，认为是消沉、颓唐。彭著作了更深入的研究，指出在袁世凯死后和张勋复辟失败后，鲁迅的心境与以前有所不同；钱玄同"劝驾"，一席话发生作用，是因为鲁迅内心也有"呐喊"的要求。这样看，就更全面了。鲁迅在1926年为什么要离开北京去厦门？长期以来，人们一直因为鲁迅自己偶尔提到的几句话，认为是为了逃避北洋政府的迫害。朱著通过对当时北京政治状况的分析，指出鲁迅不是"仓皇出走"，又分析了鲁迅、许广平的通信以及许广平后来的某些回忆，指出鲁迅去厦门，"他和许广平的关系确实是原因之一"。鲁迅1927年离开广东，因为许寿裳编《鲁迅年谱》行文简略，仅有"营救被捕学生，无效，辞职"几个字，过去一直都认为是出于抗议国民党的反革命政变。此事陈漱渝有专文考证，指出首先是因为顾颉刚到了广州，而鲁迅不愿意与他共事，事先就有"彼来我走"的声明，反革命政变"坚定了鲁迅辞职的决心"。①朱著作出了大致相同的结论，而引用顾颉刚给胡适的信，足资旁证，看起来这一类的辨正无关宏旨，但是却使人们对鲁迅的生活经历了解得更准确了。关于鲁迅在广州会见陈延年一事，一直被当作值得大书特书的事情，似乎陈延年的一席话使鲁迅"提高认识"了。但是林、刘合著却对这种想法泼了冷水：

> 据说中国共产党广东区委书记陈延年，曾经跟鲁迅畅谈过一回，这件事情已是无法确实地查考了，不管鲁迅在当时有没有跟党的某一负责人见过面，在他心里却已留下了对党的深刻印象，他已经跟党的前进的方向融合在一起了，这才应该说是最重要的事情罢。

作者对会见一事持审慎态度，同时对会见（如果有过的话）在鲁迅生活中的地位作了必要的限制，这里表现出作者的"史识"，而"史识"又来自"史德"——"能具史识者，必知史德"②。根据鲁迅的个性，不必过分重视他与某一著名人物的偶尔接触。他在东京听过孙中山的讲演，后来却对增田涉说"没听清"。鲁迅与陈延年的父亲陈独秀以及李大钊是很熟悉的，而且是战友，但是这两位中国共产党的创始人不曾直接影响过鲁迅的生活道路，有影响，那是间接的。鲁迅富于思索精神，他的生活道路是他经过观察、思索而选择的。如果不是这样，鲁迅就不成其为鲁迅了。

鲁迅后来加入了共产主义者的行列，这是大家都知道的事实。探索他如何发展为共产主义者，是鲁迅研究的重要课题之一。但是也有过一种不科学的研究方法，那就是把结果作为目的，好像鲁迅在成为共产主义者之前的种种活动，都是为了达到那个目的。于是致力于寻找鲁迅思想转变的迹象，注意鲁迅思想发展中的新因素，探讨他某一阶段为什么这样发展、而不是那样

---

① 参见陈漱渝《鲁迅为什么辞去在中山大学的职务？》，载北京鲁迅博物馆鲁迅研究室编《鲁迅研究资料》第6辑，天津人民出版社1980年版。

② 章学诚:《文史通义》内篇第三《史德》。

发展，这本来是必要的，但是刻意寻找的结果，却也得出了一些想当然的结论。有一种普遍的说法：鲁迅在"五四"时期歌颂了十月革命、"列宁政府"，并说苏俄人民是"有主义的人民"等。鲁迅当时一些话的真实含义，确实叫人不能一目了然，但是只要对鲁迅在这前后的言论加以研究，还是可以弄清楚的。近几年来，有人注意到这种说法靠不住。彭著以引人注目的位置提出了这个问题。其实，鲁迅1918年所说的"曙光"与1907年《科学史教篇》中说的欧洲起于十五六世纪的"东方之光"，以及《随感录四十》中说的"东方发白""人之子"觉醒一样，是反封建的"曙光"，而不是无产阶级革命的"曙光"。曾经有人查考到，说十月革命后出现"国际无产阶级社会主义革命的曙光"一语是列宁《在马克思恩格斯纪念碑揭幕典礼上的讲话》中提到的，这番话是列宁在1918年11月7日莫斯科的集会上讲的，鲁迅讲"人类眼前，早已闪出曙光"，写于同年7月，似乎鲁迅作出的论断与列宁相似，并且比列宁还早些。其实不必这么看。鲁迅提到"曙光"的《我之节烈观》，如标题所示，是一篇反封建的论文，并不涉及无产阶级革命；鲁迅在讲到"列宁政府"时，是与德国军国主义政府相提并论的，不是要讨论他们是否残暴，而是要说北洋政府比被认为是残暴的列宁政府、德国军国主义政府还要残暴，这是在痛斥北洋政府，而不是歌颂列宁政府和德国军国主义政府。"有主义的人民"，也没有根据说是专指苏俄人民。鲁迅一直研究国民性问题，他说"别国"的"有主义的人民"通过艰苦的斗争而改变了命运，中国却一直在刀与火之下匍匐、偷生。鲁迅常常会作这样的对照。

长期以来，许多研究者习惯于用今人的观点来衡量鲁迅的观点，尽力把鲁迅的观点说成和今人一致，如果有不合之处，就不再谈论鲁迅的观点，或者好意地加以掩饰。鲁迅对义和团的态度向来很少有人提及，有提及的，就难免有曲解之处，例如鲁迅说过义和团"并无妖术"，也被说成鲁迅是在拥护义和团。朱著明确指出："对于义和团的浓厚的迷信色彩，鲁迅是十分反感的，后来他的著作中多次提到义和团，没有一次对他们表示赞同的态度。"这符合事实。20世纪初,受新教育的人大多不满于义和团的"野蛮排外"。当时是有一篇《义和团有功于中国说》①,作者从义和团的举动看到中国"民气"可用。鲁迅致力于"改造国民性",不信"民气",寄望于"民力",他自然不会赞成义和团的举动。鲁迅《太平歌诀》《铲共大观》两篇文章,似乎倒是没有人加以维护——常被作为鲁迅对群众觉悟估计不足的例证。有一个不知起于何时的习惯,似乎一提到群众,一定要说"觉悟很高"等。1933年,瞿秋白的一些观点,也还是偏激的,但是他选编《鲁迅杂感选集》是收了这两篇文章的,可是后来有些评论者仍然认为这两篇文章不够正确。彭著对鲁迅这两篇文章作了充分的肯定,指出"表现了他的思想家的突出的实事求是的精神与敏锐的眼光",应当说,这才是实事求是的结论。

章学诚提出"史德"作为对史学家的要求,同样可以作为对鲁迅研究者、传记作者的要求,"德者何?谓著书者之心术也",所谓"心术",是指"慎辨于天人之际,尽其天而不益以人也"②,这就是说要实事求是,尽可能准确地、充分地反映研究对象,不以主观需要而有所损益。鲁迅的功业是客观存在的,不需要谁去加以修饰,也没有那样的"大手笔"能加以修饰。应当让他以本来面目呈现在读者面前——我们常说的"现实意义"自在其中。这一点,近几年来鲁迅研究界是普遍感觉到了,几本传记反映了同样的趋向,说明鲁迅研究是更扎实了。自然这些传记中也有一些未必合乎事实的述评,但这不占突出的位置,主要的倾向是实事求是——这足以给读者以鲜明的印象。

三、写出有血有肉的鲁迅

在相当长时期中,对鲁迅的个人生活和性格注意得不够——回忆录中这

---

① 参见《开智录》,转引自张枬、王忍之编《辛亥革命前十年间时论选集》第1卷上册,生活·读书·新知三联书店1960年版。
② 章学诚:《文史通义》内篇第三《史德》。

方面的材料并不少，研究却不够。不管原因是什么，这是一个缺陷。要了解一个人的品性、人生观，对其私生活是不可不注意的。这一点，新出的几本传多数是注意到了，其中林、刘合著较为突出。全书二十四章，除散见于各章中的段落外，有"初婚""爱情""点点滴滴"三章专写鲁迅的生活，较详细地写了鲁迅与朱安的婚姻、与许广平的恋爱及其怜子之情，文笔细腻，真切感人。陈著在述及鲁迅与许广平的恋爱时，把鲁迅与许广平性格中相似和相异之处加以对照，指出"从表面看来，鲁迅的性格冷静、坚忍，趋于内向"，但"有一种潜在的涌腾奔突着的热流"。这样的描写，是会给读者留下深刻印象的。事物总是阴阳相济，人的性格也是如此。有刚就有柔，有憎就有爱，有"横眉怒目"，也就有"俯首低眉"。从一些回忆录中，我们不难想象，鲁迅是有"迅雷烈电"的时候，但是更多的时候是"光风霁月"，如果只有"迅雷烈电"，那就是怪人了。

传记作者们还努力揭示鲁迅的内心世界，林、刘合著与朱著对鲁迅与朱安的婚姻加以充分的注意，说明鲁迅作为一个封建礼教受害者的痛苦。朱著就《孤独者》、《小杂感》（"女人无妻性"）等作品分析了鲁迅心理的矛盾。鲁迅的矛盾心理有不少表现。他对母亲恪尽孝道，而这种孝道很难说表现了"新思潮"，他甚至一度想维持大家庭生活，这与时代潮流并不合拍。他称赞柔石说，不管从新道德、旧道德，凡是损己利人的，他都挑选上。[①]鲁迅自己在某些方面似乎也没有打算与旧道德"彻底决裂"，所谓"肩住了黑暗的闸门"，大约他是明白自己的"历史命运"吧。所以，这位旧文化、旧生活的坚决的批判者，新文化、新生活的热烈追求者，时常流露出浓重的"怀旧"之情，而这正是表现出"人情味"的地方。

关于鲁迅的为人，蔡元培有一段话：

先生在教育部时，同事中有高阳齐君寿山，对他非常崇拜。教育部

---

① 参见《南腔北调集·为了忘却的纪念》。

> 免先生职后，齐君就声明辞职，与先生同退。齐君为人豪爽，与先生的沉毅不同；留德习法政，并不喜欢文学，但崇拜先生如此，这是先生人格的影响。①

蔡氏回忆鲁迅的文字不多，这段话是很值得重视的。鲁迅在东京、北京、厦门、广州、上海，总有一批人聚拢在他周围。如果能揭示其中的"秘密"，对鲁迅的了解会大大加深，鲁迅传自然会写得更深透、更丰满。

对青年的爱护和帮助，在鲁迅事迹中占有突出的地位，是能显示他的为人的，几本传都注意到了，林著、林刘合著用力尤多。从这些描述中，读者可以了解鲁迅这方面的一些事迹，并且受到感动，但是总觉得没有许广平这方面的回忆录感人至深。原因大概有两点：一是许广平是作为专题写的，写得充分，而这几本传没有给以适当的地位；二是许广平写了"矛盾"，即鲁迅如何因热诚对待青年而受愚弄、吃亏，鲁迅的"可欺以方"和某些青年的莫名其妙形成对照。这些，有的传也提到了，但是或者没有放开手写，或者没有正面写，有的传提到了鲁迅的"义子"的故事，但似乎过于简略了，难以给人留下较深的印象；吴著虽是传略，说得倒是稍详一些，作者冠以鲁迅虽然"转变"，却"不把阶级斗争绝对化"的导语，另有自己的着眼点。在大部头的传记中，鲁迅与青年、与其同时代人的交往，本来可以多花一些笔墨。一个人的品质，往往是在处理与他人的关系时表现出来的，而同时代人的活动更是传主所处历史背景的重要部分，有必要交代清楚。梅林《马克思传》用大量篇幅介绍"青年德意志派"、蒲鲁东、拉萨尔、巴枯宁等人的活动，姑不论观点是否正确，我们读起来是并不感到啰唆的。如果删去这些，读者对马克思的一些活动也就不甚了然了。鲁迅与瞿秋白的关系，几本传差不多都注意到了。像许寿裳、蔡元培、周作人、胡适、郁达夫、林语堂、冯雪峰等人与鲁迅的交往，也值得给予更多的注意，其中有些还可以成为传记中的动

---

① 《记鲁迅先生轶事》。

人篇章。

一个人的性格和思想是密切联系的。说到鲁迅的性格,最突出的自然还是"丝毫没有奴颜和媚骨"。鲁迅这种性格或精神的形成,有他个人气质方面的条件,最主要的还是彻底反帝反封建这种民族意愿、民族利益的反映。在鲁迅之前,梁启超、谭嗣同、邹容等人已经频频谈到反对"奴隶根性"的问题,但是他们的言论不彻底,有的前后矛盾、言行不一,他们不是这种民族意愿、民族利益的杰出代表,杰出的代表是鲁迅。鲁迅在日本求学时,就坚决反对"汰劣留良"、欺侮弱小、崇洋媚外,以后终生如一。这使得他始终显得卓然不群。这是认识鲁迅的关键之一。几本传都谈到这一点,但是不曾有意识地加以强调,不曾加以充分的论述,就显得不够了。

四、开阔鲁迅研究的视野

20 世纪 70 年代,由于几个方面的原因,鲁迅研究的队伍扩大了,发展了,也曾经产生过石一歌那样的"鲁迅研究",也曾经产生过一些带实用主义色彩的文章,但是从整体看,鲁迅研究是更细了。首先是,许多人从事与鲁迅有关的史实的考证,一些长期不被重视的历史资料被挖掘出来,人们对与鲁迅有关的历史背景了解得更多了,几部大型鲁迅年谱也因而产生。人们不再满足于思想史界一些现有的研究成果,而是对某些有关的问题直接进行研究。鲁迅研究的视野开阔了,理论素养提高了。到 70 年代中后期,"把鲁迅放在他所处时代中考察"已成为鲁迅研究者的共同目标。这一变化也反映在新出的鲁迅传中。这是很自然的,这一批传记作者,长期研究鲁迅,写有不少研究论著,有的还参加或主持过鲁迅年谱的编纂。

几本传对鲁迅所经历的每一阶段总的形势、重大事件都作了扼要介绍。这一方面是出于论述问题的需要,因为鲁迅作为战士,他的一生与时代脉搏是息息相关的,离开了历史背景,对鲁迅的论述也就无法展开;另一方面也是为了便利读者，因为不能设想每位读者都熟悉历史背景，也不能设想他们在读鲁迅传时，手头再放一堆可供随时查考的工具书。一般说来，传记作者们对"五四"前，特别是辛亥革命前的历史研究得更好些——这说明注意了对历史的研究，但还须进一步扩充这方面的进展。彭著第三章开头叙述《辛丑条约》签订后的时局，有举重若轻之妙。这一章末尾论及鲁迅在当时达到的高度，指出由于时代的限制，尚不成为巨人。事实确实是这样。近代中国历史赋予它的觉悟分子的任务，是向西方寻找真理，所以最初的先进分子首先是翻译家、宣传家，然后才是著作家、实行家。随便把中国某人与欧洲某人比附，没有多大必要。衡量鲁迅的历史地位，主要是他与中国近代史上的一些历史人物比较，有什么新贡献，与同时代人比较，有什么特点，以及对后世有怎样的影响。彭著在论及鲁迅在"五四"时期的历史地位时，指明他是"迟出的巨星"，这也是符合事实的。研究鲁迅的时候，如果眼睛只盯住鲁迅，难免发生"拔高"的弊病；只有统观全局，才能给予恰当的评价——这并不影响鲁迅的地位。曾著对鲁迅早期在中国思想史上的地位多有所论述，并提出若干新见，虽然有些提法还可以研究，但说明作者是下了功夫的。陈漱渝以考订史实见长。他的《民族魂——鲁迅的一生》多采用文学笔法，但字里行间，仍然显出考据的功力。"三一八惨案""神秘西人案"等，长期以来史学界没有予以足够的重视，陈著在篇幅许可的范围内，叙述也是充分的。朱著多次引用历史上反派人物提供的资料，而加以分析，这虽然是史家应有的作风，但是由于多年来，最起码是在鲁迅研究界，有这种作风的不多，因而就引人注目了。

传记作者们还注意到挖掘鲁迅思想的渊源。严复及其《天演论》对鲁迅的影响，人们一直是重视的，现在则注意到更多的方面。林、刘合著指出梁启超对鲁迅的影响不仅在于提倡写小说，他的某些著作也是鲁迅"改造国民性"的先导。这确实是值得重视的。严复、梁启超对鲁迅的影响，比通常估计的可能还要大些。严复主张"教民""进种"，其实也是"改造国民性"，严复也谈到过改造"国民精神"的问题。严复、梁启超可能要算中国近代最早的社会心理学家了，他们留意"世道人心"、道德风俗那样的问题，在同时代人中罕有其匹。鲁迅常常从严复那里采取材料和观点。严复看到北京的孩子在车轮马足间乱钻，产生若干联想，这写在《法意》的一则案语中，鲁迅多年后尚记得大概，可见鲁迅对严复的著作是多么熟悉。鲁迅从梁启超那里采取的材料和观点同样很多。鲁迅讲拿破仑要仰仗于士兵，这也是梁启超在《自由书》中讲过的。严复、梁启超都由"改良"而落伍，但他们对鲁迅的影响都很大。鲁迅自然与他们有很多不同，比较其异同，对认识鲁迅是很有意义的。章太炎与鲁迅的关系几本传都提到了，但都说得不够。章氏影响于鲁迅的，首先不在于小学，鲁迅对资产阶级民主的看法，以及他的"取今复古"，都明显地包含着章太炎的影响。鲁迅与章太炎思想上的联系，还需进一步研究。

　　研究鲁迅，还有一项重要的工作要做，那就是要说明：鲁迅与中国传统文化、传统思想的关系是什么？鲁迅是旧文明——传统文化、传统思想的批判家，是章太炎说的那种"躬执大彗"、扫除"故家污俗"的人物，这是肯定的，而且是鲁迅所显示的主要方面。但是对于一个思想家来说，仅仅看到这一点还不够，还必须了解他的思想的更远的渊源，了解他与中国某些传统思想的师承关系，因为这是一位中国的思想家。鲁迅对儒、道、法都进行过批判，其中对儒家的批判更为用力。儒家思想就是中国传统思想的主体。鲁迅是否一概拒绝了中国传统思想，首先是儒家思想呢？鲁迅反对"中庸之道"，他在《怀旧》中为儒家者流画了一幅漫画像：一位"仰圣先生"向富翁上了一个条陈，主要是您要请"长毛"吃顿饭，但是您自己不要出面，这样您可以左右逢源；您的家眷要避开，但是不必走得过远，"长毛"来了，不必为家眷的安全担忧，"长毛"不来，逃难费用也花得不多。这个"智多星"的条陈是"中庸之道"的化身，这自然是滑头之至的"中庸之道"了。可是鲁迅也反对极端之道，反对要么称外国人为禽兽，要么称外国人为圣上。他甚至说，中国从来就没有过"中庸之道",只有强权和屈辱。①鲁迅心目中的"中庸之道"是什么样子?他对"中庸之道"的看法究竟如何?这样的一些问题,还可以研究。鲁迅惯用"反看法",他从孔子的注重养生,推断有胃病,这自然不必看作病理学的文献,但他分析社会现象确是常用这种"推背法"而卓有成效。这其实是老子的方法:"大道废,有仁义;智慧出,有大伪;六亲不和,有孝慈;国家昏乱,有忠臣。"这样看问题,往往显得冷酷,其实是很透辟的。鲁迅是中国文化和西方文化共同培养出来的,探讨这两种文化在他身上的作用,还有许多工作要做。

要说明鲁迅在文学史上的贡献,还必须对中外文学史作进一步的研究。例如鲁迅的小说创作与中国古代的白话小说、传奇小说有哪些联系与区别?与清末流行的小说有哪些联系与区别?与外国某些作家的创作有哪些联系与区别?都是必须注意的。要说明一个作家的成就与风格,就这个作家本身谈,不容易说得清楚,必须说明他从事创作时文坛的情况,即历史背景,把他与有关的作家加以比较,这一点,传记作者们是注意到了的。例如林、刘合著指出鲁迅小说创作与契诃夫相似之处,彭著把鲁迅的《狂人日记》与果戈理的同名小说加以比较。但是总的说来,做得还不够。

视野开阔了,还要再开阔。

五、认识鲁迅思想的新努力及其前景

提到鲁迅思想,我们自然会想起瞿秋白的论断"从进化论进到阶级论,从绅士阶级的逆子贰臣进到无产阶级和劳动群众的真正友人,以至于战士","从进取的争求解放的个性主义进到了战斗的改造世界集体主义"。②主要是在

---

① 参见《华盖集·通信》。
② 瞿秋白:《〈鲁迅杂感选集〉序言》。

70年代，有的研究者认为，这个提法不足以概括鲁迅思想发展的过程，当时主要认为贬低了鲁迅前期的思想。从70年代末期起，在反对"拔高""神化"的时候，许多人又认为还是瞿秋白的提法好；自然，也还有不同的意见。怎样看待瞿秋白的提法，这是鲁迅研究者，特别是传记作者不可回避的问题。

这几部传都是按照瞿秋白的论述（或略加变通）来写鲁迅思想发展的，但是又显示出不满足的迹象。彭著基本上同意"从进化论进到阶级论"的论断，但是又提出"人性进化论"加以说明，并认为鲁迅前期"基本思想就是进化论与改造国民性"。吴著指出鲁迅是从爱国主义思想出发接受进化论的，对进化论在鲁迅思想中的地位加以限制。林著对这个问题进行了更多的探讨，指出：鲁迅所说的欢天喜地"进化的路"，只是主观理想和愿望，实际上是不存在的，"鲁迅主要是吸取进化论的积极成分，用来反对封建保守，鼓舞新生事物，促进社会改革"。又说，鲁迅所说的进化论，有时是指"新陈代谢"；并指出："归根结柢，不是进化论决定他对现实斗争的态度和观点，而是现实的革命斗争实践决定他的革命民主主义的根本立场和思想，从而决定他对进化论的取舍和运用。所以过分强调进化论对他的影响，把它看作是鲁迅前期世界观的基本部分，就无法解释他对进化论的独特解释和运用是从哪里来的。"以上例子说明，部分传记作者试图就鲁迅与进化论的关系、鲁迅思想的基本轮廓作新的认识，虽然这些观点不一定成熟，但应当说是有益的探索。

瞿秋白在整整半个世纪以前，写了《〈鲁迅杂感选集〉序言》，当鲁迅还在世的时候，就试图对鲁迅思想作全面的概括，并给以崇高评价，这是需要胆识的。30年代初，左翼的一些激进青年还在怀疑鲁迅是否革命，瞿的论断基本上廓清了群疑，统一了思想，自有不可低估的作用。应当指出，瞿秋白本人没有试图用"进化论"概括鲁迅"前期世界观的基本部分"，他用"从逆子贰臣"进到"友人""战士"来说明鲁迅政治立场的转变，用从"个性主义"进到"集体主义"说明鲁迅历史观、人生观的转变，"进化论"进到"阶级论"，也应当是指历史观的转变。——当人们只是笼统地谈论鲁迅的"转变"

时，瞿秋白从这样的理论高度来说明这一转变，确实高人一筹。瞿秋白把鲁迅研究推进到新的高度。

但是瞿秋白的几句话后来变成公式了，这个公式，也像许多自然科学以外的许多公式一样，在流传中走了样。一提起鲁迅前期思想，常常有人不假思索地说："进化论思想。"其实，进化论是生物学的科学体系，不是一种哲学体系，确实不能概括一个人的思想，正如我们不能说某人思想是"能量守恒思想"或"细胞学思想"一样。用进化论解释社会、历史现象，属于历史观的范畴。能不能用"进化论"来概括鲁迅前期的历史观呢？如果这样做，马上会碰到一个困难：说鲁迅最早接受进化论，是受了"生存斗争"学说的刺激，后来转变，却是"轰毁"了"青年必胜于老人"的"进化论"观念。这是一种什么样的"转变"呢？实在难于理解，更不用说鲁迅一向反对"汰劣留良"了。

瞿秋白说的三个"进到"，通常也被简化成"到"，好像瞿秋白把鲁迅看作前后两人，截然对立。于是在论述鲁迅思想发展的论著中，常常出现这样的文字："鲁迅彻底抛弃了进化论"，或者在什么时候，鲁迅"暂时还没有抛弃进化论"。好像不抛弃进化论，就不能成为共产主义者，这就是明显的错误了，共产主义不排斥进化论，鲁迅也不是"转变"成不信进化论了。他后来有《〈进化和退化〉小引》一文，正是用进化论——生存斗争学说来看历史的，只是对它在解释社会历史现象时的作用作了较为明确的限制。既然把鲁迅前期思想说成"进化论思想"，又说他后来彻底抛弃了进化论，等于说鲁迅抛弃了过去的一切，而且是在他离逝世仅十年的时候、在他奋斗了许多年月并有许多伟大建树的时候，抛弃了过去的一切，有这样的思想家吗？我们又怎样看待鲁迅前期的成就（包括他的著作）呢？——是不是尊重据说是鲁迅的意见，把它们"彻底抛弃"？鲁迅思想的转变，并不是完全否定了过去。鲁迅早期寄望于"精神界之战士"，后来寄望于"思想革命的战士"，晚年寄望于"觉悟的知识者"：一脉相承。从"取今复古"到"拿来主义"也有明显的一致性。"丝毫没有奴颜和媚骨"的精神，其实当他在日本时就已形成，并且一以贯之。鲁迅身历旧民主主义革命和新民主主义革命两个历史阶段，他一直是"战士"，在这两个革命阶段，革命对象其实是相同的，这就决定了，当鲁迅"转变"时，不可能也不必彻底抛弃过去的"革命传统"[①]，"友人""战士"固然是革命的，不等于说"逆子贰臣"就要不得。鲁迅思想的发展，正像它所适应着的中国革命进程的发展一样，有其内在的逻辑性，鲁迅前后期思想，具有明显的一致性。事实上，并不存在"两个鲁迅"[②]，只有一个鲁迅。

多年来，我们在研究某一问题时，习惯于从阶级立场、"主义"的高度作概括，这是一个好习惯，但是也会产生流弊——也会出现这样的问题：往往会满足于某种"高度概括"，而不下功夫研究对象本身，或者在还没有作深入研究的时候，就来一个"高度概括"。而且常常要先区分这种主义与那种主义有什么不同，然后再到鲁迅著作中寻找例证，以说明这种不同。我们常常看到"主义"和"主义"在纸面上跳舞，而对于鲁迅思想的发展——这是一个复杂、生动的过程——说起来就相当乏味。从概念出发，似乎还难以说明一个人成为共产主义者以后，还会怎样发展，于是在谈鲁迅时，似乎他一旦成为共产主义者，或者从某个时候开始，他的思想就是停滞的，只是在那里运用"阶级论"。人们都不难感到，作为共产主义者的鲁迅，有迥异于常人的个性，但是这种个性一直未得到应有的注意。我们在名词概念上花的工夫太多了。鲁迅研究要"突破"，一方面要扩大视野，一方面要改进方法。从某种意义上说，现在有必要先回到鲁迅那里去——先弄明白鲁迅到底是怎样想的，他的种种想法之间有些什么联系，这些想法怎样在起变化，然后再分析这些想法。

有几本鲁迅传看来是在致力于弄清鲁迅真实想法的。林著指出，"尊个性

[①] 瞿秋白：《〈鲁迅杂感选集〉序言》。

[②] 这是30年代的一种流行说法，参见［美］埃德加·斯诺《鲁迅：白话大师》，佩云译，载北京鲁迅博物馆鲁迅研究室编《鲁迅研究资料》第4辑，天津人民出版社1980年版。

而张精神"是鲁迅"立人"的"道术"——"立人"是主旨,"尊个性"是手段。这虽然是鲁迅自己讲过的,但是长期未重视这种关系,现在予以重视,倒不失为新见。好几本传对"国民性"问题予以更多的重视。吴著指出,在"相当长一段时间内",改造国民性是鲁迅"探索革命道路的中心课题"。朱著进一步指出,"终鲁迅一生,这个问题一直萦回在他的心头"。且不问"改造国民性"是唯物论还是唯心论,民主主义还是别的什么主义,鲁迅一直这么想——这是事实。如果能抓住这个"中心课题",许多问题将容易解释,并可以加深对鲁迅的认识(可惜这几本传尚未这么做)。鲁迅早期的"立人""任个人"是围绕这一"中心课题"的,后来的《阿Q正传》、"文明批评"和"社会批评"也是围绕这一"中心课题"的。鲁迅在1927年一度完全否定了他所从事的事业,说他的"攻击社会"毫无意义,倒是把青年变成"醉虾",害人不浅。这其实是激愤之词,不必看作冷静的估计。事实上,后来有人说他主张把青年"杀杀杀"时,正是他自己首先起而反对。鲁迅在与创造社、太阳社的论战中,读了一些马克思主义的书,"解剖"自己,也重新肯定了自己。所以他仍然要谈"黑暗",要搞"文明批评"和"社会批评"。尽管不像过去那样经常谈论,"改造国民性"仍然"萦回在心头"。不同的是,他看到改造"社会组织"也即生产关系的重要了。鲁迅晚年"炉火纯青",是因为他保持了自己的"革命传统",保持并发展了他长期思索的成果,他是经过了"否定之否定"的过程,不是简单地否定旧我,是把旧我提高了。首先把鲁迅思想的发展看作否定之否定的过程,可能要比看作"彻底抛弃"什么的简单的"转变"更为接近事实。

六、关于传记的结构与文笔

在传记写作上,形式、技巧问题大约首先是结构问题。例如写鲁迅传,难度很大,既要全面反映他的事业,又要表现他的生活、思想,又要交代历史背景，这些都需要写清楚，又要详略得当，既不零乱，又不臃肿，这就首先要在规模框架上多动脑筋。

新出的几本传中，彭著、曾著、林著，从总的结构看，是分作早、前、后期三个阶段。彭著在分析鲁迅小说、杂文的创作时，把前后期作了比较，显得前后呼应，并且显示了鲁迅艺术创作的发展，但是鲁迅世界观的各个方面没能充分展开，也未能比较前后期的异同——这也是几本传的共同弱点。这种结构，容量很大，便于反映鲁迅一生的几个大的阶段，而很可能不便于反映纵的方面的联系，例如不便于表现鲁迅某一观点的发展过程，不便于表现鲁迅前后期思想的异同。林著另有特点：比较严格地按照时间先后叙述，对鲁迅最后几年的生活，每年写两章。这样写，便于显示鲁迅某一时期各方面活动的全貌，但是不便于作综合分析，不便于加强纵的联系。

陈著和林、刘合著介于学术性传记与文学性传记之间，不像上述几本传那样注重理论上的分析，而把生活、思想、著作融合在一起，从不同侧面加以表现。这种结构本来是可以展示鲁迅思想的丰富性的。以林、刘合著为例，第十五章到第十八章的标题分别为："爱情""窃火者""点点滴滴""在火焰般的旗帜下"（写鲁迅与"左联"），大体上照顾了时间先后，又照顾了鲁迅生活、事业的几个主要方面，但是同样没有展示鲁迅世界观的各个方面，而且后半部显得弱——这自然与作者的指导思想有关。

朱著和吴著是"传略"，结构也大体相似，按照时间先后，分作若干段落，在每一段落中，叙述鲁迅活动的主要方面，兼及其他，条理清楚。对于鲁迅后期的活动，分作三四小段。这本来便于写出鲁迅后期思想的发展，但是也没有做到。

结构决定于指导思想，但是又有一个是否便于发挥作者见解的问题，更重要的问题是，是否便于表现鲁迅的事业、思想的丰富性及其阶段性，是否便于表现鲁迅前后期思想的异同。不管采取哪一种结构，都必须既注意到纵的联系，又注意到横的联系，避免形成一些僵硬的板块。

几本传的文笔各有特点。林、刘合著和陈著具有文学色彩，并含有若干抒情色彩。考虑到读书界的实际情况，这样的传记可能会有较多的读者，同时也为写作文学性传记积累了经验。这两本书努力做到文学性与真实性的统一。如陈著在叙述到增田涉在鲁迅帮助下翻译了《中国小说史略》以后，向鲁迅提出共同署名和分享报酬：

> 鲁迅不禁又联想到了中国文坛上的千奇百怪的腐败情况。当时上海滩上的一些文人，为了求名竟达到了不择手段的地步。他们有的编一本《文艺年鉴》，恬不知耻地进行自我吹捧，有的人将他人的文章略加改动，便用自己的名义发表；有的设法办一份小报或期刊，竭力将自己的作品登在显著地位……目睹这些文坛的怪象，鲁迅感到身着湿衣似的不舒服。

这自然是文学创作，但是差不多每句话后面都有一段"掌故"——是符合历史真实的。

学术性传记自然应该用叙述和论说的语言，并且力求明白自然，这样写并不一定没有文采、单调乏味。有些传大约为了增添文采，偶尔来一段描写，反而破坏了文笔的一致，破坏了真实感。曾著在形式上作了些尝试。全书由三种文字组成：叙述性的、议论性的、资料性的。议论时带感情，读来像诗；资料性的（分量不算小）常常罗列鲁迅某一时期著作篇目之类，未免乏味。这样就不那么和谐了。但这种尝试、探索的努力是可贵的。

这几本传还有一个共同的缺点：直接引用传记资料和鲁迅的语言太多，这显得对传记资料提炼不够，也会影响读者的兴致。有几本传写到鲁迅在周家是长男，在仙台只有他一个中国留学生，照用鲁迅自己的说法，说是"物以稀为贵"。鲁迅自己这么说，意含幽默，传记作者也这么写，读起来就会使人感到有揶揄的味道。鲁迅自己叙述他辞去山会师范学校校长职务，交出铜元若干，接收者某某，寥寥几笔，各有含义：联系上下文，说明革命党人王金发的变质，学校得不到支持经济拮据。有的传记也这么抄上去，其中含义也要像读鲁迅《范爱农》原文那样，由读者去领会，显得缺少分析。鲁迅在

《阿长与〈山海经〉》中写道：阿长讲，"长毛"来时，叫女人脱了裤子，站在城墙上，"外面的大炮就放不出来"。文中接着说，他这才知道"她还有这样伟大的神力"，因而充满了"特别的敬意"云云，有的传也照样这么抄上去，这样看鲁迅著作就未免有"胶柱鼓瑟"之病了。传记的叙述文字，应该是传记作者的语言，这样可以写得清楚些，简练些。鲁迅的语言自然生动简练，但是直接抄到传记中而不加说明，其韵味与读鲁迅原著就大不一样。

"鲁迅研究要突破"，这呼声是颇高了。或者要问：这几本传有没有突破？要回答这个问题，必须首先弄明白什么叫"突破"。如果不想滥用"突破"这个词，就应当说还没有突破。在科学史上，取得一项突破，有时要经过若干世代的努力。"突破"应当是可以带来全局性变化的进展。这几本传已经显示出：鲁迅研究比以前扎实了，视野开阔了，并且出现了若干新的因素。这预示鲁迅研究在近期内可能有所提高，也可能有所突破。这几部传在形式上也作了一些尝试，丰富了鲁迅传记写作的经验，为进一步提高鲁迅传记写作的水平作出了贡献。这里的一番褒贬，自然未必尽当，甚至有不少错误，初意也不过为了"锦上添花"罢了。错误和不当之处，尚请传记的作者和读者指正。

原载《文学评论》1983 年第 5 期

论鲁迅的《朝花夕拾》

王　瑶

一

鲁迅的散文集《朝花夕拾》，是专门为《莽原》半月刊撰写的一组文章，第一篇写于1926年2月21日，最后一篇写于同年11月18日，前后九个月，和作者别的创作集子比起来，写作时间是比较集中的。其内容也很集中，都是"从记忆中抄出来的"[①]。作者原来给这一组文章起了一个总的题目——《旧事重提》，每发表一篇就注明这是《旧事重提》第几篇，显然要对自己过去生活道路作比较系统的回顾。从这一组文章的构思来看，其先后安排基本上是以作者的童年和青年的生活轨迹为依据的。从1887年他初读《鉴略》到1912年范爱农之死，即从他的童年到辛亥革命之后，历时达二十多年。第一篇到第六篇主要写童心世界，第七篇和第八篇写青年时代面临的人生道路的抉择，第九篇和第十篇怀念师友，回顾了自己走上文学道路的经历。篇与篇之间也约略有脉络可寻。如回顾童年生活的那几篇，有些事件或人物就安排在不同的篇章中先后出现，彼此是有些照应或关联的，第一篇《狗·猫·鼠》中从侧面提到了保姆阿长，第二篇就专门回忆《阿长与〈山海经〉》，第二

[①]《朝花夕拾·小引》。

写了有趣的"三哼经",在第三篇就谈到那令人生厌的《二十四孝图》,接下来的三篇,从枯燥的背书谈到迎神赛会,从迎神赛会谈到令人难忘的无常,最后又从百草园谈到三味书屋,都是经过作者精心的构思和安排,从不同侧面展示了童年生活的情景。甚至有的篇与篇之间语气上都互相承接。如《狗·猫·鼠》中说到阿长,下一篇《阿长与〈山海经〉》一开头就是"长妈妈,已经说过……",《父亲的病》结尾写到衍太太催促少年鲁迅大声叫唤即将断气的父亲,下一篇《琐记》就以"衍太太现在是早经做了祖母"这种语句开始,从中也可以看出前后联结的关系。

看来,作者写这一组文章是有比较完整的构思的,对于各篇内容如何安排,打算写几篇,都有过通盘的考虑。这在作者写作过程中也有所透露。当鲁迅写完第六篇后,给当时《莽原》的编者韦素园去信时就能很有计划地预告"《旧事重提》我还想做四篇"[①]。后来果然依照计划做完了最后一篇,给韦素园再次去信说"这书是完结了"[②],更是明确地把这一组散文当作一本完整的书了。

《朝花夕拾》各篇虽然也可以各自独立成文,但作为一本书却是有机的整体。在鲁迅诸多创作集中,《朝花夕拾》这一特点是不容忽视的。因此,研究《朝花夕拾》,不能只把它看作是片段的回忆录,也不能满足于只就各篇作细致的分析,还要注意把全书作为一个统一的机体来考察,了解作者写这一组文章的总的意图和心境,从总体上把握此书的意义、价值和特色,认识它在中国现代散文创作和鲁迅作品中的地位。

《朝花夕拾》既是一个有机的整体,有总的构思,那么,它的写作意图就和杂文不一样。杂文随时受到现实问题的触动,有感而发,一篇篇都有具体的写作背景和针对性,《朝花夕拾》则不一定每篇都是在现实问题的触发下动

---

① 《鲁迅书信集》(上)《107. 致韦素园》。
② 《鲁迅书信集》(上)《121. 致韦素园》。

笔的，也不一定每篇都是结合现实、针砭时弊的。

当然，其中个别篇章确实也有较浓重的杂文色彩，如第一篇《狗·猫·鼠》就是专门回击"现代评论派"的诬蔑的。文章的开头和结尾都用了大段的议论，用辛辣的笔调讽刺了"现代评论派"文人的"媚态的猫"式的嘴脸。其中作者追忆了自己童年"仇猫"的经过和心理，但也紧扣着对"猫态"的揭露和讥讽。这篇文章有明确的针对性，论战性很浓，是受了现实斗争的"刺激"而写的。

但是，《狗·猫·鼠》这篇在《朝花夕拾》全书中是比较特殊的。我们往下看，第二篇《阿长与〈山海经〉》就不同了，它不再是论战性的，并非针对某一论敌或某一现实问题而写，也很难说作者是在现实斗争触发下才写的作品。这里鲁迅主要是追忆自己的保姆，写一个纯朴善良而又迷信落后的劳动妇女给少年鲁迅心理上的影响，抒发了自己对她的诚挚深厚的感情。所以分析这篇作品，用不着像分析鲁迅杂文那样，一定指出它有什么特定的写作背景或现实批判意义，因为那样反倒可能离开作者的原意。事实上，《朝花夕拾》中只有《狗·猫·鼠》一篇可以说是在现实问题直接激发下的近似杂文的作品，其余九篇的内容主要都是叙事抒情，追忆往事，忆念故人。篇中虽然有时也会穿插一些针砭时弊的议论，或间有对论敌的辛辣讽刺，但那不过是回忆叙事过程中的顺笔涉及，主要功力并不在此。大概在写《狗·猫·鼠》时，由于现实中论敌的激发，着重在给"媚态的猫"画像。鲁迅对于那种一方面"无所不为"，一方面又"奴性十足"的奴才相一向深恶痛绝[①]，所以他叙述他仇猫的第一条理由就是猫的"折磨弱者的坏脾气"，而自己则是对受欺凌的弱者同情并对欺凌者要反抗和报仇的。因此写了他仇猫的由来，回忆了猫吃了他幼年时喜爱的隐鼠的经过，并写到了长妈妈在这件事中的作用。这篇文章的写作意图是圆满地完成了，"媚态的猫"作为一种社会典型形象已被鲜明生动地刻划出来了，但在写作过程中从记忆里所涌现出来的人和事却感到

---

① 参见《南腔北调集·谚语》。

还有许多值得写出，其中最为迫切的就是长妈妈。因为在《狗·猫·鼠》中，长妈妈只是侧面提到，从文章中只能得到她是一个曾用假话哄骗孩子的女工的印象，这是使对长妈妈有深厚感情的鲁迅十分不安的。《阿长与〈山海经〉》的脱稿，距《狗·猫·鼠》的写成只有二十天，文章语气虽紧接着前篇，但内容并无论战性，而是深情地为这一辛勤良善的妇女祝愿："仁厚黑暗的地母呵，愿在你怀里永安她的魂灵！"大概就在这时，《朝花夕拾》的总的构思已经形成，因此在那流离迁徙的不安日子里，还有计划地紧接着又写了三篇。①当然，由于环境和心境的不同，在北京写的几篇较之在厦门写的那些篇，议论和涉及时弊的要多一些，但总的构思是完整的、一贯的，性质也是相同的。即以《二十四孝图》来说，这篇的议论也较多，一开头就诅咒复古派，杂文味也很浓，但作者仍然是按照《朝花夕拾》全书的构思和线索来回顾自己童年时对这类读物的具体感受的，只是在这线索的展开中才有时进而联系现实，揭露封建复古势力的虚伪和黑暗。所以与其说是受了现实刺激才追忆往事，还不如说是在追忆这段往事时联系了现实。

从鲁迅自己的一些话中，也可以看出《朝花夕拾》的写作总的来说是和杂文写作不一样的。《朝花夕拾》写了一半，鲁迅就从北京去了厦门。刚到厦门那两个月，因为消息闭塞，又远离思想斗争环境，生活是很沉闷孤寂的。他在给别人的信中屡次提到那里"和社会隔离"，生活"单调"，"一点刺激也没有"，"如在深山中，竟没有什么作文之意"，"竟什么也做不出"。②这里讲"做不出"的主要指杂文，而并不包括回忆散文《朝花夕拾》。几乎就在发些感慨的同时，鲁迅以比写《朝花夕拾》前五篇更快的速度，很快就写完了此书的后五篇：1926 年 9 月 18 日作《从百草园到三味书屋》，10 月 7 日作《父

---

① 《朝花夕拾·小引》说，中三篇是流离中所作，地方是医院和木匠房；据文后作者自注，此三篇写于 5 月 10 日至 6 月 23 日，但据《鲁迅日记》，作者在医院和木匠房之时间为 3 月 29 日至 6 月 2 日，《小引》中记忆有误。林辰云：作者"追忆之顷，只是泛指写于那一段不安的日子而已"。参见林辰《鲁迅北京避难考》。

② 参见《鲁迅书信集》(上)，105、106、109 致韦素园、许寿裳等人。

亲的病》，10月8日作《琐记》，12日作《藤野先生》，11月18日作《范爱农》。而在作这五篇散文的两个月期间，除了写过几篇序跋之外，杂文确实一篇都没有写。这说明鲁迅写杂文是要"刺激"的，没有现实斗争的触发，就产生不出杂文；《朝花夕拾》则毕竟与此不同，它是回忆散文，无需现实的刺激，而且已经有了总的构思安排，只要再从记忆中搜求材料，就能一气写成，所以即使在厦门那种孤寂的环境中，《朝花夕拾》的后五篇还是很快就完成了。

我们说《朝花夕拾》和一般杂文不一样，是从总体上考察的，并不排斥鲁迅在回忆童年和青年生活时，有时也会运用杂文笔法和涉及对现实的批判。特别是此书的前半部，这种社会批评的色彩更浓一些，这也是同现实"刺激"有关的。前五篇创作前后，鲁迅直接参加了女师大学潮，目睹了"三一八"惨案中爱国青年的鲜血，与"现代评论派"的"正人君子"展开针锋相对的论战。"三一八"之后还遭到军阀政府的通缉，终于离开了北京。鲁迅当时的斗争处于特殊困难状态，现实的"刺激"是很多的，这不但促使他写下许多战斗的杂文，1926年这一年的战绩就收在《华盖集续编》里；同时也使他在写《朝花夕拾》的回忆文章中也不能不掺进一些社会批评的内容。写后五篇时他已在远离斗争前线的厦门，于是这种直接触及现实的成分就比较少了。但从总体上说，《朝花夕拾》毕竟不是直接面对现实斗争的，它主要是作者对自己以往生活的回味、咀嚼和总结。

为什么在斗争特殊困难的时候鲁迅要写这么一本以回忆往事为内容的散文集呢？原因恐怕是多方面的。如前所述，现实斗争的"刺激"，应该说还是一个直接的诱因。开篇《狗·猫·鼠》就是为了回击"现代评论派"的人身攻击的。他们根据鲁迅1922年写的《兔和猫》，说鲁迅是"仇猫"的，而"仇猫"者必是狗，所以鲁迅关于"打落水狗"的文章也是"对了他的大镜子写的"。鲁迅为了剖析"猫性"对弱者残忍和对主子柔媚的特征，为"现代评论派"的论客们勾勒一张画像，认为有必要光明正大地谈谈自己过去的生活阅历，给论敌的诬蔑以有力的回击。这就是《狗·猫·鼠》一文的起因和由来。但这种刺激只能说是最初导致鲁迅决定写《朝花夕拾》的原因之一，到他继续写作和进行整体构思时，他就越耽于对已往生活的回忆，把这作为更主要的目的了。如果考察一下鲁迅当时的心境，这也是完全可以理解的。在那个沙漠般的沉闷枯燥的时代里，鲁迅要与种种卑劣的"正人君子"、政客走狗们反复论战，他有时委实是感到沉重和痛苦的。只是出于对黑暗社会和反动势力的激愤，出于排击旧物、催促新生的革命责任感，他才执着地运用杂文这一武器，坚持韧性的战斗。这种思想情绪，在《朝花夕拾》动笔前不久写的《华盖集·题记》中就有所透露："……我的生命，至少是一部分的生命，已经耗费在写这些无聊的东西中，而我所获得的，乃是我自己的灵魂的荒凉和粗糙。"其中就有一种难言的苦痛。在写作《朝花夕拾》期间的一封信中又谈到他的杂文说："直到现在，文章还是做，与其说'文章'，倒不如说是'骂'罢。但我实在困倦极了，很想休息休息，今年秋天，也许要到别的地方去，地方还未定，大约是南边。目的是：一，专门讲书，少问别事（但这也难说，恐怕仍然要说话）……此后我还想仍到热闹地方，照例捣乱。"[①]当时鲁迅正处于思想飞跃的前夜，情绪比较复杂，一方面执着地战斗，一方面有时又有某种"游勇"式的寂寞感，感到与那些卑劣论敌们"纠缠"实在有些痛苦和无聊，以致如《朝花夕拾·小引》中所说，也"常想在纷扰中寻出一点闲静来"，咀嚼和思索以往的生活。鲁迅在这段黑暗的岁月里，在向敌人不断发出勇猛进击的同时，也对自己灵魂作过冷峻的解剖，优美的散文诗集《野草》就抒写了自己探求光明途中的内心矛盾，那么在对形形色色论敌纠缠不已的间隙，在舔尽自己伤口的血痕的战斗间隙，反顾所走过的生活道路，写下《朝花夕拾》这种性质的作品，不也是可以理解的吗？《朝花夕拾》

[①]《鲁迅书信集》(上)《87. 致李秉中》。

的写作时间和《野草》的写作时间是重叠衔接的①，虽然作为叙事散文，《朝花夕拾》的笔调较之散文诗《野草》要开朗明快得多，但就作者当时的心境说，这两个集子的产生是有一些共同点的。鲁迅在1927年5月写的《朝花夕拾·小引》中曾讲到儿时生活对他所引起的"思乡的蛊惑"，促使他"时时反顾"，《朝花夕拾》就是这种"反顾"的产品。这种想法在鲁迅是一贯的，一直到他晚年所写的《我的种痘》《我的第一个师父》《女吊》等篇，也都是这种"反顾"的产品，有的还是逝世前不久写出来的。

　　更重要的原因，是鲁迅觉得把这些自己感受最深的经历写出来，不仅是个人的事情，而且对青年人有重大的现实意义。他感到虽然"民国"已经有了十五年的历史，但社会上的思想、习俗，以及人与人之间的关系，并没有发生什么实质性的变化，仍然是"乌烟瘴气"；因此他说"我觉得什么都要重新做过"②。他劝人翻看史书，"知道我们现在的情形，和那时的何其神似"③。他对于清末以来许多人为了改变祖国面貌所跋涉的艰辛曲折的道路有深切的体会，觉得其中有许多经验或教训可以记取，但往往不为当时的青年人所领会。他说："我常常欣慕现在的青年，虽然生于清末，而大抵长于民国，吐纳共和的空气，该不至于再有什么异族轭下的不平之气，和被压迫民族的合辙之悲罢。"④这些话是在"五卅"运动发生后的反帝高潮中讲的，他正是以他自己的见闻经历来提醒青年们注意历史经验的。所以他说"我希望有人好好地做一部民国的建设史给少年看"⑤，这些话是凝聚了他痛苦的长期思考的。我们知道《莽原》主要是由鲁迅寄以期望的一些青年人办的刊物，鲁迅全力支持他们，并把这组文章题名为"旧事重提"。"旧事"之所以值得"重提"者，不仅因

---

① 《野草》最后两文《淡淡的血痕中》和《一觉》分别写于1926年4月8日和10日；《朝花夕拾》首篇《狗·猫·鼠》写于1926年2月21日。
② 《华盖集·忽然想到》。
③ 《华盖集·这个与那个》。
④ 《坟·杂忆》。
⑤ 《华盖集·忽然想到》。

为它对现实仍有重要的借鉴或启示作用，而且正因为是"重提"，说明经过时间的考验，作者对它的认识和理解也已经深化了，它就更应该引起人们的思索和重视。现在的书名《朝花夕拾》是 1927 年编集时改称的，那是在"四一二"反革命政变后的广州，在那血腥的日子里，鲁迅在"小引"中写道："带露折花，色香自然要好得多，但是我不能够。便是现在心目中的离奇和芜杂，我也还不能使他即刻幻化，转成离奇和芜杂的文章。或者，他日仰看流云时，会在我的眼前一闪烁罢。"针对现实写"新事"，所谓"带露折花"，既有环境是否可能的问题（鲁迅那时候就只有"而已"），也有认识和理解上需要思索和深化的问题，有时是必须待诸"他日"，始能看到真正光彩的"闪烁"的。这就是鲁迅时时反顾，并希望青少年学习"民国史"的原因。据冯雪峰回忆：鲁迅在写了《女吊》之后，本拟连写十来篇"诗的散文"，"成一本书"，而且有两篇已有腹稿，"一篇是关于'母爱'的，一篇则关于'穷'"，而且说"这计划倘能完成，世间无疑将多一本和《朝花夕拾》同类的杰作，但他来不及写成了"。[①] 可见有计划地写一系列优美的回忆性质的散文，一直到晚年还是鲁迅考虑的事情，它与杂文的写作是并行不悖的。

二

童年的鲁迅虽然生活在一个家道中落的封建家庭里，接受的是封建启蒙教育，饱受了压抑和人们的白眼，以后在追求人生道路的青少年时期，经历也是十分曲折和坎坷的，这些在《朝花夕拾》中都有生动的描述。但回忆带给鲁迅的并不全是不堪回首的痛苦，也不全是着重在对不合理事物的批判，相反，童年生活给他留下了许多美好的记忆，甚至会给他增添勇气和力量。《朝花夕拾》十篇，写故乡和童年的就有七篇，"小引"中提到他"曾经屡次

---

① 冯雪峰：《我心中的鲁迅·鲁迅先生计划而未完成的著作》。

忆起儿时在故乡所吃的蔬果：菱角，罗汉豆，茭白，香瓜。凡这些，都是极其鲜美可口的；都曾是使我思乡的蛊惑"。这只是举例，引起他"思乡的蛊惑"的当然不只是蔬果。《野草》中的《好的故事》，是抒写作者在"昏沉的夜"所憧憬的美好理想的，写的就是坐小船在山阴道上看见的两岸美景，但在要凝视时却又消失了，寓意是很清楚的。《雪》则把美好的江南冬天的雪来和北方的"孤独的雪""死掉的雨"对比，身处北方的作者在抒写理想和现实的矛盾时是把记忆中的故乡景色作为美好理想的象征的。《风筝》中写道："现在，故乡的春天又在这异地的空中了，既给我久经逝去的儿时的回忆，而一并也带着无可把握的悲哀。"《野草》是抒情的散文诗，作者不满周围冰冷的黑暗的现实，用儿时回忆中的故乡景色来象征美好的事物和理想，到以叙事为主要特色的《朝花夕拾》里，这些美好的事物就具象化了。儿童是爱美的，即使在被呵斥和禁止的环境下，也很难完全压制他们追求美好有趣事物的活力，看看三味书屋中那些孩子们的情趣吧，鲁迅写道："我的小同学因为专读'人之初性本善'读得要枯燥而死了，只好偷偷地翻开第一叶，看那题着'文星高照'四个字的恶鬼一般的魁星像，来满足他幼稚的爱美的天性。昨天看这个，今天也看这个，然而他们的眼睛里还闪出苏醒和欢喜的光辉来。"比之那些小同学，鲁迅就有幸得多了，他不仅可以公开地看家藏的《玉历钞传》之类赏善罚恶的图画故事，而且很早就有机会看到《花镜》等引起他喜爱的有图的书；但他"最为心爱的宝书"还是长妈妈给他买来的那部"画着人面的兽，九头的蛇"等神奇事物的《山海经》。那虽然是一部刻印"十分粗拙的本子"，"图像也很坏"，但它在童年鲁迅的心上引起了多少美妙有趣的想象，以至于他接着搜集了许多种绘画的书，用荆川纸描摹了一本本旧小说的绣像，培育了他的审美意识和对艺术的浓厚兴趣。当然不只是图画，就说那个他当时的"乐园"百草园吧，他在那里的草木鸟虫中发现了多么美妙神奇的天地：油蛉低唱，蟋蟀弹琴，酸甜的覆盆子，白颊的张飞鸟；自然界的能引起儿童美好感情的东西都使他"有无限趣味"。即便是三味书屋后面的那个小园,"也可以爬上花坛去折腊梅花,在地上或桂花树上寻蝉蜕",或者"捉了苍蝇喂蚂蚁"。童年时代给鲁迅一生都留下不可磨灭的美好印象的当然不只是故乡的自然风物,鲁迅就说过《朝花夕拾》写了许多"有关中国风俗和琐事"[①],而且作者在回忆这许多风俗、琐事以及人物的时候,都是渗透了他自己童年时代的爱憎感情的。其实这也容易理解,如果不是当年深深地激动过自己心弦的事物,是不可能在作者四十多岁时仍然保留着那么深刻、清晰的印象的。因此凡是他写到的人和事,都在叙述中鲜明地渗透了作者当年对它的态度和爱憎,而常常"蛊惑"他反顾的那些值得怀念的事物,都是童年时代引起他强烈兴趣的美好的事物。如果分析《朝花夕拾》的思想性,我以为首先它是以儿童的天然的、正常的兴趣和爱好作为对人和事的评价尺度的,它提供了一个关于风俗、琐事和人物的美丑的价值观念。鲁迅在评论向培良的小说时曾说:"作者向我们叙述着他的心灵所听到的时间的足音,有些是借了儿童时代的天真的爱和憎,有些是借着羁旅时候的寂寞的闻和见……只如熟人相对,娓娓而谈,使我们在不甚操心的倾听中,感到一种生活的色相。但是,作者的内心是热烈的,倘不热烈,也就不能这么平静的娓娓而谈了。"[②]这其实也是《朝花夕拾》的特点。我们记得鲁迅的小说《怀旧》和《孔乙己》,也是通过儿童的眼睛亲写"生活的色相"的,正因为儿童的"天真的爱和憎"虽然朴素和幼稚,但它还没有受到利害和偏见的侵袭,因此这种爱憎就常常是和美丑、是非、善恶的客观意义同步的。《朝花夕拾》不是小说,不能虚构,它所体现的作者童年时代对周围事物的爱憎感,就自然成为本书思想意义的主要内容了。当然,在行文中作者有时也联系写作当时的现实,在更高的或深化了的认识上有所阐述或议论,但作者对童年的感受和目前的想法这二者,在文章中是区分得很清楚的,而重点显然在于前者。譬如最使

---

① 《鲁迅书信集》(下)《致日本人士书信 47.致增田涉》。
② 《且介亭杂文二集·〈中国新文学大系〉小说二集序》。

他反感的《二十四孝图》中的"郭巨埋儿",童年的想法是"自己不敢再想做孝子,并且怕我父亲去做孝子了"。而"现在想起来,实在很觉得傻气。这是因为现在已经知道了这些老玩意,本来谁也不实行"。但不正是童年时的"傻气"和憎恶更能显示这种"以不情为伦纪"的丑恶和虚伪吗?可见发自作者热烈的内心的对人和事的鲜明的爱憎态度,才是本书真正能够感染读者的思想倾向。

除了故乡的自然风物以外,给作者留下美好记忆的童年生活的人和事是很多的;通过富有感情的笔触,他也把这种美好的情绪传给了读者。请看,虽然"喜欢切切察察",但能做"别人不肯做,或不能做的事"的长妈妈;善于在雪地捕鸟的闰土的父亲,以及后来在《我的第一个师父》中所写的娶妻留须的叛逆的和尚,都是童年鲁迅所敬爱的人物。坐上三道明瓦窗的大船去东关看"五猖会",正月十四夜等着看像"老鼠成亲"花纸上画的那样尖腮细腿的仪仗队的出现,都是使他"极其神往"的;因为民间的迎神赛会"虽说是祷祈,同时也等于娱乐"①,而民间年画(花纸)和旧戏的艺术特点,则一直到鲁迅后来写小说的时候还是他着意追求的风格。② 特别是"和'下等人'一同"欣赏乡下人所扮演的"目连戏",更是童年生活中最值得"反顾"的事情,他自己还曾上台扮演过鬼卒,《无常》和后来写的《女吊》,就是专门写"大戏"(绍兴戏)或目连戏中最令人喜爱的两个形象的,它们是多么深厚地体现了劳动人民的感情和愿望,又是在童年鲁迅心上刻上了多么美的欣赏和记忆。在《朝花夕拾·后记》中,还有一幅鲁迅自己画的他"所记得的目连戏或迎神赛会中的活无常",而且他"确信我的记忆并没有错",这是我们现在所看到的唯一的一幅鲁迅的绘画,对此他是浸注了很深的感情的。他说:"我至今还确凿记得,在故乡时候,和'下等人'一同,常常这样高兴地正视

---

① 《朝花夕拾·后记》。
② 《南腔北调集·我怎么做起小说来》。

过这鬼而人，理而情，可怖而可爱的无常，而且欣赏他脸上的哭或笑，口头的硬语与谐谈……""因为他爽直，爱发议论，有人情，——要寻真实的朋友，倒还是他妥当。"一直到鲁迅晚年，在《门外文谈》一文中他还说无常是"真的农民和手工业工人的作品，由他们闲中扮演"。他再次引用了无常的唱词，而且说道："何等有人情，又何等知过，何等守法，又何等果决，我们的文学家做得出来么？""女吊"也是目连戏中的一个鬼魂，是"女性的吊死鬼"，她身穿红衫，口中鸣冤叫屈，坚决要去复仇；鲁迅认为她是"比别的一切鬼魂更美，更强的鬼魂"。这些刚健清新的民间创作都是鲁迅所喜爱、赞美和永远不能忘怀的。可以看到，鲁迅对童年生活中最美好的记忆是劳动人民善良、勤劳和反抗的性格，他们所创造的能体现他们感情的像无常和女吊那样的角色；为他们所喜爱的民间艺术——花纸、民间故事、迎神赛会和目连戏，以及他们所生活和热爱的自然景物。这一切都是通过儿童的浓烈的兴趣和爱好来体现了它们的美的意义和价值的。写青年时代的三篇也一样，耿直不阿而终生不得志的范爱农，作者是充满悲愤的感情怀念他的。辛亥革命后范爱农当上了师范学校的学监，不再发牢骚也不大喝酒了，又办事，又教书，"实在勤快得可以"，但不久就"被孔教会会长的校长设法去掉了，他又成了革命前的爱农"，终至潦倒以死。他的直立在菱荡里的尸体就是对黑暗现实的控诉。鲁迅对他是充满了真挚的友情的。严谨热诚和诲人不倦的藤野先生，鲁迅说"在我所认为我师的之中，他是最使我感激，给我鼓励的一个"。而且以后也一瞥见挂在墙上的他的照片，就增加了生活和工作的勇气。这两位都不是什么声名显赫的人物，但文章确实写出了他们的高尚正直的品质和青年鲁迅对他们的深厚的感情。范爱农的遭遇表现了那个时代要求进步的知识分子的悲剧，藤野先生的精神则在于他是为了中国和为了科学，希望新的医学在中国能得到发展。这在当时还普遍存在歧视弱国人民的日本，确实是难能可贵的，所以鲁迅认为"他的性格，在我的眼里和心里是伟大的，虽然他的姓名并不为许多人所知道"。一位教书的同事曾不无牢骚地对我说："藤野先生不讲究穿着,埋头工作,对学生的学习认真负责,希望外国留学生学好,我们多少年来不就是这样做的吗?只是没有一个像鲁迅那样的学生写文章罢了!"确实,今天我国忠于教育和学术工作的人是很多的,他们的精神也是会在青年人的心目中引起尊敬的,但在当时只有一个中国学生而民族偏见还广泛流行的日本仙台,这确实不容易,他引起鲁迅的敬爱之情是很自然的。《琐记》写的是青年鲁迅走异路、投异地,寻找"别一类人们"的探寻前进道路的经历,在当时的环境下他所遇到的自然多是"乌烟瘴气"的事物,但在矿路学堂时,由于总办是一个"新党","西学"的影响已经散布到校内,不仅开设了使鲁迅感到"非常新鲜"的自然科学课程,而且看《时务报》《译学汇编》等新书的风气也流行起来,鲁迅饶有兴味地回忆了他"一有闲空,就照例地吃侉饼,花生米,辣椒,看《天演论》"的学生生活。总之,和童年时代一样,青年时期也有美好的值得反顾的人和事。所有这些为作者所喜爱、赞美的事物都渗透着作者的深厚的爱,写出了它们的美的意义和价值。这才是"花",尽管时光流逝了,已经是"夕拾"的"朝花",但凝视起来仍然是美丽的。

在那样的家庭和社会环境中,善良的人物是不幸的,美好的事物是得不到正常发展的。鲁迅曾说:"能杀才能生,能憎才能爱,能生与爱,才能文。"[1] 一个对美的人和事有热烈的爱的人,是必然会对压制、摧残和扼杀美好事物的力量给以强烈的谴责和批判的。他必然是如鲁迅所说:"像热烈地主张着所是一样,热烈地攻击着所非,像热烈地拥抱着所爱一样,更热烈地拥抱着所憎。"[2] 这就是《朝花夕拾》中通过童年和青少年时期的生活感受,对封建习俗和封建思想文化给以尖锐的讽刺和批判的原因。童年的鲁迅是十分爱好图画的,但当一个长辈赠给他《二十四孝图》时,他本来"高兴极了",接着就是"扫兴"和"反感",因为像"老莱娱亲"这样的故事,他感到"简直

---

[1]《且介亭杂文二集·七论"文人相轻"——两伤》。

[2]《且介亭杂文二集·再论"文人相轻"》。

是装佯,侮辱了孩子"。最使他反感的是"诈跌仆地",鲁迅说:"无论忤逆,无论孝顺,小孩子多不愿意'诈'作,听故事也不喜欢是谣言,这是凡有稍稍留心儿童心理的都知道的。""诈"就是"伪",关于美丑的爱憎本来是与真伪、是非、善恶等一致的,衍太太为什么那么招人憎恶呢?制造流言总是一个重要因素罢,流言也就是引起孩子们普遍憎恶的谣言,其他有关她的许多事都是与此有关的。《父亲的病》中所批判的那两个"名医",不仅因为他们医道拙劣,更重要的是如鲁迅在别处所说,他们是"有意的或无意的骗子"[1]。这样的人物引起童年鲁迅的强烈憎恶是理所当然的。但是还有一些人,他们主观上正是一本正经地做自以为十分正当的事情,但由于他们本身就是浸透了封建主义思想毒素的,他们觉得必须使孩子按照既成的社会秩序和封建思想的要求成长,才是正路,觉得压制、摧残和扼杀儿童的天然的兴趣和爱好是为了孩子好,是他们的责任;由于他们并不自觉地把是非、善恶颠倒了,同儿童的对美的兴趣和追求发生了直接的抵触,当然也会引起儿童的不耐烦、畏惧,甚至厌恶。从这些地方所表现的思想倾向当然也是对封建思想和文化的批判,而且是更严厉的批判。长妈妈所恪守的许多荒谬的规矩和道理,她对自己脱下裤子就可以使外面大炮爆炸的愚蠢的自信;方正、严厉的三味书屋塾师不愿学生提问题,只让孩子放开喉咙读那些《论语》《幼学琼林》之类的不懂的书籍;如果孩子躲到后园去玩了,他就大呼起来:"人都到那里去了!"《朝花夕拾》在写到这类事情的时候,憎恶感是十分鲜明的,但对长妈妈只写了"不大佩服"和"不耐烦",而对那位塾师则说后来对他好起来了,不过让读的书也渐渐加多。现在的鲁迅研究者对于长妈妈和三味书屋的塾师寿镜吾的事迹已经调查得很清整,他们都是善良正直的人,而且鲁迅对他们也是有感情的,但这并没有妨碍或削弱文章中对封建思想和封建教育的批判的深刻性。更能说明问题的是《五猖会》,正当七岁的鲁迅"笑着跳着"要和

---

[1] 《呐喊·自序》。

家里人去看五猖会的时候，他父亲却让他必须背熟"粤自盘古，生于太荒"这样一句也不懂的《鉴略》，有二三十行，"背不出，就不准去看会"。结果虽然背熟后让走了，但他已对风景、点心，以至五猖会的热闹，都没有兴致了。在《父亲的病》中，鲁迅说"我很爱我的父亲"，但背书这件事却使他"至今一想起，还诧异我的父亲何以要在那时候叫我来背书"。这里对封建教育方法和封建家长制的批判是很严峻的，后来他曾说过："倘有人作一部历史，将中国历来教育儿童的方法，用书，作一个明确的记录"，"则其功德，当不在禹（虽然他也许不过是一条虫）下"。①《五猖会》其实就是这种封建传统教育的一个批判的"记录"。但我们可以看出，儿童的爱憎不但是鲜明的，而且也是能够区别人和事的关系的。《朝花夕拾》的思想性，主要就表现在它以儿童正常的健康的爱憎倾向对人和事提供了一个合理的价值标准；它虽然是朴素的、直感的，却是鲜明的和正确的，而且还是十分富有感染力的。

《朝花夕拾》中有关社会批评的地方还有很多，其中有的是对于当时看到的一些丑恶现象的批判，也有的是作者联系现实所发的议论。前者如《藤野先生》中写的那些头顶盘着大辫子，顶得帽子像高耸的富士山，或把辫子盘平，像小姑娘的发髻一般，晚上则咚咚咚地学跳舞的清国留学生；后者如《狗·猫·鼠》中讲"人禽之辨"的一般议论：动物们"适性任情，对就对，错就错，不说一句分辩话"，他们没有自鸣清高，没有竖过"公理""正义"的牌子，而人不仅说空话，还要说违心之论，对于物说来，实在"颜厚有忸怩"。这些社会批评不仅是非常精辟的，而且对作者所回忆的主要内容提供了背景或加深了认识，它不是外加的附着物，而是文章的有机部分。但如果认为同杂文一样，这些就是文章的主要思想内容，那也是不恰切的。因为它虽然也有讽刺或议论，但通常都是在抒情性很浓的回忆中夹叙夹议地穿插进去的，并未离题，用的多是旁敲侧击的手法，与杂文之正面的和通篇的抨击时

---

① 《准风月谈·我们怎样教育儿童的？》。

弊有所不同。因此它仍然是或者属于回忆的组成部分，或者是由回忆内容所引起的联想。对于鲁迅这样的作家，无论写什么样的作品，他都是不会忘记文学的战斗作用的。

三

《朝花夕拾》是鲁迅回忆童年和青少年时期生活的散文，但它不是自传，鲁迅是不赞成给自己写传记的，他说："我是不写自传也不热心于别人给我作传的，因为一生太平凡，倘使这样的也可做传，那么，中国一下子可以有四万万部传记，真将塞破图书馆。"① 传记是以宣扬"本传主"的生平事业为内容的，鲁迅自居于普通人之列，并不想宣扬自己的贡献和成就。我们在分析《朝花夕拾》产生的原因时，曾谈到鲁迅觉得把自己的一些经历写出来，对提醒青年人注意历史经验仍有现实意义，因此在讨论这本散文集的艺术特点时，首先必须考虑到作者是以热烈的内心，现身说法地对青年读者谈自己的经历和感受的。正如鲁迅所说："倘不热烈，也就不能这样平静的娓娓而谈了。"许广平回忆说，鲁迅"在青年跟前，不是以导师出现，正像一位很要好，意气极相投的挚友一般"②。也只有把读者摆在一种心心相印的平等地位，才能做到"如熟人相对，娓娓而谈"。不仅如此，要打动读者的心弦，尽管是如鲁迅所赞赏的"任意而谈，无所顾忌"③ 那样，但在内容和写法上还必须适应这样的目的和要求。就内容说，回忆是根据事实的，不能虚构，但是可以选择，鲁迅所写的事件和细节就是经过精心的选择和提炼的，因此常常能够揭示事物的本质，具有很高的典型意义。以《琐记》为例，它从作者离开 S 城到赴日留学之前，写了四年的生活，写了他不断探索前进道路的曲折过程，通篇

---

① 《鲁迅书信集》(下)《1204. 致李霁野》。
② 《欣慰的纪念·鲁迅和青年们》。
③ 《三闲集·我和〈语丝〉的始终》。

就是由几个典型细节构成的。它先由衍太太写起，目的在于写出对S城人的脸和心早已了然，无可留恋，必须外出"去寻为S城人所诟病的人们，无论其为畜生或魔鬼"。其次写中西学堂，表明他所追求的是为时人所不齿的"异端"；但他并不满足，因为他追求的并不只是学外语。接着写了南京两个学堂的情形：水师学堂是训练海军的，原有一个游泳池，但因淹死过学生，早已填平了，还在上面造了一座关帝庙来镇压，每年七月十五日还要请和尚放焰口。对这所学校的突出印象是有一根二十丈高的桅杆，可以爬上去看风景。通过这些细节，它的"乌烟瘴气"就一目了然了。路矿学堂原是为开青龙山煤矿设立的，结果所得的煤只够烧两架抽水机之用，"就是抽了水掘煤，掘出煤来抽水，结一笔出入两清的账"。学生下过几回矿洞，就算毕业了。"爬上天空二十丈和钻下地面二十丈，结果还是一无所能，学问是'上穷碧落下黄泉，两处茫茫皆不见'了。"这当中还插入了他热衷地看《天演论》等新书的一段。最后写到日本去，并以一个人因祖母哭得死去活来不去了和临行前一个前辈同学的可笑的叮嘱作结，说明当时的社会风习还都是视到外国去为畏途的。这篇文章通过这一连串富有典型特征的细节，写出了作者遍求科学与进步、坚决要走出一条新路来的心情，也勾画出了当时洋务派那种"富国强兵""实业救国"之类活动的真实面貌；篇幅不长而极为传神，主要就是那些经过精心选择的细节是十分富有表现力的。写人物的几篇也一样，无论藤野先生或范爱农，尽管人物性格写得鲜明，但它与小说中的塑造形象不同，不是多方面地展现人物的精神面貌，而是通过自己的感受和印象，选择一些富有特征的片段或细节，来抒写自己的感情和态度的。它远比小说的笔墨更为经济和精练，而且如同抒情诗那样，毋宁说文章中更主要的形象是作者自己；《藤野先生》写了自己弃医从文的原委，《范爱农》写了自己对辛亥革命的痛心的感受，他是在同朋友谈心曲而不是讲故事。因此就内容说，精心地选择有典型特征的细节，并赋以强烈的感情色彩，就是它的主要特点。

在写法上，既然要求自己的生活感受为读者所领会，引起共鸣或同感，自然就不能以教训者或讲演者的姿态出现，而必须是漫谈式的，似乎天马行空，毫不用心，但絮絮道来，既有深长的韵味，又能有感情的交流。例如《狗·猫·鼠》中作者从自己的仇猫说起，谈了人们的婚礼，黑猫、猫婆和猫鬼，猫与虎的师徒关系，老鼠成亲的花纸，蛇和"老鼠数铜钱"，隐鼠和墨猴等许多传说、掌故和现实的小故事，波浪起伏，好像漫不经心地闲聊天，但实际都是以勾画"媚态的猫"为中心的。其他各篇也都是时而叙回忆，时而发议论，时而勾勒一幅景色，时而讥刺某种心理；时而考核故实，时而旁敲侧击，但它仍能吸引人们饶有兴味地读下去，而其中心和脉络也是十分清楚的。其所以能够如此，就因为作者的感情线索是连贯的，读者可以从中体味到作者的性格和爱憎。当然，既然要求如"熟人相对，娓娓而谈"，语言也必须生动隽永，它可以有一点幽默和风趣，但不能啰唆，必须洗练和简洁。鲁迅一向反对把文章写得朦胧难懂，认为那不过是"变戏法的障眼的手巾"，他要求反此道而行，采用"白描"的手法，并把"白描"扼要地解释为"有真意，去粉饰，少做作，勿卖弄"[①]。他也不赞成精雕细刻，把文章写成供雅人摩挲的"小摆设"[②]。《朝花夕拾》与此相反，它正是以诚恳坦率的真意和洗练晓畅的文笔见称的。这一切就构成了《朝花夕拾》的艺术特点。

  这些特点很容易使我们联想到在写《朝花夕拾》的前一年，鲁迅翻译的日本厨川白村《出了象牙之塔》一书中关于 Essay（随笔）的论述。他说："如果是冬天，便坐在暖炉旁边的安乐椅子上，倘在夏天，则披浴衣，啜苦茗，随随便便，和好友任心闲话，将这些话照样地移在纸上的东西，就是 Essay。兴之所至，也说些以不至于头痛为度的道理罢。也有冷嘲，也有警句罢。既有 humor（滑稽），也有 pathos（感愤）。所谈的题目，天下国家的大事不待言，还有市井的琐事，书籍的批评，相识者的消息，以及自己的过

[①] 《南腔北调集·作文秘诀》。
[②] 《南腔北调集·小品文的危机》。

去的追怀，想到什么就纵谈什么，而托于即兴之笔者，是这一类的文章。"① 他强调"再随便些"，"再淳朴些，再天真些，率直些"②；当然不是用录音机随便记下的任何人不加思索的谈话都是好文章，他说的其实就是鲁迅所谓"有真意，去粉饰，少做作，勿卖弄"。所以他也认为"那写法，是将作者思索体验的世界，只暗示于细心的注意深微的读者们。装着随便的涂鸦模样，其实却是用了雕心刻骨的苦心的文章"③。"作者这一面，既须很富于诗才学殖，而对于人生的各样的现象，又有奇警的锐敏的透察力才对。"④ 厨川白村对散文随笔的特点所作的这些理论性的阐述，对中国曾有过很大的影响。郁达夫说："至如鲁迅先生所翻的厨川白村氏在《出了象牙之塔》里介绍英国 Essay 的文章，更为弄文墨的人，大家所读过的妙文。"⑤ 值得注意的是不仅他所阐述的这些特点与《朝花夕拾》的写法有所契合，而且这也是得到鲁迅自己的首肯的。据当时刊登《朝花夕拾》文章的《莽原》负责人之一李霁野回忆："鲁迅先生在同我们谈到《出了象牙之塔》的时候，劝我多读点英国的 Essay，并教导我勉力写这种体裁的文章。"接着就说他们同鲁迅谈过如《狗·猫·鼠》这样别开生面的回忆文，似乎都受了一点本书的影响，但是思想意义的深度和广度，总结革命经验的科学性，坚持韧性斗争的激情，都不是《出了象牙之塔》所能比拟，先生倒是也不否认的"⑥。鲁迅并且给他们谈过这类文章的写法："要锻炼着撒开手，只要抓紧缰头，就不必怕放野马，过于拘谨，要防止走上'小摆设'的绝路。"⑦ 厨川白村的文艺思想很复杂，我们这里不拟讨论，就他所阐述的散文随笔的写法要求来说，其主要精神在于强调文章要表现作者

---

① 《鲁迅译文集》第 3 卷《出了象牙之塔·Essay》。
② 《鲁迅译文集》第 3 卷《出了象牙之塔·自己表现》。
③ 《鲁迅译文集》第 3 卷《出了象牙之塔·Essay 与新闻杂志》。
④ 《鲁迅译文集》第 3 卷《出了象牙之塔·Essay》。
⑤ 《中国新文学大系·散文二集导言》。
⑥ 李霁野：《鲁迅先生与未名社》。
⑦ 李霁野：《漫谈〈朝花夕拾〉》，《人民文学》1959 年第 10 期。

的艺术个性。所以他说："在 Essay，比什么都紧要的要件，就是作者将自己的个人底人格的色采，浓厚地表现出来。从那本质上说，是既非记述，也非说明，又不是议论……乃是将作者的自我极端地扩大了夸张了而写出的东西，其兴味全在于人格底调子（personal note）。有一个学者，所以，评这文体，说，是将诗歌中的抒情诗，行以散文的东西。倘没有作者这人的神情浮动者，就无聊。作为自己告白的文学，用这体裁是最为便当的。"① 当然，作家的个性是千差万别的，但读者是众多的，如果作家的"自我"违背时代精神、与读者的要求相抵触，那是无论怎样"夸张"和"扩大"也引不起读者的同感的，即使像熟人相对那样闲谈，也会"话不投机半句多"。但他要求文章要有鲜明的艺术个性和人格色彩，还是十分中肯的。由于这种论点符合了"五四"时期提倡个性解放的时代要求，所以对中国的散文创作曾发生过广泛的影响，鲁迅也包括在内。《朝花夕拾》既是对青年朋友谈"自己的过去的追怀"的，因此热情坦率、纵意而谈；但又抓紧了"辔头"，中心和线索十分清楚。像抒情诗那样，作品的主人公就是作者自己，个性特征和感情色彩都很鲜明。但它不是"小摆设"，不是只供人玩赏和"摩挲"的东西，而是具有深刻的思想意义的。从这点讲，尽管厨川白村也同鲁迅一样提倡文艺批评和社会批评，《出了象牙之塔》就是一本用随笔笔调写的文艺评论和社会评论的书，而且还写过批评日本社会虚伪保守等世态的为鲁迅所赞赏的文章，但就思想深度和艺术价值来说，鲁迅散文随笔的成就确非他"所能比拟"。

鲁迅于 1933 年写过一篇文章，题名《小品文的危机》②，是为了反对《论语》《人间世》等刊物提倡以"幽默""闲适"为内容的小品文而写的。在这篇文章里，他从晋代的清言起，扼要地叙述了散文小品在中国文学史上的发展线索，重点是讲"五四"以来现代散文小品的历史经验，当他谈到现代散文

---

① 《鲁迅译文集》第 3 卷《出了象牙之塔·Essay》。
② 参见《南腔北调集》。

小品的成就的时候，曾说："这之中，自然含着挣扎和战斗，但因为经常取法于英国的随笔（Essay），所以也带一点幽默和雍容。"这里鲁迅把英国随笔的风格特点概括为幽默和雍容，并且对它的影响采取了肯定的态度。当然，这并不是现代散文小品唯一的或主要的艺术渊源，因为作为历史回顾，鲁迅就已经讲了由晋代清言起的我们自己的传统，而且他所强调的是"挣扎和战斗"。就他自己的作品《朝花夕拾》来看，它的"挣扎和战斗"的历史特点是不容置疑的，它当然也有中国古典文学传统的影响，作品中不仅谈到了许多历史记载和掌故，而且还直接引用过如李济翁的《资暇集》和张岱的《陶庵梦忆》等笔记，也就是小品，这种历史联系是无须多说的。但在写法上同时也有外国随笔的影响，因此"也带一点幽默和雍容"。关于"雍容"，我们实际已经谈过很多了，它确实是《朝花夕拾》的显著的风格特点，需要略加申述的是"幽默"。前引厨川白村在论述随笔特点时，本来就提到了 humor，也就是幽默，当时这个译名还未流行，鲁迅把它译为"滑稽"。1926 年鲁迅译了日本鹤见祐辅的《说"幽默"》，他当时并不反对幽默，还说此文"虽浅，却颇清楚明白"[1]。30 年代鲁迅才坦率地讲"我不爱'幽默'"[2]，那是为了反对《论语》提倡的那种"将屠户的凶残，使大家化为一笑"[3]的脱离人民的倾向，并不是在写法上一律反对机智的可以引起读者会心的微笑或某种喜剧性兴奋的表现手法。幽默决不会是毫无意义的，有时那里边就包含着一定程度的讽刺，有时则是对某些弱点或矛盾的善意的揭示，都是可以引起读者兴味或沉思的部分。就《朝花夕拾》说，除了对"正人君子"之流的尖锐讽刺之外，幽默的特点也是很明显的。如《父亲的病》中写"名医"所用的"奇特的药引"，"最平常的是'蟋蟀一对'，旁注小字道：'要原配，即本在一窠中者。'"，作者插入议论说："似乎昆虫也要贞节，续弦或再醮，连做药资格也

---

[1]《鲁迅书信集》（上）《129. 致韦素园》。
[2]《南腔北调集·〈论语〉一年》。
[3]《南腔北调集·〈论语〉一年》。

丧失了。"这种议论读后使人失笑，但它是带刺的，同时也起了讽刺的作用。《琐记》的结尾记作者在赴日前曾向一位去过日本的前辈同学请教，他"郑重地"介绍"要多带些中国袜"，并将纸票都换成日本"银圆"。"后来呢？后来，要穿制服和皮鞋，中国袜完全无用，一元的银圆日本早已废置不用了，又赔钱换了半元的银圆和纸票。"由于事情如此可笑，而作者反用平静的笔调细加叙述，它自然就引起了读者善意的微笑。这类例子是很多的，长妈妈的睡相和"严肃"的谈话，念佛的老妪对迎神赛会中的鬼王照例给予的"不胜屏营待命之至"的仪节，都是对善良的人的某些弱点的揭示，也都是富有幽默感的细节。可见问题不在于幽默这种写法的运用，而在于它的具体内容和社会作用。就《朝花夕拾》说，把幽默和雍容一并作为它的艺术上的特点，是符合实际情况的。

我们只是借鲁迅所概括的外国随笔对中国散文创作影响的话，来说明《朝花夕拾》的一些艺术特点；但这些特点主要是由作者的创作意图和读者对象决定的，并不单纯是取法于外国随笔的结果。总的说来，《朝花夕拾》在平静朴素的叙述中渗透了作者真挚的感情，在简洁洗练的文笔中有深长的韵味；虽为个人回忆，但有丰富深刻的社会内容。在为数众多的现代散文创作中，它的艺术成就是创造性的，并且具有一定的典范意义。

四

《朝花夕拾》出版距今已半个世纪以上，除了作为文艺作品一直为人传诵外，它的文献价值也越来越显著了。首先，它是关于革命文学家鲁迅生平史实的第一手资料。人们渴望知道我国这一伟大人物的孕育、成长和经历，以便从中接受教育，但关于他的早期生活资料并不丰富，许寿裳等人虽然提供了一些，但鲁迅自己的回忆当然是最宝贵的文献。从《朝花夕拾》里，我们可以看到鲁迅早年的完整的形象：对弱者的同情和对封建秩序的反感，同劳动人民的感情上的联系，对于自然美和艺术美的敏锐的感受，对封建礼教的怀疑和对民间的美术与戏剧的热爱，追求新的道路的执着和接受进化论等社会改革思想的热忱，弃医从文的原委和爱国主义思想的迸发，以及辛亥革命中所经历的兴奋和失望。它虽然不是自传，但通过许多具体的史实，我们可以看到鲁迅的成长过程和思想形成的脉络，看到一个对封建思想从反感到决裂，不断探索和追求新的道路的爱国者的足迹。这一切对鲁迅后来所建树的伟大业绩是有密切联系的。故乡的人民生活一直是他进行创作的主要源泉之一，为人民所喜爱的民间艺术是他追求的风格特点。他后来的美术活动如搜集和研究古代石刻画像，编印古代版画笺谱，提倡木刻艺术和介绍苏联版画等，都是同童年时代对美术的热爱有关的。他一贯注意儿童教育和儿童读物，还翻译介绍了《小约翰》《表》等著名外国儿童文学作品，这当然也与他的童年经历有关。总之，对于鲁迅生平传记中的许多重要问题，都可以从《朝花夕拾》中找到渊源或解答。现在出版的"鲁迅传"和"鲁迅年谱"一共已不下十种，其中关于鲁迅三十岁以前的部分，所依据的资料的来源，许多都是这本书所提供的，可见它的文献价值之可贵了。

  作为历史文献，当然必须首先肯定鲁迅所写的事实都是可信的；否则尽管它的艺术质量很高，也缺乏史料价值。这本来不应该成为问题，但竟然也有人提出了异议。周作人在他晚年写的《知堂回想录》中，就说鲁迅《朝花夕拾·父亲的病》是"一种诗的描写"，药引"平地木"实际并不难找，鲁迅父亲临终时按照绍兴民间风俗，作为长辈的衍太太也没有"特地光临的道理"，并说："《朝花夕拾》里请她出台，鼓励作者大声叫唤，使得病人不得安稳，无非想当她做小说里的恶人，写出她阴险的行为来罢了。"这就涉及《朝花夕拾》究竟是一本回忆性的散文还是如周作人所理解的杂有想象和虚构的小说，如果是后者，那就谈不上什么史料价值了。一般地讲，这种看法本来是不值一辩的；但由于周作人的特殊身份，而且他也是根据事实回想的，于是就引起了一些人对本书文献价值的怀疑。其实鲁迅在《朝花夕拾·小引》

中明明说它"是从记忆中抄出来的,与实际内容或有些不同,然而我现在只记得这样"。既然是"从记忆中抄出来的",就不可能杂有想象和虚构;其中某些地方也可能与事实有些不同,但那全属于记忆上的差误。例如《范爱农》中记他作了悼念范爱农的四首诗,"后来曾在一种日报上发表,现在是将要忘记完了"。今已查明他所作的诗实际上只有三首,发表在1912年8月21日的绍兴《民兴日报》,作者说"四首"显然是记错了。既然是"旧事重提",这类记忆上的差误是可能有的,作者就说他"将要忘记完了",但他又说"现在只记得是这样",就是说绝没有添枝加叶的虚构。在《朝花夕拾·后记》中讲到无常的图像时,他说"我还确信我的记忆并没有错",《五猖会》讲到背诵《鉴略》的一段时又说"还分明如昨日事",特别是在《父亲的病》中作者讲到父亲临终前他大声叫唤时的情景说"我现在还听到那时的自己的这声音"。他的记忆是十分清楚的,而催促他快叫的就是忽然进来了的衍太太。当时鲁迅十六岁,是长子,按照礼节负有"亲视含殓"的重任,而周作人只有十二岁,可以不在现场,他也没有详细描述当时的情况,怎么可以根据一般习俗就断定衍太太不可能在场呢?正因为她是一个以"精通礼节"自诩的人,又住在一门里,她在此紧要时刻忽然"进来"是符合她的性格的,不能从一般民间习俗作推论。至于"平地木",名称本来很多,药店叫紫金牛,绍兴人俗称"老弗大",一时不知何物也是容易理解的,后来不是由于有人指点,"得来全不费工夫"地找到了吗?怎么可以根据自己的知识认为"访求最不费力"就说作者是虚构的呢!根本原因是喜欢平和冲淡的周作人不满意鲁迅关于周家的叙述,而又无法用事实来否定,于是就想以"诗的描写""小说里的恶人"等字样来把它抹掉。周作人的这种看法是不可信的,《朝花夕拾》的史料价值不容置疑。

其次,作为参考文献,《朝花夕拾》也为我们理解和研究鲁迅的小说提供了重要的、有用的资料。鲁迅的小说有许多是以故乡为背景的,《朝花夕拾》中关于社会风习、人们的心理状态以及自然风物等的记述,都有助于我们对鲁迅小说中的环境气氛的理解和研究。特别是人物,鲁迅在生活中接触的和感受很深的真实的人,同他在小说中所创造的典型形象并不是没有关联的。当然,鲁迅并没有把某一具体的人作为他小说中人物的原型,他多次说过他写的人物是"拼凑起来的角色",因此这种"关联"不是原型和典型形象之间的关系,而是生活积累与艺术创造之间的关系。所谓"拼凑"就是艺术概括、典型化,作者自己也很难分清小说中人物的哪一部分是来自生活中的某人,但它又决不是凭空创造的,而必然有它的坚实的生活依据。当我们读《祝福》时,不是觉得祥林嫂的命运和精神面貌同连姓名也不被人知道的长妈妈有某种相似吗?而当我们读《孤独者》和《在酒楼上》的时候,魏连殳和吕纬甫的曾经追求进步而终于被环境压扁了的知识分子的苦难命运深深地刺痛了我们的心,这时就会自然地浮起了鲁迅所记述的范爱农的潦倒以终的一生。就是《故乡》中那个豆腐西施杨二嫂,我们也不难由她联想到生活中的那个精明能干的衍太太;虽然她们的身份地位和具体行为很不相同,但精神世界却又那么"神似"。甚至《明天》和《药》中所写的宝儿和华小栓的死,也使我们想到当时社会上实际存在的骗人的庸医。这种联想是有益的,它帮助我们加深了对鲁迅作品的理解,同时也为研究文艺与生活的关系以及鲁迅小说的典型化艺术,提供了重要的依据。

再次,《朝花夕拾》也为中国近代史提供了比一般历史记载更为鲜明和准确的形象化的社会史料。19世纪末和20世纪初正是中国新旧交织、发生剧烈变化的时代,这本书就从家庭到学校、从绍兴到仙台,多方面地展示了当时真实的生活场景和社会风习。举例说,当我们讲清末洋务派练海军和兴矿业等"富国强兵"的措施时,还有比鲁迅所描述的南京两所新学堂的"乌烟瘴气"的情况更能有力地显示他们的"业绩"吗?而"西学东渐"在当时青年中所引起的热潮和后果也同样被生动地描绘了出来。辛亥革命是一场更大的全国范围的社会变革,但结果如何呢?绍兴光复后鲁迅和范爱农兴奋地"到街上去走了一通,满眼是白旗。然而貌虽如此,内骨子是依旧的,因为还是几个旧乡绅所组织的军政府,什么铁路股东是行政司长,钱店掌柜是军械司长……"。不久,革命党人王金发带兵进来,做了军政府的都督,然而"在衙门里的人物,穿布衣来的,不上十天也大概换上皮袍子了,天气还并不冷"。招牌虽换,货色依旧,用不了多久,"涂饰的新漆剥落已尽,于是旧相又显了出来"[①]。辛亥革命的失败在这里留下了多么生动真实的图景!作为社会史料,《朝花夕拾》同样是具有文献价值的。

《朝花夕拾》之所以多方面地取得了杰出的成就,最根本的原因是作者不仅是一位卓越的作家,而且是一位坚定的为改变祖国面貌献身的革命者。他不仅有广博的学识和深厚的艺术修养,而且对各种社会现象有敏锐的观察力,他的热烈的爱憎感情渗透于字里行间,因而对读者有强烈的感染力。现在,它已经成为我们所珍惜的文化遗产的一部分,并将在社会主义精神文明的建设中发挥它应有的作用。

原载《北京大学学报》(哲学社会科学版)1984年第1期

[①] 《两地书·八》。

一部有特色的传记
——读林志浩的《鲁迅传》

李　彪

在我国，传记文学有其悠久的历史。《史记》中的陈涉、吴广、项羽、李广、孟尝君等，至今仍活在读者的心中，便是明证。但是，这个传统似乎并没有得到很好的继承和发扬。其影响所及，是使得不少在政治、军事、文化方面有功于我们民族、曾经影响了一个时代、恩泽降及后世的伟大人物，在传记文学的领域失却了应有的地位，而传记文学也同时变成了薄弱的一环。

粉碎"四人帮"之后，学术界颇有人注意到了这种薄弱。于是，各以自己的辛勤耕耘，努力填补着这一空白。在已经出版的这类著作中，林志浩的《鲁迅传》应当说就是一部富有特色的传记。可以预料，一个传记文学获得丰收的季节，正在到来。

传记文学首先应当注重历史的真实，但同时也应含有文学的因素。作者需要研究并熟知所写对象的生平史实和论著，同时应当以锐敏的触觉伸入其心灵，把握其性格和气质，赋予他真实的生命。

林著《鲁迅传》的特色，首先就在于他忠于历史的真实并且比较出色地写出了这种真实。他在《后记》中说："考虑到鲁迅的生平、作品和思想是密不可分的，因此在写法上，我力求把鲁迅的战斗历程、作品评述和思想发展三者结合起来，以时间为线索，进行较为具体的撰述。"读完全书，就会感到，林著在史实的探求方面注意了吸取几十年来的研究成果，在作品的评述方面，显示了独有的功力，而在思想的论述方面，也能够伸入人物的心灵，注意揭示其性格发展的脉络和全貌。现试以"俯首与横眉之歌"一章为例，加以剖析。

这一章是以鲁迅1932年所作《自嘲》一诗为中心来撰写的，但是作者并没有把笔墨集中在这首律诗的解释上，因为这是众所周知的，而是以鲁迅在1932年的战斗生活和写作实践，来阐明他"横眉冷对千夫指，俯首甘为孺子牛"的伟大精神的。自然，我们理解鲁迅的这种伟大精神和性格，是不会仅仅局囿于这一章文字的。但是，仅在这一章，作者就首先以鲁迅与陈赓的会见，写出了他对苏区生活、红军战斗是怎样的关切，写出了他同党的亲如骨肉的关系。接着又记叙了鲁迅和瞿秋白的友谊，并且以他们和"第三种人"苏汶、"自由人"胡秋原的战斗，凸显了鲁迅"为敌为我，了了分明"的阶级爱憎。这样，就很自然地引出了《自嘲》这首嬉笑怒骂皆成文章的千古绝唱。而后，作者又有声有色地记叙了鲁迅"北平五讲"的战斗，将"俯首与横眉之歌"唱得分外高亢，更加动人。

值得注意的是，这种写法，并非只此一章，而是贯彻全书的。这种以时间发展为线索，从复杂纷繁的事件、篇什上千的作品中，理出头绪，选取材料、施展手法、塑造人物的方法，应当说是传记作品较为通行和普遍的写作方式，而问题在于材料的应用是否准确无误，作品的阐发是否深刻精通，人物的刻画是否能巧夺天工。

在我的印象中，林志浩在鲁迅研究方面，未必是以史实的探微、资料的考证见长的。当然，这决不是说，他的《鲁迅传》在这一方面，无所贡献，例如，他在第二十一章中，曾叙及葛琴为营救华岗，急于筹款，而鲁迅立即以百元稿酬相助的材料，就是新的发现，也是新的贡献。但是这类新的资料，毕竟不多。这也并不是说，林著的资料欠丰富、欠生动，恰恰相反，他所引证的资料不仅是生动的，而且是丰富的、翔实可靠的。他在这方面的努力，是详尽地、细心地研究了前人和同时代人的成果，从中吸收了不少养分，给自己的写作奠定了坚实的基础。这种例证很多，恕不一一列举了。

我以为，林志浩在鲁迅作品的评析和思想的研究方面，是有比较长期也较为雄厚的功力的。因而，他在评析作品的时候，往往比较准确，且时有新颖的见解。例如，他在分析祥林嫂性格的时候，能够根据鲁迅中国妇女"无妻性"的论断，指出："祥林嫂的形象，就是这种'无妻性'的最有力的例证。"又如，他通过对《答有恒先生》的分析，开掘了鲁迅思想发展的历程；通过对于《"丧家的""资本家的乏走狗"》的剖析，显示了鲁迅昂扬的战斗精神。而对《亥年残秋偶作》一诗中"竦听荒鸡偏阒寂，起看星斗正阑干"名句的阐发，则更突出了鲁迅的韧战精神和乐观情怀。因而，林著也就能够时时引导读者，窥见鲁迅的情绪、感受他跳动的脉搏，给人以启示和陶冶。

《鲁迅传》的另一特色，是对于后期的鲁迅和杂文的鲁迅给以足够的重视和浓重的笔墨。鲁迅之所以伟大，之所以是思想家和革命家，之所以和许多民主主义者不同，是因为他在后期发展成为一个共产主义战士，是因为他的杂文，尤其是后期的杂文，无愧为思想的宝库和革命的教科书。因而，为他立传，就决不能忽视他后期的战斗，更不能忽略他后期的杂文。可是，以往的乃至近年出版的一些有关鲁迅传记的著述，却存在过或至今依然存在着轻视后期和忽视杂文的通病。然而，林著《鲁迅传》却有了新的突破。他对鲁迅前期的四十多年，只写了十三个章节，而对后期的十年，则用了十四章的篇幅，予以展现。

大家知道，鲁迅前期的战斗的呐喊，是振聋发聩、惊天动地的。但是，由于时代的局限，他的思想，有时还不免陷入苦闷和矛盾。例如，他曾经在作品中，批评了许多"看客"的麻木，"哀其不幸，怒其不争"，但却又不明白革命的动力何在；他慨叹过闰土对于偶像的崇拜，但同时也感到自己的希望十分"茫远"，不明确革命的前途、理想的社会是什么，"路漫漫其修远兮，吾将上下而求索"。鲁迅经历了长期的追求和痛苦的磨炼，终于因为事实的教训和对马列主义的钻研，而步入了一个豁然开朗的境界。后期的鲁迅当然是前期鲁迅的一个必然的发展，但却是一个较前期更为伟大、更为完美的鲁迅。一切为鲁迅立传的作者，自然都义不容辞地应当为读者来描绘鲁迅后期绚丽多彩的精神世界，展示他原本具有的伟大性格。

林志浩的《鲁迅传》，正是通过对于鲁迅后期许多杂文的评述，来塑造他的形象的。他指出："从《二心集》开始，鲁迅杂文的思想就进入了炉火纯青的境界。《二心集》就是'学会了辩证法'的十分明显的例证。"也就是在《二心集·序言》中，鲁迅第一次道出了"惟新兴的无产者才有将来"的名言。接着，他又分析了鲁迅《我们不再受骗了》这篇杂文，阐明了鲁迅"为了将来的无产阶级社会"而奋斗的思想和"关于无产阶级专政的思想"，从而揭示了共产主义者鲁迅的精神风貌。此外，林著在按照时间线索、对事件进程的生动描述中，还大量地评述了鲁迅后期杂文中对于时局、世态、文艺等诸方面所具的真知灼见，较为全面地塑造了鲁迅的光辉形象。与此同时，行文又多引入生动的故事，笔下也注意生活情趣的囊括，赋予人物以血肉，读来不觉苦涩，反而觉得人物既伟大，又亲切了。

自然，林著也并非没有不足。倘以传记文学视之，我以为文学的因素似显贫弱。比起许多近现代的伟人和名人来，鲁迅似乎是为传记作者或研究者们提供了最丰富、最系统的研究对象和资料文献的人。他的文集是编年的，他有二十余年的日记存留于世，他的书信包括"情书"，均已出版。因此，有关他的传记，一般说来，比较容易达到事实的准确。但是，也许就因为他本人为我们提供了许多可资研究他思想的作品和活动的资料吧，写传记的人便难以别出心裁，难以施展手段了。不过，倘使能够大胆割爱某些人、事的过多的铺述，更着意于人物精神、性格、气质等方面的掘进，增添一些文学的色彩，或许会收到事半功倍的效果。这是我的一点管见，或许可供作者参考吧。

原载《中国现代文学研究丛刊》1984 年第 2 期

一本为青年写的鲁迅传——《民族魂》

徐允明

鲁迅自己说过，他的文章，阅历未深的青年是读不懂的；郭沫若后来加以补充，说不但是青年，就是他那一代人，如果鲁迅著作中的"新旧故实和若干语汇"不加注，也难以了解。[①] 现在的青年，读不懂鲁迅著作，不是一件奇怪的事。经过这些年的风风雨雨，鲁迅在青年中的形象，也是一言难尽。有的青年对鲁迅是莫名其妙地具有反感，有的有些冷漠，也有很多青年由衷崇敬，而不管是反感的、冷漠的，还是崇敬的，读鲁迅作品都不够多，对鲁迅的了解也不够多。这样，向青年介绍鲁迅就是十分必要的了。

鲁迅在近现代文学史、思想史和革命史上都占有重要地位。鲁迅代表着一个时代，从康有为、梁启超、严复、章太炎直到毛泽东这么一个时代，从"向西方寻找真理"直到举起共产主义旗帜的时代。鲁迅一生是中华民族在这个时代奋斗历程的缩影。鲁迅是这个时代产生的对历史发生过并将继续发生伟大影响的人物之一。他对中国旧文明、旧社会进行了深刻的、独到的分析，这些分析对我们认识自己，将永远是有用的；而他的"文明批评"和"社会批评"也启示我们："第三样时代"应当是个什么样子。鲁迅加入共产主义者的行列以后，是无产阶级的"友人"和"战士"，同时又具有区别于一般

[①] 参见郭沫若《庄子与鲁迅》，《沫若文集》第12卷。

共产主义者的特点，这是因为鲁迅是带着自己的"革命传统"①也即对中国社会、中国历史的深刻观察，对中国问题的长期思索而走进共产主义者的行列的，——鲁迅的这些特点，颇为耐人寻味。鲁迅一生，铁骨铮铮，是可以给我们的历史增添光彩，让子孙后代引以为荣、奉为典范的。丢掉了鲁迅，对我们的民族、国家来说，不堪设想！而如果青年们了解这些，——把这些用形象、生动的语言告诉青年，相信莫名其妙的反感和冷漠会冰化雪消，并将热烈地追寻鲁迅，遵循鲁迅的方向，为建设新文明、新社会，为实现鲁迅所说的"第三样时代"——共产主义时代而努力奋斗。当今青年，据说是"思考的一代"，他们是关心国家、民族的前途和命运的，他们一旦了解了鲁迅，是会这样的。

几十年来，鲁迅研究者们为了介绍鲁迅，做了许多工作，其中包括向青年介绍鲁迅，这个工作做得还不够（这应当看作青年不了解鲁迅的重要原因之一）。现在人们已注意到这一点，并作出新的努力，其中包括我们现在要谈的这本书——陈漱渝的《民族魂——鲁迅的一生》，一本为青年写的鲁迅传。

在这部仅仅十一二万字的书中，读者对鲁迅的生平、事业和思想可以得到概略的了解。为了在有限的篇幅中较好地达到这个目标，作者对篇章结构作了精心的安排。第一章"兽乳养大的英雄"写了鲁迅出生的时代、环境、家世，以及厌恶上等人、同情下等人的思想发端，仅仅两千余字，大体上都交代清楚了。第二章"从来如此，便对么？"更显出作者的匠心。作者在鲁迅少年时代许多可写的东西里，抓住了一点：怀疑精神、反抗精神的形成，写了他是怎样怀疑当时作为金科玉律的孔孟经书和前人的某些成见。这确实是抓住了重点。鲁迅这种思想、性格的萌芽，是他后来成为伟大批判家的重要条件。"逐臭趋炎苦未休，能标叛帜即千秋""从来如此，便对么？"这在"五四"时代，在那个令人窒息的"铁屋子"里，是振聋发聩的巨雷，而鲁迅的

---

① 瞿秋白：《〈鲁迅杂感选集〉序言》。

千秋功业，就在于他是出生于其中的阶级、社会及其传统的"逆子贰臣"，在于他"躬执大彗"，对一个三千年未打扫的"奥吉亚斯牛圈"着实地进行了一番清扫工作，因而推进了摧毁旧社会的事业，并教育和启发了当时的人和后来的人。作者从这里入手介绍鲁迅，并显示了他的思想和功业的发轫之处。该书介绍鲁迅小说，只介绍了其中第一篇《怀旧》和第一个小说集《呐喊》，在《呐喊》中又只介绍了其中第一篇也即在文学史上划时代的《狂人日记》。《阿Q正传》没有正面介绍，但是在第十八章"海外知音"中，借罗曼·罗兰的评论作了补救。第二十章到第二十八章，介绍鲁迅参加"左联"以后各个方面的活动：批判"第三种人""自由人""民族主义文学家"，保护和支持革命者，揭露国民党黑暗统治，支持从事文学、木刻活动的青年等。鲁迅后期的主要活动也有条不紊地展现在读者面前。如果想通过一部十一二万字的书了解鲁迅，那么，知道这些东西，也就不算少了。

　　自然，对于传记材料的取舍和详略的安排，也还有值得商榷的地方。例如不正面介绍《阿Q正传》而用一章的篇幅写鲁迅的西安之行，在这一章"长安行"中，又有一段讲到关于中国胡子的式样问题，这都显得轻重失宜；不正面介绍《中国小说史略》而介绍《中国小说的历史的变迁》，也显得取舍欠妥。全书固然显示了鲁迅一生的主要活动，但是对他的"文明批评"和"社会批评"也即"改造国民性"的努力未能进行必要的论述，而这，对于揭示鲁迅思想的内容和特点来说，本来是非常重要的。对于鲁迅的"硬骨头精神"，也未能加以必要的强调，而这，是鲁迅区别于一般人的地方。鲁迅不但在批判旧世界中，而且也在与一些同志的论争中锻炼和发挥了他的思想，全书基本上未提到这些论争。现在流俗以为鲁迅"好骂人"，有些青年对鲁迅抱"莫名其妙的反感"，大约原因之一也在于此。如实地介绍鲁迅为什么"骂人"和怎样"骂人"，对于澄清鲁迅的形象或许也是必要的。

　　作者的工作，长期"偏重在搜集和考证鲁迅生平史实"，并且取得了不少成果，这在这本篇幅不大的书中也得到反映，并足以给读者留下深刻印象。

对于鲁迅许多活动及有关背景，介绍得准确、清楚，例如对民国初年"读音统一会"、未名社、"三一八"事件，以及对萧军、萧红的介绍都是如此。关于鲁迅的葬仪，作者运用了当时的历史资料，如实地写出事情经过，这对于读者，尤其是青年读者，也是有用的。第二十八章"一份珍贵的情报"写"神秘西人案"，颇具传奇色彩，并且有助于认识鲁迅，只是它占了一章也即全书三十分之一的篇幅，显得比重大了些。

因为书是为青年写的，是普及性读物，所以作者有意加强了文学色彩，也就是说，有些地方是作者的创作，但是这些部分，做到了文学性与真实性的统一，所写文字，如作者在跋中所说，"以严格的历史事实为据"。可以看看这么一段文字：

> 当鲁迅重新挥笔上阵（写《狂人日记》）的时候，他首先想起了前不久偶尔读过的《资治通鉴》。这是北宋司马光主编的一部编年体通史。鲁迅从中了解到，象春秋时代齐国的大臣易牙把儿子蒸熟了献给齐桓公品尝这类令人战栗的故事，在中国历史上原是司空见惯的事情。易牙为了表示对君主的忠诚，居然忍心杀死自己的亲骨肉，这有多么残忍！但当齐桓公病倒以后，易牙又纠结同伙相与作乱，使齐桓公粒米不得食，可见他的"忠"是何等虚伪！鲁迅又想起了清末刺死安徽巡抚恩铭的光复会元老徐锡麟，他后来不幸被俘，连心肝都被恩铭的卫队剜出来炒着吃了。在鲁迅的脑海中，还浮现出了他的姨表弟阮久荪的影子。……这些纷至沓来的人物和思想，象无数条光柱从四面八方射向鲁迅的心中，而后汇集到人的解放问题这个聚光点上。为了掀翻封建统治阶级摆设的人肉筵宴，鲁迅运用"杂取种种人合成一个"的典型化手法，孕育了一个既有狂人病特征又有反封建战士精神本质的独特形象。

这一段文字，应当说是虚构的，但又是真实的，其中提到的一些事情，我们都可以在《狂人日记》或鲁迅的其他著作中找到佐证，可以认为，鲁迅构思《狂人日记》时的思路，大体上就是这样。类似的例子，书中还有一些。

也因为是为青年写的书，作者有意在语言上"下了一点功夫"，全书确是写得颇具文采，流畅可读，而且时时带有激情，大约青年读者总可以一口气把它读完。但是我觉得，全书的调子也许显得急促一些了，这也可能是作者过多地考虑了"感情色彩"和词藻的缘故，而有些句子不那么准确，原因也可能在这里。另外，有些段落，劈头就是一副对子，如"黄鹤楼头金鼓震，春申浦上素旗飞"，"奔腾泪浪滔滔涌，吊唁人涛滚滚来"，这样写法，不是不可以，也不是不可以写得准确，但是我读了觉得不自然，也许这是由我自己的习惯造成的。

总而言之，作者有意达到的目标——力图反映鲁迅的全貌、篇幅不大、文学性与真实性的统一，基本上都达到了，并且形成这本书的特点，这是作者为青年写书的尝试，并以这些特点丰富了为青年写鲁迅的经验。如果有人再向青年介绍鲁迅，这些经验都是值得注意的。现在要说明一点，本文指出《民族魂——鲁迅的一生》在内容上忽略了一些地方，原是从这本书的结构而言，是从它赋予某些内容的轻重比例而言，并不是说一本篇幅有限的通俗读物必须面面俱到。其实，像这种书，突出某些内容而略去某些内容，是可以的，当然要抓住主要的东西。

向青年介绍鲁迅，是一个光荣的任务。同时，这也是一个宽广的园地，有待于更多的人去耕耘。我们期待着更多的人走进这块园地，并期待着更多的收获。

原载《中国现代文学研究丛刊》1984 年第 2 期

鲁迅传记五十年纵横谈
——《鲁迅研究的历史和现状》之一章

陈金淦

一部人物传记往往要求把所传人物的生平经历、重要活动以及对之施以影响的社会历史条件综合糅合演绎成文，而达到系统化、科学化的地步。鲁迅作为一个伟大的文学家、伟大的思想家和伟大的革命家，要为他立传，不仅要以多方面的丰富史料做基础，而且要对他的思想、生活和创作作出符合客观实际的科学评述。一本鲁迅传记，除了反映传记作者的学识功力以外，实际上是鲁迅研究成果的一次综合，鲁迅研究水平的一次检阅。编写鲁迅传记已有五十年的历史，出现了一二十部各种形式的鲁迅传。回顾鲁迅传记五十年的历史变迁，总结经验教训，对于进一步提高鲁迅传记的质量，促进鲁迅研究的深入发展，更好地向鲁迅学习，都是很有裨益的。

一

给鲁迅立传，这是人们认识和研究鲁迅达到一定水平、进入一定历史阶段的产物。鲁迅传记五十年的历史演变和发展，可以分为三个阶段。

（一）单篇雏形时期

除了自传以外，最早给鲁迅作传的是跟鲁迅有过亲密交往的两位外国朋友——增田涉和斯诺。增田涉的两万字的《鲁迅传》，1931年8月写于上海，经鲁迅过目，发表于《改造》杂志1932年4月特别号。中译文收入《鲁迅文学讲话》（1936）和《鲁迅手册》（1941）两书，当时误为佐藤春夫作（新译文见《鲁迅研究资料》第2辑）。斯诺编写的鲁迅传记题为《鲁迅——白话大师》，发表于1935年1月美国《亚洲》杂志（中译文参见《鲁迅研究资料》第4辑和1979年《鲁迅研究年刊》）。这两个单篇传记带有某种程度的访问回忆性质，内容单薄简略，还构不成体系，立论和史实也不无错误，但作为鲁迅传记的雏形草创和"开山篇"，还是有它一定的价值和意义的。

在增田涉和斯诺给鲁迅立传的同时，也出现过一些短篇评传，如《当代中国作家论》中的《鲁迅评传》（上海乐华图书公司1933年印行）和《近代二十家评传》中的《周树人先生评传》（王森然著，北平杏岩书屋1934年版）等，名曰"评传"，实际更为疏简，价值和影响远不如增传和斯传。

（二）成册奠基时期

鲁迅逝世不久，生前好友曾有过撰写一部正式的鲁迅传记的动议，并商请茅盾执笔。茅盾认为，他只熟悉鲁迅后半段生活，而最了解前半段的是许寿裳。经过郑重考虑，他觉得不能草率从事，后因抗战事起，这部传记没有写成。作为单行本的正式传记，日本小田岳夫的《鲁迅传》算是最早的一部。这部《鲁迅传》1940年在日本《新潮》杂志刊载过部分章节，1941年3月由日本筑摩书房出版刊行。中译本先后有三种：

单外文译本，长春艺文书房1941年12月初版；

任鹤鲤译本，上海星洲出版社1945年12月初版；

范泉译本，上海开明书店1946年初版。

其中范泉译本影响较大，当时不少报刊，如《益世报》《中学生》《文艺复兴》等均有过评介文章。

小田岳夫（1900—1979）20世纪20年代曾在日本驻杭州领事馆任职，对中国情况颇为熟悉，他以中国题材的创作和现代中国作家作品的翻译和研究著称,《鲁迅传》是他的一部具有代表性的重要著作。作者以"热爱与崇敬、理解与同情"的心情,把鲁迅置于"与孙文可以匹敌的重要人物"的地位为他立传,引导读者从"爱国者"和"时代的英雄"的高度去认识和理解鲁迅,虽然带有历史的局限性,但这无疑还是具有某些积极意义的,这也是这部传记产生一定影响的重要原因。从体例来看,全书以"序章"为总论,其余十二章按时间先后分成清代、辛亥革命以后和国民革命以后三段,大致以鲁迅生平经历的先后和思想、创作的某些变化为线索,适当兼顾某些代表作品的评述,对鲁迅一生作了简洁的轮廓勾勒。这种体例和结构方式为后来的鲁迅传记奠定了基础。当然,小田的《鲁迅传》也存在很大的局限和错误,反映了作者的某些资产阶级的阶级偏见。对于鲁迅评价看来较高,但作者完全站在资产阶级立场上,把鲁迅思想看成没有前后期变化本身就决定了它的不可避免的历史局限性。另外,他认为阿Q是"中国人的代名词",代表了中国"颓废的民族性",而鲁迅又"完全倾倒于西欧文明",等等。这些观点,正如许广平所指出的,至少在客观上为日本侵略中国找到了借口,把鲁迅当成了"战神"(《王士菁〈鲁迅传〉序》),这就歪曲了鲁迅的形象。这是小田"鲁迅观"中消极成分的反映。对于小田《鲁迅传》中"曲解和不必要的部分",范泉译本作了"斩割"和删节。

1948年1月由上海新知书店出版的王士菁的《鲁迅传》有40万字的篇幅,是国内第一部大型鲁迅传记。这本传记不仅内容丰富,史料比较齐全,而且援引了毛泽东同志对鲁迅所作崇高评价的几段原文,并力图把这种评价作为立传的指导思想,强调了鲁迅一生跟中国革命发展的密切关系,突出了他的重要地位和伟大作用。体例上,全书十章严格以时间先后为序的同时,开始注意到把中国历史发生的重要事件跟鲁迅生平经历及其思想变化结合起来进行评述。这样,比较突出和强调了后期在鲁迅一生中的重要意义,加强了传记内容的丰富性和传主的立体感。关于鲁迅的创作,除对《狂人日记》《阿Q正传》等代表作品作了重点分析以外,又梳理了从《呐喊》到《彷徨》风格的演变和发展，加强了鲁迅杂文意义的评述。王传也有不足之处，大段乃至全篇性的引证过多，背景材料也未能与生平、思想、创作的分析有机结合，缺乏综合性的评述，给人零碎和庞杂的感觉。虽然重视了后期，但篇幅只有四分之一，仍然比较薄弱。尽管如此，正如许广平在序中所指出的，这是中国人自己写的第一本有一定水平的鲁迅传记，从立论到体例，带有开创和奠基意义，对于进一步认识、学习和研究鲁迅，都起了积极的推动作用。

到了20世纪50年代，为了宣传和学习鲁迅的需要，出版了几本通俗普及性的鲁迅传记，那就是作为"新少年传记丛书"的钟子芒的《鲁迅传》（太平洋出版社1951年版），作为"中国历史小丛书"的王士菁的《鲁迅》（生活·读书·新知三联书店1951年版）和王士菁的另一本通俗传记《鲁迅——他的生平和创作》（中国青年出版社1958年版）等。这期间正式的鲁迅传记有两本：一本是朱正的《鲁迅传略》（作家出版社1956年版），另一本是王士菁根据《鲁迅——他的生平和创作》增补修订扩大而成的《鲁迅传》（中国青年出版社1959年版）。这两本鲁迅传记的共同特点是：为鲁迅立传的指导思想更明确了，吸收了40年代末期和50年代前期的研究成果，鲁迅的历史地位和战斗业绩更为突出，明显带有民主革命胜利以后中国人民崇敬鲁迅的时代特色。但体例上受小田传和第一本王传的影响，没有什么大的变化，加之都比较简略，丰富性和深度受到限制，还多少带有通俗读物的性质。

40年代和50年代，从小田到王士菁和朱正的鲁迅传记，虽然程度有所不同，但都是致力于梳理鲁迅一生重大活动的眉目和线索，着眼于从整体上认识鲁迅的崇高地位和历史功绩，重轮廓而不图精细，重史料性的客观介绍而缺乏理论性的综合分析，明显带有开创时期的某些特点。尽管如此，从鲁迅传记的演变和发展来看，它们具有不可抹杀的奠基作用，为后来鲁迅传记质量的提高、逐步完善和大面积丰收打下了一定的基础。

（三）大面积丰收时期

从 60 年代到 70 年代，由于政治上走了弯路，国内的鲁迅传记编写也出现了冷落的局面。陈白尘执笔的电影剧本《鲁迅传》只出了上部，下部流产；作为"四人帮"阴谋活动组成部分的石一歌的"《鲁迅传》"也只有半部。"四人帮"垮台之后，随着政治形势的好转，鲁迅研究成果的大量涌现和鲁迅生平资料的不断完善，在纪念鲁迅诞辰百周年前后接连出版了六七部新的鲁迅传记，呈现出大面积丰收的可喜景象，从数量到质量都有明显的进展和变化。

林志浩的《鲁迅传》，有 37 万字，不仅篇幅较长，而且研究严谨扎实，以学术性见长，富有一定的特色。首先，突破了传统的以思想发展过程作为主要线索组织材料的体例，而把"战斗历程、作品评述和思想发展三者结合起来，以时间为线索，进行较为具体的撰述"。这种体例的好处是，在全面展示鲁迅思想发展过程，他一生的战斗生活、光辉业绩及其社会历史背景的同时，对鲁迅的创作从思想到艺术作了较为系统深入、纵向发展的分析，这样使读者不仅可以了解鲁迅本人思想和创作的全貌，而且可以体察鲁迅生活的时代风貌和社会面影，对作为文学家、思想家和革命家的鲁迅有一个更加完整、清晰的全面认识。其次，因为作者有长期从事鲁迅研究的素养和基础，在鲁迅思想的分析上有自己的一些见解，不仅对于思想发展的线索梳理得比较清楚，而且得出了一些比较符合鲁迅思想实际的科学论断。如关于鲁迅前期思想，作者既承认进化论是其思想中的重要因素，又认为："不是进化论决定他对现实斗争的态度和观点，而是现实的革命斗争实践决定他的革命民主主义的根本立场和思想，从而决定他对进化论的取舍和运用。"这种看法有一定的理论深度。再次，改变了传统的偏重思想忽视艺术，偏重小说忽视杂文，偏重前期忽视后期的倾向，对鲁迅创作作了全面系统的评述。在评述中，运用历史和美学相结合的批评原则，既有具体分析，又有规律总结，前后照应，融会贯通，有一些精当深刻的见解。复次，体现了实事求是的精神，在充分肯定鲁迅丰功伟绩的前提下，也指出了鲁迅思想认识上的一些偏颇和局限。不仅前期如此，后期也指出了像"两个口号论争"中鲁迅对新政策一时认识上的某些不足。

林传也有一些薄弱之处，如关于鲁迅的爱情、婚姻和家庭生活的篇幅相对显得少了一点；跟鲁迅有关的人物前后多次出现，如何相对集中避免重复，在体例上也是可以研究的问题；有的标题不能完全概括该章节的内容（如第七章）；有些问题上似乎还存在"左"的痕迹。

林非、刘再复合著的《鲁迅传》又是另外一种风格。作者明确宣布：本书的对象主要为青年读者，"尽量用生动的笔触，写出鲁迅的人格、思想、情怀、艺术和学识"。因而这本传记，在追求学术价值的同时，更多注意用生动、形象、通俗的笔调描绘鲁迅丰富复杂生活经历的各个侧面，包括他的家庭婚姻问题和个人的兴趣爱好。这样，鲁迅就不单纯是个战士形象，而是一个血肉丰满、富有人情味，真实可信、可敬可亲，既平凡又伟大的人物。全书文辞优美，洋溢着浓郁的抒情笔调，从标题到内容，文学性很强，为鲁迅传记风格的多样化作了有益的尝试。

吴中杰的《鲁迅传略》，作为"文艺知识丛书"，属于通俗普及读物。它不企求内容的全面、完整和详尽，而是如书名所显示的，简明扼要地介绍了鲁迅思想、生活、创作和社会活动的重要方面，集中而紧凑，是一幅鲁迅的素描和速写。

篇幅最大的是曾庆瑞的《鲁迅评传》，近60万字，全书90节，以1918年和1927年为界分为三卷。特点是：一、把思想发展作为主线，"寓评于传，传评结合"，属于"带有较为浓厚的评论色彩的人物传记"；二、内容详尽丰富，观点不乏警辟之处，但从总体来看似乎失之于繁缛芜杂；三、风格上有自己的特色，比学术性传记活泼一点，理论性又较文学性传记稍强一点，但作者着意追求"四不像"，在正常的叙述评论之中穿插一段"描写"或者"抒情"，也似乎影响了风格的协调和统一。

比较起来，稍后出版的彭定安的《鲁迅评传》作了一些新的探索和追求，论点闪光新颖、尖锐深刻，文笔活泼、富于感情，从内容到形式在有些问题上有所创新和突破。其一，作者认为，他给鲁迅立传，不强调"天才"条件，而重视"历史、时代、社会、同时人、族人、亲人、朋友、学生、劳动者以及敌人等诸种因素"对他的影响。因而，彭传大大加强了历史条件和社会环境对鲁迅思想发展和创作道路产生影响的因素的发掘，出现不少新材料和令人信服的新观点。其二，对鲁迅思想的分析，有一定理论深度，有一些独到的见解。比如，他通过对许多同时代人的考察，得出了鲁迅在辛亥革命后一段时间的"寂寞、沉默，不是什么个人的消沉，而是时代的'通病'"的结论。同样"五四"前夕的奋起，也不是孤立的，鲁迅跟孙中山、李大钊和陈独秀等人有着"共同的经历"："从1916年袁世凯垮台和张勋复辟完蛋之后起"，他们不约而同地"打破沉默"。这就突破了把1912年至1918年说成是鲁迅"沉默时期"的习惯看法，得出了新的结论。再如，"登上思想的峻岭"一节，对于鲁迅后期思想特点（学习马克思主义跟一般人的不同，能够抵制"左"倾错误的思想根源等）的概括和分析，有一定的马克思主义理论水平。其三，对鲁迅创作的理解和分析（对狂人和阿Q形象的分析，对杂文的理解等）也有一些新的见解，尽管这些看法还可以商榷研究。其四，论辩性强。作者不仅敢于提出自己的新观点，而且对不同看法或者带有倾向性的问题敢于论辩和批评，贯穿着百家争鸣的精神。其五，加强了鲁迅后期和其他易受忽视或者回避的侧面，如"学者鲁迅""闯进生活里的'害马'""家庭、日常生活、隐痛"等都作为专节进行介绍和评述。其六，学术性和文学性并重，既有理论深度，又文笔活泼，充满激情，风格上有所创新。不足之处是，各个章节之间还不十分平衡，体系上还时有重复、零乱现象；相对比较，对于作品艺术分析显得薄弱一点；后期与杂文还需要进一步突出和加强。

1982年9月新版的朱正的《鲁迅传略》虽说是修订重版，但章节有了变动——由十章增加到十二章，字数翻了一番，由十万扩充为二十万，补充了大量新史料，从观点到材料都跟原著有很大的不同，实际上可以算是一部新著。朱正的这部新传记以史料的丰富性、准确性和论断的严密性、科学性见长。作者不人云亦云，他的观点往往来自经过分析、考订的确凿可信的史料。他通过新史料引出新论点，得出全新的结论。比如，1926年8月，鲁迅为什么离开北京去厦门？过去完全归之于政治原因——受迫害，并进一步引申为南方革命运动高涨。朱正作了深入的研究和考证，认为除了政治因素之外，"跟许广平的关系确实是原因之一"。再如，鲁迅辞去中山大学职务和后来离开广州，过去也完全归之于政治原因，经朱正考证，认为跟顾颉刚的矛盾则是一个重要因素。这样的结论就显得实事求是和比较接近客观实际了。朱传的这个特点在鲁迅传记中比较突出，这跟作者"正误"的功力有密切的关系。朱传也有缺点，最明显的是原始材料引证过多，加上有些问题的反复考证，跟传记不太协调。另外，作品的分析显得单薄了点。

陈漱渝在鲁迅研究上也以资料搜集和考据见长，他的题为《民族魂——鲁迅的一生》的鲁迅传记除了通俗性和文学性以外，也以新材料的引用和史料的准确为其特点。

从以上七部新传记来看，不仅数量上大面积丰收，而且立论有新的探索，史料也较为齐全完备，风格趋向多样化，这是鲁迅传记逐渐趋向完善成熟的标志。

20世纪80年代初期，鲁迅传记之所以获得大面积丰收，质量也有所提高，绝不是偶然的。它是在前两个阶段的基础上，在"四人帮"垮台和十一届三中全会的正确路线指引下，积几十年鲁迅传记写作的经验，综合长期鲁迅研究成果的必然产物。这次大面积丰收为进一步提高鲁迅传记质量、出现更为理想的新传记积累了丰富的经验。

二

几十年来，围绕着鲁迅传记一直存在着来自右和"左"两个方面的干扰和斗争。清理和消除这种干扰和影响是进一步提高鲁迅传记质量的重要前提。

面临鲁迅的巨人形象、崇高声威和深远影响，敌对阶级十分惊恐不安。他们深感停留在一般文章上的诬蔑攻击，蚍蜉撼大树，丝毫无损于鲁迅的伟大光辉。于是编造歪曲和诬蔑鲁迅形象的伪"传记"，成了御用文人的一大"发明"。早在20世纪30年代，就曾出现过臭名昭著的所谓《文坛上的贰臣传》，诬蔑鲁迅。鲁迅特地将1930年与1931年的杂文结集为《二心集》予以回击。1943年重庆胜利出版社出版的郑学稼的《鲁迅正传》是这类货色中更为"正规"的又一部奇文。"正传"包括"假洋鬼子""十四年金事""呐喊""阿Q正传""不准革命""浪子之王""革文学的命"和"传赞"八章。郑学稼站在大地主大资产阶级的反动立场上，对鲁迅作了疯狂的攻击和卑劣的诬蔑。他对中国共产党和中国人民把鲁迅称赞为"青年导师""伟大的思想家""伟大的革命家"十分恼火，拼命朝鲁迅身上泼污水，诬蔑鲁迅"臣事袁世凯，充当徐世昌黎元洪的小吏"，跟北洋军阀"同流合污"，又跟周作人一样成了洋鬼子的"走狗"和"辩护人"，妄图达到既诬蔑鲁迅又把水搅浑的卑劣目的。郑学稼后来跟随蒋介石跑到台湾，又根据新的政治需要，将这本伪"传记"修订重版。

如果说郑学稼的《鲁迅正传》是40年代初期为了配合蒋介石推行"消极抗战、积极反共"政策，抵御鲁迅的强大影响所造反动舆论的一个组成部分的话，那么，苏雪林的《鲁迅传论》（最初刊载于台湾《传记文学》九卷六期至十卷一期）则是60年代台湾的没落阶级消沉、阴暗心理和不甘心失败，把仇恨迁怒到鲁迅身上的一种微妙复杂情绪的反映。《鲁迅传论》除"引言"外，分"鲁迅的传记""鲁迅的性格和思想""鲁迅的品行和作为""左派对鲁迅的招降""鲁迅盘踞文坛十年所积之罪恶"和"结论"六个部分。这本伪"传论"在诬蔑攻击鲁迅的同时，还充塞着不堪入耳的谩骂。苏雪林诬蔑攻击鲁迅由来已久，早在鲁迅逝世不久，她在给蔡元培和胡适的信中对于蔡主持鲁迅丧仪和"鲁党颂扬鲁迅"深怀不满。她忧心忡忡，预感到宣传鲁迅，迟早"将为党国之大患"。这时苏雪林虽对鲁迅诬蔑攻击，还没有失去常态。为什么在《鲁迅传论》中这位女作家一反文人常态，气急败坏破口大骂鲁迅呢？原来她的预言不幸而言中，她认为蒋家王朝的覆灭，"十九是鲁迅造成"。因此惊呼："一个狂人可以毁灭世界！"对于"鲁祸"她深感不能等闲视之，必须认真对待。这实际上也招认了苏雪林编造《鲁迅传论》的意图和目的。

从政治立场和思想体系来说，苏雪林的"传论"是郑学稼的"正传"的忠实继承和新的历史条件下的"创造性"的发展。它们有很多共同之处。第一，对于鲁迅的诬蔑攻击不仅观点一致，连说法也完全一样。他们都诬蔑鲁迅言行不一、两重人格，都诬蔑鲁迅跟日本人有"默契"关系，都认为鲁迅创作《阿Q正传》是对中华民族的"鄙视"和"侮辱"，等等。第二，都借用鲁迅作品中的人物来诬蔑丑化鲁迅。郑学稼说鲁迅是"假洋鬼子"，是穿上"红色外套"的"赵七爷"；苏雪林说鲁迅是有着"病态心理"和"变态心理"的"狂人"。第三，对于鲁迅在中国革命史上的地位和作用，他们都从反面作了充分的估计，毫不隐饰他们内心的恐惧和不安。

"奇文共欣赏，疑义相与析"，郑学稼的《鲁迅正传》和苏雪林的《鲁迅传论》是鲁迅研究史上的两篇难得的反面教材。它们从反面更加证实了鲁迅的不朽和伟大，更加证实了毛泽东同志对鲁迅高度评价的正确性。它们对鲁迅的诬蔑和攻击丝毫无损于鲁迅的伟大光辉，对大陆的鲁迅研究和鲁迅传记的编写也许不会产生太大的干扰和影响。但是从有关材料来看，郑学稼和苏雪林之流的伪"传记"在港台地区和海外还有一定市场和影响，比如风行海外的夏志清的《中国现代小说史》就把郑的"正传"列入"本书参考书目"。

尽管夏志清对"正传"也不十分满意,但纵观夏著"鲁迅"一章,仍然有很多跟"正传"一样的阶级偏见,特别是对鲁迅后期的评价,跟"正传"的口吻和反共立场几乎完全一样。什么"投降共产党",成了"偶像"啦,什么后期作品"肤浅""琐碎""好争吵""感情用事"啦,其调门跟"正传"可以说有着异曲同工之妙。

拿香港出版的曹聚仁的《鲁迅评传》来说,也明显看出受到郑学稼之流伪"传记"的影响。曹聚仁是鲁迅的"故交",他作为港澳同胞,政治上还是爱国的。他长期从事鲁迅研究,先后出版过《鲁迅手册》(1941)、《鲁迅评传》(1956)和《鲁迅年谱》(1966)等几部专著。其中后两部在港台地区和海外影响较大。曹聚仁的《鲁迅评传》,在体例和结构上独树一帜,跟其他传记迥然不同,不完全按照纵的线索,在介绍鲁迅生平之后,抽出几个专题单独评述,横的方面有所加强。该书虽属"评传",却又穿插了一些他同鲁迅交往的回忆,读来较亲切,文笔也比较活泼生动。曹传虽然在总体上对鲁迅评价失之偏颇,但在具体问题的评述中却不乏正确的见解,也注意综合与吸收港台地区鲁迅研究的成果,并重视鲁迅作品艺术成就的探求和分析。这些都是必须肯定的。但是也应该指出,曹聚仁的《鲁迅评传》在总的政治倾向和重大原则问题上跟我们分歧很大,存在严重错误。作者的主观意图如果可以研究,但至少在客观效果上是严重曲解甚至歪曲了鲁迅的思想和创作的。之所以出现这种情况,一方面固然跟作者资产阶级立场和历史偏见有关,他认为鲁迅是"同路人",不存在前后期思想变化;另一方面,虽然曹对郑的"正传"有不同的看法,说在有些问题上简直是"胡说八道",但可以明显看出他也受到郑学稼之流伪"传记"的影响,有的观点、用语跟他们十分接近甚至完全一致。曹聚仁把鲁迅在文化战线上的一些重大原则斗争通通说成是"党同伐异""门户之见"和"文人相轻"的同时,又认为"鲁迅对于真的黑暗势力,如段祺瑞、蒋介石、汪精卫,他攻击得并不厉害",这跟郑学稼说鲁迅多是私人纠纷,他从来"不是'革'了任何反动者的'命'

的革命者"一类话何其相似！郑学稼竭力否定鲁迅在文化运动中的重要作用，而曹聚仁也认为很多文化活动"都不是鲁迅所领导的，一定说他在领导，他也是不领情的"，这也就贬低和否定了鲁迅的"主将"和"旗手"作用。另外，曹聚仁还认为"人是戴着面具到世界上来演戏的"，鲁迅也不例外，"表现在文章中的是一面，而他的性格，也许正和文章所表现的完全不相同"。这也就是郑学稼和苏雪林多次诬蔑鲁迅的所谓"两重人格"论。

我们指出曹聚仁《鲁迅评传》跟郑学稼之流的伪"传记"有某些一致之处并不是说它们之间没有本质区别，而是为了说明围绕鲁迅传记确实存在右的干扰、斗争和影响，特别是在港台和海外，对于这种干扰和影响的严重性不能低估。曹传和其他伪传的区别还是很明显的：后者是站在反动阶级立场上的有意诬蔑攻击，前者除了阶级偏见以外，还存在认识问题，带有学术观点分歧的某些性质。

围绕鲁迅传记存在右的干扰和斗争的同时，也严重存在极左思潮的干扰和影响。如果说右的表现形式主要是赤裸裸的贬低、否定、诬蔑、攻击的话，那么"左"的干扰则主要是采用拔高和偶象化的方式。极左思潮对鲁迅研究——包括鲁迅传记编写的干扰早在民主革命时期就不同程度地存在。新中国成立后，随着"左"倾思潮的影响，这种干扰逐渐趋向严重，至"十年动乱"期间达到最高峰。石一歌之流的《鲁迅传》和《鲁迅的故事》是教条主义、实用主义和庸俗社会学的黑标本，是拔高、神化和歪曲鲁迅的黑样板。"四人帮"抬高鲁迅不是目的，目的是把鲁迅当棍子打人，把鲁迅当成打鬼的钟馗，为他们篡党夺权的政治阴谋服务。石一歌之流的鲁迅"传记"和其他鲁迅"研究"早已随着"四人帮"的垮台而被送进了历史的垃圾堆，但是，长期形成并由他们极力推行而恶性膨胀起来的极左思潮及其在鲁迅研究和鲁迅传记编写中的影响，恐怕不是短时期所能全部清理和消除净尽的。"左"的干扰和影响在"文革"前的鲁迅传记中就不同程度地存在。比如，强调革命家、思想家鲁迅的革命思想和斗争精神是正确的，但对于文学家鲁迅的创作的艺术成就和表现技巧的分析评述就显得单薄，没有受到应有的重视；强调鲁迅的战斗生涯，而忽视甚至回避了他的婚姻家庭生活和个人的兴趣爱好；对鲁迅思想中的局限和偏颇，前期往往苛求，后期则又为贤者讳，这截然相反的两种态度实际都是教条主义的反映。"四人帮"垮台后，经过几年对极左思潮的批判和清理，20世纪80年代初期出版的一批鲁迅传记，很多问题比较实事求是，"左"的影响明显有所克服，但是或多或少免不了存在一些"左"的印痕。

因此，当前在鲁迅传记方面，如果说在港台地区和海外主导倾向是右的干扰和影响的话，那么，在内地，在警惕和消除右的干扰（对学习鲁迅不感兴趣，对于鲁迅的贬低等也是一种右的倾向）的同时，还需要继续克服和消除教条主义和庸俗社会学的流毒和影响，进行两条战线的斗争。

三

历史车轮滚滚向前，鲁迅研究也不断向纵深发展，给鲁迅这样一个伟大的历史人物编写出一部比较理想的传记来，这是时代赋予我们的一项光荣而艰巨的任务。这里存在一个历史经验的总结问题。关于鲁迅传记，五十年来有着正反两方面的丰富经验。就一二十部鲁迅传记的成败得失及其历史演变作一番深入细致的考察，总结经验教训，进行专题研究，也是进一步提高鲁迅传记质量、有所突破的关键。

第一，关于鲁迅性格和鲁迅形象。

鲁迅的性格是什么？应该描绘什么样的鲁迅形象？这些是每位鲁迅传记作者运笔行文之前似乎早就明确了的问题，他们的传记著作实际就是这两个问题的全部答案。但是应该承认，我们不少鲁迅传记，包括新近出版的几部，对于鲁迅性格的揭示和鲁迅形象的描绘，多少总有点给人"缺了点什么"的简单化了的不很满足的感觉。拿鲁迅思想来说，往往只有积极、革命的一面，鲁迅自己多次谈到的苦闷、彷徨似乎只限于前期，而且就是前期的这种消极情绪也没有得到合理完满的解释。至于鲁迅的家庭私生活，一般传记不是极力回避就是语焉不详。这样，鲁迅的性格和鲁迅的形象本来应该是很丰满很完整的，而实际上却显得很单一，跟鲁迅的"伟大"似乎很不相称。事实上鲁迅的性格是很丰富、很复杂的，有时甚至是很矛盾的。马克思主义认为，作为一种规律，任何事物总是充满着矛盾，呈现出复杂的状态。鲁迅生活的时代和世界，在中国历史上是一个错综复杂的历史时期，这种社会历史条件的复杂性反映到鲁迅这样一个勤于学习、善于思考、不愿盲从的特定人物身上，他的内心性格怎能不呈现出丰富性、复杂性和矛盾性来呢？他的形象怎能疏简单一而不给人以丰满厚实的立体感呢？

近几年新出版的鲁迅传记，在鲁迅性格和鲁迅形象丰富性、复杂性方面有所变化。有几部传记对于鲁迅私生活中的婚姻、恋爱和其他家庭生活中的悲欢苦乐开始有所涉猎，有的还以几个专节的篇幅加以介绍和评述，这是可喜的现象。朱正新版的《鲁迅传略》在这方面还作了进一步的探索，这是一个良好的开端。禁区打破了，我以为这方面还有很多问题可以深入探索和研究。比如，1923年至1926年鲁迅思想上的苦闷彷徨，特别是反映在《野草》中的矛盾心情和消极情绪——那些"难于直说"的苦衷，跟当时的政治环境有直接关系。然而若是单从政治上寻求原因往往是不能完全说得清楚的，如果把他跟周作人夫妇的矛盾，与朱安和许广平复杂关系联系起来考察，对于鲁迅的"难于直说"似乎可以解释得更合乎情理一点。周建人同志最近指出：鲁迅跟周作人"两人是怎么分手的呢？如今回想起来，颇有独特之处，它不是表现在政见的不同、观点的分歧，而起源于家庭间的纠纷，造成兄弟失和"（《新文学史料》1983年第4期）。家庭"私生活"与一个人的思想性格总是密切关联的。不回避这方面的问题，不仅可以使鲁迅丰富、复杂、矛盾的思想性格得到更合理的解释和更全面的认识，而且使鲁迅给人以血肉丰满的更为真实更为亲切的感觉。又如，对于封建礼教和封建伦理道德，大家一致公认鲁迅的憎恶和批判态度非常鲜明，不留情面，十分彻底。可是，也有例外的情况，在他处理跟朱安的关系时，就带有一定程度的"妥协性"，他结婚时没有断然拒绝，后来也没有采取有力措施，长期"拖泥带水"。看来这完全是为了照顾母亲的意愿和情面，带有"孝心"的意味。这种"妥协"长期给鲁迅带来难言的隐痛，特别是"害马"闯进他的生活以后，他内心矛盾的加剧是可以想见的。鲁迅在谈及这个问题时自己也承认："在改良家庭方面，我是失败者。"所以，在特定的历史条件下，"彻底"和"妥协"这矛盾着的两个方面在某些具体问题上又确实统一在鲁迅身上。这看来似乎不可理解（反动文人说是"两重人格"，这当然是诬蔑），但从鲁迅作为一个既有着七情六欲，又是从封建社会过来的人来说，在他身上有着一些旧的但仍然是合乎情理的"人情味"和旧道德观念，有着新道德和旧道德的矛盾，是完全可以理解的。这些不仅不应该回避和否定，相反在传记中作全面反映，可使鲁迅的形象更亲切，更真实可信，更接近和符合客观实际。还有，鲁迅跟周围一些人的交往情况也很复杂，不是如有的论著和传记中所说的那样"好就是从来就好、坏就是从来就坏"的简单关系。像胡适和林语堂，鲁迅确实跟他们有过分歧和斗争，但是他又确实跟他们有过亲密的往来，相互切磋、相互支持过——包括存在分歧和斗争的时候，呈现出复杂的状态。回避或者无视这种复杂性不符合客观实际，也有损于鲁迅性格和鲁迅形象的丰富性和完整性。

还有一个问题常常会影响鲁迅性格和鲁迅形象的真实性，那就是如何正确引用鲁迅自述材料。鲁迅自己的文章中的观点和材料是研究鲁迅的重要依据，这是毫无疑义的。但是，在对待鲁迅自述材料上也存在两种态度：进行实事求是的具体分析还是教条主义的生搬硬套，态度不同得出的结论也往往会出现差异。上述关于鲁迅离京去厦门的原因，鲁迅在《自传》中就说过："因为做评论，敌人就多起来……由此弄到段祺瑞将我撤职，并且要逮捕我。我只好离开北京，到厦门大学做教授。"朱正在《鲁迅传略》中没有满足于鲁迅自己的结论，而是从史实出发，作出了更合理更全面的解释。类似的情况还有一些，比如对鲁迅跟顾颉刚的关系的看法，他对马寅初的评价，等等，现在看来，也需作具体分析。这类问题的结论，必须参阅对立面的意见，更客观更实事求是一些。

所以，本着实事求是的精神，正确反映鲁迅思想性格和生活的全貌，从"人"而不是从"神"出发，从实际而不是从传统的结论或政治需要出发，描绘出他的平凡而又伟大的历史的本来面目，是为鲁迅立传的重要准绳。

第二，关于鲁迅传记的学术性和文学性。

鲁迅的生活经历非常丰富，他的思想博大精深，创作富于独创性，因而对其认识和理解也有一个历史的发展过程，其中不少问题必然存在分歧和争议，这是鲁迅研究学术性特别浓厚特别强烈的一个重要原因。反映到鲁迅传记编写上，传记作者有无长期从事学术研究的基础，在一些问题上有无新的探索和新的发现，能否吸收和综合新的研究成果，一句话有无学术上的某些创新，也成了衡量一部鲁迅传记质量高低的一个重要标志。

林志浩的《鲁迅传》和彭定安的《鲁迅评传》在鲁迅思想的分析和评述中有一些自己的看法，表现了一定的理论深度，这跟传记作者马克思主义的理论修养有密切关系。这是提高鲁迅传记质量和学术水平的重要条件。当然，有的新见解、新结论以资料的发现和史实的考订为基础，像朱正的《鲁迅传略》那样，也给我们很大的启示：学术性与科学性、准确性是统一的。从整个鲁迅研究和鲁迅传记的现状来看，还有很多重大问题存在争议，没有取得统一的看法，如何解决这些分歧，作学术上深入一步的探索，也是新传记必须解决的问题。唐弢同志表示，他正在撰写的《鲁迅传》"力求在学术上有点新的看法"，我们期待着他的成功。除了解决原先有争议的问题以外，进一步开阔视野，扩大宏观世界的研究，成了加强学术性，有所突破有所创新的又一个重要途径。像鲁迅与时代的关系，鲁迅创作思想探源，鲁迅跟前辈和同时代人的关系，等等，几部新传记都不同程度地注意到了，其中彭传有些新的开拓，但是总的看来还比较薄弱，还需要加强。这是鲁迅研究需要解决的课题，也是新的传记不可回避的问题。鲁迅传记的学术性的问题跟一般专题性的鲁迅研究不同的是，它不只是解决个别、局部问题，而是有它的全局性、整体性的特点。

除了学术性以外，鲁迅传记还有一个文学性的问题。唐弢认为，鲁迅传记应该要"有一点艺术性，写得有点文采"。前两年的一批传记，普遍注意到文学性的问题，而且出现了几部"文学性的传记"，受到青年读者的欢迎。鲁迅是一位伟大的文学家，把他的传记写得富有文采，文学性强一点，这是理所当然的。而且从世界范围来看，源于史学的人物传记逐渐增加文学色彩，有着向传记文学过渡的趋势，因而增加鲁迅传记的文学因素，也是历史发展的必然。现在的问题是，学术性传记有理论深度而往往失之于平板；文学性传记生动活泼，如描写、抒情过多，又有"乱真"和"浅近"之嫌。因而，如何取长补短，像"科学文艺"那样，处理好两者的关系，做到理论性与文学性的统一，真实性与文学性的统一，逻辑笔法与文学笔法的统一，叙述性、评论性和描写性、抒情性的统一，以达到风格的协调一致，避免"四不像"，这也是鲁迅传记面临的一个新问题。

第三，关于结构与体例。

结构和体例，对于传记来说本来是个单纯的形式问题，但因为鲁迅这样的传主的特殊性，他既是文学家又是思想家、革命家，他的生平思想和创作跟中国革命与中外传统都有着密切的联系，因而如何结构鲁迅传记，采用什么样的体式才能全面、真实、准确地反映鲁迅的性格和形象，却成了一个颇为复杂的问题。

纵观几十年鲁迅传记的演变历史，从结构和体例来说，大致经历了这样几个发展阶段。最初单纯以时间先后为序，把鲁迅生平事迹和重要活动分成几个历史时期来介绍。这以小田岳夫的《鲁迅传》为代表。王士菁的《鲁迅传》（1948年版）力图把时间先后跟历史事件和思想发展结合起来作为线索串连鲁迅一生的重大活动。这种结构方式的好处是条理性强，纵向的历史线索比较清楚，突出了鲁迅的思想发展和活动的阶段性。缺点是纵向线索的后两部分不够突出，横的方面也显得薄弱，致使传记内容的丰富性和完整性受到一定的限制。后来的传记又有所发展和改进，出现两种情况。（一）在王传体例的基础上，纵向线索加强了社会历史背景和思想发展过程，把时间、背景和思想发展糅合起来为经。同时横向线索也得以丰富和加强，以他的重大活动和创作的评述为纬。这样，纵横交错，经纬结合，既线索清楚，又丰富完整。这是近几年新传记的总的结构特点，尽管每一部侧重点又有所不同，也存在一定的差异。（二）曹聚仁的《鲁迅评传》又是另一种体例和结构方式。因为作者否认鲁迅思想有发展变化，反映到结构上他不十分强调纵的线索。按时间先后介绍了鲁迅生平经历之后，又以一定的篇幅进行专题论述，"横"的部分比较突出。这种结构方式受作者政治观点的制约，有很大的局限性，但是从体式上来看，应该承认这也是一种探索和尝试，可以开阔我们的眼界，对于打破框框、开拓新路有一定的启发。

总之，在鲁迅传记的体例和结构方式上也需要总结经验，对于现有传记体式的成败得失做一番比较和研究，处理好纵和横、经和纬的关系，做到条理性与丰富性的统一，这也是提高新传记质量的一个重要课题。

另外，唐弢同志在谈到他的《鲁迅传》时还提出一个问题："我是和鲁迅有过一点交往，在鲁迅那个时代生活过几年的人，因此在想写一点鲁迅的生活，通过一个人写出近代中国的社会生活和时代面貌来。"这里实际上提出了另外一个跟体例有关的重要问题：熟悉鲁迅的人为鲁迅立传，怎么样穿插一些跟鲁迅交往的回忆和鲁迅时代社会生活的真实描绘，这样既可以充实传记内容，又可以给人以真实感。这方面有过一些先例，如何总结增田涉、斯诺、曹聚仁等鲁迅传记中这方面的经验，做到体例、风格上的统一，这也是可以进一步研究的一个问题。

要总结历史经验，除了上述问题以外，还牵涉很多方面的问题，诸如传记作者的"史德""史识"和"史才"问题,"传"与"论"("评")的比例问题,如何解决鲁迅研究中至今还没有得到解决的一些薄弱环节问题,等等,就不一一赘述了。关于鲁迅传记经验的总结,笔者的看法很肤浅,错误也在所难免,现在提出这个问题希望能引起鲁迅研究界的重视,在总结经验的基础上,我们期待有着创新和突破的新鲁迅传记的诞生!

原载《中国现代文学研究丛刊》1984年第2期

谈林非、刘再复的《鲁迅传》以及传记文学的写作

王　缓

传记文学由于是历史与文学兼备的形式，愈来愈为广大读者所欢迎，但是作为文学中的一个独立部门，它在我国还很不发达，还远远不能适应读者的需要。就《鲁迅传》而言，纪念鲁迅诞生一百周年前后，陆续出版了七种之多，冲破了我国几十年来一直仅有一两部《鲁迅传》不断修订的萧条景象，标志了我国鲁迅研究工作的新水平，但多系评传性质，堪称传记文学的极少，林非、刘再复的《鲁迅传》则是较为成功的一部，对其做一点研究和总结，对我国传记文学写作的繁荣和发展将是不无裨益的。

传记文学是历史与文学的结合，因此，准确的历史感是传记文学的科学基础。也就是说，一部好的传记文学，应该准确地写出一个人的历史。林非、刘再复的《鲁迅传》首先准确地再现了鲁迅的历史风貌，史料翔实。我国的鲁迅研究工作已经有了六十年的历史，鲁迅著作及鲁迅生平资料的发掘和整理已日臻完备，在这个基础上，作为一个严肃的科学工作者和传记的作者，避免史实的讹误，是应当做到的。但是，史料仅仅是传记的素材。一部优秀的传记文学中的人物，应该是作者自己心目中的人物，是包含着作者自己的评价、思考和情愫的人物。这是一部传记文学能否成功，并形成自己风格的关键所在。因此，选择和驾驭传记的素材，使它重现鲁迅的血肉和鲁迅的精神，不仅要考验作者剪裁的技巧，还要考验作者知人论世的水平、研究功力和多方面的素养。

鲁迅认为，知人论世，应顾及时代，顾及全人。鲁迅生活的主体，构成他是一个伟大的战士。林非、刘再复的《鲁迅传》首先准确地表现了这个主要方面。但是，战士的生活是丰富的，道路是曲折的，战士除了战斗之外，还有他的寂寞，他的苦闷，他的婚姻，他的爱情。鲁迅说："删去枝叶之人，决不能得到花果。"林非、刘再复的《鲁迅传》，不是单纯而平板地叙述和论述鲁迅的政治斗争实践，而是描写鲁迅生活的各个方面，包括他的勤奋写作、友谊往来、不幸的婚姻、美满的爱情，等等。特别值得注意的是，《鲁迅传》中还以相当的笔墨写了鲁迅与朱安的婚姻，那是一对"没有爱，也没有恨，没有欢乐，也没有争吵……"互相做了"一世的牺牲"的夫妻。这是过去长期为人们回避的一段故事。然而，我们读了《鲁迅传》中这一部分忠实的描述，并没有使人感到降低了鲁迅的形象，我们看到的却是一个真实的"人"的复杂性格，他的道德感和负责精神，以及他对真正的人的生活的热烈追求。同时也看到，鲁迅自己切身的痛苦的感受，是怎样深化他对吃人的旧社会的认识。

传记文学要准确地写出人物的历史过程，但它绝不是编年史的扩大、注疏和评析，更重要的是写出人物的伟大人格与伟大精神，他不仅是历史人物，而且是艺术形象。林非、刘再复的《鲁迅传》，紧紧围绕鲁迅性格的发展进行选材。从家道中衰到痛苦的追求，从初婚到爱情，从呐喊到刀丛里的抗议，从血的战斗到生死与共的友谊，从全身心地工作到死，凡是有利于突出鲁迅伟大的人格与精神力量的地方，作者都施以浓墨重彩，进行了细致的刻画与描写。读过之后，鲁迅童年那纯真的心灵与倔强的性格；青年时期为追寻救国之路，那地火一般的爱国热情；他在寂寞的痛苦中挣扎之后的呐喊；他目睹血的游戏之后，将火山一样的愤怒化为坚冰一样的冷峻的性格；他在许广平临睡之前，抽上两支烟，说上几句话，像炉中之火，很平常，又很温暖的爱情；他像梯子一样，用自己的生命点点滴滴地扶助青年；他在党的火焰般的旗帜下，勇往直前，在敌人的通缉与暗杀下，毫不退缩，大义凛然……构成一个鲜明而丰满的性格形象，活跃在我们面前。

《鲁迅传》除了刻画出一个完整的、历史的、具有复杂的发展过程和鲜明的个性特征的鲁迅之外，还成功地描写了其他一些人物。如恪守封建道德观念，不了解鲁迅是怎样一个不平常的人，然而从一种天然的中国女子传统的坚贞，对鲁迅怀着情意，以至鲁迅逝世后仍然守在鲁迅母亲身边的温顺贤良的朱安；以深沉诚挚的爱，以自己的全部智慧和才学来帮助鲁迅，并与他风雨同舟、患难与共的坚贞的战友许广平；忠厚质朴、心地纯真得像一池清澈的泉水，踏踏实实、锲而不舍地追求进步文化事业，最后为革命献身的柔石；与鲁迅披肝沥胆，以知己相待，才华横溢的思想家瞿秋白；等等。这些人物个个性格鲜明，而且他们又各自从不同的角度生动地丰富了鲁迅的形象。从鲁迅与他们的相处与交往的描写中，我们看到，鲁迅不是独往独来、天马行空的超人，而是具有丰富的情感、伟大的人格的战士。

传记文学，要给人以文学感，还应该具有丰富的情感。传记文学的情感性，包括两个方面，一是传记中人物的情感活动的表现，二是作者自己感情的抒发。林非、刘再复的《鲁迅传》，在适于表现鲁迅思想感情的地方着意用力，作者为将鲁迅的情感活动表现得更加生动细腻，充分运用了文学的表现方法和技巧，比如环境的描写、气氛的渲染、人物心理活动的刻画、细节的描述和对话，以及从人物的历史真实出发的合理想象，等等。他们努力将鲁迅性格中内在的美和崇高的力量奉献给读者，不仅增添了作品的感人力量，而且有力地突出了人物的个性。试选读"痛苦的转折""呐喊""爱情""生死与共的情谊"数章，我们即可强烈地感受到那情感的力量。

我们读林非、刘再复的《鲁迅传》，还可以感受到作者在撰写这部作品时那自始至终激动着的心。这颗心，使这部传记中流荡着一股浓郁的抒情音调。这音调中，抒发着作者对鲁迅崇高的景仰和深沉的热爱。在这抒情中往往还包含着许多深刻的哲理。小到生活细事的理解，大到历史规律的揭示，精辟隽永，丰富多彩。作品中描述鲁迅与瞿秋白生死与共的友谊时写道：

在艰险曲折的人生道路上，也许很难找到几个披肝沥胆的知己，这就是为什么琴台知音和刎颈之交的故事，传诵了多少个世纪还不衰的原因罢。然而崇高的友谊毕竟是存在的，它为生活增添了动人的诗意和光彩，像鲁迅和瞿秋白的友谊，就闪烁出一种圣洁的光芒，这除了他们自己真诚和热情的品格之外，还因为他们是在共同的革命理想鼓舞下结成的感情。

这充满深情和哲理的笔调，不仅蕴含了作者对鲁迅的深刻理解，也凝结了作者自己对生活的体味，因而也使作者感情的抒发显得更加坚实、深厚，富于启发力量。

《鲁迅传》作为一个伟大文学家的传记，对主人公那辉煌而宏富的文学作品的评介，自然也是这部传记的重要组成部分。但是，处理好作品评介与人物形象塑造、学术性与文学性的关系，而不破坏整部传记文学风格的统一，则不是很容易的，作者对此是下了一番功夫的。他们没有将鲁迅的重要作品单立章节论述，也避免了整段落的冗长而又呆板的理论分析。例如，《狂人日记》《阿Q正传》《祝福》等，是传中着墨较多的作品，作者没有孤立地分析它们的思想及艺术，而是从作品创作的时代与思想的背景，从作品酝酿构思的过程的角度，用叙述和描写的笔调，将其纳入鲁迅生活、思想和艺术道路的发展过程中，与鲁迅性格的刻画、思想感情活动的描写，紧密地结合起来，有机地融合在一起，记叙、抒情、议论相结合。而作者对鲁迅作品的思想意义和艺术价值的评价则自然流露其中，读来生动简约，与全书的风格构成了和谐的基调，使读者既可获得认识上的启迪，又读来轻松自然。

但是，不可讳言，传记的个别章节对鲁迅著作原文的引述仍然过多。另外，对鲁迅一生各个阶段的思想、活动、著述，仍嫌照顾过全，以致使人感觉某些能够充分表现鲁迅的人格、精神、思想感情及其性格特征的地方，还不够十分突出，似有言未尽、情未达之意，如果将这些部分进一步加以扩大，并尽量再增多一些细节描写，我以为作为一部传记文学，林非、刘再复的

《鲁迅传》将更加精彩。

总之，作为长篇传记文学，把历史与文学有机地统一起来，既要顾及传记主角的历史足迹，注意严格的时间概念，又要抓住、选择最富特征的事件；既要注意刻画人物性格，善于捕捉人物心灵深处的情感活动，又要表现作者自己的主体评价。这就需要作者将史实、史识、文采、感情熔为一炉，并且具有选材、剪裁的独立见识和气魄，否则就容易把传记文学写成类同一般的史传与作品分析的缀合，味道尽失。在这一方面，林非、刘再复的《鲁迅传》成功地显示了作者的功力和才能，也为我们传记文学的写作和探讨提供了有益的经验和借鉴。

原载《中国现代文学研究丛刊》1984 年第 2 期

论《朝花夕拾》的文献价值

朱文华

引论：《朝花夕拾》是一本什么性质的文集

在鲁迅生前亲自编定的著述集中，《朝花夕拾》一书的文体形态是十分特殊的。

通常称之为"散文集"。然而我们如果承认对"散文"文体应作狭义的理解的话，那么就会发现这种说法并不确切，因为鲁迅自己也曾明确指出，该书各篇的"文体大概很杂乱"[①]。

那么它是"散文诗"集吗？在我国，"散文诗"的概念很模糊，集中的若干篇什似乎可以当作"散文诗"来读，从这个意义上说它是"散文诗"集也无不可，然而那毕竟是个别的情况，不足以代表全集。况且《朝花夕拾》比之于公认为"散文诗"集的《野草》，在各方面都有极为明显的差异。

那么它可否称之为回忆录或传记性文字呢？从内容上来说，是带有这种色彩的，然而，对鲁迅生平史料研究有素的学者提醒我们：集中个别篇什涉及的人和事，并非完全真实；另外鲁迅自己也说过，该集所记述的，"与实际内容或有些不同"。既是如此，把它看作纯粹的回忆录或传记性文字也是不

---

① 鲁迅：《朝花夕拾·小引》，《鲁迅全集》第2卷，人民文学出版社1981年版，第230页。

妥的。

　　说到底,《朝花夕拾》究竟是怎样一种性质的文集呢？我认为，从内容和形式的结合上进行考察，应判其为一本在艺术构思上以追述作者本人早年经历和所见新闻为主要线索的杂感集，集中各篇与作者后来所写的《关于太炎先生二三事》《因太炎先生而想起的二三事》《女吊》和《我的第一个师父》等文，在各个方面都是极为相似的。即是说，它们作为一种独具一格、别出心裁的带有某种回忆录色彩的文字，的确较为集中地披露了作者青少年时代的生活情况和思想风貌，而作为一组在相当程度上运用杂感文笔法写成的文字，显然又不满足于纯客观地再现那一段生活经历，而是力求在更深广的社会历史背景中审视和剖析与此有联系的社会现实。当年鲁迅把集中各篇送《莽原》杂志陆续发表时，曾冠以《旧事重提》的总标题。在一个值得"旧事重提"的时刻，把"旧事"重新提起，其蕴含的丰富的潜台词正可以说明这本集子的特征。至于作者把这些篇什改名《朝花夕拾》而结集出版时写下的那段话，"带露折花，色香自然要好得多，但是我不能够。便是现在心目中的离奇和芜杂，我也还不能使他即刻幻化，转成离奇和芜杂的文章。或者，他日仰看流云时，会在我的眼前一闪烁罢"[①]，也表明了这本文集与一般意义上的散文、散文诗或回忆录有很大的不同。

　　让我们再结合鲁迅研究的情况来考察。鲁迅说："我有一时，曾经屡次忆起儿时在故乡所吃的蔬果：……都曾是使我思乡的蛊惑。后来，我在久别之后尝到了，也不过如此；惟独在记忆上，还有旧来的意味留存。他们也许要哄骗我一生，使我时时反顾。"[②] 鲁迅研究工作的历史和现状表明，通过《朝花夕拾》而反顾那些值得反顾的东西的，更多是鲁迅研究工作者。例如，在鲁迅生前，人们谈及鲁迅青少年时代的生活和思想时，往往援引《朝花夕拾》

[①] 鲁迅：《朝花夕拾·小引》,《鲁迅全集》第 2 卷，人民文学出版社 1981 年版，第 229 页。
[②] 鲁迅：《朝花夕拾·小引》,《鲁迅全集》第 2 卷，人民文学出版社 1981 年版，第 229—230 页。

中的文字，从鲁迅逝世到现在，国内出版的近十种鲁迅传记，在谈到鲁迅的家世以及青少年时代的情况时，也毫不例外地援引《朝花夕拾》中的有关记述。另外，在分析鲁迅所处的那个时代的社会历史和政治文化背景时，同样把《朝花夕拾》中的某些记述和评论作为最基本的材料，这就表明：广大研究者在很大程度上是把《朝花夕拾》作为一种文献资料来对待的。唯其如此，我的基本看法是：《朝花夕拾》作为一本在内容上糅合了一定的传记成分的杂感文集，具有明显的文献价值，该书在鲁迅全部著述中的特殊地位和意义，也主要表现在这个方面。

有的研究者对于《朝花夕拾》的文献价值问题已有所论及。[①] 本文不揣冒昧，拟再作进一步分析探讨。

《朝花夕拾》的文献价值的几个方面

《朝花夕拾》的文献价值，主要表现为：提供了作者青少年时代的生活和思想情况，保留了中国封建社会末期江南农村的风俗画面，还难能可贵地记载了中国近代史（主要是思想文化史）方面的一些重大事件中若干生动的片段。如果说鲁迅的某些小说也具有这种文献价值的话，那么《朝花夕拾》由于是以其更为简洁、准确的史家手笔来作记载的，所以更具有"信史"的特征。

第一，关于鲁迅青少年时代的生活和思想情况。

鲁迅于1881年出生，到1912年去教育部任职，其三十年间的生活经历是丰富曲折的，思想上也有几度变迁。以思想发展线索来说，幼年时候如何受民间艺术的熏陶，童年时家庭变故的刺激，稍长如何对维新教育的失望，留学日本前后又怎样接受进化论因而在政治上如何滋长反清革命思想，"幻灯

---

① 参见王瑶《论〈朝花夕拾〉》，《鲁迅作品论集》，人民文学出版社1984年版。

片事件"如何刺激他的爱国主义和启蒙主义思想，以及在辛亥革命初期（绍兴光复前后）的激进，等等，这些都是研究者们予以特别重视的。而要探寻上述问题，《朝花夕拾》中的每一篇都留下了有价值的资料。

例如，一本带有插图的《山海经》曾是如何激动了少年鲁迅的心，书中就有一段很集中很入神的记述：作者从一个远房叔祖那儿了解到有一部绘画的《山海经》，上面画着人面的兽、九头的蛇、三脚的鸟、生翅膀的人，没有头而以两乳当作眼睛的怪物……作者很渴望得到它，此事让保姆阿长知道了，当她把那本"有画儿的'三哼经'"送到鲁迅面前时，"我似乎遇着了一个霹雳，全体都震悚起来；赶紧去接过来"。可贵的是，作者在追述这一情况时，不只是渲染了自己幼年时候的求知欲，同时也深情地歌颂了普通的下层劳动群众热情善良的品德。《阿长与〈山海经〉》一文的末句是："仁厚黑暗的地母呵，愿在你怀里永安她的魂灵！"这句话虽然写于1926年，然而这种敬意显然从得到《山海经》时就产生了。这样，幼年鲁迅如何受民间艺术熏陶——更是受着劳动群众的感染和教育的情况，也就被生动形象地揭示出来了。

又如关于鲁迅留日期间激烈的反清革命的思想情况，在他的其他著述中基本上没有被提起，即使提起，也不甚详细，唯独在该集中的《范爱农》一文中作了明确的描述：徐锡麟反清事败被杀以及秋瑾起义的消息传到东京后，鲁迅极为悲愤，参加了旅日同乡会的抗议集会，"吊烈士，骂满洲"。"此后便有人主张打电报到北京，痛斥清政府的无人道。会众即刻分为两派：一派要发电报，一派不要发。我是主张发电的。"由于范爱农反对发电，"从此我总觉得这范爱农离奇，而且很可恶。天下可恶的人，当初以为是满人，这时才知道还在其次；第一倒是范爱农。中国不革命则已，要革命，首先就必须将范爱农除去。""然而这意见后来似乎逐渐淡薄，到底忘却了……"这段文字极为准确地反映了鲁迅当时作为激进的然而又多少带点稚气的资产阶级革命派的思想实际，也揭示了鲁迅这一思想后来起变化的轨迹。因为鲁迅写此文时，对于如何向反动黑暗势力作斗争的策略方法问题已探索出了更符合实际的答案，即"正无需乎震骇一时的牺牲，不如深沉的韧性的战斗"[①]，或者说"要治这麻木状态的国度，只有一法，就是'韧'，也就是'锲而不舍'。逐渐的做一点，总不肯休，不至于比'踔厉风发'无效的"[②]。

还有重要一点，是关于鲁迅弃医从文的契机（即"幻灯片事件"）问题。对此鲁迅在 1922 年写的《呐喊·自序》中本有所交代："其时正当日俄战争的时候……有一回，我竟在画片上忽然会见我久违的许多中国人了，一个绑在中间，许多站在左右，一样是强壮的体格，而显出麻木的神情。据解说，则绑着的是替俄国做了军事上的侦探，正要被日军砍下头颅来示众，而围着的便是来赏鉴这示众的盛举的人们。""从那一回以后，我便觉得医学并非一件紧要事……我们的第一要著，是在改变他们的精神……"一般说来，在别的文章中无需再赘述了。然而鲁迅在《藤野先生》一文中，又郑重地写了这样一段："……第二年添教霉菌学，细菌的形状是全用电影来显示的，一段落已完而没有到下课的时候，便影几片时事的片子，自然都是日本战胜俄国的情形。但偏有中国人夹在里边：给俄国人做侦探，被日本军捕获，要枪毙了，围着看的也是一群中国人，在讲堂里的还有一个我。"当日本学生拍掌欢呼"万岁"时，我"却特别听得刺耳。此后回到中国来，我看见那些闲看枪毙犯人的人们，他们也何尝不酒醉似的喝采——呜呼，无法可想！但在那时那地，我的意见却变化了"。我们把这两段相隔四年所写的文字作比较，显然可以发现：后者在比前者记述得更具体时，又插入了另一番针砭现实的感慨，这样，后者至少是对前者的一个不可缺少的补充，正是这种补充从两个方面（事件本身以及作者对这一事件的感受）提高了它的文献价值。

另外，关于鲁迅在绍兴光复后的政治态度以及从事革命活动的具体情况，在作者的其他著述中鲜于反映，而在《朝花夕拾》中却有较为翔实的记述。

[①] 鲁迅：《坟·娜拉走后怎样》。
[②] 鲁迅：《两地书·一二》，《鲁迅全集》第 11 卷，人民文学出版社 1981 年版，第 44 页。

如《范爱农》就有这方面的史料："一个去年听过我的讲义的少年来访问我，慷慨地说，'我们要办一种报来监督他们（按指王金发的军政府）。不过发起人要借用先生的名字。……为社会，我们知道你决不推却的。'""我答应他了。两天后便看见出报的传单……五天后便见报，开首便骂军政府和那里面的人员；此后是骂都督，都督的亲戚、同乡、姨太太……""这样地骂了十多天，就有一种消息传到我的家里来，说都督因为你们诈取了他的钱，还骂他，要派人用手枪来打死你们了"，"别人倒还不打紧，第一个着急的是我的母亲，叮嘱我不要再出去。但我还是照常走……"。这里说的办报，指《越铎日报》。鲁迅在这期间的革命活动，虽然后来周建人等都著文作过回忆，但无不是依据鲁迅在该文中提出的种种线索。这再次证明，《朝花夕拾》在提供鲁迅青少年时代的生平史料方面，确有很大的价值和意义。

第二，关于中国农村的风俗画面。

漫长的中国封建社会，到了20世纪初前后，可以说是踏上了其覆灭前的最后一段路程。根深蒂固的封建主义传统思想对中国社会（尤其是广大农村，如颇有代表性的称之为"文物之邦"的绍兴地区）的人民生活和风俗习惯究竟带来些什么影响呢？精华和糟粕粘在一起的中国民间文艺又有哪些特殊形态呢？这些都是涉及中国文化史和风俗史的重大问题。鲁迅同时代的一些中国文化史专家或民俗学者曾在他们的著述中尝试回答过，然而可能由于他们企求从整体上作把握和分析，旨在梳理某些历史线索，所以具体的记载、描绘和分析则难免不深入。鲁迅当然不是一般意义上的文化史专家或民俗学者，但在《朝花夕拾》的不少篇什中，他却以文化史专家和民俗学者所固有的那种敏感，对这些问题也引起了重视，而且通过他的文学大师的手笔，从好几个侧面为我们留下了一幅幅中国农村的风俗画面。

首先是民间的一般性习俗。如儿童在过旧历年时的活动，《阿长与〈山海经〉》写道："辞岁之后，从长辈得到压岁钱，红纸包着，放在枕边，只要过一宵，便可以随意使用"，譬如买"小鼓、刀枪、泥人、糖菩萨……"。再如过年时一般家庭挂的年画的内容款式,《狗·猫·鼠》一文中这样介绍说:"我的床前就贴着两张花纸,一是'八戒招赘',满纸长嘴大耳……别的一张'老鼠成亲'却可爱,自新郎、新妇以至傧相、宾客、执事,没有一个不是尖腮细腿,像煞读书人的,但穿的却是红衫绿裤。"有些习俗似乎又是和旧礼节和旧观念混杂在一起的,如长阿妈作为佣人,还给东家的儿子(作者)灌输一些似是而非的"道理":"例如说人死了,不该说死掉,必须说'老掉了';死了人,生了孩子的屋子里,不应该走进去;饭粒落在地上,必须拣起来,最好是吃下去;晒裤子用的竹竿底下,是万不可钻过去的……"(《阿长与〈山海经〉》)这些风俗画面,似乎是琐碎的,但是如果从民俗学的角度去解释和理解,显然很可以从那种固有的东方情调中挖掘出不少发人深省的东西。

其次是记载了几个相当完整的民间故事和民间传说,如《狗·猫·鼠》中的"老虎拜猫为师"的故事,《从百草园到三味书屋》中的"美女蛇"的故事,以及《后记》中提及的与见于正史的"曹娥投江觅父,淹死后抱父尸出"大不相同的"背对背的负着"的故事。这几个完整的民间故事传说,单就整理和记录来说,也很有价值和意义。这里顺便说一下,"美女蛇"的故事因《从百草园到三味书屋》一文收入中学语文教科书,所以赢得了不少学者和中学语文教师的重视,纷纷为之诠释,寻其象征意义。其实,这是多余的。因为该文插入长妈妈讲的那个"美女蛇"的故事,目的是说明那位既迷信又善良的妇人所讲的故事曾经是多么吸引年幼的鲁迅,以至他在几十年后还能绘声绘色地复述出来。故事就是故事,强求"微言大义"不能不说是穿凿附会的。如上所说,该文转述这个故事,其意义只是在于为《朝花夕拾》的文献价值添上了特殊的一笔。

另外,具有两重性的中医的落后一面,以及庸医杀人的情形,也是中国封建社会的风俗画面的一部分,这一点在《朝花夕拾》中同样得到了逼真的反映。《父亲的病》讲到这样两件事:一是"据舆论说","先前有一个病人,百药无效",只是有个中医在旧药方上添上一味"梧桐叶"做药引子,"只一服，便霍然而愈了。'医者，意也。'其时是秋天，而梧桐先知秋气。其先百药不投，今以秋气动之，以气感气，所以……"；二是作者所亲历的：某庸医曾给作者的父亲开的药方是"一种特别的丸药：败鼓皮丸。这'败鼓皮丸'就是用打破的旧鼓皮做成；水肿一名鼓胀，一用打破的鼓皮自然就可以克伏他"，同是庸医，还兜售一种猜想"一定可以见效"的丹，主张"点在舌上"，"因为舌乃心之灵苗……"，严肃的医学、科学的药物学在庸医手中竟然可以如此儿戏，并附以如此荒唐的解释。显然，这也是《朝花夕拾》一书中唯一得到描绘的另一种形态的风俗画。

应当说，《朝花夕拾》所描绘的风俗画，最著名也最值得珍视的莫过于对江南民间迎神赛会的盛况的反映，以及对在这种民间艺术活动中由劳动群众所扮演的那些鬼魂形象的刻画。

开首是一个孩子骑马先来，称为"塘报"；过了许久，"高照"到了，长竹竿揭起一条很长的旗，一个汗流浃背的胖大汉用两手托着；他高兴的时候，就肯将竿头放在头顶或牙齿上，甚而至于鼻尖。其次是所谓"高跷""抬阁""马头"了，还有扮犯人的红衣枷锁，内中也有孩子。（《五猖会》）

在许多人期待着恶人的没落的凝望中，他出来了，服饰比画上还简单，不拿铁索，也不带算盘，就是雪白的一条莽汉，粉面朱唇，眉黑如漆，蹙着，不知道是在哭还是在笑。（《无常》）

以上两段文字，前者是对赛会演出情况的概述，后者则摄取了劳动群众所扮演的"鬼而人，理而情，可怖而可爱的无常"的形象的特写镜头。鲁迅后来在其他文章中再次提到这种"表现对于死的无可奈何，而且随随便便的'无常'"与"女吊"一样，同为绍兴乡镇的"两种特色的鬼"。[①] 劳动人民创造的民间艺术的风采和特色，以及在这种风采和特色中所蕴含着的朴素善良的性格和愿望，正是由鲁迅在《朝花夕拾》中所描写的风俗画面逼真而传神

---

① 鲁迅：《且介亭杂文末编·女吊》，《鲁迅全集》第6卷，人民文学出版社1981年版，第614页。

地留给了我们。当年，鲁迅在致日本友人的信中曾说:"《朝花夕拾》……其中有关中国风俗和琐事太多，不多加注释恐不易看懂，注释一多，读起来又乏味了。"① 对于我国读者来说，的确是这样，但对本民族的后辈读者来说，每当备感亲切地读罢这些文字而掩卷沉思的时候，不能不由衷地感谢鲁迅描绘社会风俗画的大手笔。

第三，关于中国近现代史的资料。

从鲁迅出生到他写作《朝花夕拾》各篇的近半个世纪中，动荡不已的中国社会发生过许多重大的历史事件，与此相适应，虽然整个中国社会的性质没有什么根本性的改变，然而某些社会思想风貌，毕竟起了不少带着喜剧色彩的变化。那么在这样一个风雨如晦、长夜漫漫，同时又交织着前进与倒退、保守与革新、希望与迷茫、探索与徘徊的时代里，就中国思想文化界来说，究竟有哪些值得记载也值得后人思索的东西呢？《朝花夕拾》在这方面再次显示了它的重要的文献价值。

以中国近代教育史的某些重大问题为例：

戊戌变法前夜，中国社会的封建主义旧教育的基本情况如何？《从百草园到三味书屋》里有一段完整而典型的描写：入学先要拜孔子，学生不准向老师提问"四书五经"以外的问题，所谓功课只是"习字""对课"而已，要不就是各念各的"仁远乎哉我欲仁斯仁至矣""笑人齿缺曰狗窦大开""上九潜龙勿用"和"厥土下上上错厥贡苞茅橘柚"之类；另外，生性好动的学生也不能够做正常的游戏，否则就要被体罚，当然年幼的学生也会本能地对这种束缚人的旧式教育作消极反抗："先生读书入神的时候，于我们是很相宜的。有几个便用纸糊的盔甲套在指甲上做戏。我画画儿，用一种叫作'荆川纸'的，蒙在小说的绣像上一个个描下来。"

西风东渐之时，各地开办了新式学堂，社会对它的反映怎样呢？鲁迅在

---

① 鲁迅：《340411 致增田涉》，《鲁迅全集》第 14 卷，人民文学出版社 1981 年版，第 295 页。

《琐记》中讲了绍兴"中西学堂"的遭遇：由于该校在讲授汉文之外，又教些洋文和算学，便成了旧势力代表人物的众矢之的："熟读圣贤书的秀才们，还集了'四书'的句子，做一篇八股来嘲诮它，这名文便即传遍了全城，人人当作有趣的话柄。"那么官办的洋务学堂是否好一些？也不尽然。鲁迅在同一文中对南京水师学堂和矿务学堂的实例作了剖析：在水师学堂里，汉文课程仍以孔孟为主，且校内实行封建式军事统治，握有军令的学堂总办有权处死学生。更为可笑的是，作为讲授"新学"，培养海军士官的水师学堂，因学生游泳淹死干脆填平了水池，还荒唐地在上面建造了关帝庙，每年七月十五，还要请和尚们来校放焰口。矿务学堂的情况相对说来好一些，使得学生们第一次看到了《天演论》和《时务报》一类的新书刊，但就专业教育来说，也是一团糟，学生直到毕业仍是一无所得。

　　清末留学风气大盛，尤以东渡为多，留日学生的情况又是如何？《朝花夕拾》的有关篇什也透露了种种情况：留学生的情况很杂，有认真读书的，也有"学跳舞"混日子的，有激烈地鼓吹反满排满的，也有恪守旧礼教甚至连坐火车"也要分出尊卑"来的。至于留日学生回国后，有认真做启蒙工作的，也有因种种原因"受着轻蔑、排斥迫害，几乎无地可容的"，甚至还有只知道"日本的袜是万不能穿"的。上述情况，都是鲁迅信笔写来，有意无意地提到的，但正是这些看似琐碎的材料，合起来就较为完整地反映了一种时代风貌。近年来编写的若干中国近代教育史方面的著作，甚至日本学者实藤惠秀撰写的《中国人留学日本史》[①]，在谈及有关情况时，不时援引《朝花夕拾》所提供的材料，这足以表明该书的文献价值不止一次地发挥了作用。

　　《朝花夕拾》对于中国近代思想文化史研究的文献价值当然不只限于教育史方面，在其他几个方面，虽然着墨不多，但也同样是准确的和典型的。

　　例如，关于当时人民群众对于太平天国运动的反应，《阿长与〈山海经〉》

[①] 该书有谭汝谦、林启彦译本，生活·读书·新知三联书店1983年版。

中记述了长妈妈讲的一种情况,"长毛"来的时候,妇女"也要被掳去。城外有兵来攻的时候,长毛就叫我们脱下裤子,一排一排地站在城墙上,外面的大炮就放不出来;再要放,就炸了"。这可能是一种荒唐的编造,然而正是这种流传在下层劳动者中间的荒唐的编造,透露了这样一个事实:太平天国运动以其本身固有的复杂性以及悲剧性的末路,以致在部分地区不仅没有为劳动人民所怀念,反而是留下了深深的敌意。应该说,这种耐人寻味的情况是值得治太平天国史的专家学者们重视的,如果他们也承认这段文字具有一种特殊形态的文献价值的话。

再如关于"五四"落潮后反动保守的封建主义思想对于"五四"新思潮的反扑问题,《朝花夕拾》中的某些篇什也有生动的揭露:1925年,"海昌蒋氏在北京举行婚礼,拜来拜去,就十足拜了三天,还印有一本红面子的'婚礼节文',〈序论〉里大发议论道:'平心论之,既名为礼,当必繁重。专图简易,何用礼为?……然则世之有志于礼者,可以兴矣!不可退居于礼所不下之庶人矣!'"(《狗·猫·鼠》)在新文化运动中,反对旧礼教,提倡新式婚仪,实不过皮毛小事,然而即使如此,旧思想一旦回潮,竟有如此汹涌的势头。鲁迅这段文献性的记载,正是提出了这样一个值得重视的问题。

还应当说,《朝花夕拾》的文献价值,也涉及了中国近代史上的若干最重大的问题。请看《范爱农》一文中对绍兴光复后的政治局面的描写:

> 我们便到街上去走了一通,满眼是白旗。然而貌虽如此,内骨子是依旧的,因为还是几个旧乡绅所组织的军政府,什么铁路股东是行政司长,钱店掌柜是军械司长……这军政府也到底不长久,几个少年一嚷,王金发带兵从杭州进来了,但即使不嚷或者也会来。他进来以后,也就被许多闲汉和新进的革命党所包围,大做王都督。在衙门里的人物,穿布衣来的,不上十天也大概换上皮袍子了,天气还并不冷。

这是一段具有高度的概括性又富有充分形象化的经典性论述。不少中国近代史专著或辛亥革命史专著①，几乎无不援引这段文字，以此"窥一斑而见全豹"，来说明辛亥革命的不彻底性。在这里，《朝花夕拾》重要的文献价值再次得到了体现。

需要指出的是，当鲁迅动笔写《朝花夕拾》各篇时，还处于他在"五四"落潮后又一次经历的彷徨和寂寞时期。诚如许多研究者所指出的那样，在这段时间里，鲁迅通过对自己以往的生活道路的回顾，通过严格的自我解剖，通过对近代以来中国社会历史的总结，已经开始从彷徨和寂寞中迈向了新的探索的道路。因而《朝花夕拾》一书对中国近现代革命史和思想文化史上的若干重大事件的回忆性的论述分析，其文献价值又是同精辟的历史研究的成果结合在一起的，显然这是比鲁迅同时代人的其他一些也具有某种文献价值的著述高出一筹的地方。②

恩格斯在谈到巴尔扎克的批判现实主义杰作《人间喜剧》时这样赞叹说："在这幅中心图画的四周，他汇集了法国社会的全部历史，我从这里，甚至在经济细节方面所学到的东西，也要比从当时所有职业的历史学家、经济学家和统计学家那里学到的全部东西还要多。"③我们套用一下这句话，可以这样说：由于《朝花夕拾》具有多方面的重大的文献价值，因而对于学习和研究中国近代史（特别是近代思想文化史）的人们来说，它的参考意义绝不小于目前我们所看到的某些皇皇巨著。

原载《新疆大学学报》（哲学社会科学版）1986年第4期

---

① 如胡绳《从鸦片战争到五四运动》（人民出版社1981年版）第二十四章"革命浪潮中的各省风云"就引用这段材料来论证辛亥革命后中国政局的实质。
② 应该说周作人的某些著述，如《知堂回想录》（香港三育图书有限公司1980年版）也有较大的文献价值，然而由于其政治思想上的偏见，史识是很低的。
③ 《恩格斯致玛·哈克奈斯》，载中共中央马克思恩格斯列宁斯大林著作编译局编《马克思恩格斯选集》第4卷，人民出版社1972年版，第463页。

鲁迅与《朝花夕拾》

殷国明

> 唉！青年和老年被生活撮合得这样靠近，像无言的梦把昨天和今天撮合在一起。
>
> —— 歌德

在鲁迅的创作中，《朝花夕拾》是一本具有独特风貌的散文集。在这部作品中，笼罩和凝结在《野草》中的地狱的氛围和现实的血痕，在童年生活的回忆中，开始渐渐地隐去了，涌出了像"碧绿的菜畦，光滑的石井栏，高大的皂荚树，紫红的桑椹"那样令人神往的美的图画。虽然在作品中并非都是诗情画意，也并没有表现出像在《呐喊》中那种亢奋的激情，但确实在它的字里行间流动着一种新的充实的活力的冲动。

这种充实的活力来自孕育和滋养鲁迅的故国的土地和生活，是同鲁迅发生密切关系的民族生活的结晶和升华。

1931年初，日本文学青年增田涉来到上海，希望了解中国和中国文学，鲁迅把一本《朝花夕拾》送给他，对他说："须了解中国的情况，先看看这本书。"

那么，《朝花夕拾》在多大程度上体现了鲁迅心目中的中国民族生活，又在什么意义上表现了中国民族生活的鲁迅呢？据我所知，至今少有这方面的专门探索研究。

一

鲁迅把《朝花夕拾》称为"从记忆中抄出来"的文学。然而"从记忆中抄出来"的却不仅仅是记忆。《朝花夕拾》是一个完整的艺术世界。这个世界并非仅仅由活在鲁迅记忆中的过去的生活世界构成,而是熔铸了两个生活世界的结果:一个是属于记忆的,有些属于鲁迅单纯、充满天真稚气的眼睛和心灵的,有些是属于走向生活、走向成熟的思想感受的,对鲁迅来说,这些多少可以归为历史生活的范围;另一个则是属于成年的鲁迅的,他已经过辛亥革命、袁世凯称帝、张勋复辟,见到各种各样的慈善家、学者、文士和道德、国粹、东方文明,等等,他自己也呐喊过,彷徨过,希望过,失望过,饱经风霜,对生活有了新的认识和看法。这是两个不同的世界,却完满地融合起来,化为一体。这个新生的艺术世界同样有别于记忆中的生活世界。

然而,在阅读《朝花夕拾》中,我们却常常自然而然地忽略了这种差异。在作品中活动着的富有个性的鲁迅的自我形象吸引了我们,感染了我们,以至于我们不仅把它作为艺术形象来推崇,而且作为鲁迅童年的历史来对待。在我们叙述鲁迅的童年生活,不断地摘取作品中的段落来说明的时候,几乎没有人提出这样的怀疑:《朝花夕拾》到底在多大程度上体现了鲁迅真实的童年呢?

在《朝花夕拾》中,鲁迅童年的自我形象是鲜明的,从小就表现出了叛逆的性格。他不喜欢家中一切烦琐的礼节规矩,时时想逃避它,而喜欢小动物,听长妈妈讲民间故事;他甚至不喜欢读书,对于诵读"上九潜龙勿用"很反感,而醉心于去看五猖会,和下等人在一起看扮演的活无常,等等。活跃在作品中的正是这样一个好动、好奇、富有反抗性的鲁迅,他的性格是迷人的,在浓厚的封建式的生活中,他身上却透露出了不可遏制的生命活力。

我并不怀疑这些记忆的真实性,尤其是其中感情的真实性。但这并非鲁迅童年的全部。就其生活内容来说,鲁迅从小就受到父亲迷信思想的影响,入塾读书，基本上接受的是封建文化的教育，读的是《鉴略》之类的古书，最先得到的图画本子，"是一位长辈的赠品：《二十四孝图》"。即使在他读完了《论语》《孟子》，他父亲仍然命令他去绍兴城内最严厉的私塾"三味书屋"读书，持续着从早到晚背书、上书、写字、对课的枯燥生活。这样的生活使童年的鲁迅感到极大的压抑是不言而喻的。

但是，鲁迅并没有摆脱这种生活，这首先应该归结于鲁迅当时还没有力量改变这种生活，而另一方面则是因为他还没有形成鲜明的不能忍受的反抗意识。

其实，童年的鲁迅并非一个一味贪玩、不爱做功课的孩子，而是勤奋好学，在一定程度上甚至是一个循规蹈矩的孩子。许多鲁迅同窗的回忆都证明了这一点。他不但学习是出类拔萃的，而且常常表现出别人所不及的才能，多次受到先生的夸奖。除了天资条件之外，鲁迅对自己的严格要求，勤奋学习显然是重要的。我们并不能把这种学习完全看作是鲁迅被压服、不得已的行动，而完全排斥鲁迅的主动精神。在三味书屋的课桌上，至今还保留着鲁迅童年所刻下的一个"早"字，就是鲁迅为了敦促自己的写照。

因此，即使童年的鲁迅，他的性格也是多方面的。在他的心灵中，确实具有对于封建教育反抗的个性存在，同时也存在着对这种个性发展的自我的约束力。也许在表面上，童年的鲁迅更酷似一个知文有礼的人，在家人和邻人的眼光中，是一个有希望的受到普遍赞扬的孩子。而在形成鲁迅童年刻苦学习的精神过程中，也不能排斥古老的传统教育对他的影响，在他感到童心受到约束，萌生出叛逆情绪的同时，一种对于家族所承担的责任感，以及随此而来的自尊感仍然在支配着他的行动。

二

然而，在《朝花夕拾》中，这种混浊的生活气氛被滤清了。童年生活是清亮透明的，没有杂质，浮现出童年固有的情趣。鲁迅不仅对于他刻苦学习，多次受到老师赞扬的情况表示淡忘，而且只字不提家族寄予他的希望。这并非说作品中没有表现出封建教育的存在，而是说这种存在从主人公主体生活中分离出去了。在这种分离中，童年鲁迅的心灵出污泥而不染，犹如出水芙蓉一样光洁。于是，在作品中凸显出的是一个常常溜到后园中去折蜡梅，寻蝉蜕，捉苍蝇，喂蚂蚁的鲁迅，是一个对背古书很反感，在学堂里背着私塾先生一个劲描绣像的鲁迅，一个爱看五猖会，喜欢扮小鬼的鲁迅；而另一个鲁迅，那个对课文对答如流，对课特别出色的鲁迅，那个自觉性很强，在自己书桌上刻了一个"早"字的鲁迅，那个很早就担负起家族责任的鲁迅不见了，消失了，沉没在茫茫的遗忘海洋里。

显然，《朝花夕拾》表现了鲁迅自己独特的记忆模式。这个模式的存在本身就是经过选择的结果，强烈的个性已经排除了对原来生活机械地模拟和核对。在这个模式中，对于封建文化教育的不满，向往健康成长的广阔天地，始终是主导的方向。童年的生活场景沿着这个方向徐徐而过。一方面是童年对于动物的喜爱，长妈妈生动活泼的民间故事，百草园趣味横生的游戏世界，五猖会和民间戏剧给予他的惊异和欢喜，等等，这些画面充满了爱，意味着生，以肯定的方式表现了这个模式的方向；而另一方面，《二十四孝图》的丑恶，私塾枯燥无味的古文，衍太太的恶意中伤，等等，这种生活缺乏生气，使人窒息，以否定的方式反衬着这个主导方向。随着年龄的增长，鲁迅生活愈来愈社会化，这个模式所涉及的生活内容也更加广泛深入了。但是这种个性的选择是一贯的。

那么，是什么力量使得鲁迅对童年生活做出这种选择的呢？

大概谁都不会否认，《朝花夕拾》中熔铸了现实斗争的内容，如果谁想在《朝花夕拾》的往事中寻找绝对平静的港湾，是会失望的。在作品中我们欣赏的不是万里无云的一片晴空，而往往是透过乌云的一缕阳光，照在迷蒙的水面上的彩虹，是现实的大风卷起的历史的浪花，以及把它摔在岩石上形成的晶亮的记忆的水珠。

在《朝花夕拾》中，记忆是在现实斗争的冲击波中失去它的宁静的，开始在斗争的旋涡中跳跃、翻滚和波动。

首篇《狗·猫·鼠》就活跃在记忆和现实生活交叉撞碰的交汇点上。表面上看来，作品记叙作者童年生活中一件有关"仇猫"的事，而且这件事多少有点滑稽，他童年的"仇猫"是由一个虚假的依据而产生的——怀疑猫吃了自己心爱的隐鼠。但是，童年的"仇猫"是作者在现实斗争中"仇猫"的一个引子，鲁迅借此表达对所谓正人君子的厌恶和仇恨。显然，记忆中"仇猫"的意义，不是以个体的意义表现出来的，而是在鲁迅整个心理世界相关联中实现的。由于这种关联，我们不能不把"仇猫"看作是鲁迅经验世界中某种敏感的标志，这种标志体现出鲁迅对于某种现实现象的特殊的感应能力。正是这种关联，在心理上造成了鲁迅童年和猫结怨与在现实斗争中"仇猫"的强烈的反差效果。作品中关于童年时"仇猫"的事，其实就像一个反光镜，虽然它本身是无光的，但在现实生活之光照耀下，放射出了强烈的光束，使一切媚态的大猫小猫丑态毕露。

事实上，对任何一个作家来说，历史生活是一个汪洋大海，而记忆往往只能保存它的某些浪花波影。在创作中，这些似乎是偶然地自然而然涌上笔端的浮光掠影，在它们后面潜藏着先前已准备好了的必然的现实生活依据。而在鲁迅作品中，这种现实感更加突出而已。在《朝花夕拾》中，现实斗争世界和记忆世界有时是难以找到明确的界线的，它们有时甚至是互为客主的。旧事重提和借题发挥几乎成为一对特殊的孪生兄弟，形影不离。

鲁迅的旧事重提并不是为了逃避现实生活，在记忆的古国里找一个避风港。鲁迅把自己创作的根须伸向童年生活时，是为了吸取养料，把他的作品的枝叶伸向更广阔的天空，抵御现实的暴风的袭击。对鲁迅来说，回顾历史，不仅意味着对历史生活的一次重新发现，而且也是对现实生活的一次重新认识，往往是现实中出现的一个暗示、一次触动、一种念头，重新唤醒了他内心对生活的记忆，使它们在心灵中复活。

其实，这仅仅是显露在作品表面的现实斗争的波影。促使鲁迅回顾往事的还有更深刻的现实生活的原因。

《朝花夕拾》所收的十篇回忆散文，基本上是在1926年写的。这是饶有兴味的。在鲁迅的生活中，1926年是不平凡的一年。在这之前，鲁迅经历了"五四"文学革命后的低潮时期，思想一度陷入悲观彷徨的境地，他曾自喻为"胸腹俱破，中无心肝"的形象。在他内心经历了最痛苦的时期之后，他开始重新认识生活和自己，他从绝望中走出来，开始把希望寄托在中国的"民魂"之上。这时期，他一方面继续同复古派进行唇枪舌剑的笔战，另一方面同进步学生站在一起，同反动当局和帮闲文人进行面对面的斗争，在现实中，他目睹了反动政府最残酷的暴行，经过了"民国以来最黑暗的一天"，同时也看到了人民真正的"惊心动魄"的伟大，从这里发现了中国女子"压抑至数千年，而终于没有消亡的明证"。可以说，这种现实中黑暗与光明的激烈搏斗，在鲁迅的意识世界引起久长的回响。这时，现实生活迸发出的每一束火花，都使他再一次观照自己的过去。

这种对自己过去的观照，首先是在现实中感到"无话可说"的情况下产生的。现实黑暗所构成的冷冰的墙壁，似乎暂时阻断了走向未来的道路，于是生活形成了一股希望的反作用力，使人们对过去重新发生兴趣。对于鲁迅来说，这似乎是一种停顿的反思，同时也是一种斗志的恢复。由于鲁迅丝毫不想完全回避现实斗争的波击，同时又不想完全沉耽在现实的沉默之中，他开始用现实的桨来划动记忆的船，以大地微微的暖气来对抗高空滚滚的寒流。在《朝花夕拾》中，这种冷暖空气的对流是对现实的一种反抗，也是对生活的一种新的和解。

这种和解同时也是同自己历史的和解。也许鲁迅也很难意识到，尽管他多次下决心同自己的过去告别，努力下决心割断自己和周围生活的联系，并以此为快，但是实际上他始终是和自己的过去连在一起的，并且深深地爱恋着生活。他不是一个厌世者。我们看到，他在《朝花夕拾》中表现出的对生活的全部柔情蜜意，都是在一个新的层次上进行的。这种新的惊喜和欢欣远远超过了一个儿童所能理解的范围，而是加入了一个饱经风霜的人理解生活的特有的意蕴。

问题在于，一种真正的内心记忆的存在，并非一个单纯的心理学过程，而是一个持久的社会化过程。这不仅仅取决于其产生的古老的意义和当时人心理影响的强烈程度，更重要的是是否能够不断得到现实生活进程的滋养，不断在现实生活刺激下，以各种直接或间接的方式复现、体验和增新。记忆是在生活的熔炉中进行提炼的。在这个过程中，现实生活的各种因素，都在不知不觉之中参加了这种提炼，它们用各种方式提示或影响人们澄清和滤净记忆中的生活，使这种记忆逐渐从它原始的、个别的状态中走出来，同人现实的活动中的意识世界结为一体，成为这个世界的一部分，并同这个世界一起运动。

当鲁迅重新回到他所熟悉的记忆中的古国中去的时候，在某种意义上他是一个新人了。所谓新，就是说他所能理解的生活的方式和意义都不同于过去了，而是从现实的断面上进行的。因此，他必然用一种别样的眼光，来看待这古国中的一切，重新估量和重新认识，赋予它以新的含义。而作者这种起死回生的能力也许更表现在对于他以往最熟悉的事物的重新发现。

事实就是如此。在《朝花夕拾》中，涌上鲁迅记忆前台的人物，几乎都是鲁迅生活中最熟悉的人，无论是长妈妈还是范爱农，都是活在鲁迅记忆中的，他们的生平事迹很平凡，没有什么值得惊奇的创举。也许正因为如此，在这以前，他们从来没有独立地脱出一般生活的平面，进入鲁迅的创作之中。如果我们曾看到过他们的身影的话，他们也不过是以人最平常，甚至最值得怜悯的一面出现，而不是一个完整的人的形象。例如《阿Q正传》中的吴妈身上，并非没有一点长妈妈的影子，但是她是一个不健全的过场人物。而在《朝花夕拾》中，长妈妈是以一种健全的、令人尊敬的面目出现的。她不仅是鲁迅久已熟知的人物，而且是一个最新发现的人物。这种发现是他过去一直没有过的对生活的新的发现，它们像簇簇光花，划破了过去生活沉黑的夜幕，透露出了新的生活信息的微明。

三

在《朝花夕拾》中，鲁迅为一个普通的女工长妈妈编织了一个充满诗意的花环。如上所述，构成这个花环的并没有什么值得夸耀的生活细节，甚至没有突出的特点，长妈妈的生活是最普通不过的。如果用纯粹理智的尺度来衡量的话，也许长妈妈并非值得如此怀念，因此人们会对鲁迅对她如此深厚的爱意感到不可理解。在长妈妈身上，同样凝结着中国几千年封建思想压抑和毒害的结果。她无知愚昧，落后而且迷信，按照旧的传统做人行事已经成为她的习惯，而且丝毫感觉不到自己作为奴隶的不幸——起码在鲁迅的回忆中并没有透露出这一点。

但是，鲁迅并没有回避它们，也没有把它们生硬地罗列出来，而是一同编入了诗意的花环之中。因为在这个花环的中心，闪耀着一颗最明亮的珍珠：长妈妈对于童年的鲁迅最难得的理解和帮助——给他买回心爱的宝书《山海经》——的珍贵记忆。它在鲁迅心灵中引起的那种久长的感激之情浸透在作品里，把一切都带入了诗化的境地。

《朝花夕拾》表现的大多数生活，之所以充满现实生活所没有的魅力，不在于所记忆的人和事本身，而首先在于鲁迅对于自己某些珍贵感情的重新体验。这种重新唤起的感情使画面和形象充满活力。

这种记忆中珍藏的感情，曾经被苏联斯坦尼斯拉夫斯基称为记忆中最宝贵的东西，是记忆中的小珍珠。他说过，在记忆的档案库里，你可以设想有许多房屋，房屋里有很多房间，房间里有无数的柜子和箱子，其中有很多大大小小的盒子，在这些盒子中间有一个最小的盒子，里面装着一颗珍珠。房屋、房间、柜子和箱子是很容易找到的，大大小小的盒子就比较难找，可是如何在这些东西当中去找到那些像一闪即逝的流星一样，闪现一下就永远消失了的情绪记忆的"小珍珠"呢？

鲁迅在记忆的古国里，首先寻找的就是这样的"小珍珠"。在《朝花夕拾》中，重要的不是人和事的回顾，而是爱和憎的记录。这些感情虽然是属于过去了的岁月的，却紧紧地联结着现实的鲁迅，紧紧地联结着历史，联结着最普通的生活。它们是永远属于活着的鲁迅的。如果我们现在提出怀疑"为什么鲁迅选择了前一个生动活泼的童年"，那么我们会说，不是鲁迅，而是这些被复活的感情首先决定了这种选择。

在童年，这种珍贵的感情属于天真纯洁的心灵世界。在《狗·猫·鼠》中我们已看到过这种诗意的童年天国了。那是由夏夜和祖母的大桂树组成的场景，祖母摇着芭蕉扇坐在桌旁，给鲁迅猜谜、讲故事。这是一个充满好奇心和求知欲的天真活泼的世界。正因为这样，不仅长妈妈给他买回《山海经》给他留下了不可磨灭的印象，就是古书上那题着"文星高照"四个字的恶鬼一般的魁星像，也使他眼睛中闪出苏醒和欢喜的光辉来。对此鲁迅保持了那么深切持久的记忆，是因为它们确实加入了他童年的心灵世界，同童年发生的最深刻的感情波动连在一起。

同样，在这个感情世界的另一端是对摧残儿童身心的一切礼教的憎恶，这是出于一个天真未泯的儿童对于封建教育的本能的反抗。在《二十四孝图》中，鲁迅记录了所谓"老莱娱亲"之类孝道在他童心世界引起的极大的反感。"我没有再看第二回，一到这一叶，便急速地翻过去了。"鲁迅写道。也许直到中年，他才发现了这种反感的普遍意义，他在作品的另一处写道："正如将'肉麻当作有趣'一般，以不情为伦纪，诬蔑了古人，教坏了后人。老莱子即是一例，道学先生以为他白璧无瑕时，他却已在孩子的心中死掉了。"

这种强烈的情绪记忆有时竟然能够完全控制着记忆的前台，把那些富有生趣的生活细节推到幕后。在《五猖会》中，鲁迅保留了在去看五猖会之前，父亲强迫他背诵《鉴略》的详细记忆：

"去拿你的书来。"他慢慢地说。

……

我忐忑着，拿了书来了。他使我同坐在堂中央的桌子前，教我一句一句地读下去。我担着心，一句一句地读下去。

两句一行，大约读了二三十行罢，他说：

"给我读熟。背不出，就不准去看会。"

他说完，便站起来，走进房里去了。

我似乎从头上浇了一盆冷水。但是，有什么法子呢？自然是读着，读着，强记着，——而且要背出来。

……

也许鲁迅自己也感到惊异，对于那次看五猖会的事情，竟然"别的完全忘却，不留一点痕迹了，只有背诵《鉴略》这一段，却还分明如昨日事"。其实，正因为这曾经掀起鲁迅内心最深刻的情绪波动，才如此鲜明地留在记忆中。读着这段回忆，我们几乎能够触到一个受到压抑的心灵——在他幼小的身体内聚积着的全部生活的委屈、愤怒和无奈，都在那仿佛是深秋的蟋蟀，在夜中鸣叫似的诵读中表现出来了。

《朝花夕拾》的艺术魅力首先就是由这些记忆中的"小珍珠"构成的，它们在历史生活的链条上环环相扣，闪闪发光，它们反映鲁迅心灵的历程，同时也为读者探寻这种历程立起了一座座引路的灯标。

显然，这些鲜明的情绪记忆带着鲁迅强烈的个性色彩。随着鲁迅年龄的增长，他自我意识世界的日益巩固，就愈露出他坚韧而又固执的性格的锋芒。在《范爱农》一文中，鲁迅曾记起这样一件事，他在看见留日学生的箱子里有一双绣花鞋时，顿时就表现出自己的不满和轻蔑。这给范爱农留下了很深的影响。其实，在他幼年就已表现出自己独立不移、疾恶如仇的人格，在他七岁的时候，就开始具有自己独特意志的尊严。否则他不会在父亲强制他诵书时，感到那样深切的耻辱。至于他从小对中医医术所固有的成见，更显明地表现出这一点。这说明在鲁迅的个性中，占据突出地位的是一个独立的意志世界，具有强烈的自尊性和道德感。同时他又是一个严于自责、不易宽容自己的人。在《父亲的病》中，他曾为电光一闪的想法而感到深深的犯罪感，如果研究鲁迅心理个性的发展，《朝花夕拾》提供了最直接的材料。

这种独特的个性同生活发生碰撞时，也就闪烁出了独特的思想光泽。在鲁迅思想形成的过程，他的个性潜在地起着作用。就是由于这种个性的影响，鲁迅对于社会对于人发展的禁锢和限制具有非常敏感的感受，而首先是对思想意识上的束缚深恶痛绝，使他格外重视精神上的解放和对传统的封建意识的反抗。也许就在这独特的个性中，就已经潜藏着鲁迅最终弃医就文的动因。

在《朝花夕拾》中，感情的升华常常显露出个性的锋芒，表现在对生活的看法中，鲁迅显示出了分辨新旧思想界线的特有的明敏性，并把这确定为事物新与旧的标准。他曾经有感于当时的有些所谓"新学"，虽然教外语和一些自然科学方面的课程，但中文仍然是圣贤之书，读的是"君子曰，颍考叔可谓纯孝也已矣"之类的古文，对此甚不满意。相反，一些新思想的信息给他带来了极大的满足。在《琐记》中他记叙了自己"一有闲空，就照例地吃侉饼，花生米，辣椒，看《天演论》"的情景。可见，在鲁迅的思想中，一开始就存在着对于单纯用西方物质文明来救中国的怀疑。这种怀疑越来越深，终于在一个关键的时刻，改变了他生活的方向。

同时，我们应该看到，鲁迅在作品中所表现的思想感情，虽然属于个别的，但是同时也是社会的，在鲁迅的心灵中，这些个别的情绪体验的痕迹，已经融入了一种丰富的、集中的而且经过扩展和深化的思想世界。而这种个别感情的复现，是在同一类感情综合存在的广泛基础上产生的。因此，当鲁迅重温这些珍贵的感情时，它们在心灵上引起的回响，无论如何都比童年更意味深长。如果说，在童年时期，长妈妈的举动——给他买回《山海经》，只是由于好奇心的满足而引起深深的感激之情的话，那么，当他经过长期探索，重新体验这种感情时，心中涌起的感激就不仅仅于此了。他应该感谢长妈妈——一个普通的女工，给他保存了最宝贵的赠品：活跃在生活深处的生活希望。正是在这个意义上来说，这颗"珍珠"也许只有这时才真正地被发现了。虽然在这之前，这记忆的小盒子一直被珍藏着，但鲁迅一直没有完全地打开过它。

斯坦尼斯拉夫斯基在体验创作过程中的自我修养时谈到，一个艺术家获得真正的记忆中的"小珍珠"是难得的，只有偶然的机会才能使你再碰到它。但是，对于鲁迅在《朝花夕拾》中的这种体验，我们却无法仅仅归结于某种偶然的机会。即使存在着这种创作思维中的偶然机会，那么在这种偶然的后面仍隐藏着某种必然的原因。因为，在新的条件下，这种古老的记忆焕发出的新的价值，是鲁迅经过长期的探索才获得的，正像珍珠在贝壳中孕育一样，正是由于长期在海洋中生长，泥沙俱下，始有光泽。

显然，在《朝花夕拾》中，我们能够看到，鲁迅对生活的肯定是建立在对中国文化历史重新理解基础之上的，他开始用一种更充实的生活精神来对待自己所熟悉的人物和生活。这是一种充分稳固的历史意识，它是从过去走向未来的一个连续不断的进程。如果说，我们曾经在《故乡》中感觉到这个进程中某个环节突兀地断开，那么在这里，我们看到的是它的重新连接。这种连接的一个明显标记，并不在于重新勾起鲁迅的对过去个别生活场景的怀念，而在于把自己重新融入了民族文化氛围之中，在那里找到了现代意识与民族生活的历史联系。

原载《海南大学学报》（社会科学版）1987年第4期

《鲁迅年谱》（四卷本）得失谈

陈漱渝

观点正确、内容丰富、材料翔实的《鲁迅年谱》是阐发鲁迅精神、研究鲁迅著作、总结鲁迅战斗经验的重要工具书。鲁迅生前，曾反对用"就事论事"的方法评论作家作品，而要求顾及作品的全篇、作者的全人，以及他所处的社会状态。他指出："分类有益于揣摩文章，编年有利于明白时势，倘要知人论世，是非看编年的文集不可的，现在新作的古人年谱的流行，即证明着已经有许多人省悟了此中的消息。"（《且介亭杂文·序言》）

据统计，目前海内外公开印行的《鲁迅年谱》共有六种[1]，内部印行的有两种[2]。许寿裳、许广平、周作人三人共同执笔的《鲁迅年谱》，堪称鲁迅年谱的开山之作，但因其内容过于简略，相当于今天所谓年表，故未计入上述六种年谱之中。本文评议的是鲁迅博物馆鲁迅研究室编撰、人民文学出版社出版的《鲁迅年谱》四卷本（以下简称"四卷本"）。

1975年10月28日，鲁迅之子周海婴就鲁迅著作的出版、注释以及鲁迅研究的若干问题上书毛泽东同志，信中建议在鲁迅博物馆增设鲁迅研究室，

---

[1] 曹聚仁：《鲁迅年谱》(香港三育图书文具公司1972年版)。王观泉：《鲁迅年谱》(黑龙江人民出版社1979年版)。复旦大学、上海师大、上海师院《鲁迅年谱》编写组合编：《鲁迅年谱》(安徽人民出版社1979年版)。鲍昌、邱文治：《鲁迅年谱》(天津人民出版社1979—1980年版)。鲁迅博物馆鲁迅研究室：《鲁迅年谱》(人民文学出版社1981—1984年版)。蒙树宏：《鲁迅年谱稿》(广西师范大学出版社1987年版)。

[2] 吉林大学中文系编：《鲁迅年谱简编》(铅印本)，载毛注青编《鲁迅年谱》(油印本)。

除跟出版局共同负责《鲁迅全集》的注释外，专门负责鲁迅传记和年谱的编写工作。毛泽东批示赞成这一意见。因此，鲁迅研究室于1976年成立后，就把编撰《鲁迅年谱》作为一项重点科研任务来抓。李何林先生主持了这一工作，先后参加这一工作的有20余人，其中主要撰稿者九人（包括笔者在内）。《鲁迅年谱》第一卷于鲁迅诞生一百周年前夕出版，第四卷于1984年出版；四卷共计124.5万字，从撰写到出齐历时七个春秋。

由于"四卷本"是利用鲁迅博物馆丰富的馆藏资料并依靠集体力量编成的，在编写过程中除开借鉴了国内外其他年谱（如清代蔡上翔的《王荆公年谱考略》、今人汤志钧的《章太炎年谱长编》，以及苏联的《普希金年谱》《高尔基年谱》等）的编写经验外，还吸取了同类年谱——特别是复旦大学、上海师大、上海师院合编的《鲁迅年谱》的不少成果，因而基本上达到了观点比较正确、资料比较翔实的预期目标，是六种鲁迅年谱中较好的一种。

毋庸置疑，作为工具书的年谱，并不苛求编者在理论上作过多的引论发挥。它要求坚持从历史的本来面貌出发，尽可能地客观一些、周到一些，让史实本身说话。但是，这绝不意味着年谱是材料的简单堆砌。反之，年谱既然是一种史书，它就必然要求编撰者具有"史识"。事实上，无论对材料的取舍，对人物的褒贬，对事件的评价，对作品的分析，乃至对要义警句的摘取，都无不反映出编者的立场、观点和倾向性。我们在编写"四卷本"的过程中，力图以历史唯物主义和辩证唯物主义观点为指导，体现出鲁迅作为"伟大的文学家"的辉煌业绩和作为"伟大的思想家和伟大的革命家"的本质特征，同时也不回避鲁迅思想（特别是早期、前期思想）中的某些局限性，遵循鲁迅关于"战士的日常生活，是并不全部可歌可泣的，然而又无不和可歌可泣之部相关联"（《且介亭杂文末编·"这也是生活"……》）的教导，我们也以一定的篇幅介绍了鲁迅的家世和日常生活，多侧面地展现了他的血肉之躯。

在动笔之前，大家讨论得最多的是体例问题。比较一致的意见，见诸

"四卷本"编写说明的第二至第七项。简而言之,"四卷本"谱文是由"时代背景""本事""注释"三部分构成的。为了收到图文并茂的效果,我们还仿效大百科全书的做法,在谱文中插入了数百帧图片。

所谓"本事",主要包括谱主的生平事迹和著译提要。为了使"本事"中的生平事迹部分能在可靠的基础上力求新颖,我们在广事搜集上下了相当的功夫,即不仅认真阅读了鲁迅本人的著译、日记、书信等第一手文字资料,还参证了鲁迅保存的聘书、剪报、来函、契约等有关文物;此外,又查阅了大量当时的报刊和鲁迅同时代人的日记、回忆录等。比如"四卷本"介绍鲁迅青少年时期的活动时,充分利用了周作人日记提供的线索;介绍鲁迅留日时期的活动时,首次大量采用了日本"鲁迅在仙台的记录调查会"从仙台医专旧存档案中挖掘的有关档案资料;介绍鲁迅从辛亥革命至"五四"前夕的活动时,查阅了《通俗教育会报告书》《平报》《爱国报》《大自由报》《亚细亚日报》等至今已极为罕见的北京旧报刊,填补了鲁迅生平史实中的若干空白。"四卷本"介绍了鲁迅赴南京前夕从《知新报》上看到"列强瓜分中国图",对祖国"火及衽席"的处境深为忧虑;介绍了鲁迅在教育部期间驳回山西大学堂崇圣会社关于呈请大开文庙、提倡崇圣的呈文,以及他与教育部15名科长、主任共同列名的请薪呈文,等等,这些资料都是我们首次向读者披露的。鲁迅的一些代表作,如小说《风波》,几乎每一种《鲁迅年谱》都要介绍,但由于我们援引了陈独秀致周作人的两封信,说明这篇作品系应陈之约写成,陈读后表示"五体投地的佩服",因而使这条前人多次写过的"本事"有了新意。《鲁迅日记》的记载原本十分简略,一般读者很难了解其中的内涵,如鲁迅1923年10月28日日记中,有与许钦文等"观戏剧专门学校学生演剧二幕"的记载。由于我们查阅了《晨报》关于这次演出的报道,又参考了许钦文先生的回忆录,因此准确介绍了"戏专"的概况、演出的内容以及鲁迅的态度,使这一容易被人忽视的记载成为一条研究中国现代话剧史的珍贵史料。不少读者阅读"四卷本"(特别是其中的一、二卷)后有耳目一新之感,应归功于编者对史料的锐意穷搜。

"四卷本"的注释也是颇具特色的。概括起来,注释大体可分四个类型。一是评价与鲁迅有关的人物、书刊、社团、事件等。这类注释大多客观、稳妥,即使是对周作人、林语堂一类争议颇大的人物的评价,至今看来仍无偏颇。二是介绍引文出处和提供资料线索。比如关于《热风·为"俄国歌剧团"》一文的注释,就介绍了当时《顺天时报》《晨报》《北京晚报》介绍俄国歌剧团的有关报道,为需要进一步了解本文写作背景和撰写鲁迅传记的人们提供了搜寻资料的门径。三是介绍有关争鸣意见。比如鲁迅《自题小像》一诗的写作时间,目前有四种说法,鲁迅参加光复会的年代,目前有两种意见。鲁迅参与发起的"中国自由运动大同盟"成立的时间、地点,鲁迅与陈赓将军秘密会见的次数,鲁迅1930年与中共中央宣传部长李立三谈话的内容,鲁迅七绝《偶成》的主题,等等,研究界的看法至今仍有分歧。上述情况,我们都通过注释向读者作了相当充分的介绍。四是订正鲁迅的疏漏。比如《明天》《一件小事》《狭的笼》及《译后附记》等译作,鲁迅本人均注错了写作日期,现根据发表的原刊、鲁迅书信等有充分说服力的材料予以订正,并通过注释说明了情况。

体现"四卷本"另一特色的插图,不仅起了活跃版面的装饰作用,而且向读者展示了不少珍贵文物,与谱文密切呼应,相得益彰。如鲁迅祖父介孚公教导鲁迅兄弟习读《诗韵释音》和《唐宋诗醇》的手书,仙台医专录取鲁迅的通知书文稿,陈立夫请缉拿鲁迅等左翼团体骨干的密令,捷克普实克教授捐赠的鲁迅书信,都是外间罕见的鲁迅文物。有关日本清国留学生会馆、鲁迅在仙台租赁的宫川信哉寓所的照片,也增添了读者阅读谱文的兴味和实感。至于《答徐懋庸并关于抗日统一战线问题》部分修改文稿的图版,更是一份有力的物证——证明了该文虽由冯雪峰起草,但文中的基本观点完全属于鲁迅。

正如同任何一部著作都不可能完美无缺一样,《鲁迅年谱》四卷本也有许多不足之处。这部年谱出版后，国内外鲁迅研究又有了长足进展，新资料源源不断被挖掘出来，比较重要的，有杨尚昆 1936 年 7 月在一篇文章中引录的鲁迅致红军贺信片段，有日本汲古书院于鲁迅逝世 50 周年之际出版的鲁迅致增田涉书信 80 封（书名为《鲁迅、增田涉师弟答问集》），还有在新疆发现的鲁迅编著的生理学讲义等，这些史料未及采入"四卷本"，令人有遗珠之憾。对一些比较重要的史实，如鲁迅为方志敏烈士转交狱中文稿事，近年来通过走访当事人和调阅中央档案馆收藏的有关档案，也有了进一步的了解，基本查清鲁迅转交的烈士遗稿为《给党中央的信》和《遗信》，并非《清贫》和《可爱的中国》，可以纠正"四卷本"根据冯雪峰回忆提供的说法。"四卷本"的"本事"中也有一些史实性的错误，如把鲁迅写信庆贺红军东渡黄河抗日讨逆误为电贺长征胜利，把鲁迅 1935 年 4 月 28 日致萧军信中提到的《文学月报》误为《文学》月刊。此类问题，已有读者陆续指出。

"四卷本"中的史实性错误，更多是出现在人物注释中。由于鲁迅作品中涉及的人物极多，而有关人物的工具书——特别是介绍现代人物的工具却极为贫乏，给"四卷本"的编写工作带来了极大困难，不仅有些人物的生卒年当时未能注出，而且事后又陆续发现了一些差错。如舒新城生于 1892 年，"四卷本"误为 1893 年。杜谈，原名杜兴顺，笔名窦隐夫，"四卷本"却将本名误为笔名。又如，乔大壮生于 1892 年，叶永蓁生于 1908 年，卒于 1976 年，限于资料，我们在编写"四卷本"时均未注出。此类缺陷希望"四卷本"有再版机会时能予以补正。

"四卷本"存在的一个较大问题，是"时代背景"部分对中外大事记的取舍问题。笔者认为，鲁迅年谱中设立的背景条目，应该能够表现历史潮流、反映时代脉搏、烘托生活气息，特别应该表现产生鲁迅这一杰出人物的历史条件、社会原因和鲁迅作品的现实针对性。因此，事件虽大，如与鲁迅无关，可不入谱，反之，事件虽小，但与鲁迅有关，亦可入谱，如不掌握上述取舍标准，鲁迅年谱的背景部分就会成为中国近现代大事记的简单移植，与其他同时代作家年谱的背景部分也会雷同。遗憾的是，"四卷本"的有些背景条目，与谱文油水分离。例如：

> 王尘无编辑的《电影评论》创刊。
>
> 汕头私米案发生。
>
> 朱自清随学生进城，参加示威游行。
>
> 国民党任命张学良为鄂豫皖"剿共"副司令。
>
> 苏联加入"国联"。
>
> 巴金离沪赴日。
>
> ……

上述内容，如果列入其他年谱或年表也许是很有必要的，但列入鲁迅年谱，读者很难找出它们跟鲁迅生平和作品内在的有机联系。还有些背景条目，本来是与鲁迅思想和作品有关的，但谱文却与之缺乏呼应。比如，背景条目中列入的徐悲鸿1934年在苏联莫斯科举办画展，《且介亭杂文·拿来主义》中已经提及，但"四卷本"却将这两项内容一置入同年6月，一置入同年8月，变成了互不搭界的两件事情。又如，1933年11月、12月和1934年1月的背景条目，三次提及"福建事变"，但"本事"中却毫不涉及鲁迅对这一事件的态度和评价。事实上，鲁迅在1933年12月2日致增田涉信和同年12月19日致姚克信中，都以严厉的态度谴责了本应支持、争取的福建人民革命政府，反映出党内"第三次左倾路线"对鲁迅的消极影响和鲁迅后期的局限性。由于有关"福建事变"的背景在谱文中得不到应有的呼应，这一背景条目也就失去了设立的意义和理由。这类败笔，今后在年谱编撰工作中是应引以为训的。

前面提到，"四卷本"是一部大型工具书，是一项集体科研项目。正是考虑到以上两点，编写者在撰写谱文（主要是作品题解）时力求采用通行观点，即所谓"定论"，而尽可能避免发表个人的独到见解。今天看来，这样处理也有弊端，一是稳妥有余，锋芒不足，缺乏编撰者思想的闪光点；二是当时鲁迅研究领域的一些"定论"由于时过境迁，今天已变成了较为陈旧的见解。今后在集体编写年谱的过程中，如何既充分发挥集体智慧，又充分发扬学术个性，是一个值得深入研究、妥善解决的问题。

原载《辞书研究》1989 年第 3 期

鲁迅传记与鲁迅精神
——新时期鲁迅传记著作述评

李程骅

一

鲁迅是非常谦逊的，一向淡泊于名利，更不热心写自传。他在1925年写的《自叙传略》、1930年写的《鲁迅自传》和1935年写的《自传》，加起来还不到三千字。同时，也不主张别人为他写传。他在1936年5月8日致李霁野的信中就说："一生太平凡，倘使这样的也可做传，那么，中国一下子可以有四万万部传记，真将塞破图书馆。"这种态度诚然可嘉，却为后人替他写传造成一定的困难。直到20世纪40年代初，才出现了单行本的正式的鲁迅传记，这就是日本小田岳夫的《鲁迅传》。1948年1月，王士菁著的40万字的《鲁迅传》问世，是国人所著的首部大型鲁迅传记，它标志着鲁迅研究进入综合发展阶段。新中国成立后，这本《鲁迅传》被改写后，曾多次印行。1956年，朱正的《鲁迅传略》由作家出版社出版。这本书十余万字，搭起了鲁迅生平框架，是名副其实的"传略"。王、朱的两本著作，基本上反映了四五十年代的鲁迅研究成果，但在内容的丰富性和深度方面，也有明显的欠缺。王著引述资料过多，显得累赘，改写后，只突出鲁迅的思想演变历程；朱著则带有明显的通俗性质。后来，由于众所周知的政治原因，鲁迅传记写作同整个鲁迅研究一样，处于冷落状态。1981年鲁迅诞辰一百周年前后，一批鲁迅传记著作陆续出版，呈现了可喜的丰收景象，在数量和质量方面有了长足的发展，成为鲁迅研究繁荣局面中的重要景观。

在1981年推出的新著鲁迅传记有四部：林非等著《鲁迅传》（中国社会科学出版社）、林志浩《鲁迅传》（北京出版社）、曾庆瑞《鲁迅评传》（四川人民出版社）、吴中杰《鲁迅传略》（上海文艺出版社）。这四本鲁迅传记，是新中国成立后二十余年鲁迅研究成果的综合汇展，不仅把过去的和新发掘的鲁迅生平资料进一步丰富、充实，使之条理化、系统化，而且基本上做到站在历史的高度，结合鲁迅所处的历史和社会条件，对其生活道路、思想发展、文学创作活动进行了全面而准确的概括，确立了鲁迅的历史地位。林非等合著的《鲁迅传》，约28万字，篇幅适中，是几部传记中文学性、抒情味最为浓重的一部，它以富有情感的笔调准确再现了鲁迅的历史风貌，刻画了一个完整的、历史的、复杂的、有发展过程的、鲜活的鲁迅形象，不仅改变了过去传记只是编年史扩大、注疏和评析的老路子，而且把写作重点放在对鲁迅人格和精神的描述上。面对大量的鲁迅生平资料和研究成果，作者紧紧围绕着鲁迅性格的发展进行选材，从周家坠入困顿写到鲁迅愤激、痛苦的求索，从鲁迅与朱安的初婚写到他与许广平的真正爱情，从鲁迅冲出铁屋子的呐喊写到他怒向刀丛的抗议，从鲁迅对论敌的愤怒写到对友人的挚爱，对有助于突出鲁迅人格与精神力量的地方，不为贤者讳，大胆着墨，从而使鲁迅不再是一个概念化的战士形象，而是一个血肉丰满、极富人情味、真实可信、可敬可爱的平凡而又伟大的人物。由于作者明确地宣布本书的对象主要是青年读者，因而在保证学术价值的同时，更注意描绘鲁迅丰富复杂生活经历的多个侧面，比如他的婚姻、他与亲属的关系、他与青年的友谊、他的个人兴趣爱好等。从这些生活化的内容中，提炼鲁迅的人格、精神，极大地增加了真实性和可信度。林志浩著《鲁迅传》约有37万字，篇幅稍长，以严谨扎实见长，学术性较强。作者在"后记"中指出："有些为鲁迅立传的作家喜欢多写经历和事迹，至于作品部分，则偏重小说而忽略杂文，这就往往影响到鲁迅传中后期内容的比重。由于鲁迅后期时间短，经历和事迹也相对地少，而作品部分则大量是杂文，如果只看重经历和事迹，结果必然是鲁迅的后期——作为共产主义者的辉煌战斗历程，反而得不到应有的重视。"为了纠正这种偏颇，作者采取叙述、描写、议论并重的写法。对杂文的介绍和评述，给予较多的注意和相当数量的笔墨。在体例上，作者突破了以思想发展过程为主要线索组织材料的老路，"把鲁迅的战斗历程、作品评述和思想发展三者结合起来，以时间为线索，进行较为具体的撰述"。在全面展示鲁迅思想发展过程的同时，对鲁迅的代表作进行思想与艺术的分析，使读者对文学家、思想家、革命家的鲁迅有完整、清晰的印象。作者有深厚的鲁迅研究素养和基础，对于鲁迅思想及作品的分析，不乏真知灼见。书名为"传"，实际上"评"的色彩也较强。该传的不足之处也是相当明显的，由于多数章节写于1977年和1978年间，在强调鲁迅后期的共产主义思想方面，有拔高之嫌，一些提法仍带有"左"的印痕；而且在侧重鲁迅思想分析和作品评述的同时，没能安排好鲁迅爱情、婚姻、家庭生活所占的篇幅，在一定程度上影响了"传"的丰富性。

曾庆瑞的《鲁迅评传》规模最大，全书58万余字，共有3卷90节。从鲁迅出生到1918年参加新文化运动前为第一卷，从1918年到1927年为第二卷，从1927年到逝世为第三卷。标题分别是："为救国救民寻求真理""在斗争中成为主将""为人民解放奋斗终生"。从标题的设置即可看出，作者是把鲁迅的思想发展作为结构线索的，寓评于传，传评融合，而且评的分量超过传本的分量。作者在"前言"中指出，其出发点是拨乱反正，纠正以往"神化"鲁迅的现象，树立鲁迅"人"的形象。一方面，把问题提到一定的历史范围之内进行分析，坚持严格的历史性，绝不把鲁迅没有的思想挂到他的名下；另一方面，对每一同鲁迅有关的人和事，"采取分析的态度"，注意划清"革命与反革命""正确和错误""成绩和缺点"的界限。但是，在具体章节中，作者却又走入了极端，在某些方面仍有拔高鲁迅思想的败笔，如说鲁迅"五四"前夕的杂文创作是"在为扩大十月革命的影响清除障碍"，明显背离历史事实。同时在体例上，由于篇幅庞大，追求内容的详尽丰富，致主次不明，又不自觉地失之于芜杂，有违作者的初衷。

吴中杰的《鲁迅传略》，系普及性读物"文艺知识丛书"之一种。正如书名"传略"所示一样，该书只有13万字，共分19节，每节扼要地描述鲁迅思想、生活、创作以及社会活动中的重要方面，意在体现鲁迅的思想发展轨迹，反映鲁迅的伟大人格和硬骨头精神，内容集中，结构紧凑。如果说前三部传记是对鲁迅的"工笔"画，这本传略则是对鲁迅的"素描"，为一般读者勾勒真实可信的鲁迅形象。

继这四部有影响的传记之后，1982年又有新著和修订的鲁迅传记著作问世，鲁迅传记写作持续升温。彭定安的《鲁迅评传》（湖南人民出版社）写作时间与前四部传记一致，只不过拖至1982年7月才出版罢了。作者在该书的"后记——我心中的鲁迅"中点明了他的写作原则："如实地描绘，而不添加任何主观的臆测和各种方式的歪曲——无论拔高或贬低都是一种歪曲。把鲁迅当作一个人——当然，是伟大的、革命的人来写，而不是当作一个'天才'和尊神来描画。"作者从广阔的历史背景出发，通过鲁迅与同时代人的生活交流与思想撞击，来考察鲁迅的生活与创作道路。在写作体例上，有意"把记述与评论适当地分开和交错地进行"，既注意理论性的阐释，又有充满激情的形象描述。当然，很多地方"述"与"评"分开，虽显示了作者的理论修养，却影响了全书的连贯统一性。总起来看，该书仍以理论性见长，与曾著、林著同属一类。

在新传记不断涌现的时候，王士菁的《鲁迅传》（中国青年出版社）、朱正的《鲁迅传略》（人民文学出版社）也修订重版了。王著初版于1956年，这次重版，作者改动了一些文字和目录标题，但基本上保持了原来的风貌，仍重在介绍鲁迅的战斗历程。而朱著则不同于王著，修订后的篇幅比1956年初版时扩大了一倍,由 10 章增至 12 章,达 20 万字。不仅章节进行了调整,更为重要的是改变了原来的许多论点,补充了新时期以来大量的资料和新成果,实际上是一部新的鲁迅传记著作。它除保持了 20 世纪 50 年代旧著的特色,以史料的科学性、丰富性见长外,还以论断的准确性与严密性著称,所使用的史料皆经过分析、改订过,得出的结论自然也令人信服。当然,强调句句有来历,过多地引证原始资料,对某些问题反复考证,不作缜密地分析,是否适用于传记写作,尚有待于具体的研究。

在众多的传与评传中,陈漱渝的《民族魂——鲁迅的一生》虽然到 1983 年才得以出版,但影响早就产生了,特别为广大青年读者所熟悉。早在鲁迅诞辰一百年前夕,《中国青年报》从 1981 年 8 月 27 日至 9 月 24 日开辟专栏,连载《民族魂——鲁迅的一生》,它是新时期在全国性报纸上首次全文刊发的鲁迅传。作者以高度的政治热情,用俭省而富有文采的笔墨,为广大青年读者勾画出了鲁迅的光辉形象,由于切合时宜地宣传与介绍了鲁迅的生平事迹,在普及鲁迅方面,其影响超过了以往的传与评传。次年,作者进行了改写,由原来的 5 万字增加到近 12 万字,交浙江文艺出版社出版。这本传记,坚持"严格的真实"原则,引用的新材料和史料相当准确,"均有案可稽","连生活细节的描写也没有虚构的成分"。严谨的求实态度和坚实的写作基础,达到了作者"为使广大青年了解鲁迅战斗的一生,学习他的崇高品质"的作传目的。

在不到三年的时间中,新著和重订了八部鲁迅传记著作,切合了不同的读者要求,确实是令人欣喜的。但是,老一辈鲁迅研究学者认为,决不能就此满足,这些传记有得有失,只是为写作更高层次的鲁迅传记奠定了良好基础。唐弢、王士菁等表示要创作出新的鲁迅传。唐弢认为,这些传记的共同薄弱之处是没能从文化背景方面来探索鲁迅,使对其生活、思想、创作的叙写不够充实,"我是和鲁迅有过一点交往","在想写一点鲁迅的生活,通过一个人写出近代中国的社会生活和时代面貌来",并强调,"鲁迅不是一般作家,从他的经历和造诣看，他有很大的民族代表性。写鲁迅传记就应当通过鲁迅本人，将中国近代社会的历史发展面貌写出来。否则的话，那就不会有真正的鲁迅了"。① 可见，站在文化背景的高度，从鲁迅一个人看近现代中国，是唐弢作传的出发点。但遗憾的是，唐老的鲁迅传至今未见出版。

在热潮过去之后，鲁迅传记写作进入了相对沉寂时期，人们在总结过去的得失，寻找新的写作突破口。1985年6月，人民出版社推出了朱正的《鲁迅》一书。该书系"祖国丛书"之一种，以扼要、朴实的笔触，清晰有致的线索，描述了鲁迅作为祖国伟大儿子的生活、思想及创作的发展历程。它仍保持了求实严谨的学术风格，以纪实性、准确性见长，没有虚构，是一本指导青少年认识鲁迅的恰切读物，在写法上没有进行新的探索。

在20世纪80年代前期的鲁迅传记中，能称为文学传记的只有林非等合著的《鲁迅传》，其他的要么是平实简明的生平事迹连缀，要么是"评"与"传"结合的学术性评传。在80年代后期，林贤治的《人间鲁迅》则对林非等合著的作传之路，进行了大胆的创新和拓展，使鲁迅传记在体例和写法上有了突破性的进展。《人间鲁迅》是花城出版社出版的长篇文学传记，共有三部。第一部《探索者》，约17万字，1986年9月出版。第二部《爱与复仇》，约30万字，1989年1月出版。第三部《横站的士兵》，尚未出版。这本鲁迅传记为什么取名《人间鲁迅》呢？林贤治认为，鲁迅是一个伟人，在他身后，"自然要出现大大小小的纪念会、石雕、铜像以及传记，可悲哀的是：当再度被赋予形体的时候，这个始终屹立人间的猛士，却不止一次地经过有意无意地铺垫与厚饰，成了奥林匹斯山上的宙斯"（《人间鲁迅·引言》）。作者立志要把鲁迅拉回人间来，还鲁迅"人"的面貌，在传中力求从历史哲学的高度，去概括作为伟大思想者的鲁迅的一生。以新颖的散文抒情笔调，通过对鲁迅在创作、社交、婚姻、爱情、友谊等不同层面的描写，再现了他那敢于怀疑、

---

① 唐弢：《写好鲁迅传记》，《人民政协报》1984年6月6日。

勇于探索的斗争性格，展示了长达半个多世纪充满期待又艰难的心灵历程。《人间鲁迅》的重要突破，是在吸取了前几种传记学术成果的基础上，更侧重于文学化的叙述。抒情性的散文化语言，艺术地消化了有关资料和史实，没有引文，没有注释的标记，生活化的内容构成了传记的主干，作者将议论、抒情完全融于史实的叙述中，不再走"评"与"传"结合的老路。但从作品的前两部看，作者的文学素养似乎超过鲁迅研究的素养，把侧重点放在对生活的描述上，对能表现鲁迅的伟大人格和思想转变的事迹，没有较多地着墨，影响了对崇高伟大的鲁迅形象的塑造；对鲁迅代表作的分析以及写作心态的剖析明显薄弱。此外，作者对书的整体节奏似乎也没有把握，前面的少年时代写得较细，而对鲁迅在日本弃医从文的前后经过及思想上的变化，又写得太粗。当然，作为有史以来规模最大的鲁迅长篇文学传记，所作的探索，不可能没有失误。它开辟的传记写作之路，毕竟拓宽了人们的视野，为更加理想的鲁迅传记的写作指明了前景。

二

我们从以上的描述中可以看出，新时期的鲁迅传记著作不拘一格、不循一路、各有所长、异彩纷呈，有的重文学性，有的重理论性，有的则是纯客观史实的铺述，分属于"传记文学""评传""传略"三种层次，适合了不同读者对象的需求，成为新时期思想解放、文化繁荣、鲁迅研究工作走向深化的重要标志。从总体上看，这些传记著作所取得的成就主要表现在这样几个方面。

首先，作者都能尊重历史事实，以新的思想高度，树立了真实的鲁迅形象。对于传记和传记文学来说，"真实性"是写作的根本原则，作者的生平事迹、重要经历不能有丝毫的虚构。历史上的鲁迅，是真实的客观存在，不需要后人去粉饰、拔高，只要能再现鲁迅的本来面目，就是作传者的最大成功。

但要写出真的鲁迅，并非一件易事，牵扯到作传者的立场、思想认识、方法论等多方面的问题，不仅要对汗牛充栋的研究鲁迅、回忆鲁迅的论著进行分析和研究，更重要的是要坚持历史的观点、实事求是的精神，对鲁迅的生平史实材料进行严格的核实，以高屋建瓴之势把握鲁迅所处的时代，这样对他的思想与作品的分析，对他生平事迹的叙述，才能真实可信。也就是说，良好的"史德"，是写作鲁迅传记的前提。新时期出版的鲁迅传记基本上注意到了这些方面，能自觉地把鲁迅放在中国近现代社会的历史进程中考察，从而放射开去，展开对时代背景的评述，得出的结论较为准确，如关于鲁迅与女师大风潮的关系，每一本传都加以详细地叙述、分析，陈著在有限的文字中特别点名李大钊等共产党人具体指挥学潮的史实，朱著则指出了鲁迅与章士钊等人之间"实为公仇""决非私怨"的斗争实质，这样，鲁迅参与的这场斗争就有了政治色彩。再如林非等的合著写到鲁迅在广州的活动时，对过去大书特书的陈延年会见鲁迅一事则泼了冷水："不管鲁迅在当时有没有跟党的某一负责人见过面，在他心里却已留下了对党的深刻印象，他已经跟党的前进的方向融合在一起了，这才应该说是最重要的事情罢。"强调鲁迅认识的提高，是时代的总体影响所致，而不是陈延年的一席话。同时，历史的俯视感还表现在，新时期的大量鲁迅传记，特别是文学传记、评传已超越了对鲁迅自身生平的描述和著作的分析，而是注意到了鲁迅与现代文化思潮的历史联系、鲁迅与周围人关系的展示，如以学术性见长的林著、曾著、彭著对鲁迅所受近代思想家以及外来文化的影响，对鲁迅与现代文化名人的关系，都进行了研究。林非等著、吴著、《人间鲁迅》则较多地注意到了鲁迅与青年的交往事迹。这些作传者大都是有所成就的鲁迅研究工作者，扎实的学术功底，使各传对鲁迅思想、创作的学术理论分析显得相当充实，对鲁迅研究中的一些重要问题，如进化论思想、改造国民性思想、后期的共产主义思想等，都有精到的见解。同时，还将自己的创获融进传中，显示出独到的"史识"，而不是流于一般事迹的陈述。

"真实地再现""如实地描绘"是传记作者们一再声称的写作原则，而且也基本上做到了。但是通过文字的媒介来"再现"和"描绘"的鲁迅形象，和历史上的鲁迅只能是接近，而不可能完全等同。有些作者则强调写的是"我心中的鲁迅"，当然无可厚非，不过，假若用今人的观点拔高粉饰鲁迅，表述的事实和历史实际有距离，就违背了真实性原则，不可能写出真实的鲁迅。

其次，传记作者们从感情上认识了鲁迅，写出了鲜活的、有血有肉的鲁迅形象。鲁迅之所以伟大，主要是因为他是一个不停求索的战士，但鲁迅也是一个"人"，在战斗之余，在求索的过程中，也有寂寞和苦闷，也有亲情和爱情。可是，由于新中国成立后极"左"思潮的影响，人们只研究鲁迅的战斗历程及其小说、杂文，而讳谈鲁迅的家庭生活、私生活、个人爱好，否则就有损于他的光辉形象。实际上，塑造鲁迅的形象，刻画鲁迅的性格，是不可能离开生活化内容的。一个人的品性、人格、思想、追求都是渗透在生活之中的。鲁迅本人也说"删去枝叶之人，决不能得到花果"，"无情未必真豪杰，怜子如何不丈夫"。历史上的鲁迅，绝不是一个整天冲杀、只知战斗的人，相反，孤独和苦闷、欢欣与快慰始终伴随着他。正是复杂的心灵世界的内驱力，才使鲁迅成为现代精神世界的创造者，成为文学家和斗士。新时期的鲁迅传记注意到了这些方面的开掘，不仅纠正了"文革"中被扭曲的鲁迅形象，恢复了其历史真面目，而且描绘出了有血有肉的立体的鲁迅形象，使人们从感情上认识了鲁迅，窥探到了这位伟人的内心世界和生活的各个方面。多数传记都安排了一定的篇幅，表达鲁迅与朱安的关系、鲁迅与许广平的恋爱经过、鲁迅与周作人的情谊及失和原因等以前讳谈的问题。在20世纪80年代初期，林非等著的这方面描写较为突出，全书共24章，其中有两章专写鲁迅的婚姻。"初婚"写鲁迅与朱安的旧式婚姻，认为那是"没有爱，也没有恨，没有欢乐，也没有争吵"、双方都做了"一世的牺牲"的夫妻。"爱情"则详述了鲁迅与许广平师生恋的发生和经过。陈著在写到鲁、许恋爱时，重点写了鲁迅内心世界的波动,"有一种潜在的涌腾奔突着的热流"。这些"私生活"的描写,不仅没有降低鲁迅的形象,相反却能使人们进一步理解鲁迅对封建旧制度和旧礼教,为什么那样愤恨,对新生活为什么那样执着地追求,从而深化了对鲁迅思想和作品的认识。

在塑造"活"的鲁迅形象方面,后来的《人间鲁迅》尤值得称道。也许是动笔较晚、起点较高的缘故,作者有意识地进行创新,生活化的内容构成传的主体,鲁迅的思想变化、创作情况、战斗经历隐在其中。没有单章的作品论述,没有呆板的理论分析,结构全传的是鲁迅的心理轨迹。第一部《探索者》对鲁迅出生的描写,巧妙地融进绍兴地方风俗,预示他未来的复杂人生,而且重点写了家庭的破败对鲁迅幼小心灵的摧残,并把鲁迅小说中的内容渗进鲁迅的少年生活中,以丰富鲁迅的性格。第二部《爱与复仇》涉及的内容更为丰富,既写到了他振聋发聩的战叫,与文化名人的关系,也展示了他与青年朋友的友谊以及对爱情的热烈追求,其中鲁迅与许广平的交往、恋爱经过,构成了后半部的主体内容。这样,鲁迅的爱与恨、友与仇、追求与彷徨、欢乐与痛苦,都得到了显现,一个鲜活的鲁迅形象跃然纸上。

在鲁迅的生活中,周作人无疑占有重要的地位。鲁迅是封建家庭的长子,幼年时代小弟的夭折,曾给他的心灵造成巨大的震颤:要保护弱小者。而周作人自幼生性懦弱,和鲁迅相比,感情脆弱,无疑是生活中的弱者。鲁迅自懂事起,就一直照顾和帮助这个弟弟,从孩提时使他不受欺侮到带他去南京求学,从岛国日本的留学生活到八道湾的初期大家庭生活,栉风沐雨,直到后来羽太信子的撒泼和大打出手,怡怡兄弟之情才被迫中断。这虽是历史事实,但由于新时期初期学术界对周作人没能公允地评价,鲁迅诞辰百年前后出版的鲁迅传都极少写甚至不写二人的关系。对鲁迅与周作人分手,几乎都强调是政见的不同所致,现在看来无疑是一个缺陷。后来,周建人撰文指出,兄弟失和源于家庭纠纷①，即是对这个流行观点的纠正。值得高兴的是，后起的《人间鲁迅》，有意识地强化鲁迅与周作人关系的内容。从少年时代到日本留学，周作人始终像一个影子伴随着鲁迅，并把周建人的回忆写进书中，既恢复了历史的实际，又使鲁迅的形象更为亲切、更富人情味，并有助于解释鲁迅思想性格的复杂性、多面性，从感情上深化对鲁迅的认识。

新时期鲁迅传记取得的又一成就，是体例与结构有了较大的创新，使学术性与文学性基本上达到了统一。写作鲁迅传记，不仅要有"史德""史识"，还要有"史才"。鲁迅的生平经历曲折复杂、思想精深博大、创作宏富辉煌，在鲁迅传记中既要反映他的事业、思想，又要表现他的生活，也要交代时代背景，方方面面写清楚并详略得当，使鲁迅传既有学术上的新看法，又有艺术性和文采，"做到理论性与文学性的统一，真实性与文学性的统一……叙述性、评论性和描写性、抒情性的统一"②。作传者没有扎实的理论功力、深厚的鲁迅研究素养和较好的文学修养，"史德""史识""史才"不能兼具，就难于胜任这一工作。我们欣喜地看到，新时期的鲁迅传，在这些方面成功地显示了作传者的才能和功力，虽然一部接一部地出版，却没有一部雷同之作，没有重复之嫌，各有开拓，各有创新。它们都受到读者的欢迎，即是最好的证明。林著、曾著、彭著以理论分析见长，注重解剖鲁迅的思想与创作，侧重学术性，兼及文学性；林非等著、陈著则介于学术性与文学性之间，采用的是把鲁迅生活、思想、创作、心理轨迹融合在一起的结构体系，前者有浓重的抒情色彩；《人间鲁迅》把鲁迅的思想、创作融在生活化的内容中，是名副其实的长篇传记文学，但也对有关资料进行了高度的提炼，顾及了学术性。正因为各传均注意到了二者兼顾，才写出了"真"的鲁迅、"活"的鲁迅。在文笔和语言风格上，也有不同的特点，"林非等著和彭著颇有《史记》之风，

---

① 参见周建人《鲁迅与周作人》，《新文学史料》1983年第4期。
② 陈金淦：《鲁迅传记五十年纵横谈——〈鲁迅研究的历史和现状〉之一章》，《中国现代文学研究丛刊》1984年第2期。

感情充沛，洒脱自如；林著、朱著、吴著颇有《汉书》之风，缜密精练，言必有据。陈著、曾著似乎兼取两家风格，在力求朴实的基础上讲究文采"①。《人间鲁迅》则具有抒情诗的风味，动人心弦，感人肺腑。可见，鲁迅传记的写作有多种探索之路，重文学性或重学术性都可以，关键是否能把作者的"史才"发挥出来，在作品中灌注独特的、真挚的情感，如果只是资料的连缀和鲁迅事迹的平铺直叙，是无法获得要求越来越高的读者的满意的。林非等著、陈著、《人间鲁迅》能产生较大的反响，就是读者被其激情感化的结果。

当然，新时期的鲁迅传记也有一些不足或有待完备之处。其一，从树立的鲁迅形象看，各传虽力求把鲁迅置于近现代历史的进程中考察其地位，实际上只局限于政治史方面，而对鲁迅在整体文化史上的地位没能具体地阐述。其二，各传对"鲁迅精神"的形成、核心内容、典型意义阐发不够，不利于人们认识鲁迅思想的深刻性和伟大的人格。20世纪80年代初期的传记仅附带点这方面内容，到了《人间鲁迅》，则被进一步淡化。其三，对鲁迅作为"三个家"（革命家、思想家、文学家）的顺序，没能客观地、清晰地点明。历史上的鲁迅，首先是一个伟大文学家，其次是思想家，最后才是革命家，而绝大部分传记是以革命家、思想家的鲁迅构成传记的主体内容的，文学家的鲁迅只是陪衬和补充，无疑有失偏颇。其四，某些传记为了写出有血有肉的鲁迅形象，过分侧重生活化内容的描写，各方面照顾过全，某些应该充分表现鲁迅人格、精神、思想的地方，没能突出，甚至被隐去，写出的鲁迅虽有人情味，却有失伟大的一面。从传记的外在写作形式看，普遍存在着对生平传记资料提炼不够，直接引用的传记资料和鲁迅作品原文的内容过多的毛病，没能很好地转化为作者自己的语言，影响风格的统一。有的学术性评传没能把叙述性的、议论性的、资料性的三方面内容融合熨帖，破坏了结构的完整性。有的文学性传记，把握不好整体节奏，给人以拖沓之感。

---

① 张梦阳：《论七种新版鲁迅传的新进展》，《学习与研究》1984第11期。

新时期的鲁迅传记所做的种种探索和尝试，极大地丰富了鲁迅传记的写作经验，搭起了写作更高质量、更高水平鲁迅传记的阶梯。进入20世纪90年代，随着传记文学热潮的冲击以及总结80年代鲁迅研究新成果的需要，鲁迅传记热有可能再度出现。一方面，唐弢、王士菁等老一辈鲁迅研究专家潜心多年写作的鲁迅传和鲁迅评传，必将很快问世；另一方面，国外的心理传记影响我国的传记文学创作，鲁迅的心理又极为独特，必定引起传记文学家们的注意，《人间鲁迅》已作了尝试，心理传记还会继续出现。再者，80年代后半期的鲁迅研究取得重大突破，在一些领域，如鲁迅与传统文化、外来文化的联系，鲁迅的个性特征等方面有了前所未有的进展，必须有规模更大、学术理论性更强的鲁迅传或评传来概括和体现新的研究成果。可以肯定，多种高质量的、更加完备的鲁迅传记将在90年代涌现。我们期待着这些宏著佳构早日问世！

原载《鲁迅研究月刊》1992年第1期

未完成的雕像
——评唐弢的《鲁迅传》

孙 郁

为鲁迅写传，在晚年的唐弢那里一直是件很不轻松的工作。他为写作而做了详细的资料准备，哪怕是极小的一点细节，往往都要花去大量的时间。查书、求朋友索资料，那认真的态度，是我们这些青年后学所不及的。唐先生不止一次地说过：要写一本真正的鲁迅传，需像曹雪芹写《红楼梦》那样，耐得寒窗之苦。

但唐先生一病不起，现存的十一章《鲁迅传》，已成其学术生涯的绝笔。

我翻着他的遗稿，总觉得像是唐先生一生中走得最长、用力最苦的一段精神跋涉。关于鲁迅，人们已说得很多了，而史实方面，想有新的突破，恐已很难。到目前为止，在已出版的多部鲁迅传记作品中，真正深刻地把握了鲁迅世界的，还为数太少。唐弢似乎早就感到了这一点。他一直想写出一部充分体现鲁迅精神世界和气质的传记来。凭他对资料的谙熟，与鲁迅有过直接的交往，以及兼学者、作家于一身的文化修养等多种条件，他明显地带有一种优势。可惜晚年的唐弢杂事缠身，他的多病与极严谨的治学风格所带来的某种拘谨，使他的愿望成了终身的遗憾。

可我依然十分愿意读这部残稿，它确实耐读，文章虽没有浓彩大墨，没有过于感性化的渲染，但这半带考据、半带论述的文体，仿佛他的某些被延长了的"书话"一样，有一种精善秀雅之气。

在记载鲁迅生活的所有文字中，知堂老人我最为看重，亦觉十分可信。知堂对鲁迅的感悟比较特别，和曹聚仁先生一样，那感情是平静的。他们是把鲁迅当成人而不是"神"来写的。但他俩由于把视线拉得太近，结果大文化背景下的鲁迅却未能托出，琐碎与直观太多，反而消解了鲁迅灵魂深处的东西。这缺点，也被20世纪50年代后期至80年代中期的大陆学者，从另一极端继承下来：理性的东西太多，用结论去印证史实，结果传记往往被"神"的色彩罩住。究其原因，与国人近百年来的认知结构不无关系。"五四"以降，人文主义范畴内的诸种思潮压过了科学主义理性精神。人文主义力主人的自我意识的高扬，其意义重大至极，在今天亦不可低估。但这种以性灵为基点的自由意识，一旦脱离科学实证，往往变成谬种。从泛神主义到崇尚"普罗"文学的创造社某些成员，早期人性精神何等昂扬，但后来却误入歧途。这种思维方式，当然对人的评价会失去公允。近半个世纪对胡适、梁实秋、林语堂诸人的评价的摇摆不定，对鲁迅的忽"神"忽"鬼"的褒贬，都与此有关。价值判断如果只是单值的，那结果必然是精神的变形。试翻一下国内近五十年诸种鲁迅传记，有许多未摆脱此种窘态。国人对鲁迅的认识，在相当长的时间里，被曲解了。

这状态，1985年后发生了实质的变化。王富仁、钱理群、汪晖等人的拨乱反正，在当代学术史上，是值得书写的一段。特别是汪晖对鲁迅精神世界的思考，使许多恪守传统的文人颇感不安，指其为迷失者有之，目其为异端者亦有之。汪晖当然不无缺陷，如对鲁迅反传统与继承传统间关系的考察，对鲁迅作品本体结构的分析，缺少更深厚的功力，但他从精神现象学中对鲁迅心灵的反省，在七十余年的鲁迅研究史中，是独具异彩的。

唐弢在晚年强烈地感受到了来自自己的学生的挑战。这种挑战的核心不是别的，乃是知识结构与心理结构受到新思潮的无情撞击。难道以往的思路都错了？难道已经落伍了？从他晚年的许多短文和言论中，我觉察到了这位老人的困顿。

他最后一次到鲁迅博物馆参加一个学术会议时，曾有一个较长的发言。那发言的主旨，是谈鲁迅世界的多样性。我记得他反复强调鲁迅个性的"野性"问题和"莱谟斯"精神。在强调此观点时，他是极其郑重的。这实际上表明，他已经接受了20世纪80年代后期学术界的某种观点。这在他那里或许可以说是晚年的一大飞跃。因为，他已经开始力图摆脱旧我的束缚了。

这部《鲁迅传》，明显地体现了他精神变化的过程。我从这些精约、严谨的结构和某些颇带思辨性的文字里，感觉到了他那种心灵的骚动。对于一位从政治风云变化中走过来的文化老人而言，这样以新的姿态静心而认真地写作，艰辛和磨难是可想而知的。

晚年的唐弢是寂寞的。20世纪50年代的那种带有盲从和理想主义的情调，有些弱化了。他对现代文学诸大家的品评，已开始逐渐脱离旧有的窠臼。在对人生与社会的思考上，他的确染上了鲁迅式的孤独感。他的焦虑一方面表现在对传统文化惰性的失望上，另一方面表现在自我价值的失落上。有个时期，他甚至对要投考自己门下的研究生的热情表现出一种悲凉感：何苦考我的研究生呢！唐先生尽管难说是否已真正大彻大悟了，但他内心，和鲁迅的那种悲苦，确有相似之处。

唐弢的怀疑意识，确乎来自鲁迅。读《鲁迅传》，最有魅力的，大概在对鲁迅思想的品评上。鲁迅与尼采的那一章，写得最好。这是我目前看到的关于鲁迅与尼采关系的资料最详、论述最充分的文字。在日本期间，是鲁迅哲学观与艺术观孕育的时期，对这一时期鲁迅的生活和思想，除知堂、许寿裳和几位日本学者的记载、考据外，资料梳理十分困难。但唐先生却钩沉整理得很细。鲁迅的思路怎样从野蛮与文明、物质与精神、群体与个体、个性精神与"立人"意识中，走向改造国民性的道路，这十分重要。抓住了它，可以说就抓住了鲁迅精神的核心的线索。唐先生对此进行了深入的思考，他将鲁迅早期思想的形成，归结于多元文化的影响，并将进化论和尼采思想看成多元中的主导性因素。应当承认，这是理解鲁迅的最困难的部分。在达尔文、海克尔、赫胥黎、叔本华、斯蒂纳、克尔凯郭尔、尼采那里，鲁迅找到了一种连续性的、一致性的东西，并悟出了一种全新的认知思路。鲁迅还在勃兰兑斯、丹纳等人那里，了解了拜伦、雪莱、雨果、普希金、莱蒙托夫、显克维支、密茨凯维支、裴多菲等。对鲁迅来说，上述诸人最诱人的，是其作品中的生命意志和生命直觉中的反抗意志。所以，当鲁迅接触尼采时，他主要是被其"重估一切"的激情征服的。唐弢说："鲁迅确实是将尼采当作诗人而不是当作哲学家介绍的。"我觉得此语很对。对鲁迅这一代人来说，易接受的是思想性的和理性直觉的东西，而不是西方思辨哲学。像康德、黑格尔，鲁迅几乎没有涉猎过，而诗化哲学家如尼采、柏格森、叔本华、克尔凯郭尔，却很受青睐。鲁迅对尼采的看法，是受到了勃兰兑斯的影响的，因为勃兰兑斯也是把尼采当成思想型的诗人看待的。尼采当年在致勃兰兑斯的信中也很有趣地写道："对我们哲学家来说，最大的乐趣莫过于被错认为是艺术家了。"唐弢对上述情况的回顾中，看到了鲁迅思想中的某些诗化的因素，即以意志来自塑人格。意志的东西显然难以跨越到本体论与认识论的层次上，而往往与伦理学密切相关。唐弢引用罗素的话指出：哲学家尼采在本体论和认识论上并没有什么新的理论创造，他的贡献主要是在伦理学方面，其次因为他是一个敏锐的历史批评家。但在这个引人深思的问题上，我却觉得，在哲学范畴与哲学本体论方面，说尼采没有新的建树或许可以成立，而在认识论上，尼采的意义也是不容低估的。尼采以及柏格森、叔本华等人，其诗化哲学，对认识论是有贡献的。因为他们找到了一种理解世界的新的感知形式。直觉、意志、情欲，在一定程度上亦影响着认知结构。因此，我认为，鲁迅思想的形成，与这种建立在生命意志基础上的人文主义诗化哲学，有着重要关系。对鲁迅有吸引力的不是抽象的精神演绎，而是生命价值论和认识论。在尼采与鲁迅之间，价值论与认识论，被生命的强力意志所缠绕。鲁迅精神的核心东西，没有超出这个哲学范围。

但鲁迅并没有真正全面地研究过尼采。《查拉斯图拉如是说》只是尼采众多作品中的一部，鲁迅对此是很熟悉的，但对尼采的精神背景的形成，并无多少认识。唐弢实际上已看到了这一点。鲁迅是把尼采作为一种时代思潮和某种精神自我拯救的象征意绪而接受的。尼采的思维方式与情感逻辑方式，在鲁迅眼里是很被看重的，它对国民的超稳定的心理结构是一种挑战。鲁迅直到后期，在精神个性里依然保留着尼采式的冲动。唐弢很认真地说："尼采思想不仅仅是尼采思想，同时又是19世纪末开始出现的磅礴于整个20世纪前期的新思潮的一个代表，许多著名哲学、文学家身上都有他的影子，而在尼采的头脑里表现得更为集中、更为突出而已。在这种情况下，作为中国现代文学奠基人、20世纪新思潮的传播者，鲁迅后期对尼采虽然有进一步的比较客观的认识，但并没有全盘否定他，在某些方面还有星星点点的思想联系，那就不无原因，而且完全是可以理解的了。"

承认鲁迅始终有尼采式的野性，承认鲁迅精神宇宙中存在着非理性的东西，这是唐弢晚年鲁迅观的一个明显的发展。我一直猜测，唐先生的这一变化，一方面应归于社会思潮的更迭，而更主要的，乃是他个体的生命体验与鲁迅的某些非理性的东西产生了共鸣。鲁迅作品中的沉郁的悲凉之气，在唐弢晚年是有所表露的。感觉到了未必能真正认识到，唐弢这一代学者，在对心理学、精神现象学的理解上，做得毕竟是有限的。

显然，唐本《鲁迅传》的主要特点，并不是表现在认识论的深度和叙述的文学性上。倘以严格的哲学视角和文学视角来看唐著，或可有挑剔之处。但我觉得，这十一章的遗稿，为当代传记文学提供了一个新的模式。唐弢以杂文家和藏书家闻名于世，他对笔记文学和版本目录学的嗜好，也感染了这部传记。其考据、钩沉、议论、状物的水乳交融的描写，真是漂亮。除了当代一些书话外，还很少有过如此老到、洒脱的文本。唐弢的作品没有随意性的东西，也没有创造性的想象。他绝不勾画资料未提供的内容，一些合情合理的渲染也被省略了。唐弢充分注重史实，从史料以及鲁迅作品、日记、书信提供的线索出发，穷原竟委，殊多考订之笔。我从阅读的开始，就感觉到了这种朴学的风格。中国古代杂记文体与清儒的辨证风格，在这里表现得很巧妙。清儒治学，耻于轻信而笃于深求，音韵、文字、校勘、金石、目录之学，均讲求实证。这对力戒以往的清谈，意义重大。唐弢行文，条理融贯，于博征之中求真义。这种缜密的写作手法，使作品弥漫着"学究味"，甚至带有"匠气"。但这种"学究味"和"匠气"，并未使作品陷入枯燥的境地，反而溢出一种美文的风采。我想，这大概是他的小品心态消解了朴学的生涩吧！唐弢专于考据，亦精于杂感。在诠释之中，常露出鉴赏家的惬意。清幽舒朗的雅兴，疏简清秀的笔致，构成了唐弢作品极特别的文化品位。

仔细揣摩《鲁迅传》，我隐隐地感到，唐弢一直在这种小品式杂感心态与理论思考间苦苦争斗着。停留在随笔的层次上，当然失之于浅，热衷于思辨（当然这不是他的长处）又会显得空。唐弢大概想在其间找到一条通路，既扎实又充满思想性。应当承认，这是位较传统的文人。在他那里，苏联的文艺理论传统根深蒂固。他的大量文章差不多都带有这一特点。这种"前摄抑制"深深地制约着他的晚年写作。例如他对钱锺书作品与茅盾作品的不同看法，对林语堂、梁实秋的评价，仅囿于社会学的领域，偏颇是显而易见的。他太注意文学的社会接受效应了，以至于对艺术的本体结论与人的心理结构缺少应有的注意。但他在对鲁迅的认识过程中，却朦胧地感到了一种复杂的、难以理喻的精神之谜在困扰着自己。他既想通过史实加以推测，又从作品中去搜寻作者心灵隐蔽的东西。可他似乎未能找到通往鲁迅心灵之门的新的路径，旧的认知"范式"限制了他。学术研究中的"失范"，往往会使论证陷入重复，甚至悖论。20世纪50年代至80年代初，国内鲁迅研究的毛病就出在"范式"的陈旧上。当旧的操作方法被不断使用，认知逻辑仍停留在旧的时空中时，沉浸在传统的"范式"里去穷极对象世界，认识只能成为一种单义的循环。当年《新青年》与林纾之战，鲁迅与甲寅派之战，90年代的改革派与保守派之战，严格意义上是"范式"之战。旧的认知模式如不被扬弃，无论是文学创作还是学术研究，埋于死谷是必然的。唐弢在《鲁迅传》中，竭力想使自己的思路摆脱苏俄的模式，看他对罗素哲学与存在主义哲学的思考，我感到是下了大力气的，有些地方确有灼识。但由于在根本的层次上，他的思路尚未跳出旧的模式，使传记未能达到新的高度，这是十分可惜的。在局部上、细节上，在对鲁迅史料的整理上，《鲁迅传》几乎无可挑剔，可在结构上，在宏观的视界里，他少了一种穿透力，少了一种大手笔的气魄。唐弢晚年在学术研究中的焦躁感，或许是与此有关吧。

　　写一部好的传记文学，是很难的。以多病之躯去完成这样大的工程，唐先生深知它的重量。1985 年 5 月 16 日，在致友人的信中，他曾说："我正写书稿，进展极慢，也苦无建树，深悔当初孟浪，接受这一任务，否则退居二线后，可以优哉游哉，真是自讨苦吃了。"这确是他真实的心境。是自找苦吃也罢，心有余而力不足也罢，这种知其难而为之的自我挑战意识，对他来说是难能可贵的。读罢他的残稿，掩卷思之，不禁为这位文学老人的永不休止的攀援精神所感动。这与其说是为鲁迅写传，不如说是为自己乃至为自己这一代人的精神史写传。创见与局限、真知与偏见、自信与惶惑，在这里形象地外化出来。实际上，这十一章的传记稿，已表明唐先生已完成了自己这一代人的学术使命，这未完稿的作品，仿佛一尊未完成的雕像，为后来者留下了多少值得续做和重塑的空白！鲁迅研究事业，就是这样一步步地走下去的。

原载《读书》1993 年第 4 期

李长之的《鲁迅批判》及其传记批评

温儒敏

1935年李长之在天津《益世报》和《国闻周报》上陆续发表长篇系列评论《鲁迅批判》，一举奠定了他作为传记批评家的地位。在其后十多年的时间里，李长之出版了十多本论著，包括有关西方哲学及中国古代文学的研究专著，功力最深的还是那些带批评性质的传论，如《道教徒的诗人李白及其痛苦》《司马迁之人格与风格》，等等，也许还可以加上一本论文集《苦雾集》。

将李长之的批评标示为传记批评，是因为他擅长为作家写传，而那传记又有很浓重的文学批评与文学史研究的特点。李长之的传记批评并不满足于一般地描绘介绍作家的创作生活道路，也从不沉潜于史料的搜罗考证，其功夫是探寻把握作家的人格精神与创作风貌，阐释人格与风格的统一，领略作家独特的精神魅力及其在创作中的体现。

李长之写《鲁迅批判》时，评论界正流行偏重政治分析和阶级剖析的批评，激进的批评家大都离开文学的特性去评判作家与作品，许多文学评论都在追求政治、经济学论文那种严肃权威的架势。李长之并不否认社会环境包括政治、经济等因素对作家创作的影响，他在评析鲁迅的创作发展时也处处兼顾时代、社会的因素对于作家的实际影响。但他显然认为这种影响经过作家"精神"和"人格"中介，再折射到创作。因此批评家的任务不是简单地将文学现象还原为政治或经济原因，更主要的是考察作家在一定的历史条件下所形成的人格精神，并且将人格与创作风格互相阐释。李长之在《鲁迅批判》的后记中就说到，他有点厌弃当时流行的那种"像政治、经济论文似的"评论，认为这"太枯燥"，"批评的文章也得是文章"，要体现对文学特点的关注。[①] 李长之批评的角度很受汉保尔特（Wilhelm von Humboldt）（现译为洪堡——编者注）的启发，当他读了这位德国批评家的论著《论席勒及其精神进展之过程》后，就认准了成功的批评"对一个作家当抓住他的本质，并且须看出他的进展过程来"。在1933年和1934年，李长之仿照汉保尔特的方法，先后写过关于老舍和茅盾的两篇批评，都是从作家的创作中"注意本质和进展，力避政治、经济论文式的枯燥"。而在《鲁迅批判》中，李长之更是自觉地运用这种注重"本质和进展"的传记批评方法。

在李长之的《鲁迅批判》之前，关于鲁迅的评论已经有70多篇，数量之多超过对其他任何作家的评论。[②] 但这些批评绝大多数是印象式、即兴式的，很少有人对鲁迅的文学世界及其人格基础作过系统的富于学术眼光的考察。因此，这部长达18万字的鲁迅研究专著，被认为"在鲁迅研究学术史上还是第一本，是带有首创性和开拓性的"。后来的鲁迅研究史学者还特别赞扬这部著作的如下几方面贡献，即认为李长之"主要是从研究鲁迅著作的实际体味出发提出见解、进行论述的，很少像后来有些鲁迅研究文章那样从理论概念出发，用主观的框框去套鲁迅的作品"，这部书所提出的"不少见解都是具体和有活力的"，认为其"对鲁迅作品的艺术考察较前深入、细致"，"第一个从艺术上去分析鲁迅的杂文，的确是难能可贵的"，而且其对鲁迅早期论文和译著的分析也是开拓性的。[③]

当然，对《鲁迅批判》的某些具体的论点，学术界一直有争论。例如，

---

① 李长之：《鲁迅批判》后记，北新书局1936年版。
② 据中国社会科学院文学研究所鲁迅研究室《1913—1983鲁迅研究学术论著资料汇编》第1卷的统计，中国文联出版公司1985年版。
③ 以上对李长之《鲁迅批判》的评价，参见张梦阳《鲁迅研究学术史概述》，载中国社会科学院文学研究所鲁迅研究室编《1913—1983鲁迅研究学术论著资料汇编》第1卷，中国文联出版公司1985年版，第25页。

有许多论者断然不会同意李长之所提出的关于"鲁迅不是思想家"的看法。也许这些论点是值得更深入地讨论的。这里所关心的主要不在其具体论点是否正确，而在李长之这本专著的批评视角与方法。李长之反对将鲁迅视作"思想家"，也许原因之一，是看到历来对鲁迅的批评太注重"思想意义"，视角太单一了，所以他在否认鲁迅为"思想家"的同时，一再坚持称鲁迅为"诗人"和"战士"。他说："鲁迅在许多机会是被称为一个思想家了，其实他不够一个思想家，因为他没有一个思想家所应有的清晰以及理论建设上的能力。""倘若诗人的意义，是指在从事文艺者之性格上偏于主观的，情绪的，而离庸常人所应付的实生活相远的话，则无疑地，鲁迅在文艺上乃是一个诗人；至于在思想上，他却止于是一个战士。"如果并不简单地认为"思想家"与"诗人"或"战士"有高下之分，而注意到这主要是对性格、气质及其贡献所长的分析，那么李长之的看法是有其道理的。他评论鲁迅并不满足于从其作品中抽出某些思想，而是首先"被吸引于审美的方面"，在对艺术个性作重点探究时，时时留意与之相关的人格气质，留意精神的进展与折射。

李长之所重视的是人格与风格互相辉映阐发，感同身受地进入作家的文学世界中吟咏，把创作看作是作家生命的流露，从而深入把握作家的"独特生命"，把生动的"人格形象"写下来。李长之说鲁迅是"诗人和战士"，也是突出一种"人格形象"。他的有些体认很深刻，发人所未发，不能不承认那确是鲁迅的精神特质。

例如，他指出鲁迅作为诗人，却绝非"吟风弄月的雅士"，其"灵魂深处，是没有那么消闲，没有那么优美，也没有那么从容；他所有的，乃是一种强烈的情感，和一种粗暴的力"。通常人们也注意到鲁迅创作中"力的表现"，并归结为时代的审美需求，这自然是重要的一方面。然而李长之从人格与心理气质上解释，又将认识深入一步。李长之认为"鲁迅在性格上是内倾的，他不善于如通常人之处理生活。他宁愿孤独，而不欢喜'群'"；李长之试图以这"内倾的气质"来解释鲁迅创作何以偏向"主观与抒情"，又何以善写早年印象中的农村,而不适于按实际生活里的体验去写都市题材,不适于写那种需客观构思的长篇小说。这种看法是有助于理解鲁迅小说的取材与风格的。

又如当时许多人都以为鲁迅世故,甚而称之为"世故的老人",而李长之却认为诗人气质的鲁迅是"最不世故"的,鲁迅常在其文章中谈世故,恰好"在说明鲁迅和世故处于并不厮熟,也还没有用巧的地步",因为"善易者不言易",鲁迅之"言",却正说明他还没有"善"。李长之这种看法也许能帮助读者领悟鲁迅的创作特别是杂文中所包含的诗的品性。李长之并不将对鲁迅人格、气质的品评简化为某种价值判断,他的许多似乎不够"恭敬"的评论,可能又是最能深入鲁迅的文学世界的。李长之认为鲁迅过于"内倾"和"过度发挥其情感"的结果,是在"某一方面颇有病态"。例如鲁迅"太敏锐","多疑","脆弱","善怒","深文周纳",过于寂寞和悲哀使他"把事情看得过于坏","抱有一颗荒凉而枯燥的灵魂",等等。然而李长之认为鲁迅情感上虽然"病态",理智上却是健康的,人格上是"全然无缺的"。更主要的是,以一个作家论,"病态"不一定是坏事。作家可能因为有些"病态"才比普通人更敏感、冲动,更突出个性,这才"给通常人在实生活里以一种警醒、鼓舞、推动和鞭策"。鲁迅灵魂深处的"病态"无碍于他成为"一个永久的诗人,和一个时代的战士"。李长之对鲁迅的品评,常常是从小地方看诗人的生命流露,这种品评其实又是深入于诗人世界中的吟咏,所注重的是独特的人格性情与独特的艺术品貌,而不是一般的"共性",如时代意义、社会主题之类,这样,在重视现实价值评判的批评家看来,李长之对鲁迅的许多评论就是过于从"小处着眼"了。其实只是批评的层面不同。李长之的特色不在于说明价值与意义,而在于突出作家的人格与风格,在于引导对某种生命状态的体验。

后来李长之为李白与司马迁作传时,更是将这种批评的特色发挥到极致。在《道教徒的诗人李白及其痛苦》中,李长之竭力探寻的是李白浪漫奔放的形象下面的那种"超人的痛苦"。李长之在对李白的生平与创作的评述中常有超越共识的逆向思维，他惊讶地发现李白诗的人间味之浓乃在杜甫之上。杜甫只是客观地、被动地反映生命中的一切，而李白的一切就是"生命与生活本身"。李长之认为李白"生活上的满足是功名富贵"，"生命上的满足是长生不老"。对他来说，"现世实在太好了，要求呢，又非大量不能满足"，这种"太人间"的欲求，也就使之难摆脱"人间的永久的痛苦"。李长之心目中的李白，其人格形象是非常有人间味的，普通人只知道欣赏李白诗的清真和飘逸，无烟火气，然而李长之从李白的人格形象分析，进而阐说李白诗的风格主要在体现生命与生活欲求的"豪气"，因为其生命力充溢之故，李白的诗"往往上下古今，令人读了，把精神扩张到极处"。这样，李长之就从他所理解的李白的精神气质导入李白独有的艺术境界。

李长之最圆熟的批评论作当推《司马迁之人格与风格》。比之《鲁迅批判》与《道教徒的诗人李白及其痛苦》，这本研究司马迁的传论更注重将人格与风格的评析上升到美学的层面，而且大大加强了文学传统的整体意识以及比较的观点。在论评司马迁的风格时，除了对其生活遭际与情性分析，李长之又从文学史的角度考察其风格的来龙去脉，指出其风格形成离不开楚辞与汉代通俗文学的影响，并探讨总结作为《史记》风格基因的一些艺术形式规律，如统一律、内外谐和律、对称律、上升律、奇兵律、减轻律，等等，并对《史记》的结构、韵律、句调、语汇等方面也做了深入分析，最终将司马迁的文学风格归结为不柔弱、不枯燥、不单调的"逸品"。

对作品风格与作家人格形象的深切关注以及对作家的风格构成在文学史上所处地位的评估，使李长之的传记批评显得那样切实有味，能够见到一个人的底蕴（包括好坏得失），并可由一个人看一个时代，理解一种文化精神。这种传记批评讲求的是沟通，与传主的精神沟通，同时又与读者沟通。李长之从不堆垛材料，他重视的是对历史文化以及对人性的理解之深，而不是一味求广，他总是带着浓烈的情感去评说传主，情感与识力并行不悖。大概李长之写司马迁、李白、鲁迅等"伟大心灵"的传记是要完成文学史画廊的英雄图像,也许他不总是成功(如他的《韩愈》和《陶渊明评传》就不足称道),但成功了那几幅伟大的作家图像,已经给人们留下了特别深刻的印象。

原载《鲁迅研究月刊》1993 年第 4 期

真实性：传记文学的生命
——评八十年代国内几部鲁迅传对鲁迅早期生活与思想的描述

魏绍馨

鲁迅的主要活动与主要贡献都在"五四"以后，人们对他的崇高评价也主要是以其"五四"以后在新文化运动中的业绩为依据的。可是就鲁迅的一生来说，"五四"以前已经度过了近四十个春秋，占其五十六岁的三分之二。他对人生的体味，对社会的感知，乃至他的基本思维方式、文化个性、情感世界，都是在"五四"以前形成的。可以肯定地说，不了解"五四"以前的鲁迅，对"五四"以后的鲁迅就不可能有深刻的认识。遗憾的是过去出版的许多鲁迅传记对"五四"以前的鲁迅写得十分薄弱，而且还常常有许多与事实相左的描述。摆在我面前的是：林非、刘再复的《鲁迅传》(中国社会科学出版社出版)、林志浩的《鲁迅传》(北京出版社出版)、彭定安的《鲁迅评传》(湖南人民出版社出版)、曾庆瑞的《鲁迅评传》(四川人民出版社出版)。这几部著作在20世纪80年代初期问世的时候都是受到读者好评的，即使十年之后的今天，读者仍能清晰地看到它们各自的长处。可是它们在鲁迅早期生活与思想描述上存在的问题也是显而易见的。

一

鲁迅是1898年离开绍兴到南京求学的，这正是维新变法运动的高潮期。

因此，几本鲁迅传都从这个大的时代背景出发，异口同声地强调维新变法时代新思潮对鲁迅的巨大影响。它们的标题分别为"在时代洪流的激荡下""在新思潮的影响下""在维新思潮的感召下"等。彭定安说："1897年，鲁迅到南京前一年，严复在天津创办了《国闻报》；鲁迅后来十分热爱的《天演论》就在这里连载，不久即出单行本。同年，鲁迅后来阅读的谭嗣同的出色著作《仁学》出版。鲁迅正是在这些维新之风的吹拂下，毅然抛弃科举道路，而走上新路的。来到南京后，他接触到更多的宣传维新运动的书刊，进一步受到这个运动的激荡。"曾庆瑞也指出："在这潮流中，从1895年到1897年，改良派在全国各地设立了许多学会、学堂、报馆和书局，宣传他们的变法主张。通过他们的工作，西方资产阶级的政治学说和自然科学，愈来愈多地传入中国。学习和传播这些政治学说与自然科学知识，一时蔚为新风。""当这股新风吹进古城南京的时候，青年鲁迅进入矿路学堂……在那里，鲁迅不仅可以读到上海来的《时务报》，连我国留学生在日本办的杂志《译书汇编》也可以读到。那里面，分期译载了东西各国政治法律名著，有卢骚的《民约论》，孟得斯鸠的《万法精理》等。"在上述的描绘中，似乎1898年鲁迅就是受到维新变法思潮的影响才去南京求学的，一进南京又立即投入了时代的洪流，并且以先进的西方新思想武装了自己的头脑。这种立论当然缺乏有力的根据，所以只好含糊其词。

事实上鲁迅在去南京之前，并不了解维新变法的新思潮。他之所以要"走异路，逃异地，去寻求别样的人们"，主要是为了"谋生"而外出"学洋务"。旧知识分子的"谋生"之路是"读书应试"，向上爬。这时鲁迅已意识到"此路不通"，新的"谋生"之路在哪里？"学洋务"就是，所以他要到南京进洋务学堂。那里既"无须学费"，又有他本家的祖叔在，更是十分便利的条件。当然，1898年的中国，"学洋务"已经过时了，可是生活在绍兴这个边远地区的鲁迅，并不了解这一点。也就是说他当时所理解的时代新思潮，还不是维新变法而是"学洋务"。那时的鲁迅还不知道康有为、梁启超为何人。即使到南京求学之初，鲁迅也没有立即接受维新变法的新思想，"看新书"、读《时务报》，那是南京求学后期的事。而且就鲁迅自己的回忆看，也主要是阅读了他当时并不完全理解的《天演论》。

有的鲁迅传记还把鲁迅初到南京时自起的别号"戛剑生"、自刻的印章"文章误我""戎马书生"与维新变法的新思潮联系起来，那也是文不对题的。事实上从它们的含义看，这恰恰是学习洋务、富国强兵思想的产物。林非、刘再复的《鲁迅传》以"异地的追求"为标题描述鲁迅南京求学的生活与思想，认为"洋务运动走完了它们的终点，而这个终点，却成了鲁迅走向社会的起点和第一个阶梯"。南京求学的后期才受到新书报特别是进化论的影响，这非常正确。可是他们也误认为上述鲁迅到南京求学之初的别号与印章是"被进化论灼热了心灵"之后的产物。试问，它们当中哪里有进化论的影子呢？

必须看到，鲁迅的远离家乡去南京"学洋务"，其思想感情的变化起伏，也是十分复杂的、曲折的。而这一点恰恰为上述的鲁迅传记所忽略。这突出地表现在对鲁迅一部分早期诗文的处理上。

去南京求学时期，鲁迅曾经写过许多文言诗文，现在能看到的只有《戛剑生杂记》、《莳花杂志》、两篇《别诸弟三首》、《莲蓬人》、《庚子送灶即事》、《祭书神文》等。这是研究鲁迅当时的生活与思想极为珍贵的资料，它们比许多间接的材料，包括鲁迅后来的回忆文章都重要得多。比如在 1900 年写作的《别诸弟三首》中，前两首反复抒写其由绍兴去南京离家别亲的痛苦："谋生无奈日奔驰，有弟偏教各别离。最是令人凄绝处，孤檠长夜雨来时。""还家未久又离家，日暮新愁分外加。夹道万株杨柳树，望中都化断肠花。"这和《戛剑生杂记》所抒发的由于离别"老亲弱弟"而产生的"柔肠欲断，涕不可抑"的痛苦一样，都是旧式家庭观念与孝悌意识的产物，所谓"悲莫悲兮生别离"，是历代旧式知识分子所抒发的感情。但是到了第三首忽然又是："从来一别又经年，万里长风送客船。我有一言应记取，文章得失不由天。"这分明又是"学洋务"的雄心壮志给他带来的努力奋斗、奋发图强的理智，和前面提到的自起别号、自刻印章所表现的思想内容是一致的。总起来看，这三首前后连贯的诗，表现了鲁迅那时"学洋务"的新思想与知识分子的传统旧情感的尖锐矛盾，以及由此而产生的精神痛苦。次年再写的以"梦魂常向故乡驰，始信人间苦别离"为起句的《别诸弟三首》，表现了大体相同的思想感情。再比如1900年写成的《莲蓬人》，一方面固然表现了作者那种不愿与腐朽势力同流合污、立志出污泥而不染的高尚的情操；另一方面也看出那时的鲁迅尚没有超越出旧式文人的"穷者独善其身"的孤傲自赏，尚缺乏新时代的更积极的社会参与意识和勇敢战斗的精神，像后来所表现出的那样。令人不解的是林非、刘再复在他们的《鲁迅传》中对上述诗文只字不提，曾庆瑞在他的《鲁迅评传》中只是提到《莲蓬人》所表现的"不与旧社会同流合污"的精神，林志浩只强调了《别诸弟三首》中那"文章得失不由天"的佳句及《莲蓬人》的"扫除腻粉呈风骨"的精神。彭定安虽然在其《鲁迅评传》中专辟一节"诗文一束见性情"，但却把它们和鲁迅在南京求学时的整个思想与活动分离开来，而且也是只从积极方面强调它们所表现出的作者的"高尚品德与战斗风格"，其中较为复杂曲折的思想感情全然不见了。鲁迅在南京求学的几年，国内发生了一系列重大事件：戊戌变法、义和团运动、八国联军……而鲁迅对于这些竟没有任何表示，这似乎不好理解。如果我们认真研究一下鲁迅这时写的一些诗文，不就可以略知一二了吗？

二

留学日本的前期，即从1902年的入弘文学院到1906年离开仙台医专，是鲁迅青年时代的一个重要阶段。20世纪80年代的鲁迅传记对这一阶段的鲁迅生活与思想都是很重视的。彭定安的《鲁迅评传》专门用两节的篇幅描述，即"思想与知识比翼同飞""医学救国"。曾庆瑞的《鲁迅评传》则写了四节:"我以我血荐轩辕""做革命党之骁将""光靠医学也不能救国""进入社会革命的战场"。这都是以往的同类著作所不能相比的。不过它们中也存在一个普遍的问题:简单化地在当时以孙中山为代表的革命派和以康有为、梁启超为代表的改良派之间的对垒中为鲁迅寻找席位。那逻辑是:当时中国政治舞台上的中心问题是革命救中国呢还是改良,作为伟大革命家的鲁迅当然要坚定地站在革命派一边。所以革命派对改良派斗争的形势都是这些鲁迅传记的重要内容。从这个大背景出发,然后转入鲁迅的革命生活与革命思想的描述。林非、刘再复的《鲁迅传》肯定地说:"鲁迅在这种革命气氛的影响下,反清的思想已经形成。于是,决然地第一个剪掉了辫子,表示自己反抗种族压迫的决心。"那么作为鲁迅的反清革命思想的主要表现是什么呢?除了剪辫子之外,就只有参加"光复会"了。而鲁迅自己说过,他当时的剪掉辫子"毫不含革命性,归根结底只为了不便:一不便于脱帽,二不便于体操,三盘在囟门上,令人气闷"。而著名的青年革命者黄兴那时却是"始终没有断发"(《因太炎先生而想起的二三事》)。至于参加革命组织"光复会",那更是与当时鲁迅的思想极不协调的。他钦佩许多光复会成员的道德人品与革命精神,但却不赞成他们的革命主张与革命行动。林志浩在他的《鲁迅传》中写道:鲁迅在弘文学院学习期间,"即景仰著名的革命家孙中山和章太炎,积极参加留学生的反清活动",但却举不出任何事实作为自己的论据,尤其无法在鲁迅当时的著作与实际活动中得到印证。曾庆瑞的《鲁迅评传》几乎把一个二十多岁的青年学生描绘成一位成熟的职业革命家,说他在弘文学院就是一位"革命党的骁将",进行了许多"实际的斗争",仙台学医期间更是以"强烈"的"反清革命思想"为指导,"积极奔向了推翻清王朝的革命斗争"。因此把他的一切活动都与以孙中山为首的革命斗争挂在一起,成为其重要内容:他的"往集会,听讲演"是参加实际的"革命活动";他的从事写作与译述是在"为革命大造舆论",连《月界旅行》那样的科幻小说似乎也成了革命的宣传品了。

其实留学日本前期的鲁迅主要是一个热情奔放的爱国青年，其基本政治思想是反帝爱国而不是反清革命。在当时的资产阶级革命派与改良派之间的论战中，鲁迅并没有作出非此即彼的单项选择，他的主张是实业与科学可以救国，并不是武力推翻清朝政府。这除了去仙台学医的现身说法之外，其《中国地质略论》的"结论"部分讲得很清楚："夫中国虽以弱著，吾侪固犹是中国之主人，结合大群起而兴业，群儿虽狡，孰敢沮者，则要索之机绝。乡人相见，可以理喻，非若异族，横目为仇，则民变之祸弭。况工业繁兴，机械为用，文明之影，日印于脑，尘尘相续，遂孕良果。"鲁迅在此文中，不仅不主张以推翻清朝政府为目标的革命斗争，而且不赞成在外强入侵的情况下，"独于兄弟行，则争锱铢，较毫末，刀杖寻仇，以自相杀"，"民变"（革命）对于当时的中国来说，只能是一种"祸害"。只有"结合大群"（团结一致），利用我国丰富的资源，发展实业，才可以拒侵略之敌，弭"民变之祸"，使国家与民族走向富强之路。

有两件事常常不为人们所注意。一是写于 1903 年的爱国反侵略的《斯巴达之魂》中，那作为最高统治者的国王与王戚并不是人民的敌人，而是和人民站在一起为国家的生存而战斗。二是 1904 年鲁迅在仙台医专填写的"学业履历表"与"入学志愿书"，后边的签名都是"清国留学生周树人"。

我认为彭定安的《鲁迅评传》对于这一时期鲁迅生活与思想的叙述是正确的、真实的。他的标题就是"医学救国"，而不是"做革命党的骁将"之类。整个内容除鲁迅参加"光复会"属于没有多少依据的人云亦云外，绝大部分是从事实出发实事求是的叙述，而没有那些虚张声势的革命高调。沈飚民关于鲁迅在弘文学院时就"誓做革命党之骁将"等没有事实根据的说法为很多鲁迅传记所采用，彭定安却一字不提，这说明他对这种"回忆"材料是有分析、有鉴别的。

说鲁迅当时只主张爱国反帝、科学与实业救国（"医学救国"也包括在内），而不主张反清革命，不主张人民起来造反，这不是有损于鲁迅的"伟大革命家"的形象吗？不，这一方面说明当时只有二十多岁的鲁迅在成长过程中对许多问题的认识还存在着一定的片面性与表面性，另一方面也看出鲁迅在青年时代就常常对许多问题有自己的看法、自己的思考，而不肯人云亦云。事实上在当时的留学生和广大爱国青年中，对于如何争取民主解放一直存在着许多不同的思考，绝不应该只用一个政治标准把他们简单地分为革命与改良两类。一个致力于科学救国的科学家，无论如何不能被视之为反对革命的改良派。对于任何历史人物的传记，最起码的要求是要从各个方面写出他的真实个性来。

三

"弃医学文"，这不仅是鲁迅青年时代的一件大事，也是他一生的思想与活动的转折点。自此以后，在一个相当长的时间之内，鲁迅的活动是多方面的，他的著作也涉及各个领域，然而就其总体来看，他主要是一位启蒙主义的思想家与文艺家，而不是一位革命的政治家、军事家。不了解这一点也就不可能准确地认识与描述鲁迅这一段时间内的生活与思想。彭定安在他的《鲁迅评传》中是紧紧把握了这一点的。他指出：在鲁迅留学日本的后期，虽然他与不少革命的政治家们有许多接触与来往，也很关心他们斗争的成败，"不过他的经历、思想性格与特长，都决定了他的活动领域不是那刀光剑影的沙场，而是思想启蒙运动的天地"。我认为这是对鲁迅当时的思想与活动的深刻理解。尽管在某些地方他仍然未能写出鲁迅的个性，比如也强调鲁迅受章太炎革命思想的影响并积极参加革命派的组织与活动等，但就总体看该书第三章后三分之二的内容基本上反映了历史的真实。

可是多数鲁迅传都在突出描述鲁迅"弃医从文"后所从事的"革命的政治斗争"，或把他的文学思想与文学活动涂上过重的"政治斗争"色彩。曾庆瑞认为鲁迅的"弃医从文"是"走出解剖室进入社会革命的战场"，说他"在东京的最后几年的生活是紧紧地和革命党人联系在一起的"，在那如火如荼的战斗中，"鲁迅不愧是一员勇猛的革命党之骁将"。既要特别突出鲁迅"弃医从文"的政治内容，又无法完全离开鲁迅当时思想、著作与活动的实际情况，于是鲁迅传的作者们常常陷入自相矛盾的境地。曾庆瑞一方面正确地指出鲁迅当时"把思想启蒙看成解决问题的唯一良方，把改造国民性、改造人民的精神状态看成中华民族奋发图强的唯一出路"，另一方面又毫无根据地肯定："一开始鲁迅就是把思想斗争和政治斗争紧密联系在一起"的。既然视思想启蒙为"唯一的良方"，那就不可能再寻找另外的出路、另外的斗争，根本谈不上什么两种斗争的"紧密联系"。林非、刘再复也是一方面批评青年时代的鲁迅把"救国的根本之途"、国家"复兴与强大之本"归结为"个性的崛起，精神的解放"，是一种"幼稚的乌托邦式的幻想"，另一方面又肯定鲁迅的弃医学文"是与他政治上从改良到革命的变化几乎同时发生的"，这之后他的一切活动都是要"用文艺为武器追随革命派为祖国的新生而战斗，坚定地站在革命派的营垒中"，对于不主张社会革命与政治革命的洋务派、改良派"展开了战斗的批判"。作者们的这些矛盾，其实质就在于既无法否认鲁迅当时提出的依靠文艺"转移性情、改造社会"的基本主张，又要千方百计把他塞进革命派与改良派两垒对立的大论战中去给他安置一个革命者的席位。他们没有认识到，鲁迅当时所批判的不仅有洋务派、改良派，也包括革命派的"驱逐鞑虏，建立民国"的国民革命论。而这一切批判都是要把思想启蒙、改造国民性当作救国图存、奋发图强的"唯一良方"与"唯一出路"。他反复告诫人们说，除此之外的其他一切动作均属"抱枝拾叶"之举。

令人不解的是，20世纪在80年代初期有好几位鲁迅传记的作者把鲁迅早年提出的以文艺是转移性情、改造社会的主张，同后来革命文艺运动中提出的把文艺当作革命的武器，为革命的政治斗争服务的理论等同起来。似乎鲁迅早在几十年以前就为无产阶级革命文学运动准备好了理论纲领。其中林志浩的两段话对这一点表述得尤为突出。他在叙述了1906年之后以孙中山为首的革命派对以梁启超为首的改良派的批判斗争之后说:"鲁迅到东京,就置身在这个政治环境之中。他早就以'革命党之骁将'的姿态,参加过实际斗争,并为留日同学所称道。现在,风雷激荡,撼人心弦,他更进一步地投身于革命洪流,参加革命派对改良派的斗争。这对于他的思想的形成和文艺活动,产生了十分深刻的影响。"而且"在开始他的文艺活动时,就要求把文学事业和中国人民反侵略、反压迫的革命事业结合起来,用文学作为斗争的有力武器"。这积极投身革命洪流、参加政治斗争的说法,已经把鲁迅淹没在许多同盟会成员或革命青年之中,使人们看不到鲁迅之所以为鲁迅;用文学作为斗争的有力武器之说,就更加远离了鲁迅当时的思想与活动。如果把这些说法用来描述 20 世纪 30 年代鲁迅的思想与活动,那倒是比较确切的。

在所有的鲁迅传记中,几乎都回避或忽略了鲁迅从日本回国前夕在章太炎的思想影响下所产生的消极情绪,这些消极情绪集中表现于他留学日本几年中的最后一篇论文(未完稿)《破恶声论》。这篇文章一方面继续发挥他以前的爱国反侵略与个性解放的思想,以及早已提出的"掊物质而张灵明,任个人而排众数"的主张;另一方面则又提倡宗教,维护迷信,赞扬传统旧文化,批判各派资产阶级革命家的理论与实践,对革命形势作了相当消极的估计。他痛苦地感到自己的主张在社会上得不到理解与反响(《新生》的流产只是其具体表现),而自己不以为然的理论却得到了愈来愈多的支持与拥护,并很快付诸实践活动。这种主客观的反差与矛盾,给他带来了无限的寂寞与悲哀。《破恶声论》的一开头就是:

  本根剥丧,神气旁皇,华国将自槁于子孙之攻伐,而举天下无违言,寂寞为政,天地闭矣。狂蛊中于人心,妄行者日昌炽,进毒操刀,若惟恐宗邦之不蚤崩裂,而举天下无违言,寂寞为政,天地闭矣。

1909 年,鲁迅正是在这种无限的寂寞与悲哀中回到了祖国,这与他出国时的积极奋发情绪恰恰形成了鲜明的对照。曾庆瑞与林志浩同志都认为他是应"祖国的召唤"或"革命的召唤"而归来,那是没有任何根据的。

四

如何认识与反映鲁迅归国之后到辛亥革命爆发前的思想情绪？几位鲁迅传记的作者意见也是有较大分歧的。彭定安的描述是"寂寞缠住的灵魂"，而曾庆瑞的概括是"迎着辛亥革命的风暴"。我以为前者较接近于实际。

从《破恶声论》中我们可以清楚地看到，鲁迅在归国之前对于国内的革命运动，包括一次次的起义与暗杀活动以及指导这些活动的理论主张，都是持有异议的，是抱批评态度的。因此回国之后他并没有接近，更未参加这些活动，也没有发表过支持这些活动的意见。同时他也看到要实现他那以文艺转移性情、改造社会的理论，在中国国内更没有可能。怎么办呢？为了"自养"，他只好暂时来到自己一向看不起的"洋学堂"任教。用他给友人信中的话说就是："靡可骋力，姑庀足于是尔。"早在回国之前，他就认为"学校之在中国有名无实，教师不学无术"，"徒作新态"，学生"所希仅在科名"，因而如果"赖以立将来之中国，岌岌哉"（《破恶声论》）。林非、刘再复在他们的《鲁迅传》中说鲁迅归国后之所以从事学校教育工作，那是"因为他知道教师的职业是神圣的，是可以同医治国民精神这一伟大目标结合起来的"，这恐怕距离鲁迅当时的思想太远了吧！

归国后的鲁迅，不过两年的时间就先后在浙江两级师范学堂与绍兴府中学堂这两个学校任教。教学当然是认真的，但思想情绪是低沉的，这低沉的心绪已不是用"寂寞"所能概括的了。在给友人的通信中他也简略吐露了这一点："仆荒落殆尽，手不触书，惟搜采植物，不殊曩日，又翻类书，荟集古逸书数种，此非求学，以代醇酒妇人者也。"其难言的精神痛苦布满了字里行间。曾庆瑞同志说："这时候的鲁迅，并没有改变他用文艺来救国救民的理想。为了民主革命的胜利，他正在顽强地聚积力量，磨炼武器，准备迎接新的革命高潮的到来。"这恐怕也是依据不足的主观猜想吧！说他并没有改变自己的理想，那是可以的，不过这理想是暂时隐匿了。说他在为迎接革命的高潮而聚积力量，如果是指文艺与教育方面的力量，尚缺乏具体的内容，如果是指政治方面的力量，则又和鲁迅的以文艺救国救民的理想相龃龉。

在几本鲁迅传记中都描述了鲁迅在浙江两级师范学堂参加"木瓜之役"和在绍兴府中学堂支持学生运动这两件事，有的还把这作为鲁迅在辛亥革命前夕"积极投入革命斗争"的典型事例。然而其中也有与事实不符之处。比如林非、刘再复同志讲到"木瓜之役"时曾描述了这样一个场面：

夏震武……训斥说：

"你们这个师范学堂办得很不好。"

听了这话，穿着西装，留着短发的鲁迅站起来责问说：

"怎么不好，你说！"

"说，说，怎么不好！"愤怒的教员们也站起来了，愤怒的声音一起扑向这个全副顶戴的顽固家伙。

在实际生活中不仅根本没有这样一个戏剧性的场面，而且鲁迅也不是这场斗争的组织者与带头人。至于绍兴府中学堂的学生罢课一事，鲁迅从思想上是同情他们的，行动上并没有"支持"，而且他身为监学还曾经参与了对带头者的处理。所以他在给友人的信中说自己"身为屠伯，为受斥者设身处地思之，不能无恻然"。更为重要的是当时的鲁迅并不是自觉地、主动地投入这些斗争的，他也不以为这是什么革命性的活动，而是认为这些都是地方派系斗争的一种表现，自己被卷进其中实在是一种极大的不幸。"一遭于杭，两遇于越，夫岂天而既厌周德，将不令我索立于华夏邪？""归里以来，经二大涛，幸不颠陨，顾防守攻战，心力颇瘁。"这是他亲自写给朋友的话。他在浙江两级师范任教一年就离去，到绍兴中学之后又认为"越中棘地不可居"，"越中学事，惟纵横家乃大得法，不才如仆，例当沙汰"，因而多次托朋友在别处寻求职业，就因为十二分厌恶这种使人心力皆瘁的派系斗争。我以为好的人物传记应"传"出在这些矛盾斗争中的真实的思想感情，作者可以而且应当写出自己对于历史事件、矛盾斗争和人物活动的评价，却不可以因为自己的不同看法而失真。

鲁迅写作于辛亥革命之前的第一篇小说《怀旧》，在表现作者早期思想方面具有重要意义，但却没有引起鲁迅传记作者的足够注意。有的一字未提（彭定安），有的只是说它在"字里行间闪现着强烈的反封建色彩"（曾庆瑞），有的又进一步说它表现了作者"对中国农民运动的深切关怀，从一定角度提出了民主革命中应予注意的问题"（林志浩），更有人认为小说"生动地表现了下层人民向往革命的感情"（林非、刘再复）。可是这篇文言小说最基本的思想内容却被忽略了。第一，小说通过对"富户"金耀宗与"仰圣"先生的描写，形象地显示出革命的主要对象还不是前者应是后者，即封建旧文化、旧思想及其代表人物。林非、刘再复认为"两人都是当地的富户"，其实"仰圣"先生主要是作为封建旧文化、旧思想的象征性人物出现的，他与"富户"金耀宗截然不同。也就是说中国的当务之急是文化思想上的革命，而不是政治经济上的革命。第二，小说通过几个普通农民对于"长毛造反"的回忆与描述，清楚地告诉人们："长毛造反"式的革命，只会杀人放火抢东西，不会给人民与国家带来任何福音，因而也不会得到人民的同情与支持。下层人民不是"向往"这样的革命，而是十分惧怕这样破坏性极大的革命。以上内容正是反映了鲁迅对中国农民革命的认识与总结，也是对当时即将爆发的辛亥革命的不满与告诫。即使在"五四"以后，这些思想也还不断出现于鲁迅小说与杂文中。没有对上述《怀旧》思想内容的深刻认识，就不能理解为什么在辛亥革命的准备阶段鲁迅一直保持沉默，一直在寂寞苦闷中度过，如他自己在给友人的信中所说的："闭居越中，与新颢气久不相接，未二载遽成村人，不足自悲悼耶。"彭定安同志依据某些不可靠的回忆与记述，也抽象地叙述了鲁迅在辛亥革命前夕曾在绍兴"参加革命活动"，"进行革命宣传"（当然不可能提供出具体活动来），这正是他对于写于此时的《怀旧》及其思想内容未能充分给予重视的结果。

鲁迅是一位思想家，更是一位诗人，他的《怀旧》本身就是一首寓意极深的诗，我们不应该只是领会其表面的意思。再以同时写的《辛亥游录》为例，那难道只是一般的"游记"一类的文字吗？我以为它也是一首蕴含着鲁迅辛亥前夕的寂寞与苦闷之情的诗。然而我们的鲁迅传记的作者们却没有注意到它。

五

从外在的社会生活来看，鲁迅似乎并没有经历过特大的曲折，没有多少大波大浪。但是从其内在的精神生活看，他所经历的曲折与波浪却是许多政治家所无法相比的。只是他的内向的性格使之未能充分地明白地表现在他的作品中。这就给鲁迅传记的写作增加了许多困难。如果说从 1902 年出国留学到 1909 年的回国任教，鲁迅的思想与情绪已经经历了很大幅度的变化，那么在辛亥革命前后这个变化就更加深沉、更有起伏了。而现有的鲁迅传记对这一段似乎都写得直而浅、平而淡。这一方面固然与资料的缺乏（特别是鲁迅本人的著作极少）有关，另一方面也是传记的作者对这些有限的资料理解得不深，未能把它们与稍后的鲁迅著作联系起来融会贯通。

辛亥革命胜利，在举国上下的一片欢腾声中，具有诗人气质的鲁迅，情绪立即从苦闷中振作起来，如同从潮湿的洼地登上了阳光灿烂的山峰，思想认识也随之开始了新的变化。这不仅反映到他当时的实际活动中，也比较集中地表现于《〈越铎〉出世辞》。对于这一变化，只要我们联系到他多少年来对于改革中国社会的迫切希望，那就很容易理解了。尽管这场革命与他所主张的"掊物质而张灵明，任个人而排众数"不同，但那只是改革的路线与方法的区别，大的目标是一致的。一旦他看到革命胜利的现实，当然会由衷地高兴与拥护，并开始修正自己的某些主张。这一点只有彭定安同志提到了。

绍兴光复会之后鲁迅与以王金发为首的军政分府的矛盾，又使鲁迅的思想情绪出现了新的波折。这个矛盾一方面反映了王金发等人由革命者很快变成了"刮地皮"的新官僚,另一方面也反映了鲁迅与他们之间早已存在的思想上的差距。王金发等重视的只是推翻清朝政府,改革旧的政治制度,鲁迅重视的则是思想上的革命、国民性的改造。这个差距就使鲁迅十分敏感地觉察到他们当官之后的变化,而且很自然地联系到他多年思考的国民性问题。鲁迅尖锐地批评了王金发,但又和真正的反对王金发的攻击不同,希望王金发能有所悔悟。这时的鲁迅并未失望,只是对于绍兴光复后出现的复杂矛盾难以处理。辞去绍兴师范学校校长去南京临时政府教育部任职,是应友人之邀,同时也是从绍兴政局的复杂矛盾中摆脱出来的唯一出路。

真正使鲁迅陷于失望,并由失望进入悲观、怀疑的是袁世凯篡权复辟之后一幕幕反动丑剧的上演。这时使鲁迅失望与悲观的绝不单单是革命的失败,更重要的是他感到"季世"的中国"人性都如野狗"。国民性的如此难于改造、如此堕落,这是鲁迅最感痛苦的事,也是他从辛亥革命失败到"五四"前夕一直在沉默中反思不得其解的最大问题。这几年是鲁迅情绪最低沉、思考问题最深沉、感情淤积浓度也最大的时期。"五四"时期"一发而不可收"的文学创作,就是出现在这问题的思考与感情的淤积之后。

曾庆瑞在其《鲁迅评传》中,从"目睹王金发的蜕变"到"看得怀疑起来",用了四章的篇幅来写这一时期鲁迅的生活环境与思想感情,的确是补了其他鲁迅传记之缺。不足之处是时代背景的交代多于鲁迅自己的"传",外在生活的叙述多于对鲁迅思想感情及其变化的剖析,比如提到鲁迅的《哀范君三章》,仅仅指出它是作者"第一次公开发表文学作品来批判辛亥革命的不彻底性",那是很不够的,也是并不确切的。三首诗几乎是鲁迅这几年的思想感情的高度浓缩。彭定安以"痛苦和寂寞"与"在沉默中深化"为标题,着重于对这一时期鲁迅内心世界的展示,使读者较多地看到了鲁迅那被寂寞与悲哀缠着的灵魂。同时还注意从社会文化事业的开拓上写出了鲁迅在特殊情况下的活动与贡献。不过他认为袁世凯倒台之后鲁迅的生活与思想中就出现了"新时期的新起点",鲁迅就"从沉默中昂起了头",这恐怕是与事实不符的。

鲁迅在与美国记者埃德加·斯诺的谈话中说,他"曾是一个十足的悲观主义者","怀疑过自己,怀疑过中国和中国人,怀疑过人类为之而奋斗的一切事物的价值"。而且据斯诺的了解,"直到快四十岁时,他才丢掉了怀疑主义和悲观主义"。这和鲁迅在《呐喊·自序》《〈自选集〉自序》中的说法是一致的。所谓"快四十岁时",恰恰就是五四新文化运动的高潮期。直到"五四"之前,他即使作为一个学者和社会文化事业的拓荒者,从事着各种研究的时候,如读佛经、辑古碑等,其思想也是悲观的,心情也是痛苦的。如他自己所说:在很大程度上是用来"麻醉自己的灵魂"。事实上真正使鲁迅"从沉默中昂起了头"的主要不是某种政治上的变动,而是文化上的五四新文化运动与新思潮。正是从这里,他看到了盼望已久的"文事复兴"与"思想革命"的新希望,由"立人"而"兴国",最后建立崭新的"人国",实现民族解放与人民解放的新希望。文学创作的"一发而不可收"最有力地说明了这一点。可以肯定地说,如果没有五四新文化运动的发动及其在俄国十月革命之后日益扩大的社会影响,鲁迅将会继续沉默下去,悲观与痛苦下去,将会继续在黑暗中摸索。

六

1918年从《狂人日记》开始,鲁迅是在什么精神力量推动下奋起"呐喊"的?这是大家一致关注的问题。有些鲁迅传的作者出于良好的愿望总是把这个问题同俄国十月革命经中国知识分子送来的马克思列宁主义、无产阶级世界观联系起来,林志浩就是最有代表性的一个。他在《鲁迅传》的第六章一开头就写道:"十月革命给中国人民送来了马克思列宁主义,'帮助了中国的先进分子,用无产阶级世界观作为观察国家命运的工具,重新考虑自己的问题'。十月革命点燃了鲁迅心中希望的火花……"所以鲁迅就发出了"伟大的呐喊"。后来在他的《新文化运动的先驱鲁迅》一书中再次重复了这一点。而这种说法的主要依据是什么呢？作者们努力寻求的结果似乎只有《狂人日记》发表一年之后鲁迅的两篇随感录《来了》与《圣武》。林非、刘再复甚至直接把它们与李大钊的《我的马克思主义观》联系起来说："《新青年》第六卷第五号，是由李大钊轮值编辑的，这一期刊物集中地发表了几篇介绍马克思主义的论文，其中包括他自己的《我的马克思主义观》一文。鲁迅在这里发表的两篇杂文，显示了他跟早期共产主义者采取同样的步调迈进。"

然而事实告诉我们，鲁迅从《狂人日记》开始的"伟大的呐喊"与马克思列宁主义、无产阶级世界观是毫无关系的。我们无法确知他当时是不是知道马克思与列宁，是不是懂得什么资产阶级、无产阶级，但却可以肯定地说他当时所赞扬的并不是马克思、列宁及马克思列宁主义，而是达尔文、易卜生、托尔斯泰、尼采，以及他们所代表的进化论与人本主义。《狂人日记》《孔乙己》《故乡》等小说所揭示的社会病苦，主要不是阶级压迫与阶级剥削，而是礼教、旧社会"吃人"，是人性的被扭曲、被异化，是中国人从来没有争得过人的价值与人的资格。他所希望与呼唤的并不是一个阶级推翻另一个阶级的武装斗争、暴力革命，而是人的真正解放，是"真的人"的出现。他"确信将来总有尤为高尚尤近圆满的人类出现"，当然也就"容不得吃人的人活在世上"，因而觉醒者应当背着因袭的重担，肩着黑暗的闸门，解放下一代，让他们到宽阔光明的地方去，成为新的人，"完全的人"，真正过着新的人的生活。

鲁迅在随感录《来了》与《圣武》中所说的别国人民"因为所信的主义，牺牲了别的一切，用骨肉碰钝了锋刃，血液浇灭了烟焰"，当然包括俄国革命在内，也可以说，主要是指俄国革命。但是像当时许多先进的中国人一样，鲁迅在写这些文章时对于俄国十月革命的性质与指导思想并不了解。他所说的别国人民所信的"主义"，并不是马克思列宁主义，而是托尔斯泰的人道主义。在郭沫若的诗歌中，列宁在革命中发出的是"为人道而战"的呼号；在沈雁冰的文章中，托尔斯泰的人道主义是"俄国革命之动力"，而且将是风靡全球的时代潮流。即使最早起来热情欢迎十月革命的李大钊，也曾误以为十月社会主义革命的胜利就是以托尔斯泰为代表的俄罗斯文学中的人道主义的胜利。明乎此，就可以理解鲁迅为什么在给好友许寿裳的通信中确信将来"人道主义终当胜利"了。在《圣武》中他说："现在的外来思想，无论如何，总不免有些自由平等的气息，互助共存的气息。"这显然不包括马克思列宁主义的无产阶级革命与无产阶级专政的理论。

在"五四"以前，关于中国的社会改革鲁迅就提出了"掊物质而张灵明"的主张，这主张仍然是他在五四新文化运动时的指导思想，因为它是从沉痛的历史教训中总结出来的。他说："中国历史的整数里面，实在没有什么思想主义在内，这整数只是两种物质——是刀与火。"所谓"刀与火"，一是指秦始皇以来历代封建王朝的暴力统治，一是指项羽、刘邦以来历代以"彼可取而代也"为目的的暴力反抗。二者虽然一个在上一个在下，但却都是以武力达到自己的目的，鲁迅给它奉献一个谥法，称作"圣武"。可以肯定地说，当时的鲁迅是不会接受任何暴力革命的主张的，也包括无产阶级的暴力革命在内。

什么是"用骨肉碰钝了锋刃，血液浇灭了烟焰"？就是当时许多人在欢呼十月革命的胜利和第一次世界大战的结束时所写的文章中说的人道主义对军国主义的胜利，觉醒了的人的力量对野蛮的行为的胜利。鲁迅认为这是世界历史发展的新潮流，人类"向人道前进"的里程碑，也是改革中国社会的必由之路。阿Q革命悲剧的实质就在于革命者只有"人"的躯壳而无人的骨肉与人的血液。所谓"阿Q式的革命党"，根本就不懂得什么革命，其革命的行动与理想仍然是以"我要什么就是什么，我喜欢谁就是谁"为目的的杀人、抢东西式的"造反"。阿Q幻想中的革命胜利之后，未庄的一切财富都归他所有，但"自己是不动手的，叫小D来搬，要搬得快，搬不得快打嘴巴"；未庄的女人全由他挑选，而且提高了标准——吴妈的脚太大，赵司晨的妹子真丑，都不合格；最后是在一片叩头求饶声中把王胡、小D和赵太爷、假洋鬼子们一起杀掉。"阿Q式的革命"除了以失败告终外还会有别的什么出路吗？这是鲁迅当时最为沉痛、最为忧愤的呐喊！

七

早在 20 世纪 50 年代茅盾先生就指出过：有些研究者"往往不从鲁迅著作本身去具体地分析，不注意这些著作产生的背景材料（社会的和个人的），而主观地这样设想：某年某月发生某事，对于鲁迅思想不能没有某些影响罢？然后在鲁迅著作中去找证据"。上述 80 年代出版的几本鲁迅传对鲁迅早期生活与思想的某些失实的描述，仍然是这种思维方法与研究方法所造成的。更有甚者，有的论者还不自觉地用断章取义的办法曲解鲁迅的文章以证明自己的主观设想，或者从某些极不可靠的回忆文章中去寻找证据。正如有人已经指出的那样，在大量的有关鲁迅早期生活与思想的别人的回忆录中，有不少是富有重要价值的，但也有些是无中生有的或取其一点因由随意点染成篇的。衡量这些回忆材料的真伪都应以是否符合鲁迅当时的实际思想与感受、是否符合鲁迅当时著作的基本精神为准。即使对于鲁迅自己晚年对早期生活与思想的回忆，研究者也应有所分析与鉴别。因为鲁迅后期的思想和对许多问题的看法已发生了不小的变化，在回忆文章中不自觉也就把后来的观点带了进去。这种情况在许多现代中国作家中是常见的，绝非鲁迅所独有。

上述鲁迅传记的作者大多是国内鲁迅研究的专家。他们对于鲁迅的著作、鲁迅生活与战斗的时代都有深入的研究。其著作中关于鲁迅早期生活与思想的某些失实的描述，一方面固然表现了个人认识与理解的片面性、思维方法与研究方法的片面性，更为重要的则是反映了当时（20 世纪 80 年代初期我国学术界刚刚熬过十年"文化大革命"和二十年的"左"倾思潮）整个鲁迅研究的实际水平。十年以后的今天，我们有理由对专家们的著作提出更高的要求：希望有更为接近鲁迅的鲁迅传问世。

原载《鲁迅研究月刊》1993 年第 7 期

一部精神与灵魂的传记
——读黄侯兴《鲁迅——"民族魂"的象征》

刘 勇

鲁迅深邃的历史目光是向着未来世界的，鲁迅的现实批判精神是为着开拓青年人的命运的；鲁迅的价值永存，这在发展的意义上说也是必然要寄希望于青年的，因此，沟通鲁迅与当代青年的心灵，就不仅是一种研究，而且是一项迫切而重大的历史使命。我们终于读到一本倾心契入鲁迅精神实质的传记，一本勃发着青春朝气，意在在当代青年人心中重新点燃民族英魂之火的传记，这就是黄侯兴先生的新著《鲁迅——"民族魂"的象征》(以下简称《民族魂》)。

应该说，把鲁迅作为民族魂来论析并不是陌生的，但《民族魂》的作者没有把鲁迅精神局限于民族的文化遗产，而是更注重把鲁迅精神当作驱使民族不断奋进的现实动力，把鲁迅精神引向当代。作者急切地看到青年对鲁迅的需要以及鲁迅对青年的重要，看到鲁迅爱国主义的思想本质对当代国人、对民族现代化进程的精神支柱性意义。因此，作者是跃动着一颗充溢青春活力的心，同时又满怀着深沉的忧患意识来阐发鲁迅精神的。该书的序言谦说作者不是"才子型"的人，但作为一位富于理论深度的学者，我们却感受到了作者异常活跃的青春品格和炽热的心灵。我曾读过黄侯兴先生的一篇论述郭沫若青春型文化品格的文章，并深受感染。记得那篇文章在大学校园和研究界，特别是在青年学生和学者中激起很大的共鸣和反响。在《民族魂》这本书里，我们再次感受到作者那种青春激情的涌动。不是以单纯理论去概括鲁迅，也不是以权威论断来训导青年，而是以青春的心灵去撞击和开掘鲁迅，以发展的目光期待着青年，在鲁迅与当代青年之间构筑起精神的默契和灵魂互通的桥梁，这是《民族魂》首先能够紧紧抓住读者尤其是青年读者的潜在要素。

《民族魂》打破传记体裁完整描绘人生道路的常规写法，不注重生平琐事的叙述，甚至抛开人生历程的时间联络，而是以大幅度跳跃的笔法，从不同侧面、不同层次和不同角度，始终围绕着一个思考的核心，即鲁迅爱国主义的精神实质，并以此展开全方位的心灵探讨。这是这部著作在视角上的新颖独到之处。

作者对鲁迅人生经历、思想发展和创作道路都是由表及里、由浅入深地紧紧抓住鲁迅内心世界搏击和奋进的艰难历程，进而清晰而深刻地揭示出鲁迅灵魂升华的轨道。作者在描绘鲁迅思想发展的进程时，尤为注重以鲁迅自身灵魂的升华来展示其重铸现代国人灵魂的艰难历程。《民族魂》既深刻指出鲁迅是"全方位地来批判我们民族（特别是汉族）存在的劣根性。鲁迅批判的是全民族的社会的'共相'"，又阐明了鲁迅在揭露和批判国民性的弱点的同时，也"肯定与弘扬国民性的某些优点"，"鲁迅这些肯定性或批判性的意见，目的都是促进某一种新的向上的和适应时代要求的民族精神的诞生"。作者在鲁迅一直贯穿着的冷峻的批判精神里，分析出鲁迅那种炽热的创造和建设的品格，并得出结论："鲁迅的爱国爱人民，不是一时感情冲动的喷涌，而是理性主义的思想光照。""热爱与批判这种矛盾现象在他身上不是对立物，而是反映了他在更高层次上对新世纪中国的政治、思想、文化的热烈追求，统一于他对光照未来的理想与憧憬。"作者不仅通过新的视角对鲁迅爱国主义精神实质进行了深入的论析和理论概括，而且还以鲁迅自身的道德文章、人生历程不断加以印证，这就把鲁迅的人生道路和精神跋涉统一到了一个更高更新的境界。正是在这样的理论基点上，作者提出了"鲁迅是谁"这个平易亲切而又新颖独到的问题。事实上，作者不仅提出了这个问题，解答了这个问题，而且在更高更深的层次上把这个问题摆到了我们每个读者的面前，促使我们进一步去思考和认识它。

把鲁迅的创作历程也纳入其心灵发展、精神升华的过程中来论析，进而更准确更深入地理解与把握鲁迅的精神实质及其艺术创造的真正价值，这是《民族魂》又一个新颖独到之处。该书作者首先对鲁迅文学创作的根本动因进行了内在的深入的阐释，作者不是简单地指出鲁迅作为一个文学家而兼有思想家的使命与特点，而是更深一层地指出了这两者之间的有机关联，准确揭示了鲁迅"遵命文学"的独特而深邃的内涵："鲁迅是在保持独立的人格、思想前提下而'遵命'。""是立足于文学事业而'遵命'。"这就既表明了鲁迅"遵命文学"的思想基础是对祖国、对人民、对时代高度负责的爱国主义精神，同时显示了鲁迅的文学创作是遵循艺术规律的，是自身独立思考的精神结晶。这是一种对民族、对政治，同时又是对艺术、对自身人格的双重自觉和双重思考。正是在这样的基础上，《民族魂》的作者把鲁迅在文学创作中对国民性的批判，对中国知识分子出路的探讨，以及鲁迅对现实主义创作方法的选择，对"拿来主义"的文化方针的选择，都围绕这样一个内在的核心主题来论述：这就是鲁迅自身思想的不断升华，鲁迅自身内心世界和精神人格的艰难探索和不断确立。

对待作品的具体论析也是如此。比如《野草》，《民族魂》的作者不是抓住其象征性和诗意特征等人们通常注意到的那些一般性的特点，而是在鲁迅心灵历程的总背景下，极力放大对某部作品的分析角度，凸显和扩展其本质内涵，把作品所展现的意象与鲁迅整个的精神品格和思想发展紧紧联系起来，因此不仅对某些单篇作品的分析得出了一些富有创见的看法，而且在总体上提出了"《野草》的写作过程，是鲁迅清理思想，使自我的心理机制得到调整与完善的过程"。这是极有理论深度的新颖的结论。总之，《民族魂》使我们对鲁迅作品及创作道路的认识进入了一个更深的双重的层次：鲁迅精神与其创作的天然合一。因此，面对着鲁迅的艺术创造，我们不但为其艺术魅力所倾倒，更为鲁迅精神人格的魅力而震撼。这是我们读《民族魂》的一个强烈而悠深的感受。

鲁迅从不"神化"别人，当然也决不"神化"自己，这是《民族魂》的一个重要观点。事实上，不"神化"鲁迅也正是该书的一个显著特色。冷静客观地分析鲁迅思想的发展轨迹，以翔实的材料展示鲁迅思想发展过程中所受到的各种影响，甚至深入细致地指出鲁迅思想发展中的某种局限，这同样表现了该书作者既谨严又富有活力的风格。比如该书在论述鲁迅从唯心史观向唯物史观的转变过程中，不是简单突出鲁迅思想和世界观的飞跃，而是相当深入细致地论析了鲁迅早期思想发展中的种种矛盾和局限，从生物进化论的基本历史观，到精神第一的唯心主义思想路线，再到"任个人而排众数"的历史唯心主义的英雄史观，对鲁迅早期思想进程进行了较为全面的总结与清理，在此基础上指出鲁迅在参加现实斗争中感受着的思想矛盾的深切痛苦，并进而指出这种痛苦给鲁迅带来的更为深刻的思考，唯其如此，读者才能真正体悟鲁迅思想突破的艰难，真正理解鲁迅不是一位先天生成的神，而是后天在困境中练就的伟人。《民族魂》还多处论述了鲁迅在事业和人生奋斗路程中所产生的孤独、苦闷、怀疑、彷徨和寂寞的心境，特别是"对于希望的破灭，对于青春的消逝，使鲁迅在困惑中产生了寂寞感、空虚感"。尽管鲁迅不断努力地摆脱这种寂寞和空虚，但这种心境实际上伴随着鲁迅的一生。对鲁迅这种思想性格的论析同样非但没有使我们怀疑鲁迅的伟大和崇高，相反使我们更真实地领会到鲁迅首先是一个人，是一个有局限性、有个性、有特点的人。正是这样一个带着自身伤痛的人在为着全民族的利益无私无畏地冲锋陷阵，才更加显示出其本质的伟大和崇高。掩饰局限，抹杀个性，只能产生虚幻，只能阻隔当代青年走向鲁迅。唯有揭示出这种局限和个性，才能使青年真正走进鲁迅心灵的深处。《民族魂》在这方面为我们提供了一把宝贵的钥匙。

还应特别提到的是,《民族魂》在挖掘鲁迅最可宝贵的性格时,从鲁迅对我国远古文化意识的继承和对现实社会、现实人生的认识,从鲁迅的小说和杂文创作,并且从鲁迅与同时代文化伟人的思想比较等多重角度,突出强调了鲁迅对于"狼(野兽)"的认识,指出鲁迅"所喜欢、所追求的是表现在野兽身上那种充满反叛、敢于决一死战的斗争精神,那种不屈服于任何强暴的兽性"。因此鲁迅批评中国人没有"兽性",只剩下"人性",于是"渐渐成了驯顺"。鲁迅主张人"不如带些兽性"。"鲁迅一再称赞敢于出击的狼,希望在中国人身上有着更多的'兽性'的气质,目的在于改变现代中国人的精神面貌,进而改变现代中国的命运与地位。"《民族魂》的这段文字不仅是以极为新颖的笔触阐释了鲁迅的精神本质,而且其中蕴含着一种深情而热切的期望和召唤——对年青人、对民族未来的希望,对青春生命、对创造精神的呼唤。可以说这是作者对于鲁迅、对于青年,以及对这两者关系的根本思考。欣闻《民族魂》一书获得了第四届全国优秀青年读物一等奖,我想,这是青年朋友们对这种希望和呼唤的深情回响。

原载《鲁迅研究月刊》1993 年第 12 期

鲁迅传记写作的历史回顾

张梦阳

鲁迅的传记到 20 世纪 90 年代末已达 28 种。其中，半部的 4 种，未完稿 1 种，全部的 28 种。计有 5 人写过 2 种，2 人合著 1 种，多人合作、一人执笔 2 种，总计是 23 人写出 28 种鲁迅传。与据说已有 200 种传记的印度诗圣泰戈尔相比，尚差得甚远，然而在中国现代作家中已属独树一帜，扩大到中国历史人物传记的领域，也罕有能与鲁迅比肩者。

因此，认真梳理、评述鲁迅传记写作的历史，科学地评析这 28 种鲁迅传的得失，从理论上总结鲁迅传记写作的历史经验，探索新版鲁迅传的写作新路，不仅对鲁迅研究会有所推动，而且对其他中国现代作家研究和传记写作以至整个传记学的理论建设都会有所裨益。

一、鲁迅生前时期的短篇评传

1936 年，李霁野建议鲁迅写一部自传或协助许广平写一部鲁迅传。鲁迅在 5 月 8 日回信中说："我是不写自传也不热心于别人给我作传的，因为一生太平凡，倘使这样的也可做传，那么，中国一下子可以有四万万部传记，真将塞破图书馆。"这幽默的语言，表现了鲁迅淡泊自守的谦逊美德，也从一个侧面反映了鲁迅认为传记写作应该坚持实事求是、不为亲者讳美的科学观点。

所以，鲁迅毕生没有写过长篇自传，只是在特别必要时写过三次小传，都写得客观、简约、准确,从一个侧面反映了鲁迅对传记的观念。

而面对要为自己写传的人,鲁迅也并不一律阻拦,只是希望能够真实、中肯。增田涉把传记腹稿告诉鲁迅后,鲁迅立刻就写了"搔痒不着赞何益,入木三分骂亦精"这两句郑板桥的诗送给他①,充分说明了鲁迅对传记有着严格的要求:希望听到"入木三分"的深刻批评,反对"搔痒不着"的浮浅赞谀。据曹聚仁回忆:30年代,当鲁迅问他是不是准备材料替自己写传记时,他承认要写,但表示要把鲁迅写成一个"人",而不写成一个"神",鲁迅默许了这一点,并不阻止他写传。②

事实也正是这样,鲁迅生前就认真过目和修订过两位外国友人给自己写的传记。

一位是美国著名记者埃德加·斯诺。1933年,斯诺在上海访问了鲁迅,写了这篇评传。鲁迅看过译文之后,逐段作了细致入微的订正,写了"对于《评传》之意见",附于同年11月5日致姚克信后,请姚克转呈作者,予以修改。"意见"对事实审核极严,例如原文说鲁迅"在孩时"父亲死去,鲁迅则指出:"父死我已十六七岁,恐当说是'少年时'了。"原文称鲁迅为"中国高尔基",鲁迅则指出:"当时实无此语,这好像是近来不知何人弄出来的。"说明鲁迅对传记的史实是持何等严格的科学态度。斯诺的这篇评传,1935年1月以《鲁迅——白话大师》为题发表在美国《亚洲》杂志上,同时还登载了1933年5月26日斯诺专门为鲁迅拍摄的一帧半身照片。斯诺曾把这期杂志寄给鲁迅,查当年1月17日《鲁迅日记》,有"得施乐君所寄一月份《Asia》一本"的记载。翌年,伦敦出版了斯诺编译的现代中国短篇小说集《活的中国》,其中收有这篇文章第八段以后的文字,题目改为《鲁迅评

---

① 参见中国社会科学院文学研究所鲁迅研究室编《1913—1983鲁迅研究学术论著资料汇编》第2卷,中国文联出版公司1986年版,第633页。

② 参见曹聚仁《鲁迅评传》,东方出版中心1999年版,第1页。

传》①，文字和内容也稍有删改。斯诺这篇经过鲁迅亲自订正的"评传"，尽管属于短制，一些地方也存在误记，却有其不可替代的价值。因为作者没有预定的框框，是从与鲁迅及其所处环境的直接接触中得出的感受和判断，所以往往比后来的许多皇皇大论更符合实际。例如关于鲁迅"不是一个真正的无产阶级作家"的观点，一直被当作斯诺的一个错误，其实恰恰是与实际相符的。1930年9月17日，在史沫特莱和上海左翼文化界为鲁迅举行的庆祝五十诞辰招待会上，鲁迅自己就说过：现在被请出来领导无产阶级文学运动，一些年轻朋友要求他当一个无产阶级作家。他要是真的装作一个无产阶级作家的话，那就未免太可笑了。他的根，他的创作生活，是植在半封建的农村中，在农民和知识分子中的。除了自己的故乡和周围一些知识者之外，对于其他任何的知识集团知道得很少。他也不相信中国的知识青年，没有体验过工人和农民的生活、希望与痛苦，便能产生出无产阶级的文学。②大量的史实充分证明斯诺"评传"关于鲁迅"不是一个真正的无产阶级作家"的观点，不仅不是什么错误，而且是斯诺"评传"中最可贵之处。另外，斯诺对阿Q的分析很精警，对鲁迅和林语堂眼睛的描写也很有神采，巧妙地把采访鲁迅时的感受与对鲁迅生平、著作的评述糅合在一起，既给人以亲切的真实感，又没有脱离以传为主的宗旨，这为与鲁迅有过交往的人写作鲁迅传提供了宝贵的经验。

另一位是日本学者、鲁迅的私淑弟子增田涉。1931年春天，增田涉来到上海，经内山完造介绍，师事鲁迅。从3月到12月末的10个月期间，每天午后在鲁迅家度过3小时至4小时时间，两人并坐在书桌边，一字一句亲耳聆听鲁迅讲解《中国小说史略》和《呐喊》《彷徨》等著作，时而还转入杂

---

① 参见《鲁迅——白话大师》一文及译者附言，载北京鲁迅博物馆鲁迅研究室编《鲁迅研究资料》第4辑，天津人民出版社1980年版，第419—432页。
② 参见中国社会科学院文学研究所鲁迅研究室编《1913—1983鲁迅研究学术论著资料汇编》第2卷，中国文联出版公司1986年版，第883页。

谈，参加对时事的批评，每天又受到许广平夫人点心或茶水的招待。每星期大约有两次在鲁迅家吃饭。这种手把手的个人教授与谆谆教诲，的确是得天独厚，连中国人也不曾得到过的，为传记写作提供了便利的条件。于是，增田涉在 8 月间起草了《鲁迅传》的初稿。据他后来所作的《鲁迅的印象》记载，鲁迅看过原稿并进行过修改。[①] 1932 年 2 月，增田涉又在东京作了进一步修改，发表在《改造》杂志 1932 年 4 月特别号上。后来又由梁成译成中文，刊于 1935 年《台湾文艺》新年号。由于前言所述创造社压下罗曼·罗兰致鲁迅信一事有误，郭沫若写了《〈鲁迅传〉中谬误》[②] 一文，发表于该刊下一期上，予以申辩。因此，1935 年 6 月岩波文库出版佐藤春夫与增田涉合译的《鲁迅选集》附录此传时，就删去了前言。然而因为没有署名，被误为佐藤春夫所作。1936 年 7 月上海当代书店出版的钱浩所编《鲁迅文学讲话》[③] 和 1947 年 2 月上海博览书局出版的邓珂云编、曹聚仁校订的《鲁迅手册》[④]，都收了此传，也照删了前言并注明佐藤春夫所作。由此以讹传讹达 40 年之久，直到 1976 年钟敬文先生翻译、出版《鲁迅的印象》才得以纠正。增田涉的这篇鲁迅传，约有两万字，篇幅比斯诺的长，叙述也较为详细，但是水平却不及斯诺的高，也不及他后来所写的《鲁迅的印象》，记叙过于琐碎，引用鲁迅的话过多。看来对于鲁迅这样巨大的存在，是需要长时间消化过程的，离得过近，看得过碎，反倒不易把握他。然而由于这篇小传是亲访鲁迅之后写的，记录了鲁迅当时的真实谈话，对于认识鲁迅的内心活动和他所处的实际环境很有参考价值。例如关于创造社和太阳社的谈话，鲁迅认为"他们对于历史

---

① 参见 [日] 增田涉《鲁迅的印象》，钟敬文译，陈秋帆校，湖南人民出版社 1980 年版。
② 参见中国社会科学院文学研究所鲁迅研究室编《1913—1983 鲁迅研究学术论著资料汇编》第 1 卷，中国文联出版公司 1985 年版，第 1065 页。
③ 参见中国社会科学院文学研究所鲁迅研究室编《1913—1983 鲁迅研究学术论著资料汇编》第 2 卷，中国文联出版公司 1986 年版，第 621 页。
④ 参见中国社会科学院文学研究所鲁迅研究室编《1913—1983 鲁迅研究学术论著资料汇编》第 4 卷，中国文联出版公司 1987 年版，第 419 页。

的认识是不够的,并且没有把握住客观的现实形势。英雄主义的公式主义者,在政治上是和中国共产党的李立三路线同样陷入'左倾'的机会主义的错误。李立三是失败了,他们也失败了。现在的青年大都是幼稚的,攻击我是反动,但他们什么也不懂得,却都好像吃了辣椒似的,因为辣椒一时是会使人兴奋的"。这样的谈话,在鲁迅正式形成的文字里是没有的,但从鲁迅思想实际与当时所处环境来看,却是属实的,反映出了鲁迅对于中国社会实际的深刻认识,具有非常重要的价值。其他还有鲁迅关于革命问题的看法和不能把他"五四"前后的作品看作是无产阶级的,也不能把他说成是无产阶级作家的谈话,也都异常重要。从传记体例上看,增田涉也同斯诺一样,由访问的感受写起,既增添了亲切感,又保存了第一手的珍贵资料,有可资借鉴之处。

　　总之,斯诺和增田涉这两位外国友人写的鲁迅传,虽然有失简略,亦有粗疏、失误之处,但是终归为亲访鲁迅之后所作,又经过鲁迅亲自过目和修订,自有不可替代的独特价值。鲁迅之所以支持外国友人写传,除了希望扩大中国左翼文学的世界影响之外,还因为有些话在国内不便明言。他在致姚克的那封信中就说过:"评传的译文恐无处登载。"

　　其实,当时国内也出现了短篇的鲁迅传记,虽然不像斯诺、增田涉那样明显涉及中国时政,却也别有一番风味。其中能在鲁迅传记学史上留下光彩一笔的,是著名教育家、文学家、史学家和艺术家王森然教授所作的《周树人评传》[①]。这篇评传见于1934年6月北平杏岩书屋出版的《近代二十家评传》一书,虽属短制,但却条理畅达,言简意赅,结尾还插入鲁迅先生事母至孝的轶闻和课上课下都置铅笔于右耳上、与人力车夫共坐一凳、欣然大餐玉蜀窝头等细节,使一位人间鲁迅栩栩如生、跃然纸上。这种生动程度,是后来的许多传记没有达到的。实质上,传记成功与否的关键,并不在于篇

[①] 参见中国社会科学院文学研究所鲁迅研究室编《1913—1983 鲁迅研究学术论著资料汇编》第 1 卷,中国文联出版公司 1985 年版,第 990 页。

幅的长短,而在于是否能够把握传主的突出特点,并予以生动的凸显。罗曼·罗兰的《贝多芬传》仅仅两万五千字,却把贝多芬的伟大形象雕塑般地成功凸显出来了,不愧为世界传记史上的大手笔。而在鲁迅传记学史上,乃至整个中国历史人物的传记文苑中,都始终没有出现过这样的大手笔。

二、鲁迅逝世后至 20 世纪 40 年代末的鲁迅传记

鲁迅逝世以后,生前友好曾有过撰写整部鲁迅传记的动议,并商请茅盾执笔。茅盾认为,他只熟悉鲁迅后半段生活,而最了解前半段的是许寿裳。经过郑重考虑,他觉得不能草率从事,后因抗战事起,就搁下了。直到 1942 年 5 月,才有了中国人写的半部鲁迅传出版,这就是欧阳凡海著的《鲁迅的书》。

这本书由桂林文献出版社推出,约 30 万字,分 4 章 10 节,从 1881 年鲁迅诞生写到 1927 年离开广州。作者在自序中谦虚地说:"我不敢把这本书叫作评传,我对于鲁迅先生的差不多是全部作品的或简或详的分析,也决不能称批评,只能够当作是一种注解。"作者本来打算把鲁迅后十年的生活作为下册写出来,但是由于当时环境所限,不得不放弃,给后世留下了遗憾。不过,称该书为第一本的半部鲁迅评传,还是当之无愧的。

欧阳凡海是 1936 年底开始准备这本书的。鲁迅逝世后,他应茅盾之约写了一篇论文《关于鲁迅先生的几个基本问题的商榷》[①],茅盾认为很好,鼓励他继续研究,他于是着手写书。由于欧阳凡海写论文时就表现出了很强的理论思辨能力与独立思考精神,所以《鲁迅的书》具有相当厚重的理论分量。该书最突出的理论贡献是准确地把握了鲁迅思想的真谛——奴隶观,并以此为

---

① 参见中国社会科学院文学研究所鲁迅研究室编《1913—1983 鲁迅研究学术论著资料汇编》第 2 卷,中国文联出版公司 1986 年版,第 337 页。

核心结构全书，因而从基本原则上与鲁迅达到了契合。欧阳凡海认为：鲁迅在《灯下漫笔》里把中国历史分成"想做奴隶而不可得"与"暂时做稳了奴隶的"时代，"并且断定，历史的进化法则，决不能是永远循环的，做奴隶而不可得，和做稳了奴隶的悲惨时代，可以用奴隶自己的力量来结束"。正是这种奴隶意识奠定了鲁迅以真理武装思想的可能。《鲁迅的书》抓住了这一点，也就从中把握了鲁迅思想和作品的基点。这也正是该书最可贵之处。其次，该书对鲁迅少年时代的描述很有特色，从"自然界的天真与当时人类社会的矛盾的表现""迷妄与虚伪的世界""个性的表现""故事想象的世界""神佛的环境""从大自然看到了善与美""抄书和图画的兴趣之发生"这七个方面概括了少年鲁迅的心灵世界与艺术世界，的确是非常全面、深刻、富有诗意的。而这又是鲁迅传记写作史上的首次实验，没有先例可以借鉴，就显得格外难得了。再次，该书注意从中国社会发展史的范畴去看鲁迅，把鲁迅的心态变化与社会环境紧密联系起来考察，从而顺理成章地得出正确的结论。例如第三章"流入冷藏器的热情的变化"，详述了辛亥之后袁世凯的窃国与北洋军阀的混战，就清楚地说明了鲁迅当时寂寞、苦闷，越躲到古书的"冷藏器"中去，压在心之底层的热忱就越火热的心灵锻铸过程，驳斥了所谓鲁迅当时没有起而反对军阀统治的无端指责。第四，该书对《狂人日记》等小说创作手法的分析和前期杂感诗的体悟也有其独到之处。总之，《鲁迅的书》不愧为第一本颇具理论分量和深度的半部鲁迅评传。当然，这半部评传也有明显的不足。例如把《阿Q正传》局限在一篇不很重要的杂文《知识即罪恶》中，认为《阿Q正传》仅仅表现了这篇杂文的思想，就不能不大大限制了对阿Q这一不朽典型的理解。对此，著名文艺理论家邵荃麟曾在《关于〈阿Q正传〉》一文中予以纠正。但是，邵荃麟最后仍然肯定欧阳凡海的《鲁迅的书》"大体上仍不失是一本研究鲁迅的较好的书,有许多见解,是很卓越的,正确的"①。另外,该书对传主的称谓也有不妥之处,一律称发表《狂人日记》以前的鲁迅为"豫才",虽然作者也申述了他的道理,然而总不大合乎读者的习惯。后来的鲁迅传就不这么做了,开头说明周豫才就是后来的鲁迅,然后就以鲁迅称之,倒比较顺乎自然。

《鲁迅的书》之后,又出现了一本不能称为正式传记但又不能不提的鲁迅传,这就是郑学稼著的《鲁迅正传》。

这本书最初由江西的胜利出版社于 1942 年 7 月出版,约 10 万字,分"假洋鬼子""十四年金事"《呐喊》"《阿 Q 正传》"不准革命""浪子之王""革文学的命""传赞" 8 章,附录 1937 年登于《青年向导》上的《两个高尔基不愉快的会见》一文。香港亚洲出版社于 1953 年元月重版,1954 年 11 月再版。再版本删去了附录,增加了"再版序言",说这本书大约是于 1939 年在重庆北碚附近写的,时年 32 岁。他以当时"单独地一贯地反对布尔什维克主义"而感到自豪,足见这本书是以反共为宗旨,并不是严肃的学术著作。

这本所谓"正传"的资料非常粗疏,例如鲁迅少年时因祖父科场案而遭遇到家庭变故,当时已为学术界所知,而"正传"作者竟说"不明白这大变故,究是什么",并在注中信口说道:"笔者有一位朋友——他也是绍兴人。他为着文化的工作,在上海曾和笔者有一次偶然谈到鲁迅——似乎是为鲁迅募出版物的经费。他说,鲁迅的父亲(也许是他的祖父,我忘却了。)以家贫,常在考场内抢替,有一次被发觉入狱。周氏因之全家搬到杭州附近,至犯人死亡止。"真是谬误之极!孤陋寡闻,连最起码的资料都没有掌握,就竟然妄作什么传记。然后又道听途说,信口雌黄,谬以千里。仅此一例,就足

---

① 参见中国社会科学院文学研究所鲁迅研究室编《1913—1983 鲁迅研究学术论著资料汇编》第 3 卷,中国文联出版公司 1987 年版,第 1075 页。

见郑学稼的学风，足证此所谓"正传"的水平了。

该书攻击鲁迅的主要论据之一，是说鲁迅在教育部当了14年佥事，却没有反对北洋政府。其实这是不足为据的，因为革命的爆发，无论是对时代来说，还是对个人来说，都需要经过一定的酝酿期，时机不到是不会爆发的。鲁迅也从来没有隐讳过自己这一时期的沉闷，他这时实质上是为了"五四"前的"呐喊"而进行着精神上和哲学、文学及学术上的准备。诚如欧阳凡海在《鲁迅的书》中所说，是将热情"流入冷藏器"中，这恰是鲁迅后来成为坚韧战士和深刻思想家的主要前提条件之一。

该书对鲁迅作品的评述也很简陋、浮浅，引一段作品的大意，然后议论几句。从文学评论的写作角度来看，这种写法也是非常稚陋，不入堂室的。

这本"正传"给人留下的教训是：从狭隘的政治功利出发，又不掌握翔实的资料，不具备严谨的学风和基本的才力，是不可能正确认识鲁迅，更不可能写好鲁迅传的。

不过，这本"正传"也从反面证明了鲁迅不可抹煞的巨大价值。对鲁迅深抱偏见的郑学稼，也不得不承认鲁迅无可比拟的文学天才，认为："所谓鲁迅的真正价值，就是他以文学家身份，指摘中国旧社会的残渣。他是这工作的优秀者，他又是这工作在文艺上的唯一完成者。我有这样的感觉：如果没有中国的社会发展的混乱情况误了他，他会在写实文学中，占了一个重要的地位。也许会成为我们的福楼拜。"在文学风格上，认为鲁迅的"简洁文体，确有些和契诃夫相肖似"。即使到了晚年，也"靠旧文化教养而取得之超过一般青年的文体"。另外，郑学稼还把当时在上海的有些左翼文化人比作巴黎巴尔扎克笔下的"浪子"。这些见解包含一定道理，有的甚至还算深刻。

总之，郑学稼的这本"正传"，代表了资产阶级右翼政治派别的一种鲁迅观，即从政治上攻击和否定鲁迅的左翼倾向，又不得不承认鲁迅的文学天才和文化修养。

前文说过，动议茅盾撰写鲁迅传时，茅盾认为他只熟悉鲁迅后半段生活，而最了解前半段的是许寿裳。许寿裳后来虽然并没有动笔写作鲁迅传,却努力撰写了许多有关鲁迅前半段生活的回忆文章,并为一本专门记述鲁迅前半段生活的传记作品作了序。

这本书就是王冶秋著的《民元前的鲁迅先生》,1943年4月由重庆峨眉出版社推出。全书约10万字,分为"故乡与童年""由困顿走入歧途""海外八年""归来与出走"4章,记述了鲁迅从出生到辛亥革命后离开绍兴去南京这前半段生活。其特点是条理性强,清新、简洁,列出一个个醒目的小标题,把鲁迅的生平轶事及所处环境眉目清晰地囊括于一本书中,使读者一目了然,诚如作者在后记中所说:可以"减少一些将来写传记的人翻拣上的烦劳"。其中有些章写得很有情趣,例如"胡羊尾巴"一节,写鲁迅幼小时候的聪明灵活,就很生动有趣;"张献忠与永乐皇帝"一节,写少年鲁迅遭受困顿之后,从《立斋闲录》等野史中知道了封建皇帝的凶残,将憎恨从张献忠等起义者身上移到永乐皇帝那里去,通过这种心理变化反映了少年鲁迅困顿后的成熟,并与鲁迅后来所作的"大明一朝,以剥皮始,以剥皮终,可谓始终不变"这一著名历史论断相对照,令人感到作者对鲁迅的理解是很深刻的,抓住了鲁迅思想的一些本质的东西。而这些本质后来却被忽略了,直到20世纪80年代以后才重新提起,由此更显现出王冶秋这半部鲁迅传记的可贵之处。但是,从整体来看,这部传记的写法还很不成熟,引文过多过长,段落分得过碎,小标题列得太烦琐,颇有轶事集萃的味道,离正规的传记尚相差较远。

总之,直到40年代,中国传记文苑中仍没有出现整部的正规的鲁迅传,足见其之难产了。然而,一位日本学者却很早就进行了尝试,中译本于40年代在中国广为传布。这就是小田岳夫著的《鲁迅传》。

小田岳夫20年代曾在日本驻杭州领事馆任职,对中国情况很熟悉,创作过长篇小说《义和团》等中国题材的作品,并从事中国现代作家作品的研究与翻译工作,是一位有一定影响的日本汉学家。他的这部鲁迅传,1940年在日本《新潮》杂志刊载过部分章节,1941年3月由日本筑摩书房出版。1941

年12月，长春艺文书房就出版了单外文的中译本。1945年12月，上海星洲出版社又出版了任鹤鲤译本。1946年12月，北平艺光出版社则印行了夜析译本，改题为《民族导师鲁迅先生的一生》。但是，这三种译本影响都不大。传布最广的是上海开明书店1946年10月出版的范泉译本，当时许多报刊都作了转载和评介。

小田岳夫的这部《鲁迅传》，约10万字，共分12章，从幼年记叙到鲁迅在上海病故，是整个一生的传记。书前的序章对鲁迅作了总体性的评价，其中关于鲁迅与孙中山的比较颇有见地，认为"孙文是制造新中国的外表的人。而鲁迅，同他比起来，却是为制造新中国的实质而毕生忍受着苦痛的人"。"和孙文的总是满身洋溢着光辉的英雄不同，鲁迅则是一个寂寞的孤独的时代的受难者。"这一评价颇有见地，而且来自一位外国学者就显得格外可贵。后边12章生平评述，也还清晰有序，生动自然，构成按时间顺序结构鲁迅传的基本框架。但是，由于作者在人事和地域上的隔膜，评述中也常出现失误和疏漏，例如鲁迅13岁时因祖父科场案遭遇家庭变故，作者对科场案一事竟不甚了了，说"鲁迅的父亲，对于孩子们似乎是相当冷淡的人，但祖父却深深地爱着孙子们"，也与事实不完全相符。特别严重的是，作者因受日本军国主义思想影响，在推崇鲁迅的同时，竟得出鲁迅反对中国统治者、"无怪日本要为民伐罪，深入中国"的荒谬结论，所以必然受到许广平等爱国民主人士的批评。[①] 从传记写作上看，这部《鲁迅传》也显得过于单薄，引文过长，内容欠充实。

但是，就是这样一部外国人写的单薄、有误的鲁迅传，竟然多次译成中文，在中国报刊上广为转载、评介，就说明中国读者是多么需要鲁迅传，而中国人写的鲁迅传又是多么难产了！早在1942年10月，茅盾就在《关于研

[①] 参见中国社会科学院文学研究所鲁迅研究室编《1913—1983鲁迅研究学术论著资料》第4卷，中国文联出版公司1987年版。

究鲁迅的一点感想》①中大声疾呼："研究工作中，应该包括一本正确而详尽的《鲁迅传》。在辛亥革命以前就和鲁迅先生订交的前辈先生，恐怕以后是要一天一天少起来了，而要写一本《鲁迅传》，一定要依靠他们前辈先生的许多指示和帮助。'五四'以后，鲁迅先生写的文章今天全部存在，私人信札今亦保留不少，然而'五四'以前的此种材料，差不多没有了，所以要研究'五四'以前鲁迅先生的生活和思想，每苦于材料不足，惟有依靠鲁迅先生的老友们回忆，方能弥补这缺憾。有心作专门的鲁迅研究的人，似乎不应放过这可贵的时机了。一部好的传记将为其他严密的分工研究先树立了基础。"但是，愿望总不能成为现实，完整的鲁迅传迟迟不能出现。1945年10月重庆《中学生》月刊复刊后第92期上，曾雄心勃勃地刊登过陈原的传记小说《鲁迅：黑暗中国的明灯》初稿的第一章"鲁迅在故乡"②，然而虎头蛇尾，一章刊出后竟再无续作。1947年10月18日，著名现代文学史家丁易在上海《大公报》上又发表了《我们需要一部鲁迅传记》③一文，再次呼唤一部完美的鲁迅传记的出现，说明撰写和出版鲁迅传已成为时代的迫切需要。正是由于时代的催促，第一部完整的鲁迅传记终于出现了。

这就是王士菁著的《鲁迅传》，最初由上海新知书店于1948年1月出版，后来又由三联书店于1949年2月再版并多次重印。全书40余万字，分10章详述了鲁迅从出生到逝世整个一生的历程与著作。许广平在序中喜悦地说："胜利之后，有机会看到这本真正自国人写的《鲁迅传》。他把中国历史发生的重要事件和鲁迅生平经过，从头正确地、客观地寻找出它的所以然。唯其如此，才能了解鲁迅行文、处世的真意。这正是我多年心里所愿看到的，而

---

① 参见中国社会科学院文学研究所鲁迅研究室编《1913—1983鲁迅研究学术论著资料汇编》第3卷，中国文联出版公司1987年版，第1098页。
② 参见中国社会科学院文学研究所鲁迅研究室编《1913—1983鲁迅研究学术论著资料汇编》第4卷，中国文联出版公司1987年版，第55页。
③ 参见中国社会科学院文学研究所鲁迅研究室编《1913—1983鲁迅研究学术论著资料汇编》第4卷，中国文联出版公司1987年版，第493页。

希望竟在眼前实现，这一欢欣鼓舞，是不能言语形容的。"是的，在鲁迅逝世后的 11 年间，人们始终在企盼和呼吁鲁迅传的出现，却迟迟不能如愿，现在终于看到这本完整、厚重的大书摆在眼前，怎能不由衷地感到高兴呢？

王士菁著《鲁迅传》的最大特点，是把鲁迅的著作生涯、战斗历程，与中国近代的社会变迁与思想演变紧密结合起来，在一定的历史范畴内审视个人的发展，将鲁迅的生平、著作和他所处的时代环境叙述得有条不紊、全面周严。其次，王著把鲁迅前期小说创作宗旨概括为"批判的清醒的现实主义"，是"针对着这一个在数千年专制制度下养成的，落后的蒙昧的自甘做奴隶的奴性，予以清醒的揭露，沉重的鞭策，严厉的批判"。这一论断是非常中肯的，后来的鲁迅小说研究者包括作者自己，对鲁迅小说思想价值的认识反而比这时倒退了。最后，王著按时间顺序和鲁迅生活的地点安排章节，条理清晰，进展自如，稳定了以时间为序的鲁迅传的体例结构，叙述也还从容。总之，在 20 世纪 40 年代末能出现这样一本大部头的完整的鲁迅传，的确令人欢欣。当然，由于时代环境的限制和作者的年轻、学力的不足，这本鲁迅传也存在明显的不足。主要是引证过多，引述鲁迅的原话过多，显得冗长、烦琐。另外，对鲁迅生活方面的事迹很少涉及，仅限于对鲁迅的生平、著作资料进行长编，未能升华到融会贯通、把握精神特征的境界，当然更未能进行个性化的艺术表现。由此可见，写作一部真正成功的鲁迅传绝非易事，不经过长期的充分酝酿与惨淡经营是不可能的。

王士菁的《鲁迅传》出版以后，写出《鲁迅事迹考》的林辰，于 1949 年 1 月、2 月在成都《民讯》月刊第 4、5 期上发表了《鲁迅传》的开头两章："家世及早年生活"与"无需学费的学校"。[①] 林辰对鲁迅事迹的考证颇见功力，

[①] 参见中国社会科学院文学研究所鲁迅研究室编《1913—1983 鲁迅研究学术论著资料汇编》第 4 卷，中国文联出版公司 1987 年版，第 804 页。

这两章也写得较为精熟，本有希望写出更为成功的鲁迅传[①]，但可惜没有继续写下去，铸成鲁迅传记写作史上的一大遗憾。

三、20 世纪 50 至 70 年代的鲁迅传记

新中国成立后，鲁迅研究受到空前重视，在 1956 年 10 月纪念鲁迅逝世 20 周年的高潮中，出现了新的鲁迅传记。

这就是朱正著的《鲁迅传略》，由作家出版社于 1956 年 10 月出版，10.5 万字，共分 10 章。分章方法与其他传记有所不同，不加标题，而以年限为目，按照鲁迅一生所经历的不同年限阶段自然分章。这样做的好处是有益于把鲁迅生平史实客观地再现出来，不强加主观的臆断，而且也可以把鲁迅的思想发展阶段更细致地显现于书中。例如 1923 年至 1926 年一段，许多传记都笼统归在前期当中，朱著却单独分成一章，有利于把握鲁迅这段年限里的特点。坚持以史实为根据，绝不附加主观虚造的成分，正是朱著遵循的根本原则，诚如书中后记所说："有些书里的不知有何根据的说法我是决不引用的。这也可以算一个优点吧：我所叙述的每一件事，每一句话，都是有根据的，真实可信的，决无一字虚妄，资料不足之处，我就宁可让它单薄一些，决不想当然地添上什么。"这种实事求是的态度，不仅是写作鲁迅传所必需的，而且是从事学术研究和一切工作的根本准则。平实无华正是朱著最突出的特点，而在平实中朱著有时又显现出独到的眼光，例如对阿 Q 典型形象的分析就很精辟："鲁迅是要通过阿 Q 这个形象集中地反映出当时他认为中国'国民性'中普遍存在的最严重的弱点：安于落后的、不平的、困苦的现状，并且寻找种种'理由'来安慰（实际上是麻痹）自己，不积极地要求改

[①] 孙伏园在为林辰《鲁迅事迹考》所作的序中说："我私心希望这位未来的传记作者就是林辰先生。"（参见中国社会科学院文学研究所鲁迅研究室编《1913—1983 鲁迅研究学术论著资料汇编》第 4 卷，中国文联出版公司 1987 年版，第 684 页。）

革,甚至倚强凌弱,阻碍改革。""说阿Q这个典型是一种精神状态的性格化,当然错了,因为这不符合艺术规律。但是我们也不能否认,阿Q这个形象的创造,和鲁迅当时仍在进行的对'国民性'的研究有一些关系,把有些共同点的、实际上有联系的特性、性格集中在一个人物的身上表现出来,这是符合艺术创作的规律的。"这些观点,现在已经达成共识,然而在当时以阶级论限制、曲解阿Q典型意义的极"左"氛围中敢于说出这样的真话,的确需要一点儿理论勇气。当然,由于时代环境的限制,作者写作此书时又年龄尚轻、学力不够,所以这本传略存在较多的缺陷,确如作者自己在后记中所承认的:"作为一个人物的传记来看,它缺乏对于鲁迅生活方面的叙述,缺乏情节,以致读来不免有些枯燥。"对一些学术问题的分析,例如鲁迅与尼采的关系等,显得过于简单、片面。特别是后边关于鲁迅受胡风蒙蔽的说法,也成为此书的赘瘤。

当时旅居香港的曹聚仁,也写作了一本《鲁迅评传》。由于曹聚仁与内地的渊源关系和与鲁迅有过特殊交往,写此书时又与内地交流甚密,所以应作为特例放在中国鲁迅学史中评述。曹著由香港世界出版社于1956年印行,共分29章,以自由式随笔体的方式对鲁迅的一生和主要著作以及与自己的交往进行了中肯、独到的评述。

由于曹聚仁是在与鲁迅相熟和了解中孕育写作鲁迅传的构想的,他关于要把鲁迅写成一个"人"而不是一个"神"的传记观也得到了鲁迅的首肯,他本人又确实力求"从直接史料中找出真实的鲁迅",因而使得真实和公允成为这部鲁迅传的最大特点。

突出的例证是:曹聚仁对鲁迅非常崇敬,却没有以鲁迅划线,把鲁迅的话当作判断是非的唯一标准,而是从客观事实出发尽可能道出事情的真相,澄清了不少疑团,纠正了许多误解。其中给人印象最深的是特地"提请读者注意,并不是鲁迅所骂的都是坏人,如陈源(西滢)、徐志摩、梁实秋,都是待人接物很有分寸,学问很渊博,文笔也不错,而且很谦虚的。有人看了鲁迅的文章，因而把陈西滢、梁实秋，看作十恶不赦的四凶，也是太天真了的"，"在鲁迅的笔下，顾颉刚是十足的小人，连他的考证也不足道。其实，顾颉刚也是笃实君子，做考证，十分认真；比之鲁迅，只能说各有所长，不必相轻。其他，鲁迅提到的人，我也认识了好多，他们文士的习气虽不免，学者派头，或许十足，却也不是什么小人"。而对鲁迅，曹聚仁则持谅解的态度，认为这些性格弱点与幼年所处环境有关，"大约一受刺激，便心烦，事情过后，即平安些"，也不必反而苛求。对于鲁迅与左联的关系，曹聚仁不同意鲁迅领导了"左联"的说法，认为是鲁迅以他的坚不可摧的精神力量、社会地位和斗争意志支撑了"左联"，所以由此得出的结论是："左联依靠着鲁迅，而不是鲁迅领导'左联'。"同时，他也不同意把鲁迅在上海的十年，当作被围攻的时期，认为由于鲁迅的声名与地位以及中共组织的掩护，鲁迅在上海十年是"有惊无险，太严重的迫害，并不曾有过"，"真正围攻过鲁迅的，倒是创造社的后起小伙子，《洪水》、'太阳社'那一群提倡革命文学的人。"

虽然曹聚仁对"左联"有所批评，持一些独立意见，然而他对中国共产党还是比较友好的，对20世纪30年代的国民党政权则持批评态度，认为："蒋介石的统治，一方面接收了苏联的集权方式，以党统军，以军统政，他在政府中的地位，虽有变动，而其掌握党军的实力，则自始不曾变动，一方面接受了德意志的法西斯主义，推行特务政治。""普遍地对上海文化人监视、逮捕，甚至暗杀。特务机关处置共党分子，手段非常残酷，赵平复（柔石）等被捕之后，外间传鲁迅也被拘或已死了。""到了1933年，民权保障同盟会在上海成立，举蔡元培、宋庆龄为正副会长，鲁迅、杨杏佛、林语堂等为执行委员。这是适应那法西斯统治的黑色恐怖而产生，他们都是有社会地位的文化人，本着人道主义做救助的工作。那时，蒋介石正在敬慕希特拉、墨索里尼的极权政治，他的特务机关蓝衣社初露锋芒，中共的文化人迭遭杀害，自由主义文化人如申报馆社长史量才，也被他们所暗杀。他们仇视这一机构，杨杏佛便于那年6月间被暗杀。""那时，谣言纷起，谓鲁迅也在黑名单之列。

杨氏下殓，鲁迅亲往吊唁。是日大雨，他祭吊回去，赋诗写怀。""鲁迅是很理智很冷静，却又是一个性格刚强的人，所以并不感情冲突，也不临难苟免的。"这段评述，充分说明曹聚仁是富于正义感，对当时国民党蒋介石的法西斯特务统治深为不满，对民主力量深为同情，对鲁迅则为敬佩的。这一点，不仅与右翼文化界迥然不同，而且比后来的一些新秀还要进步得多。

是的，曹聚仁对鲁迅是非常崇敬的，他的鲁迅观与右翼文化界有许多本质的不同。

其中，最突出的是对鲁迅杂文特别是后期杂文的评价问题。右翼的一个基本观点是肯定鲁迅的小说创作而否定他的杂文尤其是后期杂文，曹聚仁则持独立见解，认为鲁迅的杂文"十分圆熟，晶莹可爱"，"晚年所写的杂文，量既很多，质也很好，也可说是他创作欲最旺盛的时期"。"就批评现实的匕首作用说，晚年的杂文自是强韧有力。但要理解他的思想体系，说得完整一点，还得看他的几篇长的论文和讲稿的。"与认为鲁迅后期写杂文是"创作力的衰竭"，是"在艺术上""软下一步"，"一步一步的往后退"，"全是'投枪'和'匕首'，遂与纯文学的创作不大相干"等等流行观点相比，曹聚仁对鲁迅杂文特别是后期杂文的见解就显得可贵而且高明了。他之所以能有这样的高见，除了因为他本身就是杂文随笔大家，对杂文这一新生文体的价值与意义有独到体悟之外，还在于他对鲁迅后期的成绩持公允的态度。太阳社认为鲁迅1927年以后"停住脚""落伍"了，曹聚仁则力排众议，强调鲁迅"并未停滞在原来的地方，他是面对着现实，睁着眼在看的"。尤其在1930年"左联"成立以后，"他的路向就慢慢走稳了"。

曹聚仁还通过自己的切身体会肯定被有些人贬低的《伪自由书》和《准风月谈》两书后记，说道：我们现在看"那两篇长长的后记，就可以了解他当时所处的环境，以及他那些杂感文所激起的反应（若不重看他的后记，几乎记不起当年文坛一些重大的事故了）"。这种过来人的切身体会，正是鲁迅后期杂文深远意义的有力佐证。

尤其可贵的是，作为家学深厚、饱览经书的史家，曹聚仁对鲁迅的历史杂文具有独到的体悟。他说："鲁迅从小喜欢'杂览'，（正统的经史以外的书，从前的经师，几乎把诗赋都当作杂览的。）读野史最多，受影响亦最大。他的中国社会观，也正是从野史中成熟的。他对我说到中国的社会史、艺术史、赌博史、娼妓史、文祸史都应该着手，这都得透视中国社会以后才能动笔的。他晚年病中，爱看清代文字狱档案（那时我们一些朋友都在看这一大批史料性的书），他恍然有所悟，原来清代所谓文字狱，并不带着很浓厚的民族意识和革命意识的；其间也有反清复明的意识的，可是极少。鲁迅提到的冯起炎注解《易诗》案以及《清史》中提及丁文彬《大夏大明新书》案，根本和民族革命无关；他们便是鲁迅笔下的孔乙己，和周家台门里的人物相同的，这是阿Q大团圆式的悲喜剧。"在评述了分析冯起炎献书案的杂文《隔膜》之后，曹聚仁感叹道："鲁迅对于统治阶级的心理了解很透彻，他自觉得士大夫串演悲喜剧，实在可笑而又可悯的。"就对这一类历史杂文的领悟而言，曹聚仁无疑是鲁迅的第一知音。对中国封建统治者残酷的文化策略与中国知识分子奴性心态的深刻分析，实在是鲁迅留给后人的最宝贵的思想遗产，然而长期以来，除曹聚仁等极少数学者之外，一直没有人提及。仅从这一点来说，就已充分显示出曹著的独特价值了。曹著对鲁迅《谈所谓"大内档案"》一文的分析也极有悟性，认为这是"鲁迅告诉我们以官僚主义的最好例证"，揭示出中国"高等做官学"的隐秘：在中国，这些档案万不可烧，一烧必至于变成宝贝，聪明的官僚只能任其自然烂掉、霉掉、蛀掉、偷掉，甚而至于任别人烧掉。深通此道的傅增湘，后来就官运亨通，做了教育总长。这也是长期以来很少有人谈及的。曹聚仁对鲁迅这样评价道："他的广大视野，乃从历史中来；他对过去中国的了解，比当前深刻；诚所谓'日光之下，并无新事'，他看透了过去中国，也看透了当前的社会。"曹聚仁之所以能得出这样的认识，就在于他本人是史家，对中国历史有独立的深刻了解，是"从王船山的《读〈通鉴〉论》中，翻过筋斗出来的"。

曹聚仁著的《鲁迅评传》还有如下识见，值得特别注意：

关于理解鲁迅的方法。曹聚仁强调说："鲁迅的杂感不可以呆看，那是因人因地而发的，时地不同，批评的对象也不同，他的说法也就不同了。正如孔子的《论语》，其中弟子问仁，他对每一个弟子每一种的答案，并不拘于一说的。鲁迅虽曾说过从古语中借用成语的话，但当时人提倡整理国故，读古书古文，要从庄子文选找词汇的时候，他就提出了异议。周氏兄弟，他们对于中国古书古文的研究，可以说是已经修炼成仙，吐纳天地之精华，脱胎换骨的了。鲁迅的文章，从庄子楚辞中来，但他是消化了诸子百家的文辞，并不为屈原庄周所拘束，所以他并不要青年们步他的后尘。""不可以呆看"，是理解鲁迅及其作品的重要原则，只有因时因地因人因对象地灵活地看，才可能理解鲁迅的真义。曹聚仁还强调读鲁迅作品时，要"撇开票面来找寻他的本质"。所谓"票面"，就是表面，曹聚仁是强调不要从表面上、教条中去认识鲁迅，而要从实质上、具体中去多方面多角度地灵活理解。这样，既纠正了神化鲁迅的种种教条主义说法，又澄清了贬损鲁迅者的不实之词。

关于鲁迅的性格。曹聚仁与鲁迅有过比较深入的交往，所以他对鲁迅性格特征及其形成原因的把握，比其他鲁迅传作者准确、具象。他说："芥川龙之介，他看了章太炎先生，比之为鳄鱼，我觉得他们师徒俩，都有点鳄鱼的气味的。"所谓"鳄鱼的气味"，似乎是比喻一种尖刻、机智而又老辣、幽默的性格气质，几乎是可意会，不可言传的。这种性格，曹聚仁认为是"从幼年的忧患与壮岁的黑暗环境中陶养而成的"。正因为性格气质的相通，所以鲁迅得到章太炎的真传，诚如曹聚仁所说："时人都认为继承章太炎的文统的是黄侃，其实黄氏古文，只是貌似，得其神理的莫如鲁迅。"能获得这样的感悟，不仅需要与鲁迅的实际接触，而且须有点儿灵性与深度，确实是没有见过鲁迅又多从教条出发的作者们难以做到的。

关于鲁迅思想的矛盾、特征及其渊源。曹聚仁后来在《鲁迅研究述评》[①]中概括出自己鲁迅观的若干要点。其中第一条就是："鲁迅并不是圣人，他的思想本来有若干矛盾的，思想上的矛盾，并无碍于其在文学史上的伟大的。一定要把这些矛盾之点掩盖起来；或是加以曲解，让矛盾解消，那是鲁迅所不同意的。"尽管曹聚仁对鲁迅思想矛盾的解释并不完全科学，然而这种正视矛盾的态度应该说是正确的。曹著也正体现了这种态度，许多阐释不乏可取之处。例如关于鲁迅思想的独立性质就有这样的论述："孙伏园氏，说到鲁迅思想，受托尔斯泰、尼采的影响（上文已提及），'这两种学说，内容原有很大的不同，而鲁迅却同受他们的影响；这在现在看来，鲁迅确不像一个哲学家那样，也不像一个领导者那样，为别人了解与服从起见，一定要将学说组成一个系统，有意的避免种种的矛盾，不使有一点罅隙；所以他只是一个作家、学者，乃至思想家或批评家'。所以，一定要把鲁迅算得是什么主义的信徒，好似他的主张，没有一点不依循这一范畴，也是多余的。马克思学说之进入他的思想界，依然和托尼学说并存，他并不如一般思想家那么入主出奴的。"不是"入主出奴"的，正是对鲁迅思想独立性质的中肯概括。鲁迅终生为之奋斗的目标之一，就是启悟中国知识分子克服奴性，实现精神独立。所以，他一生汲取过多种多样的思想学说，但都是在独立思考的基础上经过严格的过滤，尽当时之可能取其合理部分而弃其不合理成分，从来没有盲目崇拜一种学说，又彻底抛弃另一种。曹聚仁抓住鲁迅的思想独立性进行分析，应该说是很可贵的。另外，曹聚仁认为"鲁迅的思想、性格，正有着叔本华的影子"——兼采佛学、郁蒿孤愤，可谓才情甚高的诗人式哲学家；认为鲁迅爱好赫胥黎《天演论》、笃信尼采学说是相反而实相成，以及叔本华、尼采的个人主义哲学和道家哲学相通、托尔斯泰的大爱主义出于佛家思想等也属独立之特见，有不少可资借鉴之处。

---

① 为《鲁迅年谱》的第十一章，香港三育图书文具公司1967年版。

关于鲁迅对激进主义的批判。由于过去的片面宣传，鲁迅在人们心目中成为激进主义者。其实，鲁迅对激进主义是一向持批判态度的。曹著以很重的笔力对此进行了阐述，特别是如实地回顾了鲁迅对所谓"革命""革命文学"的批判和对所谓"黄金世界"的质疑，评议道："在那革命狂潮中，他的话似乎平淡得很；到今天看来，他才是真正有远见，看到了所谓激进分子的开倒车。"这是因为"他对于过去的幻灭，对于现实的悲观，乃是从苦痛的经验中得来，并非脱口而出，而对将来的'乐观'，取保留的态度，正视现实，不作空洞的乐观想法。人类，离理想社会的出现，还远得很；'失望'之为'虚妄'，与'希望'同；鲁迅本来认为'希望'也是'虚妄'的。革命家过分乐观，过分把天下事看得十分容易，每每操之过急，反而变成'徒善不以为政'的。我觉得鲁迅的反击颇有力量，而且最踏实的"。20世纪80年代后期，鲁迅研究领域出现的"反抗绝望"命题正与此相通，因而不应忘记早在30多年前曹著就已谈到这点了。曹聚仁之所以能有此感悟，除了与鲁迅有过实际交往、了解实情外，还因为他对中国的历史有着很深的认识。

另外，曹著对鲁迅小说写作技术所作的切实而不浮泛的艺术分析，认为鲁迅的文笔"是从旧的文学遗产中孵化成熟出来"，和曹雪芹颇相似，"得力于庄子和离骚"的艺术判断，以及鲁迅与陈仪友谊内情的披露、陈仪说"鲁迅是一个富有绍兴酒味的乡土文学家"等识见，都耐人寻味，深含蕴藉。

当然，曹著也并非尽善尽美，其主要局限是作者的理论水平不够高，看人看事又离得过近，不能从宏观的历史发展中审视鲁迅的价值，因而有时在局部事实上可能是真切的，从历史全景中看，就失之偏颇了。例如曹聚仁反复引述过鲁迅的《文艺与政治的歧途》这篇讲演，认为鲁迅是坚持文艺与政治冲突说的。这固然有一面之理，然而却不全面，因为鲁迅另一方面还强调过文艺与政治的统一。同样，因为鲁迅思想和创作存在叔本华、尼采的影响，就断定鲁迅是一个虚无主义者，也有失偏颇。

曹著的自由式随笔体传记写法，固然有潇洒自如、纵意而谈的优长之处，与作者和鲁迅相识并擅长写随笔的特点相合，然而也显得过于松散，缺乏整合力和统一体式。究竟在传记写作中怎样做到既自由又谨严，既洒脱又统一，的确是以后的作者应当深入研究的。

由于当时的条件限制，曹著的史料也有陈旧、失误之处。

但是，曹聚仁终归付出了自己切切实实的艰苦劳动，确实"是把鲁迅当作有血有肉的活人来描画，绝少歪曲事实之处"，鲁迅先生地下有知，是会首肯的。

曹著纵然很有价值，然而在当时环境下不可能在内地出版和传播，朱正的《鲁迅传略》过于简略，作者1957年又蒙灾难，不能重印，所以出版新的鲁迅传，又成为形势的需要。在这种情况下，出现了王士菁新写的《鲁迅传》。

这本书由中国青年出版社于1959年10月出版，18万字，分"少年时代""青年爱国者""革命民主主义者""从革命的诤友到无产阶级的战士"四章，介绍了鲁迅一生的经历和他在文化战线上的业绩，最后以"一个人能为祖国和人民做出多少工作"为题作结。这部传记，并非作者1948年《鲁迅传》版本的修订，而是全新的重写本，是在同社1958年5月出版的《鲁迅——他的生平和创作》基础上增订、重写而成。该书写得最好的部分是第一章"少年时代"，以"钱塘江向东流去"这充满诗情画意的咏叹语调，引出了鲁迅的故乡。以后关于鲁迅家世、童年生活、少年经历的叙述，也非常圆润、敦厚、恰到好处，叙事简约，着墨不多，却能做到周密细腻，要事不漏。例如少年鲁迅避难时在"当台门"秦家套房里读《西游记》《红楼梦》等绣像小说一事，对鲁迅后来成为伟大的小说作家和小说史家无疑是异常重要的，不少鲁迅传都漏写了，王著却在有限的篇幅中叙述了此事，写得还很生动，实为不易。其余三章，也都评述得有条有理，清晰可读。鲁迅的早期论文，表现了这位青年思想家的深邃思考，文字艰深，背景复杂，不易理解，王著也能化解为简明通畅的语言传其要旨，没有深厚的功力，是不可能做到的。总之，王著作为一本青年读物来说，是不错的，在宣传鲁迅、认识鲁迅的历史长流中起到了积极的作用。当然，由于写作宗旨是适于青少年阅读的通俗书籍，对鲁迅思想、作品的分析显得过于简略、浅显，对杂文的评析更是不够；由于当时政治环境的限制，对一些政治背景与政治人物的评论也显得过于偏执，例如把胡适称为"新文化运动的最恶毒的敌人"，等等；对鲁迅的个人生活也着墨甚少，与朱安的婚姻只字未提，有违生活真实。然而，作为历史的产物，这些局限又是可以谅解的，并不能掩盖该书的主要功绩。

随着鲁迅人格、思想、作品的深入人心，文艺工作者也热望把鲁迅的形象搬上舞台和银幕，20世纪60年代初期就出现了一部这样的电影文学剧本——陈白尘等著的《鲁迅传》上集。

这是一部反映鲁迅生平的电影文学传记，由陈白尘、叶以群、唐弢、柯灵、杜宣、陈鲤庭集体创作，陈白尘执笔，1961年《人民文学》1、2月号刊登了上集的第三稿，《电影创作》第6号刊登了第五稿，又作若干修改后，于1963年3月由上海文艺出版社印行上集单行本。

这半部鲁迅传，是以电影文学剧本方式表现鲁迅生平和创作的首次尝试，反映了鲁迅从1909年到1927年间近20年的经历，描写了鲁迅在辛亥革命、五四运动、三一八惨案、广州四一五政变这四项历史事件中的活动与思想的变迁，其中以五四运动前后的历程着墨最多。总的来看，这项成果集中了当时鲁迅研究和电影创作方面一流专家的集体智慧，经过了执笔者的反复修改，倾注了大量心血和艰辛劳动，达到了相当高的水准，大体上反映了鲁迅这一时期的生平、创作概貌，具有一定的戏剧性和艺术性。例如怎样以重要事件为中心组织戏剧冲突、造成戏剧场面，怎样以交错的特写镜头和旁白为手段叙述历史背景的发展变化，怎样既以真实的历史人物为主又适当虚构陪衬人物，等等，都值得以后的有志于以文艺形式反映鲁迅生平、创作的艺术家们认真借鉴。同时，由于当时的历史局限，也为后人留下了深刻的反面教训。一、不能为了迎合政治需要，扭曲历史事实。因为这样做，只能有损鲁迅的形象，造成传记的败笔。譬如 1926 年鲁迅离开北京南下，除了当时的政治压迫之外，主要动因是为了与许广平结合，摆脱与朱安的旧式婚姻，该剧却设计为李大钊到西三条访问鲁迅，催促鲁迅到南方看看革命；1927 年鲁迅离粤赴沪，也主要出于个人原因，该剧却设计成共产党人敦促并护送鲁迅和许广平乘上海轮而去，其实当时鲁迅很孤立，仅一名叫廖立峨的学生送行，廖君后来还负恩而去，非常落后，根本不是什么共产党员。这说明当时的极"左"环境曾给历史和文艺施加了多么大的消极影响。二、不能为了迎合政治需要，扭曲鲁迅个人的生活真实。众所周知，鲁迅深受旧式婚姻之苦，有一位名义上的妻子朱安。该剧却也只字未提，西三条宅院里从未出现过朱安的影子。二弟周作人在全剧中也始终没有出现。这样塑造出的鲁迅，就不可能是生活化、个性化的。三、不能为了迎合政治需要，只表现鲁迅革命性的方面和表层性行为，而不反映鲁迅作品中的矛盾因素和内心活动。鲁迅主要是一位思想家和文学家，他的作品具有深刻的内涵，他的内心也充满了矛盾，因此仅从镜头上表现他一些文章的题目、话语与表象的形式，是不可能成功塑造出鲁迅形象的。对于一个作家来说，产生历史影响的实践活动，主要是他的创作，是他的作品，而并非他的一般性的言行。倘不深入到他的作品的深层世界中去，就不可能表现一个作家的独立个性，何况是鲁迅这样深刻而复杂的作家、思想家呢？该剧对《野草》这种最能反映鲁迅内心世界和他的哲学的作品，采取了回避的态度，就离深入表现鲁迅独特个性很远了。另外，该剧也有许多细节错误，例如《祝福》等小说是在砖塔胡同写的，出现在西三条新居有关"老虎尾巴"的镜头中是不合适的。当然，运用电影或其他文艺手段塑造鲁迅时，必须容许一定的虚构，否则就无法进行，然而，重要的历史细节不能随意改换，只能在忠于历史真实的基础上从事艺术加工，不可违背历史而随意编造。当然，总结以上反面教训，并不是有意苛求作者，他们在当时条件下写到这种水准已大不易，后来所遭受的迫害令人扼腕叹息，总结历史经验，仅是为了以资借鉴，从中说明绝对不能为了迎合政治需要而扭曲历史事实与生活真实，要写出成功的鲁迅传，就必须坚决走真实之路。

但是，真实之路上充满了荆棘，以致无法通行，违背历史真实的极"左"惯性发展到了癫狂状态。不久，"文革"爆发，鲁迅更成为当时权势者的政治工具，20世纪70年代中期出现了一本这一特定历史时代的特定产物——石一歌的《鲁迅传（上）》。

这本书于1976年4月由上海人民出版社出版，10万字，分12章评述了鲁迅从幼年时代到1927年离开广州、奔赴上海的生活历程。石一歌是当时上海一个写作班子的化名，谐班子人数"十一个"之音，主要执笔者大多受过中国现代文学的专业训练。历来对"文革"十年中出现的作品，不是不屑一顾，视为空白，就是简单否定，一律抹煞，这绝非科学的态度。其实，"文革"十年是应该认真研究的历史课题，将这一时期出现的文章、作品以及种种思维方式、文学风格、治学方法等等应该当作一种精神文化现象进行历史的、科学的分析，追溯其原因，归纳其特征，总结其教训。只有这样，才能使我们中华民族逐步实现历史的自觉，进入科学的理性境界，杜绝悲剧的重演。那种对历史采取视而不见、回避掩盖态度的人，往往是悲剧的参与者甚至制造者。他们不愿揭开历史的疮疤，是害怕触动自己的痛处，担心从根本上清除自己赖以施威和苟安的基础。因此，对于"文革"十年出现的这半部鲁迅传，不应略去或简单否定，而应力求作科学的历史分析。实事求是而言，这半部鲁迅传由于出自训练有素的专业人员之手，是有可取之处的。突出之点是文笔通畅、圆润、简洁、易读，较少隐晦、臃肿、含混之态，这正是它在当时产生广泛影响的原因之一，也是今后的新版鲁迅传从写作上可资借鉴的地方。要使群众接受，就必须将文体修炼得清爽、明净，烦琐、浮肿之作，即使思想正确，也难以使群众爱读。其次，该书从大体上看，对鲁迅生平、著作的叙述基本属实，可见作者有相当素养。那么，既然如此，为什么这半部鲁迅传又是"文革"十年的极"左"产物呢？就在于此书的写作宗旨是错误的，不是从原本的真实的鲁迅出发，进行实事求是的研究与写作，而是以极"左"的政治需要为纲领，不惜一切地突出所谓阶级斗争、路线斗争的内容，而略去或掩盖学术文化和个人情感的部分，结果把鲁迅塑造成了一个极端化、概念化的斗士，既没有人的血肉和生活，也没有一位文学家、思想家的文化蕴藉与个性趣味。从中得出的深刻教训是：写作鲁迅传的最基本的原则，是从实际出发。倘若迎合当时政治需要而成为其工具，即使是训练有素的专业研究者，也能写出扭曲鲁迅的失败之作。

四、20 世纪 80 年代初的新进展

1976 年 10 月，"文革"结束。在恢复和过渡时期里，王士菁的《鲁迅传》于 1979 年 2 月由中国青年出版社重新印行。新书基本是 1959 年版本的重印，仅在个别处有所增删。1980 年 3 月，中国少年儿童出版社又出版了唐弢著的《鲁迅的故事》。这本书虽然还不能算是正式的传记，但是事实准确，叙述清晰，文笔雅洁，是作者后来写作《鲁迅传》的雏形蓝本。

新时期到来之后，出版新的鲁迅传成为时代的需要。1981 年纪念鲁迅诞生一百周年前后，陆续出版了七种新的鲁迅传，虽然出版时间略有差异，但是都写于 70 年代末 80 年代初。下面依出版顺序，逐一评述。

曾庆瑞著的《鲁迅评传》。

这本书由四川人民出版社于 1981 年 5 月出版，58.7 万字，分 3 卷 90 章全面评述了鲁迅的生平和著作。第一卷"为救国救民寻求真理"，从 1881 年 9 月鲁迅诞生到 1918 年 1 月在补树书屋抄古碑止；第二卷"在斗争中成为主将"，从 1918 年 1 月写作《狂人日记》到 1927 年广州"四一五"事变止；第三卷"为人民解放奋战终生"，从 1927 年 4 月在广州营救被捕学生到 1936 年 10 月在上海逝世止。与其他鲁迅传分卷方法不同之处，它是以"四一五"为界，把鲁迅在广州的后几个月与上海十年一起合写为后期，归于最后一卷中。

曾著在前言中说"要写人，而不写'神'"，"把实践当作检验真理的唯一标准"，"一个侧面是，把问题提到一定的历史范围之内进行分析，坚持严格的历史性，绝不把鲁迅没有的思想硬挂在他的名下，而不管这思想是'贬低'的还是'拔高'的；另一个侧面是，对于每一个有关的人和每一件有关的事采取分析的态度，划清革命和反革命的界限，正确和错误的界限，成绩和缺点的界限"，而"这一切，都不能简单地以亲疏划线，判定好坏。鉴于历史情况复杂，对那些挨过鲁迅的'骂'或者与鲁迅有过意见分歧乃至争论的人，尤其要慎重对待。我们评述这些历史人物和鲁迅的关系，当然要重视鲁迅的论述、评价，但是，归根到底，裁判是非的唯一标准，还是实践"。

曾著的宗旨很正确，也很重要。这些认识，是在"文革"结束不久开展的真理标准讨论的结晶。没有那场思想解放运动，就不可能得出这些宝贵的认识。在这一宗旨指导下，曾著取得了一些成绩。最主要的是，对鲁迅作品中的一些背景材料进行了较前人更为深、细的开掘。例如五、"下层社会的不幸"一章所述富盛山区管坟妇女的孩子被狼吃光"脸上、胸前的肉，肚子里的肠子"一事，看来确如曾著所说，"在鲁迅幼小的心灵上打下了深刻的印记"，"《祝福》里的祥林嫂的孩子阿毛被狼吃掉，就取材于富盛山区这个悲惨的故事"。四、"安桥头和水乡天地"一章中关于绍兴目连戏的描绘也较为细致，有助于对鲁迅杂文的《女吊》《无常》的理解。较为充分地描写绍兴的风俗、乡习，并与鲁迅后来的作品进行对照，可以说是曾著的一大特色。这样写，有助于帮助读者理解鲁迅作品与故乡生活的渊源关系。其次，由于篇幅浩繁，容量较大，曾著对一些事件的政治背景揭示得较为充分，传主的活动也叙述得较为具体。

但是，"左"的政治枷锁并不是很容易挣脱的，曾著虽然在前言中申明了实践是检验真理唯一标准的宗旨，主观上也努力去做，并取得了一定效果，然而从思维模式到语言风格，却依然存在着非常明显的"文革"影响与"左"的痕迹。如判定鲁迅留日期间是"做革命党之骁将"，就有违真实。事实上，无论是从鲁迅自述来看，还是以许寿裳、许广平的回忆作旁证，鲁迅始终都是一位学者、作家和思想家，很少参与实际的革命活动，更谈不上做什么"革命党之骁将"。把鲁迅拔高为革命骁将，不仅有违真实，而且不能够反映他本身特有的个性与价值。而这种过分强调鲁迅革命骁将性质的观念，几乎贯串曾著全书，使人感到此书虽写于"文革"之后，却仍然带着"文革"火药味儿，不禁因而蹙眉。再如二四"思想变迁得毫不悲观"一章，把《"来了"》与《圣武》两文当作鲁迅在"欣喜地宣布十月革命给了他巨大的鼓舞"。这也有违真实，有失谨严。而在语言上，曾著的"文革"印痕更为明显。如前言中称鲁迅是"工人阶级的好战士"，"异军突起，勇斗顽敌，征战挞伐，胜利辉煌"。全书也经常出现"奋起作战"、回击"猖狂进攻"之类打打斗斗的四字句，并称周作人、林语堂是"混迹于《语丝》""登台表演"，与鲁迅对峙一方不是"极端无耻"，就是"无耻谰言"，或者是什么"大阴谋"之类的词语。除此之外，行文也时显拗口、别扭。有的章节连续使用"比如""再比如""还比如"等词，以及"应该提到的还有两次""只说说……一些事迹""评述……还需要追述一下""我们在前面没有说到的，还有……"等拗嘴的连接语，甚至在第 740 页将鲁迅在 1933 年 1 月至 3 月间所写的杂文按时间顺序排出题目，即充为一大段。说明作者写得实在过于匆忙，缺乏加工和提炼。

写得匆忙的地方，还表现在史实的失误。例如关于红军长征胜利的贺信，曾著这样写道："1935 年 11 月的一天，茅盾到鲁迅寓所有事，鲁迅十分激动地把这个消息告诉了他。鲁迅建议发一封贺信到陕北祝贺。茅盾说这很好，立即同意。茅盾走后，鲁迅起草了贺信。"现在看来，曾著对这个重要史实的处理是过于草率了。茅盾有过关于长征贺电的回忆，但没有说明具体日期，只说"上海一般人直到很晚才知道"这个消息。据有关学者考证，鲁迅得知消息是在 1936 年 2 月，并且有人还认为鲁迅得知的不是 1935 年 10 月红军到达陕北的消息，而是 1936 年 2 月 20 日红军东征胜利的消息。总之，说鲁迅是在 1935 年 11 月的一天,告诉茅盾这个消息,并起草贺信,显然是臆想多于了根据。

这种轻率的学风,除了史实的失误之外,在思想和艺术的分析上就表现为平直与一般化。例如对鲁迅思想的评述有失简单,对鲁迅小说、杂文的评析流于一般。内容繁缛,但对鲁迅与朱安的悲剧婚姻这种大事仅一笔带过;体例庞大,却对鲁迅与"托尼学说、魏晋文章"的关系这类中外文化的重要问题没有深谈。总体上给人以芜杂而欠剪裁、罗列而少升华的感觉。给予后人的教训是:要写好一部鲁迅传,仅有决心和干劲是不行的,还需要长期的积累和独到的研究,以及独特的艺术表现手法,并且不能否认还必须具备相当高的思想深度与文学才能,倘若没有这些必要准备就匆忙上马,是很容易写成资料长编的。

吴中杰著的《鲁迅传略》。

这本书由上海文艺出版社作为"文艺知识丛书"之一种于 1981 年 6 月出版,13 万字,简明扼要地评述了鲁迅一生的经历、创作和思想变迁。

这是一本出自专家之手的普及性读物。说它是普及性读物,因其简明易懂,深入浅出;而又说它出自专家之手,因其虽然平易,却甚中肯,虽然简短,却得要领,是长期积累、反复含咀所结出的果实,绝非那些仓促上阵、七拼八凑的资料长编可比拟。譬如该书对鲁迅各个时期的作品,没有采取平铺直叙的时间连缀法,而是进行了切中肯綮的精辟概括。《狂人日记》和"五四"时期批判封建伦理道德的杂文《我之节烈观》《随感录》二五、四十、四九等,概括为"精神界之战士";《药》《明天》《阿 Q 正传》等《呐喊》中的其他小说,概括为"刑天舞干戚,猛志固常在";《祝福》《离婚》《孤独者》等《彷徨》中的各篇和《野草》中的精美诗章,概括为"吾将上下而求索"。这样概括地进行分析,既节省篇幅,避免逐一评析之烦,又宜于归纳出鲁迅不同时期不同类型作品的不同特点,寻出鲁迅思想和艺术发展的轨迹。尤其可贵的是,吴著虽然是普及性读物,却没有满足于一般化的评介,而是在许多问题上坚持了自己的独立见解。如十四"擎起文化战线的红旗",归理鲁迅与创造社、太阳社论争的要点时,坚持肯定了鲁迅思想观点的正确性与深刻性,认为那些"革命文学家""对于中国社会情况缺乏深刻的认识","较多地幻想着未来的光明,却不注重对于黑暗现实的揭露","流于标语口号化",鲁迅则是"坚持现实主义的态度,要求作家正视现实","要求作品思想和艺术的统一"。在评述鲁迅从进化论转向阶级论的过程中,强调鲁迅"并不把阶级论搞得绝对化。他认为人的性格、感情等因为受支配于经济,所以都带阶级性,但是'都带',而并非'只有'。他更反对不分青红皂白地乱斗一气,将革命使一般人理解为非常可怕的事。他批评有些人摆着一种极'左'的凶恶面貌,好似革命一到,一切非革命者都得死,令人对革命只抱着恐怖。他说,其实革命是并非教人死而是教人活的。他也仍然爱护青年,有些还是非革命的青年,只要他们向上,鲁迅就扶持他们成长,虽然常常受骗,而仍不止歇"。这些观点,今天看来也是非常可贵的。

当然,由于时代的限制,吴著的有些分析,如鲁迅与尼采哲学的关系等,已显得过时;有些部分,如鲁迅后期杂文的评述等,过于简略和浅近。总之,作为一部普及性读物,吴著是不错的,但是离理想的鲁迅传还差得较远。

林志浩著的《鲁迅传》。

这本书由北京出版社于1981年8月出版,37万字,分3编27章评述了鲁迅一生的经历与创作。第一编5章,从1881年鲁迅诞生起,到1918年抄古碑、在寂寞中沉思止;第二编8章,从写作《狂人日记》起,到1927年9月离开广州止;第三编14章,写上海10年的生活。明显加大了后期的分量。

林著除了加重后期的分量之外,还偏重于对鲁迅作品的分析。正如作者在后记中所说:"由于传记体裁宜于叙述和描写,不宜于过多地议论,因而有些为鲁迅立传的作者喜欢多写经历和事迹,至于作品部分,则偏重小说而忽略杂文。"林著则扭转了这种偏向,把最精粹的笔力集中在鲁迅作品上,对杂文更是倾注心血。作者本来就擅长作品分析,在这方面造诣深厚,所以这一点就成为林著最基本的特色。

对鲁迅留日时期所作论文的分析，就显出了功力。其中，对《文化偏至论》的剖析尤为深入，指出鲁迅所说的"掊物质""既不是反对唯物主义，也不是反对物质文明和科学技术"，"主要是反对资本主义世界的物质弊害"，"金钱、物欲统治一切，势必造成精神的堕落"，"因此鲁迅要掊击这种对物质'崇奉逾度'的偏向"。这一观点，至今仍然难能可贵。在对鲁迅小说的分析中，对《彷徨》的体味特别细腻，令人信服地论析了鲁迅从《呐喊》到《彷徨》的思想与艺术的发展。对《野草》的分析也很充分，分为以揭露社会为主与以内心抒发为主两大类，逐篇进行了解剖。而倾力最多的还是杂文，前期用两章篇幅分析，后期则用五章专门剖析，其他章在叙述事迹过程中也兼及杂文，对几乎所有的杂文集都予以了评述。

作家的实践以及他对后世的影响，主要在于他的作品，所以林著以鲁迅作品的分析为全传的重心是正确的。

林著对史实的处理也很谨严、慎重。如鲁迅电贺红军长征胜利事，如实引用了当时所发现的有关电文的最新材料，没有妄加臆断。

从全传的文体结构来说，林著"力求把鲁迅的战斗历程、作品评述和思想发展三者结合起来，以时间为线索，进行较为具体的撰述"。因而条理清晰，详略得当，严谨扎实，比较合体。

然而，以今天的眼光观察，林著还是存在很大的缺憾。最突出之点是全传缺乏一种制高点与整合力，不能像罗曼·罗兰的《贝多芬传》那样，抓住传主最主要的特征，从高处进行观照和凸显，使之成为统领全书的灵魂，使传记产生一种凝聚力，动人心魄，而似乎只是鲁迅作品分析的连缀和鲁迅经历的复述，给人以松散、平淡，粘滞于小事情，放不开、挣不脱的感觉，显得气格不够高，概括力不够强。因而作品分析尽管力图面面俱到，还是难以给人以深刻的印象。

其实，林著对鲁迅作品的分析仍然有很多遗漏，如早期论文没有提十分重要的《破恶声论》，后期杂文则对有关清代文字狱档的《隔膜》《买〈小学大全〉记》等剖析中国历史与士人心态的精粹篇章只字未提。这说明传记成功的关键在于有概括力，而不在于事事求全。倘若仅拘泥于局部，则会再细致周到也可能挂一漏万，难以反映全貌。

由于林著写于"文革"结束后不久，不可避免地带有"左"的印痕，如说鲁迅留日时期就"以'革命党之骁将'的姿态，参加过实际斗争"，却举不出实例，显然属于依臆想而拔高。叙述鲁迅猛攻佛经并称释迦牟尼为"大哲"一事后，竟评议道："这说明鲁迅赞同过释伽牟尼的某些观点，这说明黑暗的环境和势力怎样蚕食一个伟大的灵魂。"这属于对佛教文化缺乏基本了解的浅薄之谈，鲁迅称释迦牟尼为"大哲"、赞同他的某些观点并非坏事，佛教经典中确实包含着很深奥的人生哲理和很伟大的人类智慧，鲁迅从释迦牟尼这位"大哲"那里获益匪浅，他对人类精神现象的深邃探索与精神胜利法的发现、阿Q艺术典型的塑造等，都与读佛经有关，岂可以"蚕食"灵魂评之。后期评述鲁迅在《庄子》《文选》上的争论时，称施蛰存是"拙劣的表演""洋场恶少"等也有失公允。

另外，关于鲁迅与朱安、许广平的关系等个人生活内容叙述过简，并有个别失误，当时就有评论者指出来了。

林非、刘再复著的《鲁迅传》。

这本书由中国社会科学出版社于1981年12月出版，28万字，24章，以文学笔法描述和评析了鲁迅一生的经历与创作。

作者之一的林非，后来在专著《鲁迅和中国文化》附录《我和鲁迅研究》中，对这部鲁迅传的写作进行了这样的总结："此书的创作意图，是要在活生生的中国近代历史背景上，写出一个真实的鲁迅，写出他的奋斗与追求、热爱与憎恨、憧憬与绝望，想在素朴而又高峻的意境中间，写出他的血肉之躯与丰满性格，写出他是怎样在暴风骤雨般的时代里挺立起来的，他究竟给伟大的中华民族贡献了一些什么？这个意图应该说是多少实现了一些，却并没有完满地达到预想的目标。"

"素朴而又高峻",正是林、刘合著基本特色的准确概括。

所谓"素朴",并不仅仅指语言,主要是指一种学风、文风,或者说是"史德",就是真实地反映历史的本来面目,不拔高,也不遮掩,不附加任何外来的主观成分。这点最突出的一例,早在 20 世纪 80 年代初就已被英年早逝的鲁迅研究家徐允明慧眼看出了:"关于鲁迅在广州会见陈延年一事,一直被当作值得大书特书的事情,似乎陈延年的一席话使鲁迅'提高认识'了。但是林、刘合著却对这种想法泼了冷水。""作者对会见一事持审慎态度,同时对会见(如果有过的话)在鲁迅生活中的地位作了必要的限制,这里表现出作者的'史识',而'史识'又来自'史德'——'能具史德者,必知史识'。根据鲁迅的个性,不必过分重视他与某一著名人物的偶尔接触。他在东京听过孙中山的讲演,后来却对增田涉说'没听清'。鲁迅与陈延年的父亲陈独秀以及李大钊是很熟悉的,而且是战友,但是这两位中国共产党的创始人不曾直接影响过鲁迅的生活道路,有影响,那是间接的。鲁迅富于思索精神,他的生活道路是他经过观察、思索而选择的,如果不是这样,鲁迅就不成其为鲁迅了。"[①] 后来,林非满怀真诚的谢意提到徐允明的这段评论:"这充分显示了他对我摒弃当时那种时髦却不科学的模式,是很理解和赞赏的,我在阅读他的文章时真是充满了一种知音之感。"[②] 所谓"时髦却并不科学的模式",正是"素朴"的反面,要坚持"素朴"的风格,坚持"史识"与"史德",就必须坚决摒弃这类华而不实、脆而不坚的东西,走坚实的科学之路。"素朴",不仅意味着不附加任何外来的主观成分,而且要求作者不掩盖传主本来客观存在的事情,不为贤者、亲者讳。例如鲁迅与朱安的悲剧婚姻,本是既定的事实,然而以前的鲁迅传记却讳莫如深,根本不提,有的即使提了,也是一

---

① 徐允明:《鲁迅研究与鲁迅传记的写作——兼谈新出的七种鲁迅传》,《文学评论》1983 年第 5 期。
② 林非:《鲁迅和中国文化》,学苑出版社 1990 年版,第 330 页。

笔带过。林、刘合著则是第一部如实评述此事的鲁迅传，不单单写出了鲁迅一方的痛苦，也刻画出了朱安内心深处的难言苦衷："终年无语，确实是她和鲁迅之间的令人悲哀的现实。在这种现实的寂寞的土地上，她的心也是痛苦的。……只是她也只能蕴藏在心里，没有什么地方好去诉说，也没有能力去向别人诉说清楚。"这种识力与刻画，至今看来仍然难能可贵。

仅仅"素朴"、如实，是不够的，还必须"高峻"。所谓"高峻"，就是站在时代的理论高峰上，从总体上去俯视和鸟瞰鲁迅和他所处的历史环境，以高屋建瓴之势去观察和审视鲁迅的作品和史实，由宏观与微观相结合的分析中引出科学的结论。前文引述的林、刘合著给鲁迅会见陈延年事泼冷水一例，正是作者站在"高峻"的境界中对鲁迅和他所处的历史环境进行俯视的结果，倘若立足点不高，仅盯着一个事件不放，就事论事，就人论人，就不可能得出这样的观点了。同样，林、刘合著对鲁迅作品的评述，也是如林非自己所说的"尽量做到宏观线索底下的微观细致分析"，没有像有些传记那样只是各篇作品分析的连缀。例如第九章"呐喊"，把《狂人日记》《孔乙己》和前期杂文聚合在一章论述，然后又分析《药》和《一件小事》。这样写，既符合作品问世的时间顺序，又集中反映了鲁迅"五四"时期的呐喊之声与作品综合的反封建主题。第十章"走向世界"，把鲁迅1919年返乡的经历、小说《故乡》的简析和外国文学作品的翻译、《中国小说史略》的写作与讲述连在一起写，然后分析1920年写成的《头发的故事》和《风波》，最后集中论述《阿Q正传》，并以鲁迅作品"越过了祖国的疆界，走向整个的世界"作结，又归因于广泛汲取世界文化营养基础上的独立创造。这样，既统一于"走向世界"的总题，又反映出了当时鲁迅及其作品在世界文化长河中的流向与地位。正由于这种历史的俯视感与洞察力，使林、刘合著在评述鲁迅后期杂文时，在有限的篇幅内，以浓重的笔墨分析了《隔膜》《买〈小学大全〉记》等剖析清代文字狱的重要篇章，得出了见道之论："鲁迅在他的晚年，对于封建制度的揭露，已经到了十分深刻的程度，他的杂文在挖掘许多社会现象的历史渊源时，远远地超过了当时很多文学作品的思想水准。"为什么对鲁迅这些极为珍贵的思想遗产，其他传记作者却忽略了呢？这就不能不从历史的宏观视野与思想的理解深度中寻找原因了。

裴度《寄李翱书》有言："故文之异，在气格之高下，思致之浅深，不在磔裂章句，䆮废声韵也。"同样道理，传记作品之异，也在于"气格""思致"的高下深浅，不在于个别章句和声韵。正是"素朴而又高峻"的境界追求，使林、刘合著在"气格"与"思致"上，于28种鲁迅传记中占取了领先地位。

当然，林、刘合著也非完美之作。林非本人作了这样的自省："经过几年冷静的回顾之后，觉得这部作品由于是匆促赶出的急就章，因此还显得比较粗糙，在历史的深度和思想的高度这两个方面，都还开拓不够，不少地方还应该提炼得更精致和概括一些。如果我在今天开始来撰写，而且写得从容一些的话，相信会超过当时这个水准的。"[1] 这一自省是中肯的。林、刘合著尽管在28种鲁迅传记中属于上乘之作，但是由于出手过于促迫，许多地方确实有"急就章"的痕迹：有的地方，出现了个别史实失误；有的地方，显得冗赘，语句拗口，缺乏足够的锤炼。在鲁迅精神风貌的勾勒、描绘上，虽然取得了相当的成就，然而与罗曼·罗兰的《贝多芬传》相比，却相距尚远，没有给人以如贝多芬那样的深刻、突兀、厚重的整体印象。当然，这似乎有些近于苛求了。不过，中国的鲁迅传记作者们，的确心中需有一根世界传记作品的高竿。

彭定安著的《鲁迅评传》。

这本书由湖南人民出版社于1982年7月出版，35万字，分7章67节，全面评述了鲁迅一生的生活与创作。

彭著最突出的特点有二：文体洒脱与描绘如实。

---

[1] 林非：《鲁迅和中国文化》，学苑出版社1990年版，第330页。

文体结构，是传记作品的重要课题。以前的鲁迅传，多采取直线的平面结构，文体上显得死板。彭著一出，这种过于板正的框架终于打破了，出现了一种灵活洒脱、多样交错、近于立体的新结构。正如作者在《我心中的鲁迅——写在〈鲁迅评传〉后面》中所说："鲁迅主张讲学术艺文的文章，也要有点闲枝蔓叶，他赞赏外国著作的这种风貌，而批评在翻译时删尽枝叶使之失去生机的做法。本此，我不避枝繁叶蔓拖泥带水之嫌，而掺杂了一些闲文，行文不刻意追求简略概括，却尽量运用一些形象思维，和所谓文艺笔法，同时，还把记述与评论适当地分开和交错进行。这一点用心，都是为了读起来不那么枯燥和令人烦腻，内容较易为人接受，特别是奢望能争取到更多年青的读者。但成败得失，则不暇计及了。"

实践证明彭著还是比较成功的，尽管在记述与评论、描绘与抒情的交错衔接中，有一些不够和谐之处，但是终归得大于失，使全书富于变化和抒情味儿，令人爱读，那些运用形象思维和文艺笔法写的"闲文"，不仅没有成为多余的枝蔓，反而幻化为闪光、引人之处。例如"在世界的海边"中"古老美丽的绍兴"一节，以如诗如画的笔触描绘了展现在幼年鲁迅眼前的浩瀚世界："碧水盈盈，波光潋滟，青山隐隐，绿染大地。浩渺的钱塘江水，缓缓地流淌，曹娥江的波浪，翻卷奔腾。……构成一幅美丽的图画。"接着，又幻化出了百草园、会稽山、禹王庙、越王台、兰亭路和大诗人陆游的遗迹沈园，等等。读到这些地方，就像在旅途中遇到了一处消闲绿地，可以松弛精神，怡悦心胸。"荒寒中的岁月"中"海草国门碧"一节，写自日归国的鲁迅乘扁舟一叶，漂浮江上，望故国江景，与船夫对答，也引人入胜，可以从中体会到青年鲁迅当时的抑郁心境。在捕捉显现传主心灵意蕴的"情境"、适时进行描绘和抒情方面，彭著作出了有益的探索，为鲁迅传记文体的多样化开出一条新路。

文体结构终归是形式的问题，最根本的还是内容要符合实际。彭著"坚持信守一条原则：如实地描绘，而不添加任何主观的臆测和各种方式的歪曲——无论拔高或贬低都是一种歪曲。把鲁迅当作一个人——当然，是伟大的、革命的人来写，而不是当作一个'天才'和尊神来描画"。正是因为信守如实描绘的原则，所以彭著没有附会把青年鲁迅说成是"革命党的骁将"之潮流，坚持认为鲁迅"活动的方面仍然是思想文化领域"，内因是"他的经历、思想性格与特长，都决定了他的活动领域不是那刀光剑影的沙场，而是思想启蒙运动的天地"。这是从人物个性的内在因素，寻找符合实际的答案。除此之外，彭著还善于从外在的历史条件上去进行实事求是的分析：鲁迅辛亥革命后至"五四"运动前在北京教育部任职期间的沉默与苦闷，是郑学稼等人贬损他的一个根据，而彭著则从"历史条件对于一个伟大人物的产生的'最后决定权'"这一观点出发，列举了孙中山、李大钊、瞿秋白、郭沫若当时同样处于苦闷的事实，从同时代人相同的思想轨迹中，理解鲁迅的内心活动与思想历程，说明当时的历史条件决定了这些伟大人物只能在沉默中积蓄力量，而一旦条件成熟就会共同在沉默中爆发，这就从历史唯物主义的角度有力地驳斥了郑学稼等人的观点。

另外，彭著对"狂人"形象与阿Q典型性的分析，关于鲁迅杂文可分为理论型、论战型、批判型、象征型、散文型、学术型六种类型的见解，尤其是对鲁迅后期抵制"左"倾错误的论述，都形成了这部鲁迅传记的独立特色。

总之，彭著在28种鲁迅传记中应该算是比较好，比较有思想、有艺术个性的。然而，尽管如此，现在看来这本书仍存在很多的不足之处。其一是作者立论大胆快捷有余，而谨严沉积不够，所以虽然努力创新处不少，而真正深入、充实的论述虽有却嫌太少。其二是文体洒脱自由有余，而锤炼熔铸不够，所以虽然诗情洋溢处不少，而从整体上看，有些松散、冗赘，缺乏足够的整合力。其三是有些评析简单化，用词过激，虽然竭力挣脱"左"的枷锁，却仍然不可避免地留有"左"的痕迹。如对尼采缺乏更深入的研究，定论过于简单；对胡适用"阴险狡诈"形容，有违真实；有些地方常用"冲锋陷阵""拼杀""飞翔"等词，显得过陋；而有些章节，仍停留在政治化、概念化的表面陈述上，未能深入进去作富有个性的解析，如后期过分突出"党给鲁迅以力量"等，而忽略了鲁迅本人的独立精神。从全书看，又有开头感情充溢、后边势头削弱之感，对鲁迅后期思想与作品的研究不够充分。

朱正著的《鲁迅传略》（修订版）。

这本书由人民文学出版社于1982年9月出版，22万字，是1956年版的扩充与修订，很多内容是新写的，所以可看成一部新著。

仍然是依照年代分章，但是比旧版多分出两章。这就是八（1926—1927年）与十一（1932—1935年），这两个年段是鲁迅思想与艺术发展的重要时期，以前的鲁迅传却有所忽略，朱著新版将其单独划分出来进行专章评述，有益于更为清晰地认识鲁迅的前进轨迹。仅从分章来看，就感到朱著新版是更加深入、细致了。

这版新著充分发挥了朱正在《鲁迅回忆录正误》中所表现出的特长：对鲁迅回忆录和各种史料进行严格的多角度的考证与核实，力求做到句句有来历，事事有根据，以史实的准确性、科学性为根本准则。从这一准则出发，朱著经过周密分析，得出了鲁迅和许广平的关系是他离京南下主要原因的结论，也澄清了种种政治性的迷雾，归理出了鲁迅辞去中山大学职务的直接原因——中大聘请了顾颉刚前来任教，等等。

这种严格的求实精神，使朱著在鲁迅作品的分析中也见出了功力。例如通过各方面的史料证明"《孤独者》是鲁迅小说中自传成分最多的一篇"，写的很多细节"都像是鲁迅自己的事情"，"魏连殳那种愤世疾俗的态度，和当时鲁迅的思想也是有某种共同之处的"。在分析鲁迅《〈唐宋传奇集〉序例》结尾的话时，一反当时风行的政治解释，指出："在这一段话中，也许包含了对时局的感慨，但如果我们联想到鲁迅1926年11月15日致许广平的信，其中说高长虹'还是吸血的'，'他看出活着他不能吸血了，就要打杀了煮吃'，就知道这里'饕蚊'说的是谁了。联想到高长虹的诗以夜比鲁迅，以月亮比许广平，就更明白'大夜弥天，碧月澄照'的含意。……"当人们头脑冷静下来之后，就感到朱著的分析是接近实际的，而那种政治化解释未免有点儿可笑了。朱正在《鲁迅回忆录正误》的《编完写起》中强调给鲁迅作传或写回忆鲁迅的文章，必须牢记"描写不可过实"的原则。为了贯彻这一原则，他"把许多转述的史料改为直接的引用，以避免转述文字的不够准确"，这样做，提高了该书的准确性，然而也使得行文不够晓畅。如何使用史料，怎样才能做到既准确，又晓畅，是传记写作的一个难题。

另外，朱著平实有余而激情不足，准确可嘉而略输文采，史料翔实而分析欠深，个别地方仍存有简单化的倾向，这都是该书的缺憾。

陈漱渝著的《民族魂——鲁迅的一生》。

这本书由浙江文艺出版社于1983年7月出版，11.9万字，以简约的文学笔法评述了鲁迅一生的历程。

陈著虽然到1983年才正式出版，但是早在鲁迅诞生一百周年前夕，即1981年8月27日至9月24日就在《中国青年报》上作了连载，后来北京人民广播电台也予以连播，产生了广泛的影响。该书就是在报刊连载的5万字基础上扩充、增写至12万字而成的。

作者在跋中作了这样的总结："要在选材上做到'博学约取，厚积薄发'，在语言上做到'文华而不实'，似乎也多少要有些功力。"知作莫若己，这一自我总结正是对陈著的最佳评点，胜过许多旁人的论说。

作者陈漱渝以鲁迅生平史实的考证与研究见长，不仅对鲁迅和中国现代文学的史实资料了然于心，而且自己就亲手挖掘、考证出了不少新鲜资料，倘若给他充裕的篇幅，任他敷衍连缀成长篇巨制，恐怕倒不会犯难，而写这本书却须在狭小的空间里驰骋，把伟人的一生、丰富的材料压缩在每章三千字的短小篇幅中，确乎是异常艰难了！面对浩如烟海的史料该如何处理？写什么？怎么写？没有功力，不费心计，实在难以成功。但是，也正是在这一难点上显出了作者非同寻常的功底。他在各章中，总能"择取那些既能顾及鲁迅一生战斗业绩的各个方面而本身又比较生动亲切的史料加以提炼"，进行准确而生动的描述。例如写鲁迅生长的时代背景和少年生活，别的传记往往都以数万言篇幅予以渲染，并且常常以此引人，而陈著则以第一章"兽乳养大的英雄"的三千字短文概括完毕，写得很有兴味儿，其奥妙就在于擅长选择典型细节：写童年生活，选择祖母蒋氏讲民间故事和保姆长妈妈送《山海经》，家庭败落后被称为"乞食者"的人生感受与"地主租船到，心头别别跳"的绍兴民谣，以及管坟妇女的孩子被狼叼吃的故事；写鲁迅从农民身上汲取智慧，选择目连戏里一段《武松打虎》的有趣对话。这样，既突出了"兽乳养大的英雄"这一主题，又使该书开头就充满了情趣。第十六章"我可以爱！"写鲁迅和许广平的爱情，选择"为了使许广平放心，他身处海滨而竟不去洗海水浴"一事，就将两人情感表现得极为深、细了。读了这些细节，不能不赞叹作者在选材上的确做到了"博学约取，厚积薄发"。

语言上，陈著也很富有文学味道。像第九章"为前驱者呐喊"，开头写道："北京宣武门外有一条僻静的胡同——南半截胡同；胡同里有一个僻静的小院——绍兴会馆的'补树书屋'。院中原有一株开着淡紫色花朵的楝树。后来楝树不知怎么被折断了，就又补植了一株槐树。'补树书屋'的名称就是由此而来的。"逶迤曲折，层层递进，没有什么华词丽藻，却非常富有蕴藉，这才称得上是经得咀嚼的文学语言，显示出作者在散文上的潜力，称得上是"文华而不失实"。

这种选材和语言上的功力，绝非一蹴而就，而如名酒的酿造，经过陈年的沉淀、过滤，才成为纯正、浓烈的好酒。要写出一部成功的鲁迅传记，必须经历长期的涵养与修炼。

陈著也有不足，主要是过于偏重生平史实的叙述，而忽略了鲁迅作品的思想、艺术分析。鲁迅首先是一位作家，他的实践主要是他的作品，作传也须以作品为重。

总之，上述七部鲁迅传记虽然出版时间略有先后之差，然而实际上都是20世纪70年代末80年代初构思、写作，纪念鲁迅诞生一百周年前后出版的。所以，这一批鲁迅传记一方面反映了挣脱"文革"枷锁后的思想解放气象和新的文体与笔法，另一方面又不同程度地带有"左"的印痕，学术分析也欠深入。

五、20 世纪 80、90 年代之交的再次繁荣

经过 80 年代中期的积淀和沉思，鲁迅研究随着思想解放运动的进一步开展，朝着个性化、多样性的方向前进，80、90 年代之交再次繁荣，又出现了 5 种新写和 3 种修订的鲁迅传记以及唐弢的前 10 章未完稿。

林贤治著的《人间鲁迅》。

这套书共有三部，由花城出版社出版。第一部《探索者》，17 万字，1986 年 9 月印出；第二部《爱与复仇》，30 万字，1989 年 1 月印出；第三部《横站的士兵》，30 万字，1990 年 5 月印出。1998 年 3 月又分上、下两部再版重印。全书一共 77 万字，比以前的鲁传都长。

书名为《人间鲁迅》，用意很明确，就是要把鲁迅从"天上"拉回"人间"，因为"鲁迅是'人之子'，人所具有的他都具有。正因为他耳闻了愚妄的欢呼和悲惨的呼号，目睹了淋漓的鲜血和升腾的地火，深味了人间的一切苦辛，在他的著作中，古老而艰深的象形文字才会变得那么平易，那么新鲜，那么富于生命的活力"。而该书正是以散文的抒情笔调，富有诗意地描写了鲁迅这位"人之子"在创作、社交、婚姻、爱情、友谊等不同层面的人间感受与心灵历程。作者本身就是一位诗人，他善于运用沉郁凝重的诗笔，描绘出一幅幅扑朔清远、深蕴淡出的画面，变幻出一个个腾挪摇曳、蕴藉深厚的意境，通过这些生动形象的画面和意境表现了作者对鲁迅人格与思想的独特理解。可以说，在文学性上，《人间鲁迅》超越了以前的鲁迅传记。

然而，作者并不把文学性放在最重要的位置，他在给笔者的一封信中说："说实在话，我对于'文学性'这东西并不重视的。对于鲁迅这样一个中国几千年才出现的第一个叛逆的天才，我希望能写出一点关于他的本质的东西。"什么是"本质的东西"呢？就是鲁迅的独立的哲学品格。在第一部中，林著就着力突出强调这种品格："一个同世俗世界联系那么紧密的人，即使苦难熬练出了一种哲学气质，也不可能把他变成纯粹思辨的哲人。他没有来得及，或者可以说根本不可能构成自己的哲学体系，但这并不妨碍他在实际斗争中，对民族出路问题作全方位的考察。当革命以具体的形式继续进行，他的激进的同志使用了暗杀、内战，和最猛烈的政治性文字进行搏斗的时候，他仍然执着地把科学知识压进炮膛，作远距离的射击。"这样，林著就在与两种倾向的区别中把握住了鲁迅哲学的独立性：既不是"纯粹思辨的哲人"，又不是什么"革命党之骁将"，而是"把自己消磨在思想启蒙的漫长而无止境的工作之中"的"精神界之战士"。

而鲁迅的这种独立的哲学品格，主要是在作者情有独钟的第三部中、在对鲁迅周围人物的严酷的人格审视中凸显出来的。这种审视，尤以对瞿秋白、冯雪峰、胡风、茅盾、郭沫若、周扬这些左翼人物最为严酷，也最能起到凸显鲁迅的作用。对瞿秋白，林著这样审视："瞿秋白对鲁迅思想的独立性估价不足，反映了他在认识上的局限和性格的弱点。无论是作为共产党人，或是作为知识分子，可以说，他都不曾得独立的人格。他自称为'马克思主义的小学生'，整个的思想运转过程都在于适应而非创造。他说：'知识分子只是社会的喉舌，无论如何做不到主体。'这样，也就自行抽掉了思想的自主原则。"相比之下，鲁迅就愈益显现出了独立品格，不是被动适应，而是主动创造，正是在这样的思想运转过程中，他成为最了解中国的独立思想家。对冯雪峰，林著同样严峻地审视了他的人格弱点："从参加革命至今，冯雪峰在个人的政治道路上未曾受过任何挫折，产生某种共产党员的优越感是可能的。可是，这种优越感并不同于创造社和太阳社成员的目空一切，唯我独革，却由他笃实的个性而转换为另一种形式。他一切从党的既成的理论和决议出发，确认这是唯一正确，毋庸置疑，万难移易的，并且由此益增了对忠诚于党的自己的确信。这样，也就难免要忽视鲁迅的思想构成的全部的复杂性和独特性，到了后来，甚至力图把这位党外的老战士的思路导入预定的理论和策略的框架之中。"这一分析是非常精辟、十分符合冯雪峰人格逻辑的。对胡风，林著则通过正面评价鲁迅的思想深度反衬他的肤浅：鲁迅的"思想深度，超越了具体的现实政治而到了无人追及的境界。即使冯雪峰，即使胡风，或者侧重于确立共产党的领导，或者侧重于反对国民党政府，都无法对这样一颗伟大的心灵作出全面透彻的理解"。胡风本质上是一个诗人，他不像鲁迅那样对中国社会和历史了解得异常深刻，对现实政治的认识是肤浅、天真的。相比之下，愈加凸显出了鲁迅无人可以企及的思想和历史深度。对周扬，林著的人格审视则最为苛酷，简直有一种逼人的冷峻之气，通过鲁迅对他"奴隶总管"本质的揭露，最终凸显了鲁迅独立的哲学品格的真谛：人既不能作奴隶也不能作奴隶主，只能作自己的主人！鲁迅毕生为之奋斗的宗旨正在这里。

马克思说："人的本质并不是单个人所固有的抽象物。在其现实性上，它是一切社会关系的总和。"[①]海德格尔也一再论析"在世界之中"的本质意义。所以，鲁迅作为一个人的本质的东西，正包含在他与周围人物的"社会关系的总和"中，体现"在世界之中"。鲁迅是人间的一个人，只有对他周围的人进行严酷的人格审视，才能凸显鲁迅的人格；也只有深刻把握鲁迅的人格，方能从历史哲学的高度对鲁迅周围的各色人物进行严酷的人格审视。林著为鲁迅传记写作提供的宝贵经验，正在这里。

当然，林著也存在明显的不足。一是剪裁不够，有些地方显得冗赘、芜杂，把精彩处遮去不少。作者擅长抒情和思辨，鲁迅少年时代部分和后期萧红与鲁迅感情交流之章，都写得诗意浓郁，兴味盎然，对于鲁迅和周围人物的人格审视，也写得锐利、深邃，引人入胜，然而在叙述理论争论和学生运

---

① [德]卡尔·马克思：《关于费尔巴哈的提纲》，《马克思恩格斯选集》第1卷，人民出版社1966年版，第18页。

动过程时，又常常显得笔头臃滞，比较难读。倘若大刀阔斧进行剪裁，芜杂冗赘处从简，甚至略去，精彩处则再行发挥、充实，压缩成一部30万—50万字单本传记，或许会获得更多的读者，赢得更大的成功。二是作品分析薄弱，对于包含了鲁迅全部哲学的《野草》也竟然草草而过，不能不令人遗憾。

曾智中著的《三人行——鲁迅与许广平、朱安》。

这本书由中国青年出版社于1990年9月出版，26万字，是从鲁迅与许广平、朱安三人之间爱情、婚姻关系这一特殊视角去描述鲁迅一生心灵历程的长篇文学传记。

这部特殊的传记在鲁迅传记学史上有其特殊的价值与意义。其一是首次专门从婚恋角度探索鲁迅的心灵世界。20世纪80年代，中华民族的思想解放的确是异常迅猛，与之相随，鲁迅研究的视野与空间也迅速开放了。80年代以前，所有的鲁迅传记几乎都对鲁迅的婚姻生活讳莫如深。80年代初，林、刘合著等新的鲁迅传记开始注意这一领域，但也只是匀出一定篇章从侧面描述，并未当作重点。而一进入90年代，就出现了专门以婚恋为视角的鲁迅传，不能不令人感到时代环境与思想观念转换的迅疾。《三人行——鲁迅与许广平、朱安》反映了鲁迅、许广平、朱安这三人代表着的三极文化。一极是鲁迅，虽然是一位文化伟人，然而也不能超脱于世俗纠葛之外，仍然是一个活生生的有七情六欲的具体的人，一个"历史的中间物"。他既是中国传统文化的叛逆的猛士，又与旧传统旧道德存在着千丝万缕的精神联系，有着不可避免的性格弱点，所以当母亲向他提出与朱安的亲事时，既欲推诿，又欲罢不能，只得服从母亲的意旨，被动地接受了母亲送给的"礼物"。而当许广平这位"害马"出现在自己生活中时，则又是惊喜与畏缩相伴。另一极是许广平，她是一位狂飙突进时代的新女性，在与鲁迅的关系中处于进攻的地位，用自己的青春之火点燃了鲁迅的生命烈火，促使他决然挣脱无爱的婚姻，开始新的生活，而后来许广平又为了全力支持鲁迅的文化事业牺牲了自己出外独立工作的机会。第三极是朱安，她是一个深受传统束缚的旧式妇女，信奉三从四德，不肯有丝毫革新，又诚笃善良，吃苦耐劳，孝顺母亲，最后虽处境困难，却仍拒绝外援，维护了鲁迅的尊严，默默地走完悲剧的一生。在这三极文化的冲撞与纠葛中，鲁迅的内心世界就立体化、多层次、自然而然地显现出来了。与朱安旧式婚姻的创伤，使他痛感封建伦理的"吃人"本质，发出刻骨铭心的呐喊之声；与许广平的爱情生活，又使他增添了青春的活力，激励他更勇猛地朝着未来的理想社会前进。《三人行——鲁迅与许广平、朱安》选择这三极文化作为鲁迅传记的视角与支点实在是太聪明了。

《三人行——鲁迅与许广平、朱安》在鲁迅传记学史上的第二个意义，是实现了文体结构的突破。作者在后记中说了一段关于传记写作问题的理论见解："不论传主是何等伟大杰出的人物，作为创作的主体，有出息的传记文学作家都必然以其特有的方式审视、选择、熔裁、压缩以至重新构架他的生平事迹，不是倚重事实而是倚重对事实的艺术构思和叙述，去创作出既不失真又有艺术感染力的传记文学作品。"这是见道之论，对于鲁迅传记写作尤其重要。鲁迅生平史实的挖掘、整理纵然不能说已经到了尽头，却也可以说已经相当完备了，再发现什么重要的新鲜事实的可能性极小。所以，新的鲁迅传记倘若再倚重对事实的平铺直叙，是绝对不可能有所创新的。鲁迅传记要寻求创新和突破，一须站在更高的理论视野中，求得更新更深层次的读解与认识，二须倚重新的艺术构思，寻求新的感觉与体认。第一点，《三人行——鲁迅与许广平、朱安》没有做到，甚至说作者本也没有这样的野心，其他研究者也没有从整体上实现这一目标，因为时代条件尚不成熟。然而第二点，即在新的艺术构思方面，《三人行——鲁迅与许广平、朱安》确实取得了成就。该书除了选择鲁迅、许广平、朱安这三人组成的三极文化作为传记文体结构的三根支柱之外，还善于进行镜头切入和视角转换，使得整体结构腾挪多变、自如舒畅，摆脱了过去鲁迅传记那种前期后期、思想发展、世界观转变的平直架构与思维定式，给人以耳目一新之感。例如开头就没有像其他鲁迅传记那样，从鲁迅诞生写起，而是从苏州阊门码头主考大人船上周福清派人贿考败露的镜头切入，直截了当展示了矛盾，第二节就转为少年鲁迅随母亲携二弟乘乌篷船避难的镜头，很快进入了少年鲁迅"从小康人家而坠入困顿"的心态刻画。事实证明这样的艺术构思是很成功的。全书展开后，主要以鲁迅为视角展现情节，朱安介入后，则在第四章"寂寞与孤独"中插一节朱安观察蜗牛的镜头，出现朱安的视角，之后蜗牛还数次出现；许广平闯入后，又从她的视角出发去观察鲁迅，切入镜头。除了这些主干视角的相互转换之外，有时还插入一些次要人物的视角，如第五章"烦苦与怆恼"就通过女佣胡妈的眼睛观察了八道湾的鲁迅故居，写了女佣对大先生与大太太分居两室的疑问。第十一、十三、十五章，写鲁迅与许广平的异地思念之情，舍弃了第三人称的客观叙述和描写，而采用了部分《两地书》的原文，又不作为引文出现，因为已融入全书的整体构思之中，与其他各章的视角转换相和谐，所以既防止读者把它与《两地书》相混淆，又避免了"抄袭"与"篡改"之嫌。

《三人行——鲁迅与许广平、朱安》在鲁迅传记学史上的第三个意义，是采取了视觉形象性很强的文学描写笔法。以前的鲁迅传多是叙述加评议，即使是文学性较强的林、刘合著与《人间鲁迅》也仅是部分运用文学描写笔法，整体来看仍然是理念重于形象，《三人行——鲁迅与许广平、朱安》则显示出近乎纯粹的文学性质，几乎全是用形象说话，很少抽象议论。例如前文提及的蜗牛镜头，反复出现，极为形象地表现了朱安的心态和处境，远胜空洞的评说。鲁迅和许寿裳、许广平等在广州北门外田野中游玩时有关"翠生生，晶莹莹"的雨后绿色的描绘，和许广平、许钦文游杭州西湖时对清泉、苏堤、奇峰的描绘，都非常具有文学性。就全书的文学语言来看也沉郁、畅达，情韵浓郁，很是耐读。

当然，《三人行——鲁迅与许广平、朱安》作为一部长篇文学传记，也存在相当的缺憾。其一是文体结构虽然超越了平面、单线的模式，但是还比较简单，不够复杂，只能算是在三人之间回旋的一条小溪流，远没有江河湖海的那种汹涌澎湃的大气派，不足以表现鲁迅和他所处时代的复杂性和大气势。

其二是作者虽然在文学与研究两个领域都付出了努力，但是仍然更为偏重文学，对鲁迅作品及其思想内涵、艺术形式尚缺乏更为深入的研究，所以显得有些浮泛。

林志浩著的《鲁迅传》(增订本)。

这本书由北京出版社于1991年7月出版，是1981年版的增订本，由27章扩充为30章，从37万字增加到50.1万字，进行了较大的增补和修改，应视为鲁迅传记的新品种。

作者是有自知之明的，认为自己的"人生观、学术观基本上是在50年代形成的：一方面接受马克思列宁主义、毛泽东思想的基本教育，一方面也接受'左'倾思想的某些影响"。这一主观条件使他"不容易突破时代的制约"，因而在1981年版里"明显地留下80年代以前的时代的局限"。所以，他"对这本书并不满意，早就希望对它进行重大的修改和补充"。

这次修订，首先增补了鲁迅在夫妇、兄弟、朋友、师生等方面的丰富材料，显现出这位伟大作家的人性和人情的一面，使鲁迅的形象具有了普通人的血肉感情，更为丰满、真实。例如对鲁迅与许广平的恋爱过程就增加了很多生动、细致的描述，使读者对鲁迅离京南下的内在原因与终于挣脱旧式封建婚姻束缚的心理变化有了更为具体的认识。对鲁迅与周作人从"兄弟怡怡"到终于失和、决裂的过程也进行了较为详尽的评述，使读者体会出个中原因以及鲁迅内心的苦楚。

对与鲁迅有过争论的人物，增订本也努力冲破"以人划线或以团体划线"的窠臼，作了适当的修正和阐释。其中最突出的是对陈源的重新评价，不仅认为他在《现代评论》第38期上发表的《闲话》并非"为帝国主义帮腔的奴才言论"，而且认为"他对统治中国的军阀、政客，在其大量言论中主要还是谴责与揭露"，这就更为贴近历史事实，体现出作者的求实态度。

然而，"时代的制约"并不是很容易突破的，表层的事情可随态度的转变而调整，深层的思想文化内涵的问题则不是能随态度的改变而轻易转变认识的了。增订本对鲁迅与佛教文化关系的评价没有更改，仍然认为是黑暗环境蚕食伟大灵魂的表现。对鲁迅与进化论关系的分析也没有更改，仍然认为1925年的鲁迅"虽然逐渐接受现实斗争的教育，接受马克思主义的影响，但他还没有成长为马克思主义者，因此他对于进化论的批判，还不可能是整体性的否定，他有时还固执着旧观念"。为什么对于进化论要进行"整体性的否定"呢？难道进化论不包含很大的合理性？不对鲁迅的思想与创作产生过重要的积极作用吗？倘若采取"整体性的否定"，不是把合理性也抛弃，把积极作用也取消吗？这样认识，究竟是对还是错呢？这只能说明作者在增订本中仍然未能转换思维模式与认知逻辑，也未能深入到佛教等文化中去，仍然未能根本摆脱"'左'倾思想的某些影响"和形而上学的简单化倾向，因而林著增订本虽然比原版丰富、充实了许多，也局部调整了一些"左"的观点，但是从总体上仍然未能"突破时代的制约"，未能形成整合性的凝聚力，给人以新鲜感和穿透感，显然距离符合时代要求的高水平、突破性的鲁迅传记还很远。要实现这一目标，除了需要深厚的学术功力之外，更重要的是要更新观念，转换思维模式与认知逻辑。

朱文华著的《鲁迅、胡适、郭沫若连环比较评传》。

这本书由上海文艺出版社于1991年10月出版，27.4万字，分鲁迅—胡适、胡适—郭沫若、郭沫若—鲁迅三卷，对这三位文化巨人的生平、创作、思想、性格进行了连环性的比较和评述，最后在余论中，又就这三人的差异，论述了中国现代知识分子的文化使命及其实践。

这部评传最突出的贡献是开创了传记的新文体——连环比较体。虽然作者在后记中说这种文体是受台湾学者李敖所著《梁启超、胡适、徐志摩连环传》的启发，但是在大陆传记中，特别是鲁迅传记学史上，是没有先例的，肯定是由这本书开了风气之先，它无愧于开创之功。

有比较才有鉴别。实践证明，这种连环比较体确实有益于认识传主之间的共性与差异，有益于从更为广阔的历史范畴内把握传主不同的文化背景与发展轨迹，获得单人评传达不到的效果。例如在鲁迅与胡适的比较中，一方面看到鲁迅从少年时代开始就逐渐形成了对于中国农民命运的深刻认识，构成了他小说创作中别具深意的"农民问题的主题"，使他成为最了解中国的人之一；另一方面在相比之下，就更为清楚地看到了胡适的弱点："自小养成了一种绅士心理，并有意地为自己的活动范围筑了一道墙，由此出发，他对于中国社会（尤其是农村情况）的认识就不能不是陌生无知的了。"而这种对中国社会特别是农民问题有无真知的差异，也正是这两位文化巨人以后得出不同观点、走上不同道路的根源之一。然而朱著在求异之中又不忘求同，还找寻到了鲁迅和胡适在新文化运动中共同否定和批判中国传统思想文化的一致性。在郭沫若与鲁迅的比较中，又对两人小说的异同作了较好的分析。经过这样的连环比较，我们不仅对鲁迅、胡适、郭沫若这三位文化巨人的共性与个性有了较以前更清晰的认识，而且对整个中国现代文化史有了更为全面的体悟。

朱著以其创新的文体结构与纵横的比较分析，在鲁迅传记学史上占据了应有的地位，然而它虽开辟新径，却没能达到理想的境界。主要原因是作者纵然开阔了视野，却仍未能挣脱党派团体的束缚，从人类学角度去考察这三位处于不同政治派别中的文化巨人各自不同的文化背景与产生冲突的文化内涵，因而在比较中往往罗列各位巨人的表象材料进行表层辨识过多，而深入本质不多，所以在判定是非长短时，褒扬鲁、郭较多，对胡适却有失公允。实质上，这三位文化巨人之间有过的争论与冲突，除个人与团体的因素之外，主要是东、西方文化的差异所造成的。鲁、郭以日本为中介接受了德国、东欧和苏俄文化，胡则从美国接受了西方文化。因此，前者同情底层平民，最终倒向无产阶级革命；后者则试图推行民主政治和实验主义，屡屡受挫而站到国民党一边。这两种文化，在结局上自然显现出了长短胜败之别，然而从宏观考察却是均衡互补、缺一不可的。不可仅以胜败论英雄，胡所信奉的西方政治文化，即使由于不适合当时中国的现实情况而受挫了，也不能根本否认其在整个人类精神文化史上的先进面。朱著在摆出胡政治见解时显出了开放与博识，在作出判定时却驻足畏缩了，所以使该书在整体观念上未能实现突破，未能站在人类学的更高视野内去进行"俯识"和"鸟瞰"，以挣脱党派团体的束缚，跳出陈见旧识的窠臼。这不能不说是一大遗憾，但又须体谅作者所处的历史环境。

从全书各部分衡量，第一卷"鲁迅—胡适"，分量最重，挖掘较深；第二卷"胡适—郭沫若"，次之；第三卷"郭沫若—鲁迅"，最为单薄，对鲁迅与郭沫若两人在思想、人格上的巨大差异未能予以尖锐揭示，仅是平行排列出了两人在经历和创作上的相同点，有抹平差异但求和气之感，这样就不能不大为影响了朱著的锐气与深度。

六、20 世纪 90 年代的继续发展

经过八九十年代之交、纪念鲁迅诞生 110 周年的繁荣之后，鲁迅研究仍保持强劲的势头继续发展，在世纪末之前又出现了 7 部新版鲁迅传。依次是：

唐弢著《鲁迅传》（未完稿）。

这是一部未完稿，全书原拟完成 40 万—50 万字，但唐弢先生生前仅写出十一章，从鲁迅出生写至自日本归来，其中第一、二章系定稿，第三至十一章为初稿，《鲁迅研究月刊》征得唐先生家属同意，在 1992 年第 5—10 期上连载了这十一章遗稿。

青年鲁迅学家和散文家孙郁在《未完成的雕像》[1] 一文中，对唐弢这部未完成的鲁迅传作了极为精当、中肯的评价："这十一章的遗稿，为当代传记文学提供了一个新的模式。唐弢以杂文家和藏书家闻名于世，他对笔记文学和版本目录学的嗜好，也感染了这部传记。其考据、钩沉、议论、状物、水乳

---

[1] 载《读书》1993 年第 4 期。

交融的描写，真是漂亮。"他"充分注重史实，从史实以及鲁迅作品、日记、书信提供的线索出发，殊多考订之笔"。而"专于考据，亦精于杂感。在诠释之中，常露出鉴赏家的惬意。清幽舒朗的雅兴，疏简清秀的笔致，构成了唐弢作品极特别的文化品位"。孙郁的评骘是非常精粹的。

唐弢这种充溢着"精善秀雅之气"的"书话"文体与杂文笔法，首先在对鲁迅的外围背景，即乡俗、家世、时事、亲友的描绘中闪出光彩。例如写鲁迅所处的历史环境，没有像其他鲁迅传记那样从政治上叙述，而是从绍兴的文化名人、名胜，长埋地下、质地醇厚的"女儿酒"以及"绍兴师爷""钱獅狲"谈起，评点了绍兴士大夫之间的相骂之风，特别是颇为生动地详述了绍兴民间关于明代艺术家徐文长的传说，认为这些故事"集中了绍兴人的智慧、机灵、促狭、滑稽的风格"。未见其人，先闻其声，传主鲁迅尚未出场，已从乡俗氛围中嗅出他的精神风味了。而对鲁迅亲人的描述中，最传神的是祖父周介孚，他为人耿直、恃才傲物的性情，与越中文人李纯客相投的骂风以及对小品文的特殊好感，都被唐弢写得绘声绘色、跃然纸上，从中更令人感到了鲁迅性格的由来。唐弢也并不为贤者讳，开头第一章结尾就归纳出了鲁迅性格的特点：这样的历史背景与家庭境遇"使他怀疑，使他忧郁，使他孤独，使他有时瞧不起人，使他不断向自己的心申诉"。"有时瞧不起人"，是鲁迅自己总结的性格弱点，我们为什么要替他隐讳呢？唐弢这样写，就是要把鲁迅当作人而不是当作神来写，写出鲁迅个性中的"野性"与"莱漠斯"精神，写出一个特殊的人的个性特征。以后，唐弢始终从文化源流和乡俗本根上紧紧抓住鲁迅精神气质与个性特征的形成缘由，从"喜汉魏六朝古典文学，时时诵读"的寿镜吾那里，发现了鲁迅喜好魏晋文章的最早源头；"至于鬼而人，理而情，可怖而可爱的无常，则成为鲁迅一生复杂性格的多元的综合。浙东农村风习中立志复仇和善于诙谐的特有的气质，哺育了正在成长的童年的鲁迅"。又通过对当时杂书、掌故、刊物的博览和秋瑾、徐锡麟等浙东人物性格的描摹进一步烘托出鲁迅的个性与气质。

正是从对"鲁迅的精神世界和气质"的准确把握出发，唐弢对一些鲁迅研究领域长期存疑的问题谈出了他的灼见，并更为充分地发挥了他作为杂文家的辩才。例如认为鲁迅对农民起义持批评态度的原因是"对于打倒了皇帝自己再来做皇帝的这种历史循环表示过厌倦"，对于刘邦、项羽要"取而代"的秦始皇"这个长期不变的'如此'感到深刻的不满"。而那些过高评价农民起义并以此贬低鲁迅思想的历史学家则是"受小农经济思想的影响"。又认为鲁迅是"用自己头脑里已有的思想形象去理解尼采"，"鲁迅的介绍尼采思想是进步的，为当时中国改革所需要"，"鲁迅后期对尼采虽然有进一步的比较客观的认识，但并没有全盘否定他，在某些方面甚至还有星星点点的思想联系"。这种联系的具体表现，就是鲁迅思想、性格中"始终保持着一点野气，一点非理性的因素"。这种非常新鲜的观点，绝非追求时髦而来的舶来品，而是老年唐弢从多年体验、切实分析中自然得出的真知灼见。这些灼见，使得这部未完成的鲁迅传闪烁出异样的光彩，令人想象到，倘若唐弢先生能够全部完成，该会出现多少灼见！尤其是对鲁迅晚年的评述，写到唐先生的亲身感触时，该会是怎样的异彩迸射呀！想到这里，又不能不令人感到无限的遗憾！

当然，这部未完稿也存在难以避免的欠憾。主要是在局部和细节虽然时见灼识和光彩，但在整体思路上仍然没有跳出旧的窠臼，没有达到新的高度，缺少一种穿透力与大气魄。

彭定安著《走向鲁迅世界》。

这本书由辽宁教育出版社于1992年5月出版，68.8万字，本来是在1982年版《鲁迅评传》基础上进行修订，结果改动、重写部分大大增加，索性放手新写，新内容计50余万字，原版材料仅保留10余万字，成为一部全新的鲁迅传。

彭著1992年版在鲁迅传记学史上的主要贡献是提供了一种多重性的立体结构与复式笔法。

李春林、臧恩钰对该书作过这样的概括:"书中的世界"具有三个层面:"世界本体(时间的与空间的);鲁迅及鲁迅心中世界;作者心中的鲁迅以及作者透过'鲁迅"眼"'所看到的世界。亦因之,本书有了四种质素:人类历史中的中国近现代史及世界格局中的中国文化面面观;鲁迅本体,他的生平、思想及作品;浸染了作者个性色彩和诗情的鲁迅形象、他的方方面面;与鲁迅产生和声、发生共振的作者本人的理论天地与情感世界。同时,本书也就蕴含了三种品格:史传、史论、史诗。是史、论、诗的交融,理与情的熔融,学术著作与英雄史诗的会融。"[①] 李、臧对彭著所作的三个层面、四种质素、三种品格的概括是准确的。

正是从这种多重性出发,彭著建构起了多极的立体结构。彭著 1982 年版,就已打破了以往鲁迅传记的直线型平面结构,创造出了一种灵活洒脱、多样交错、近于立体的新格局,1992 年新版则更加发挥了所长,使结构更为宏伟、复杂、系统化。作者以时间为经,以鲁迅的多重世界为纬,章中分节,节内分段,各章、节、段都标以醒目、富有诗意的题目,像"在世界的海边""绍兴:浩瀚世界的美丽一角""海草国门碧""故里寒门恶",等等,都很美妙、引人。这样,就如组装成了一座大厦的框架,可以依照已定的架构,分步骤、分层次、分侧面地砌砖垒墙,做到既胸有全局,又有条不紊,波澜壮阔而又层次分明地构筑起了一个复杂、多极、气势恢宏的"鲁迅世界"。这个世界是复式多极的,不是单线平板的;是立体多角的,不是平面僵直的;是富于变化的,不是单调停滞的;是色彩缤纷的,不是黯淡一色的。走进之后,即令读者眼花缭乱,兴致盎然。例如第一章"人间冷暖:鲁迅世界的诞生",开端引用鲁迅自传的一句话说明他来到人间,然后从点拓展到面,渲染、烘托世纪末动荡激变的时代背景,又从大到小,从世界到中国、到绍兴、到周家,逐层聚焦透视,幻化出"绍兴:浩瀚世界的美丽一角"这一幅彩色

[①] 李春林、臧恩钰:《评彭定安新著〈走向鲁迅世界〉》,《鲁迅研究月刊》1993 年第 1 期。

宽银幕电影一般的优美画面，随后从静到动，描绘孩提时代的鲁迅向知识的世界走去。章节、段落之间的递进、组接，很有些像电影导演剪辑、组合镜头时所使用的蒙太奇手法，自然巧妙，错落有致，摇曳多变而从容不迫，规模宏大而条分缕析，于洒脱中见章法，自由中显谨严，宏放中含精细。而对于贯串鲁迅一生的某一侧面，例如作者有独到体会的艺术思维与创作心理的发展脉络，则在各个不同的时期插入分段的评述，虽然断开，却无割裂之感，使人感到各段之间的连续性。之所以产生这样的效果，就在于全书有一个复杂而又统一的合理结构，作者胸有蓝图，善于铺陈渲染与布局架构，做到了既汪洋恣肆、挥洒自如又剪裁合度、条理清晰。

设立了复杂、多极的立体结构之后，彭著又充分运用复式笔法去砌装、修饰这座恢宏的大厦，或叙述，或评议，或描绘，或抒情，或大笔勾勒，或细毫描摹，或款款而论，或一语中的，使这座大厦多姿多彩、绚丽斑斓。"绍兴：浩瀚世界的美丽一角""朦胧的觉醒与最早的抑郁——艺术思维与艺术世界"，等等，都是书中的精彩之笔。

另外，彭著还在鲁迅创作心理的探索上提出了一些新观点，例如以"蚌病成珠"这一提法概括鲁迅的创作心理就很新颖、中肯。鲁迅一生的种种不幸与悲剧的确如蚌病一样，反而造就了他如珍珠一般的深刻、优美之作，形成了他特有的沉郁、犀利的美学风格。

当然，彭著仍然存在缺憾。前文评价1982年旧版时说"作者立论大胆有余，而谨严沉积不够"，1992年新版在这方面有所改进，但仍然有大作皇皇而有时又阔论泛泛之感。试拿该书第一章对于时代背景的洋洋大论与唐弢未完稿第一章的绍兴乡俗述说进行一下比较，就可加深这种感受：彭著以排山倒海之势大论世纪末动荡激变的历史潮流，并未能显现鲁迅的独特个性，因为其他文化巨人也是这样的；而唐著则轻轻一述绍兴的"女儿酒""钱猢狲"，特别是一讲那个徐文长的传说，一位奇倔、诙谐的绍兴黄酒酿出的鲁迅形象立时活脱脱地跃然纸上了。

吴俊著《鲁迅评传》。

这本书由百花洲文艺出版社作为"国学大师丛书"之一于1992年8月出版，13.5万字，以鲁迅的学术生涯为主要线索，而以其中的几项最重要的研究工作及成果如校勘《嵇康集》、撰写《中国小说史略》等为结构重心，分门别类地描绘并阐释鲁迅的学术生平、学术成果和学术思想。

第1章导论，从"五四"时代中国传统国学研究向现代国学研究转型的历史背景这一大视野中，说明鲁迅对于中国传统学术文化的批判是出于"五四"新文化启蒙运动的需要；他之"憎"中国的传统学术文化，正植根和伏源于他之"爱"，是要以现代精神和现代方法整理和研究国学，这正是鲁迅国学研究的时代特征与个性动因。所以，"鲁迅是中国现代国学研究中表现出最强烈的个性色彩和特点的典型代表"，"不愧是中国现代最杰出的一位思想伟人，并树立了一种崇高的文化人格形象"。由于作者志在研究中国现代学术史和学术思想史论，认真研读过一些国学著作，力图真正全面地把握中国传统学术文化的思想实质与精神面貌，用现代的科学眼光来审视和分析前辈学者的研究成果，因而这一章导论写得很好，以高屋建瓴、势如破竹的气度，令人信服地解释了鲁迅为什么既激烈批判中国传统学术文化又毕生浸润于国学研究中的疑问，这都是从宏观背景上进行"俯视"而不就事论事的现代学术视野与思维方式发挥了作用。

第2章"师心使气 希踪古贤"，评析了鲁迅在章太炎影响下扬弃了对于林纾、严复之辈桐城派古文的敬意而悉心于魏晋间文，倾慕嵇、阮的心灵历程。在烛幽发微的评析中，作者不时发出切中肯綮的议论和回肠荡气的感慨："正是在嵇康的诗文中，鲁迅才顿觉有知音、知己和大获吾心之感动，使他长达数十年并历十数校而浸淫于这位命运艰厄、心灵卓绝的古代贤哲的精神世界中。""这与其说是出于一种学术的动机，不如说更多的是他自己一种精神的要求和心灵的满足。知嵇康者，非鲁迅莫属；而知鲁迅者，其选谁属？其人安在？念天地之悠悠，独怆然而涕下。我不能不发古人之叹。"这些闪烁灼识、感人肺腑的议论和感慨，是吴著最精彩的光点。

第3章"纵游稗海　上下千年"，评述了鲁迅纵游杂史稗海、撰写《中国小说史略》等文学史著作的历程及其独特的方式与心态，认为《中国小说史略》是在详备资料的基础上产生的划时代著作，其主要特色是"史识"，"有广泛的思想涵盖面"，因为"鲁迅是思想家和社会批评家而又为学者，他的《中国小说史略》才最足以堪当才、学、识三方面都超然出群的一部专史著作"。这样，吴著就敏锐地抓住了鲁迅作为伟大思想家、社会批评家与一般专家、学者的区别，不致使自己对鲁迅著作的认识降低到一般性的学术层次。另外，吴著还透辟地指出："鲁迅比他以后的小说史家都要显出更纯粹的文学家和学者的身份本色。""赖以评价中国古代小说的最高标准，除了作品的文学性而外，恐怕就没有其他因素堪当其任了。"能够把这点坚持到底，只能归因于鲁迅的人格素质。然后，吴著又指出了鲁迅该著的"缺失"是"缺少一种从语言发展视角来论述和阐明古代小说进化的明确的历史线索"。这绝不是贬损鲁迅，而是体现出了一种平等对待研究对象的科学态度。

第4章"潜心金石　冥思真极"，显得比较薄弱，只能从外围和第二手材料中进行一些推测和想象，不能深入内里进行分析。不过，作者对此也坦言浅陋，承认无力揭示真谛。这并非作者一人不行，恐怕中青年学者都缺乏此项学力，从中也说明要真正读懂鲁迅，不在学术功底上下大力气，真是不可能的。不过，作者还是有所发现，指出"佛气"与"尼采"之间的联系以及二者在鲁迅生命意识中的价值，即是一例。

吴著刚出版时，有人曾经担心把鲁迅列为国学大师会降低他的价值，而细读该书之后，这种担心就消失了，因为吴著是从"学术"之"一隅"窥视鲁迅作为思想家和社会批评家的文化底蕴与深厚功力的，把他与一般专家、学者严格区别开了。学术是鲁迅的根柢，是鲁迅研究不可缺少的重要方面，吴著刚刚开了一个头，还企盼后来者写出更为完满的鲁迅学术评传，一是要对金石学、佛学等较深奥的领域有更深的涉猎，二是要更加重传的成分，不要再分作专论。

吴俊还有《鲁迅个性心理研究》一书，由华东师范大学出版社于1992年12月出版，虽然不算是正式传记，但也从个性心理的角度评述了鲁迅一生的心灵历程，对以后的鲁迅传记写作有所启发。

王晓明著《无法直面的人生——鲁迅传》。

这本书由上海文艺出版社于1993年12月出版，17.4万字，《世纪回眸（人物系列）》中的一种，是一部用散文语言叙述鲁迅的一生、"凸现他精神危机和内心痛苦"的传记。

这部传记出版后影响较大，很受青年读者欢迎。从鲁迅传记学史的视野中观察，此传受到欢迎的缘由是非常显豁的：在人们对众多一般化、公式化的鲁迅传记感到厌倦的时候，王著却反弹琵琶，弹出了新调门，道出了新感受，说出了新话语，品出了新味道，从而也开出了新生面，怎么能不受人欢迎呢？

王著之新，主要表现在以下五点：

态度新。王著在序中直白道："能够懂得这人生的难以直面，大概也就能真正懂得鲁迅了吧。我不再像先前那样崇拜他了，但我自觉在深层的心理和情感距离上，似乎是离他越来越近，我也不再将他视作一个偶像，他分明就在我们中间，和我们一样在深重的危机中苦苦挣扎。"这种感情态度的转移，在鲁迅认知史上是非常关键的环节。长期以来，政治造神运动波及鲁迅研究的最大恶果，就是把鲁迅当作神来崇拜，这样就必然失去了与研究对象之间的平等的感情态度，不可能进行科学的认知。20世纪80年代初，学术界已经明确感到了这一问题，提出了反对"神化鲁迅"的口号。然而，提出口号是一回事，在认知和研究中真正实现感情态度的转移又是一回事，经过近十年的痛苦磨砺，到20世纪80年代末90年代初，一些鲁迅研究学者开始在实践中完成这一转移，而王晓明则是其中引人注目者。

思维新。由于不再将鲁迅视作一个偶像，而当作我们中间的一个同样

"在深重的危机中苦苦挣扎"的人，就必定会随着感情态度的转移而实现思维方式的转变，不再按照"唯上""唯书"的思维模式进行诠释和膜拜，而是从鲁迅的客观实际与自己的主观感受出发进行独到的评骘与阐析，这样就在思维活动中开出了新生面。

体式新。随着思维方式的拓新、思维空间的拓展，传记的体式也因而更新，不再按照以往的既定模式写什么思想发展与世界观转变，而是旨在凸显鲁迅的"精神危机和内心痛苦"，并以此为宗旨安排全传的结构与章节，形成新鲜而富有个性的体式。

话语新。在新的体式中，就必须熔铸新的话语系统。王著设计了"我""你""他"三点交流的格局，使作者、读者、传主之间循环对流，仿佛三个朋友在围炉夜话、私下谈心，以汩汩如溪流般静淌的散文语言娓娓道来，的确是动人心扉、感人肺腑。读者在对有些板着面孔、讲报纸语言的鲁迅传和研究论著厌烦的时候，忽然读到王著，怎能不欣喜、欢迎呢？

感悟新。在态度、思维、体式、话语焕然一新的情况下，王著对鲁迅的精神世界及其作品内涵、处事方式产生了许多独到的新感悟。例如第二章"天突然坍了"，写早慧、敏感的少年鲁迅在祖父犯科场案、家庭坍垮之后的内心感受；第六章"待死堂"，写鲁迅在绍兴会馆的独身生活、与朱安的悲剧婚姻"对他造成精神和生理上的双重折磨"；特别是第十八章"横站"，把鲁迅和周扬们的矛盾概括为"一个试图坚持精神独立的知识分子，和一个讲究实际利害的政治集团的矛盾"，都是发人深省的深邃感悟，充分显示了作者天赋甚高的灵气与悟性。

另外，王著在运用史料方面也提供了可资借鉴的经验：不直接引述，用自己的话进行既不失实又生动流畅的转述，并在各章后边注明出处。这样一方面避免了直接引述的累赘与不顺，另一方面也消除了无根据信口胡说之弊。再者，王著17万多字，篇幅适中，不像有些大部头或多卷本的鲁迅传那样难购难读，适合青年的需求和口味，所以出版后受到年轻读者青睐，的确是很自然的。

但是，这部鲁迅传又确实存在很严重的偏颇，概括起来，主要表现在以下两点：

一、过于偏重个人的生命本能而忽略甚至屏除了人的社会性的集体意识。半个多世纪以来，众多的鲁迅传记和鲁迅研究论著的确存在过于强调社会性集体意识的政治化倾向，忽视了个性心理的研究。然而，倘若为了纠正这种偏向，而走向另一个极端，过于偏重个人的生命本能而忽略甚至屏除了人的社会性的集体意识，就可能陷入更大的谬误。例如王著第十五章"一脚踩进了漩涡"，把鲁迅在上海时期同情共产党，反抗当时的社会黑暗，解释为不愿意失去许广平的爱慕，不甘心被视为落伍，而"不料一脚踩进了政治斗争的漩涡，身不由己地越卷越深，直至被推上与官方公开对抗的位置"。甚至鲁迅抗议国民党当局捕杀柔石等五名年轻的"左联"成员，义无反顾参加杨杏佛葬礼等，都被视为"丧失理智的狂暴"。这样，作者就不仅完全屏除了人的社会性的集体意识，而且失去了最基本的历史公正，连前文所述的曹聚仁的立场都不如了。第十六章"新姿态"，连鲁迅当时评论日本侵占中国东北意义的话，也被指斥为"是完全照着共产党'第三国际'——不仅是中国的共产党，还有斯大林的共产党'第三国际'——的意思来回答了"。无论斯大林和当时的"第三国际"有怎样的错误，反对法西斯、抗击日本帝国主义侵略，终归是历史的主流，鲁迅坚决站在这一主流当中，是他爱国的民族热情与反抗奴隶统治的一贯思想的必然体现，也是他被尊为"民族魂"的重要原因，怎么能置这些基本事实于不顾呢？

二、过于强调绝望和虚无而抹煞鲁迅"反抗绝望"的内心理想。鲁迅在1925年4月11日致赵其文的信中说："明知前路是坟而偏要走，就是反抗绝望，因为我以为绝望而反抗者难，比因希望而战斗者更勇猛、更悲壮。"可见鲁迅并不是因绝望而颓丧，而是战斗得更勇猛、更悲壮了。倘若像王著那样极力渲染鲁迅的绝望和虚无，甚至还嫌他没有"将悲观主义信仰到底"，把晚年达到峰巅的后期杂文说成是"文气似乎都衰竭了",就不能不说是太失之偏颇了。

王著有很突出的优点,也有很明显的偏颇,在青年人中又有较大影响,因而对其优长处应予以彰扬,而对其偏执处又须特别纠正,这才是应有的科学态度,才对鲁迅传记写作的健康发展有利。

陈漱渝著《鲁迅》。

这本书由中国华侨出版社作为"名家简传书系"之一于1997年4月出版,13.8万字,是在作者1983年版《民族魂》的基础上增删、修订而成的鲁迅传新品种。新本增加了5章:第十章"阿Q诞生"、第十一章"东有启明 西有长庚"、第十九章"景云深处是吾家"、第二十章"妻子 秘书 学生"、第二十一章"两人世界到三口之家"。旧本中的"二十八、一份珍贵的情报"全删了,"二十六、共产党人的诤友"内容也有所补充和增强。其余各章,基本照旧。

新本加强了对鲁迅作品的分析,新写的第十章"阿Q诞生",描述了鲁迅从想到阿D、阿Dn、阿Kuei一直到阿Q的构思活动,追述了鲁迅留日时期读到史密斯的《中国人气质》开始思考改造国民性问题的过程,并自然归结到阿Q典型形象的塑造上面,虽然没有什么文艺理论的新名词,却比一些皇皇大论分析得更切实、更合理。

更为突出的,还是进一步发挥了作者考证史实、严格求真的特长,丰富了鲁迅的生活细节。新写的第十一章"东有启明 西有长庚",对鲁迅与周作人兄弟失和的历史疑案进行了严密的考证、分析,最后通过香港出版的赵聪《五四文坛点滴》中的说法和周作人信中对这一说法的首肯作出了比较合理的解释,又以郁达夫、许寿裳、章川岛、俞芳等所有相关人士的回忆作为旁证,令人信服地认定这样的结论:鲁迅与周作人失和的起因是周的日本老婆羽太信子的挑唆,而且主要是由于经济问题。笔者以为,在所有分析二周失和的文章中,陈著这一章当是考证最为细密、周严,分析最为充分、透辟的。其他新写的"景云深处是吾家"等三章,生动、细腻地描绘了鲁迅与许广平婚后的感情生活与得子后的幸福,大为丰富了传记的生活内容。修订的第三十章"共产党人的诤友",合情合理,符合史实,很有意义。而删去的旧本"二十八、一份珍贵的情报",也是出于对史实真确的更加严格的要求,因为"神秘西人案"一事还须进一步验证。

总之,作为一部简传,陈著新本已经属于上乘了,但是如果以更高的标准要求,则仍觉得其对鲁迅作品和思想的论评稍嫌薄弱,需要进行充实、深化,才可能更为理想。

陈平著《鲁迅》(长篇小说)。

这本传记由江苏文艺出版社于1998年4月出版,90万字,分上、下两部,从少年鲁迅离别故乡乘船去南京上学写起,以前的事适当插入追叙,一直写到鲁迅逝世,是至今为止卷帙最长的鲁迅全传。

看来作者对鲁迅的有关资料还是下了很大功夫的,记叙得相当全,一些琐事都写进去了。有些章节也作了小说式的描写,还算可读。但是,不能不承认这部传记总体来说是不成功的。主要根据是:

一、平铺直叙,没有进行艺术的编织和提炼,读后令人有资料长编之感,缺乏吸引力。

二、对生平琐事力图面面俱到,而对反映鲁迅精神世界和个性特征的典型作品和典型细节却忽略了,例如包含了鲁迅全部哲学的《野草》就没有正面描述,这不能不说是捡了芝麻而丢了西瓜。

三、有些章节作了小说式的描写,而多数地方流于罗列和直叙,没有达到长篇小说的艺术标准。

从中得出的教训是:要写出成功的鲁迅传,必须对鲁迅的生平、思想、著作进行一番透彻的研究,努力把握其本质特征,并以此为灵魂提炼材料,精心构思,予以艺术的表现,仅仅满足于面面俱到地平铺直叙是不行的。如果打算写成长篇小说,就更需要下一番艰苦的精神劳作,精心选择中心事件,提炼情节，设计场景，塑造人物，描绘细节，还须讲究语言，绝非可以一蹴而就。

钮岱峰的《鲁迅传》。

这本传记由中国文联出版公司于 1999 年 1 月出版，55.8 万字，是从出生到逝世评述鲁迅整个一生经历和著作的全传，也是 20 世纪出版的最后一部鲁迅传记。

从整体来看，钮著达到了一定水准，叙述从容、舒缓，有时也不乏生动和富有哲理的议论，作者的宗旨是"作传的客观化"，追求"和谐"，因为他认为"只有和谐才能接近历史的真实"，所以在一些地方特别是鲁迅后期的评价上有些汲取了近来的新观念而与以前鲁迅传记有所不同的说法。例如指出鲁迅在接受中共中央关于帝国主义国家首先是日本帝国主义要进攻苏联的观点时，也受到了党内"左"倾路线的影响、左翼理论批评家，包括鲁迅在内，对"第三种人"的斗争确有"左"的倾向，但把一切归咎于左翼作家和鲁迅也是另一种立场的过激，鲁迅不是圣人，他对陈仲山、徐懋庸等人信件的处理都有欠妥之处，不同意"为他造像的后世功利主义文学家"和"终端价值定论"者的归纳等，都有一定道理。

如果钮著早十年问世，一定会取得较大的成功。然而，这是不可能的，它出现在世纪之末，在众多鲁迅传记之后，作者又缺乏鲁迅研究方面的更为长久、深厚的积累和素养，对传主的称谓也不甚合适，发表《狂人日记》之后，传主就以鲁迅之名出现于文坛，钮著却仍以周树人称之，令人感觉不适。加以在总体上没有取得明显的突破，因而没有引起研究界的注意。由此也说明在已有多种鲁迅传记行世的情况下，一方面迫切需要有新的突破，需要看到新的观念、新的内涵、新的形式的鲁迅传，另一方面实现这一突破又是异常艰难的，没有实现明显突破的鲁迅传实在很难引起读者的兴趣，实在没有再行出版的大大必要了。

总之，20 世纪 90 年代的鲁迅传记写作有了更大的发展，其特征是传记写作的表现手法更为多样化，文体结构也更为复杂，汲取了新时期鲁迅研究的一些新成果、新观念，从写作态度上说，进一步把鲁迅当作"人"而不是当作"神"来写，更为接近历史的真实。但是，也出现了一些有违公允的偏颇，末期新出的两部鲁迅传不尽理想，说明要实现突破尚需付出艰苦的努力。

七、理论反思

从欧阳凡海的半部鲁迅评传算起，迄今已有60年了；如从王士菁的第一部全本鲁迅传算起，也已有整整半个世纪。通过以上的历史回顾，可以看到，在这半个多世纪里，出版了众多的鲁迅传，形式日益多样，内容逐步充实，水平明显提高，取得了相当大的成绩。但是，又不能不承认至今仍然没有出现一本与传主鲁迅相称、达到世界传记文学高水准的鲁迅传。

我们不能不认真总结历史的经验，反思其中的缘由。

反思缘由之前，我们需要先想一想鲁迅本人究竟希望人们怎样去写他的传记？这样，就自然回想起前文引述过的鲁迅赠给增田涉的郑板桥的那两句诗："搔痒不着赞何益，入木三分骂亦精。"这其实就是鲁迅对后人提出的告诫，告诫人们在写作他的传记时一定不要采取盲目赞颂的谀墓的态度，而要作入木三分的深刻、精辟的科学批评。实际上，真正有识见的文化伟人对后人都作过类似的要求，美国大诗人惠特曼就对准备为他作传记的人说过："有一天你会替我作传记，你要说老实话。无论你怎样写，都不要替我打扮，我的胡言乱语都要放进去。……我恨许多的传记，因为它们不真实。我国许多的伟人，都被他们写坏了。上帝造人，但是传记家偏要替上帝修改，这里添一点，那里补一点，再添再补，一直等到大家不知道他是什么人了。"[①] 这不禁令人想起纪晓岚在《阅微草堂笔记》卷十三《槐西杂志三》所讲的一个人死

---

① 转引自朱文华《传记通论》，复旦大学出版社1993年版，第90页。

后见到自己的墓碑过谀因而躲避的自白:"墓前忽见一巨碑,螭额篆文,是我官阶姓字,碑文所述,则我皆不知,其中略有影响者,又都过实。我一生朴拙,意已不安;加以游人过读,时有讥评;鬼物聚观,更多姗笑。我不耐其聒,因居于此。……"某公正色曰:"是非之公,人心具在;人即可诳,自问已惭。况公论具存,诳亦何益?荣亲当在显扬,何必以虚词招谤乎?不谓后起者流,所见皆如是也。"这个故事正表现了有识之士对谀墓之风的憎恶。鲁迅也倾吐过这种担心,"一瞑之后,言行两亡,于是无聊之徒,谬托知己,是非蜂起,既以自炫,又以卖钱,连死尸也成了他们的沽名获利之具",陷入文人最"值得悲哀"的境地。① 因此,为鲁迅这样的伟人作传,最根本的一条就是反对谀墓,坚持求真。

其实,西方传记学早在 18 世纪就已完成了从谀墓到写人的现代转变。英国维多利亚时代的传统传记作家笔下的人物,就总是头戴大礼帽,身着燕尾服,仪表举止笨拙滑稽,并且无不被描绘得尽善尽美。他们作传的目的就是颂扬,所以必然为尊者、贤者、亲者讳,把传主塑造成理想的完人。这种谀墓之风,被鲍斯威尔扭转了。他所开创的近代传记重在表现特定时代环境里的人生,完全用写实的方法,如实地暴露传主的缺点,还传主的真面目。对此,麦考莱作出了高度的评价,说道:"如果荷马是第一名诗人,莎士比亚是第一名戏剧家,德莫西尼士是第一名演说家,那么,鲍斯威尔便毫无问题是第一名传记家了。"② 因为这种传记学的现代性转变是与现代思想运动、与人的解放紧密联系在一起的,没有这种转变,传记学就不能算是走上了现代的科学轨道。

相比之下,中国传记学的现代转变实在来得太晚了,就鲁迅传记学史来说,20 世纪是 80 年代才开始有所觉悟,90 年代才出现比较明显的成果,但

---

① 参见《且介亭杂文·忆韦素园君》。
② 转引自朱文华《传记通论》,复旦大学出版社 1993 年版,第 87 页。

还很不圆满。这只能说明中国的现代思想运动与人的解放的进程实在是太缓慢了。然而，要推出科学的、现代的、全新的鲁迅传，把鲁迅研究提升到真正成熟的科学境界，就必须加速这个进程。

除了加速现代思想运动与人的解放的进程之外，就鲁迅传记学来说还有必要反思以下有碍水平提高的缘由：

一、主观与客观。"写出我心中的鲁迅"——这一口号从 20 世纪 80 年代起就在鲁迅研究界叫得很响。由于鲁迅传是对鲁迅生平、著作和一个时期鲁迅观的比较全面的反映，所以鲁迅传记作者对这一口号更为热衷。确实，一千个读者心中就有一千个鲁迅，每一个鲁迅传记作者实际上都是在描画"自己心中的鲁迅"，没有主观色彩和个人特色的鲁迅传是不会成功的。但是，这并不意味着可以容许主观随意性的泛滥。现象学认为：呈现在我们意识经验中的事物是现象，不是事物的本体。正因为如此，我们必须不带任何先入之见和主观想象，而只是以卓然独立于外的静观态度和恬然澄明于内的平静心境反省自己呈现出来而显示给我们的"现象"，从而尽力还原近于真相的本体，达到相对的客观性。以此推理，"自己心中的鲁迅"是呈现在我们意识经验中的一种精神文化现象，不是鲁迅的本体。也正因为如此，我们也必须不带任何先入之见和主观想象，冷静地反省呈现于"心中"的"现象"，尽力还原近于真相的鲁迅，达到相对的客观性，而不是从主观需要出发，对鲁迅进行任意的改造与歪曲。鲁迅传记学史的实例充分证明：从一时一派的政治功利出发杜撰的鲁迅传，即使出自训练有素的专业人员之手，也只能成为扭曲之作。这样的历史教训是必须永远记取的。

要克服主观随意性，达到相对的客观性，还必须善于从鲁迅当时所处的历史环境出发进行思考，避免以现在的标准苛求鲁迅。不同的时代，对鲁迅有不同的阐释。阐释本身就是一种创造，而这种创造必须是符实的，不能是臆造的。阐释学之父狄尔泰认为：理解历史人物和他们的产物靠"重新体验"或"设身处地"，即想象你在当时当地的特殊情况下，作为你研究的那个历史人物会如何思想，如何行动，会有什么喜怒哀乐。例如 20 世纪二三十年代鲁迅和一大批先进知识分子倒向共产主义一边，如今我们应该进行一下"重新体验"，"设身处地"地想象他们在当时当地做出这种抉择的心理动因和时代条件，不可按照现在的情况持简单的否定态度。

　　二、史料与文本。经过半个多世纪的搜集、积累，鲁迅的生平史料应当说是达到相当完备的程度了。当然，并不是说史料工作已经到头了，事实上还有许多工作需要去做，不仅鲁迅本人的生平史实需要进一步挖掘、考证，鲁迅与周围人物的关系及其所处历史环境的背景资料更加需要大力搜集、整理，只有这样才能使新的鲁迅传有一个厚实、宽广的基础，开出一派崭新的天地。但是，无论怎样说，鲁迅的史料终究比其他现代文化名人详备、丰富得多，写好新鲁迅传的主要工作是如何将丰厚的史料熔炼成完美的文本。

　　鲁迅传记学史的诸多实例充分证明：仅将鲁迅的有关史料作为长编详尽摆出，无论怎样齐全都不会写成功的。西方传记学的现代转折，也在于纠正了维多利亚时期传记那种因受考证风气影响而形成的堆砌材料、繁征博引、篇幅冗长的弊病，要求传记作品"清晰简洁"，去掉所有多余的东西，而不遗漏最重要的。

　　什么是最重要的？就是传主的性格特征及其形成的内在根据和发展过程。西方最杰出的传记作家斯特拉奇在创作《维多利亚女王传》时就是这样做的，他一反以往传记作品为帝王歌功颂德之风，用冷静、客观的笔触，把高高在上、凛凛不可侵犯而又有七情六欲的女王，当作一个活生生的女人来写，用三分之二强的篇幅描述女王性格的形成过程，又用其余篇幅反映传主性格形成后的活动情况，这样就把注意力集中在内部的发展而不是外部的事件上，由此征服材料，把各种材料融汇成易于被读者接受的形式，熔铸成了给人以强烈印象又和谐统一的文本。从鲁迅传记学史中也可以寻出不少这方面的经验，林辰先生说过："研究一个伟大的人物，有些人往往只从他的学问、道德、事业等大处上着眼，而轻轻放过了他的较为隐晦、较为细微的许多地方，这显然不是正确的方法。因为在研究上,一篇峨冠博带的文章,有时会不及几行书信、半页日记的重要;慷慨悲歌,也许反不如灯前絮语,更足以显示一个人的真面目、真精神。因此,我们在知道了鲁迅先生在思想、文艺、民族解放事业上的种种大功业之外,还须研究其他素不为人注意的一些事迹。必须这样,然后才能从人的鲁迅的身上去作具体深入的了解。"曹聚仁先生非常赞扬林辰先生的这个见解,特地在《鲁迅评传》中加以引述,并概括为"观人于微"四字,其义就是强调要注意发现那些内在的反映传主性格特征的细微处,予以凸显,不要仅把眼光放在那些外在的表面轰轰烈烈却不能表现人物性格的现象上。细读唐弢先生未完成的鲁迅传第一、二章,就会感到他正是深悟此理并刻意去做的,然而有些年轻的作者则尚未悟出此道,仅在贪大求长,不注意把握和刻画鲁迅的性格。

而要在鲁迅传记写作中做到取材适宜,成功地把握和刻画鲁迅的性格,凸显鲁迅思想、作品的精髓,就须努力站到理论的制高点上,将鲁迅和他所处的历史时代尽览眼底、囊括胸中,磨砺出一种锐利的穿透力和巨大的整合力,从宏观与微观相统一的凝聚点上淘洗、冶炼史料。既不能离得过近,将目光沾滞在眼前琐事上,使得笔力分散,缺乏概括力;又不可悬得过高,看不见那些典型的事例,使得笔下过虚,空泛无力。譬如看一只大象,离得太近了,可能只看到一只腿,甚至厚皮皱褶中的蚤子;离得太远了,又会看不清,或者只看到一个黑点。

还须进行精心的艺术构思,建构起新颖独到的艺术框架和委婉多致的抒写路径,将观察、思考的结晶提炼、熔铸成精美、和谐的文体。

另外,还须讲究笔调,锤炼语言,叙述、议论、抒情搭配得当,传主的称谓最好是"鲁迅",特别是发表《狂人日记》之后更是这样称谓为好。

三、写传与研究。鲁迅传应当是一定时期鲁迅研究成果的集中反映,所以鲁迅研究学者在研究到相当程度时往往有写作鲁迅传的欲望,鲁迅传不仅反映了作者本人的研究特点,而且表现了一定时期鲁迅研究整体的水平。反之，鲁迅传也往往反映了作者和一定时期鲁迅研究的整体弱点。例如20世纪50年代的鲁迅传不可能对鲁迅与朱安的悲剧婚姻有所反映，80年代的鲁迅传有所反映正是这一时期的鲁迅研究和思想观念有所突破的表现。而直到90年代末期，所出的鲁迅传对鲁迅在学术领域特别是金石方面的成就涉及甚少以至不敢涉足，也正是当前鲁迅研究学者缺乏这方面学养的反映。而鲁迅作为一位思想家、文学家的学问根柢的重要支柱之一正是他对中国古典文化尤其是金石学的深湛造诣。据鲁迅博物馆张杰先生说："鲁迅收藏的石刻拓本四千余种，六千余张，保存至今。另据报载，北京大学图书馆至百年校庆共藏石刻拓本一万余张。两方相较，可知的石刻拓本收藏之富。"[①] 又据叶淑穗、杨燕丽所著《从鲁迅遗物认识鲁迅》[②] 记载，鲁迅对古钱、人俑、古砖等物的收藏也异常重视，深有研究。鲁迅对金石学的研究是贯串一生的，对他的知识结构、个性心理、文化趣味、审美标准、美学风格等都有浓郁的浸染与深刻的影响，如果对这一极为重要的领域缺乏应有的研究，怎么能反映鲁迅的全貌呢？所以，随着这一空白的填补和鲁迅在学术成就的进一步研究，以后的鲁迅传一定会出现新的面貌。

八、新路设想

著名鲁迅学家吴小美先生在展望鲁迅研究新路向时这样说道："随着新的研究格局和体系的形成，新的描述语言的确立，一部总结新的研究成果，以全新的令我们'陌生'并惊喜的语汇写成的《鲁迅传》或《鲁迅评传》将会问世。这可能是一部充满深刻的时代苦难和心灵伤痛的伟大天才的传记，也将是未来鲁迅研究的又一个'热点'。"[③] 这一预言本身就是令人鼓舞的，在新

[①] 张杰：《鲁迅与"罗王之学"》，《鲁迅研究月刊》1999年第8期。

[②] 中国人民大学出版社1999年版。

[③] 吴小美：《开创"鲁迅世界"诠释与研究的新局面》，《鲁迅研究月刊》1994年第3期。

的鲁迅传问世之前,不妨让我们作一下新路的设想。新的鲁迅传会是什么样的呢?这难以想象,不过我们可以先看看世界传记文学的最高水准究竟是什么样的。

最近我细细品读了奥地利大作家施蒂芬·茨威格的几部传记,不觉为之倾倒,联想起许多有关鲁迅传记写作的问题。

茨威格在《三大师》①一书引言中说:"这些文章不是入门简介,而是升华、沉淀和提炼。因为高度的凝练,所以每篇文章便只能写出我自认为重要的东西。"什么是茨威格认为的重要的东西呢?他在《自画像·司汤达》中说司汤达"只关心一件事,'塑造他的性格',将他的性格,他的精神面貌更鲜明地塑造出来",以至"对于灵魂以外的东西记的如此之少,没有任何数字,日期,事件和地点"。这其实也正是茨威格传记写作的要领,他把人、人的精神和灵魂当作最主要的研究对象和全力表现的主题,把不同精神类型的作家分成不同的组合,同一组合的作家又细分出不同的特征,用刀刻一般的笔力去精心雕塑,使其显现出鲜明的个性,令人永难忘怀。例如《与魔鬼搏斗》一书,就把荷尔德林、克莱斯特、尼采三位不同寻常的作家分为同一精神类型,认为他们是被"魔"所控制的富有创造力的人,身上都有一种不安分的生命的躁动,终于在与"恶魔"的搏斗中倒下去。所以,全书都集中笔力以饱满的诗情、深邃的哲理描述这三个人物的这种共同的精神历程,同时又凸显出他们各自不同的个性特征:荷尔德林壮美,克莱斯特精湛,尼采深刻。然而,书中对传主精神以外的东西却记得如此之少,生活迁移中的日期、事件和地点几乎略去不提。不过,这并不意味着茨威格的笔法粗略,而是说他善于取舍,善于抓住那些看似微不足道却最能反映人物精神特征的具有决定意义的细节,大胆舍弃那些貌似堂皇重大、实则空洞无物的形式。譬

---

① "斯蒂芬·茨威格人物传记系列":《自画像》(卡萨诺瓦、司汤达、托尔斯泰)、《精神疗法》(梅斯梅尔、玛丽·贝克尔、弗洛伊德)、《三大师》(巴尔扎克、狄更斯、陀思妥耶夫斯基)、《与魔鬼作斗争》(荷尔德林、克莱斯特、尼采),西苑出版社 1998 年版。本文引用东方出版社 1998 年版的《与魔鬼搏斗》。

如写尼采时，对他的家乡和生活迁移地几乎没有提及，而在第二章《双重画像》中对他寓所里的环境、家具、什物进行了细致入微的描绘，从而突出了尼采室内没有一束花、一件装饰品甚至一封信，只是一个人数小时孤独地坐在那里写作的个性特征。精雕细刻地描画传主的肖像特别是眼睛，是茨威格的一大特长，像对托尔斯泰目光和陀思妥耶夫斯基面容的刻画可以说达到了登峰造极的境地。另外，茨威格还善于运用比较的方法区别和突出传主的性格特征，例如以信奉圆满生命享受的歌德反衬荷尔德林、克莱斯特、尼采的生命躁动，通过与王尔德、托尔斯泰、歌德的比较凸显了陀思妥耶夫斯基为恶魔般的厄运所锻造、变灾难为福祉的病态的天才。而最根本的还是传记写作的态度问题，茨威格坚决反对粉红色的粉饰和黑色的诋毁，坚持实事求是的历史的分析。他为玛丽·贝克尔这个基督教科学派的女创始人作传时，既揭示了这个女人凡俗、病态、专横的本相，又精辟分析了她得以成功的历史条件与个人的天才因素。

由此我又联想起罗曼·罗兰的《贝多芬传》。这篇著名的传记仅有两万五千字，还有近五分之一篇幅是贝多芬书信和同时代人回忆录的摘引，然而却产生了巨大的震撼力，成为世界第一流的传世之作。个中原因何在呢？

我以为首先在于罗曼·罗兰和茨威格一样抓住了传主最主要的东西——贝多芬的灵魂和精神的核心，内心世界中最本质的要素——从苦难中挣得欢乐。该传着力刻画的贝多芬的第一个苦难就是耳聋，这对于一位音乐家来说是致命的；第二个苦难是失恋，这对于一位渴望真挚爱情的艺术家来说也是致命的；第三个苦难是穷，无法维持生活，却又迫于面子忍耐硬撑；第四个苦难是彻底的孤独，没有家庭与后人，寄一切希望和慈悲之怀于他的侄儿，侄儿却不争气，使他失去了最后的希望。最终，写贝多芬在贫病交困中孤独地死去，所有财产和作品仅换得极其微薄的金钱。在步步紧逼地写出贝多芬的苦难的同时，又步步深入地写出他为世界创造的欢乐。苦难愈是深重，欢乐愈是巨大，对人内心世界的震撼力也愈是强烈，传记以极短的篇幅爆发出极大的能量，取得了极高的成就。

另外，罗曼·罗兰也像茨威格一样，善于在最能表现传主精神个性的细节处做文章。例如以浓重的笔墨写贝多芬与歌德在君王公卿面前的不同态度：歌德深深地弯着腰，帽子拿在手里，毕恭毕敬地致礼；贝多芬却背着手，往最密的人丛中撞去，因为他认为："君王与公卿尽可造成教授与机要参赞，尽可赏赐他们头衔与勋章；但他们不能造成伟大的人物，不能造成超临庸俗社会的心灵……而当我和歌德这样两个人在一起时，这般君侯贵胄应当感到我们的伟大。"①通过这一细节，贝多芬倔强之极的精神个性极为鲜明地凸显出来了。罗曼·罗兰和茨威格这两位世界一流的传记作家就是这样以超凡的大手笔，用最少的笔墨写出充满激情和哲理的最高水平的传记。

相比之下，我们中国的传记作家和鲁迅研究学者应当感到羞愧，至今为止，不仅没有出现一部堪与罗曼·罗兰、茨威格传记作品相媲美的鲁迅传，就是整个近代传记领域都未能产生一部达到世界水平的作品。个中原因难道不值得深思吗？

其实，中国是具有悠久的传记文学优秀传统的。司马迁的《史记》无论在中国还是在世界传记史上都堪称"史家之绝唱，无韵之《离骚》"②，充溢着这位"倜傥非常之人"的"究天人之际，通古今之变"的"一家之言"与浩然正气，为什么两千多年后的今人，反倒不如古人了呢？最主要的原因是中国知识分子历尽封建专制压榨、禁锢之后，患上了"软骨病"，失去了"独立之意志，自由之思想"，从而也丧失了浩大的气格与艺术的个性。在这样的状况下，怎么可能攀登世界高峰、恢复历史传统呢？

所以，要催促全新的达到世界水平的鲁迅传出现，首先必须恢复"独立之意志，自由之思想"，培养浩大的气格，锻铸艺术的个性，写出堪与罗曼·罗兰、茨威格作品相媲美的短传。既然罗曼·罗兰能以两万五千字铸造

---

① 傅雷译：《傅译传记五种》，生活·读书·新知三联书店1983年版，第146页。
② 鲁迅：《汉文学史纲要·第十篇　司马相如与司马迁》，《鲁迅全集》第9卷，人民文学出版社1981年版，第420页。

出贝多芬，茨威格能以数万字雕塑出司汤达、托尔斯泰，我们为什么不能以十万字左右的篇幅熔炼出一位全新的鲁迅呢？胡塞尔在临死前两个月曾说过："人不应该念念于所经历的琐节。"生平事迹在哲学家心目中如过眼烟云，他们所拥有的只是激动人心的思想历程。当代著名哲学家海德格尔在一次讲授亚里士多德的课程上，介绍他的生平说："他生下来，活着，又死了。"接着就是开始讲述他的哲学思想了。[①]在思想家看来，思想才是最重要的。一个思想家在其领域是否成功，全看他的思想历程是不是深远。在荆棘丛生的思想之途上跋涉，才是思想家最有意义的一生。思想家的一生，就是思想经历的一生。据说有人曾问大雕塑家罗丹究竟什么是雕塑，罗丹答道：雕塑就是把一切多余的泥砍去，而留下最必要的。我们为什么不可以把鲁迅的生平琐节略去，写一篇完全描述鲁迅精神历程的传记呢？当然，对于那些能够突出鲁迅精神特征的细节绝不能放弃，而要施以浓墨重彩，但对于那些只能成为过眼烟云的细枝末节，则必须舍弃，绝不可一叶障目，因小失大。如何才能做到取舍得当、轻重适宜呢？这就要看作者是否具有高气格、深眼光、大手笔了。

自然，仅有短制还是不够的。罗曼·罗兰说过，他除了为贝多芬写这支短篇颂歌之外，还预备另写一部以严格的史学方法写成的专门性的渊博著作。那么，对于鲁迅来说，写一部严格的学术性、系统性的鲁迅评传或者鲁迅传论就显得格外重要了。

经过近一个世纪特别是近20年的努力，鲁迅研究积累了非常丰富的学术成果，填补了很多的学术空白，然而已经出版的鲁迅传没有一部能够比较充分地对比予以反映。鲁迅传应该是一定时期鲁迅研究成果的及时总结，是一定时期的读者从新的视野全面了解鲁迅、认识鲁迅的便捷途径，因此我们企望反映新的鲁迅研究成果的新版鲁迅传尽早出现。这种新版鲁迅传不能仅仅是短篇的普及性的读物，而应该是宏篇巨制型的全面、系统、深刻、扎实的

---

① 转引自易杰雄主编《现代世界十大思想家》，江苏人民出版社1995年版，第407—408页。

学术性评传。这样的评传，只要确有水平，内容充实，观点独到，就不必担心卷帙浩繁，字数庞大。三卷、五卷都可以，一百万、二百万不嫌多。事实上，由于鲁迅思想、作品内涵的深邃，覆盖的巨大，线索的复杂，篇幅过小是难以囊括、难以说清的。仅从鲁迅早期五篇论文来看，就可窥豹一斑，已出版的诸多鲁迅传不是浅尝辄止，就是一字不提，这样就很难展现鲁迅早期思想的全貌，也很难溯清鲁迅思想的本源，而要弥补这一缺憾，讲清这五篇论文的要旨及其产生的时代背景和思想来源，没有十余万字是断不可能的。再有，鲁迅在学术上的造诣极深，要比较全面地评述他的学术成就，字少了是不可能的。例如仅金石学一项，恐怕就必须有足够的篇章才能说清，何况其他更为重头的项目呢？

除了全面、系统的大型学术评传之外，还可以写侧重一个专题的单线性学术传记。例如专门评述鲁迅学术历程的传记，或者专门描述鲁迅文学创作道路的传记，等等。只要确有新意，确有独特的表现形式，就可以大胆去写。

还可以采取比较评传的体例，写一写鲁迅与胡适、周作人、郭沫若等人的比较评传，也都是很好的比较课题，已经有学者进行了卓有成绩的工作，还可以写出更为深入的专著来。

文学体裁的鲁迅传也大有可为，戏剧、电影、电视剧、小说、诗歌等十八般武器都可敞开运用，但是必须讲究艺术，严加锤炼，不可粗制滥造，徒有其表。例如采取长篇小说体裁，不可重蹈资料长编式的覆辙，满足于从生到死平铺直叙，而应该反复提炼，精心构思，巧妙布局，淘洗语言，制成真正的艺术品。

原载《鲁迅研究月刊》2000 年第 3、4、5、6、7、8 期

鲁迅的又一个"原点"
——1923年的鲁迅

汪卫东

一

竹内好在20世纪40年代写的《鲁迅》一书中，通过对鲁迅生平的考察，发现了其中的一个"最不清楚的部分"[①]，即"蛰居"绍兴会馆的时期。这正是周树人成为鲁迅之前的长达六年的沉默时期，因而成为竹内的关注点，竹内试图在其中发现文学家鲁迅诞生的秘密。由于此时期鲁迅个人文本资料的欠缺，竹内以打破沉默后的第一篇小说《狂人日记》以及后来的《呐喊·自序》作为主要分析对象，来推知鲁迅在会馆时期的所思所想。在近乎直观式的把握和文学性的描述中，他敏锐地发现，鲁迅在这一时期形成了"罪的自觉"，并对政治产生了绝望，前者指向自身，后者指向中国近代变革的方式，这大概就是他所说的作为鲁迅文学基础的"无"吧。在此基础上，竹内断定，文学家鲁迅产生于沉默的S会馆时期，它孕育形成了鲁迅之成为鲁迅的东西。竹内天才式的阐释其实确立了日本鲁迅研究的范式，其后的日本鲁迅研究者多以极大的兴趣关注这一时期对于鲁迅的意义，并作出了种种

[①] [日]竹内好：《鲁迅》，李心峰译，浙江文艺出版社1986年版，第44页。

新的阐释,如伊藤虎丸和木山英雄等的杰出研究。也就是说,不管他们的研究结论有何分歧,但试图在神秘的 S 会馆时期发现鲁迅的"原点",则是他们的共同兴趣所在。[1] 笔者以为,由竹内奠基的日本鲁迅研究的这一范式,确实对鲁迅世界有着烛幽洞微的发现,并具备一定的说服力,但把鲁迅的"秘密"集中于某一时期的做法,则容易在放大某一时期的同时,而忽略了其他时期的重要性,在论述中也不免陷入难以自圆其说的困境,如竹内为了突出、强调鲁迅的文学自觉就是源于此时,他不得不压低日本时期鲁迅弃医从文的重要性,因而着重对"幻灯片事件"进行解构,以强调鲁迅这时并未形成真正的文学自觉;面对鲁迅后来在自述性的文章中不断回顾、强调"幻灯片事件"的事实,他又不得不花大量篇幅去解释、淡化这些文章的意义。[2] 我觉得,鲁迅强烈的自我意识,使他的一生实际上经历了一个不断反思、挣扎、调整和转化的过程,其中某些时期确实具有决定性的意义,但绝不能只看到某一个时期。鉴于此,我愿意在此剔出 1923 这一年,试图发掘它在鲁迅的自我形成过程中的重要意义。

二

1923 年,是鲁迅两个创作高峰间的沉默的一年。在这之前,是"五四"高潮时期的"一发而不可收"的《呐喊》的创作,其后,开始了《彷徨》和《野草》的创作,而就在这一年,鲁迅却几乎停止了创作,除了没有间断的日记,现在所能见到的作品,是收入《鲁迅全集》中的《关于〈小说世界〉》和《看了魏建功君的〈不敢盲从〉以后的几句声明》两篇,以及致蔡元培、许

---

[1] 有关论述参阅 [日] 竹内好著《鲁迅》,[日] 伊藤虎丸著、李冬木译《鲁迅与日本人——亚洲的近代与"个"的思想》(河北教育出版社 2000 年版),伊藤虎丸著、孙猛等译《鲁迅、创造社与日本文学:中日近现代比较文学初探》(北京大学出版 1995 年版)以及木山英雄著、赵京华译《〈野草〉的诗与"哲学"》(《鲁迅研究月刊》1999 年第 9、10、11 期)。

[2] 参见 [日] 竹内好《鲁迅》,李心峰译,浙江文艺出版社 1986 年版,第 55—60 页。

寿裳和孙伏园三位熟人的四封信，前者收入他去世后辑录的《集外集拾遗补编》，后者收入"书信"集，皆为其生平所未亲自收集者。总之，鲁迅1923年的文字，只有寥寥几篇，其中很难找到真正称得上是创作的作品，更不谈小说的创作了。可以说，鲁迅在这一年陷入了沉默。具有象征意味的是，恰在1923年的"前夜"——1922年12月3日夜，鲁迅编定自己前期的最重要的成果——小说集《呐喊》，并作了著名的《呐喊·自序》；走出1923年的1924年2月7日，鲁迅开始了《彷徨》的第一篇小说《祝福》的创作，并一发而不可收。年前的总结和年终的发言，正好衬托出这一年中黑洞般的沉默。

1923年，也是鲁迅的前期成果开始收获的一年。1923年6月，他与周作人合译的《现代日本小说集》由商务印书馆出版；8月，他的第一本小说集《呐喊》由北京新潮社出版；12月，所编讲义《中国小说史略》（上册）由北京新潮社出版，同时，其下册也已编定。这些成果，包括小说创作、翻译和学术研究，几乎囊括了他走出会馆以后各方面所有的成果。诸多收成在同一年获得，如果从象征意义来看，大概意味着他前一时期工作的告一段落吧。

1923年，发生了对于鲁迅的人生有着决定性影响的事件。1923年7月19日，鲁迅接到周作人亲手递给他的一封绝交信，曾经誓言永不分离的周氏兄弟突然失和；8月2日，鲁迅搬出八道湾11号；同在7月，鲁迅因许寿裳的关系，受聘为北京女子高等师范学校讲师，并于10月13日开始授课。如果说兄弟二人的分裂让鲁迅与前期的家庭生活告一段落，那么，接受北京女子高等师范学校的聘书，因为涉及女师大事件及许广平的"闯入"，拉开了鲁迅此后新的人生的大幕。应该说，这两个偶然发生于同月的事件，恰恰在鲁迅的人生中起到了决定性的承前启后的作用。

以上事实至少象征性地说明，1923年，对于鲁迅是颇有意味的一年，问题是，1923年对于鲁迅到底意味着什么？和竹内对鲁迅迷人的沉默尤感兴趣一样，我想了解的是，这一年的沉默对于鲁迅意味着什么？在一年的沉默中，鲁迅又孕育了什么新的东西？

沉默之后留下的只有行为，我们先看鲁迅在这一年除了上述象征性事件外，主要做了些什么。

要探寻鲁迅的日常行止，他自己的日记是他最好的传记，我们还是以他的日记为文本。鲁迅日记1923年所记，大多是与以前日记相似的日常琐事，但如果细加分辨，则可以发现，7月19日兄弟失和之前鲁迅的日常行止，和以前的日记所记载同，如书刊信件的寄收、老友学生的造访、同友人在外餐饭、"往大学讲"、"游小市"、"购书"、"夜修补古书"等日常琐事，所不同者，这年的日记中少了前此时期（"五四"时期）常见的对夜间创作的记载，这本来是鲁迅的习惯，有所创作一般都在日记中留下记载。如果不计较这一迹象，这一年的日记大概也和他以前任何一年的日记没有什么区别吧。但是，7月兄弟失和以后，日记中出现了此前包括以后都没有出现过的内容，并成了日记的主要内容——对搬家、寻屋、购房和装修的大量记载。7月19日二人失和，26日"上午往砖塔胡同看屋。下午收书籍入箱"。29日"终日收书册入箱，夜毕"。30日"上午以书籍、法帖等大小十二箱寄存教育部"。31日"上午访裘子元，同去看屋。……下午收拾行李"。8月1日"午后收拾行李"。2日"下午携妇迁居砖塔胡同六十一号"。[①]一系列紧锣密鼓的行动，说明鲁迅在7月19日对周作人"后邀欲问之，不至"后的绝望、愤怒与果决。砖塔胡同是临时租住，为了买到可以长期居住的房屋，此后，鲁迅转入频繁的看屋行动中。从8月16日"午后李茂如、崔月川来，即同往菠萝仓一带看屋"始，至10月30日买定阜成门内三条胡同二十一号旧屋六间，鲁迅在这短短的两个多月共出门看屋二十多次，此后，又多次出门办理房屋过户手续，其间，9月24日"咳嗽，似中寒"，鲁迅因兄弟失和的打击及连日的操劳，生了一场病，其后有多次服药和上山本医院就医的记载，直至11月8日，始记下"夜饮汾酒，始废粥进饭，距始病时三十九日矣"。病始初步痊愈。但即使

---

① 鲁迅日记皆引自《鲁迅全集》第14卷，人民文学出版社1981年版，下所引日记同。

在卧病期间，鲁迅还坚持亲自看房、办理房屋过户手续、装修房屋等。这一年对于鲁迅，确实是琐事缠身的一年。

这些琐事都产生于兄弟的失和，由此可见这一事件对鲁迅生活的影响，但这件事对鲁迅内心的冲击，应该说是更大吧。我觉得，在鲁迅拼命忙碌的背后，该是一颗试图极力掩藏起来的流血的心。周氏兄弟失和的原因，由于已无法找到实证，至今仍像谜一样吸引着人们的猜测。即使现在不能确认是何原因导致这个对兄弟二人都影响至大的事件，但可以肯定，这件事来得太突然，且二人对原因都讳莫如深。在事情发生的十几天前的七月三日，日记中还有"与二弟至东安市场，又至东交民巷书店，又至山本照相馆买云冈石窟佛像写真十四枚，又正定木佛像写真三枚，共泉六元八角"的记载，当周作人十多天后突然拿来绝交信的时候，至少鲁迅是始料未及的吧；如果真如传言所说，周作人的理由是认为大哥对弟媳的非礼，则无论是真是假，这样的失和对于双方都是像吃了苍蝇一样恶心的事。在日常生活中，兄弟之间的失和也是不少见的，但这件事发生在周氏兄弟之间，其影响非同寻常，这是由二人后来的人生所证明了的，尤其是对于鲁迅，其强烈的自我意识及精神气质，使几乎每一件事都成为其精神世界中的精神事件，对兄弟失和亦应作如是观。充分估量这一精神事件对鲁迅自我的影响，尚需进入鲁迅当时的精神世界，以发现这一事件在鲁迅当时的精神世界中的位置及其作用，就是说，我们得先了解走进1923年时鲁迅的心态。

1923年的鲁迅虽然还没有开始《彷徨》的创作，其实，其心境早已进入了"彷徨"时期。1921年胡适写信给《新青年》的各位编辑，征求刊物以后的改变方向，标志着《新青年》团体开始解体。虽然鲁迅在代周作人给胡适的回信中，语气显得颇为豁达，但其实他知道，他曾默默寄予希望的思想阵地又将散失了。这一事件的打击，在《新青年》的同人中，恐怕谁也没有对于鲁迅的大。我们知道，当《新青年》在北大渐成声势时，鲁迅对它却并没有表示怎样的看好①，他并不是不知道，这些是和自己年轻时一样颇有抱负的青年，但日本时期的绝望经历，使他觉得这必将又是一次徒劳无功的行动，因而对它表现的态度是"隐默"；鲁迅加入《新青年》，是在钱玄同的劝说下，因在理性上不能否认希望之"可有"而加入的，换言之，是他对《新青年》在未来的希望的可能性的期许，使他在绝望之后又一次勉为其难地启动了启蒙的行动，这同时也就意味着，《新青年》的失败将给他带来又一次的绝望，这一次绝望将仅有的一点希望的可能性也勾销了，只剩下彻底的绝望。因此，鲁迅虽不是《新青年》的编辑，但其解体，在其内心中是一次毁灭性的打击，他只是在后来才描述了当时的境况："后来《新青年》的团体散掉了，有的高升，有的退隐，有的前进，我又经验了一回同一战阵中的伙伴还是会这么变化，并且落得一个'作家'的头衔，依然在沙漠中走来走去，不过已经逃不出在散漫的刊物上做文字，教作随便谈谈。"②值得一提的是，《新青年》的解体，对周氏兄弟的打击似乎都是毁灭性的，周作人1921年的一场大病，应是与这一事件直接相关，其后的思想和人生道路的转折，也自此拉开了序幕。对于鲁迅来说，如果说他在日本时期经历了第一次绝望，那么，以《新青年》的解体为标志，鲁迅由此进入了第二次绝望，而且是一次不可救药的绝望。

其实，鲁迅虽然加入了《新青年》，他仍然是有保留的，这就是他之所谓"我自有我的确信"③。深深的绝望如一根伏线，潜藏于其出击身影的背后，站在边缘"呐喊几声"，正是他近乎折中的姿态。其实，启蒙动机在《明天》的单四嫂子的绝望中就露出不祥之音，在写于1920年10月的《头发的故事》中，他借阿尔志跋绥夫的话对"黄金世界"的希望提出了不合时宜的质疑，

---

① 周作人回忆说："在与金心异谈论之前，鲁迅早知道《新青年》的了，可是并不怎么看得它起。""总结的说一句，对于《新青年》总是态度很冷淡的。"（周遐寿：《鲁迅的故家》，载鲁迅博物馆、鲁迅研究室、《鲁迅研究月刊》选编《鲁迅回忆录》（中册），北京出版社1999年版，第1067页）。
② 鲁迅：《南腔北调集·〈自选集〉自序》，《鲁迅全集》第4卷，人民文学出版社1981年版，第456页。
③ 鲁迅：《呐喊·自序》，《鲁迅全集》第1卷，人民文学出版社1981年版，第419页。

而在此之前，他已对这位俄国的"个人的无治主义"者①产生了强烈的个人兴趣，并开始了阿氏小说的热情翻译的工作。我猜测，鲁迅在20世纪20年代对阿尔志跋绥夫的翻译介绍，除了他一贯坚持的文化引进的启蒙动机，应该有正是在阿氏著作那里找到了可以交心的知音的内在因素。《新青年》的解体只不过使他又一次确证了"绝望"的发生。1921年1月，鲁迅作《故乡》，在这篇感伤小说的结尾，鲁迅忽然提到了希望，在"希望本无所谓有，本无所谓无"的自我解脱式的解释中，透露了鲁迅面对希望的无奈。《故乡》之后，鲁迅隔了将近一年时间没有创作，直到这一年的12月，鲁迅又拿起了笔，开始创作《阿Q正传》，在这篇被视为其启蒙文学的代表作中，鲁迅却拿出了一个可悲又可笑的"国民灵魂"。这一"国民灵魂"的展示，与《狂人日记》里对"没有吃过人的孩子"的严峻追索，已拉开了距离，同时，充满戏谑和杂语的语体，也与启蒙文学的严肃性有一定差距，这篇代表作恰恰透露了鲁迅第二次启蒙的危机。《阿Q正传》后，鲁迅明显加快了《呐喊》创作的进度，以前是三年写了八篇小说，而在1922年6月，鲁迅完成了《端午节》和《白光》两篇；10月，又接连创作了《兔和猫》《鸭的喜剧》和《社戏》三篇；11月，作最后一篇《不周山》。1922年的一年之内就完成了剩下的六篇，从小说题材看，大多是身边生活的速写，没有此前小说对主题及题材的精心设计，最后一篇是历史题材的小说，属于后来的"故事新编"的题材范围。这些似乎表明，鲁迅想匆忙结束《呐喊》的创作。

三

1922年12月3日，鲁迅终于编订完《呐喊》，并作了著名的《呐喊·自

---

① 鲁迅在《译了〈工人绥惠略夫〉之后》中称阿尔志跋绥夫小说中的赛林和绥惠略夫的形象表现了"无治的个人主义"或"个人的无治主义"。(《鲁迅全集》第10卷，人民文学出版社1981年版，第166页。)

序》。我们知道，这篇名文其实是他对"呐喊"时期的一个自我总结和反省，作为他第一篇真诚披露心迹的文字，对于了解其前期的生活和思想具有重要的文献价值。我所感兴趣的是，鲁迅在给《呐喊》作序的时候，他在心境上已经进入了"彷徨"时期，那么，对"呐喊"的叙述叠印了多少"彷徨"的底色?《呐喊·自序》恰恰写于他走进1923年之前的最后一个月，该隐含多少走进1923年时的心态密码?

"自序"首先从"梦"谈起，意在点明《呐喊》创作的"由来"，但行文却极尽吞吐曲折。此后转入对往事的回顾，回顾颇为跳跃省净，对以往经历中的重要片段进行了电影镜头般的闪回，其中包括父亲的病、到南京求学、日本仙台的"幻灯事件"、弃医从文筹办《新生》及其失败后的"寂寞"和 S 会馆的对话，这大概是鲁迅第一次集中披露自己的经历。与《朝花夕拾》平静舒缓的单纯叙述格调不同，《呐喊·自序》的回顾是在颇为复杂的叙述格调中进行的。表面上较为平静流畅，即使在叙及《新生》失败后深深的"寂寞"时，也尽量保持着颇为客观的语调，给人一种往事如烟的超脱感，同时，在平静的叙述背后，又能感到弥散着一种"蒙蒙如烟然"的悲哀，形成了难以言传的克制和张力。

在叙及《新生》的夭折后，鲁迅提到了成为研究者关注焦点的"寂寞"。由于"寂寞"的描述紧接《新生》事件之后，研究者多把后者看成前者的原因，而忽视了《新生》计划失败后鲁迅尚有《域外小说集》的翻译出版和《河南》杂志上系列长篇论文的发表，尤其是后者，系统地提出了鲁迅对于中国摆脱近代危机的主张，颇为"慷慨激昂"。如果鲁迅在《新生》事件后就落入"寂寞"的心态的话，大概难有其后的两个更大的举动吧。但是，这两次努力的结局同样是失败，《域外小说集》虽然出版了，结果只卖出了一本，深思暇瞩的"立人"主张，在发表后并没有得到任何反响，最后一篇《破恶声论》未完而终，我想，鲁迅在这时，大概更能体会"叫喊于生人中，而生人并无反应，既非赞同，也无反对，如置身毫无边际的荒原"。因此，"我感到未尝经验的无聊,是自此以后的事",如果解释成为自《新生》事件始的一系列文学启蒙努力失败以后的事,就更加合理吧。

鲁迅的描述说明,所谓"寂寞""无聊""悲哀",首先是作为启蒙者的鲁迅对启蒙对象的可启蒙性的绝望,"荒原感"是其最形象的表达。但鲁迅强烈的自我意识使他又马上由此转入对自身的反省:"我决不是一个振臂一呼应者云集的英雄。"把绝望指向了自身的行为能力。这就是鲁迅日本时期经历的第一次绝望。"绝望"对于鲁迅来说其实是一种"绝望感",因而它带来的只能是"痛苦",正是因为"太痛苦",S会馆时期的鲁迅不得不扼杀产生绝望感的觉醒意识,以达到真正彻底的绝望,这就是他所说的通过"钞古碑"等方法"麻醉"自己,使自己沉入"国民"与"古代"中去。钱玄同的到来打破了S会馆的平静,在他的一再追问下,鲁迅终于说出了自己的"铁屋"理论。"铁屋"理论所表达的无非是绝望——对启蒙有效性的绝望。"铁屋"与前文所说的"荒原"同,不过,这一次采取了彻底放弃的姿态。然而,钱玄同随口说出的一句其实是极普通的话,却使鲁迅马上改变了立场:

是的,我虽然自有我的确信,然而说到希望,却是不能抹杀的,因为希望是在于将来,决不能以我之必无的证明,来折服了他之所谓可有,于是我终于答应他也做文章了,这便是最初的一篇《狂人日记》。

"我的确信"无疑指自己所体验的绝望,对绝望的"证明"是过去的经验,而所谓"希望",却指向"将来","过去"无法否定"将来",因而"希望"也不能被"绝望"所否定。这是理性的推理,本来,"希望"与其说是存在,不如说是一种信念,相信它,就要以它为未来的必然性,但是,在鲁迅这里,作为信念的希望被进行了理性的处理,它以"可有"为希望的维系。钱玄同的话其实卑之无甚高论,它之所以对鲁迅产生顿悟效应的原因,恐怕还在鲁迅自己,即希望对他信念般的召唤,换言之,鲁、钱的对话其实早已在鲁迅心里,只不过这一次通过他者口中说出,因而产生了偏斜效应,使鲁迅确认了另一方。然而,信念和理性之间的摇摆,使鲁迅确认的"可有"岜岌可危，很难经得住现实的考验。

这样看来，似乎"希望之可有"成为此次写作行为的动机，然而鲁迅又强调：

> 在我自己，本以为现在是已经并非一个切迫而不能已于言的人了，但或者也还未能忘怀于当日自己的寂寞的悲哀罢，所以有时候仍不免呐喊几声，聊以慰藉那在寂寞里奔驰的猛士，使他不惮于前驱。

"在我自己"的强调，无非是说，同意出来写文章的直接动机并非上面所说的希望，而是对"如我那年青时候似的正做着好梦的青年"的"同情"，而本来应作为文学启蒙的首要动机的所谓启蒙主义希望，这次被放到了第二位，更准确地说，是作为由外在"同情"所启动的行为的可能性结果而出现的。无论如何，鲁迅承认了，外在因素是这次写作行为的主要动机，本来是内在动因及行动前提的"希望"，被置于行动之后，即位于将来的"可有"，在这个意义上，鲁迅无异于承认了"呐喊"并不是完全发自自己的内心。鲁迅在说到自己小说中的"曲笔"时，指出有两个原因，一是"须听将令"，二是"至于自己，却也并不愿意将自以为苦的寂寞，再传染给也如我那年青时候似的正做着好梦的青年"。都是为了他人。所谓"曲笔"，在鲁迅的意思是不如实去写，也就是说，"寂寞"是真实的，"好梦"是虚幻的，那么，鲁迅对真实的保留，其目的就是不唤醒他们，免得遭受"寂寞"之苦，这似乎又回到"铁屋"理论的立场，同是不唤醒，"铁屋"理论指的是不把人从"昏睡"中唤醒，这里指的是不把人从"好梦"中唤醒，两者都肯定了绝望的事实。

通观《呐喊·自序》，有两点值得注意：一是"寂寞""无聊""悲哀"等关键词，表达了鲁迅深深的绝望情绪；一是鲁迅公开表白，他的"呐喊"是有所保留的，《呐喊》并不是真正发自内心的"呐喊"。试想，如果《呐喊·自序》写于"五四"高潮时期，这些都是不便于直说的吧。确实，鲁迅于"彷徨"时期给《呐喊》作序，给《呐喊》打上了"彷徨"的色彩，当鲁迅在文章中渲染"寂寞"的时候，他自己正处在"两间余一卒，荷戟独彷徨"

的空前寂寞的处境,对"寂寞""无聊""悲哀""荒原感"等体验的表达,一定同时糅进了此时此刻的绝望感受;反过来,通过《呐喊·自序》,正可以体味鲁迅当时的绝望处境;而孤独、寂寞的处境,使他获得前所未有的内心自由,终于可以无拘无束地披露《呐喊》创作的真相。在这个意义上,《呐喊·自序》是糅合进了鲁迅的第一次绝望和第二次绝望的有趣文本。

四

《呐喊·自序》以自我回顾的形式让过去告一段落,同时又借此倾诉了此时此刻的绝望。这篇名文其实标志着,鲁迅陷入了其启蒙人生的第二次绝望。经过《呐喊·自序》的自我清理,进入1923年的鲁迅,停止了几乎所有文章的写作,他似乎散失了一切生存的意义。人是一个有意义的存在,鲁迅,作为近现代中国的知识分子,"志于道"的传统使命意识及民族危机的现实,使他首先把对人生意义的寻求放在为民族振兴而启蒙的事业上;当然,除此之外,他应还有中国人所普遍具有的人伦意义的寄托,在这一层面上,家道的中衰和婚姻的不幸,使他把对此一意义的寻求集中在对母亲的孝顺及对兄弟手足之情的珍惜上,尤其对二弟周作人,因年龄的接近和对他才华的欣赏,曾立誓终生相守,鲁迅对他爱护有加,从南京到日本到北京,都是鲁迅去在前,周作人紧随其后,在一起并肩创业。可以想象,当鲁迅进入如前所述的第二次绝望时,周作人的存在,对于鲁迅,既是《新青年》解体后身边最后一个战友,又是人伦生活中的莫大寄托,如果说,周作人是此时鲁迅的人生意义的最后寄托,恐怕并不过分。巧合的是,周氏兄弟的分裂恰恰发生在鲁迅陷入第二次绝望的1923年,而且,这一分裂是出于令人尴尬的猜测和无法沟通的误解,揭示了二人内心已形成可怕的裂痕。兄弟失和,对于鲁迅是致命的,它葬送了心中最后的意义寄托,只剩下黑暗中赤条条的自己。鲁迅一生经历了两个人生的低点,一个是我们都熟知的S会馆时期,一个就是1923

年，亦即两次绝望时期，但我觉得，如果说会馆时期的第一次绝望还留有余地，其现实生存尚有对整个家庭的寄托，那么，1923年的第二次绝望是致命的，并且连现实生存的寄托也没有了。1923年，应是鲁迅人生的最低点。

生存到绝境大概只剩下沉默吧，和S会馆时期以"抄古碑"等打发寂寞一样，这时期的鲁迅投入到没完没了的琐事当中。我们现在无法知道，在他的繁忙和疾病背后，他到底想了些什么，但可以肯定的是，他的自觉意识并没有停止。陷入绝境的人，其结果无非有两种可能：一是走不出绝境，一是走出绝境。我们现在知道，和第一次绝望期一样，鲁迅最终走了出来，不过，他这次并没有花费多少时间。这一年的年末（1923年12月26日），鲁迅前往北京女子高等师范学校，作了著名的《娜拉走后怎样》的演讲，标志着他再次由"沉默"转向"开口"，第二年的1月，又赴北京师范大学附中演讲《未有天才之前》，2月7日，开始了《彷徨》的第一篇小说《祝福》的创作，在2月一口气写了四篇，3月又有一篇，在9月的一个无人的"秋夜"，他开始了《野草》的写作。那么，必然要问的问题是，既然第二次绝望比第一次绝望更严重，鲁迅为何这么快就打破了沉默？

但问题是鲁迅打破沉默的秘密正在其沉默之中，又何以能知道其中的秘密？首先可以解释的是，鲁迅如此快地打破沉默，大概有两个心态上的因素，其一，是与鲁迅既已走上言说的道路，不得不言说下去的习惯有关。这就是鲁迅自己说的"落得一个'作家'的头衔"，"已经逃不出在散漫的刊物上做文字"。鲁迅又拿起笔，不管是为了卖钱养家，还是为了个人抒愤懑，这已是他的职业习惯，也是他在团体离散后的唯一可以寄托的本业，这一心态在当时同陷于绝境的周氏兄弟那里是相同的。其二，是鲁迅在第二次绝望后，反而获得了一个充分自由的心态，可以不受约束地从事文学创作。第一次绝望后和《新青年》的合作中，"听将令"的姿态使他并没有和盘托出自己的态度和主张，这一点表现在《呐喊》和同时期的随感录的创作中，木山英雄就敏锐地看到鲁迅"五四"时期文章的略显空洞的地方，认为那时的鲁迅不同于陈独秀、胡适、周作人,并没有给自己所用的"新语词"注入具体的主张和应有的内容。①由此可以看出,鲁迅在那时并未完全获得自己。而现在彻底的绝望,使他失去了以前可以寄托的一切,只剩下孤独的个人,反而使他摆脱了不必要的束缚,真正地获得了自己。鲁迅复出后的演讲《娜拉走后怎样》(1923年12月)和《未有天才之前》(1924年1月)对胡适的批评,如果放在《新青年》时期,大概是不可能的吧。从这可以看到,他已在言论上离开了《新青年》时期的暧昧局面,真正获得了自己。空前自由的心态使鲁迅获得了自我表达的自由,正是在这一角度上,我们可以理解,他迎来了又一个更加多产的创作高峰,并在20世纪20年代以自由个人的身份展开了与章士钊和现代评论派的著名论争,在论争中使自己的思想和文章开始淬发出真正属于鲁迅的光彩,由此初步奠定了作为杰出杂文家和战士的名声和地位。然而,以上二者,也不过是鲁迅重新写作的外在原因,仍需要问的问题是:1924年的写作既然标志着鲁迅终于走出了1923年的第二次绝望,在那一年的沉默中,他到底经历了怎样的心路历程?又孕育了什么新的东西?

五

正如竹内好所敏锐地发现的,鲁迅在作品中"所描写的自己可以说是过去的自己,而不是现在的自己"②,就是说,其作品所表达的大都是过去体验、思考的结果,如同研究者在《狂人日记》中探寻S会馆时期鲁迅内心的隐秘世界一样,我们当然也可以在鲁迅后来的"开口"中寻找他走出绝望的秘密。1924年2月,鲁迅开始了《彷徨》的创作,9月,又开始了《野草》的创作,《彷徨》和《野草》既标志着鲁迅打破了一年的沉默,又记录着他走出绝望的

---

① 参见[日]木山英雄《〈野草〉的诗与"哲学"》(上),赵京华译,《鲁迅研究月刊》1999年第9期。
② [日]竹内好:《鲁迅》,李心峰译,浙江文艺出版社1986年版,第44、46、28页。

心路历程。《彷徨》开始阶段的创作，显示了和《呐喊》不同的创作意向——《呐喊》中极力压制的来自创作者自身的自我意识，在《彷徨》中以各种方式凸显出来。在回顾自己为什么写小说时，鲁迅多次强调自己的启蒙动机，从《呐喊·自序》可以了解到，《呐喊》的创作交织着外在启蒙动机和内在个人动机的紧张，前者如他所言，是为了"呐喊几声，聊以慰藉那在寂寞里奔驰的猛士"，后者在鲁迅的表述中就是对启蒙有效性的怀疑，它来自会馆时期的绝望，作为一条伏线潜藏在《呐喊》中，被鲁迅尽力压制。应该说，这两个动机对他来说都是主动的，但在个人内心的判断中，更倾向于后者。第二次绝望使鲁迅进一步确证了启蒙主题的无效，如果说第二次绝望后马上就开始的《彷徨》的创作延续了启蒙的主题，就不符合鲁迅的思想和心理实际。那么，《彷徨》的创作动机来自哪里呢？可以肯定的是，鲁迅此时既已摆脱了启蒙的外在重负，心态反而较为自由，他在介绍《彷徨》时说："技术虽然比先前好一些，思路也似乎较无拘束，而战斗的意气却冷了不少。"[①] 显然，"战斗的意气"指原来的启蒙动机，"思路也似乎较无拘束"云者，即是说创作不再受外在因素的制约，可以自由地表达自己。因此在某种程度上说，《彷徨》是为自己写的。《彷徨》中第一人称"我"的小说比《呐喊》多得多，而且，这里的"我"并非《呐喊》中的小说叙述者或客观的事件目击者，而就是小说人物命运的重要参与者和人格批判的对象，即使那些不以第一人称出现的小说，也带有强烈的自我观照色彩。《祝福》《在酒楼上》《孤独者》《伤逝》等小说表明，鲁迅通过《彷徨》的创作，寄托了个人在绝望中的自我情绪，进行了深刻的自我怀疑和自我反思，并对自我的生存意向作了预测。

1924年9月的一个"秋夜"，伤痕累累的鲁迅走进幽暗的《野草》，开始独自解剖、舐舐内心的伤痕。半年后开始创作的《野草》，是《彷徨》中开始的个人意向的继续，并以新的文体形式，掘向内心的更深层。进入《野草》

---

① 鲁迅:《南腔北调集·〈自选集〉自序》,《鲁迅全集》第4卷，人民文学出版社1981年版，第456页。

的鲁迅是一个一切外在寄托均已丧失的鲁迅，经过第二次绝望，他成了一个一无所有的孤独的个人。外在生存的困境总是转化为主体自身的矛盾，对于鲁迅来说，第二次绝望给他带来的是空前错综的矛盾组合，深陷于第二次绝望而难以自拔的鲁迅，退到《野草》的深处，对自我展开了近乎自虐的解剖和拷问。这是一次孤注一掷的行动，需要把自我推向绝地，来一次或生或死的终极逆转，这是生命的炼狱，或者因自我的无法重新组合而彻底崩溃，或者通过自我的反思和清算而涅槃新生。鲁迅之所以这样做，首先直接来自他这时期难以排解的"自厌"情结。疲惫不堪的"影"在无限哀伤中选择了意味灭亡的"无地"和"黑暗"，虽在"只有我被黑暗沉没，那世界全属于我自己"中不无悲壮之感，但在"我愿意只是黑暗，或者会消失于你的白天；我愿意只是虚空，决不占你的心地"中，可以感受到明显的自我厌弃，"过客"即突兀地说出："因为我就应该得到咒诅。"[1] 此时期的自厌情结，在《在酒楼上》和《孤独者》中充分表现出来，吕纬甫的事事不如意而又无意于抗争的慵懒心态，已视生命为行尸走肉，在没有被完全窒息的清醒意识的观照下，处处显露出对自身生命的不满意；魏连殳早已对自我的生存产生了厌倦，维系他生存下去的唯一牵挂，就是年迈的祖母的残生，这是唯一一点爱的维系，这同时就意味着，祖母的死亡，也将是魏连殳的毁灭，因此，小说开头就安排的祖母之死，与魏连殳性命攸关，因为这无异于宣布了他的死刑。魏连殳先声夺人式的号哭，既是为了祖母，也是为了自己："我早已豫先一起哭过了。"祖母死后，魏连殳开始走向死亡的历程，不过，他的死亡，是放弃过去一直坚持的对爱承诺的有意义生存，向世俗的无意义生存迅速堕落，以彻底背叛自我的方式，来毁灭已经无意义的世界和无意义的人生，这无异于自杀的行为。魏连殳复杂的自杀方式，来自对现实自我的厌弃，既然在这个世界所给定的必然性中，自我的结局就是失败和死亡，则这个自我和这个世界本

---

[1] 鲁迅：《野草·过客》，《鲁迅全集》第 2 卷，人民文学出版社 1981 年版，第 192 页。

来都不配有好的命运，不如以自我摧残的形式来向这个世界复仇，以自我的毁灭来宣判这个世界的必将灭亡。祖母的死给了魏连殳铤而走险的自由，因此他反而觉得"快活"与"舒服"。他最终采取了"为不愿意我活下去的人们而活下去"的快意恩仇式的生存方式，这种活法，已不是他一直坚持的有意义生存，因为这已经被证明为不可能，而是以无意义的生存来嘲弄这无意义的世界，但魏连殳生命的意义毕竟在于前者，因此，他的这一选择也就葬送了他的生命，不过，这正是他现在所希望的。魏连殳生存逻辑的复杂性，充分地展示了鲁迅这一时期内心矛盾的复杂性。

　　自我厌弃对于鲁迅，乃是作为启蒙者的他长期经受希望和绝望的折磨的产物。我们已经知道，鲁迅以中国人的现代生存为其人生的最大希望，但屡次被推到绝望的境地的他，对这一希望实现的可能性产生了深深的怀疑，在信念式的希望和事实性的绝望之间，他受尽了煎熬。长期在痛苦中煎熬而又无望的状态，最后的结果，往往是痛苦的主体对自身产生怀疑甚至厌弃，形成自我的危机。其实，当鲁迅走进第二次绝望的时候，已陷入了严重的自我危机，这意味着，对于他来说，他所面临的首先要解决的最大问题，已不是以前的启蒙可能性的外在的问题，而就是自我的危机——生命成了问题！他或者直面并解决这一危机，或者如吕纬甫回避这一危机，或者如魏连殳因彻底绝望而加剧这一危机，鲁迅虽然在小说中写出了吕纬甫和魏连殳的选择，但是，现实中的他选择的是直面自我的危机。自我的危机表现在自我矛盾的纠集和难以解决，鲁迅在危机状态中的自我是一个矛盾的集合体，重重矛盾的纠缠使他的自我陷入严重的分裂状态，难以形成统一的自我认同，他必须直面这些矛盾，并给予解决。换言之，鲁迅已经厌弃了在重重矛盾中难以抉择的非生存状态，希望来一次最终的解决，不管其结局是生还是死，否则他首先就未曾生存。鲁迅直面矛盾的方式近乎惨烈，他以特有的执拗切入自我矛盾的深处，像一个人拿着解剖刀解剖自己的身体，凝视自我的内在奥秘，展示自我各部分的组成。《野草》就是这样一个自我解剖的手术台。在《野草》中，鲁迅充分展示了一直纠缠自己的深层矛盾。为了清理和解决这些矛盾，他不惜把矛盾激化，将它推到无可逃避的死角，在极端的两难处境中拷问自我的真谛。《野草》中的终极悖论随处可见，这是作者自我危机的扭结所在，似乎有新的生命的催促，使他必须对此作出最终的解决，而如果不把它推到极端，也就难以最终解决。可以说，《野草》的写作过程就是作者生命追问的过程，从《影的告别》《过客》直面死亡、依然向坟走出的果决姿态，经过七个梦境的艰难求索，以《墓碣文》为标志，作者像大梦初醒一样终于发现，既然死亡也不能解决自我的难题，则企图通过矛盾的解决而发现矛盾背后的真正自我，原来是并不存在的，自我的实质即当下的生存，艰难的自我追寻过程终于落实在"绝望的抗战"的"这样的战士"和具有顽强生命力的"野蓟"身上。

隔了一年多后，鲁迅才把自己的这些文章定名为《野草》——这一名称直接承《一觉》中的"浅草"和"野蓟"意象而来，并写下了《题辞》。像一个久病初愈的人又获得了新生，鲁迅重新拥抱了生存。生与死的辩证，意味着鲁迅经过生死的历险，参透了生的真谛，并在这生死不明的时代，紧紧地抓住了即使并不显赫的当下生存。生命具神性，生存在现实，人毕竟要首先获得生存，才能领会生的全部意义。鲁迅通过直面死亡的方式穿透了死亡，以旧的自我的埋葬获得了新的自我，并在这方生方死、方死方生的大时代自我作证。

经过《野草》的生命历险，鲁迅终于确证了"反抗绝望"——"绝望的抗战"——的人生哲学，从而解决了自我的难题，走出了自我的困境。当然，我们可以说，《野草》的写作伴随着他同时期的内心探索，但同时我们也不能否认，《野草》也就是鲁迅1923年从沉默中走出困境的心路历程的反映，否则，1923年走出自我困境的鲁迅之谜就难以真正得到解释。这在写于同一时期的《彷徨》中可以找到佐证，如前文所述，《彷徨》与《野草》都记录着第二次绝望时期的鲁迅自我转换的心灵历程，不难发现，《彷徨》中的《在酒楼上》《孤独者》和《伤逝》等小说,皆出现了参与故事进程的叙述者和小说主人公的分裂(《伤逝》文体较为复杂),在这些小说的结尾,都是"我"离开主人公的"沉重",带着摆脱出来的"轻松"和"爽快",向另一个方向("新的生路")走去,从这样的安排可以看到,鲁迅已经确立告别旧我、自我超越的新的意向,《在酒楼上》写于1924年2月16日,说明在鲁迅写作《野草》(1924年9月)之前,心中已有了《野草》的精神意向。因此说,1923年,不仅是鲁迅陷入第二次绝望的最低点,同时,也就在这一年的沉默中,他的内心深处经历了一次惊心动魄的自我挣扎和自我转换的历程,这在后来写的《野草》中才得以充分展现出来。1923年处在鲁迅由中期到后期的关节点上,其外在事件的巧合和内在心路的反映,足以说明,这一年是其人生的重要分水岭,我注意到,1923年的转折意义,也反映在鲁迅的书账中:1923年之前,虽然他已经购买了大量外文书籍以及外国思想和文学的译著,但他在书账中从未记录,所记者仅限于中国古籍,从1924年开始,书账中记录了外文书籍及其译著,并自此以后逐渐增多,成为书账中的绝大部分,1923年在其中恰是一个转折点,这看似琐末的习惯变动,大概也能说明一些问题吧。其实,我们可以看到,经过这一发生在20世纪20年代中期——以1923年为标志——的艰难自我转换,后期的鲁迅,是以更为明确、宽广的心态和更加坚实、从容的姿态跨入了现实生存的鲁迅,从他"神寒气凝"的脸上,我们能感到,曾经经历而终于平息的那场心灵的风暴,已经内化为他卓绝的生命的一部分,并最终凝定入"民族魂"的伟大形象中。在这个意义上,我们可以说,真正的鲁迅,不是在第一次绝望(S会馆时期)之后,而是在第二次绝望(1923年)之后,才得以诞生。

原载《文学评论》2005年第1期

厦门时期的鲁迅：穿越学院文化

王富仁

厦门是鲁迅人生旅途上的一个驿站。鲁迅一生从事过四种主要的社会职业：杭州—绍兴时期的中等学校教师、南京—北京时期的教育部官员、厦门—广州时期的学院教授、上海十年的自由撰稿人。

一

相对于鲁迅及其在留日期间形成的思想理想，杭州—绍兴的中等学校教育是一个陈腐而又封闭的文化空间。虽然鲁迅在这个文化空间中也曾经进行过思想的抗战和文化的斗争，但即使在这些不乏坚韧执着的反抗中，鲁迅也无法感到其真正的意义和价值。一般说来，中等学校教育较之高等教育是带有更强烈的国家主义性质和更鲜明的保守主义色彩的文化空间。国家主义的要求与社会的习惯势力，在中等学校教育中最容易凝结成一个文化的板块，使像鲁迅这样富有抗争精神和革新愿望的知识分子找不到冲出旧传统的文化缺口，尚未形成思想个性的中等学校的学生无法构成任何有实质意义的文化革新的社会基础。他们是正在成长中的人，其成长不但有赖于家庭的经济支持，更有赖于学校教师的引导，家庭和多数教师的思想倾向不能不影响到他们的最初的文化观念。尽管他们对新生事物怀有本能的热情，但却不是一个独立的社会力量，构不成有实质性内容的文化革新的基础力量。没有全国范围内的革新运动，外省个别中等学校内部的革新是不可能取得实质性的胜利的。鲁迅在这个时期感到的几乎只有苦闷和无望，它消磨着鲁迅的思想追求和人生理想。在这样一个文化环境中，鲁迅不但不能"立人"，甚至也无法"立己"。

相对于杭州—绍兴的中等学校教育，教育部更是一个具有开放性能的文化空间，但这个空间的自身却不能不是国家主义的，个人的主动性在这样一个按照行政等级组成的国家机构内，是不可能得到稍为充分的发挥的。国家的意志，通过长官的意志极其顺利地从上到下一级级地传达下来，而下级的意志却不可能同样顺利地通过长官意志一级级地传递上去，并形成国家的统一意志。国家从来都是以稳定为主要的价值趋向的，只有在国家政权受到严重威胁的时候，国家才会将改革提交到议事日程上来，否则，就宁愿维持现状，"率由旧章"。即使每一个教育部官员都已经具有新思想的萌芽，但在这样一个国家的机关中也不可能形成一个统一的革新力量。与此相反，倒是传统的读书做官的思想在这样一个国家机关中最容易死灰复燃，重新将这些接受过新教育的现代知识分子诱引到旧的思想道路上去，与权力欲望共生的旧官场习气，消磨着这些知识分子的新的思想追求和人生追求。鲁迅在这样一个文化环境中越来越感到人生的虚无和无奈。他是做过一些有意义的工作的，但这些零碎的事务性的工作并不能开拓出一种新的文化境界来，无法对现实社会及其文化构成根本性的影响，同时也不可能重新激发起鲁迅的追求热情，他的自由意志在这种官僚体制之中，仍然受到严重的压抑和束缚。

但是，如上所述，教育部本身是一个具有开放性能的机关。它虽然是一个官场，但到底不是一个没有文化含量的官场。国家的政治、国家的权力在教育部多多少少要通过一些文化的过滤，不可能像在其他国家机关中那样可以不受任何文化思想的影响。它不但是由较多的知识分子构成的，而且与社会上的知识分子有着广泛的联系，受到周边环境的知识分子文化的影响。不难看出，正是因为如此，鲁迅才有可能成为"五四"新文化运动的发起人之一。这种转变在杭州—绍兴中等学校是不可能的。显而易见，鲁迅清醒地意识到这两种文化环境的不同。在发表《狂人日记》的时候，他用了笔名"鲁迅"。从此，他是以两种身份出现在中国社会的：在教育部，他是"周树人"，一个教育部的官员；在社会上，他是"鲁迅"，一个新文化运动的发起者。前者是他的社会职业，后者是他的自由选择。假如他像一般的政府官员那样，按照官场的要求"辛辛苦苦地爬上去"，可能会爬到很高的政治地位，但他的自由要求破坏了他在自己职务范围内的"大好前程"，把他引领到了一条独立但却艰难的人生道路上去——但这也是他之所以能够成为一个伟大的文学家和思想家的前提条件。

现在有些学者、教授，为了取得一点蔑视鲁迅的权利，总是喜欢强调鲁迅在北京高校中的"职称"，说他当时只是一个"讲师"，言下之意是说他根本不能与胡适这些教授相比。实际上，鲁迅在北京始终是一个教育部的官员，在大学只是兼职。是"兼职"决定了他的"讲师"身份，与"学问"的大小无关。鲁迅在北京高校任课，除了经济的原因之外，体现了他作为一个新文化运动的发起者的文化选择，而不是作为一个教育部官员的政治选择。在他的教育实践中贯彻的是他的思想革命和文化革命的独立意志和自由意志，而不是作为一个教育部官员的国家意志和长官意志。但是，现当代的高等教育，具有二重性。一方面，它是各种新思想的发源地。离开家庭、即将走向独立的高等学校学生的个性要求与独立知识分子革新中国文化的思想要求结合在一起，成为中国现代新文化、新思想的发源地。另一方面，它又是在国家直接控制下的一个教育单位，国家主义仍然是它的基本组织形式和组织原则，这条线通过"校长"直接连接到鲁迅供职的教育部，又通过教育部连接到当时的北洋军阀政府。不难看到，正是这种矛盾，使鲁迅逐渐陷入了生存的困境。"女师大事件"和"三一八"惨案对于鲁迅的严峻性，就是使他与他供职的国家机关以及控制这个国家机关的国家政府直接对立起来。"杨荫榆—章士钊—段祺瑞"，这是一个用国家权力连接在一起的国家主义政治—思想壁垒，正是这个壁垒直接压迫着鲁迅及其自由意志。在过去，我们将这个壁垒就直接称为"反动势力"或"封建势力"，实际不是，不但杨荫榆是一个留学美国的现代知识分子，章士钊也是世纪初年中国文坛的一员宿将，一个"革命"文人。他所任职的教育部，在整体上是建立在现代教育基础上，并继续推动现代教育发展的中华民国的政府机关。对段祺瑞政府应当怎样定性，是历史学家们的事，但它已经不是清代的封建王朝则是毫无疑义的。

我认为，如何看待这个上下勾连、沆瀣一气、对鲁迅构成了压迫的思想—政治势力，对于更精确地感受和理解鲁迅以及他此后的人生选择，是至关重要的。我们看到，由杨荫榆及女师大事件、"三一八"惨案带出来的不仅仅是章士钊、段祺瑞这个上下贯通的国家政治权力链条，同时还有一个以现代评论派为主体的横向思想文化链条。这个链条是以留学英美的学院教授等现代精英知识分子构成的。他们在理论上都是提倡现代民主和自由的，但在女师大事件和"三一八"惨案的前前后后，所表现出来的却是明白无误的国家主义立场，这使鲁迅陷入了腹背受敌的文化困境。我认为，鲁迅心里十分明白，"五四"新文化运动之后，只要他不是为了争夺个人的政治权力和空洞的文化名声，而是立足于中华民族现代精神的重建，那些没有任何西方现代文化知识，并且失去了现实政权怙恃的旧派知识分子，对他已经构不成实际的威胁，但他却根本无法战胜这个已经具有西方现代文化知识，但却与新的国家政治权力实现了思想文化结合的现代精英知识分子集团。他离开北京仅仅是为了躲避段祺瑞政府的通缉吗？仅仅是为了离开朱安而与许广平"双燕南飞"吗？我认为，其中还有一个难以明言的重要原因，就是：逃离已经严重国家主义化了的北京学界，寻找一个对于自己相对自由、即使战斗也能在心灵上感到更加轻松的文化空间。

二

鲁迅选择了厦门。鲁迅到厦门大学任教是由于林语堂的介绍,他之所以选择了这所学校则应是有自己的希望和期待的:他远离了国家的政治,也远离了以英美派精英知识分子为主体构成的京城学者、教授圈。在某种意义上,北京青年作家圈的是是非非,不能不使鲁迅感到精神上的疲惫,而在厦门这个相对僻静的环境中,静下心来,一方面与北京创作界保持联系,从事文学创作;一方面在学院教学,切切实实地从事一两项学术的研究活动。我认为,这不能不是鲁迅来厦门大学时的愿望。实际上,鲁迅一向是偏于学术的。他在最苦闷的时候不是像传统的才子文人那样用诗文自娱,而是以"学术"释闷。鲁迅的特点是,越是在苦闷的时候,越是以在别人看来极为无趣的搜集、整理、抄写、编辑古代文化典籍作为消磨时间的方式,但这也说明他对学术的兴趣。他是章太炎的学生,他尊重章太炎,是因为章太炎是一个"有学问的革命家"。[①]鲁迅终其一生都对革命充满内在的热情,但对那些没有思想信仰的人的"革命"却有本能的警觉乃至恐惧。

他对西方文化的趣味,与其说更偏重西方的"纯"文学,不如说更偏重西方的当代思想和西方文艺作品中所浸透着的文化精神。这都是使他产生学术热情和能够认真地从事学术活动的主观条件。当胡适转入学术研究领域之后,他对胡适及其弟子们的治学方法一直是心存疑虑的。他的不满既在于直接将缺乏现代人生体验的青年引入大量古代典籍,会影响青年的思想成长[②],也在于仅仅用进化论的观念研究中国古代文化,会从根本上抹煞中华民族赖以存在和发展的民族精神。虽然他始终坚持着对民族劣根性的批判,但他却始终没有成为"疑古学派"的一员,也没有主张过"全盘西化论"。他认为中

[①] 参见鲁迅《关于太炎先生二三事》,《鲁迅全集》第6卷,人民文学出版社2005年版,第565页。
[②] 参见鲁迅《未有天才之前》,《鲁迅全集》第1卷,人民文学出版社2005年版,第175页。

华民族的脊梁始终是存在的，不过不是中国官僚知识分子所提倡、所宣扬的那些儒家伦理道德教条，而是为了中华民族的生存和发展作出过艰苦努力的那些民族成员的拼命硬干的精神。

厦门大学是一所陈嘉庚创办的大学，地处南方的厦门，是当时军阀政府控制相对薄弱的地区，相对于北京学术界，应该有更大一些的思想自由和学术自由。这一切，都不能不使鲁迅充满新的幻想，产生新的希望。他到厦门大学的初期，在学术上是有过一些雄心的。[①]但是，当他全身心地进入到学院文化的内部时，当时中国学院文化的现状却不能不令他感到极度失望。厦门大学国学院的学者、教授，就其"出身"大都不是旧派人物，也还没有像"现代评论派"这样一个能够窒息鲁迅的精英知识分子集团，但是，他也遇到了另外一个问题，这个问题，鲁迅在北京学术界没有深刻的亲身体验，即外省教育、学术与中国现代社会、中国现代文化的隔膜。

鲁迅为什么感到当时的厦门大学对学术并不是那么重视？我认为，我们必须从鲁迅对学术的感受和理解出发来理解他的这种感受。鲁迅是从新文化运动中走过来的人，他是从中华民族的文化重建的需要来感受文学、感受学术的。对北京的高等教育，他感到失望，但"五四"新文化到底是在北京高等学府内部产生的，中国文化的各种矛盾都在北京的高等学府中表现出来，从而也与中国现代文化的重建过程紧密联系着。其中每个学派都有每个学派的思想倾向和学术追求，并且都把自己的倾向视为中华民族文化的方向。这就激发了北京学术界的探索精神和学术热情，使北京学术界呈现着"万类霜天竞自由"的热闹场面。而当时的厦门大学，不可能营造这种学术氛围。陈嘉庚是个爱国华侨，他从现代教育对现代社会发展和现代经济发展的作用和意义的角度，创办了这所大学，在中国教育史上的贡献是不容抹煞的。他创办了这所大学，为其中的教授和学者提供了从事教学和科学研究的良好的外

[①] 参见鲁迅《厦门通信（三）》，《鲁迅全集》第3卷，人民文学出版社2005年版，第413页。

部条件，但却不一定能够激发起这些学者和教授从事学术研究的积极性和创造性。他提供了第一流的"硬件设备"，但却无法提供第一流的"软件设备"。

事实上，直至现在，在边缘地区高等学校担任教职的教师，仍然存在这样一个尖锐的问题：即我们的教学和科研的价值和意义到底何在？它仅仅是一种学问和才能呢，还是与整个中华民族现代文化的发展息息相关呢？假若仅仅为了前者，当我们已经成为教授和名人之后，我们从事教学和科学研究活动的动力又从哪里生发出来呢？而假若我们内部并没有这种动力，我们的所有学术活动不都带有一点虚应故事的性质吗？

鲁迅一到厦门大学，就感到与其他教授共同进餐时的谈话是很无聊的。应该说，他的这种体验并不是没有一点内在根据的，并不能仅仅理解为他的脾气的古怪。假如我们对自己所从事的教学和科研活动并没有内在的热情，假若我们像一个被雇佣的苦力一样仅仅将学问和才能作为赚钱的工具，我们日常生活的谈话也就不再具有任何文化的意义和价值，也就与我们在书本上、课堂中所宣讲的思想没有了任何联系。这种的谈话，在鲁迅这样一个新文化战士的耳朵里，感到无聊就可以理解了。与此同时，这样一种与中国现代社会、中国现代文化相疏离的学术，是不会有一个确定的价值标准的，多数人认为好的就是好的，多数人认为不好的就是不好的，而在中国新文化还处于萌芽状态的当时社会上，自然也是受到自觉与不自觉的蔑视和冷遇的。

在北京，思想是不自由的，但新文化到底已有相对大的力量，任何一个尊孔读经的潮流都会受到新文化阵营的制约和反对，鲁迅自然也会争取到更大一些的自由。但在厦门大学这座文化教育的孤岛上，情况就有了些不同。不论是创办厦门大学的陈嘉庚，还是当时的校长林文庆，重视的都是中国有没有文化、有没有教育的问题，而不是发展什么样的文化、什么样的教育的问题。他们在文化思想上都是随顺潮流的，对像鲁迅这样的文化"激进派""先锋派"，即使不加有意的排斥，也有一种无意的漠视。我们可以想见，当厦门大学全校师生进行盛况空前的"恭祝圣诞"的纪念活动和林文庆博士用英文对孔子思想大加弘扬的时候①,对鲁迅意味着什么呢?当从校长到教师都热情迎送从北京邀请来校讲学的现代评论派教授的时候,对鲁迅又意味着什么呢?显而易见,对于厦门大学时期的鲁迅,存在的绝不仅仅是一个人事关系的问题,也不仅仅是鲁迅和许广平"两地分居"的问题,而是鲁迅的文化追求与当时外省学院文化的差异和矛盾的问题。鲁迅到厦门大学来是为了相对静下心来更多地从事一些学术研究活动,但当时的学院文化却无法满足他这样一种要求。他在这种文化中所感到的不是更大的自由,而是更大的不自由;不是鲁迅没有更大的肚量容得下当时的学院文化,而是当时的学院文化还没有更大的肚量容得下中国现代最伟大的思想家。

但是,鲁迅在厦门大学的这个短暂的时期却是没有白白度过的。人都是通过自己的亲身体验而成长的,鲁迅也不例外。鲁迅正是有了这种在学院文化内部的人生体验,有了在学院文化内部所感到的无可排泄的孤独和寂寞,才将他当时的文学创作推向了一个更加诗意化的高度。不难看出,不论是他的小说、散文、散文诗,还是杂文,厦门时期的创作都带有较之此前更加浓郁的诗味,这与他同许广平的爱情关系有关,更与他在厦门大学这个文化环境中的具体感受有关。在北京,他还不是一个正式的学院教授和学者,他对中国学院文化的感受和体验还不纯粹是内部的体验,而在厦门大学,他则是一个纯粹的教授和学者,他是在学院文化的内部体验中国现代学院文化的。寂寞浓得如酒——这就是鲁迅在厦门大学学院文化内部,对中国现代学院文化的感受和体验。一个在更大的程度上疏离了与中国现代社会、中国现代文化的有机联系的文化,能不是寂寞的吗?他要摆脱这寂寞,于是到了广州。

在我看来,鲁迅从北京到厦门,意欲寻找的是与社会拉开一定距离、在相对平静的环境中更多地从事学术活动的场所,而鲁迅从厦门到广州,意欲寻找的是将自己的文化活动与现代革命运动更紧密地联系起来的环境。但他

---

① 《恭祝圣诞之盛况》,《厦大周刊》1926 年 10 月 9 日第 158 期。

不是去革命，而是在近距离上观察这革命，用自己的思想去影响革命青年。但在这里，他却在更加深刻的程度上加强了对中国现代学院文化的失望情绪。

这与现代评论派的南下有关。在鲁迅的观念里，革命是由于受到政治的压迫，"活不下去了"，必须反抗当时的政治统治。现代评论派在女师大事件、"三一八"惨案的前前后后是倾向于段祺瑞政府的，他们没有受到这个政府的压迫，但当革命势力发展起来时，他们纷纷南下，"投靠"了革命。这对于鲁迅，是一个启示，那就是使他意识到中国学院文化对现实政权的依附性和柔韧性，而鲁迅是将社会批判、文化批判当作知识分子神圣不可推卸的文化责任的，现代评论派这种灵活的处世态度令鲁迅感到烦厌和无奈。

中国革命又一次半路夭折，鲁迅到了上海。他告别了学院派，告别了学院文化。但厦门—广州的经验并不是无益的，因为失望，也是因为他希望过。

鲁迅精神还能不能重新回到学院文化中来呢？回来后还会不会像当年那样感到寂寞和孤独呢？——这是我们当代学院知识分子必须回答的问题。

原载《厦门大学学报》（哲学社会科学版）2006 年第 4 期

论传记文学视野中的《朝花夕拾》

辜也平

在 2006 年 10 月"鲁迅:跨文化对话"的国际学术研讨会上,日本学者大村泉在对《藤野先生》一文的一些史实进行严密的考证后认为,《藤野先生》一文与在仙台的鲁迅记录调查会的调查结果、鲁迅的"解剖学笔记"存在诸多不吻合的地方,因此《藤野先生》只能是一部以鲁迅当年在仙台为基础写作的"具有相对独特的自传风格的短篇小说"[①]。在当时及后来,一些研究者鲜明回应了大村泉的观点,断然拒绝了其最终的结论。他们认为《藤野先生》的某些内容"与实际内容或有些不同",但这是记忆的失真,绝不是"虚构","鲁迅写作的基调是温情和善意,即便有虚构情节,也不足以影响这个基调"[②],等等。其实不仅《藤野先生》,包括《朝花夕拾》中其他篇的一些记叙,其内容与实际生活或有些不同的说法在大村泉之前就已有过,而且提出这方面问题的还是同样为亲历者的周作人和周建人。可惜的是,就像大村泉的结果一样,周作人和周建人的看法一直也没引起研究者的充分关注。

对《朝花夕拾》记述内容与实际生活的一些差异,周作人的解释是作者采用了"一种诗的描写",是"故意把'真实'改写为'诗'"。[③]但一般论

[①] [日]大村泉:《鲁迅的〈藤野先生〉是"回忆性散文"还是小说?》,载绍兴文理学院等编《鲁迅:跨文化对话——纪念鲁迅逝世七十周年国际学术讨论会论文集》,大象出版社 2006 年版,第 288 页。

[②] 崔云伟、刘增人:《2006 年鲁迅研究综述》,《鲁迅研究月刊》2007 年第 9 期;黄乔生:《善意与温情——"鲁迅与仙台"研究的基调》,《西南民族大学学报》(人文社科版) 2006 年第 6 期。

[③] 参见周作人《知堂回想录》(上),河北教育出版社 2002 年版,第 36、234 页。

者所持态度大概与这次对大村泉研究结果的看法一样，认为周作人"所说的'诗'，指的就是虚构，这就涉及《朝花夕拾》的性质问题；它究竟是一本回忆性的散文还是如周作人所理解的杂有想象和虚构的小说；如果是后者，那就谈不上甚么史料价值了"[①]。

所以，我觉得这些分歧除了涉及《朝花夕拾》是否掺杂想象和虚构的问题外，实际上还牵涉《朝花夕拾》的文体问题，牵涉对不同文体特性的把握，涉及对不同文体写作中的成规和特例的认识。是不是杂有想象和虚构就一定是小说？传记或回忆性散文是否就完全远离想象和虚构？而回忆性散文和传记的区别又体现在哪些方面？我觉得，在关于鲁迅的研究中，《朝花夕拾》一般被分解阐释或被当成资料应用，虽常被提起，却鲜有综合、系统的专门研究。在许多情况下，《朝花夕拾》是被当成阐释的佐证，缺少文学性、诗性的整体把握，这一切都影响了对其价值的认识和定位。所以如果换一视角，在现代传记文学的视野中考察《朝花夕拾》，或许可给这一作品的研究别样的启示。

关于《朝花夕拾》的文体，一般的文学史著作不会把其当成小说，而是都把其归入回忆性散文之列。如就大的散文概念而言，这样的归类也无可厚非。但伴随近三十年来现代文学研究的深入，相继问世的一些专门的现代散文史却仍把《朝花夕拾》归入记叙抒情散文，而一些传记文学史甚至把鲁迅与景宋的《两地书》当成鲁迅的自传创作而只字不提《朝花夕拾》[②]，这就更不能不令人感到诧异。在20世纪三四十年代，倒是有人明确把《朝花夕拾》看成传记，如沈嵩华的《传记学概论》把《朝花夕拾》和胡适的《四十自述》、郭沫若的《我的童年》等并称为自传[③]；而且许多《鲁迅传》《鲁迅年谱》的编

[①] 王瑶：《论〈朝花夕拾〉》，载《鲁迅作品论集》，人民文学出版社1984年版，第172页。
[②] 参见陈兰村主编《中国传记文学发展史》，语文出版社1999年版，第442页。
[③] 佚名：《怎样写传记》，载新绿文学社编《名家传记》，中华书局1934年版，第19页；另，沈嵩华的《传记学概论》（教育图书出版社1947年版）第18页也把《朝花夕拾》列为"自传"。

撰，也都把《朝花夕拾》的叙述当成珍贵的传记资料加以引用。那么学界后来又为什么比较一致地把《朝花夕拾》排除在现代传记文学作品之外呢？

据王瑶先生20世纪80年代初的意见，"《朝花夕拾》是鲁迅回忆童年和青少年时期生活的散文，但它不是自传"，理由是"鲁迅是不赞成给自己写传记的"，"传记是以宣扬'本传主'的生平事业为内容的，鲁迅自居于普通人之列，并不想宣扬自己的贡献和成就"。[①]但鲁迅在《朝花夕拾》写作的前后，也两次写过自传，所以，因鲁迅不赞成给自己写传记而认定《朝花夕拾》不是自传实际上也是没说服力的。

不把《朝花夕拾》当成传记，但又强调其史料价值本身就是个悖论。从传记文学的角度看，以历史或现实中具体的人物为传主，以纪实为主要表现手段，集中叙述其生平或相对完整的一段生活历程的作品就可以算是传记。《朝花夕拾》中的各篇单独地看似乎是作者"从记忆中抄出来的"[②]生活片段，但深入细察不难找到各篇之间内在的连贯性，它叙述的正是鲁迅相对完整的一段生活历程。开篇的《狗·猫·鼠》从"那是一个我的幼时的夏夜"正式进入回忆，它连同后面的《阿长与〈山海经〉》《二十四孝图》《五猖会》《无常》，依次写的是幼小鲁迅不断发现、不断生长、充满欢乐谐趣的童年生活。接着，《从百草园到三味书屋》写少年时代的读书生活，《父亲的病》写家庭的变故，《琐记》写为"寻别一类人们"离开家乡到南京求学的生活。最后，《藤野先生》《范爱农》则分别记叙留学日本到辛亥革命前后的经历。十篇文章的讲述不仅有先后承接的时间链条，也包含着严密的空间转接。从开头到《父亲的病》，故事都在家乡展开，接着《琐记》空间是家乡→南京→东京，《藤野先生》是东京→仙台→东京，而《范爱农》则是东京→家乡→南京→北京。这严密的时间链条和空间转接，恰好完整映现了叙述者从幼年到任职北

[①] 王瑶：《论〈朝花夕拾〉》，《鲁迅作品论集》，人民文学出版社1984年版，第163页。
[②] 鲁迅：《朝花夕拾·小引》，《鲁迅全集》第2卷，人民文学出版社1981年版，第230页。

京的完整的生活历程。

从表面看,《朝花夕拾》讲述的是作者以前熟悉的人物和目睹的事件,这似乎与一般的回忆录并无区别。但实际上,《朝花夕拾》却又绝非一般的回忆性散文。作者通过自身视角的选择以及周围人物事件的变换,讲述自己从一个天真无邪的儿童成长为今天的"鲁迅"的过程。《狗·猫·鼠》和《阿长与〈山海经〉》的感知主要还限于幼时家庭环境和母亲和保姆,《二十四孝图》《五猖会》《无常》已依次有了家塾、小同学和到离家很远的东关看五猖会,但父亲的出场令其感受了读"书"的压力和家教的威严。《从百草园到三味书屋》标志着拔何首乌、摘覆盆子、捕鸟雀、担心遇到赤练蛇和美女蛇等欢乐童年的结束,但即使在全城最为严厉的书塾里读书、习字、对课,作者似乎又逐渐寻找到新的乐趣,接着,《父亲的病》逼着他进入成年人的世界,开始承担家庭的责任,感受生命的脆弱……总之,《朝花夕拾》以作者自我人生轨迹为主干,穿缀相关的人物与事件,从而为读者展现了一个富有个性特征、不断生长着的生命世界,通过对自我与其他人物事件相互关系的叙述,袒露了自己不断思索、不断进取的心路历程,"我"才是这一作品的主角。

依法国著名自传诗学专家菲力浦·勒热讷的界定,所谓的自传,是"一个真实的人以其自身的生活为素材用散文体写成的回顾性叙事,它强调的是他的个人生活,尤其是他的个性的历史",这其中,必备的条件是"作者、叙述者和人物的同一"。自传与散文随笔或自画像等的区别则在于"自传首先是一种叙事,它遵从的是一位个人的'历史'的时间顺序;而随笔或自画像首先是综合的行为,文本按照逻辑顺序、根据一系列的论点或某一论证的各个层次、而不是根据时间顺序加以组织"。菲力浦·勒热讷认为:"强调'首先',是因为在实际中,自传当然可以包括许多论述,但论述是从属于叙事的。即使随笔或自画像引入了某种发生学的或历史的视角,它同样也是居于次要地位的",因此必须区分的是"文本的主要结构是叙述的还是逻辑的"。①《朝花夕拾》不仅作者、叙述者和人物是同一的,其叙事结构也充分体现了以个人的"历史"为时间顺序的特征。

在传统的观念中,无论是传记还是自传(自叙),一般都属史学的范畴。但《朝花夕拾》与一般的史传或序传作品的不同还在于其鲜明的文学本质。它不是传主生平资料的堆砌,也不着意于个人日常生活琐屑记录,更迥异于传统序传"首章上陈氏族,下列祖考;先述厥生,次显名字",而后才"自叙发迹"②的老套。在《朝花夕拾》中,有的是形象生动的场面,曲折而多变的人生,还有传主那童年时的欢乐、少年时的抑郁、求学中的艰辛和革命失败后的无奈,甚至也不乏一定的文学想象。无论是叙述还是描写,人物刻画还是环境衬染,情节的设置还是结构的安排,一切又都蕴含了叙述者的主体情愫。所以我认为,《朝花夕拾》不仅是传记的,同时更是文学的,它无疑具备了一般传记难以企及的艺术高度。

具体地说,作为自传的《朝花夕拾》的叙事首先兼容了不同文体的表现手段,从而在错杂的文体中彰显了独特的叙事张力。鲁迅曾自谦这一作品的"文体大概很杂乱"③,而一些研究者也因此强调其"文本的多样性"④。文无定法,在同一作品中运用不同文体的表现手段在许多作家笔下也不是什么新鲜事,即使是鲁迅自己,在《阿Q正传》《药》《风波》《社戏》和《故事新编》等小说的叙述中,也常常生发一些批判的忧思或感时的议论。《朝花夕拾》也是这样,前五篇明显地夹杂着作者叙述时的意绪,后五篇虽说是比较纯粹的叙事,有时涉笔成趣,也难免来几句"正经的俏皮话",但这都没从总体上改

---

① [法]菲力浦·勒热讷:《自传契约》,杨国政译,生活·读书·新知三联书店2001年版,第201、203、24页。
② (唐)刘知己:《史通·内篇·序传第三十二》。
③ 鲁迅:《朝花夕拾·小引》,《鲁迅全集》第2卷,人民文学出版社1981年版,第230页。
④ 李德尧:《谈〈朝花夕拾〉的文体》,《鲁迅研究月刊》2002年第8期。

变《朝花夕拾》自传文学叙事的性质。

首先，一般说来，回顾性的叙事通常都包含了双重的视角，过去的视角通过叙事话语承担着客观再现的功能，当下的视角则通过非叙事话语承担着审视、评判或解说的功能。中国古代的史传本来也有辩诬的传统，不管是为人立传还是自序，叙述者也常在回顾性叙事中透露或阐发当下的思绪。所以，双重的视角和不同话语的共存也使得《朝花夕拾》的文本产生特殊的复调的效果，过去的鲁迅时而单纯，时而愤激，而当下的鲁迅则貌似超然，实则刚韧，不同话语的交融不断地拓展着叙事的张力。

在《朝花夕拾》中，明显给人杂感写法印象的是《狗·猫·鼠》，它一开篇就是近大半篇幅的议论，这样的写法和小说《社戏》十分相似。但仔细体味，那大半篇的议论从表面上看是通过寻找自己"仇猫"的原因顺便调侃论敌，实际上，寻找"仇猫"的原因只是个隐喻，作者通过不断的追溯，由此引导读者共同追寻"我"之所以为"我"的缘由。自传本身是一种"信用"体裁，它的作者往往是"在文本伊始便努力用辩白、解释、先决条件、意图声明来建立一种'自传契约'，这一套惯例就是为了建立一种直接的交流"①。所以，像《狗·猫·鼠》这种由双重视角引发的多种话语，在叙事上不仅承担了再现的功能、修辞的功能，同时也发挥了文体上的契约功能。

其次，回顾性的叙事一般都是建立在选择性的基础上，叙述者不可能也不必要事无巨细而絮絮叨叨，他总是围绕一定的题旨决定讲述什么，强调什么。《朝花夕拾》的叙事选择，主要统一在传主思想人格形成的因果链上，叙述者着力讲述的是"我"的心理个性的形成历史，而不是像一些长篇传记那样，不是流水账式的个人年谱，就是描述自己所处时代的历史事件，甚至掺杂有生以来道听途说的奇谈怪论。从《狗·猫·鼠》《阿长与〈山海经〉》《二十四孝图》《五猖会》以及《无常》等，可以体察到作者同情弱者、不满专

---

① [法]菲力浦·勒热讷:《自传契约》，杨国政译，生活·读书·新知三联书店 2001 年版，第 14 页。

制、酷爱民间艺术的精神渊源。《从百草园到三味书屋》意味着童蒙的开启和短暂的欢娱。《父亲的病》中与庸医"整两年"的"周旋",与从小康堕入困顿的生命体验及后来仙台学医有着必然的联系。《琐记》写家道中落后感受到的世态炎凉,毅然走出 S 城的种种心理原因,新式学堂的"乌烟瘴气",以及在《天演论》等诱惑下的再次出走。《藤野先生》的故事包含了学医和弃医的心理动因。《范爱农》则暗含着对革命从兴奋到失望的过程。自传叙述的是个人的历史,但"有人身所作之史,有人心所构之史"①;而吴尔夫也认为"要讲述一生的全部故事,自传作家一定得有所创新,保证两个生存层面都能够记录下来——转瞬即逝的事件和行为;强烈情感渐渐激发的庄严时刻"②。鲁迅在《朝花夕拾》中叙述的正是自己心灵的发展史。

在中国传统的自传里,"个人与时代密不可分,作者记录的不仅仅是个人,记录时代,抑或更在个人之上"③。所以,虽然近代以来西方式的传记观念开始影响中国作家,但即使是鲁迅之后的一些作家,也仍然无法摆脱传统史传那种宏大叙事的影响,他们写作自传时所追求的,有不少还是希望"以我的自述为中心线索,而写出中国最近五十年的变迁"④,或"写的只是这样的社会生出了这样的一个人。或者也可以说有过这样的人生在这样的时代"⑤。正因为如此,《朝花夕拾》在这方面的尝试才显得别具一格而弥足珍贵。

最后,鲁迅很称道《儒林外史》"戚而能谐,婉而多讽","无一贬词,而情伪毕露"⑥的写作境界,所以《朝花夕拾》在涉笔当下时虽不乏语带讥讽,但在叙及过往亲朋师友时却常用实录中含褒贬的春秋笔法。如《五猖会》中

---

① 严复、夏曾佑:《本馆附印说部缘起》,转引自陈平原、夏晓虹编《二十世纪中国小说理论资料》第 1 卷,北京大学出版社 1989 年版,第 27 页。
② [英]吴尔夫:《德·昆西自传》,《普通读者 II》,石永礼、蓝仁哲等译,人民文学出版社 2003 年版,第 125 页。
③ [日]川合康三:《中国的自传文学》,蔡毅译,中央编译出版社 1999 年版,第 3 页。
④ 梁漱溟:《〈我的自学小史〉序言》,《梁漱溟自传》,江苏文艺出版社 1998 年版,第 8 页。
⑤ 郭沫若:《〈我的童年〉前言》,《郭沫若全集》第 11 卷,人民文学出版社 1992 年版,第 8 页。
⑥ 鲁迅:《中国小说史略》,《鲁迅全集》第 9 卷,人民文学出版社 1981 年版,第 220、223 页。

父亲临时叫儿子背书一节都是纯客观的白描，但背书成功后"我"却没了兴致也是实情。对父亲这种不通情理的做法，做儿子的当然不便贸然抨击，作者只是客观地写自己"开船以后，水路中的风景，盒子里的点心，以及到了东关的五猖会的热闹，对于我似乎都没有什么大意思"，最后再于文末淡淡写上一句："我至今一想起，还诧异我的父亲何以要在那时候叫我来背书。"

对影响自己不同人生阶段的学校和老师，鲁迅有不同的评判，但这种评判也大都用婉而多讽的文笔透露。三味书屋虽是"全城中称为最严厉的书屋"，陈规陋习不少，读的又是《论语》《尚书》《周易》和《幼学琼林》一类的老古董，但鲁迅对先生身上和蔼、敬业、认真以及读文章时的投入的描摹却暗含着敬重。作者对水师学堂和路矿学堂一些细节的"实录"已让人感到不伦不类和乌烟瘴气，而特意记录的汉文教员那一句"华盛顿是什么东西呀？"暴露的更不仅仅是一种无知。仙台的经历是自己人生的一大转折，而仙台的生命体验也并不那么令人愉快，但作者对一些细节的描述却可以令人感受到藤野先生的认真与善意。

另外像对几位妇女言行举止的简单描摹也别有意味，长妈妈自不待说，远房叔祖的太太（《阿长与〈山海经〉》）虽"莫名其妙"但也没心没肺，沈四太太（《琐记》）被起绰号"肚子疼"却是因对孩子们的关爱。即使是后来并无好感的衍太太，作者也如实地写"孩子们总还喜欢到她那里去"，而原因居然是"假如头上碰得肿了一大块的时候，去寻母亲去罢，好的是骂一通，再给擦一点药；坏的是没有药擦，还添几个栗凿和一通骂。衍太太却决不埋怨，立刻给你用烧酒调了水粉，搽在疙瘩上，说这不但止痛，将来还没有瘢痕"。中国的传统讲究为亲者讳，现实中疾恶如仇的鲁迅在回顾长辈或师友时，似乎也多了点温婉。

最后回到本文开头关于虚构的话题。从理论上讲，史书、传记甚至回忆录掺杂了传闻或虚构都是很令人诟病的，但我们并不能因此而一概否认《朝花夕拾》讲述的一些内容与生活实际存在着差异。大村泉等日本学者的探究所揭示的主要是通过鲁迅当年的"医学笔记"实证的结果，周作人指出的《朝花夕拾》的个别讲述与当年的生活实际不符的情况也不是不可能。其中像周作人所说的父亲临终时"没有'衍太太'的登场"现在看来不仅成理，而且也符合生活的实际。周作人在其《知堂回想录》中谈道："因为这是习俗的限制，民间俗信，凡是'送终'的人到'䘕'当夜必须到场，因此凡人临终的时节只是限于平辈及后辈的亲人，上辈的人决没有在场的。'衍太太'于伯宜公是同曾祖的叔母，况且又在夜间，自然更无特地光临的道理。"①后来周建人在《鲁迅故家的败落》中也回忆，父亲临终时，"把经卷焚化，火熄灰冷，用红纸包作两包塞在病人手里"，并催促大哥"快叫呀"的，是"善知过去未来的长妈妈"。②而更早的记录则是鲁迅写于1919年的《我的父亲》，作者回忆父亲临终时让自己"大声叫"的是"我的老乳母"。③伯宜公是1896年过世的，现在所能看到的最原初的记录是1919年，且《朝花夕拾》的说法为孤证，《知堂回想录》《鲁迅故家的败落》和鲁迅的《自言自语》可以互证，衍太太不在伯宜公临终现场之说当然成立。

那么，作为有一定的史学属性的自传出现这样的情况应如何解释呢？其实，即使是经典史籍，出现一些"工侔造化，思涉鬼神"④的情节也是可以理解的，而像《左传》中钮麑槐下之词，《国语》里骊姬夜泣之事，以至《史记》中霸王别姬时的对话，伍子胥伏剑前的喟然自语这些由操笔者"想当然"⑤的细节也常常被后人提及。作为传记文学的《朝花夕拾》本身更非严格意义的史传作品，它所讲述的只不过是作者几十年后记忆里的故事。"所有少年时代留在我们心中的事情，包含的正是这样的细小的东西——含混的感情

---

① 周作人：《知堂回想录》（上），河北教育出版社2002年版，第37页。
② 参见周建人口述，周晔编写《鲁迅故家的败落》，湖南人民出版社1984年版，第118页。
③ 参见鲁迅《自言自语》，《鲁迅全集》第8卷，人民文学出版社1981年版，第95页。
④ （唐）刘知己：《史通·内篇·杂说上第七》。
⑤ 钱锺书：《管锥编》第1册，中华书局1979年版，第164页。

与联想纠合缠杂，起源早已消失在朦胧中了……因此，即使作者以诚心待之，少年时代的自传，也几乎是微乎其微的，不真实的。"[①] 既然少年时代的记忆不一定可靠，而且往往还存在空白，回顾叙述的拟真的效果一般也只是心理的真实，所以为达形象生动、妙趣横生，来点无伤大雅的虚构或"诗意"的描写完全可以接受。值得我们探讨的是，作者为什么要改变本相进行虚构或"诗意"的描写，这种改变的目的是什么，其实际效果如何，等等。

像《朝花夕拾》在父亲临终时安排衍太太的登场，周作人觉得是作者"想当她做小说里的恶人，写出她阴险的行为来罢了"[②]。以我看来，即使想当衍太太为小说里的恶人，也不必非让她在那个时候登场；而即使她的确在场并那样做了也无可厚非，因为那一切毕竟是习俗使然。当然，这也绝非作者的记忆失误或失真，因为不管少年时代的记忆如何朦胧，与父亲的诀别的场景对一个十六岁的少年来说永远都是刻骨铭心的，且鲁迅不可能1919年还记忆犹新，痛心疾首，而1926年就印象模糊。我认为作者特意安排衍太太在这里出场，是为了篇章之间的衔接。因为从《朝花夕拾》整体的叙事结构看，除了三、四、五三篇为"流离中所作"外，前两篇和后五篇都是比较讲究过渡和转接的。《狗·猫·鼠》的后半部长妈妈登场，《阿长与〈山海经〉》以"长妈妈，已经说过，是一个……"开篇；《父亲的病》的末尾特意让衍太太登场，《琐记》的开篇则是"衍太太现在是……"。另外，《琐记》最后写到只有到外国去的一条路，《藤野先生》则是以"东京也无非是这样……"开头，等等。所以，从这细节的改动上看，《朝花夕拾》完全是一部颇具匠心之作，鲁迅也因此把它与《呐喊》《彷徨》《野草》以及《故事新编》当成自己仅有的五本文学"创作"。[③] 因此，对于自传文学作品中个别细节的一些虚构，我们

---

① ［法］莫洛亚：《论自传》，杨民译，《传记文学》1987年第3期。
② 周作人：《知堂回想录》（上），河北教育出版社2002年版，第37页。
③ 1932年底，鲁迅在《〈自选集〉自序》中依次谈了《呐喊》《彷徨》《野草》《故事新编》和《朝花夕拾》的写作，并说"可以勉强称为创作的，在我至今只有这五种"（参见《鲁迅全集》第4卷，人民文学出版社1981年版，第456页）。

完全不必耿耿于怀,"历史但存其大要,存其大体而已"①,传记文学追求的最高境界本应是艺术的真实。

总而言之,我觉得鲁迅所秉承的,正是其称道司马迁的"不拘于史法,不囿于字句,发于情,肆于心而为文"②的写作传统,《朝花夕拾》也因此才能在传人和叙事等方面别开生面,成为传记价值和诗性价值相统一的现代传记文学作品;而从中国现代传记文学发展的历史看,这一作品出现于郭沫若的《我的童年》(1928)、李季的《我的生平》(1930)以及胡适的《四十自述》(1931)之前,其开20世纪30年代作家自传创作风气之先的历史地位也是无可替代的。

原载《鲁迅研究月刊》2009年第11期

---

① 孙犁:《三国志·关羽传》,《秀露集》,百花文艺出版社1981年版,第204页。
② 鲁迅:《汉文学史纲要》,《鲁迅全集》第9卷,人民文学出版社1981年版,第420页。

鲁迅书信的征集与择取

程振兴

鲁迅书简是鲁迅"文学肖像"最重要的构成之一。鲁迅在为孔另境所编《当代文人尺牍钞》作序时,曾经明确谈到作家书简的作用:"从作家的日记或尺牍上,往往能得到比看他的作品更明晰的意见,也就是他自己的简洁的注释。"①鲁迅又说尺牍的销行:"这并非等于窥探门缝,意在发人的阴私,实在是因为要知道这人的全般,就是从不经意处,看出这人——社会的一分子的真实。"②杨霁云在谈到鲁迅书简的意义时,认为鲁迅书简与鲁迅杂文可以等量观,他说:"先生的书简,实应与先生的杂文同等相看。"③

鲁迅一生不但在创作、翻译与古籍整理上笔耕不辍,还亲笔写下大量书信。鲁迅曾自言:"实则我作札甚多,或直言,或应酬,并不一律。"④杨霁云则认为:"在先生的日记中,可以看出先生一生的精力,几有一大部分是消耗于信札方面的。"⑤曹靖华也曾说过:"鲁迅生平所写书信,据不完全统计,从一九〇一年起,至一九三六年十月十七日,即逝世前两日给我发的生平最后

---

① 鲁迅:《孔另境编〈当代文人尺牍钞〉序》,《鲁迅全集》第6卷,人民文学出版社2005年版,第429页。(以下所引《鲁迅全集》系同一版本,不再一一注明。)
② 鲁迅:《孔另境编〈当代文人尺牍钞〉序》,《鲁迅全集》第6卷,第428页。
③ 杨霁云:《〈鲁迅书简〉跋》,载许广平编《鲁迅书简》,鲁迅全集出版社1946年版,第1044页。
④ 鲁迅:《341229 致杨霁云》,《鲁迅全集》第13卷,第323页。
⑤ 杨霁云:《〈鲁迅书简〉跋》,载许广平编《鲁迅书简》,鲁迅全集出版社1946年版,第1043页。

一封信止，大约共写了五千六百多封。"① 书简有它自己的命运：与鲁迅一生实际写作的信件量相比，目前存世的鲁迅书简只是其中的一小部分。即就目前搜罗最为完备的 2005 年版《鲁迅全集》而言，该全集称迄今为止发现的鲁迅书信已全部收入，并且将《两地书》原信重行收入，但其书信总量也不过 1500 余封。②

鲁迅逝世后不久，许广平即着手鲁迅遗著的整理，首先开始而卓有成效的工作就是鲁迅书信的收集，这也是为《鲁迅全集》的出版所作的重要准备工作之一。

1937 年 1 月，许广平在《中流》杂志发布《许广平为征集鲁迅先生书信紧急启事》。启事全文如下：

> 敬启者：鲁迅先生给认识的和不认识的各方面人士所写的回信，数量甚大，用去了先生的一部分生命。其中或抒写心绪，或评论事象，或报告生活事故，不但热忱不苟的精神和多方面的人事关系，将为制作先生传记时之必要材料，而且，不囿于形式地随想随写的思想讨论和世态描画，亦将为一代思想史文艺史底宝贵文献。故广平以为有整理成册，公于大众的必要。现已开始负责收集，凡保有先生亲笔书信者，望挂号寄下，由广平依原信拍照后，负责寄还；如肯把原信和先生的遗稿遗物永存纪念，愿不收回，当更为感谢。此为完成先生的文学遗产的工作之一，受惠者不特一人，想定为诸位所热心赞助。寄件祈交"上海商务印书馆编译所周建人转"为祷！③

在这份征集启事中，许广平将鲁迅书信的内容概括为三点，即"抒写心绪""评论事象"和"报告生活事故"；又从两个方面阐述收集鲁迅书信的意

---

① 曹靖华：《往事漫忆——关于鲁迅书信及其他》，载鲁迅研究资料编辑部编《鲁迅研究资料》，文物出版社 1976 年版，第 13 页。
② 2005 年版《鲁迅全集》中共收入书信 1389 封，另有致外国人士 114 封，附录 13 件，《答增田涉问信件集录》1 件。
③ 《许广平为征集鲁迅先生书信紧急启事》，《中流》1937 年 1 月 15 日第 1 卷第 9 期。

义,即"为制作先生传记时之必要材料","为一代思想史文艺史底宝贵文献",云云。

鲁迅书信征集工作进展顺利。征集启事发出后两个月,在许寿裳致许广平的信里,就有"书信搜集甚丰富,闻之忻慰"①等语。三个月后,当许广平再度发布《许广平为征集鲁迅先生书信紧急启事》时,启事中有云:

> 敬启者,广平前登出征集鲁迅先生书信启事后,承各方惠寄者已达多数,现编辑大体就绪,如保有先生原信尚未惠寄者,望于一个月内赶速寄上海商务印书馆周建人收转,迟恐不及编入真迹影印纪念版矣。②

在这份紧急启事中,许广平称"承各方惠寄者已达多数",可见她对当时收集工作的总体成绩颇为满意。但事实上,跟鲁迅所写书信的总量比较起来,当时许广平征集到的依然只是极少数。这极少数被保存下来并得以发表的鲁迅书信,参与了"鲁迅"意义的总体构成。但在现存鲁迅书信中勾勒出来的鲁迅的"文学面容",其实是并不完整的,也并不本真的,而是经过精心选择,显然无法构成鲁迅文学肖像的全部面貌。

首先,在一个动荡不安的时代里,鲁迅书信的存世量并不多。在动乱的时代,人们为生活辗转奔波,颠沛流离,自顾尚且不暇,当然也就没有余裕来悉心保存鲁迅书信了。在看到许广平关于鲁迅书信的征集启事后,许钦文在致许广平的信中说:"大先生的信,以前有许多保存,怕被硬迫说住址,于讼累中毁了;近年的都不保存,附上的一封,是从讼案文件中找出来的,因去四川时包在一起。"③鲁迅毕生处在白色恐怖笼罩下的政治氛围中,直到鲁迅去世,浙江省党部依然没有解除对其所谓"堕落文人鲁迅"的通缉令,所以收藏鲁迅的来信是很危险的。茅盾晚年曾回忆:"我在上海收到鲁迅的信都烧

---

① 《许寿裳致许广平》(1937年3月17日),载《亡友鲁迅印象记》,上海文化出版社2006年版,第242页。
② 《许广平为征集鲁迅先生书信紧急启事》,《中流》1937年4月5日第2卷第2期。
③ 《许钦文致许广平》(1937年2月26日),载周海婴编《鲁迅、许广平所藏书信选》,湖南文艺出版社1987年版,第390页(以下所引《鲁迅、许广平所藏书信选》系同一版本,不再注明)。

了,我给鲁迅的信他也烧了,这是我们共同约好的,惟恐出了事情牵连别人。现在发现的几封信也不知道是怎么保存下来的。"①同许钦文和茅盾一样,鲁迅亲友所藏的许多鲁迅来信,就是这样被迫毁弃的。

其次,即使就存世的鲁迅书信而言,也因种种原因,导致收信人不愿贡献出来。杨霁云在致许广平的信中说:"长虹、侍桁、徐懋庸等处藏鲁迅先生的信件谅亦不少,我望他们光明地能贡献出来。不过鲁迅先生的信札全部发表出来,我想将刺痛一部分鬼魔的心,阻碍一定不少。这点要先生继鲁迅先生之志毅力战斗才成。"②

高长虹、韩侍桁和徐懋庸,起初都是与鲁迅过从甚密的青年,深得鲁迅爱护提携,鲁迅与他们谈文论艺,信札往来频繁,最终他们却都与鲁迅反目成仇。许广平征集鲁迅书信的启事发出后,果然不出杨霁云所料,高长虹、韩侍桁都没能将他们手中的任何一封鲁迅书信"光明地能贡献出来"。直到1938年10月,许广平在提起韩侍桁时,还对他不愿出借鲁迅书信一事耿耿于怀:

> 这时有人(这人系韩侍桁——原编注)从东京寄稿来,且时和先生通信,先生也照例复信、看稿。信与稿一多,即成立友谊。有时蝇头小字,连篇累牍的写着信,费去先生大半天功夫。可惜这些信现时我没有借到一封。我知道在那些信中可算是知无不谈,谈无不尽,天下治乱,个人生活,都历述无遗了。③

对曾是"左联"成员,后来又摇身一变为"第三种人",主张"小资产阶级革命文学"的韩侍桁来说,不愿公开鲁迅书信,或许正如杨霁云所说,是担心刺痛他自己的心。同样,高长虹因"莽原风波"与鲁迅绝交,以致陌路

---

① 茅盾:《答鲁迅研究年刊记者的访问》,转引自何梦觉编《鲁迅档案:人与神》,中国工人出版社2002年版,第4页。
② 《杨霁云致许广平》(1937年3月26日),载周海婴编《鲁迅、许广平所藏书信选》,第244页。
③ 许广平:《鲁迅和青年们》,《文艺阵地》,1938年10月16日第2卷第1期。

成仇后，鲁迅写给他的书简，他也一封都没能借给许广平，怕也是与韩侍桁同样，害怕书信公开后于己不利或者不便吧。就这样，因为韩侍桁、高长虹等人日夜牢记着自己个人的恩怨，鲁迅写给他们的一批珍贵的书信也就湮没于人海，从此不见天日了。

徐懋庸的情况则有些复杂。1937年1月13日，当徐懋庸在《报告》杂志上看到许广平征集鲁迅书信的启事后，他马上致信周建人、许广平，其中有云：

> 在《报告》上见先生征求鲁迅先生遗信启事，因想一问：先生等是否意在博采？倘要博采，则我处也有几封，颇富意义，可以寄奉。如对收信者拟有所甄别，则我就不寄了。①

从这封信中可以看出，徐懋庸对鲁迅书信征集一事是颇为积极主动的：刊载有许广平征集书信启事的《报告》系1937年1月10日出版，徐懋庸在1月13日就去函询问，显然他是一看到征集启事就行动起来了，可见其关切之情。但就徐懋庸信中所言，则他对出借鲁迅书简一事也顾虑重重，主要是顾忌到许广平等人是否"对收信者拟有所甄别"，这里的"收信者"当然是指徐懋庸自己。这种疑虑从一个侧面反映了：在刚刚过去的鲁迅葬仪中，徐懋庸挽联被取消的遭遇，使此刻的他依然心有余悸，担心作为"收信者"的自己还会受到排斥。

当徐懋庸得到许广平回复，被告知征集鲁迅书信的原则是"对于征求信稿文件，是向各方普遍收集的"②，也就是徐懋庸所谓的"博采"，并且保证"至于编辑方面，则请先生不必担心也"③之后，徐懋庸才将所集鲁迅手札一本，共四十余封通寄给许广平，但依然格外小心谨慎，不忘在信末附言中叮

---

① 《徐懋庸致周建人、许广平》（1937年1月13日），载周海婴编《鲁迅、许广平所藏书信选》，第355页。
② 《许广平复徐懋庸》，载周海婴编《鲁迅、许广平所藏书信选》，第355页。
③ 《许广平复徐懋庸》，载周海婴编《鲁迅、许广平所藏书信选》，第355页。

嘱许广平说："所有手札原件，希勿使多人看到，幸甚。"①

鲁迅存世书信中，收信人不愿贡献出来的，还有一种情况：收信人主观上认定有些信件不过是一些简单的日常事务性的记载，寥寥数语，不具意义。在这个意义上可以说，鲁迅书信在收信人那里，就已经开始了被"过滤"和被"筛选"的过程，蔡斐君的例子就很典型。1937年3月1日，蔡斐君致信许广平，将所藏一部分鲁迅书信借给许广平，信末说："另还有几封信，那都没谈到重要的事，所以暂没寄。"②许广平收到蔡斐君来信后，大概在回信中坚持要将蔡斐君手中这另外的几封信也全部借出，所以同年3月28日蔡斐君再次致信许广平，重申自己认为那几封信不重要，因此不愿借出的坚定态度：

> 遗札我这里确还存有几封，但都很简短，几乎都没谈上一个问题的。
> 我很知道，先生真愿收所有函件集成，但这未必是可成事实的，何况这又简短了，所以我还是决定不寄奉，祈曲谅。③

蔡斐君的例子不是个别的，像蔡斐君这样，认为所藏鲁迅书信简短而无关大局，因此决定不出借的人还很多。1937年3月31日，曹聚仁在致许广平信中，谈到已经寄出了二十三封鲁迅来信，但"此外还有十七张很简单的信不粘上了"④。1937年7月5日，孙用致许广平信中，也说及自己手中鲁迅书信："尚有四纸，则多为收退稿件事，寥寥数字，故不寄。"⑤收到许广平坚持要借这只有"寥寥数字"的"四纸"的回信后，孙用再次回复说："现附奉鲁迅先生信四纸，即希察收。"⑥可见，经过这一番周折，孙用最终还是将所藏鲁迅书信全部出借了。但即以蔡斐君、曹聚仁、孙用三人为例，也可见在收信人那里，部分鲁迅书信被认为简短无意义，因此不愿贡献出来，这种心态

---

① 《徐懋庸致周建人、许广平》(1937年1月21日)，载周海婴编《鲁迅、许广平所藏书信选》，第356页。
② 《蔡斐君致许广平》(1937年3月1日)，载周海婴编《鲁迅、许广平所藏书信选》，第392页。
③ 《蔡斐君致许广平》(1937年3月28日)，载周海婴编《鲁迅、许广平所藏书信选》，第393页。
④ 《曹聚仁致许广平》(1937年3月31日)，载周海婴编《鲁迅、许广平所藏书信选》，第404页。
⑤ 《孙用致许广平》(1937年7月5日)，载周海婴编《鲁迅、许广平所藏书信选》，第428页。
⑥ 《孙用致许广平》(1937年7月13日)，载周海婴编《鲁迅、许广平所藏书信选》，第428页。

在当时其实是很普遍的了。

再次，即使就已经被收信人贡献出来的鲁迅书信而言，由于书信往来的私密性，私人信件涉及诸多人事纠葛，而所涉及者又大都尚在人世，因此多所顾忌，鲁迅书信的征集也不能将"有信必录"的原则贯彻到底。

其实，对于自己书信的发表，作为写信人的鲁迅是磊落坦荡的，并无许多顾忌。在致李秉中的信中，鲁迅谈到自己书信的发表时说："自己的信之发表，究胜于别人之造谣，况且既已写出，何妨印出，那是不算一回什么事的。"①

但鲁迅书信的收信人却往往颇多顾虑。而且，对鲁迅书信公开发表之后可能引发的种种影响，有所顾虑的不仅仅是徐懋庸这样曾与鲁迅并肩战斗，最后却分道扬镳的人，还有那些与鲁迅一直交好的亲密友人。在私人信件中，鲁迅往往会有更多"性情流露"，更多的针砭社会病相，臧否当世人物，这也是人之常情。但有些话在朋友之间私下说说并不要紧，一旦公之于众，则难免挑起是非争端，甚至触犯众怒。所以，一些曾与鲁迅过从甚密的友人，在贡献出鲁迅书信后，往往反复叮咛，希望许广平对于信件的发表谨慎从事。

曹聚仁1937年3月31日致信许广平，谈及鲁迅给他的来信时，就直截了当地提出建议，希望许广平不要将其中有些信件公开发表："其中有的是犯忌讳的，弟意为不用为妥，请先生斟酌。"②

茅盾在致许广平的信里，论及鲁迅书信，则特别提醒许广平说："其中有二三封是讲《海上述林》之校印的，发表了也许又将引起喧哗，但现在也一并奉上。"③ 其实，鲁迅致茅盾的信中，谈到《海上述林》校印的三封分别写于1936年1月17日、8月13日和8月31日。在这三封信中，鲁迅对《海上述林》校印的进展缓慢多有烦言，曾屡次托茅盾向当时美成印刷所的经理章

---

① 鲁迅：《310623 致李秉中》，《鲁迅全集》第12卷，第267页。
② 《曹聚仁致许广平》（1937年3月31日），载周海婴编《鲁迅、许广平所藏书信选》，第404页。
③ 《茅盾致许广平》（1937年2月18日），载周海婴编《鲁迅、许广平所藏书信选》，第342页。

锡琛和开明书店的编辑徐调孚催促，如 1936 年 8 月 31 日信中所言：

> 因此想到《述林》，那第二本，交稿时约六月底排成。在我病中，亦仍由密斯许赶校，毫不耽搁，而至今已八月底，约还差百余页。前曾函托章先生，请催排字局，必于八月二十边排完，而并无回信置可否，也看不出排稿加紧，或隔一星期来一次，或隔十多天来一次，有时新稿，而再三校居多，或只清样。这真不大像在做生意。①

从上述引文可以看出，虽然鲁迅在信中流露出对排字局办事不力、校印工作拖延时日的不满情绪，但也没有说什么性质严重的"不可告人"的话，最多也不过是一句"这真不大像在做生意"的无可奈何的抱怨。然而茅盾依然想到这些讲《海上述林》校印的信"发表了也许又将引起喧哗"，可见对于信件的公开发表，收信人的各种现实顾虑颇不少。

鲁迅存世遗简中，还有些因各种不便明言的原因，被收信人和征集者事先经过选择而"过滤"和"淘汰"掉，并因此最终湮没在历史的烟尘中了。

1937 年 3 月 23 日，李霁野致函许广平，谈论他所藏鲁迅书简的抄录事宜。虽然李霁野自言对于鲁迅书信，他的抄录原则是"有信俱录，印时删存请尊酌"，但就在这封信中，他也同时说明了自己其实并未做到"有信俱录"。在向许广平报告他对鲁迅遗函的抄写情况时，李霁野是这么说的：

> 未抄者有：（一）十二月廿九日（1926）一信，原因您看后自然知道；（二）一九二六年八月廿五写着丛芜名的一个信封内，有点断片信和一个名片；（三）一九二七年六月卅日给我的信中，附一短简，系寄静农的，未抄的原因也明了。（一）与（二）仍顺序放在原信包中，（三）则附在这封信内了。②

查考迄今为止搜罗最为宏富，可以说将鲁迅存世书信网罗无遗的 2005

---

① 鲁迅：《360831 致沈雁冰》，《鲁迅全集》第 14 卷，第 139—140 页。
② 《李霁野致许广平》（1937 年 3 月 23 日），载周海婴编《鲁迅、许广平所藏书信选》，第 257 页。

年版《鲁迅全集》,可以发现 1926 年 12 月 29 日鲁迅致李霁野的信,《鲁迅全集》失收,而且"写的是信札往来,银钱收付"①的鲁迅日记也失载。从李霁野的来信中可以看出,《鲁迅全集》的失收,并非因为这封信遗失了,而是由于某种许广平"看后自然知道"但李霁野却未曾明言的"原因";至于鲁迅日记的失载,则许广平曾经这么说过:

> 日记虽然"写的是信札往来",有时也不全写。例如很托熟时常来往的人,和他通信,日记里是不大找得到的,《两地书》的信札往来,日记就不尽写出。又如有关政治的人物和他通信或见面时,他也不一定写在日记里。这理由很简单,自然是防到文字狱发生时的不便……因此我们可以得一概念,他的日记写的大约是不大不小的事。太大了,太有关系了,不愿意写出;太小了,没什么关系了,也不愿意写出。②

李霁野正是许广平所谓的与鲁迅"很托熟时常来往的人",他与鲁迅的这次通信,鲁迅日记里没有任何记载,倒也符合许广平所说的,鲁迅对于信札往来"有时也不全写"这一条。至于鲁迅这封致李霁野的信,是因为所谈的事情"太大了,太有关系了",事关重大,鲁迅不愿在日记中写出,还是由于"太小了,没什么关系了",琐屑无足轻重,鲁迅不愿写出呢?因为这封信从未公之于世,而是从此消失于茫茫人海,其具体内容我们无从悬揣,也就不得而知了。

至于李霁野信中所说的 1926 年 8 月 25 日"写着丛芜名的一个信封内,有点断片信和一个名片",同样不见于《鲁迅全集》和鲁迅日记。笔者推考其原因大概是:该信残缺不全,仅剩一点"断片",可能这"断片信"无法相对成文,不具备一定的完整性,也不能表达一定的思想内涵,因此不具备"作品"的特性,为了维护《鲁迅全集》的严肃性,所以《鲁迅全集》未收;而

---

① 鲁迅:《马上日记》,《鲁迅全集》第 3 卷,第 325 页。
② 许广平:《鲁迅先生的日记》,《鲁迅风》1939 年 2 月 8 日第 5 期。

鲁迅日记也因信中所言琐碎不足道，所以失载。

此外，在鲁迅1927年6月30日给李霁野的信中，所附的一封致台静农的短简，李霁野当时也未抄下，他对许广平说"未抄的原因也明了"。所幸这封信并没有因此湮没，后来我们看到这封信，发现其主要内容不过是一段鲁迅对顾颉刚的议论："京中传说，顾颉刚在广大也辞职，是为保持北大的地位的手段。顾颉刚们的言行如果能使我相信，我对于中国的前途还要觉得光明些。"①

鲁迅生前对于被他称为"陈源之流""胡适之的信徒"的顾颉刚，可谓深恶痛绝。1927年，正是鲁迅与顾颉刚闹得不可开交的时候，两人还险些对簿公堂。所以在这封给台静农的短简中，鲁迅直言不讳地表达了对顾颉刚这类"正人君子"言行的怀疑，甚至鄙视。但到了1937年，鲁迅逝世了，顾颉刚却依然健在。既然斯人已逝，时过境迁，则鲁迅与顾颉刚当日的恩怨也该随风而逝。若因书信的发表，旧事重提，而让顾颉刚重新忆起当年的仇恨，则势必影响安定团结的氛围。这对于需要凝聚一切力量，依靠群策群力积极谋划的《鲁迅全集》出版事业，显然是自设障碍。所以，李霁野当时未将此信抄录，可能是顾虑到这种种现实中的人事纠葛。直到多年以后，发表这封短简的现实阻碍已不复存在，它才最终得以重见天日。

综上所述，我们可以看出，鲁迅书简的保存与收集，一方面受到天灾人祸等不可抗拒的自然力的影响，导致书信的存世量本就不多；另一方面，又受到种种社会人为因素的制约，导致存世的鲁迅书简不能搜集完备，搜集之后的鲁迅书简又由于种种不便明言的原因不能公之于世。这种种最终导致鲁迅书简散佚的复杂微妙的原因，从杨霁云为1946年版《鲁迅书简》所作的跋中也可以窥见一斑。杨霁云说：

当时征求先生遗札的时候，有人虽藏有先生给他的书简不少，然因

① 鲁迅：《270630 致台静农》，《鲁迅全集》第12卷，第44页。

今昔立场各殊，信中或有述及其隐微，遂如樊山之藏越缦日记，秘不肯出。亦有人以先生蔑视晚明小品，思想渐异，徐由同路而至对立，隐恨先生之文字，亦思如堇浦之毁谢山文集。先生之文字既无从毁灭，昔日私人之信简，乃弃置由己。凡此两类之书简，此集中均付缺如；深冀在此弥天战乱中不致荡为劫灰，后日或仍能重现于世人之前。①

在鲁迅平生的人际交往中，由于彼此思想的逐渐分歧，由志同道合变成分道扬镳，甚至陌路成仇者大有人在，这其间与鲁迅"立场各殊""思想渐异"者几乎比比皆是，而这些人因为个人的恩怨而对鲁迅书简采取"秘不肯出""弃置由己"的态度，其实也不足为奇。

正因为鲁迅书信的发表存在着这许多有形无形的障碍，导致一部分收信人不愿将手中的鲁迅书简贡献出来。因此，许广平在1946年依然发出征求鲁迅书简的热切呼吁：

请各位保存鲁迅先生书简的朋友仍然不断地陆续惠借书信（一定还有许多，从日记里我们就见到不少没有收回的通讯者的大名），使我们能在再版的时候加厚一倍，三版的时候更加厚一倍，使研究鲁迅文学遗产的更得丰富的食粮，这是我们所珍视而需要的。我们为此伸出求助的手，请爱好鲁迅以及关心文学的先生们给予以助力！②

许广平始终对这些收信人寄予希冀，她发出殷切的请求："还有大部分通信，向未见借，仍留在各地友朋手中，倘亦无恙，更望继续助我一臂，仍然陆续惠假。"为了消除收信人对于书信发表的种种心理障碍和后顾之忧，许广平同时特别向收信人郑重申明："如有一时不便发表的，当代保留。"③

尽管出现了上述种种情况，给鲁迅书简的收集带来了重重困难，但总的

---

① 杨霁云：《〈鲁迅书简〉跋》，载许广平编《鲁迅书简》，鲁迅全集出版社1946年版，第1044、1043、1043页。
② 许广平：《〈鲁迅书简〉编后记》，载许广平编《鲁迅书简》，鲁迅全集出版社1946年版，第1053页。
③ 许广平：《〈鲁迅书简〉编后记》，载许广平编《鲁迅书简》，鲁迅全集出版社1946年版，第1051—1052页。

来说，新中国成立前由许广平主持的鲁迅书简的征集工作是卓有成效的。许广平后来总结这次征集工作时说："那时获得朋友大量予以同情的首肯，先后惠寄的信有八百余封，计通讯者七十余位。"① 就目前鲁迅书简实际存世总量而言，由许广平在新中国成立前征集到的已占全部书简的二分之一强了。

然而，这些由许广平经历了千辛万苦，费尽周折征集到的鲁迅书简，和鲁迅日记一样，当时都未能按照原定计划收入《鲁迅全集》之内。按照许寿裳对《鲁迅全集》的总体规划，为了实现全集之"全"，必须对所有鲁迅文字"全盘计划，网罗无遗"。在许寿裳拟定的"鲁迅全集"的整体格局中，鲁迅书简和鲁迅日记是其中至关重要、不可或缺的组成部分。② 为何最终鲁迅书简和鲁迅日记都在1938年版《鲁迅全集》中付诸阙如呢？

原来，为了更好地纪念鲁迅，对于日记和书信的刊行，许广平等人坚持通过影印出版，他们认为只有影印才能保存鲁迅的手泽。许广平后来回忆当时的情景说："至于日记，书简则是行书，亦颇工整，我们为了想保留他的手泽，最低限度这些种书都希望用影印以与世人相见。"③ 为了能够将日记和书简全部影印出版，许广平等恳请蔡元培亲自出面介绍，并不惜委曲求全，与商务印书馆订立了严酷的契约。但不料"八一三"事变后，上海战事发生，许广平与商务印书馆的影印之约遂成一纸空文，日记和书简的影印之事也就不了了之。

日记与书简的影印之议既然告吹，那为何不将之予以排印，编入1938年版《鲁迅全集》呢？许广平解释其中原委道："及至一九三八年夏间，《鲁迅全集》编印问世，又因为自己太替出版家的生意眼着想，以为影印耗费成本过巨，倘先行排印之后，再有影印版出，恐销路大受打击，因此强行把日记，

---

① 许广平：《〈鲁迅书简〉编后记》，载许广平编《鲁迅书简》，鲁迅全集出版社1946年版，第1049页。
② 参见《许寿裳致许广平》(1937年7月2日)，载周海婴编《鲁迅、许广平所藏书信选》，第316页。
③ 许广平：《〈鲁迅书简〉编后记》，载许广平编《鲁迅书简》，鲁迅全集出版社1946年版，第1049—1050页。

书简留置,未即编入全集之内。"① 原来,许广平始终希望鲁迅书简有影印出版的可能,担心如若排印版先出,则后出的影印版销路必然受到影响,甚至可能因利润过低,导致没有出版商愿意承担影印,因此许广平当时未能将鲁迅书简编入 1938 年版《鲁迅全集》之内。直到 1946 年,《鲁迅书简》影印之事仍然遥遥无期,许广平无奈之下只好将鲁迅书简先行排印出版,不过此时的许广平依然对影印之事寄予希冀,她说:"在今逝世十周年纪念前,毅然将书简先行排印出版,自然还是希望将来有影印的可能。"②

原载《中国现代文学研究丛刊》2010 年第 1 期

---

① 许广平:《〈鲁迅书简〉编后记》,载许广平编《鲁迅书简》,鲁迅全集出版社 1946 年版,第 1050 页。
② 许广平:《〈鲁迅书简〉编后记》,载许广平编《鲁迅书简》,鲁迅全集出版社 1946 年版,第 1050 页。

《朝花夕拾》："回忆"的叙述学分析
——谨以此文纪念鲁迅诞辰一百三十周年

郑家建　赖建玲

当你进入《朝花夕拾》的记忆世界，就会发现，这里的记忆井然有序，这里的记忆有隐有显，这里的记忆有详有略。更令人惊叹的是，记忆之中的人和事，并没有因为时光的流逝而变得模糊不清，反而显得栩栩如生、历历在目。那么，鲁迅如何做到这一点的？这不仅是心理学问题，也是一个叙述学的问题。因此，对鲁迅记忆世界的叙述学分析，就成为打开《朝花夕拾》文本世界第一道大门的关键之所在。

一、被唤醒的灵魂

《朝花夕拾》的不少篇章，对中国读者来说，确实是耳熟能详。毫无疑问，印象最深刻的当属其中的一系列人物形象。就让我们再一次从那文字世界中唤醒阿长、藤野先生、范爱农等人吧，且看看他们是如何从鲁迅的记忆深处缓缓地走出，又是如何清晰地伫立在一代又一代读者的眼前——恍若迎面相逢。

在《阿长与〈山海经〉》一文中，鲁迅深情地回忆了一个连属于自己的名字也没有的小人物，即我的保姆长妈妈。阿长给人的印象差不多是一个大大咧咧、不守规矩的粗俗女人，若果真如此，阿长又有什么值得"我"深情回忆呢？显然，这是作者有意要把读者引向情感判断的歧路口，其目的是出乎意料地展示阿长性格的另一面，即正当"我"对绘图的《山海经》念念不忘却又一筹莫展之际，唯有她做到了"过了十多天，或者一个月罢，我还很记得，是她告假回家以后的四五天，她穿着新的蓝布衫回来了，一见面，就将一包书递给我，高兴地说道：'哥儿，有画儿的"三哼经"，我给你买来了！'我似乎遇着了一个霹雳，全体都震悚起来；赶紧去接过来，打开纸包，是四本小小的书，略略一翻，人面的兽，九头的蛇……果然都在内。"这是文本叙述的重大转折点，但在这一叙述之中，鲁迅有意略去了许多细节，如阿长是如何买到"三哼经"的？这个过程对于一个不识字的女人来说，究竟是历尽艰辛，还是得来全不费工夫？阿长买到"三哼经"时的心理状态又是如何？其动机是出于对"我"单纯的爱，还是功利性的对"我"这个小少爷的讨好？书价或许是一笔不小的开支，阿长有过犹豫吗？这些看来是基于人性的正常追问，鲁迅都避而不语。文本则是集中笔墨极力突出"我"得到"三哼经"的激动心情，从而通过"我"的情感反应来折射阿长性格中所隐藏着的纯朴、善良的一面。文本叙述推进到这里，也就完全翻转了此前对阿长"不大佩服""无法可想""不耐烦"的感受。阿长，这个劳苦的乡下女人就是这样在鲁迅的峰回路转的叙述过程中，生动而鲜明地展示了她个性的多样面和丰富性。

　　日本仙台的一个名不见经传的医学教授，因《藤野先生》一文而在中国变得家喻户晓。在这篇散文中，鲁迅回忆了在仙台医学专门学校短暂的一年求学中与藤野先生之间的独特友谊。和《阿长与〈山海经〉》借助"我"与阿长的情感关系之曲折变化来推进叙述发展不同，对藤野先生的回忆，鲁迅侧重于和人物紧密相关的事件叙述。这样的叙述形态，并不要求叙述过程的完整性、曲折性，而看重的是有效的叙述聚焦，聚焦点越明确，人物性格的展示就越鲜明有力。《藤野先生》一文，作者对藤野先生的正面着笔并不多，主要集中在关于"我"与"藤野先生"几次交往的叙述。第一次是他担心"我"

能否抄下他上课的讲义,希望"我"拿给他看一看。第二次是藤野先生修改我讲义上的下臂血管的解剖图,叙述之中,作者有意突出了"我"与藤野先生的"冲突",从而产生了文本叙述的"错层感":"我"越是不以为然,反而越能突出藤野先生在治学上的严谨与求真的态度,尽管此处的叙述并非对藤野先生性格的正面刻画,但特意聚焦他对解剖图的较真态度,目的是要从侧面刻画他性格中方正严谨的一面——在叙"事"之中刻画人物性格,是这篇散文重要的创作方法之一。文本关于"我"与藤野先生第三次与第四次的交往的叙述,就相对简略些,这种详略得当的叙述使得文本的结构更加富有节奏。当然,在这种简略之中,作者并没有放过对人物性格的有力刻画,如第三次叙述藤野先生对"我"是否肯解剖尸体的担心,文中写道:"解剖实习了大概一星期,他又叫我去了,很高兴地,仍用了极有抑扬的声调对我说道:'我因为听说中国人是很敬重鬼的,所以很担心,怕你不肯解剖尸体。现在总算放心了,没有这回事。'"作者用了"极有抑扬的声调",写出藤野先生的内心从担心到释然再到欣喜的复杂过程。值得注意的是,在文本中鲁迅特别叙述了藤野先生试图向"我"了解中国女人裹脚的裹法,进而了解足骨变成怎样的畸形。二十多年后,这一细节再现于鲁迅的脑海,肯定别有深意。裹脚作为中国传统文明的野蛮性表征之一,曾引起新文化运动的思想家们猛烈的抨击,其中尤以周作人、鲁迅的批判最为激烈、深刻。藤野先生作为一个医学工作者,从医学的角度关注裹脚对足骨畸形的伤害,这一幕往日的情景,一定给了鲁迅许多的批判勇气与力量。值得一提的是,对于众所周知的鲁迅离开仙台的原因,在《藤野先生》一文中,鲁迅并没有像在《呐喊·自序》中那样着力渲染,从这点的区别也可以看出,鲁迅在《藤野先生》一文中为了达到对人物性格的刻画,而对叙述节奏和叙述聚焦所做的有意调控。

与《藤野先生》一样,《范爱农》一文也是鲁迅对青年时代友人的回忆,但在对回忆的叙述方式上,二者却截然不同。《范爱农》一文,作者强调的是叙述的时间性与历史感,在叙述之中着眼于人物的外貌、语言、神态的前后不同，以此来展示人物的心理变化，以此来刻画人物性格。鲁迅选取了四个时期的范爱农来写，同时，不同时期突出范爱农不同的性格特征。也可以说，《范爱农》一文写了四个不同的"范爱农"。一是日本时期的范爱农："这是一个高大身材，长头发，眼球白多黑少的人，看人总像在渺视。他蹲在席子上，我发言大抵就反对；我早觉得奇怪，注意着他的了，到这时才打听别人：说这话的是谁呢，有那么冷？认识的人告诉我说：他叫范爱农。"很显然，作者有意借助人物的外貌、神态、语言和动作，突出的是范爱农的"愤慨"。这种"愤慨"的情绪，体现了19世纪末的中国有志青年一方面对清王朝充满痛恨，而另一方面又找不到有力反抗的内在冲突。范爱农的"愤慨"是一代人的"愤慨"，也是一个时代的"愤慨"，在这里，可以看出鲁迅叙述的高度历史概括力。二是革命前的范爱农："他眼睛还是那样，然而奇怪，只这几年，头上却有了白发了，但也许本来就有，我先前没有留心到。他穿着很旧的布马褂，破布鞋，显得很寒素。谈起自己的经历来，他说他后来没有了学费，不能再留学，便回来了。回到故乡之后，又受着轻蔑，排斥，迫害，几乎无地可容。现在是躲在乡下，教着几个小学生糊口。但因为有时觉得很气闷，所以也乘了航船进城来。他又告诉我现在爱喝酒，于是我们便喝酒。从此他每一进城，必定来访我，非常相熟了。我们醉后常谈些愚不可及的疯话，连母亲偶然听到了也发笑。"需要指出的是，关于回国之后至辛亥革命之前这段时间的范爱农的具体情形，作者是转述范爱农自己的说法。我认为，鲁迅巧妙地运用间接叙述的方式，既符合"限知视角"的内在要求，又把自己对革命前范爱农的处境与心境的同情，深深地埋藏起来。三是革命中的范爱农："到冬初，我们的景况更拮据了，然而还喝酒，讲笑话。忽然是武昌起义，接着是绍兴光复。第二天爱农就上城来，戴着农夫常用的毡帽，那笑容是从来没有见过的。""爱农做监学，还是那件布袍子，但不大喝酒了，也很少有工夫谈闲天。他办事，兼教书，实在勤快得可以。"关于革命中的范爱农，作者叙述的重点是"范爱农的欢欣"，这种欢欣源于辛亥革命所带来的解放感，源于对共和的信仰。作者尽管着墨不多，但还是写出了辛亥革命带给20世纪之初中国知识分子的精神力量与精神变化，还是生动地再现了那个时代的精神气氛。悲哀的是，这种"欢欣"之心情很快就消失殆尽，因为，辛亥革命并没有带来根本性的深刻变化，于是当"季弗写信催我往南京"时，范爱农"也很赞成，但颇凄凉，说'这里又是那样，住不得，你快去罢……'我懂得他无声的话，决计往南京"。此后，范爱农不得不又回到旧的精神轨道上来。鲁迅对范爱农的这种精神变化的叙述，深刻地融入了自己的历史体验，他曾说过："见过辛亥革命，见过二次革命，见过袁世凯称帝，张勋复辟，看来看去，就看得怀疑起来，于是失望，颓唐得很了。"① 毋庸置疑，在对革命中范爱农精神变化的叙述之中，包含着鲁迅自身的诸多历史观感，正如他自己所说，"后来也亲历旁观过几样更寂寞更悲哀的事，都为我所不愿追怀，甘心使他们和我的脑一同消灭在泥土里的"②。四是革命后的范爱农，当"我从南京移到北京的时候，爱农的学监也被孔教会会长的校长设法去掉了。他又成了革命前的爱农。我想为他在北京寻一点小事做，这是他非常希望的，然而没有机会。他后来便到一个熟人的家里去寄食，也时时给我信，景况愈困穷，言辞也愈凄苦。终于又非走出这熟人的家不可，便在各处飘浮。不久，忽然从同乡那里得到一个消息，说他已经掉在水里，淹死了"。在这一叙述中，鲁迅有一个特别的提示："他又成了革命前的爱农"，强调范爱农的精神立场和精神处境与革命之前仍有内在的一致性，但另一方面作者在叙述时又连续用了两个"愈"，突出范爱农在物质与精神方面更加的困苦。这种革命之后知识分子日益严重的困苦，鲁迅在其小说《在酒楼上》《孤独者》《故乡》《祝福》之中均有深刻的揭示，在杂文关于俄国十月革命前与后的知识分子选择、出路与命运的论述之中，也有深刻的提示。可以说，范爱农的困苦，是一个时代之困苦的缩影，

---

① 《鲁迅全集》第4卷，人民文学出版社2005年版，第468页。
② 《鲁迅全集》第1卷，人民文学出版社2005年版，第440页。

范爱农之死，是一个时代的精神之死。文本能获得如此强烈的表现力，显然得益于鲁迅在叙述之中把自己的经历和体验深刻地投注其中，因此，可以说范爱农是鲁迅精神家族的同胞兄弟，是鲁迅的第二"自我"。

二、镌刻的时光

《阿长与〈山海经〉》《藤野先生》和《范爱农》三文，叙事的目的在于写人，并且三篇散文在写人方面各具特色。与此不同，《五猖会》《从百草园到三味书屋》《父亲的病》《琐记》四篇散文，则重在叙事，当然，其间也写到人物，如我的父亲、书塾先生、衍太太、S城名医等，但都不是叙述的重点之处。仅就叙事而言，若仔细分析，则会发现，这四篇散文的叙事方式、叙事角度和叙事结构也颇有差异，这充分体现了鲁迅高超的叙述才能。

《五猖会》一文，鲁迅回忆了自己在童年时代的一次尴尬而又困惑的经历。这篇散文初看起来，叙述重点应该放在关于"五猖会"方面，但是，鲁迅并没有顺从读者的这种预期，文本中关于五猖会的叙述是简略而快速的，文本的前半部分，在叙述之中尽力保持着一个基调，那就是孩子们对五猖会的欢快而期盼的心情，其目的是在结构上为后文情感的转折埋下伏笔。文本叙述的重点则放在转折的关口，当"我"正在为即将去东关看五猖会而兴高采烈之际，父亲却有了一个出乎意料的举动，文中写道："要到东关看五猖会去了。这是我儿时所罕逢的一件盛事。""因为东关离城远，大清早大家就起来。昨夜预定好的三道明瓦窗的大船，已经泊在河埠头，船椅、饭菜、茶炊、点心盒子，都在陆续搬下去了。我笑着跳着，催他们要搬得快。忽然，工人的脸色很谨肃了，我知道有些蹊跷，四面一看，父亲就站在我背后。""'去拿你的书来。'他慢慢地说。……我忐忑着，拿了书来了。他使我同坐在堂中央的桌子前，教我一句一句地读下去。我担着心，一句一句地读下去。两句一行，大约读了二三十行罢，他说：'给我读熟。背不出，就不准去看会。'他说完，便站起来，走进房里去了。我似乎从头上浇了一盆冷水。但是，有什么法子呢？自然是读着，读着，强记着，——而且要背出来。"这样的时刻，让"我"终生难忘。值得注意的是，这里的叙述非常之翔实：船、船椅、饭菜、茶饮、点心，等等，一应俱全，足见此行之隆重，然而，越是这种叙述的渲染，就越为文本接下来的情感逆转增加一层叙述张力。且看作者又是如何叙述接下来的情感变化："我"先是从蹊跷变成忐忑着，而后是"担着心"，最后是"似乎从头上浇了一盆冷水"，人物的心理经历着从疑惑到紧张再到绝望的过程，这一过程仿佛是一步一步地逼近人物的心坎。然而，在这里的叙述之中，作者对父亲的刻画始终只停留在简要的几句言语上，读者根本无法看到此时父亲的神态和心理活动，但是，对父亲的叙述越是如此的简洁，读者却越能感受到父亲此时的威严，也越能感受到"我"此时的紧张。这种对潜在的心理落差的巧妙设置，更增加文本叙述的张力和饱和度。

《从百草园到三味书屋》是一篇脍炙人口的名文，一段童年的快乐时光随着鲁迅的回忆而神采奕奕。与《五猖会》强调自己难以忘怀的一段磨难不同，《从百草园到三味书屋》始终洋溢着轻松、活泼和童趣的氛围。作者并没有刻意去营造这种氛围，而是娓娓道来，在轻松的笔调之中，仿佛时光在倒流。与《五猖会》有意在叙述之中设置心理落差不同，《从百草园到三味书屋》则淡化叙述的戏剧性和冲突结构，让叙述沿着线性的进程而缓缓展开，就像一个人在不知不觉之中慢慢成长，快乐或者痛苦，有的依然记得，有的早已随风飘散，这其间没有遗憾，也没有痛惜，只有一个个或深或浅的印痕镌刻着时光悄悄流逝的足迹。但是，在《从百草园到三味书屋》看似平淡的叙述之中，也隐含隽永的意味，这种意味是随着文本叙述的徐徐展开而渐渐浮现出来，就如一颗含在口中的青橄榄。叙述之中不仅充分展示了鲁迅丰富的自然知识和细致的对自然的观察力，而且，也充分展示了鲁迅独特的语言表现力：不仅准确地写出百草园中不同动植物的形态、特征，而且还能让它们各具特性，各有风姿。文本虽然仅有两处写到百草园，但又各有不同的侧重点，展现了童趣的不同方面，使得文本的叙述显得摇曳多姿、各呈异彩。"从百草园到三味书屋"，按理说，文本对如何"到"、为什么要"到"，应有详细叙述，但是，作者对此只是一笔带过，并没有详加叙述，这样就在无形之中加速了叙述节奏，相应地，也增强了文本连续性的画面感。对百草园的描写，作者重在外部生态，而对三味书屋的描写，则主要借助人物来映衬，这种从侧面写来的方法在中国古文写作传统中十分常见，这种写法一般不正面描写所要叙述的重点，而是通过对与此有关的人物及其活动的叙述，来映衬所要叙述的重点之所在。关于三味书屋的叙述，鲁迅就借鉴了这一写法，生动地再现这一段读书生活中几件记忆犹新的事。一是，当"我"问先生"怪哉"这虫是怎么一回事时，他似乎很不高兴，脸上还有怒色。然而，先生为什么不高兴呢？童年的"我"不得而知。当"我"重新忆起此事时，对先生不高兴的原因，或许能略加推测，但也仅仅止于推测而已。二是，先生读书时陶醉的情形："读到这里，他总是微笑起来，而且将头仰起，摇着，向后面拗过去，拗过去。"通过如此极富画面感的描写，一个私塾"老先生"迂执而又可笑的神情，跃然纸上。

鲁迅在《呐喊·自序》中曾写过这样的一段话："有谁从小康人家而坠入困顿么，我以为在这途中，大概可以看见世人的真面目。"[①]"父亲的病"显然是这途中一个关键的事件。对这一事件的记忆，也是鲁迅心灵的一个痛苦的纠结点，值得注意的是，在小说和杂文中，鲁迅关于痛与病的叙述，字里行间总是流淌着一种悲伤、痛苦乃至愤激的情绪，总是直接强调疾病体验对身心、人格与思想成长的复杂影响，但在散文《父亲的病》中，鲁迅则选择了一种看似轻松的喜剧性的笔法，然而，文本的叙述之中越是洋溢着喜剧性，读者却越感到一种沉重的悲剧性，越能品味出一种浓郁的悲伤与失望，文本内在的这种巨大的审美情感落差，是这篇散文叙述的关节之所在。这种叙述

---

① 《鲁迅全集》第1卷，人民文学出版社2005年版，第437页。

方式在写于此前的小说《阿Q正传》中，鲁迅已有淋漓尽致的发挥。当然，由于《父亲的病》触及自己的"至亲至痛"，因此，这种喜剧性的叙述方式则有所克制，且看这一叙述过程，作者先是叙述如何请来S城中所谓的"名医"，和《呐喊·自序》中的有关叙述相比，这里的叙述更加详细，也更有意突出这位名医在"药引"方面的与众不同，越是写出其"与众不同"，就越造成一种心理假象——这位"名医"的医术之高明，也越增加亲人对治愈父亲的期待。然而，实际的治疗效果却恰恰相反，这就造成期待的落空，从而产生了一种深刻的喜剧感。"这样有两年，渐渐地熟识，几乎是朋友了。父亲的水肿是逐日厉害，将要不能起床；我对于经霜三年的甘蔗之流也逐渐失了信仰，采办药引似乎再没有先前一般踊跃了。"这是"我"在父亲生病过程中与S城的所谓"名医"第一回合的交往。虽然，"我"对那些"药引"逐渐失去信仰，但还没有滑入无望的深渊。而接着请到的另一位"名医"，则有过之而无不及，关于这次交往的叙述，鲁迅开始放松先前的克制，渐渐地对喜剧性笔法有所张扬："陈莲河的诊金也是一元四角。但前回的名医的脸是圆而胖的，他却长而胖了：这一点颇不同。还有用药也不同。前回的名医是一个人还可以办的，这一回却是一个人有些办不妥帖了，因为他一张药方上，总兼有一种特别的丸散和一种奇特的药引。芦根和经霜三年的甘蔗，他就从来没有用过。最平常的是'蟋蟀一对'，旁注小字道：'要原配，即本在一窠中者。'似乎昆虫也要贞节，续弦或再醮，连做药资格也丧失了。"这位"名医"的"药引"尤为奇特，文本对这种"奇特"性的有意张扬，目的是造成一种落差：药引越是奇特，越让人期待有独特的药效，然而，父亲的病还是终于没有办法挽救了——文本的情感已是从无望落入了绝望之中。用这种喜剧性的笔法写出这种绝望的心境，这需要一种多么高超的叙述技巧。细心的读者会发现，在《父亲的病》中，作者很少用笔去触及在父亲生病与治病期间，"我"和家人的内心世界，但是，读者就在作者关于寻找药引的叙述之中，仍能读出"我"和家人心情的焦虑与期盼。如文中一连串的"问药店，问……",就婉转地暗示着内心的焦虑与慌乱。借助对一连串动作的描写来衬托人物的内心世界,这一写法不仅在这篇散文中有精彩的体现,而且在《肥皂》《离婚》等小说中已有"圆熟"与"深切"的展示。[①]

无论是《五猖会》,还是《从百草园到三味书屋》以及《父亲的病》,鲁迅对回忆的叙述都相对集中在若干有限的人与事之上,叙述技巧的关键在于通过叙述视角和叙述节奏的有效调控,形成有效聚焦,从而使这些有限的"人"与"事"能够鲜明而生动地浮现出来。然而,在《琐记》一文中,作者对回忆的叙述,由于时空的跨度更大了,因此,对叙述技巧的要求也有所不同。首先,如何做到"琐记"不"琐",是这篇散文的第一重挑战。为此,作者有意选取若干片段来写,并且这些片段都是处在自己成长历程关键性的转折点。如文本对"我"为何要离开"S城"的叙述:由于"我就听到一种流言,说我已经偷了家里的东西去变卖了,这实在使我觉得如掉在冷水里"。"S城人的脸早经看熟,如此而已,连心肝也似乎有些了然。总得寻别一类人们去,去寻为S城人所诟病的人们,无论其为畜生或魔鬼。"同样是这一经历,《呐喊·自序》的叙述则相当的简略:"我要到N进K学堂去了,仿佛是想走异路,逃异地,去寻别样的人们。"[②] 与此不同,《琐记》更强调"离开"的原因及其心情,从而显得真实而又真切。"记"是一种最常见的文体之一,也正是因为其文体之"熟",而相应地,文体之"匠气"与"板滞"的危机也容易发作,因此,如何做到"记"而不枯燥、不呆板,是这篇散文的第二重挑战。为此,作者通过有意渲染一些似乎无关紧要的"小事",从而高度智慧地把笔致放在环境与氛围的描写上,借此营造出一系列独特的记忆氛围,使"琐记"之中充满着时代真实感与历史逼真性。如"我"对学校的记忆,除了"桅杆"之外,就是早已填平的游泳池了,这就是19世纪末中国所谓新式学堂的缩

[①] 《鲁迅全集》第6卷,人民文学出版社2005年版,第238页。
[②] 《鲁迅全集》第1卷,人民文学出版社2005年版,第437页。

影，表面上是新学新气象，骨子里仍是古旧与迷信的。历史的气氛在鲁迅关于和尚如何作道场的充满幽默的叙述之中，不仅变得真切可感，而且在悄然之间所有关于这段历史的宏大叙事都被解构了，展现了"草根中的历史""民间的历史"。如何在"琐记"的叙述之中，不忘却"我"的主体性存在，是这篇散文的第三重挑战。只有始终记住"我"的主体性存在，才能在"琐记"之中抓住一条回忆的主线，从而形成叙述的主脉。关于这一点，在《琐记》之中，作者不断强调"我"在环境变化之中所做的不同选择，不断突出"我"在新环境之中所获得的新体会，目的都是凸显"我"的存在。如叙述"我"对"新学"的阅读："看新书的风气便流行起来，我也知道了中国有一部书叫《天演论》。星期日跑到城南去买了来，白纸石印的一厚本，价五百文正。翻开一看，是写得很好的字，开首便道：'赫胥黎独处一室之中……'哦，原来世界上竟还有一个赫胥黎坐在书房里那么想，而且想得那么新鲜？一口气读下去，'物竞''天择'也出来了，苏格拉底、柏拉图也出来了，斯多噶也出来了。"尽管有长辈的反对，但"仍然自己不觉得有什么'不对'，一有闲空，就照例地吃侉饼，花生米，辣椒，看《天演论》"。"我"的感受在叙述之中仍然那么新鲜、亲切，这种独特的在场感，生动地再现了那段历史氛围。《琐记》回忆的是自己的一段经历，然而透过一个人的经历，折射的是一段宏阔的历史。在《琐记》之中，只要记忆在场，"我"就一定在场，随之我们就能听到历史渐行渐近的足音。

三、"现在"与"过去"的交错

《朝花夕拾》中写人叙事的篇章，较少地杂入对现实社会的批判，以上分析充分说明这一点。然而，《狗·猫·鼠》《二十四孝图》则不同，这两篇散文的有关回忆均是由于现实的激发，因此，这两篇散文对回忆的叙述，必然存在两重叙述视角、两种叙述语调。叙述的挑战性就在于，在文本之中，鲁迅必须做到这两重叙述视角之间的转换是自然的，而不是相互割裂；这两种叙述语调的衔接是顺畅的，而不是突兀的。这一叙述的挑战性也是我们要分析的关键之所在。先来看一看《狗·猫·鼠》一文，鲁迅在这篇散文中回忆了在童年时代对"隐鼠"的喜爱，事实上，作者在如此满怀深情地回忆起童年时代对"隐鼠"的喜爱之前，已经用了很多的笔墨叙述自己为什么"仇猫"，那是因为"猫"对强者的"媚态"，对弱者的"凶残"的折磨。在字里行间隐约影射的是当时鲁迅正与之论战的现代评论派的"正人君子"们。读者为什么会产生这样的阅读反应？主要是由于鲁迅在叙述之中很巧妙地引述"正人君子"们当下的一些言论，这看似断章取义，却又顺理成章；看似莫名其妙，却又浑然天成。如有这样的一段话："虫蛆也许是不干净的，但它们并没有自鸣清高；鸷禽猛兽以较弱的动物为饵，不妨说是凶残的罢，但它们从来就没有竖过'公理''正义'的旗子，使牺牲者直到被吃的时候为止，还是一味佩服赞叹它们。"这里所指涉的"公理""正义"是陈西滢等人最常用的字眼，甚至在 1925 年 11 月北京女子师范大学复校后，陈西滢等人还在宴会席上组织所谓的"教育界公理维持会"，支持北洋政府迫害学生和教育界进步人士，鲁迅在杂文《"公理"的把戏》中对此有全面的揭露。[①] 但是，从文体的内在规定性来看，如果类似的现实指涉在文本中持续扩展，那么，《狗·猫·鼠》在文体上就会蜕变成为一篇杂文。这时，鲁迅就必须从此前的信马由缰转而赶紧抓住缰头，实现从"现实"回望"过去"，在这转换的节点，作者巧妙地写下这样一段话："但是，这都是近时的话。再一回忆，我的仇猫却远在能够说出这些理由之前，也许是还在十岁上下的时候了。至今还分明记得，那原因是极其简单的：只因为它吃老鼠，——吃了我饲养着的可爱的小小的隐鼠。"从叙述结构的功能上看，这段话真正起到起承转合的作用，使文本顺畅完成从"现在"向"过去"，从今天的"我"向过去的"我"

[①] 参见吴中杰《鲁迅传》，复旦大学出版社 2008 年版，第 207 页。

的过渡。然而，这篇散文正是在现实的种种言论和处境的刺激下起笔的，因此，在叙述之中必然潜存着一个现实性的召唤结构与意义指向，这样就使得文本的叙述视角不得不频繁地往返于"过去"与"现实"之间。①"童年的经验"也就在视角的不断过渡与转换之中，渐渐地成长、成熟，就如一颗种子在岁月雨水的浸润下吸足水分之后，慢慢地膨胀、苏醒，而后开始萌发抽芽。当"我"叙述到"隐鼠"被踏死之后，叙述的视角与语调又自然地回到"现在"："这确实是先前所没有料到的。现在我已经记不清当时是怎样一个感想，但和猫的感情却终于没有融和；到了北京，还因为它伤害了兔的儿女们，便旧隙夹新嫌，使出更辣的辣手。'仇猫'的话柄，也从此传扬开来。"这在结构上很巧妙地照应了文章的开头，作者所要表达的批判性的情感也在看似平和的语调之中自然荡漾开来。

如果说《狗·猫·鼠》叙述的智慧在于作者通过叙述视角和语调的调控技巧，很自然地完成从现实情境回望童年经验，再从童年经验回到现实情境的过渡与转换，那么，对于《二十四孝图》来说，如何处理"过去"的叙述立场与"今天"的叙述立场之间的联系与差异，则是至关重要的。《二十四孝图》是"我"在童年时代的阅读物之一，那么，在童年时阅读《二十四孝图》的经验与感受是什么？这种经验与感受在"我"今天的内心世界留下什么样的印象呢？这其中的联系与差异又是怎样呢？今天的"我"又如何评判呢？"过去"的我与"今天"的我，就在这些疑问之中相互缠绕。因此，如何有序地解开与连接，确实需要作者的心灵手巧，且看作者在这里是如何一显身手的。文本一开始就用了很长的篇幅来鞭挞所谓的"反对白话，妨害白话"者，而后才转入对有关《二十四孝图》的叙述，强调"我"在童年时阅读《二十四孝图》的整体感受，叙述立场控制在童年的"我"的经验感受上。为了使这种叙述立场更加明确，作者进而集中选择了自己阅读"老莱娱亲"与"郭

---

① 参见雁冰《读〈呐喊〉》，《时事新报·学刊》1923 年第 91 期。

巨埋儿"两幅图时的经验与体会，就把叙述立场从整体性向个体化聚焦。其中尤为典型的是，作者运用了"佯谬法"，即表面上是故作不解，实际上是一目了然。文本是这样叙述的："至于玩着'摇咕咚'的郭巨的儿子，却实在值得同情。他被抱在他母亲的臂膊上，高高兴兴地笑着；他的父亲却正在掘窟窿，要将他埋掉了……我最初实在替这孩子捏一把汗，待到掘出黄金一釜，这才觉得轻松。然而我已经不但自己不敢再想做孝子，并且怕我父亲去做孝子了。家境正在坏下去，常听到父母愁柴米；祖母又老了，倘使我的父亲竟学了郭巨，那么，该埋的不正是我么？如果一丝不走样，也掘出一釜黄金来，那自然是如天之福，但是，那时我虽然年纪小，似乎也明白天下未必有这样的巧事。"借助"佯谬"，作者对"我"在童年阅读"郭巨埋儿"故事时的心理活动的刻画，真是体贴入微：先是"捏一把汗"，而后"才觉得轻松"，然而一想到自己的家境又感到恐惧，一波三折地写出儿童由于对世故还十分不解而产生的困惑忧惧的心理变化过程。接着，作者又很自然地过渡到"现在"的立场："现在想起来，实在很觉得傻气。这是因为现在已经知道了这些老玩意，本来谁也不实行。"这是洞悉世故之后的自嘲与解脱，也让读者会心一笑。

四、黑暗之舞

在《朝花夕拾》中，《无常》是一个"异数"，也是一篇奇文。如果非要在《朝花夕拾》之中选择一篇"经典中的经典"，我会毫不犹豫地选择《无常》。这篇散文与《女吊》，堪称鲁迅散文的"双璧"。无论是构思的奇妙、叙述的奇倔和想象的奇幻，《无常》均有无可超越的独到之处。先来看构思的奇妙，《无常》一文始终存在着双重结构：生／死，阳间／阴间，冤抑／反抗，可怖／可爱，鬼／人。这种双重结构的存在，一方面使得关于"无常"的叙述有着很明确的"现实指向"，另一方面也让文本从阴郁可怖的氛围之中，透露出一股生命与反抗的乐趣。"无常"是鲁迅故乡的民间迎神赛会上的一个特别的角色,对于"无常",在文本中作者是把"他"放在不同的语境加以展示,这充分体现了这篇散文叙述的奇倔之处。先是迎神赛会上的"无常",然后是城隍庙或东岳庙里的"无常"、《玉历钞传》上的"无常",最后才是目连戏中的"无常",这四个不同语境中的"无常"形象有不同的特征:或可爱,或可怖,或洒脱,或冤苦。作者叙述目连戏的戏台上的"无常"时最为充分:"在许多人期待着恶人的没落的凝望中,他出来了,服饰比画上还简单,不拿铁索,也不带算盘,就是雪白的一条莽汉,粉面朱唇,眉黑如漆,蹙着,不知道是在笑还是在哭。但他一出台就须打一百零八个嚏,同时也放一百零八个屁,这才自述他的履历。""我至今还确凿记得,在故乡时候,和'下等人'一同,常常这样高兴地正视过这鬼而人,理而情,可怖而可爱的无常;而且欣赏他脸上的哭或笑,口头的硬语与谐谈……"在这个想象的世界中,作者彰显了无常的"人性"与"人情"一面,而去掉了阴森恐怖的另一面。从此,"无常"从黑暗的魂灵之舞,升华成一个亲切、可爱的文学经典形象,就像"女吊"那样。此后,这两个"鬼魂"成为"比一切鬼魂更美、更强的鬼魂"。

  茅盾曾说:"在中国新文坛上,鲁迅君常常是创造'新形式'的先锋;《呐喊》里的十多篇小说几乎一篇有一篇形式。"综上所述,我认为,这一评价若移用到《朝花夕拾》上来,也是颇为贴切的。

原载《中国现代文学研究丛刊》2012 年第 9 期

是小说，还是回忆录？
——关于《朝花夕拾》的一桩公案

王国杰

在《朝花夕拾》研究史上有一桩公案，争议双方是王瑶先生和周作人先生，焦点是三个细节的真假问题。一是《父亲的病》中所说的药引"平地木"。周作人认为其实不像鲁迅说的那么难找，甚至可以说是最不费力的，理由是不但家中藏书《花镜》中有详细说明，就连他们童年时去扫墓也常拔一些回来种在家里；王瑶认为"平地木"的名称较多，就是绍兴人自己也叫法不一，所以一时不知为何物也属正常。二是父亲临终前，究竟是不是衍太太怂恿鲁迅呼唤父亲。周作人说自己亲历了父亲的临终场面，"也叫了几声，听见他不答应，大家就哭起来了"，但是并未提及有人怂恿鲁迅呼唤，依照民间习俗，送终人仅限于同辈及后辈的亲人，况且是在夜晚，衍太太是父亲的叔母，绝对不会在场；王瑶则怀疑周作人并不在场，他认为鲁迅时年16岁，且是长子，依照"亲视含殓"的礼节必然要在场，而周作人只有12岁，可以不在场，周作人的话中没有详细描述当时情况，便说明他很可能不在现场，他断定衍太太也不在场的依据只是凭习俗推断，既然衍太太以精通礼节自诩，又住在一门里，在鲁迅父亲临终时进来也就符合她的性格了。三是《范爱农》中鲁迅是否主张给清廷发电报。周作人认为鲁迅原本与范爱农意见一致，故意把自己改说成是主张发电报的一派，以反衬范爱农语气的怪异[1]；王瑶认为周作人误解了鲁迅的意见，尽管两人发电报的态度不一，但是从电报内容来看，两人其实政治观点是一样的。[2] 不难看出，两人的立论依据是有差别的，周作人是站在事件亲历者角度，王瑶是以推理的方式反驳，但要分辨两人的是非，不能以此为依据，要辨析孰是孰非，唯有考证原初真相。

幸运的是，这三个细节在鲁迅的作品中都有据可查。一、对于父亲临终场面，除了周作人的回忆之外，周建人也有印象："善知过去未来的长妈妈突然催促我大哥：'大阿官，叫呀，快叫呀！'"[3] 鲁迅自己在《自言自语·父亲的病》中也提到这件事时说，怂恿他喊叫的是"老乳母"[4]，这可与周建人的记忆相互印证，由此可知，当时确实有人怂恿鲁迅，但并不是衍太太。二、至于"平地木"，周作人称家藏的《花镜》一书中便有具体说明，是鲁迅"用了二百文钱从一个同窗的本家（似是堂兄寿颐）那里得来的"[5]，巧合的是，鲁迅在《阿长与〈山海经〉》中也提到了这本书，"我那时最爱看的是《花镜》，上面有许多图"，那么这个问题的答案就在《花镜》里面了。《花镜》是清朝康熙年间陈淏子辑录的观赏类动植物集，全书共分6卷，卷一逐月说明各种气候征兆和花木栽培事宜，卷二介绍了18类种植管理方法，卷三列举了100种花木类植物，卷四列举了92种藤蔓类植物，卷五列举了103种花草类植物，卷六列举了42种禽鸟鳞虫。"平地木"位于花木类第54位，书中注明："平地木，高不盈尺，叶似桂，深绿色，夏初开粉红细花，结实似南天竹子，至冬大红，子下缀可观，其托根多在瓯阑之傍，虎茨之下，及岩壑幽深处，二三月分栽，乃点缀盆景必需之物也。"[6] 原书中不仅直接用了"平地木"的名

---

[1] 周作人：《知堂回想录》（上），河北教育出版社2002年版，第36页。
[2] 王瑶：《王瑶全集》第6卷，河北教育出版社2000年版，第342—343页。
[3] 周建人：《鲁迅故家的败落》，福建教育出版社2001年版，第107页。
[4] 《鲁迅全集》第8卷，人民文学出版社2005年版，第118页。
[5] 周作人：《鲁迅的青年时代》，河北教育出版社2002年版，第117页。
[6] （清）陈淏子：《花镜》，中华书局1956年版，第78页。

称，还附有相应的图画。据周建人回忆，鲁迅对《花镜》还不是一般的熟悉："鲁迅先生小时候买的书多数是'花书'，便是各种画谱，细细翻阅，收藏起来。……空闲时也种花，有若干种月季，及石竹，文竹，郁李，映山红等等，因此又看或抄讲种花的书，如《花镜》，便是他常看的。他不单是知道种法，大部分还在要知道花的名称，因为他得到一种花时，喜欢盆上插一条短竹签，写上植物的名字。"不仅如此，鲁迅对《花镜》还有许多心得，"他读书时，从书坊里回来，常常看看《花镜》，并曾经加上许多注解。不知这册改过的《花镜》现在还存在否"①。这样说来，鲁迅对《花镜》应该是了如指掌，也就不可能不知道"平地木"为何物了。三、鲁迅是否同意发电报，这个问题最难考证了，因为没有其他人的回忆可以佐证。但是在《阿金》中有这样一句话："即使死了，开同乡会，打电报也没有用的，——况且我想，我也未必能够弄到开起同乡会。"②鲁迅肯定不是未卜先知自己的身后事，但又何以会把开同乡会和发电报这两件事连在一起呢？根据鲁迅说话喜欢影射的习惯，我们搜索鲁迅的人生记忆，唯有留学期间有关徐锡麟牺牲事件的处理中同时涉及了这两件事，因此可推知，鲁迅这句不经意的话实际上是在暗示徐锡麟事件，并且重申了自己的主张，即他与范爱农的意见原本是一致的，不仅反对发电报，就连开同乡会也认为是于事无补。通过对这三个细节的详细考证，最后我们完全可以肯定地下结论：鲁迅确实对《朝花夕拾》中的这三个细节刻意做了修改。

　　周作人与王瑶的分歧，不单单是为了三个细节的真假，更重要的是它们对《朝花夕拾》文体性质认定的影响。王瑶认为这些细节与事实不符之处是因为"记忆上的差误"，所以《朝花夕拾》是纯粹纪实性质的回忆录；周作人认为鲁迅请衍太太出台，"想当她做小说里的恶人"，言外之意即认为《父亲

---

① 周作人、周建人：《年少沧桑——兄弟忆鲁迅》（一），河北教育出版社 2000 年版，第 252 页。
② 《鲁迅全集》第 6 卷，人民文学出版社 2005 年版，第 205 页。

的病》是一篇小说,同时周作人认为鲁迅把"平地木"说得很难找,是"一种诗的描写",把发电报的意见故意改为与范爱农不一样,也是把"真实"改为"诗"。周作人提到的"诗"又是什么意思呢?他曾解释说:"真实当然就是事实,诗则是虚构部分或是修饰描写的地方,其因记忆错误,与事实有矛盾的地方,当然不算在内,唯故意造作的这才是,所以说是诗的部分,其实在自叙传中乃是不可凭信的,应该与小说一样的看法。"① 那么诗与小说又有什么关系呢?他说:"若论性质则美文也是小说,小说也是诗,《新青年》上库普林作的《晚间的来客》,可为一例。"② 周作人似乎把散文、小说和诗的界限都打乱了,我们还是要按照公认的标准进行梳理,既然他认为《晚间的来客》能代表他的观点,那我们就从此篇入手。周作人翻译的《晚间的来客》大致内容是:灯光落在桌上映出一个圆圈,"我"听到有人敲门,便猜想来人将做什么,进而产生意识流式的联想,想到世上每个现象都将对自己产生影响,赌博使人兴奋,人生也似形式更丰富的赌博,又有谁能知道人生的意义?人无法把握人生中的偶然,只能把它们归结为命运。当"我"对着门喊声"进来",便知道是命运带着它的魔法轮来了,感叹人生就是这样充满了神秘和奇异。这是一篇小说,但情节非但不是小说的主体,所占份额也极少,绝大部分内容是抒情和哲思,这是一篇散文化的小说,带有浓重的抒情意味。周作人看中的也正是它文体的独特,"我译这一篇,除却绍介 Kuprin 的思想之外,还有别的一种意思,——就是要表明在现代文学里,有这一种形式的短篇小说。小说不仅是叙事写景,还可以抒情;因为文学的特质,是在'感情的传染',便是那纯自然派所描写,如 Zola 说,也仍然是'通过了著者的性情的自然',所以这抒情诗的小说,虽然形式有点特别,但如果具备了文学的特质,也就是真实的小说"③。他对小说的这种主张和美文主张是一致的,"记

---

① 周作人:《知堂回想录》(下),河北教育出版社 2002 年版,第 801 页。
② 周作人:《谈虎集》,河北教育出版社 2002 年版,第 29 页。
③ 周作人:《晚间的来客·译后附记》,《新青年》1920 年 4 月第 7 卷第 5 号。

述的，是艺术性的，又称作美文，这里边又可以分出叙述与抒情，但也很多两者夹杂的"[1]。对比他对小说和美文的定义，难怪他说"美文也是小说，小说也是诗"了，原来是他混淆了风格与体裁的含义。严格来讲，诗是一种文学体裁，以诗意追求为主要特征，而诗化是一种创作风格，小说和散文都可以带有诗化特征，但它们在文体性质上却仍然不能属于诗，它们仍然有各自的主导特征。如果把小说写得很优美，如废名的小说，那么可以称为美文，但不是所有的美文都可以称为小说，比如周作人的《故乡的野菜》《乌篷船》也很美，仍然要被划入散文范畴。"小说也是诗"只是强调了其中诗化的意味，犹如说王维的诗是一幅画，但不能因此就说小说就是诗。辨析了周作人的小说和诗的概念后，我们就明白了，他之所以称鲁迅的修改为"小说的成分"或者"诗的描写"，是因为他认为鲁迅的修改目的是增添抒情意味，并非指虚构。

那么这些修改究竟是不是为了抒情，或者又是为了什么呢？我们通过对修改前后内容的对比来加以分析。

《父亲的病》中对"平地木"是这样讲述的：

> 然而还有"平地木"十株呢，这可谁也不知道是什么东西了，问药店，问乡下人，问卖草药的，问老年人，问读书人，问木匠，都只是摇摇头，临末才记起了那远房的叔祖，爱种一点花木的老人，跑去一问，他果然知道，是生在山中树下的一种小树，能结红子如小珊瑚珠的，普通都称为"老弗大"。
>
> "踏破铁鞋无觅处，得来全不费工夫。"药引寻到了，然而还有一种特别的丸药：败鼓皮丸。……

鲁迅对"平地木"的叙述是说它非常稀有吗？显然不是！鲁迅也知道"平地木"是十分常见的植物，只是医生却偏偏要写它少为人知的别名，故意

---

[1] 周作人：《谈虎集》，河北教育出版社2002年版，第29页。

与病人家属为难。鲁迅把这类事件看作一种奇特的找药引形式，即病人家属明明熟悉药引，却不知道它偏僻的名称，因而被医生捉弄。正因为"平地木"很常见，所以用它来作这类的例子就再适合不过了，以此构成一个"踏破铁鞋无觅处，得来全不费工夫"的故事形式，把这种捉弄方式写得生动形象。

对于临终前呼喊父亲的场景的描述，《自言自语》中是这样表述的：

他眼睛慢慢闭了，气息渐渐平了。我的老乳母对我说，"你的爹要死了，你叫他罢。"

"爹爹。"

"不行，大声叫！"

"爹爹！"

我的父亲张一张眼，口边一动，仿佛有点伤心，——他仍然慢慢的闭了眼睛。

我的老乳母对我说："你的爹死了。"

《朝花夕拾》是如下表述：

"叫呀，你父亲要断气了。快叫呀！"衍太太说。

"父亲！父亲！"我就叫起来。

"大声！他听不见。还不快叫？！"

"父亲！！！父亲！！！"

他已经平静下去的脸，忽然紧张了，将眼微微一睁，仿佛有一些苦痛。

"叫呀！快叫呀！"她催促说。

"父亲！！！"

"什么呢？……不要嚷。……不……。"他低低地说，又较急地喘着气，好一会，这才复了原状，平静下去了。

"父亲！！！"我还叫他，一直到他咽了气。

把这两段叙述比较来看，前者可与周作人的回忆相互印证，后者则做了较大修改，但大体事件仍然是相同的，并非鲁迅杜撰，既然事实如此，那么就不能以此作为称衍太太为"恶人"的证据了。但是两者的讲述风格却又大不相同，后者中衍太太与"我"构成对话模式，句式具有很强的节奏感，并对父亲的表情产生了直接影响，由此便构成了一幕情感强烈的戏剧化场景。情绪要急切，语言节奏要快，谁能担当这个角色呢？前文中慢条斯理的老乳母显然不适合，但又为什么会是衍太太呢？我认为，一是不但"住在一门里"，而且在鲁迅的回忆中印象深刻（《琐记》）；二是从年龄上说，她"那时却还年青，只有一个儿子比我大三四岁"（《琐记》），很符合这个情节艺术上的真实。

《范爱农》中发电报一段是这样的：

……会众即刻分成两派：一派要发电，一派不要发。我是主张发电的，但当我说出之后，即有一种钝滞的声音跟着起来：

"杀的杀掉了，死的死掉了，还发什么屁电报呢。"

这是一个高大身材，长头发，眼球白多黑少的人，看人总像在藐视。他蹲在席子上，我发言大抵就反对；我早觉得奇怪，注意着他的了，到这时才打听别人：说这话的是谁呢，有那么冷？认识的人告诉我说：他叫范爱农，是徐伯荪的学生。

我非常愤怒了，觉得他简直不是人，自己的先生被杀了，连打一个电报还害怕，于是便坚执地主张要发电，同他争起来。结果是主张发电的居多数，他屈服了。其次要推出人来拟电稿。

"何必推举呢？自然是主张发电的人啰——。"他说。

我觉得他的话又在针对我，无理倒也并非无理。但我便主张这一篇悲壮的文章必须深知烈士生平的人做，因为他比别人关系更密切，心里更悲愤，做出来就一定更动人。于是又争起来。结果是他不做，我也不做，不知谁承认做去了；其次是大家走散，只留下一个拟稿的和一两个干事，等候做好之后去拍发。

> 从此我总觉得这范爱农离奇,而且很可恶。天下可恶的人,当初以为是满人,这时才知道还在其次;第一倒是范爱农。中国不革命则已,要革命,首先就必须将范爱农除去。

鲁迅把观点一致的一方,改为观点对立的双方,便构成了"我"与范爱农的戏剧化冲突模式。通过对立面的讲述,不但可以介绍范爱农的外貌和态度,更能形象描摹主张发电报一派人的心态,以及对范爱农的强烈反感。此处的修改,把原本干瘪的介绍说明转化为故事情节,同时加入心理分析,使场景讲述具有了文学效果。

从以上分析已经可以看出,鲁迅的这三处修改不具有小说的性质,因为它们不能称为虚构,虚构与非虚构在叙事上是有明确界限的,那就是"参照层","基于文本的小说诗学忽略了恰恰是历史学家应该考虑的核心问题,即历史学家们创作故事时需要参考某种程度上可以信赖的过去事件的文献记录"。鲁迅的修改只能算作以文学形式对史实重新叙述,而属于虚构性质的小说却完全拒绝参照层,"通过形态和声音结构的组合,来表述虚构世界以及体验这个世界的人物。这就是历史叙事与虚构叙事的本质不同,前者依附于参照层面,后者则远离参照层"。[①]因为有参照层的存在,就决定了《父亲的病》和《范爱农》不是虚构的作品,与小说有本质上的差别了,无论是王瑶所说的小说,还是周作人所说的小说。王瑶是从古代文学研究转向现代文学研究的,他的小说概念来自对中国古代小说的总结,"黄省曾序说《汉书》'不录之故,大约有四。则猥琐可略,闲漫无归,与夫杳昧而难凭,触忌而须讳者也'。而这些正是小说的性质"[②]。在王瑶的观念中,小说是荒诞不经的代名词,这自然是不能与《朝花夕拾》相提并论的。周作人把废名小说作为小说典范,废名的小说,尽管也以现实生活为素材,但目的并不是复述现实,而是以

[①] [美]多里特·科恩:《论虚构性的标记:一种叙事学的角度》,刘丹译,载唐伟胜主编《叙事》中国版(第三辑),暨南大学出版社2011年版,第72、76页。

[②] 《王瑶全集》第1卷,河北教育出版社2000年版,第150页。

"实"构"虚",作者凭主观想象构思出一个诗化的境界,然后以现实生活素材加以填充,正如周作人所说:"文学不是实录,乃是一个梦:梦并不是醒生活的复写,然而离开了醒生活梦也就没有了材料,无论所做的是反应的或是满愿的梦。"① 这与《朝花夕拾》也相差甚远。其次,这些修改也并不如周作人所说的是为了抒情。鲁迅把"平地木"的难寻演绎成了一个故事形式,把自己对父亲临终时的呼喊和与范爱农争辩都结构成戏剧化场景,这些明显是对史实的"情节化",而不是简单的诗化抒情,所以无论文体性质,还是创作方法上,《父亲的病》和《范爱农》都与废名的诗化小说截然不同。

既不属于王瑶所说的纯粹回忆录,也不属于周作人所说的抒情诗类小说,那么该如何定义《父亲的病》和《范爱农》以及《朝花夕拾》其他篇章的文体呢?我认为《朝花夕拾》以文学形式叙述史实,正是名副其实的现代意义上的传记文学。"传记既不是纯粹的历史,也不完全是文学性虚构,它应该是一种综合,一种基于史而臻于文的叙述。在史与文之间,它不是一种或此即彼、彼此壁垒的关系,而是一种由此及彼、彼此互构的关系。"② 现代传记作者对史实的修改也有严格的界限要求,"传记作家兼顾的是两个事实:事实的真实和叙述的真实。前者要求他信守一致论,后者需要他服从一贯论。综合起来,一致的一贯论就构成了传记文学的特殊的真实性"③。在传记文学作品中,文学的要求不能取代史实,史实同样也不能拒绝文学,作者要努力使史实从枯燥的材料向文学审美层面升华。故事是传记文学的重要组成部分,但其中的故事与小说中的故事又有着鲜明的区别,"把故事同真实对立起来的说法并不正确,因为传记的故事性不是依靠杜撰事实获得的,而是依靠发现事件中的因果关系、揭示其意义获得的,并通过对历史情境和文化结构的描述来强化了其间的联系,即强化了故事性。传记是事实的故事,它不同于小说的虚

---

① 周作人:《苦雨斋序跋文》,河北教育出版社 2002 年版,第 101—102 页。
② 赵白生:《传记文学理论》,北京大学出版社 2003 年版,第 44 页。
③ 赵白生:《传记文学理论》,北京大学出版社 2003 年版,第 52 页。

构故事"①。这也正契合鲁迅对三个细节修改的目的，所以说《朝花夕拾》应该属于传记文学。如果再细分，《朝花夕拾》可以称作自传，即"某个现实中人以自己的实际经历写就的散文体追溯性叙事，写作重点须放在某个人生活，尤其是个性的发展史上"②。鲁迅并不是依照年代顺序逐条回忆自己的所作所为，而是挑选人生的主要片段，其中包括了鲁迅幼年的兴趣、童年所受教育、家道中落中成长、外出求学树立理想、留学期间的思想转变，以及理想破灭后的世故，它们并不是面面俱到地囊括鲁迅生命中每个细节，但却记录下了鲁迅的心路历程，完全可以称为现代意义上的自传作品。

由于对事实细节难以考证，以及一直以来缺乏对虚构内涵的深究而使得界限模糊，所以王瑶与周作人的分歧长期没有得到判断，由此也影响了《朝花夕拾》的研究进程和方向，希望通过这次对它的梳理和对虚构的维度的清晰界定，能为以后的相关研究开辟道路。

原载《鲁迅研究月刊》2013 年第 4 期

---

① 杨正润:《现代传记学》，南京大学出版社 2009 年版，第 102 页。
② [法] 菲利普·勒热讷:《为自传定义》，孙婷婷译，《国外文学》2000 年第 1 期。

"幻灯片事件"之我见

廖久明

在《〈呐喊〉自序》《俄文译本〈阿Q正传〉序及著者自叙传略》《藤野先生》等文章[①]中，鲁迅毫无例外地将自己弃医从文的原因与"幻灯片事件"联系起来。直到21世纪初，绝大部分中国大陆学者都相信鲁迅的说法。日本学者却经历了一个由怀疑到否定的过程："以竹内好为代表的鲁迅研究者，认为鲁迅的传记叙述中存在'传说化'和'虚构'，但并未直接否认《藤野先生》的纪实性、自传性；20世纪60年代后《藤野先生》作为课文进入日本高中国语教科书，与此同时，有关作品的认定也发生了重要变化。那就是，由诸如究竟有无'幻灯事件'，何以弃医从文的讨论和解读，变成了对《藤野先生》的体式定性，即由自传性文章变成了小说。"[②]

尽管日本学者的观点于20世纪80年代初就传入了中国大陆，"却很少被重视和利用，更没有被广大读者熟悉和接受"[③]。2005年以来，随着《鲁迅与

---

① 1930年5月16日根据《自叙传略》增补修订而成的《鲁迅自传》（现收入《集外集拾遗补编》）也提到了"幻灯片事件"，也许是两篇自传的相关内容基本相同的缘故吧，日本学者很少引用该篇自传中的相关文字。
② 潘世圣：《事实·虚构·叙述——〈藤野先生〉阅读与日本的文化观念》，《华东师范大学学报》（哲学社会科学版）2011年第1期。
③ 黄乔生：《"鲁迅与仙台"研究述略》，《北京科技大学学报》（社会科学版）2006年第1期。

仙台——鲁迅留学日本东北大学一百周年》[①]（2005年）、《鲁迅：跨文化对话：纪念鲁迅逝世七十周年国际学术讨论会论文集》[②]（2006年）、《鲁迅与藤野

[①] 鲁迅·日本东北大学留学百周年史编辑委员会编：《鲁迅与仙台——鲁迅留学日本东北大学一百周年》，解泽春译，中国大百科全书出版社2005年版（下同）。该书重点为"鲁迅的生涯"，3篇日本学者的文章都对"幻灯片事件"表示怀疑，1篇中国学者的文章也一定程度上认可了日本学者的观点：东京大学名誉教授丸山升在《鲁迅与那个时代》中如此写道："一个人为什么会立志于文学，并不是一个用简单的语言所能说得清楚的事情。鲁迅也一样，有许多资料表明，他从小时候起，就对神话、传说很感兴趣。即使有近乎'幻灯事件'的事实，如果没有那样的素质，也绝不会突然产生立志于文学的想法。"（第28页）仙台鲁迅记录调查会的渡边襄在《鲁迅与仙台》中集中发表了他怀疑"幻灯片事件"真实性的6个理由（本文将引用，在此略）。东北大学名誉教授、东洋大学教授阿部兼也在《弃医从文》中如此写道："仙台医学专门学校时代，鲁迅实现了从医学到文学的转向。有关当时的情况，如鲁迅本人所叙述的那样。但是其内容有几个疑点。特别是《〈呐喊〉自序》中的叙述，值得商榷。"（第82页）北京鲁迅博物馆研究员黄乔生在《"鲁迅与仙台"研究述略》中如此写道："渡边襄比较了鲁迅在有关的三篇文章（《〈呐喊〉自序》《俄文译本〈阿Q正传〉序及著者自叙传略》《藤野先生》）中在时间、地点、处刑方法、旁观者、医专学生的反应和鲁迅的看法等几个方面的不同记述。例如关于处刑方法，《藤野先生》中说是枪杀，而其他两篇中则说是斩首。他的结论是《藤野先生》是'以仙台医专时代为素材的自传体的创作'，鲁迅在文章中对事实进行了艺术加工（《幻灯事件的事实依据与艺术加工》，《鲁迅研究资料》第16辑）。这种创作手法在鲁迅的回忆性散文中并不鲜见。他可能会有记忆不准确的时候。或者为了行文方便和取得叙述效果，会把不同时期的材料放在一起，让某个人物出现在本没有出现的场合，《朝花夕拾》中这样的例子还有一些，如《琐记》中的衍太太，按当地习俗，不可能像鲁迅描写的那样亲临病危的鲁迅父亲的床前，高声呼喊，大搞迷信活动和瞎指挥。"（第109页）

[②] 绍兴文理学院等编：《鲁迅：跨文化对话：纪念鲁迅逝世七十周年国际学术讨论会论文集》，大象出版社2006年版（下同）。收入本书的《鲁迅的〈藤野先生〉是"回忆性散文"还是小说？》在讨论会上便引起了强烈反响，辽宁师范大学的王吉鹏教授坚决不同意"东北大学鲁迅研究课题组"负责人大村泉教授在该文中的看法。2006年11月8日的《中华读书报》以《日学者称〈藤野先生〉为"虚构小说"》为题介绍了大村泉和王吉鹏的主要观点，《语文新圃》2006年第12期以《〈藤野先生〉为"虚构小说"》为题转载了该报道，《语文教学与研究：读写天地》2006年第12期的"读写新闻"栏转载了《日本学者称〈藤野先生〉为"虚构小说"》的新闻，原始出处待查。阿部兼也在《关于藤野教授对鲁迅解剖学笔记的批改》中如此写道："我们可以把《藤野先生》看作是一篇自传性的作品，但不能说那里所写的一切都是事实。譬如，鲁迅说，他在仙台医学专门学校的教室里看日俄战争的幻灯片时，其中有日军处死为俄军做侦探的中国人的画面，他因此而受到极大的打击。并且说，那个处刑的场面是枪杀。但是，在他的另一部作品《〈呐喊〉自序》中却说是斩首。我认为，一味地追究哪个是事实，哪个不是事实没有什么意义。当时的仙台乃至日本全国，有关战况的报道家喻户晓，枪杀、斩首的画面随处可见。即使是弄清了事实的真伪，也无关大局。就是说，鲁迅的记述，还是真实地反映了当时日俄战争气氛下的社会状况。"（第401页）

先生》[1]（2008 年）在中国大陆的出版和一些日本学者到中国来宣传自己的观点，中国大陆学者出现了明显的分化（仅罗列与仙台时期的鲁迅有关且提到"幻灯片事件"的文章）：或者相信其观点[2]，或者模棱两可[3]，或者不相信其观点[4]，或者未提其观点（其原因既有可能是回避日本学者的说法，也有可能是

---

[1] 《鲁迅与藤野先生》出版委员会编：《鲁迅与藤野先生》，解泽春译，中国华侨出版社 2008 年版（下同）。该书的重点是"医学笔记"的解读，在 10 篇解读文章中，以下文章都在鲁迅的回忆散文《藤野先生》前冠以"小说"之名（括号中的数字为次数）：《仙台医专的医学教育与藤野先生的授课情况》(坂井建雄，8)、《关于鲁迅"解剖学笔记"中藤野严九郎批注的"注意"》(刈田启史郎，1)、《没有批改的"解剖学笔记"的秘密》(刈田启史郎，3)、《藤野先生批注的"注意"》(笹野百合，1)。该书中其他部分的文章也如此：《藤野先生与考福学的展开》(西川一诚，1)、《戏剧中描写的藤野先生》(石垣政裕，20)、《藤野先生的故乡——福井县芦原市的故事》(辻博信，1)、《惜别百年 今后日中友好的展望（座谈会）——第 21 次芦原市日中友好亲善少年使节团汇报会》(2)。

[2] 如张景兰《"幻灯事件"与"找茬事件"——竹内好的别样解读》(《河南大学学报》2006 年第 6 期)、索良柱《重释鲁迅所经历的幻灯片事件》(《文学教育（上）》2008 年第 2 期)、李兆忠《孤独的东方摩罗诗人——鲁迅留日生涯和"弃医从文"的背后》(《理论学刊》2008 年第 7 期)、张明《对竹内好关于鲁迅文学成因及"幻灯事件"的解读》(《东岳论丛》2009 年第 12 期)。

[3] 如黄乔生《"鲁迅与仙台"研究述略》(《北京科技大学学报》2006 年第 1 期)、张慧瑜《从"幻灯片事件"到"铁屋子"寓言：启蒙者的位置》(《鲁迅研究月刊》2009 年第 4 期)、王正容、江渝《刍论鲁迅从仙台的离开》(《现代语文（文学研究版）》2009 年第 11 期]、周燕芬《走近"学习时代"的鲁迅——〈鲁迅与藤野先生〉读记》(《鲁迅研究月刊》2010 年第 4 期)、张慧瑜《主体魅影与空间置换——从"幻灯片事件"重读鲁迅》(《汉语言文学研究》2011 年第 3 期)、罗岗、徐展雄《幻灯片·翻译官·主体性——重释"幻灯事件"兼及鲁迅的"历史意识"》(《杭州师范大学学报》2011 年第 5 期)、张慧瑜《"现代"主体的浮现与历史记忆的改写——以"幻灯片事件"〈鬼子来了〉〈南京！南京！〉为例》(《文艺研究》2012 年第 2 期)、原平方《从影像到文字：东西方视角下的鲁迅文学道路转向——从"幻灯片"事件谈起》(《山西农业大学学报》2011 年第 10 期)、陈启明《论鲁迅"仙台神话"的价值》(《绍兴文理学院学报》2012 年第 4 期)、林份份《塑造启蒙文学者的"理想典型"——鲁迅"仙台叙述"的再探讨》(《中山大学学报》2013 年第 1 期)、蔡超《〈惜别〉与鲁迅"弃医从文"——太宰治利用〈圣经〉虚构之意图》(《重庆三峡学院学报》2013 年第 1 期)、吴光辉、余袆延《竹内好笔下的鲁迅形象——以〈藤野先生〉的译文为媒介》(《学术月刊》2013 年第 7 期)。

[4] 如黄乔生《善意与温情——"鲁迅与仙台"研究的基调》(《鲁迅研究月刊》2006 年第 6 期、《西南民族大学学报》2006 年第 6 期)、王吉鹏《有关当前鲁迅研究中的几个问题》(《上海鲁迅研究》2006 年秋季号)、姜异新《不是医生，是"病痛"——由〈远火〉再谈鲁迅的"弃医从文"》(《鲁迅研究月刊》2007 年第 1 期)、高远东《"仙台经验"与"弃医从文"——对竹内好曲解鲁迅文学发生原因的一点分析》(《鲁迅研究月刊》2007 年第 4 期)、张学义《弃医从文精神创痛的深情抚慰——〈藤野先生〉研究》(《鲁迅研究月刊》2007 年第 7 期)、王锡荣《关于"幻灯事件"的"诗"与真实问题——兼谈我遗失的一份文献》(《上海鲁迅研究》2007 年夏季号)、张学义《老虎尾巴东墙上的藤野照相》(《鲁迅研究月刊》2009 年第 8 期)、潘世圣《事实·虚构·叙述——〈藤野先生〉阅读与日本的文化观念》(《华东师范大学学报》2011 年第 1 期)。

不知道日本学者的说法）①。为了重新树立中国大陆学者对"幻灯片事件"真实性的信心，更为了搞清楚事实的真相，笔者拟对日本学者的观点提出不同的看法。若有不当之处，欢迎批评指正。

一、日本学者对"幻灯片事件"的质疑

通读译介到中国大陆的文章，可以知道日本学者质疑"幻灯片事件"真实性的理由有八个，现罗列如下：

一、没有找到鲁迅作品中描写的幻灯片："根据目前掌握的资料，笔者认为，日俄战争时期，经常放映有关幻灯或电影是一个历史事实，但是，处决俄国侦探场面的原始资料，同鲁迅作品中的描写有所不同。笔者认为鲁迅所描写的处决俄国侦探的幻灯场面，是采取了夸张和虚构的方法，为的是强调说明日俄战争条件下，旅居仙台留学的鲁迅实现了弃医从文的转变。"②

---

① 如赵江滨、江定《疾病·"救人"·"救国"——对医学背景上鲁迅"弃医从文"过程的再认识》(《鲁迅：跨文化对话：纪念鲁迅逝世七十周年国际学术讨论会论文集》)，吕晓英《弃医从文：鲁迅的言说策略》(《鲁迅研究月刊》2008年第1期)，李生滨《从"弃医从文"到定居上海——再论鲁迅的思想文化个性》(《纪念鲁迅定居上海80周年学术研讨会论文集》，上海社会科学院出版社2009年版)，张慧瑜《鲁迅的"幻灯片事件"与亚洲想象困境》(《粤海风》2009年第2期)，王琦《从〈藤野先生〉看鲁迅"弃医从文"的思想》(《甘肃教育》2009年第8期)，钱理群《〈藤野先生〉：鲁迅如何写老师》(《语文建设》2009年第9期)，符杰祥《鲁迅文学的起源与文学鲁迅的发生——对"弃医从文"内部原理的再认知》(《文学评论》2010年第2期)，张慧瑜《重读"幻灯片事件"：现代性空间与内在的暴力》(《文艺理论与批评》2010年第3期)，张龙福《鲁迅"弃医从文"深层动机的心理探析》(《青岛大学师范学院学报》2010年第3期)，张慧瑜《"铁屋子"的寓言与"棺木里的木乃伊"——重读鲁迅的"铁屋子"寓言》(《中国图书评论》2012年第4期)，程巍《鲁迅："幻灯片事件"与"国民性"的构建》(《中华读书报》2010年6月9日)，陈希我《仙台的"鲁迅讲堂"还好吗？》[《美文（上半月）》2011年第5期]，顾红亚《仙台时期对鲁迅的影响》(《华夏文化论坛》2011年第6辑)，张映勤《鲁迅"弃医从文"新解》(《西安晚报·文化周刊》2011年10月23日)，钱婉约《为何到仙台去学医？》(《中国图书评论》2012年第3期)，徐敏奎《从〈藤野先生〉一文管窥鲁迅思想成长》(《扬州教育学院学报》2012年第3期)，龙莲明《〈藤野先生〉中鲁迅的爱国情怀》[《文学教育（下）》2012年第9期]。

② ［日］渡边襄：《鲁迅的"俄国侦探"幻灯事件——探讨事件的真实性和虚构性》，董将星译，载刘伯青等主编《日本学者中国文学研究译丛》第3辑，吉林教育出版社1990年版，第174页。本文曾以《幻灯事件的事实依据与艺术加工》为题节录、译载于《鲁迅研究资料》第16辑（天津人民出版社1987年版）。以下文章持类似看法：《关于鲁迅的所谓"幻灯事件"——介绍一张照片》(太田进著，韩倩斌译，《西北大学学报》1983年第4期)。

二、三篇文章中描写的"处决方法"不同:"在《呐喊·自序》和《著者自叙传略》中的处决方法是斩首,而在《藤野先生》中却是枪决。"①

三、三篇文章中的"围观者"有差异:"在《呐喊·自序》和《藤野先生》中,出现了围观者(中国民众),而在《著者自叙传略》中,却没有涉及围观者。"②

四、三篇文章中的"时间"不同:"《呐喊·自序》写的是日俄战争时,上生物学课的课间。而《著者自叙传略》是日俄战争时的一个偶然的时间,《藤野先生》却是第二学年上细菌学课的富余时间。"③

五、三篇文章中的"地点"不同:"《著者自叙传略》以外,都明确写着仙台医专。"④

六、三篇文章中"医专学生的反应"不同:"《著者自叙传略》没有涉及。可是《呐喊·自序》中写道:'我在这一个讲堂中,便须常常随喜我那同学们的拍手和喝采。'《藤野先生》中则强调了同学们全都拍手、喝彩,欢呼'万岁'。"⑤

七、三篇文章中"关于鲁迅的看法"不同:"《呐喊·自序》中写道,'这

---

① [日]渡边襄:《鲁迅的"俄国侦探"幻灯事件——探讨事件的真实性和虚构性》,董将星译,载刘伯青等主编《日本学者中国文学研究译丛》第 3 辑,吉林教育出版社 1990 年版,第 170 页。以下文章持类似看法:渡边襄《鲁迅与仙台》(载《鲁迅与仙台——鲁迅留学日本东北大学一百周年》,第 70 页)、《周树人的选择——"幻灯事件"前后》(吉田富夫著,李冬木译,《鲁迅研究月刊》2006 年第 2 期)、阿部兼也《关于藤野教授对鲁迅解剖学笔记的批改》(载《鲁迅:跨文化对话:纪念鲁迅逝世七十周年国际学术讨论会论文集》,第 401 页)、《评注〈藤野先生〉》(渡边襄《鲁迅与藤野先生》,第 10 页)。

② [日]渡边襄:《鲁迅的"俄国侦探"幻灯事件——探讨事件的真实性和虚构性》,董将星译,载刘伯青等主编《日本学者中国文学研究译丛》第 3 辑,吉林教育出版社 1990 年版,第 170 页。以下文章持类似看法:《鲁迅与仙台》(渡边襄:《鲁迅与仙台——鲁迅留学日本东北大学一百周年》,中国大百科全书出版社 2005 年版,第 70 页)。

③ [日]渡边襄:《鲁迅与仙台》,载鲁迅·日本东北大学留学百周年史编辑委员会编《鲁迅与仙台——鲁迅留学日本东北大学一百周年》,解泽春译,中国大百科全书出版社 2005 年版,第 70 页。

④ [日]渡边襄:《鲁迅与仙台》,载鲁迅·日本东北大学留学百周年史编辑委员会编《鲁迅与仙台——鲁迅留学日本东北大学一百周年》,解泽春译,中国大百科全书出版社 2005 年版,第 70 页。

⑤ [日]渡边襄:《鲁迅与仙台》,载鲁迅·日本东北大学留学百周年史编辑委员会编《鲁迅与仙台——鲁迅留学日本东北大学一百周年》,解泽春译,中国大百科全书出版社 2005 年版,第 70 页。

一学年没有完毕,我已经到了东京了,因为从那一回以后,我便觉得医学并非一件紧要事',放弃了医学。《著者自叙传略》中写到了俄探处刑的事,日后就直接谈起提倡新文艺运动。《藤野先生》中则是富有小说式的表达,'但在那时那地,我的意见却变化了'。"①

八、鲁迅在仙台医专的同学记不记得是否看过中国人作为俄探斩首的幻灯片:"'幻灯事件'的高潮是观众的鼓掌喝采和对此情此景不能附庸的'我'的存在。在黑暗的映场,一个人听着一般看客对战争影片狂热拍手喝采的场面,只有剧场内的情景才符合。事实上的问题是周树人的同学之中没有一个人记得'幻灯事件'。尤其值得注意的是大家都证明'拍手喝采'是不可能的。"②

二、对"幻灯片事件"质疑的看法

针对以上观点,笔者逐一发表自己的看法。

一、目前虽然没有找到鲁迅作品中描写的幻灯片,中日学者却分别找到了来自同一底片的两张照片:中国学者隗芾以《关于鲁迅弃医学文时所见之画片》为题公布于《社会科学战线》1980年第3期的照片原载《满山辽水》画册,该画册出版于大正元年(1912)十一月二日;日本学者太田进以《资料一束——〈大众文艺〉第1卷、〈洪水〉第3卷、〈藤野先生〉》《关于鲁迅的所谓"幻灯事件"——介绍一张照片》为题公布于日本《野草》1983年6月号、《西北大学学报》1983年第4期,该照片"是一位朋友送给我的,但

---

① [日]渡边襄:《鲁迅与仙台》,载鲁迅·日本东北大学留学百周年史编辑委员会编《鲁迅与仙台——鲁迅留学日本东北大学一百周年》,解泽春译,中国大百科全书出版社2005年版,第70页。
② [日]新岛淳良:《〈藤野先生〉——其诗与事实》,左自鸣译,载广西师范学院外语系编《文学评论译文集》,广西师范学院印刷厂1985年版,第34页。以下文章持类似看法《周树人的选择——"幻灯事件"前后》(吉田富夫著,李冬木译,《鲁迅研究月刊》2006年第2期)。

原载杂志弄不清楚"①。据太田进公布的照片的说明文字可以知道，该照片的拍摄时间是 1905 年 3 月 20 日。鲁迅此时已来仙台半年时间，他离开仙台则是在一年后的 1906 年 3 月左右，也就是说，他完全可能在仙台看见该照片。由于以下两个原因，可以断定这两张来自同一底片的照片至少曾经出现在两种印刷品上：一、尽管这两张照片的主要内容相同，但是两边人物有多少之别；二、两处照片的说明文字不同。如此一来，鲁迅看见该照片的可能性便大大增加。并且，鲁迅并不是完全没有看见由该照片制成的幻灯片的可能。中川爱咲的细菌学课（即鲁迅在《呐喊·自序》中所写的微生物学，在《藤野先生》中所写的霉菌学）是从 1906 年 1 月开始的，接近一年的时间足以将该照片制成幻灯片并进行销售、放映。根据以下两个事实可以知道，我们不能因为东北大学医学系细菌学教室保存的 15 张日俄战争幻灯片中没有《俄国奸细之斩首》便否认它的存在。一、据调查，"在课堂上，时间有富余时，就让学生看日俄战争时局的幻灯"，"根据文部省'忠君爱国、鼓舞节操'的精神，在学校放映时局幻灯是受奖励的（《战时地方教育上的经营》小册子 1905 年 2 月 21 日，文部省普通学务局编集）。医专是从什么时候开始放映日俄战争时局幻灯片的不太清楚，据鲁迅的同学说，好像是经常放映"。二、东京市浅草区并木町的鹤渊幻灯铺 1905 年 1 月 6 日在《河北新报》上刊登了这样的广告："出售俄国电影第 2 部 15 张，第 4 部 20 张，第 7 部 30 张，第 8 部 30 张。"②根据以上两个事实可以知道，当时制售了不少反映日俄战争的幻灯片，鲁迅看过的幻灯片应该不止现存的 15 张。况且，即使鲁迅看的是照片而不是幻灯片，也不足以改变事情的本质："看报纸上的照片，鲁迅会产生同样

---

① ［日］太田进：《关于鲁迅的所谓"幻灯事件"——介绍一张照片》，韩倩斌译，《西北大学学报》（哲学社会科学版）1983 年第 4 期。

② ［日］渡边襄：《鲁迅与仙台》，载鲁迅·日本东北大学留学百周年史编辑委员会编《鲁迅与仙台——鲁迅留学日本东北大学一百周年》，解泽春译，中国大百科全书出版社 2005 年版，第 68—72 页。

的感情上的震动，正不必非看幻灯片不可。"①

二、《藤野先生》说日军处决中国人的方式是"枪毙"的主要原因应该是为了照顾语感。鲁迅曾如此介绍自己的写作经验："我做完之后，总要看两遍，自己觉得拗口的，就增删几个字，一定要它读得顺口……"② 可以这样说，"读得顺口"已经成了鲁迅的写作习惯。现在我们来看看该部分文字写到"枪毙"的三处文字："我接着便有参观枪毙中国人的命运了""给俄国人做侦探，被日本军捕获，要枪毙了""此后回到中国来，我看见那些闲看枪毙犯人的人们"。很明显，如果将第一处改为"我接着便有参观砍中国人的头的命运了"，有些拗口。既然鲁迅凭语感在第一处写下了"枪毙"二字，那么在第二、三处写下"枪毙"便是一种顺笔而为的行为。由于鲁迅回到中国前后，不但看见过闲看枪毙的人，还看过闲看砍头的人③，所以第三处的"枪毙"同时包含"枪毙"和"斩首"两种处决方式，从这个角度说，"枪毙"与"斩首"两个词在鲁迅作品中可以互换。至于具体的处决方式，可以肯定为"斩首"：首先，与"幻灯片事件"描述情况完全一致的现存照片《俄国奸细之斩首》显示日军处决中国人的方式为"斩首"；其次《满山辽水》刊登的该照片的说明文字也证明了此点："中国古来之刑，在于杀一儆众，故其刑极为严酷，宛如所见之佛家地狱图，毫不宽贷。若夫捕至马贼，游街之后，以所谓鬼头刀之钝刀处斩，裸尸曝市示众。尸体身首异处，横抛街头，血流凝聚成块，状不忍睹。尤其日军对俄国奸细所处之极刑，多用斩首。今虽有废除惨

---

① 黄乔生：《"鲁迅与仙台"研究述略》，载鲁迅·日本东北大学留学百周年史编辑委员会编《鲁迅与仙台——鲁迅留学日本东北大学一百周年》，解泽春译，中国大百科全书出版社 2005 年版，第 109 页。

② 鲁迅：《南腔北调集·我怎么做起小说来》，《鲁迅全集》第 4 卷，人民文学出版社 2005 年版，第 526 页。

③ "我们中国现在（现在！不是超时代的）的民众，其实还不很管什么党，只要看'头'和'女尸'。只要有，无论谁的都有人看，拳匪之乱，清末党狱，民二，去年和今年，在这短短的二十年中，我已经目睹或耳闻了好几次了。"（鲁迅：《三闲集·铲共大观》，《鲁迅全集》第 4 卷，人民文学出版社 2005 年版，第 107 页）

刑倾向，但斩首之刑，目前仍存。"[1] 正如说明文字所言，为了达到震慑的作用"日军对俄国奸细所处之极刑，多用斩首"。

三、《呐喊·自序》《俄文译本〈阿Q正传〉序及著者自叙传略》认为"幻灯片事件"发生在日俄战争时期的原因为：其一，日俄战争爆发的时间是1904年2月8日至1905年9月5日，鲁迅是1904年9月初来到仙台的，也就是说，鲁迅到仙台一年后日俄战争才结束；其二，战争结束并不意味着相关报道结束，此后相当长一段时间内一定还有许多报道；其三，尽管"幻灯片事件"发生在日俄战争结束以后，幻灯片上的事情却发生在日俄战争期间；其四，鲁迅写作这两篇文章的时间是在事情发生近二十年后，记忆难免出错——《藤野先生》没有出错是因为只写了"第二年添教霉菌学"的时候而没有涉及日俄战争。综合以上因素，鲁迅在这两篇文章中将"幻灯片事件"与日俄战争联系起来很正常。至于正确时间，则可以断定是鲁迅到仙台医专后的第二学年即1906年初[2]：不管是《呐喊》中的"这一学年没有完毕，我已经到了东京了"，还是《藤野先生》中的"第二年添教霉菌学"，都告诉我们，"幻灯片事件"发生的时间是1906年初。据调查，鲁迅离开仙台前后的情况为：1906年2月下旬，鲁迅多次不来上课，个别要好的同学去看望并知道他要离开仙台；经常接触的四位同学铃木逸太、杉村宅朗、山崎喜三、青木今朝雄凑在一起，搞了个临时送别会，在米粉店或别的什么地方吃了点甜食之后，到照相馆拍了张纪念照片；后来，鲁迅不辞而别；3月6日，中国驻日公使馆留学生监督李宝巽向学校发出鲁迅的退学申请书；3月15日，仙台

---

[1] 隗芾：《关于鲁迅弃医学文时所见之画片》，《社会科学战线》1980年第3期。
[2] 日本当时的学制是每学年三学期："按明治三十七（一九〇四）年当时的规定，属于三学期制，第一学期：九月十一日至十二月二十四日；第二学期：一月八日至三月三十一日；第三学期：四月八日至七月十日［明治三十九（一九〇六）年九月以后，改为前期、后期的两学期制］。"鲁迅上细菌学理论的时间是第二学年的第二学期，即1906年1月8日—3月31日（鲁迅在仙台的记录调查会：《鲁迅在仙台的记录》，马力、程广林译，载薛绥之主编《鲁迅生平史料汇编》第2辑，天津人民出版社1982年版，第90、100页）。

医专批准鲁迅退学。① 由此可知，鲁迅看见该幻灯片的时间很可能是 1906 年 2 月中下旬。

四、在笔者看来，三篇文章中的"围观者""地点""医专学生的反应""关于鲁迅的看法"有差异的原因很简单：这是三篇不同的文章，鲁迅有权根据其主旨决定哪些详写、哪些略写、哪些不写。

五、鲁迅在仙台医专的同学的回忆不一定正确。（一）从事情发生的情景来说，给鲁迅留下深刻印象的可能性更大一些。我们知道，一个人的一生要经历很多事情，只有留下深刻印象的事情才有可能留在记忆中。在观看日俄战争幻灯片时，日本同学只是作为课堂余兴在观看，在观看中国人作为俄探被斩首的幻灯片时，只是作为日俄战争幻灯片之一在观看，这种情况很难留下深刻印象。从"我在这一个讲堂中，便须常常随喜我那同学们的拍手和喝采"可以知道，鲁迅最初在观看时与日本同学并无多大差别，其原因应该与当时的日本是东方的代表而俄国是西方的代表有关。但是，在看见中国人作为俄国侦探被日军斩首的场景时，鲁迅意识到了自己的中国人身份，于是被强烈震撼，这种情况是能够留下深刻印象的。为了证明笔者的说法有道理，不妨看看鲁迅与藤野先生对"惜别"照片的不同记忆。鲁迅离开仙台前，藤野先生将一张背后写有"惜别"的照片赠送给他。1926 年鲁迅写作《藤野先生》时，当时的情景还历历在目："将走的前几天，他叫我到他家里去，交给我一张照相，后面写着两个字道：'惜别'，还说希望将我的也送他。但我这时适值没有照相了；他便叮嘱我将来照了寄给他，并且时时通信告诉他此后的状况。"② 1936 年鲁迅逝世后，当人们问及此事时，藤野先生已经完全没有印象："他大概曾到我家来辞过别，最后的会面是什么时候，却已忘记了，一直到死还把我的相片挂在房里，真是让人欣慰的事，上面这样的情形，这

---

① 参见鲁迅在仙台的记录调查会《鲁迅在仙台的记录》，马力、程广林译，载薛绥之主编《鲁迅生平史料汇编》第 2 辑，天津人民出版社 1982 年版，第 163—166 页。

② 鲁迅：《朝花夕拾·藤野先生》，《鲁迅全集》第 2 卷，人民文学出版社 2005 年版，第 318 页。

相片照得什么样子，并在什么时候送给他的，也记不起了。"①值得庆幸的是，"惜别"照片还在，否则完全可能因为藤野先生"记不起了"而被人认为这又是鲁迅虚构的故事之一。（二）从回忆的情景上说，鲁迅的可信度更大一些。鲁迅是在没有外部环境干扰的情况下回忆的，他的回忆更有可能接近事实；鲁迅同学的回忆却是在证明一件重大事情是否发生的情况下回忆的，更有可能回避事实。（三）从回忆的时间上说，鲁迅的可信度也更高一些。鲁迅的《呐喊·自序》写于1922年12月3日，《俄文译本〈阿Q正传〉序及著者自叙传略》写于1925年5月26日，《藤野先生》写于1926年10月12日，它们距离鲁迅离开仙台只有二十年左右的时间，留下的印象应该更清晰一些；仙台鲁迅记录调查会的人员采访鲁迅同班同学的时间是1974年前后，此时距离鲁迅离开仙台的时间已经接近七十年，留下的印象应该更模糊一些。由于没有找到能够证明鲁迅说法的幻灯片，所以不能够断定鲁迅的回忆是正确的。不过，因此认为鲁迅的说法是"虚构"、其同学的回忆却"正确"②的做法却不可取，正确的做法应该是对双方的回忆都存疑。需要说明的是，尽管新岛淳良、吉田富夫都引用了鲁迅的日本同学的回忆来证明自己的观点，他们实际上都没有否认鲁迅看过中国人作为俄国侦探被斩首的场景："大约周树人是在仙台的剧场里或某一个杂耍场里，作为观众当中独一无二的中国人看到了处死中国人的场面，他亲耳听到雷鸣般的掌声和喝彩声（鲁迅记述道：'这种欢呼，是每看一片都有的，但在我，这一声却特别听得刺耳。'）。"③"'幻灯事件'决不是某一天在阶梯教室，即在细菌学课堂上的空余时间里所突然发生的事，

---

① ［日］藤野严九郎：《谨忆周树人君》，载史沫特莱等《海外回响——国际友人忆鲁迅》，河北教育出版社2000年版，第79页。
② ［日］新岛淳良：《〈藤野先生〉——其诗与事实》，左自鸣译，载广西师范学院外语系编《文学评论译文集》，广西师范学院印刷厂1985年版，第38页。
③ ［日］新岛淳良：《〈藤野先生〉——其诗与事实》，左自鸣译，载广西师范学院外语系编《文学评论译文集》，广西师范学院印刷厂1985年版，第38页。

而是在留学生周树人的日常生活中反复出现的事。"①笔者想说的是,既然鲁迅有可能在"剧场"或者"日常生活中"看过中国人作为俄探被斩首的电影或者幻灯片,那么,就对鲁迅情感的影响而言,它们与鲁迅在阶梯教室看幻灯片之间到底有什么本质的区别?

三、对"幻灯片事件"质疑的质疑

面对日本学者的质疑,笔者觉得还有三个问题需要请教:一、鲁迅在当时会想到为自己弃医从文的原因虚构这样一个故事么?二、这符合鲁迅的性格么?三、如果"幻灯片事件"是虚构的,那么到底是什么原因促使鲁迅最终决定弃医从文?现在,笔者就结合以上三个问题谈谈自己的看法。

鲁迅晚年声誉日隆,逝世后甚至被抬上神坛的地步,写作"幻灯片事件"前后的鲁迅的影响却并没有这么大。据与鲁迅有过深交的高长虹回忆,1924年9月底他到北京的时候,"周作人在当时的北京是惟一的批评家","直到《语丝》初出版的时候,鲁迅被人的理解还是在周作人之次"。②正因为如此,高长虹到北京后,希望结识的人是周作人、郁达夫。③不但此时的鲁迅影响有限,并且此时的鲁迅对自己也缺乏信心:《新青年》时期,早已意识到自己"决不是一个振臂一呼应者云集的英雄"的他为新文化运动"呐喊"助威是因为钱玄同的邀请④,《新青年》的团体散掉后,他便"彷徨"起来⑤。在《呐喊·自序》和《俄文译本〈阿Q正传〉序及著者自叙传略》中,鲁迅非常清楚地表达了对自己作品价值的怀疑:"这样说来,我的小说和艺术的距离之

---

① [日]吉田富夫:《周树人的选择——"幻灯事件"前后》,李冬木译,《鲁迅研究月刊》2006年第2期。
② 参见高长虹《一点回忆——关于鲁迅和我》,《高长虹全集》第4卷,中央编译出版社2010年版,第353—355页。
③ 参见廖久明《高长虹年谱》,人民出版社2012年版,第33页。
④ 鲁迅:《呐喊·自序》,《鲁迅全集》第1卷,人民文学出版社2005年版,第439—441页。
⑤ 鲁迅:《南腔北调集·〈自选集〉自序》,《鲁迅全集》第4卷,人民文学出版社2005年版,第469页。

远,也就可想而知了,然而到今日还能蒙着小说的名,甚而至于且有成集的机会,无论如何总不能不说是一件侥幸的事,但侥幸虽使我不安于心,而悬揣人间暂时还有读者,则究竟也仍然是高兴的。"①"我虽然已经试做,但终于自己还不能很有把握,我是否真能够写出一个现代的我们国人的魂灵来。"②此时的鲁迅,绝对想不到人们后来会把他捧上神坛,因此虚构这样一个故事便于后人发挥。换一个角度说,如果他要虚构,作为小说家的鲁迅完全可以虚构得天衣无缝,以免给人们留下虚构的痕迹。实际情况则是,这三篇文章存在不一致的地方,因此被一些人发现后认为"幻灯片事件"是虚构的故事,这恰恰从反面证明它不是虚构的。

我们知道,鲁迅在和许寿裳探讨"中国民族性中最缺乏的是什么"的时候,认为"我们民族最缺乏的东西是诚和爱——换句话说:便是深中了诈伪无耻和猜疑相贼的毛病"③。所以,为了改造国民性,鲁迅极力反对"瞒和骗",主张"睁了眼看":"中国人的不敢正视各方面,用瞒和骗,造出奇妙的逃路来,而自以为正路。在这路上,就证明着国民性的怯弱,懒惰,而又巧滑。一天一天的满足着,即一天一天的堕落着,但却又觉得日见其光荣。"④这样一个人,会为了给自己脸上贴金去虚构一个故事么?并且一而再再而三地重复么?正如鲁迅自己所说:"我自然不想太欺骗人,但也未尝将心里的话照样说尽,大约只要看得可以交卷就算完。"⑤也就是说,为了达到"不想太欺骗人"的目的,鲁迅不过是"未尝将心里的话照样说尽",并不是无中生有地虚构。试想想,一个时时"无情面地解剖"自己的人、一个声称"我要骗人"⑥的人,

---

① 鲁迅:《呐喊·自序》,《鲁迅全集》第1卷,人民文学出版社2005年版,第442页。
② 鲁迅:《集外集·俄文译本〈阿Q正传〉序及著者自叙传略》,《鲁迅全集》第7卷,人民文学出版社2005年版,第83页。
③ 许寿裳:《回忆鲁迅》,《挚友的怀念——许寿裳忆鲁迅》,河北教育出版社2000年版,第110页。
④ 鲁迅:《坟·论睁了眼看》,《鲁迅全集》第1卷,人民文学出版社2005年版,第254页。
⑤ 鲁迅《坟·写在〈坟〉后面》,《鲁迅全集》第1卷,人民文学出版社2005年版,第299—300页。
⑥ 鲁迅:《且介亭杂文末集·我要骗人》,《鲁迅全集》第6卷,人民文学出版社2005年版,第503页。

他真的会骗人么？^①历史和现实都告诉我们，恰恰是那些声称自己从不骗人的人才最喜欢骗人。众多事实还告诉我们，鲁迅是一个淡泊名利的人："《新青年》时代，所用笔名是'鲁迅'……写《阿Q正传》则又署名'巴人'，所写随感录大抵署名'唐俟'……他为什么这样做的呢？并不如别人所说，因为言论激烈所以匿名，实在只如上文所说不求闻达，但求自由的想或写，不要学者文人的名，自然也更不为利。"^②"诺贝尔赏金，梁启超自然不配，我也不配，要拿这钱，还欠努力。"^③所以，根据鲁迅诚实和淡泊名利的性格可以断定，他绝不会虚构这样一个故事。

笔者要问的第三个问题是：如果"幻灯片事件"是虚构的，那么到底是什么原因促使鲁迅最终决定弃医从文？根据许寿裳的回忆可以知道，鲁迅与他讨论国民性问题的时间是"东京弘文学院预备日语"的时候。也就是说，改造国民性实际上也是鲁迅选择学医的原因之一："他后来所以决心学医以及毅然弃医而学文学，都是由此出发的。"^④既然如此，如果要改造国民性，鲁迅完全可以继续学医。他后来选择通过弃医从文的方式来改造国民性，一定是学医期间发生了重大事情。为了探讨这一问题，不少学者投入了大量的时间和精力，据笔者粗略统计，除"幻灯片事件"外，人们还找到十多个原因。不过在笔者看来，尽管人们对这些原因的多数分析有道理，最终导致鲁迅决定弃医从文的原因却是"幻灯片事件"：不仅因为鲁迅多次强调此点，而且因为"幻灯片事件"发生后不久鲁迅就离开了仙台。量变质变规律告诉我们，当量变达到质变的临界点时，一般需要一个偶然事件才能导致量变最终完成并达到质变，犹如一座岌岌可危的大厦需要一阵微风来吹倒一样。"幻灯片事

---

① 在竹内好看来，鲁迅再三说"我不写真实"，"只是艺术家像儿童似地寻求纯粹的真实的内心痛苦的表白"（[日]竹内好：《鲁迅》，李心峰译，浙江文艺出版社1986年版，第160页）。
② 周作人：《鲁迅的青年时代·关于鲁迅》，载周作人、周建人《年少沧桑——兄弟忆鲁迅》，河北教育出版社2000年版，第240页。
③ 鲁迅：《270925 致台静农》，《鲁迅全集》第12卷，人民文学出版社2005年版，第73页。
④ 许寿裳：《回忆鲁迅》，《挚友的怀念——许寿裳忆鲁迅》，河北教育出版社2000年版，第110页。

件"至少是这样一阵微风，使已经对学医意义感到怀疑的鲁迅最终决定弃医从文。我们再来看看鲁迅对"幻灯片事件"的描写：

> 其时正当日俄战争的时候，关于战事的画片自然也就比较的多了，我在这一个讲堂中，便须常常随喜我那同学们的拍手和喝采。有一回，我竟在画片上忽然会见我久违的许多中国人了，一个绑在中间，许多站在左右，一样是强壮的体格，而显出麻木的神情。据解说，则绑着的是替俄国做了军事上的侦探，正要被日军砍下头颅来示众，而围着的便是来赏鉴这示众的盛举的人们。①

从这段文字可以看出，尽管幻灯片中的日军在砍中国人的头，鲁迅并没有写他对日军的不满，却非常详细地写了他对围观的中国人的不满，由此可知，鲁迅具有非常强烈的自我批判意识。正是这一强烈的自我批判意识，才使鲁迅在仙台那种特殊环境下看见该幻灯片时产生强烈震撼，决定弃医从文，以便改变自己国家人民的精神。

综上所述，"幻灯片事件"至少可以做如下表述：在仙台期间，鲁迅在细菌学教室（也有一定可能是在电影院里或者日常生活中）看见"给俄国人做侦探，被日本军捕获，要'枪毙'了，围着看的也是一群中国人"的场景（有很大可能是通过幻灯片看见的，也有一定可能是通过电影或者图片看见的），受到强烈震撼，"便觉得医学并非一件紧要事，凡是愚弱的国民，即使体格如何健全，如何茁壮，也只能做毫无意义的示众的材料和看客，病死多少是不必以为不幸的"，加上其他因素的影响，鲁迅最终决定弃医从文，于是离开仙台，前往东京。

对鲁迅，中国大陆的研究者曾经将其捧上神坛，一切以鲁迅的是非为是非，这种做法显然不正确。不过，多数日本学者研究"幻灯片事件"的做法同样不可取：由于一些细节问题便不相信鲁迅反复强调的说法，甚至对与鲁

---

① 鲁迅：《呐喊·自序》，《鲁迅全集》第1卷，人民文学出版社2005年版，第438页。

迅的说法完全一致的照片《俄国奸细之斩首》视而不见或者轻描淡写,却想方设法去证明鲁迅的说法是"虚构"的。在笔者看来,研究任何一个问题都应该如陈寅恪所说:"应具了解之同情,方可下笔。"[①] 只有如此,才有可能既不匍匐于研究对象的脚下,也不凌驾于研究对象的头上,从而客观、公正地去评价它。

原载《鲁迅研究月刊》2014 年第 10 期

---

① 陈寅恪:《冯友兰中国哲学史上册审查报告》,《金明馆丛稿二编》,上海古籍出版社 1980 年版,第 247 页。

"鲁迅解剖学笔记事件"之我见
——兼谈前见对于史料释读的重要影响

廖久明

在著名的《藤野先生》中，鲁迅如此写道：

  有一天，本级的学生会干事到我寓里来了，要借我的讲义看。我检出来交给他们，却只翻检了一通，并没有带走。但他们一走，邮差就送到一封很厚的信，拆开看时，第一句是：

  "你改悔罢！"

  这是《新约》上的句子罢，但经托尔斯泰新近引用过的。其时正值日俄战争，托老先生便写了一封给俄国和日本的皇帝的信，开首便是这一句。日本报纸上很斥责他的不逊，爱国青年也愤然，然而暗地里却早受了他的影响了。其次的话，大略是说上年解剖学试验的题目，是藤野先生在讲义上做了记号，我预先知道的，所以能有这样的成绩。末尾是匿名。

  我这才回忆到前几天的一件事。因为要开同级会，干事便在黑板上写广告，末一句是"请全数到会勿漏为要"，而且在"漏"字旁边加了一个圈。我当时虽然觉到圈得可笑，但是毫不介意，这回才悟出那字也在讥刺我了，犹言我得了教员漏泄出来的题目。

  我便将这事告知了藤野先生；有几个和我熟识的同学也很不平，一同去诘责干事托辞检查的无礼，并且要求他们将检查的结果，发表出来。

终于这流言消灭了,干事却又竭力运动,要收回那一封匿名信去。结末是我便将这托尔斯泰式的信退还了他们。[1]

日本学者将引文叙述的事件称之为"找茬事件"(竹内好[2]、尾崎秀树[3]、吉田富夫[4])、"笔记事件"(新岛淳良[5]、丸山升[6])、"查笔记事件"(竹内芳郎[7])、"考试题泄露事件"(渡边襄[8])、"漏题事件"(大村泉[9])、"解剖学考题泄露风波"(阿部兼也[10])等。在笔者看来,鲁迅叙述的事件是围绕着他的解剖学笔记发生的,并且发生的原因、经过、结果有待我们分析,故笔者不带主观判断地称之为"鲁迅解剖学笔记事件"。为了不至于造成混乱,笔者除引文外不再采用其他说法。

竹内好在集中探讨"鲁迅之所以成为鲁迅"[11]的著名作品《鲁迅》中,将"鲁迅解剖学笔记事件"与"幻灯片事件"相提并论:"幻灯事件带给他的是

---

[1] 鲁迅:《朝花夕拾·藤野先生》,《鲁迅全集》第2卷,人民文学出版社2005年版,第316—317页。

[2] [日]竹内好:《近代的超克》,李冬木、赵京华、孙歌译,生活·读书·新知三联书店2005年版,第57页。李心峰曾将其翻译成"令人讨厌的事件"([日]竹内好:《鲁迅》,李心峰译,浙江文艺出版社1986年版,第59页)。

[3] [日]尾崎秀树:《与鲁迅的对话》(南北社1962年11月),转引自[日]伊藤虎丸《鲁迅与终末论:近代现实主义的成立》,李冬木译,生活·读书·新知三联书店2008年版,第238页。

[4] [日]吉田富夫:《周树人的选择——"幻灯事件"前后》,李冬木译,《鲁迅研究月刊》2006年第2期。日文原作最初刊于1995年3月出版的《佛教大学综合研究所纪要》第2号。

[5] [日]新岛淳良:《〈藤野先生〉——其诗与事实》,左自鸣译,载广西师范学院外语系编《文学评论译文集》,广西师范学院印刷厂1985年版,第31页。译自东京大学《比较文学研究》第43号(1983年4月10日)。

[6] [日]丸山升:《鲁迅——其文学与革命》(平凡社1965年7月),转引自[日]伊藤虎丸《鲁迅与终末论:近代现实主义的成立》,李冬木译,生活·读书·新知三联书店2008年版,第254页。

[7] [日]竹内芳郎:《鲁迅——其文学与革命》(《文艺》1967年5月号),转引自[日]伊藤虎丸《鲁迅与终末论:近代现实主义的成立》,李冬木译,生活·读书·新知三联书店2008年版,第274页。

[8] [日]渡边襄:《鲁迅与仙台》,载鲁迅·日本东北大学留学百周年史编辑委员会编《鲁迅与仙台——鲁迅留学日本东北大学一百周年》,解泽春译,中国大百科全书出版社2005年版,第58页。

[9] [日]大村泉:《鲁迅的〈藤野先生〉是"回忆性散文"还是小说?》,载绍兴文理学院等编《鲁迅:跨文化对话·纪念鲁迅逝世七十周年国际学术讨论会论文集》,大象出版社2006年版,第288页。

[10] [日]阿部兼也:《关于解剖学考题泄露的风波》,《绍兴文理学院学报》2001年第3期。

[11] [日]竹内好:《近代的超克》,李冬木、赵京华、孙歌译,生活·读书·新知三联书店2005年版,第144页。

和找茬事件相同的屈辱感",并且认为这种"屈辱感"只是鲁迅弃医从文的原因之一,"他由此得到的屈辱感作为形成他回心之轴的各种要素之一加入了进来"①,形成鲁迅"骨骼"的最重要时期则是鲁迅到北京住在绍兴会馆的"蛰伏的时期"②。竹内好还认为,"幻灯片事件"是鲁迅传记"被传说化了的一例",对它的真实性"抱有怀疑"③。对此,日本另一著名鲁迅研究专家丸山升认为:"研究鲁迅的早年形象,与其争论传统评论家们的从幻灯事件到文学道路的突变的说法是否成立,倒不如从'鲁迅立志走向文学道路的思想发展过程,以及他头脑中具有的文学本身的形象'出发深入探讨。(《鲁迅——他的文学和革命》,平凡社一九六五年)。"④为了搞清楚事实真相,鲁迅到仙台留学70周年前的1973年10月成立了拥有会员142人、事务局成员15人的"鲁迅在仙台的记录调查会",经过4年多的调查整理,于1978年出版了400多页的《鲁迅在仙台的记录》。在采访鲁迅同班同学时,班长铃木逸太关于"鲁迅解剖学笔记事件"和"幻灯片事件"的说法与鲁迅在《藤野先生》中的说法存在很大差异。

竹内好的《鲁迅》于1944年12月由日本评论社出版后,日本学术界渐渐出现了"竹内鲁迅"的说法,竹内好的《鲁迅》译介到中国后也产生了巨大反响。《鲁迅在仙台的记录》出版后得到了中日学者异口同声的称赞:"在调查中,他们访问了三位当时健在的鲁迅同班同学,查阅了鲁迅母校东北大学的档案材料,翻阅了当年的地方报刊,走访了鲁迅同学和公寓主人的遗族,最后从一万多件材料中,精选了一百七十幅照片图表,四百七十件文字材料,

---

① [日]竹内好:《近代的超克》,李冬木、赵京华、孙歌译,生活·读书·新知三联书店2005年版,第57页。
② 参见[日]竹内好《近代的超克》,李冬木、赵京华、孙歌译,生活·读书·新知三联书店2005年版,第45—46页。
③ [日]竹内好:《近代的超克》,李冬木、赵京华、孙歌译,生活·读书·新知三联书店2005年版,第53页。
④ [日]渡边襄:《鲁迅的"俄国侦探"幻灯事件——探讨事件的真实性和虚构性》,董将星译,载刘柏青等主编《日本学者中国文学研究译丛》第3辑,吉林教育出版社1990年版,第155页。

令人信服地再现了七十多年前战云低垂、哀鸿遍野的仙台、几经发展变迁的仙台医专等等背景和勤奋学习、孤独生活的鲁迅的事迹。"[1]"我们毫不客气地说,《鲁迅在仙台的活动记录》(平凡社一九七八年出版,以下简称为《记录》)一书正是填补这种空白的划时代的著作。"[2] 不过,不管是对竹内好的观点还是对铃木逸太的回忆,笔者都有不同看法。现在,笔者拟在介绍他人观点的基础上谈谈自己的看法,不当之处,还望各位专家多多指教。

一、对竹内好观点的看法

关于"鲁迅解剖学笔记事件",竹内好的观点为:

> 他离开仙台的动机不只是幻灯事件,在幻灯事件之前还有另一个事件。幻灯事件本身,并不是单纯性质的东西,并不像在《〈呐喊〉自序》里所写的那样,只是走向文学的"契机"。这里的问题是,幻灯事件和此前找茬事件的关联以及两方的相通之处。他在幻灯的画面里不仅看到了同胞的惨状,也从这种惨状中看到了他自己。这是怎么一回事呢?就是说,他并不是抱着要靠文学来拯救同胞的精神贫困这种冠冕堂皇的愿望离开仙台的。我想,他恐怕是咀嚼着屈辱离开仙台的。我以为他还没有那种心情上的余裕,可以从容地去想,医学不行了,这回来弄文学吧。《年谱》说他在这一时期回过一趟国,不过就像前面所写的那样,由于详情不明,所以也就不去多加想象了。幻灯事件和立志从文并没有直接关系,这是我的判断。幻灯事件和找茬事件有关,却和立志从文没有直接关系。我想,幻灯事件带给他的是和找茬事件相同的屈辱感。屈辱

---

[1] 马力:《关于〈鲁迅在仙台的记录〉》,载薛绥之主编《鲁迅生平史料汇编》第2辑,天津人民出版社 1982年版,第54—55页。
[2] [日]渡边襄:《鲁迅的"俄国侦探"幻灯事件——探讨事件的真实性和虚构性》,董将星译,载刘柏青等主编《日本学者中国文学研究译丛》第3辑,吉林教育出版社1990年版,第155页。

不是别的，正是他自身的屈辱。与其说是怜悯同胞，倒不如说是怜悯不能不去怜悯同胞的他自己。他并不是在怜悯同胞之余才想到文学的，直到怜悯同胞成为连接着他的孤独的一座里程碑。如果说幻灯事件和他的立志从文有关，那么也的确是并非无关的，不过幻灯事件本身，却并不意味着他的回心，而是他由此得到的屈辱感作为形成他回心之轴的各种要素之一加入了进来。因此，这一事件，与其说是《新生》事件的原因，倒不如说不论是否有时间上的联系，对他的回心来说，在性质上是应和《新生》事件等价并置的东西。①

根据引文可以知道，竹内好并没有对"鲁迅解剖学笔记事件"的真伪发表自己的看法，而是对其影响进行了分析，认为"鲁迅解剖学笔记事件"与后来发生的"幻灯事件"一样，使鲁迅产生了难以忍受的"屈辱感"。对此，笔者的观点是：由于竹内好笔下的鲁迅是他"想象中的这么一个鲁迅的形象"②，所以引文中的"屈辱感"是"竹内鲁迅"的感受，不是鲁迅本人的感受。

由于竹内好将"鲁迅解剖学笔记事件"与"幻灯事件"相提并论，不妨看看鲁迅对"幻灯事件"的叙述：

我已不知道教授微生物学的方法，现在又有了怎样的进步了，总之那时是用了电影，来显示微生物的形状的，因此有时讲义的一段落已完，而时间还没有到，教师便映些风景或时事的画片给学生看，以用去这多余的光阴。其时正当日俄战争的时候，关于战事的画片自然也就比较的多了，我在这一个讲堂中，便须常常随喜我那同学们的拍手和喝采。有一回，我竟在画片上忽然会见我久违的许多中国人了，一个绑在中间，

---

① [日] 竹内好：《近代的超克》，李冬木、赵京华、孙歌译，生活·读书·新知三联书店2005年版，第57页。
② [日] 竹内好：《近代的超克》，李冬木、赵京华、孙歌译，生活·读书·新知三联书店2005年版，第29页。

许多站在左右,一样是强壮的体格,而显出麻木的神情。据解说,则绑着的是替俄国做了军事上的侦探,正要被日军砍下头颅来示众,而围着的便是来赏鉴这示众的盛举的人们。

这一学年没有完毕,我已经到了东京了,因为从那一回以后,我便觉得医学并非一件紧要事,凡是愚弱的国民,即使体格如何健全,如何茁壮,也只能做毫无意义的示众的材料和看客,病死多少是不必以为不幸的。所以我们的第一要著,是在改变他们的精神,而善于改变精神的是,我那时以为当然要推文艺,于是想提倡文艺运动了。①

这段引文告诉我们以下两个事实:一、根据"常常随喜我那同学们的拍手和喝采"可以知道,直到看见中国人作为俄国侦探被斩首的幻灯之前,鲁迅并没有意识到自己的中国人身份;二、根据鲁迅对"幻灯事件"的叙述和反应可以知道,他看见中国人作为俄国侦探被斩首的幻灯后,并没有想到打败日本,而是改造国民性,由此可知鲁迅具有非常强烈的自我批判意识。根据鲁迅当时的自我批判意识可以知道,"鲁迅解剖学笔记事件"不会使鲁迅产生如竹内好所说的"屈辱感",而应该产生如以下引文流露出的无可奈何之感:"中国是弱国,所以中国人当然是低能儿,分数在六十分以上,便不是自己的能力了:也无怪他们疑惑。"②

看看以下文字便可以知道,鲁迅确实具有非常强烈的自我批判意识:"我们到日本时,正值甲午战败不久。走在街上,常常遭到日本少年的辱骂,我们听了十分气愤。先生说:'我们到日本来,不是来学虚伪的仪式的。这种辱骂,倒可以编在我们的民族歌曲里,鞭策我们发愤图强。'"③"从给许广平的信可以知道,鲁迅1925年6月2日就看见了与五卅惨案有关的报道:'今见上

---

① 鲁迅:《呐喊·自序》,《鲁迅全集》第1卷,人民文学出版社2005年版,第438—439页。
② 鲁迅:《朝花夕拾·藤野先生》,《鲁迅全集》第2卷,人民文学出版社2005年版,第317页。
③ 厉绥之:《五十年前的学友——鲁迅先生》,载柳亚子等《高山仰止——社会名流忆鲁迅》,河北教育出版社2000年版,第41页。

海印捕击杀学生，而路透电则云，"若干人不省人事"，可谓异曲同工……'"但鲁迅这天写的文章是《我的"籍"和"系"》，6月5日写的是《咬文嚼字（三）》，这两篇文章都与女师大事件有关。6月11日，鲁迅终于写与五卅惨案有关的文章了——《忽然想到（十）》。在这篇文章中，因英国人萧伯纳、法国人巴比塞（其母为英国人）等列名于"大表同情于中国的《致中国国民宣言》"，鲁迅便认为"英国究竟有真的文明人存在"，"英国人的品性，我们可学的地方还多着"，并且要中国人"无须迟疑，只是试练自己，自求生存，对谁也不怀恶意的干下去"。在6月16日作的《杂忆》中，鲁迅以自己留学日本时所看见的反满行为的结果大泼当时被激动起来的中国人的冷水："不独英雄式的名号而已，便是悲壮淋漓的诗文，也不过是纸片上的东西，于后来的武昌起义怕没有什么大关系"，并揭中国人的短："我觉得中国人所蕴蓄的怨愤已经够多了，自然是受强者的蹂躏所致的。但他们却不很向强者反抗，而反在弱者身上发泄，兵和匪不相争，无枪的百姓却并受兵匪之苦，就是最近便的证据。"在6月18日作的《忽然想到（十一）》中，鲁迅在继续泼冷水和揭短的同时，甚至要中国人"将华夏传统的所有小巧的玩艺儿全都放掉，倒去屈尊学学枪击我们的洋鬼子，这才可望有新的希望的萌芽"。在7月8日作的《补白》中，鲁迅甚至为外国人开脱责任："外人不足责，而本国的别的灰冷的民众，有权者，袖手旁观者，也都于事后来嘲笑，实在是无耻而且昏庸！"[1]正因为具有非常强烈的自我批判意识，在"鲁迅解剖学笔记事件"之后的"幻灯片事件"发生后，鲁迅最终决定弃医从文，走上了用文学改造中国人国民性的道路。

---

[1] 廖久明：《五卅惨案发生后的鲁迅》，载《中国现代文学史料研究举隅——鲁迅、郭沫若、高长虹及相关研究》，中国社会科学出版社2012年版，第17—18页。

二、对铃木逸太回忆的看法

关于"鲁迅解剖学笔记事件",铃木逸太的回忆为:

(关于泄露试题的流言,这事的情况……)

有这事。我们已经说过了"哪有这种没有根由的事",这样澄清过了。又对藤野先生说:"我当然不相信,可是已经发生了这样的谣传,先跟您打个招呼。"藤野先生说:"喔,是吗。谢谢你。没有这回事呀,同学。"在这种场合,我是大家的所谓汇总人吧,才参与了这些事。……是谣传哪,因为不管怎么说人家考了个中等成绩啊。任什么也不懂就不可能有中等成绩。""一定是藤野先生怎么怎么样了",就真有这么传说,也有这么说过的家伙嘛!所以我说"哪有这种莫名其妙的事",反正出了这种事,这可太可怜了,所以,我对大家这么说了,对藤野先生也说了,说:这种事情纯粹没有呀!把大家集合起来说过,这事我还记得。

(关于很厚的匿名信……)

这事可不知道啊。

(托尔斯泰做的那件关于日俄战争的事,在报纸等等上面……)

有这么回事。

(关于在黑板上写通知这件事……)

哪天哪天要干什么,这事是有的。

(说是在"漏"字那个地方加过圈……)

这还是可能发生的呀。特别是在希望全都参加的时候,就是这样做的。……在我们这些人之外,有些从上一班降下来的人,任意地干各式各样的,对所谓下级,因为是自己的后辈吧,还是有些对后辈干各种事情的家伙。我想恐怕是这样的瞎胡闹、恶作剧吧!

(藤野先生是怎样的人呢?)

很严厉。所以他总是盯着所谓从上一班降下来的人。因此,出于对藤野先生的反感，还是要干各种事情的。别的老师都没有什么大事，就是藤野先生爱出问题。

当时的班级总代表（与东北医学会干事有别）铃木说，他去告诉了藤野先生，因为这个谣言"已经传得很厉害了"，"请您什么也不要对周先生说"。铃木还说：关于这个谣传，"周先生自己恐怕一点也不知道"。[①]

根据以上引文可以知道，铃木逸太并没有否认"鲁迅解剖学笔记事件"本身，只不过不认可鲁迅对该事件处理过程的说法，并说自己"不知道"有人曾将很厚的匿名信交给鲁迅。如此一来，我们可以做出如下推测：大体上说，鲁迅的叙述和铃木逸太的回忆都是符合事实的，他们的差异在于都只知道自己经历过的事情部分，也就是说，检查鲁迅解剖学笔记的另有其人。

现在我们来看看《藤野先生》中的相关文字："有一天，本级的学生会干事到我寓里来了，要借我的讲义看"；"因为要开同级会，干事便在黑板上写广告"。这两处文字都告诉我们，"鲁迅解剖学笔记事件"的主角是"本级的学生会干事"。

据调查，铃木逸太的情况为："生于北海道根室市，一九〇三年入学。留级后第二次上第一学年时（一九〇四年九月开始）担任医学科一年级的班长，从一九〇五年九月之后的一年间，担任东北医学会的会计部委员（当时念医学科二年级）。四年级时（一九〇八年九月开始）又担任学术部委员。照薄场的说法，如果说山崎是位热血汉理论家，那么铃木就是位通达实务的人，他经常帮助别人。班级里不管是谁，出了什么事，他都帮忙解决；开运动会他管接待来宾；遇有班里商讨什么事情，他也出面请求教员停止讲课，都能办得很漂亮。他是位从东京来的口齿爽利的绅士，很适合于做交际和接待工作。他还和中村东作一起编辑了医专第一本《在学纪念册》等等；可见也很有领

[①] 参见鲁迅在仙台的记录调查会《鲁迅在仙台的记录》，马力、程广林译，载薛绥之主编《鲁迅生平史料汇编》第2辑，天津人民出版社1982年版，第98—99页。

袖气质。在周树人患病时,他也曾去公寓看望。"① 根据这段引文可以知道,铃木逸太从未担任过"学生会干事"。

同样据调查,"鲁迅解剖学笔记事件"发生时的东北医学会学生干事是山崎喜三。关于该人的情况,《鲁迅在仙台的记录》是这样介绍的:"生于琦玉县,一九〇四年入学。他在留级后,第二次上一年级(一九〇五年九月始业)时,接替青木担任东北医学会的学生干事,一直到一九一〇年十月毕业,连续担任学生干事。在上述青木致悼词的葬礼上,他以'琦玉义友会'(可能是同乡会一类的组织)会长的身份致了悼词。铃木说他喜欢帮助别人,因为管事太多而留了级,所以毕业得晚。另外,他很推崇青木今朝雄的沉默寡言和善于思考问题。薄场说他是位热血汉理论家,感情极度激动时,就挥动着沉着的手臂进行演说。同学名册中未记载他毕业后的去向和职务。据铃木说,他当了养子,在东京的大井町开业行医。"② 根据该段引文可以知道,"学生干事"属于整个"东北医学会"而不属于某个年级,此点与鲁迅的叙述不相吻合,不过,这一差异可以用误记来解释。至于造成误记的原因,除事情已经过去二十多年外,还应该与山崎喜三的情况有关:由于山崎喜三曾经与鲁迅同级并且在"鲁迅解剖学笔记事件"发生时担任"学生干事",所以鲁迅在写作《藤野先生》时便写作"本级的学生会干事"。看看引文还可以知道,山崎喜三有可能干出这样的事情:一、他与鲁迅同年入学,作为留学生的鲁迅升级而作为本国学生的他却留级,他对鲁迅的成绩感到怀疑是可以理解的;二、从他长期担任学生干事可以知道,这是一个相当自信的人物,这样的人物通常会对别人取得比自己更好的成绩感到怀疑;三、作为东北医学会学生干事,在发生了漏题流言的情况下进行核实应该属于分内之事;四、"铃木说他喜欢

---

① 参见鲁迅在仙台的记录调查会《鲁迅在仙台的记录》,马力、程广林译,载薛绥之主编《鲁迅生平史料汇编》第2辑,天津人民出版社1982年版,第164—165页。
② 鲁迅在仙台的记录调查会:《鲁迅在仙台的记录》,马力、程广林译,载薛绥之主编《鲁迅生平史料汇编》第2辑,天津人民出版社1982年版,第164页。

帮助别人，因为管事太多而留了级，所以毕业得晚"，由此说明山崎喜三喜欢管闲事，因怀疑藤野先生在鲁迅解剖学笔记上做了记号便进行检查的做法确属管闲事；五、"薄场说他是位热血汉理论家，感情极度激动时，就挥动着沉着的手臂进行演说"，这样一位情绪易于激动的人完全可能干出检查鲁迅解剖学笔记这种缺乏考虑的事情。在根据其身份分析了山崎喜三查看鲁迅笔记的可能性后，笔者再根据鲁迅的叙述分析一下其行为的原因：一、根据"我检出来交给他们，却只翻检了一通，并没有带走"可以知道，学生会干事检查得并不仔细，由此可以推断，该干事检查鲁迅的解剖学笔记有可能是职务原因——应付一下其他同学的怀疑；二、根据"他们一走，邮差就送到一封很厚的信"可以推断，在学生会干事一行到鲁迅寓所之前，已经有人将匿名信寄出，由此可以推断，匿名信不是该干事寄出的，他来检查很有可能确实是为了应付一下其他同学；三、干事"竭力运动，要收回那一封匿名信去"的原因当为事情已经搞清楚，知道匿名信中的内容是错误的，所以将其收回。根据鲁迅的叙述分析山崎喜三查看鲁迅解剖学笔记的原因后，回过头来看根据其身份分析的山崎喜三查看鲁迅笔记的五种可能性便会发现，最大的可能性应该是第三个[①]，即作为东北医学会学生干事，在发生了漏题流言的情况下进行核实应该属于分内之事。应该正因为如此，在鲁迅离开仙台前夕，山崎喜三与铃木逸太、杉村宅朗、青水今朝雄一起参加了临时送别会："在米粉店或别的什么地方吃了点甜食之后，到照相馆拍摄了纪念照片。"[②]

在确定了"鲁迅解剖学笔记事件"的主角可能是山崎喜三后，我们便可将鲁迅的叙述与铃木逸太的回忆综合起来，从而更详细地知道"鲁迅解剖学

[①] 需要说明的是，结合铃木逸太听说漏题流言后的反应和处理方式可以知道，即使山崎喜三查看鲁迅笔记的最大可能性是第三个，并不意味着其他四个可能性完全没有起作用。
[②] 鲁迅在仙台的记录调查会：《鲁迅在仙台的记录》，马力、程广林译，载薛绥之主编《鲁迅生平史料汇编》第2辑，天津人民出版社1982年版，第163页。

笔记事件"的情况①：泄露试题的流言发生后，班长铃木逸太把同学召集起来，告诉同学们："哪有这种没有根由的事。"并且对藤野先生说："我当然不相信，可是已经发生了这样的谣传，先跟您打个招呼。"藤野先生说："喔，是吗。谢谢你。没有这回事呀，同学。"铃木逸太还叮嘱藤野先生，"请您什么也不要对周先生说"。尽管如此，流言仍未停止。为了搞清楚事情真相，东北医学会学生干事山崎喜三一行来到鲁迅寓所，要借鲁迅的讲义看。鲁迅"检出来交给他们，却只翻检了一通，并没有带走。但他们一走，邮差就送到一封很厚的信，拆开看时，第一句是：'你改悔罢！'"。信的主要内容为："上年解剖学试验的题目，是藤野先生在讲义上做了记号，我预先知道的，所以能有这样的成绩。"为此，"我便将这事告知了藤野先生；有几个和我熟识的同学也很不平，一同去诘责干事托辞检查的无礼，并且要求他们将检查的结果，发表出来。终于这流言消灭了，干事却又竭力运动，要收回那一封匿名信去。结末是我便将这托尔斯泰式的信退还了他们"。

我们知道，人们在实事求是地回忆自己经历过的事情时，只能就自己经历过的事情进行回忆。在实际生活中，很少有人经历过发生事情的所有细节，所以人们在回忆同一件事情时出现差异很正常。面对这样的回忆，正确的做法应该是根据当时的情况判断出现差异的原因，进而判断其真伪，而不是贸然断定孰真孰假。

三、谈谈前见对于史料释读的重要影响

从上面的分析可以看出，鲁迅的叙述和铃木逸太的回忆基本上是正确的，他们的差异在于都只知道自己经历过的事情。遗憾的是，日本学者却一致相

---

① 鉴于铃木逸太在回忆中说"周先生自己恐怕一点也不知道"，笔者认为铃木逸太回忆的处理过程在前，鲁迅叙述的处理过程在后。

信铃木逸太的回忆,对鲁迅的记述则要么否定、怀疑,要么避而不谈:"当时的学生会干事一直是铃木逸太。他证明:'说到干事嘛——那个时期的干事是我呀……所以像我这样的人无论如何不会做那样的事。这就怪啦。'关于'一封厚厚的匿名信',铃木也说'不知道这件事'。他还说,当时周树人'没说过'这封信。他还十分肯定地说在笔记上做符号'这样的事是没有的,这种事是不可能的'。这个铃木氏在听说周树人要离开仙台的时候,还把朋友邀来给周树人开过送别会。这个铃木好几次造访周树人的住处,周树人一不上课他便马上去探望。其他同班同学谈论往事,也从未提到笔记事件。藤野先生本人写的文章里也没有提及此事。总之,笔记事件是否鲁迅为了批评狭隘爱国主义思想而巧妙地'创作'出来的,很值得打个大问号"[1];"按照铃木的说法,他很快就把漏题的'谣传'告诉了藤野先生,并'把大家召集起来说',是他和同学结束的这件事。在另一场合,铃木也说,因为当时谣传得'很厉害',所以'什么都没对周君说',只是去把这件事告诉了藤野先生(同书,第160页)。但鲁迅却说,是与'几个和我熟识的同学'一同去'诘责'的。'干事'铃木是当时班级的总代表,他能对此事一无所知吗"[2];关于鲁迅的考试成绩,谣传藤野先生事先把考试题泄露给了鲁迅,班长铃木逸太立即把件事告诉了藤野先生,并根据藤野先生的建议把同学们召集起来,转告大家"谣言是没有事实根据的"[3];"得知鲁迅对漏题事件很气愤,一位同学马上汇报给藤野,并按照藤野的意见,把全班同学召集起来告诉大家这个谣言是毫无根据的,使这一事件得以平息。根据这个历史事实,那么,这位替鲁迅抱打

---

[1] [日]新岛淳良:《〈藤野先生〉——其诗与事实》,左自鸣译,载广西师范学院外语系编《文学评论译文集》,广西师范学院印刷厂1985年版,第31页。译自东京大学《比较文学研究》第43号(1983年4月10日)。

[2] [日]吉田富夫:《周树人的选择——"幻灯事件"前后》,李冬木译,《鲁迅研究月刊》2006年第2期。日文原作最初刊于1995年3月出版的《佛教大学综合研究所纪要》第2号。

[3] [日]渡边襄:《鲁迅与仙台》,载鲁迅·日本东北大学留学百周年史编辑委员会编《鲁迅与仙台——鲁迅留学日本东北大学一百周年》,解泽春译,中国大百科全书出版社2005年版,第58页。

不平的同学究竟是谁？作品《藤野先生》中说，这个毫无事实根据的谣言是由班级干事散布的。但是，前往汇报并征得藤野意见的是铃木逸太，他是当时的班级干事。据铃木逸太说，制造谣言的是留级生。因为藤野对任何事情都很严格，留级生对藤野很'反感'，所以才制造了这个谣言"[1]；"据说，藤野先生得知有关泄露试题的谣言后，曾安排铃木逸太去说明事实真相以消除谣言。藤野先生在鲁迅逝世后曾回忆说，同学们中间有一伙人对中国抱有蔑视感"[2]；在《关于解剖学考题泄露的风波》中，阿部兼也尽管严厉批评"鲁迅解剖学笔记事件"为"挑起事端者将永远被历史所嗤笑"的"历史污点"，对鲁迅的叙述和铃木逸太的回忆也只是全文引用，并没有对二者说法的真伪发表自己的看法[3]；在《关于竹内好的〈鲁迅〉》中，伊藤虎丸尽管引用了竹内好论述"鲁迅解剖学笔记事件"的文字[4]，却并未对其进行评论。

在"对铃木逸太回忆的看法"一节中，我们已经认定查看鲁迅医学笔记的人可能是当时的东北医学会学生干事山崎喜三，而不是班长或者班级总代铃木逸太，现在我们便来看看上引文字对铃木逸太在仙台医专读书期间身份的介绍：新岛淳良仍然认可鲁迅和铃木逸太的说法即"学生会干事"，吉田富夫、渡边襄认可了鲁迅在仙台的记录调查会调查的结果即"班级的总代表""班长"，大村泉的笔下则出现了一个新的说法即"班级干事"。对此，笔者有两点感到非常疑惑：一、据鲁迅在仙台的记录调查会的调查，铃木逸太只是班长或者班级总代，不是东北医学会学生干事，但是，新岛淳良仍然坚持认为是"学生会干事"，大村泉则将两者结合起来虚构了一个新的说法"班

---

[1] ［日］大村泉：《鲁迅的〈藤野先生〉是"回忆性散文"还是小说？》，载绍兴文理学院等编《鲁迅：跨文化对话：纪念鲁迅逝世七十周年国际学术讨论会论文集》，大象出版社 2006 年版，第 288 页。
[2] ［日］渡边襄：《评注〈藤野先生〉》，解泽春译，载《鲁迅与藤野先生》，中国华侨出版社 2008 年版，第 107 页。
[3] ［日］阿部兼也：《关于解剖学考题泄露的风波》，《绍兴文理学院学报》2001 年第 3 期。
[4] 参见［日］伊藤虎丸《鲁迅与终末论：近代现实主义的成立》，李冬木译，生活・读书・新知三联书店 2008 年版，第 193—194 页。

级干事";二、吉田富夫、渡边襄尽管认可了对铃木逸太在仙台医专求学时的身份的调查结果,却没有想到查看鲁迅医学笔记的人可能另有其人,即东北医学会学生干事山崎喜三。笔者感到疑惑的原因有二:一、鲁迅在仙台的记录调查会的调查结果很清楚,铃木逸太只是班长或者班级总代,新岛淳良、大村泉为什么不认可这一调查;二、既然已经调查清楚铃木逸太只是班长或者班级总代,而东北医学会学生干事是山崎喜三,那么,根据鲁迅的叙述和铃木逸太的回忆应该可以很自然地想到,查看鲁迅医学笔记的人可能是山崎喜三,吉田富夫、渡边襄却为什么没有想到这点?

在笔者看来,造成这一现象的原因应该是受前见的影响:"理解甚至根本不能被认为是一种主体性的行为,而要被认为是一种置自身于传统过程中的行动(Einrücken),在这过程中过去和现在经常地得以中介。"[1] 其前见应该主要来自以下两个方面:一、竹内好的深刻影响;二、铃木逸太相关回忆的误导。在谈到竹内好对日本鲁迅研究的深刻影响时,日本学者如此评价道:"小田岳夫的《鲁迅传》问世三年后,出现了竹内好的《鲁迅》。这是一本时至今日仍被称为'竹内鲁迅'的对其后的鲁迅研究起着决定性影响的著作。他以后的所有鲁迅研究者,都从这本书继承了很多东西。即便能够提出在各个方面异于竹内的鲁迅像,也是通过坚持自己对'竹内鲁迅'的不同意见、深入发掘差异之处才产生的自己的鲁迅像,在这个意义上,依然处在竹内的强烈影响之下"[2];"竹内好的《鲁迅》[昭和十九年(1944),日本评论社],在我国的鲁迅研究中,可以说是成为出发点的著作。当然,在此之前并非没有关于鲁迅的评论,但就问题提起的本质性深度而言,我们战后的鲁迅研究,都或多或少是以之为出发点的,倘若要寻找一个坐标轴,那么除此一书之外别无

---

[1] [德]伽达默尔:《真理与方法》,洪汉鼎译,上海译文出版社1999年版,第372页。
[2] [日]丸山升:《日本的鲁迅研究》,王俊文译,载《鲁迅·革命·历史:丸山升现代中国文学论集》,北京大学出版社2005年版,第339页。

可求"①。既然竹内好对"幻灯事件"在鲁迅弃医从文上的作用表示怀疑,那么,不少日本学者便进而怀疑"幻灯事件"的真实性,同时怀疑竹内好在《鲁迅》中相提并论的"鲁迅解剖学笔记事件"的真实性。现在来看看铃木逸太的相关回忆:"说到干事嘛——那个时期的干事是我呀。"铃木逸太亲口说那个时期的干事是他,鲁迅在《藤野先生》中说检查医学笔记的人是"学生会干事",两者结合起来,很容易让人认为铃木逸太就是《藤野先生》中那个"学生会干事"。既然当事人之一的铃木逸太不认可鲁迅在《藤野先生》的部分叙述,《藤野先生》又被竹内好认为具有"传说化"特征,那么另一当事人鲁迅的叙述当然值得怀疑,这应该是日本学者对鲁迅叙述持怀疑态度的又一原因。尽管笔者对产生前见的两个原因进行了分析,却并不认为它们具有足够的说服力。不过,除此之外,笔者实在找不到更合适的原因,只好殷切期盼各位学者能够对此做出更有说服力的解释。

为了说明前见对日本学者研究"鲁迅解剖学笔记事件"的影响,不妨看看吉田富夫的相关论述。在《周树人的选择——"幻灯事件"前后》中,吉田富夫非常详细地比较了"学生会干事"和"总代表"的区别:"那么,《藤野先生》里出现的'学生会干事'是谁呢?当时的仙台医专从一年到四年,并没有学生会,有的只是'同级会'。或许是为了易懂起见而译成了中文的'学生会',不妨把这个问题先放下。但是'干事'是谁呢?这个'干事'就是'有一天,本级的学生会干事到我寓里来了,要借我的讲义看。我检出来交给他们,却只翻检了一通,并没有带走'的人,而且又反复出现:'结末是我便将这托尔斯泰式的信退还了他们。'这里是表现为复数的'他们'的。然而,在周树人所属的'同级会'里,本来是没有叫做'干事'的;能被认为可与此相当的'总代表',只有铃木一个人。当铃木被问道'关于笔记事件,

---

① [日]伊藤虎丸:《鲁迅与终末论:近代现实主义的成立》,李冬木译,生活·读书·新知三联书店2008年版,第192页。

上面写着是干事做的'时，他不得不说：'但是，要说干事——相当于这个干事的就是我啦……。所以说我怎么会干这种事呢？这很蹊跷呀。"尽管吉田富夫在此强调铃木逸太是班级"总代表"，不是"学生会干事"，遗憾的是，他并没有顺理成章地想到查看鲁迅医学笔记的人可能是东北医学会学生干事山崎喜三，只是强调"铃木逸太记忆中的情况与鲁迅的记述大相径庭"："围绕'找茬事件'，最令人感到奇异的是过去的同学们，特别是铃木逸太记忆中的情况与鲁迅的记述大相径庭。尤其是围绕着事件的处理，其情况是完全不同的。"① 在特别强调铃木逸太只是班长不是学生会干事的情况下，吉田富夫还纠缠于"铃木逸太记忆中的情况与鲁迅的记述大相径庭"，却没有根据《藤野先生》中的说法想到检查鲁迅笔记的人可能是"学生会干事"山崎喜三，只能说明前见对他的影响太深。

以上事例充分说明，前见对史料释读具有非常重要的影响，哪怕是异常严谨的日本学者同样如此，所以在释读史料时，只有抛弃前见，才有可能客观地对待史料，正确地释读出史料包含的相关信息，进而得出正确的结论。

原载《鲁迅研究月刊》2015 年第 3 期

---

① ［日］吉田富夫：《周树人的选择——"幻灯事件"前后》，李冬木译，《鲁迅研究月刊》2006 年第 2 期。日文原作最初刊于 1995 年 3 月出版的《佛教大学综合研究所纪要》第 2 号。

纷扰语境中"记忆"呈现的形态及意义——也论《朝花夕拾》

龙永干

《朝花夕拾》是鲁迅的重要创作，出版以来就引发了多方关注，21世纪以来更是成为鲁迅研究的一个重要内容。人们或探讨创作的缘起，或发掘文本的内涵，或关注文体的创新，或阐发记忆的原型……但令人遗憾的是，人们很少对作品的创作语境进行应有的还原，也未曾对文本样态的具体缘由及其在鲁迅精神心理与情感脉动中所具有的意义进行把握。为此，本文将就上述思路展开分析，力图推进对《朝花夕拾》的理解。

一

回忆性散文一般是以忆旧述往为主体，或留恋或反思，或温情或深沉，都总能保持叙述内容和文体风格的稳定整一。但阅读《朝花夕拾》，却与上述阅读期待很有出入。文本中虽有许多回溯既往的内容，但亦有许多令人颇觉突兀的议论文字与旁涉之笔。对于这种情形，人们多认为这是作品夹叙夹议的表征，也即鲁迅所说的"文体大概很杂乱"[①]。但就整个集子而言，可以直觉到鲁迅所说的这种"文体大概很杂乱"的状况在各个篇章中的表现却各不相

---

① 鲁迅：《朝花夕拾·小引》，《鲁迅全集》第2卷，人民文学出版社1981年版，第230页。

同，而要对这一状况进行贴切理解，返归语境并连缀文本予以把握无疑是一最为根本的做法。

对于《朝花夕拾》的创作境况，鲁迅曾在《朝花夕拾·小引》《怎么写》《故事新编·序言》《〈自选集〉自序》《两地书》等文章或信件中有过叙述，简括说来则是"纷扰"与"流离"。正如鲁迅自述："或作或辍，经了九个月之多。环境也不一：前两篇写于北京寓所的东壁下；中三篇是流离中所作，地方是医院和木匠房；后五篇却在厦门大学的图书馆的楼上，已经是被学者们挤出集团之后了。"[①] 为了具体把握语境与创作的关联，我们按照鲁迅所说的"前两篇""中三篇""后五篇"来进行逐一分析。

1926年是鲁迅人生中的重要年份：《彷徨》的结集付梓，《莽原》的重新出版，女师大学潮的卷入，由北京而厦门的辗转，《朝花夕拾》的创作推进……在这些事件中，给鲁迅以至深影响的当是"三一八"惨案。在这一事件中，"中国的女性临难竟能如此之从容"[②]，反动政府的凶残暴虐和"所谓学者文人的阴险的论调"[③]，给了鲁迅灵魂以极大的震撼，也给他此一时段的创作以全面而强烈的影响。《朝花夕拾》为忆旧性作品，在《莽原》上发表时就冠名为"旧事重提"。但这样"纷扰"的世界怎能寻出"闲静"来？峻急深沉的他怎么能不笔有旁涉？作为《朝花夕拾》的首篇，写于1926年2月21日的《狗·猫·鼠》原本就是为与现代评论派论战而作。那时"女师大学潮"正在紧张展开，鲁迅围绕学潮与惨案写下了《杂论管闲事·做学问·灰色等》《有趣的消息》《我还不能"带住"》《无花的蔷薇》《记念刘和珍君》《空谈》等文章，凛然坚毅地与青年学生并肩战斗……《狗·猫·鼠》在"打落水狗""仇猫"的议论中展开，笔锋直指现代评论派的阴险用意。也就在这种议论中，小时"隐鼠"及其相关事件自然浮现。评议时事的杂文笔法与论战文字所具

---

① 鲁迅：《朝花夕拾·小引》，《鲁迅全集》第2卷，人民文学出版社1981年版，第230页。
② 鲁迅：《记念刘和珍君》，《鲁迅全集》第3卷，人民文学出版社1981年版，第277页。
③ 鲁迅：《记念刘和珍君》，《鲁迅全集》第3卷，人民文学出版社1981年版，第273页。

有的势能大于述旧忆往的内容,其风格也就与一般的忆旧散文大有出入。正因打开了记忆之门,鲁迅也就继续着"旧事重提"的写作。念旧述往的回忆性散文应当专注过去,文体上也是有其"轨范",对于这一点,鲁迅并非想全然抛开。于是紧接而出的《阿长与〈山海经〉》在内容与风格上就有了明显的调整,不仅少了《狗·猫·鼠》中的那种论战内容,也少了那种鲜明的杂文色彩,于是保姆阿长的言行情状成了文本的主体,文风也变而为朴实亲切、自然温和,是较为标准的述往忆旧性作品。

创作了《阿长与〈山海经〉》后,《朝花夕拾》的"中三篇"似乎会循着亲切自然的风格铺展下去。但当他 1926 年 5 月 10 日再度"旧事重提"创作出《二十四孝图》时,已经是两个月之后了。不仅作品述旧忆往内容骤减,温情平和的色彩也是全无。更有意味的是,这篇文章大部分内容在对诅咒白话者予以"诅咒":"诅咒一切反对白话,妨害白话者。""只要对白话来加以谋害者,都应该灭亡!"这无疑是一种有意味的情形,而之所以造成这种状况的最为直接原因是"三一八"惨案的爆发。在惨案爆发的当天,鲁迅奋笔写就了《无花的蔷薇之二》,他在文章中沉痛地写道:"如此残虐险狠的行为,不但在禽兽中所未曾见,便是在人类中也极少有的,除却俄皇尼古拉二世使可萨克兵击杀民众的事,仅有一点相像。"并在文章结尾沉重地记下了"三月十八日,民国以来最黑暗的一天"。[①] 随后他又于 3 月 25 日写了《"死地"》,3 月 26 日写了《可惨与可笑》等,予以严正的抗战。3 月 26 日,《京报》传出段祺瑞政府通缉激进知识分子的名单,其中除了李大钊、易培基等激进革命党人外,周树人、周作人等文化人士也赫然在列。正因如此,鲁迅先后在山本医院、德国医院、法国医院的病房或木匠房中避难,直到 4 月 8 日回家。在这期间,他继续酝酿"旧事重提"的写作,也就有了"中三篇是流离中所作"的说法。但具体来看,他去山本医院的时间是 3 月 29 日上午,4 月 8 日

---

① 鲁迅:《无花的蔷薇之二》,《鲁迅全集》第 3 卷,人民文学出版社 1981 年版,第 262—264 页。

出。①4月15日再度"往山本医院。得季野信。晚移住德国医院"②。其间多次回家,且参加外界活动。23日"晚自德国医院回家"③,写了《空谈》。4月26日清晨,进步报人邵飘萍被军阀杀害,为安全起见,鲁迅"夜往法国医院"④,4月30日回家。而《二十四孝图》写于5月10日,《五猖会》写于5月25日,《无常》写于6月23日,由此观之,鲁迅的"中三篇是流离中所作"的说法应是记忆失实,但就语境与心情来看说是"流离中"则不为过。也正因这种残酷的环境,鲁迅在继续"旧事重提"的写作中就避开了与执政府的直接面对,而将笔锋指向了幕后的操纵者与帮凶。身为教育部长的章士钊可说是罪大恶极者,鲁迅无法对其进行直接的批判,只能就文言白话之争而对其予以"最黑暗的诅咒",而这也就出现了上述直接戳出文本的句子。紧接着,鲁迅对陈西滢等所谓的"正人君子"进行了深刻的批判与发露,以寄托内心无法言说的仇恨与愤火。情难自禁,直到文章写了一小半,他才将话题拉回到"旧事重提"上来。而就后半部分来看,基本内容依然是对以"文言"为承载的朽旧虚伪、残忍肉麻道德的批判。可以说,正是上述种种原因,《二十四孝图》才会出现与《阿长与〈山海经〉》文风、内容迥异的状况。非但如此,就在写作《二十四孝图》的时候,他还创作了《古书与白话》《再来一次》,新老旧账一起翻出,对章士钊给予双倍的批判与击打。随着事件的过去,作者紧张的心境有了一定的转变,在《五猖会》《无常》中,内容又回到了忆旧述往上,文风也有了较大的调整。《五猖会》虽然主要说父亲逼其背书,而无法全心感受迎神赛会的热闹,但文章前半部的笔触显然是温馨与亲切的。而《无常》则不仅写出了无常的"鬼而人,理而情,可怖而可爱""脸上的哭或笑,口头的硬语与谐谈",更呈现了儿童对"无常"充满紧张的好奇

---

① 鲁迅:《日记十五》,《鲁迅全集》第14卷,人民文学出版社1981年版,第595页。
② 鲁迅:《日记十五》,《鲁迅全集》第14卷,人民文学出版社1981年版,第596页。
③ 鲁迅:《日记十五》,《鲁迅全集》第14卷,人民文学出版社1981年版,第597页。
④ 鲁迅:《日记十五》,《鲁迅全集》第14卷,人民文学出版社1981年版,第597页。

与兴奋。

后五篇是鲁迅在厦门大学时所作。1926年8月26日，鲁迅应厦门大学文学院聘请启程赴厦门，并于9月4日抵达厦门。远离了京城的"俟堂"的绝境，在自己的爱情与生活上跨出了实质性的一步，再加上地方的荒僻，人事的远离，此时的鲁迅有了一种自由的孤独与沉静："直到一九二六年的秋天，一个人住在厦门的石屋里，对着大海，翻着古书，四近无生人气，心里空空洞洞。而北京的未名社，却不绝的来信，催促杂志的文章。这时我不愿意想到目前；于是回忆在心里出土了。"先前启动后因生存环境与人事纠葛而中断的"记忆"，在"沉静"中得以续接和复活。正因"不愿意想到目前"，再加上刚到厦门时他与学校当局及其他方面的矛盾尚未展开，再次敞开记忆而作的《从百草园到三味书屋》中就出现了鲁迅最为温馨而快乐的一面：百草园盛满了童年的单纯与快乐，即使狭小单调的三味书屋也有着它难得的乐趣，甚至刻板严肃的塾师也可亲有趣……但鲁迅并非遵循"唯乐原则"而"带露折花"，童年中有着欢欣的时光，也有着创伤的记忆。《父亲的病》中，父亲的病痛、庸医的冷漠、生活的困窘……让少年鲁迅首次体验到了人世的辛酸与不幸。两者交汇激荡、共同存在，是鲁迅爱憎喜悲不相离而且相争审美心理的一贯体现。很快，学校当局要求研究成果并以此对教员进行考核："对于教员的成绩，常要查问，上星期我气起来，就对校长说，我原已辑好了古小说十本，只须略加整理，学校既如此着急，月内便去付印就是了。于是他们就此没有后文。"这种"无非装门面，不要实际"的做法，让鲁迅很是不悦。生活的不便，办事者的势利，教员的浅薄，吃饭陪客等琐事的缠绕，让鲁迅尤觉烦恼："在金钱下呼吸，实在太苦，苦还罢了，受气却难耐。"[①] 随着作为胡适之、陈源信徒的顾颉刚、白果等人的到来，让鲁迅渐渐怀疑厦门大学的眼光与取向；再加上他们"日日夜夜布置安插私人"，对异己加以排挤与

---

① 鲁迅:《两地书·八五》,《鲁迅全集》第11卷, 人民文学出版社1981年版, 第226页。

讥刺，让刚烈峻急的鲁迅如同"将没有晒干的小衫，穿在身体上"。各种矛盾不断展开且日益尖锐，鲁迅深感厦门大学的无望，在回忆时也就笔涉现实，语带芒刺，将文字作为战斗与抗争的利器，杂文笔法再度出现。《琐记》中既有"流言的来源，我是明白的，倘是现在，只要有地方发表，我总要骂出流言家的狐狸尾巴来"的文字，也有对自诩为"支那通"的安冈秀夫的讽刺；既有对顾颉刚"发名士脾气的"反击，也有摆脱懈怠"继续写些为'正人君子'之流所深恶痛疾的文字"的表述。与北京时期相比，虽然涉笔现实之处不多，笔锋也较为隐藏，但就《琐记》《藤野先生》《范爱农》以求学经历与教学生活为主体内容来看，则又可将其视为对厦门大学旧学氛围弥漫、教员浅薄无聊、教育无望的某种影射与批判。同时，厦大地方的荒僻、信息的闭塞，难免让人空洞倦怠，而藤野先生的严谨正直，小至为中国、大至为学术的谆谆教诲，范爱农的狷介与清醒，对于变革中国社会的热切与真诚……都无不给作者在荒芜与沉静中以一种警醒，让其摆脱忆旧所形成的蛊惑与哄骗，而保持战斗的意志与抗争的精神。

《朝花夕拾》中值得注意的还有"小引"和"后记"。这两篇文章同是作于 1927 年 7 月的广州。此时广州刚刚经历过"革命"的浩劫，鲁迅也正有着被当作"共党"的嫌疑，从而他在写作时极为谨慎。"小引"只是讲述整部文集的缘起，对于时代和语境着"纷扰"与"离奇"二词，不做过多评论。而"后记"则对"麻胡子"的流传予以正误，对《二十四孝图》版本与造像进行比照考察，可视为学术随笔，即使偶现议论，也是对礼教而发，关涉时政文字可说是微乎其微。

从上面的分析可以见到，《朝花夕拾》"文体大概很杂乱"，但具体到每篇又各自不同，有的是叙事忆往的典范，有的则叙议参半，而有的则近于纯粹的学术随笔……之所以如此，是与创造主体的生存语境相关，同时与创作主体的性情立场也有着密切联系。鲁迅性情峻急刚毅，识见深刻透辟，且爱憎鲜明，对时代社会有着强烈的参与意识，渴望着"乐则大笑，悲则大叫，愤则大骂"①的言说追求,自然在回首往事时不仅不可能"带露折花"沉湎于既往,而且会对既往与当下进行应有的感应与剖析、抗争与批判。再则,也要注意到鲁迅的这组文章全部是发表在他改版过的《莽原》之上。他之所以重组《莽原》月刊,旨在唤起批评与抗争:"中国现今文坛(?)的状况,实在不佳,但究竟做诗及小说者尚有人。最缺少的是'文明批评'和'社会批评',我之以《莽原》起哄,大半也就为了想由此引些新的这一种批评者来,虽在割去敝舌之后,也还有人说话,继续撕去旧社会的假面。"②作为创办者,他不可能在上面一味登些温情亲切、锋芒全无的忆旧性文章。于是,叙述者在回首时笔带机锋、语现批判,突破回忆形成的氛围指向现实也就成了自然之事,而这也可能是《朝花夕拾》有较多杂文色彩的另一缘由。

二

上文对《朝花夕拾》"文体的杂乱"进行的分析,只是就作品中对时事社会的批判,对"正人君子"之流的发露与讥刺层面展开的。从文本意蕴的生成上看,则是创作语境对"记忆"影响在文本上的具体体现。倘若聚焦《朝花夕拾》的"记忆",将上述与现代评论派论战、对时政当局批判的文字予以应有的搁置,它总体上依然属于"回忆性"作品。记忆不是纯粹地还原过去,而是"当下的我"对"既往的我"进行的"回忆",也正如鲁迅自己所说的"是从记忆中抄出来的",但它"与实际内容或有些不同"。③也即是说,"当下的我"不会对"既往的我"放任自由,而是会表现其应有的存在。正因如此,我们可以经常感觉到"当下的我"在文本中发出自己的声音。《二十四孝图》中,在谈及"郭巨埋儿"的影响时,会说出:"我想,事情虽然未必实现,但

---

① 鲁迅:《华盖集·题记》,《鲁迅全集》第3卷,人民文学出版社1981年版,第4页。
② 鲁迅:《两地书·十七》,《鲁迅全集》第11卷,人民文学出版社1981年版,第63页。
③ 鲁迅:《朝花夕拾·小引》,《鲁迅全集》第2卷,人民文学出版社1981年版,第230页。

我从此总怕听到我的父母愁穷,怕看见我的白发的祖母,总觉得她是和我不两立,至少,也是和我的生命有些妨碍的人……一直到她去世——这大概是送给《二十四孝图》的儒者所万料不到的罢。"①在回想起父亲逼他背诵《鉴略》而耽误了看五猖会时会感慨:"直到现在,别的完全忘却,不留一点痕迹了,只有背诵《鉴略》这一段,却还分明如昨日事。""我至今一想起,还诧异我的父亲何以要在那时候叫我来背书。"②在《从百草园到三味书屋》中会对自己所描绣像的去向念念不忘:"后来,因为要钱用,卖给一个有钱的同窗了。他的父亲是开锡箔店的;听说现在自己已经做了店主,而且快要升到绅士的地位了。这东西早已没有了罢。"③在《藤野先生》中,会述及对藤野先生的深刻印象:"在我所认为我师的之中,他是最使我感激,给我鼓励的一个。有时我常常想:他的对于我的热心的希望,不倦的教诲,小而言之,是为中国,就是希望中国有新的医学;大而言之,是为学术,就是希望新的医学传到中国去。"④

鲁迅上述文字显然不是"过去的回忆"的内容,而是"当下的我"对"既往的我"做出的反应与审视、评价与观照;在文本形态上也比那种笔指时事社会、讥刺"正人君子"的文字要潜隐得多。但它的出现却有着独特的意义:一是它丰富了《朝花夕拾》的文本层次,构成了一个"既往的我"与"当下的我"的对话层;二是它厘清了"当下的我"与"既往的我"的区别,体现了"带露折花,色香自然要好得多,但是我不能够"⑤的意图。其实,"阅读单位只不过是语义卷轴的包覆,复数之文的脊线"⑥,文学作品之间普遍存在着互文性,同属于一个作家的创作更是如此。一个作品都联系着别的好些文

---

① 鲁迅:《二十四孝图》,《鲁迅全集》第 2 卷,人民文学出版社 1981 年版,第 256—257 页。
② 鲁迅:《五猖会》,《鲁迅全集》第 2 卷,人民文学出版社 1981 年版,第 264—265 页。
③ 鲁迅:《从百草园到三味书屋》,《鲁迅全集》第 2 卷,人民文学出版社 1981 年版,第 282 页。
④ 鲁迅:《藤野先生》,《鲁迅全集》第 2 卷,人民文学出版社 1981 年版,第 307 页。
⑤ 鲁迅:《朝花夕拾·小引》,《鲁迅全集》第 2 卷,人民文学出版社 1981 年版,第 229 页。
⑥ [法]罗兰·巴特:《S/Z》,屠友祥译,上海人民出版社 2000 年版,第 62 页。

本，是对其进行着复读、强调、浓缩、移置和深化。将《朝花夕拾》与《呐喊》《彷徨》予以互文性比照，可以见到《朝花夕拾》各个篇章内部对话的层面外，还有一个更为开阔的交流场域：入乎其内是《朝花夕拾》各个篇章围绕"回忆"展开的"当下的我"与"既往的我"的对话，出乎其外则是《朝花夕拾》与《呐喊》《彷徨》《野草》之间的互文。

鲁迅曾在"小引"中坦陈："带露折花，色香自然要好得多，但是我不能够"；但这些"惟独在记忆上，还有旧来的意味留存。他们也许要哄骗我一生，使我时时反顾"。[①]这些都表明作者在回首忆往时情感与理性、眷顾与反思、靠近与离开的微妙与复杂。作品有对粗拙淳朴且有着"伟大神力"的长妈妈的眷恋，有对满是欢乐与烂漫的百草园的喜爱，有对理而情、"硬语与谐谈"的无常有着神秘的好奇与兴奋……当然也有对残酷礼教与自私世相的批判，对《二十四孝图》给个体心灵形成原初阴翳的诅咒与痛恨，对古板迂腐不通童心的父亲的隔膜与不解，对无端是非与谣言中伤的烦恼与憎恶……但整体来看，整个作品既不是《呐喊》的激进悲愤，也不是《彷徨》的沉郁悲怆，更非《野草》的幽深虚妄，而是呈现温情平和、自然亲切的情态……其实，除开作品风格的这种转换，还可直观到创作主体与整个世界不再是高度紧张与尖锐对立，似乎出现了新的"调整"：一是作为叙述者的"我"与民众关系的改观；二是作为叙述者的"我"对传统文化态度的微妙变化。

在鲁迅众多的作品中，知识分子总是与世界处于紧张对立的情境中。与黑暗社会与朽旧力量如此，与民众也是如此。在《呐喊》与《彷徨》中，启蒙知识分子从"要救民众"，到与民众之间有着"厚厚的障壁"，到对民众"不满""愤恨"，以至于"复仇"的情感心理走向，就成了一种鲜明的表现。但在《朝花夕拾》中，民众却呈现出一种多样丰富的形态。长妈妈虽然笨拙粗糙，但却能理解与满足幼小心灵的需要，给孩子以宽厚质朴的爱的"神

[①] 鲁迅：《朝花夕拾·小引》，《鲁迅全集》第2卷，人民文学出版社1981年版，第229—230页。

力";衍太太虽令人讨厌,喜制造些无端的流言,但能让孩子放纵自己的天性,给受伤的孩子以帮助和爱护。非但普通民众如此,就是一般作为封建礼教象征的"父亲",也呈现出了多样的存在。《五猖会》中强迫"我"背诵《鉴略》令人感到隔膜压抑,但在《父亲的病》中则是如此病体支离、柔弱可怜,以至于"我"对父亲临死时的呼唤一直深感不安与歉疚,"我现在还听到那时的自己的这声音,每听到时,就觉得这却是我对于父亲的最大的错处"①。与之相应,私塾先生也非一般意义上的礼教传播者与维护者,既不阴险暴戾,也不虚伪残忍,即使对"我"近似为难的"怪哉"虫提问也做出了"不知道"的诚实回答。虽被称为"最严厉"的,且有一条戒尺,"但是不常用,也有罚跪的规则,但也不常用,普通总不过瞪几眼"②。非但如此,作品中还出现了严谨求实、平等宽厚、令人尊敬与感激的藤野先生,有着狷介寡合、落魄不幸却可信任依靠的诤友范爱农……大众虽有着愚昧与麻木、冷漠与残忍,但也有着可亲可爱、温暖美好的地方。

作为现代觉醒者,鲁迅对"国民劣根性"的批判,对礼教吃人本质的发露,让其与世界处于一种高度紧张的对立之中,而最为痛苦与焦灼的是他在挣脱自我与传统文化同一性时存在的悖谬性境遇:"自己却正苦于背了这些古老的鬼魂,摆脱不开,时常感到一种使人气闷的沉重。就是思想上,也何尝不中些庄周韩非的毒,时而很随便,时而很峻急。"③"我自己总觉得我的灵魂里有毒气和鬼气,我极憎恶他,想除去他,而不能。"④与上述状况相比,《朝花夕拾》中"我"与文化的关系显然要温和平淡得多,且出现了分别对待的状况。其中最为典型的体现则是在对礼教展开全力批判的同时,却对民间文化呈现出亲和认同的倾向。"我"对民间故事、神话传说的喜好,对《山海

---

① 鲁迅:《父亲的病》,《鲁迅全集》第 2 卷,人民文学出版社 1981 年版,第 289 页。
② 鲁迅:《从百草园到三味书屋》,《鲁迅全集》第 2 卷,人民文学出版社 1981 年版,第 281 页。
③ 鲁迅:《写在〈坟〉后面》,《鲁迅全集》第 1 卷,人民文学出版社 1981 年版,第 285 页。
④ 鲁迅:《240924 致李秉中》,《鲁迅全集》第 11 卷,人民文学出版社 1981 年版,第 431 页。

经》、五猖会、目连戏的向往，对无常、猹鬼的亲和，对冥世阴司中平等公正的肯定……上述种种变化有些近似于某些论者所说的鲁迅对传统文化的认识呈现出由整体功能性的判断向结构组成性的分析，是由"战斗"转向"休息"和"沟通"，甚或是"无地彷徨后的精神还乡"[①]……其实不然，虽然文本中存在着上述看起来的新的质素，但鲁迅对整个文化与生命的认知并未在该作品中发生大的变化。要对上述情形有一个清晰的认识，涉及对《朝花夕拾》认知基点与认知视域的问题，涉及对鲁迅精神历程的整体把握的问题：一是忆旧述往时"当下的我"与"既往的我"的关系，二是如何将整个作品置于鲁迅思想精神进程中去把握。

首先，"回忆"作为一个事件来展开，多是由思想观念成熟、价值立场鲜明、人生体验深刻的"当下的我"来承担，但"当下的我"要返归到"既往的我"的情态中，才能对往昔予以唤起和激活，再现与还原。虽说"一切历史都是当代史"，但对既往的回忆就必须要给"既往的我"以某种独立性与自在性，应该在一定程度上还原既往生活的原始状况、自然形态。这就要求"当下的我"——叙述者不能对既往进行过多的介入，更不能完全无视"既往的我"的生存源始、童心童性。于是"既往的我"的那种蒙童心理、懵懂性情、原初样态就成为回忆的基本构成。正因如此，"既往的我"不可能如"当下的我"那样以深刻的批判眼光、鲜明的价值立场与成熟的精神心理对生活予以辨识与厘清，也不可能陷入一种自我撕裂式的焦灼与悖谬，而是只会呈现出一种爱与恨、隔膜与亲近的混沌状态，一种恐怖与可爱、不解与宽恕同在的原始景观。正是因为童心如斯，才会对长妈妈有着质朴的依恋，而不会对她的愚昧予以憎恶与批判；才会对五猖会有着单纯的神往，而不会去表现它的藏污纳垢；才会对无常充满着兴奋的紧张与好奇，而不会发露鬼物与黑暗的沉瀣一气；才会对父亲有着不解与怜爱的记忆，而不单向度地将其视为

[①] 宋剑华：《无地彷徨与精神还乡：〈朝花夕拾〉的重新解读》，《鲁迅研究月刊》2014年第2期。

专制的符号；才会对严厉的私塾先生有着新奇的发现，而不会将其刻画成礼教的卫道者；才会表现能满足儿童的新奇幻想的民间文化，而不会对其进行理性的审视；才会有神话传说、民间故事、迎神赛会、目连戏、无常、阴司间在作品中的纷纷出现；才会让生命呈现自然而自在的形态……

其次，我们将《朝花夕拾》所讲述的内容放置到鲁迅整个人生发展过程中来看，可以更为清晰地见到其之所以出现上述温情平和状态的缘由。我们不按照作品发表的时间，而按照鲁迅的思想发展与情感心理的自然进程来对鲁迅的作品进行整体把握的话，可以见到，《朝花夕拾》只是鲁迅人格心理的原初时期，是其童蒙初启、懵懂自在的人生阶段。只有随着时间的推移、阅历的丰富、知识眼界的拓展、生命体验的深入，其价值立场与审美取向才会日渐鲜明，其思想视域与生命哲学才会不断深入丰富，才可能有《摩罗诗力说》《破恶声论》的灵府大开，激情昂扬，才会有《呐喊》的悲越激进，才会出现《彷徨》的焦灼悖谬，以至于发展到《野草》的"绝望的抗战"……如果说上述创作构成了鲁迅思想情感与生命哲学的发展史的话，那么《朝花夕拾》则是在补写着自我生命的史前史。简便地说，《朝花夕拾》虽然发表的时间在《呐喊》《彷徨》与《野草》之后，但其所叙述的内容，则是在上述作品之前，其人生阶段是处于最开始的状况。可以说，作品中所呈现的暖色基调，与民间文化的自然亲切，是一种契合于"既往的我"——儿童的我——的样态，是人物成长自然进程的贴切，也是审美表现的贴切……

三

翻阅最初刊登在《莽原》上的"旧事重提"系列散文，有几点值得特别注意。一是鲁迅在"旧事重提"的总题下，极为谨慎地给每篇文章标上了具体的序号，"旧事重提之一""旧事重提之二"……直至"旧事重提之十"，井然有序、丝毫不乱。鲁迅有时会给自己的文章冠以序号，如《随感录》《故事新编》，但随感录是编辑为之，且是与周作人、钱玄同等人同作，从而体例不一、序号间断，难以一贯揣摩人物心理与精神的发展。而《故事新编》仅仅《眉间尺》下有"新编的故事之一"字样，远比不上"旧事重提"之严谨讲究。二是非但篇目序号编排如此，其内容也是严格按照"我"的自然年龄的增长与人生轨迹的进程来编排：从幼年到童年，从少年到青年；从盘旋于祖辈膝头，到游戏于百草园中；从为治疗父亲的肝病的奔波愁苦，到海外求学的见闻遭遇。三是从"旧事重提"中所叙及的事件，可以明晰地见到鲁迅思想发展的线索：从童蒙稚气到渐晓世情的浇漓，从紧张于"美女蛇故事"到兴奋于"物竞天择""苏格拉第""柏拉图"等耳目一新的西学，从童蒙无知到勇于探索、自主自为。由此可见，鲁迅此处是努力在过去、现在以及将来之间建构一个相对完整的叙述框架，将互相冲突的侧面与零碎的片段组织成相对的整体，完成自我精神与人格生成史的建构，给自我以稳定感与延续性，并以之为未来生存的资源。正如卡西尔所说："在人那里，我们不能把记忆说成是一个事件的简单再现，说成是以往印象的微弱映象或摹本。它与其说只是在重复，不如说是往事的新生；它包含着一个创造性和构造性的过程。仅仅收集我们以往经验的零碎材料那是不够的。我们必须真正地回忆亦即重新组合它们，必须把它们加以组织和综合，并将它们汇总到思想的一个焦点之中。"[①]对于不同个体而言，这个"焦点"自不相同，但当下与将来生存的需要应是一个至为重要的内容。而这就涉及了鲁迅之所以要在此时进行回忆的缘由——对自我生存的需要的探究。

鲁迅向来视世界为一"铁屋子"，没有生命之光。虽感奋于在新文化运动的潮涌中加入了"呐喊"行列，但如磐的黑暗，愚顽的"看客"，传统文化的"鬼魂"，都无法消融他内心的坚冰。对于自我的人生，同样充满虚无与绝望。他在与许广平的信中说道："我一生的失计，即在向来不为自己生活打算，一

[①] [德] 卡西尔：《人论》，甘阳译，西苑出版社2003年版，第89页。

切听人安排,因为那时豫料是活不久的。"① 于是,其人生就是"怎样地在'碰壁',怎样地在做'蜗牛',好像全世界的苦恼,萃于一身,在替大众受罪似的"②。对于"慈母误进的毒药"——无爱的婚姻,也是抱着必死的心,想"陪着做一世牺牲,完结了四千年的旧账"③。即使拼命地在做,但不过是渴望着生命的从速消亡。从《呐喊》的激进热烈、严峻决绝,到《彷徨》的黯然消沉、沉郁悲怆,再到《野草》自我撕裂式的悖谬与反抗绝望,鲁迅的思想整个地呈现出内向发掘、深度拷问的态势,且日益深沉紧张,复杂焦虑。对此鲁迅也有着自知:"我的作品,太黑暗了,因为我常觉得惟'黑暗与虚无'乃是'实有'。"④但正如他所说"绝望之为虚妄,正与希望相同"⑤,他在黑暗中并非独守着黑,而是"偏要向这些作绝望的抗战",自我对新生活的追求与筹划就是其中之义。

在鲁迅的上述作品中,与《朝花夕拾》创作时间前后相随、心境趋同的是《野草》。《野草》以其特有的奇崛与瑰丽、幽深与晦涩、复杂与深刻让我们见到了现代灵魂至为紧张的苦痛及这种苦痛中所展现的生命的深涵与广博。但在一般的解读中,人们总是指向鲁迅灵魂的绝望与虚无,以及在绝望与虚无中的抗争,聚焦之处多是"于浩歌狂热之际中寒;于天上看见深渊。于一切眼中看见无所有;于无所希望中得救"⑥的生命体验,是"黑暗又会吞并我,然而光明又会使我消失"的彷徨焦虑,是明知前面是坟,却拒绝怜悯与同情而坚毅地选择"还是走"的过客,是"不以啮人,自啮其身,终以殒颠"的游魂⑦……但同样令人值得注意的是,就在他充满悖谬与撕裂式的自我拷问

---

① 鲁迅:《两地书·八三》,《鲁迅全集》第 11 卷,人民文学出版社 1981 年版,第 221 页。
② 鲁迅:《二心集·序言》,《鲁迅全集》第 4 卷,人民文学出版社 1981 年版,第 191 页。
③ 鲁迅:《随感录四十》,《鲁迅全集》第 1 卷,人民文学出版社 1981 年版,第 322 页。
④ 鲁迅:《两地书·四》,《鲁迅全集》第 11 卷,人民文学出版社 1981 年版,第 20—21 页。
⑤ 鲁迅:《希望》,《鲁迅全集》第 2 卷,人民文学出版社 1981 年版,第 178 页。
⑥ 鲁迅:《希望》,《鲁迅全集》第 2 卷,人民文学出版社 1981 年版,第 202 页。
⑦ 鲁迅:《墓碣文》,《鲁迅全集》第 2 卷,人民文学出版社 1981 年版,第 202 页。

中,可以直觉到其心灵深处新生意向的萌蘖与脉动。在《影的告别》中,对"影"的解释较为复杂,但大致呈现出两种较为明晰的倾向,一是将"影"喻为鲁迅阴暗的世界,一是视为朱安的象征。无论哪种解释,都有一个共同的意向——"告别"。"告别"是对其过去生活的一种否定与分离,是对当下生活的一种否定。虽然这种意向只是在"梦"中才会越过藩篱与阻隔而从潜意识中浮出,但这显然是生命的晨曦与微光。1925年元旦之夜写就的《希望》也是极富意味的一个文本。在《希望》中,"我"慨叹我的"青春"的消逝,但对于青春却又有着执着与不舍的留恋:"我早先岂不知我的青春已经逝去了?但以为身外的青春固在:星,月光,僵坠的胡蝶,暗中的花,猫头鹰的不祥之言,杜鹃的啼血,笑的渺茫,爱的翔舞……。虽然是悲凉漂渺的青春罢,然而究竟是青春。""倘使我还得偷生在不明不暗的这'虚妄'中,我就还要求那逝去的悲凉飘渺的青春,但不妨在我的身外。因为身外的青春倘一消灭,我身中的迟暮也就凋零了。""我只得由我来肉薄这空虚中的暗夜了,纵使寻不到身外的青春,也总得自己来一掷我身中的迟暮。"[1]生存悲剧的煎熬中,他以对孤独与虚妄的沉湎来自裹"独头茧",以"苦行僧"般的生活来阻遏正常的需求,并希图以这种方式来获取对原本就无法接受的生活的屈就与苟合。自虐无法压抑新生意志的坚韧,自由依然是生命最为本质的价值追求。而这种新生意向是与感性生命的同一性存在,更是对"身外的青春"感召的回应及吁求。与这种意向构成呼应的是《好的故事》。在这篇散文诗中他描绘了一幅与《野草》其他篇目所不同的景光。"山阴道""乌桕,新禾,野花,鸡,狗,丛树和枯树,茅屋,塔,伽蓝,农夫和村妇,村女,晒着的衣裳,和尚,蓑笠,天,云,竹……都倒影在澄碧的小河中,随着每一打桨,各各夹带了闪烁的日光,并水里的萍藻游鱼,一同荡漾。"[2]无论它是否确指对自由

---

[1] 鲁迅:《希望》,《鲁迅全集》第2卷,人民文学出版社1981年版,第177—178页。
[2] 鲁迅:《好的故事》,《鲁迅全集》第2卷,人民文学出版社1981年版,第185页。

爱情的向往，有一点是可以肯定的，那就是鲁迅在梦境中打开了自己合理美好生活的图景。

如果说《野草》是幽深复杂，且鲁迅情感心理多是充满悖谬与冲突的存在，上述揣测有些深文周纳的话，那么他在致朋友的信件中新生的意向则要更为明晰而清楚。"因为我近来忽然还想活下去了。为什么呢？说起来或者有些可笑，一，是世上还有几个人希望我活下去，二，是自己还要发点议论，印点关于文学的书。"① "我先前偶一想到爱，总立刻自己惭愧，怕不配，因而也不敢爱某一个人，但看清了他们的言行思想的内幕，便使我自信我决不是必须自己贬抑到那么样的人了，我可以爱！"② "想活下去"与"我可以爱"对于一个曾经渴望着从速消亡、在"俟堂"中等死的人来说，是多么令人感到温暖与欣喜的信息。就在1926年，鲁迅不仅公开确立了与许广平的爱情，决定离开满是风沙的北京，而且还有着"与创造社联合起来，造一条战线，更向旧社会进攻"③的想法……这一切无不表明鲁迅的人生正呈现出新的转变。但这种转变对于多疑而沉郁的鲁迅来说，并非上述表白就会完成，他需要更为审慎深入的思考。而这种思考的结晶则是紧随《野草》出现的《朝花夕拾》。

"理性是思想的一种工具，而不是思想本身。一个人的思想首先是他的回忆。"④ 在纷乱与芜杂中，鲁迅开启了自己的记忆之门，来回溯自己的来路，并严格地按照自然年龄与人生经历为线索来展开。从幼儿到童年，从少年到青年，从绍兴到南京，从日本再回到绍兴……以此观之，《朝花夕拾》是生命的自然成长过程的记录，也是自我精神生成史的叙述，是在述说一个出生于绅士家庭的幼稚顽皮、天真烂漫、好奇自由、富于联想想象的儿童，如何在多

---

① 鲁迅：《260617 致李秉中》，《鲁迅全集》第11卷，人民文学出版社1981年版，第468页。
② 鲁迅：《两地书·一一二》，《鲁迅全集》第11卷，人民文学出版社1981年版，第275页。
③ 鲁迅：《两地书·六九》，《鲁迅全集》第11卷，人民文学出版社1981年版，第191页。
④ [法]加缪：《西西弗的神话》，杜小真译，广西师范大学出版社2002年版，第43页。

样芜杂的人世与教育影响中，背负着怎样的苦痛与欢欣而成为现在的自己。纯朴自由、烂漫无涯的原初天性（《狗·猫·鼠》）被陈腐虚伪、残忍肉麻的伦理教条（《二十四孝图》），严酷专制的家庭教育（《五猖会》）与冷漠庸懦而贪婪自私的人世（《父亲的病》）所压抑、伤害与扼杀，而这些也成为了生命中难以抹去的原初性创伤……而对生命自由与自然人性的渴望，对压抑者及其所尊崇的价值原则与社会制度的自我放逐与反叛，让其走向了"异端"与"令人不屑"的底层。于是底层民众粗糙而淳朴的爱（《阿长与〈山海经〉》），为士子所不屑的鬼物（《五猖会》），可怖而可爱的无常（《无常》），满是野草的百草园（《从百草园到三味书屋》）也就成了幼小心灵的乐园与亲和的对象；为"S城人所诟病的人们，无论其为畜生或魔鬼"成为自己的朋友与同类；新学世界所敞亮的"物竞""天择"，苏格拉底、柏拉图（《琐记》），异域方正严谨、不拘小节的藤野先生（《藤野先生》），狷介深沉、落落寡合、可恨可敬的范爱农（《范爱农》）最终成了人生的导师与伴侣与生命发展的源泉……可以说追求自由的天性，底层的淳厚质朴与丰富博大，民间的乐生悦世、坚忍单纯，新学的科学严谨、新鲜立诚，还有性情志趣相投的师友让鲁迅领受到了生命的欢欣与乐趣，也最终将其塑造成了叛逆的"魔鬼"、旧式家庭与社会的逆子贰臣。与此同时，这些从民族母体中与生俱来的痛苦、因袭、沉重与黑暗，也让其深切地认识到只有以坚韧的意志与不懈的抗争，才能对其予以穿透……这是鲁迅人格精神的生成史，是其对记忆的点亮，也是其对当下与未来的敞开。

以《朝花夕拾》为基点，到《坟》《呐喊》，再到《彷徨》《野草》，可以说鲁迅相对完整地建构起了自我精神心理与文化人格生成史的连续性与完整性。由此看来，《朝花夕拾》的完成，其意义在于当下鲁迅对自我生成的溯源，也是对自我文化心理与精神人格未来走向资源的建构。伤痛与快乐，苦难与欢欣，都应该汇聚到一个最为基本的属人的焦点上，那就是当下与今后的生存。因袭的重负、既有的伤痛，无从改变，唯一能做的则是"肩住了黑暗的闸门""幸福的度日，合理的做人"。①记忆中欢欣的点滴、留恋的片段、值得宝爱与发扬的因子，是"草木在旱干的沙漠中间，拼命伸长他的根"，可以吸取、能够依赖的"深地中的水泉"②。不论黑暗与光明，还是苦痛与欢欣，也不管是摆脱哄骗，还是理性超越，回忆使生命重新拥有了自我，是对既往的批判，对将来的展望，也是生命主体对今后生存的认同性资源的寻求。

生存的伤痕是必须祛除的，而要对其祛除则不能沉湎困境或伤痕自恋，而应坚毅前行，理性穿越；同时，生命的欢欣也是生命不可或缺的，但不能因温馨的片段而忽略其阴暗与苦难的渊薮，"带露折花"。沉郁悲凉、虚无绝望，固然可能激发"反抗绝望"的意志，但生活的美、回忆的温馨也是破除绝望与虚无、推动生命走向新的境遇的资源，回忆是当下生命的敞开，也是将来生活的前行的可能。③无论记忆中的是浓重阴翳还是温暖深情，是辛酸悲凉还是质朴亲切，回忆的意义不在回忆本身，而是指向主体的当下与将来的生存，都是生命前行的资源……

原载《鲁迅研究月刊》2015 年第 6 期

---

① 参见鲁迅《我们现在怎样做父亲》，《鲁迅全集》第 1 卷，人民文学出版社 1981 年版，第 130 页。
② 鲁迅：《一觉》，《鲁迅全集》第 2 卷，人民文学出版社 1981 年版，第 224 页。
③ 参见龙永干《鲁迅厦门生存境遇与文学创作关联发微》，《鲁迅研究月刊》2012 年第 11 期。

鲁迅在《藤野先生》中为什么不写同在仙台的同乡施霖

廖久明

在《藤野先生》中，鲁迅说自己到仙台时"还没有中国的学生"①。日本学者在调查时却发现，鲁迅到仙台时，他的浙江同乡施霖也来到了仙台，进入第二高等学校第二部工科学习，并且认为两人曾先后住于田中家、佐藤屋、宫川宅。于是，一些日本学者将此作为《藤野先生》是"小说"的证据之一。在此，笔者拟在介绍相关史料基础上谈谈自己的看法。

首先，鲁迅前往仙台学医的"唯一理由"是他去之前还没有中国留学生："本来在千叶和金泽地方，也都设立有医学专门学校，但是他却特地去挑选了远在日本东北的仙台医专，这也是有理由的。因为他在东京看厌了那些'富士山'们，不愿意和他们为伍，只有仙台医专因为比千叶金泽路远天冷，还没有留学生入学，这是他看中了那里的唯一理由。"②"后来鲁迅决定学医，想进一个没有中国留学生的医专，王立才告诉鲁迅，仙台医学专门学校地处偏僻，无一中国留学生，鲁迅便决定去仙台。"③

其次，鲁迅、施霖到仙台前后得到了当地媒体的关注。1904 年 7 月 12

---

① 鲁迅：《朝花夕拾·藤野先生》，《鲁迅全集》第 2 卷，人民文学出版社 2005 年版，第 313 页。
② 周作人：《鲁迅的青年时代》，载周作人、周建人《年少鲁迅——兄弟忆鲁迅（一）》，河北教育出版社 2000 年版，第 176 页。
③ 沈飞民：《回忆鲁迅早年在弘文学院的片段》，载柳亚子等《高山仰止——社会名流忆鲁迅》，河北教育出版社 2000 年版，第 52 页。

日，《河北新报》第 5 版发表了题为《中国人经批准就读二高》的报道，内云："中国留学生施霖氏（字雨若，浙江仁和县人），此次经许可，入第二高等学校第二部工科学习，应自九月十一日到校，此事已由中川校长通牒清国公使。据云施霖于三年前，作为中国官费留学生渡日，原在正则学校等处修业，此次准于进入二高。据该氏谈，其目的在于将来进日本大学，研究兵工火药云。"① 三天后的 7 月 15 日，《河北新报》第 5 版发表题为《中国留学生与医学校》的报道，内云："我市仙台医学专门学校，已批准中国留学生（官费）周树人，自九月十一日入学。氏为南京人（按：应为绍兴人），在南京陆师学堂（按：应为江南陆师学堂附设矿务铁路学堂）学习后，又毕业于东京弘文学院之普通科（按：应为速成普通科）。"② 正因为鲁迅、施霖是最早来仙台的中国留学生，所以他们还未到来便引起了当地媒体的关注。他们到来后，情况仍然如此。9 月 10 日，《东北新闻》第 7 版发表题为《医专新到的中国留学生》的报道，内云："中国人周树人氏，本年二十二岁。自三十五（一九〇二）年游学我国，此次经批准进入我市医学专门学校□□□。目前已来仙，惟因当前本市尚无制中国菜之公寓，而大为困惑。据云已走访山形校长，请求代为周旋。该氏虽云近年来日，却可自由操用日语，为一异常活泼之人物云。"③ 9 月 13 日，《东北新闻》第 7 版除发表了《二高及医专之开学典礼》的报道外，还发表了《中国学生》的报道，内云："中国浙江省绍兴府会稽县人周树人（二十二岁）进入医学专门学校，同省杭州府仁和县人施霖（二十四岁）进入第二高等学校第一年级，暂住于片平丁五十四番地田中龙家中。"④ 所

---

① 鲁迅在仙台的记录调查会：《鲁迅在仙台的记录》，马力、程广林译，载薛绥之主编《鲁迅生平史料汇编》第 2 辑，天津人民出版社 1982 年版，第 80 页。
② 鲁迅在仙台的记录调查会：《鲁迅在仙台的记录》，马力、程广林译，载薛绥之主编《鲁迅生平史料汇编》第 2 辑，天津人民出版社 1982 年版，第 81 页。
③ 鲁迅在仙台的记录调查会：《鲁迅在仙台的记录》，马力、程广林译，载薛绥之主编《鲁迅生平史料汇编》第 2 辑，天津人民出版社 1982 年版，第 81 页。
④ 鲁迅在仙台的记录调查会：《鲁迅在仙台的记录》，马力、程广林译，载薛绥之主编《鲁迅生平史料汇编》第 2 辑，天津人民出版社 1982 年版，第 82 页。

以，鲁迅在《藤野先生》中将自己受到优待的原因归结为"大概是物以稀为贵"是有道理的。

其三，鲁迅在仙台期间，没有与施霖同住于田中家、佐藤屋。鲁迅在仙台的记录调查会在释读《中国学生》这一报道时认为，鲁迅与施霖初到仙台时同住在田中家："有关同宿的施霖，后面还要谈到，他不仅现在同宿，以后还有再度同宿的机会……（这段报道也可读作施霖自己暂住于田中家，我们未取这一读法。）。"① 读读该报道可以知道，在介绍鲁迅情况时，只说了就读的学校，在介绍施霖的情况时，既说了就读的学校，也说了暂住地，所以，正确的应该是调查会未取的读法："施霖自己暂住于田中家。"② 笔者做出这一推断的理由为，根据9月10日《东北新闻》报道中的"据云已走访山形校长，请求代为周旋"可以知道，当时在仙台寻找住所不是一件容易的事情。既然如此，9月10日前还在请山形校长"代为周旋"住所的鲁迅，不可能在11月左右搬到宫川宅③之前，已经先后找到了田中家、佐藤屋两处住所。看看同年10月8日给友人蒋抑卮的书信可以知道，鲁迅不但没有与施霖同住田中家，并且没有同住佐藤屋："尔来索居仙台，又复匝月，形不吊影，弥觉无聊。昨忽由任君克任寄至《黑奴吁天录》一部及所手录之《释人》一篇，乃大欢喜，穷日读之，竟毕。拳拳盛意，感莫可言。树人到仙台后，离中国主人翁颇遥，所恨尚有怪事奇闻由新闻纸以触我目。"④ 如果此时鲁迅与施霖住在一起，信中不会出现"索居仙台""形不吊影""离中国主人翁颇遥"等语句。根据佐藤屋的狭小情况也可以知道，施霖不可能与鲁迅同住在此："当时楼下

---

① 鲁迅在仙台的记录调查会：《鲁迅在仙台的记录》，马力、程广林译，载薛绥之主编《鲁迅生平史料汇编》第2辑，天津人民出版社1982年版，第82—83页。
② 四卷本《鲁迅年谱》采用了调查会的说法："九月十三日，该报第七版又刊登了《清国学生》一则，报道了鲁迅同另一位刚从东京转来仙台第二高等学校的清国留学生施霖的消息，并说他们暂住在片平丁五十四番地的田中龙旅店。"（李何林主编《鲁迅年谱（增订本）》第1卷，人民文学出版社2000年版，第134页）
③ 鲁迅在仙台的记录调查会：《鲁迅在仙台的记录》，马力、程广林译，载薛绥之主编《鲁迅生平史料汇编》第2辑，天津人民出版社1982年版，第114页。
④ 鲁迅：《041008 致蒋抑卮》，《鲁迅全集》第11卷，人民文学出版社2005年版，第329页。

有一部分是不铺地板的土地基房间，租售给一个叫岩井的人，经营探监饭盒店，卖给对面监狱署的未决囚犯。楼上的两间房一间作小客栈，留宿来监狱署探监的人，另一间作公寓。"① 在楼上仅有的两间房中，只有一间用作对外出租的"公寓"，在鲁迅租住的情况下，施霖是不可能租住于此的。鲁迅在佐藤屋的居住情况，我们可以做出这样的推断：9 月 10 日前还在请山形校长"代为周旋"住所的鲁迅，后来找到了佐藤屋，于是搬了进来，一直住到 11 月前后搬到宫川宅为止。至于鲁迅搬到佐藤屋之前的一段时间住在何处，鲁迅在仙台的记录调查会根据鲁迅书信中的"即所谓旅馆，亦殊不宏"②推断："可见当初也住过旅馆。那'旅馆'是否田中龙家，现仍不明。"③ 对此，笔者的看法是：可能住过旅馆，在没有找到固定住所之前住旅馆的可能性最大，那"旅馆"却不是田中龙家，理由如前。

其四，鲁迅与施霖曾经同住于宫川宅。对于此点，不但宫川信哉曾经对他的孙女小烟美津子说过，并且有照片为证。关于该照片的拍摄情况，笔者认为渡边襄在《鲁迅仙台医专时期照片考订》中的推断是有道理的："这张纪念照片可能是一九〇五年九月仙台医专新学年开始不久所照。这时，土樋一五八番地公寓的经营者从宫川改为海老名了，住宿人也变动了。矶部、大家、福井三人找到了新公寓，海老名经营的公寓开业时，除鲁迅、施霖，还有医专新生吉田林十郎、池泽永一总共四人住宿。让我们推想，大概是新学年开始不久的一天，矶部、大家、福井中的一个人，倡议拍摄迁居纪念照片。可能是到豪华街会餐一顿之后，在大武照相馆拍了照片。在照片中，同是新生，吉田参加拍照了，池泽却没有来，从这一点也可看出，这次合影十之八九是

---

① **鲁迅在仙台的记录调查会**：《鲁迅在仙台的记录》，马力、程广林译，载薛绥之主编《鲁迅生平史料汇编》第 2 辑，天津人民出版社 1982 年版，第 127 页。
② **鲁迅**：《041008　致蒋抑卮》，《鲁迅全集》第 11 卷，人民文学出版社 2005 年版，第 329 页。
③ **鲁迅在仙台的记录调查会**：《鲁迅在仙台的记录》，马力、程广林译，载薛绥之主编《鲁迅生平史料汇编》第 2 辑，天津人民出版社 1982 年版，第 130 页。

老住宿生筹画的。"① 据调查，鲁迅是 1904 年 11 月左右搬到宫川宅的，施霖何时搬来则不得而知。至于他们是如何搬到宫川宅的，笔者认为可以做出如下推测：鲁迅从佐藤屋搬来，施霖从田中家搬来。

其五，尽管施霖曾经与鲁迅同住宫川宅，却可以肯定施霖不是他愿意交往的人。理由为：不但鲁迅写作的日记、书信、其他文章只字未提施霖，就是在写作自己在仙台时期情况的《藤野先生》中也避而不谈。看看日本东北大学名誉教授阿部兼也发表在《绍兴文理学院学报》2001 年第 3 期的《关于解剖学考题泄露的风波》应该可以推知其原因："二高一年级科目一共有十门，即国语阅读、作文、英语阅读、英语文法作文、德语阅读、德语文法作文、代数、三角、图画、体操。表中施霖的一栏，写有成绩数字的，只有英语文法作文、代数、三角、体操四个科目。其他六个科目都是空白。各科目有五个小栏，即第一学期、第二学期、学期平均、学年、平均。他的英语文法作文栏的五小栏的数字是：第一期 24、第二期 44、学期平均 34.0、学年 44、平均 37.3。代数栏的五小栏：只有第一学期的小栏写着 40、其他四个小栏都是空白。三角的五小栏：第一学期 33、第二学期 40，学期平均 36.5、学年 15、平均 29.3。图画的五小栏：第一学期 55、第二学期 55、第三学期 55.0，其他两个小栏都是空白。体操：第二学期 100、学年 100、平均 100，其他两个小栏都空白。但在体操栏里，这两个小栏其余的同学也都是空白的。"第二学年结束后，施霖的成绩仍然没有多大进步，只好从二高退学。施霖体育满分、其他科目不及格的成绩很容易让人们将施霖与《呐喊·自序》中的"愚弱的国民"联系起来："凡是愚弱的国民，即使体格如何健全，如何茁壮，也只能做毫无意义的示众的材料和看客，病死多少是不必以为不幸

---

① [日]渡边襄：《鲁迅仙台医专时期照片考订》，马力译，载北京鲁迅博物馆鲁迅研究室编《鲁迅研究资料》第 12 期，天津人民出版社 1983 年版，第 387 页。渡边襄在该文中还指出，1976 年文物出版社出版的大型照片集《鲁迅》的第 3 幅照片中与鲁迅合影的人为施霖（参见该书第 383 页）。

的"。也就是说，施霖不是鲁迅愿意交往的人。①

根据以上分析可以知道，鲁迅在《藤野先生》中不写同在仙台的同乡施霖的原因应该有两个：首先，在他和施霖到来之前，仙台确实"还没有中国的学生"；其次，尽管与自己是同乡，并且曾经同住宫川宅，施霖却不是自己愿意交往的人。所以在写作藤野严九郎的文章中，为了不至于旁逸斜出，干脆避而不谈。

看了日本学者对待施霖的材料，笔者感到非常惊讶：不但鲁迅在仙台的记录调查会选择性误读中国学生的意思，该调查会的事务局局长渡边襄在《鲁迅仙台医专时期照片考订》中还在此基础上加以夸大："他（按：施霖）在仙台一直与鲁迅同住一个公寓，详见《纪录·胡子照片与施霖》。"②文中的《纪录》即《鲁迅在仙台的记录》的缩写。查该部分文字，笔者只看见这样的说法："'胡子照片'也是表明周树人与施霖曾经极其近在一处的唯一材料。他俩的交友关系如何，现仍不明。"③也就是说，根据现有的"胡子照片"，我们只能肯定鲁迅与施霖曾经同住于宫川宅，却不能肯定他们两人曾经同住于田中家、佐藤屋。为了证明《藤野先生》是"小说"，难道可以夸大事实么？

原载《鲁迅研究月刊》2016年第1期

---

① 对此，以下文章持类似看法：董炳月《"仙台神话"的背面》(《鲁迅研究月刊》2002年第10期)、林分份《塑造启蒙文学者的"理想典型"——鲁迅"仙台叙述"的再探讨》(《中山大学学报》2013年第1期)、黎保荣《鲁迅仙台医专成绩单的几个版本辨正及其启发意义》(《晋阳学刊》2014年第2期)。

② 渡边襄对《藤野先生》中的"还没有中国的学生"的注释为："鲁迅入学之前，仙台还没有中国留学生。1904年9月，还有一个叫施霖的留学生上了旧制二高二部工科。施霖是浙江杭州府仁和县人，1902年8月以浙江公费生的身份来日，就学于弘文学院普通科、正则预备学校和正则英语学校。两人来仙台时，都住在片平丁54番地田中利伍(利伍为音译)家，后来也一起住在佐藤喜东治、宫川信哉(1905年9月以后改为海老名新次郎)家。详见《鲁迅在仙台的记录》。"(鲁迅著，渡边襄评注《藤野先生》，载《鲁迅与藤野先生》出版委员会编《鲁迅与藤野先生》，解泽春译，中国华侨出版社2008年版，第112页)据渡边襄在《评注〈藤野先生〉》一文中介绍，他评注《藤野先生》时"吸收了截至第5次为止鲁迅在仙台的记录调查和研究的全部成果"([日]渡边襄：《评注〈藤野先生〉》，载《鲁迅与藤野先生》出版委员会编《鲁迅与藤野先生》，解泽春译，中国华侨出版社2008年版，第110页)，由此可知，渡边襄直到评注《藤野先生》时都坚持认为仙台时期的鲁迅与施霖一直住在一起。

③ 鲁迅在仙台的记录调查会：《鲁迅在仙台的记录》，马力、程广林译，载薛绥之主编《鲁迅生平史料汇编》第2辑，天津人民出版社1982年版，第120页。

从《藤野先生》的研究看日本人的国民性

廖久明

在日本，鲁迅的《藤野先生》是"有定评的小说"的观念深入人心。[①] 在将鲁迅的这篇回忆性散文变成"小说"的过程中，一代又一代的日本学者做了大量工作。正如日本东北大学（鲁迅就读的仙台医学专门学校为其前身之一）研究生院国际文化研究科教授岛途健一所说："我们常常对外部世界进行解释并做出判断，而判断的尺度是在我们的心里。"[②] 我们因此可以根据日本学者对《藤野先生》的研究考察日本人的国民性。本文拟对此进行初步尝试。

一、认真

只要回顾一下日本学者围绕《藤野先生》所做的 5 次调查和搞清楚的事实便不得不佩服他们的认真程度。[③]

第一次调查时间是鲁迅逝世后不久。1936 年 11 月，坪田利雄、川崎义

---

① 潘世圣：《事实·虚构·叙述——〈藤野先生〉阅读与日本的文化观念》，《华东师范大学学报》（哲学社会科学版）2011 年第 1 期。

② [日] 岛途健一：《所谓相遇——对当事人来说、对后人来说》，载《鲁迅与藤野先生》出版委员会编《鲁迅与藤野先生》，解泽春译，中国华侨出版社 2008 年版，第 142 页。

③ 进行了 5 次调查的说法出自渡边襄的《评注〈藤野先生〉》(《鲁迅与藤野先生》出版委员会编《鲁迅与藤野先生》，解泽春译，中国华侨出版社 2008 年版，第 106 页），前 3 次的调查情况主要参考了王家平的《鲁迅域外百年传播史：1909—2008》（北京大学出版社 2009 年版，第 125—126 页）。

盛、牧野久信来到福井县,找到并采访了在乡间开诊所的藤野先生,并把藤野先生口述的《谨忆周树人君》发表在 1937 年 3 月出版的《文学指南》上,文章回忆了鲁迅在仙台医专的求学情况和自己添改鲁迅医学笔记的原因。1937 年,即鲁迅逝世后第二年,日本东北帝国大学医学院学生饭野太郎出于对鲁迅的热爱,在调查基础上写作了《仙台医学专门学校时代的鲁迅》,并将其发表于该校的同学会刊物《艮陵》,该文介绍了鲁迅在仙台留学的基本情况,并公布了两份珍贵的史料:一是鲁迅于 1904 年 6 月(明治三十七年六月一日)向当时的仙台医专提出的入学申请书,二是鲁迅本人开具的学业履历表。①

第二次调查时间是 1956 年鲁迅逝世 20 周年前后。进入 20 世纪五六十年代,关于鲁迅在仙台医专的调查工作取得了更大的进展,主要成果有:《鲁迅与仙台》(半泽正二郎,《河北新报》1955 年 10 月 16 日)、《仙台时代的鲁迅》(山田野里夫,《文学》1956 年 10 月号)、《围绕着医学的志向——日本留学时代的鲁迅》(细谷正子,《中国文学研究》1961 年第 1 期)、《鲁迅和仙台》(山田野里夫,《自由》1963 年 6 月号)。

第三次调查时间是鲁迅逝世 30 周年的 1966 年前后。1965 年初夏,日本东北大学医学院细菌学教授石田名香雄发现了仙台医专时代的幻灯机和幻灯片,半泽正二郎勘查后得出了这样的结论:尽管这箱 20 张一套的幻灯片仅剩 15 张,并且没有找到给鲁迅心灵造成强烈冲击的那张处死充当俄国侦探的中国人的幻灯片,但是它们确实是鲁迅作品中提到过的用来放映日俄战争情况的幻灯机和幻灯片。1966 年 2 月,东北大学的教授菅野俊作等人找到了鲁迅 1906 年 3 月的退学申请和仙台医专的批文,以及鲁迅一年级的成绩单。根据这些资料搞清楚了以下两个事实:一、鲁迅的退学申请并非出自他本人之手,

---

① 参见 [日] 半泽正二郎《鲁迅与藤野先生》,载鲁迅研究室编《鲁迅研究资料》第 2 辑,吉林师大外语系译,文物出版社 1977 年版,第 341—359 页。

而是由清政府驻日留学生监督李宝巽向仙台医专提出来的；二、鲁迅一年级的成绩为：解剖学 59.3 分、组织学 72.7 分、生理学 63.3 分、伦理 83 分、德语 60 分、物理学 60 分、化学 60.3 分、平均 65.5 分，在全年级 142 人中名列 68 位。

第四次调查时间始于鲁迅到仙台留学 70 周年前的 1973 年 10 月，当时成立了拥有会员 142 人、事务局成员 15 人的"鲁迅在仙台的记录调查会"。该调查会取得了社会上 400 多人、40 多个单位的协助，经过 4 年多的调查整理，于 1978 年 2 月出版了 400 多页的《鲁迅在仙台的记录》。在调查中，他们访问了 3 名仍然健在的鲁迅同班同学——薄场实、半谷广男、铃木逸太，走访了部分已经去世的鲁迅同学和公寓主人的遗族，查阅了东北大学的档案材料，翻阅了当年仙台的大批报刊，最后从获得的 10000 多件材料中筛选出了 470 件文字材料、170 幅图片资料，"令人信服地再现了七十多年前战云低垂、哀鸿遍野的仙台、几经发展变迁的仙台医专等等背景和勤奋学习、孤独生活的鲁迅的事迹"。全书由 6 部分构成，分别为：《周树人来仙台时的社会背景》《周树人入学前后的仙台医学专门学校》《在校时期的周树人》(由《学校和学生》《同班生的谈话》《公寓和日常生活》三部分构成)、《藤野先生》《离开仙台前后的周树人》《其后的医专和藤野先生》。[①] 根据这些章节目录也可知道，此次调查非常深入、全面。

第五次调查时间始于鲁迅到仙台留学 100 周年的 2004 年。是年 1 月 23 日，东北大学举办了《鲁迅与东北大学》报告会。4—5 月间，为了配合东北大学、宫城县、仙台市及市民团体共同举办的纪念活动，成立了由 36 人组成的"鲁迅·东北大学留学百周年史编辑委员会"(主编为东北大学研究生院经济学研究科教授大村泉)，委员会以 1991 年出版的《鲁迅与日

---

① 参见马力《关于〈鲁迅在仙台的记录〉》，载薛绥之主编《鲁迅生平史料汇编》第 2 辑，天津人民出版社 1982 年版，第 54—55 页。

本》①为基础，通过改编、增补的方式，于 2004 年 10 月出版了《鲁迅与仙台：鲁迅东北大学留学一百周年》，该书出版后仅半年时间便销售一空，于 2005 年 8 月出版了增订版，同年 9 月由中国华侨出版社出版了中文版。②2005 年 12 月收到北京鲁迅博物馆赠送的"鲁迅医学笔记"③电子复制版后，东北大学成立了由 27 位校内外研究者和敬仰鲁迅的仙台市民志愿者组成的"东北大学鲁迅研究课题组"（负责人仍然为大村泉），对"鲁迅医学笔记"及相关内容进行深入调查和研究：一、由 10 名仙台市民志愿者和学生组成解读小组，对"鲁迅医学笔记"进行解读、翻印、分析和公开；二、在此基础上，弄清楚藤野先生通过批改对鲁迅进行教育指导的实际情况及其精神、当时鲁迅所接受的医学教育的实际情况；三、将东北大学医学系图书馆保存的鲁迅在校时仙台医专的医学书籍与"鲁迅医学笔记"的内容加以比较，弄清楚鲁迅所接受的医学教育的实际状况，同时将调查找到的鲁迅在校时医学专业其他学生的课堂笔记与"鲁迅医学笔记"的内容和构成进行比较，以便加深对当时鲁迅的了解；四、在其故乡福井县芦原市的协助下，对藤野先生及其遗物进行走访调查，并于 2007 年 3 月与芦原市合作出版了《鲁迅与藤

---

① 该书目录为：《致辞》（西泽润一）、《亲善人类前进的灯塔》（李允经）、《鲁迅和他的时代》（丸山昇）、《鲁迅与仙台》（渡边襄）、《从医学到文学》（阿部兼也）、《图录鲁迅的一生》（千代木有儿）、《后记》（阿部兼也）。

② 该书主体由"鲁迅求学时的东北大学""留学于东北大学的中国留学生""腾飞于 21 世纪的东北大学医学系、医学研究科和大学医院""仙台市今昔"四部分构成，第一部分由"江泽民主席访问东北大学""纪念鲁迅先生东北大学留学 100 周年""鲁迅的生涯""解剖学笔记"《藤野先生》"追忆藤野先生"六部分构成。

③ "鲁迅医学笔记"：日本学者曾称为"鲁迅解剖学笔记"，是鲁迅在仙台医专期间的课题笔记，鲁迅在写作《藤野先生》时以为遗失了，1951 年在绍兴找到，现存鲁迅博物馆，为国家一级文物（国宝）。该笔记共 6 册，分别为："解剖学笔记""脉管学笔记""组织学笔记""五官学笔记""病理学笔记""有机化学笔记"。

野先生——惜别百年》①；五、通过举办国际研讨会和研究会、展览会②以及出版有关鲁迅研究的书籍，唤起仙台市民对鲁迅及其业绩的关注；六、与中国的研究机关及研究人员共同合作展开研究，并将日本学者的研究成果在中国发表。③

在中国，由于鲁迅的《藤野先生》长期入选初中教材，所以只要接受了初中教育的中国人都知道藤野先生。在日本，鲁迅却不如藤野先生在中国那样家喻户晓："当问到鲁迅这个名字时，没有多少人能马上想得起来，即使是长期居住在仙台的人，知道鲁迅的人也不多。"④尽管如此，日本学者为了搞清楚与《藤野先生》有关的史实，投入了如此多的人力、物力，由此可见他们的认真程度。

---

① 该书主体由《芦原的藤野先生》、《鲁迅与藤野先生》（1、2、3）、《鲁迅与与芦原市——日中友好的轨迹》、《藤野先生的故乡——芦原市》六部分构成。

② 据现有资料可以知道，围绕鲁迅和藤野先生，日本方面开展的主要活动有：2004 年 10 月 23 日，日本东北大学举行了纪念鲁迅来仙台医学专门学校留学 100 周年仪式；在纪念仪式前后，大村泉、佃良彦先后在日本驻中国大使馆宣传文化中心、鲁迅博物馆、鲁迅纪念馆（上海、绍兴）、复旦大学日本研究中心、中国人民大学等地，就《鲁迅与仙台——鲁迅留学日本东北大学一百周年》的概要向众多的中国鲁迅研究者、研究生、大学生、一般市民作了介绍；为了纪念《鲁迅与仙台》的出版发行，于 2005 年 9 月 27—28 日在鲁迅博物馆举行了"鲁迅的起点：仙台的记忆"国际研讨会；2006 年 2 月，东北大学举办了"鲁迅医学笔记"电子复制版赠送纪念国际研讨会，同时，芦原市邀请了东北大学课题组成员和前往日本参加会议的鲁迅博物馆馆长孙郁、馆长助理黄乔生前往藤野严九郎纪念馆，约定以后三者携手合作对藤野先生与鲁迅的交流进行调查研究和成果共享；2006 年 7 月，芦原松木干夫市长和鲁迅博物馆馆长助理黄乔生到东北大学访问，与东北大学鲁迅研究课题组成员进行座谈，确定出版《鲁迅和藤野先生》和以课题组成果为基础创作的话剧《远火——鲁迅在仙台》的公演日程；2006 年 10 月 16—18 日，阿部兼也、大村泉、渡边襄等参加了在绍兴举办的"鲁迅与跨文化对话——纪念鲁迅逝世七十周年国际学术研讨会"；2006 年 10 月，在芦原市、东北大学史料馆、鲁迅博物馆等单位协助下，福井县举办了纪念"惜别"百年特别展；2006 年秋冬季，仙台小剧场根据课题组发掘的新史实，先后在仙台、北京、上海、芦原上演了以描写鲁迅与藤野先生交往为内容的话剧《远火——鲁迅在仙台》。

③ 资料来源：（1）《后记》（大村泉）、《中文版后记》（大村泉、佃良彦）（鲁迅·日本东北大学留学百周年史编辑委员会编《鲁迅与仙台——鲁迅留学日本东北大学一百周年》，解泽春译，中国大百科全书出版社 2005 年版，第 249—256 页）；（2）《东北大学鲁迅研究课题组——仙台、芦原、中国》（窪俊一）、《鲁迅研究课题组与仙台的鲁迅》（城谷妙子）、《后记》（大村泉、窪俊一、辻博信、山口彻）、《中文版后记》（大村泉、窪俊一、辻博信、山口彻）（《鲁迅与藤野先生》出版委员会编《鲁迅与藤野先生》，第 229—242 页）。

④ ［日］关本幸太郎：《为了传授——教育的威力无可比拟》，载鲁迅·日本东北大学留学百周年史编辑委员会编《鲁迅与仙台——鲁迅留学日本东北大学一百周年》，第 13 页。

二、固执

经过以上五次调查，日本学者竭尽所能地搞清楚了与《藤野先生》直接、间接相关的史实，遗憾的是，他们仍然没有在这些调查基础上得出符合事实的结论：绝大部分日本学者坚持认为《藤野先生》是"小说"，其原因便是他们的固执。

首先，日本学者的固执表现在不顾事实上。渡边襄"曾经担任'鲁迅在仙台的记录调查会'事务局长，是《鲁迅在仙台的记录》一书的主要编写者"①。从《鲁迅仙台医专时期照片考订》②《"惜别照片"被弄错的真相》③等文章可以看出，这是一位非常细致、严谨的学者。1984 年，渡边襄在《中国研究》6 月号发表了《鲁迅的"俄国侦探"幻灯事件——探讨事件的真实性和虚构性》。该文围绕作者新近找到的三张当作俄国侦探处决中国人的图片和照片，较为详细地介绍了与"幻灯片事件"有关的资料，并得出了这样的结论："根据目前掌握的资料，笔者认为，日俄战争时期，经常放映有关幻灯或电影是一个历史事实，但是，处决俄国侦探场面的原始资料，同鲁迅作品中的描写有所不同。笔者认为鲁迅所描写的处决俄国侦探的幻灯场面，是采取了夸张和虚构的方法，为的是强调说明日俄战争条件下，旅居仙台留学的鲁迅实现了弃医从文的转变。"④渡边襄发表该文之前，中国学者隗芾在《社会科学战线》1980 年第 3 期、《学术研究丛刊》1981 年第 4 期发表了《关于鲁迅弃医学文时所见之画片》（该文被人大复

---

① 王家平：《鲁迅域外百年传播史》，北京大学出版社 2009 年版，第 135 页。
② 原载日本《中国研究》1981 年第 11 号，马力译，载北京鲁迅博物馆鲁迅研究室编《鲁迅研究资料》第 12 辑，天津人民出版社 1983 年版。
③ [日]渡边襄：《"惜别照片"被弄错的真相》，载绍兴文理学院等编《鲁迅：跨文化对话：纪念鲁迅逝世七十周年国际学术讨论会论文集》，大象出版社 2006 年版，第 414—417 页。
④ [日]渡边襄：《鲁迅的"俄国侦探"幻灯事件——探讨事件的真实性和虚构性》，载刘柏青等主编《日本学者中国文学研究译丛》第 3 辑，吉林教育出版社 1990 年版，第 174 页。

印资料《鲁迅研究》1980年第9期全文转载）、《关于鲁迅弃医学文的幻灯事件》两篇文章，介绍了与鲁迅所描写的处决俄国侦探的场面完全一致的照片，日本学者太田进在日本的《野草》1983年6月号、中国的《西北大学学报》1983年第4期发表了《资料一束——〈大众文艺〉第1卷、〈洪水〉第3卷、〈藤野先生〉》《关于鲁迅的所谓"幻灯事件"——介绍一张照片》两篇文章，介绍了与之大同小异的一张照片。据隗芾介绍，他的第一篇文章发表后，"引起了很多读者的兴趣和关心"，其中便包括日本研究鲁迅的一位专家、仙台东北大学的菅野俊作教授。在来信中，菅野俊作如此写道："《社会科学战线》中发表的照片，如蒙加印惠赠，将是很荣幸的，因为想把它作为资料展出。"① 现在来看看渡边襄看了王保林的《介绍一张与"幻灯事件"有密切关系的照片》②后所写的文章《鲁迅与仙台》。该文在简单介绍王保林的文章时如此写道："没有证据可以表明，鲁迅在仙台时这张照片已公开发表。但事实上那时举办日俄战争的图片报道展是很盛行的。"③ 首先，就鲁迅是否在仙台看见过该照片而言，这两句话的意思是矛盾的：前一句意味着鲁迅没有可能看见公开发表的该照片，后一句意味着鲁迅可能通过图片报道展看见过该照片。其次，太田进明确说该照片是一位朋友送给他的，"原载杂志弄不清楚"。由于该照片拍摄于1905年3月20日，意味着它有可能在鲁迅1906年3月离开仙台前公开发表，纵使目前没有找到发表它的出版物，我们却不能因此特别强调"没有证据表明，鲁迅在仙台时这张照片已公开发表"。再次，比较一下隗芾、太田进发表的照片可以知道，它们尽管来自同一底片，却来自不同的出版物：不但照片边缘的人数不一，并且说明文字不同，由此可以推断该照片至少

---

① 隗芾：《关于鲁迅弃医学文的幻灯事件》，《学术研究丛刊》1981年第4期。
② 王保林：《介绍一张与"幻灯事件"有密切关系的照片》，《鲁迅研究动态》1987年第9期。该文同时介绍了隗芾、太田进公布照片的情况。
③ [日]渡边襄：《鲁迅与仙台》，载鲁迅·日本东北大学留学百周年史编辑委员会编《鲁迅与仙台：鲁迅留学日本东北大学一百周年》，中国大百科出版社2005年版，第74页。

在两种以上出版物发表过,如此一来,鲁迅在仙台看见公开发表的该照片的可能性便大大增加。为了坚持自己的观点,细致、严谨的渡边襄不惜自相矛盾、无视事实,这实际上反映了他的固执程度。就笔者看见的日本学者坚持认为《藤野先生》是"小说"的文章而言,尽管日本同志社大学第二外国语研究室教授太田进1983年6月在《野草》第31号上介绍了与鲁迅所描写的处决俄国侦探的场面几乎一致的照片,东北大学2004年、2005年版《鲁迅与仙台》转载了该照片,以下文章写到"幻灯片事件"时却只字未提该照片:(1)《从周树人到鲁迅——一种理解的尝试》(岛途健一);(2)《鲁迅的〈藤野先生〉是"回忆性散文"还是小说?》(大村泉);(3)《关于藤野教授对鲁迅解剖学笔记的批改》(阿部兼也);(4)《评注〈藤野先生〉》(渡边襄);(5)《所谓相遇——对当事人来说、对后人来说》(岛途健一)。① 由此可知,至少在此问题上,不顾事实是日本学者的普遍现象。

其二,日本学者的固执表现在不顾自己的感情上。为了继承和发展在仙台的鲁迅研究,东北大学组成了"鲁迅研究课题组",负责人大村泉在一次聚会时说该课题组是"鲁迅崇拜者的聚会"②,看看第五次调查的情况便可以知道,大村泉所言非虚。遗憾的是,大村泉的《鲁迅的〈藤野先生〉是"回忆性散文"还是小说?》却给人一种找茬的感觉。为了证明《藤野先生》是"一部以自传的风格所写的小说",大村泉从以下四个部分进行了论述:"在仙台的鲁迅记录调查会的调查结果""鲁迅'解剖学笔记'概况、任课教师、笔记顺序""关于鲁迅与藤野的相遇""鲁迅寄托于作品《藤野先生》中的愿望"。

---

① 第1篇文章原载《鲁迅研究月刊》2006年第6期,第2、3两篇文章原载绍兴文理学院等编《鲁迅:跨文化对话:纪念鲁迅逝世七十周年国际学术讨论会论文集》,第4、5篇文章原载《鲁迅与藤野先生》。姑且认为日本学者也不容易看见太田进发表在《野草》第31号上的照片,所以笔者在此只介绍《鲁迅与仙台》出版以后日本学者在中国大陆发表文章的情况。

② [日]城谷妙子:《鲁迅研究课题组与仙台的鲁迅》,载《鲁迅与藤野先生》出版委员会编《鲁迅与藤野先生》,解泽春译,中国华侨出版社2008年版,第233页。

在第一部分中，大村泉重复了"在仙台的鲁迅记录调查会"的调查结果。对此，笔者的看法为：一、鲁迅前往仙台时还没有"日暮里"驿站恰恰说明《藤野先生》中的一些不实之处是误记造成的，因为他完全没有必要在此事上"虚构"；二、在鲁迅来到仙台上医专时，他的同乡施霖也来到仙台上旧制第二高中，这意味着他们到来之前，仙台确实"还没有中国的学生"，况且，该文的主人公是藤野严九郎，鲁迅完全没有必要旁逸斜出去写后来因两次留级而退学的施霖；三、高远东在鲁迅博物馆举办的"鲁迅的起点：仙台的记忆"国际研讨会上的发言不能由鲁迅负责，根据"漏题事件"发生后，"有几个和我熟识的同学也很不平，一同去诘责干事托辞检查的无礼"[①]可以知道，鲁迅在仙台还有几个"熟识的同学"，并不完全孤独；四、要求鲁迅1926年还清楚地记得自己1905年的解剖学分数未免有些过分，况且，作为作者的鲁迅有权决定是否写出每一门课程的分数；五、确实，铃木逸太关于"漏题事件"的回忆与《藤野先生》中的叙述不一致，但是，我们怎么能够在没有其他证据的情况下就断定铃木逸太的回忆是真实的，而《藤野先生》中的叙述是"虚构"？在第二部分中，大村泉梳理了鲁迅"解剖学笔记"的"概况、任课教师、笔记顺序"。从梳理情况来看，《藤野先生》中的相关叙述确实与鲁迅的笔记存在不一致的情况。对此，笔者的看法是：在笔记不在手头的情况下，要求鲁迅清楚地记得笔记中的相关内容是不现实的。在第三部分中，大村泉提出了三点"不容忽视的差异"：一、鲁迅仅写了"解剖学是由两个教授分任的"，却没有明确谈到敷波，并且将敷波担任的骨学课写成是藤野担任的，藤野实际担任的肌肉学却没有提及；二、"藤野把鲁迅叫到研究室的时间与历史事实有出入"；三、"解剖学总论"是由敷波讲授的，并且鲁迅的医学笔记中没有相关内容。对前两点"差异"，笔者仍然认为鲁迅有权在《藤野先生》中不写另外一个解剖学教授敷波重次郎，与事实有出入的地方则是误记造成的。

[①] 鲁迅：《朝花夕拾·藤野先生》，《鲁迅全集》第2卷，人民文学出版社2005年版，第317页。

关于第三点差异，笔者看见了另外的说法："根据鲁迅周围学生的课题笔记，以及课程表等资料所做的推论，与《藤野先生》一文中所描写的藤野教授的第一堂课的内容一致。鲁迅的课堂笔记中，虽然没有解剖学史的内容，但这并不能成为否定《藤野先生》中描写的依据。可以明确地推断，鲁迅是在仙台医学专门学校学的解剖学史，是藤野教授在解剖学的第一堂课上讲授的。"①第四部分认为，鲁迅寄托于作品《藤野先生》中的愿望是"感谢藤野严九郎的指导和揭露日本人的民族偏见"，并且重点在前者："鲁迅要感谢藤野的是，藤野传授给他的科学精神，这是藤野指导的精华。"对此，笔者是赞同的。在笔者看来，该部分能够正确地揭示《藤野先生》表达的两个愿望，是因为它的目的不再是辨析事实的真伪，而是揭示其"愿望"。从以上分析可以看出，作为"鲁迅崇拜者的聚会"的"鲁迅研究课题组"的负责人，大村泉在研究《藤野先生》时却不顾自己的感情写出了这样的文章，我们只能说他实在是太固执了。通读中国华侨出版社出版的《鲁迅与藤野先生》中收录的"鲁迅研究课题组"9位成员的文章可以发现，这些"鲁迅崇拜者"中的多数人尽管对鲁迅的"医学笔记"进行了深入、细致的研究，却仍然认为鲁迅收入散文集《朝花夕拾》中的《藤野先生》是"小说"：窪俊一、阿部兼也、刘田启史郎、笹野百合、渡边襄、岛途健一都认为鲁迅的《藤野先生》是"小说"或"作品"②；笹野公伸、福田诚的文章由于没有发表他们对《藤野先生》的看法，所以不知其态度；只有坂井建雄在《关于鲁迅的第一堂解剖学课》一文中改

---

① ［日］坂井建雄：《关于鲁迅的第一堂解剖学课》，载《鲁迅与藤野先生》出版委员会编《鲁迅与藤野先生》，解泽春译，中国华侨出版社2008年版，第78页。岛途健一也持类似观点："周树人在仙台正式开始学习医学，第一堂课是一九〇四年九月十三日上的，这一天也上了藤野严九郎的课。"（［日］岛途健一：《从周树人到鲁迅——一种理解的尝试》，解泽春译，《鲁迅研究月刊》2006年第6期）

② 根据以下引文可以知道，在日本人的心目中，"作品"是"小说"的另一种说法："把《藤野先生》看作是一篇作品，而不是自传和历史记录。"（［日］阿部兼也：《关于藤野教授对鲁迅"解剖学笔记"的批改》，载《鲁迅与藤野先生》出版委员会编《鲁迅与藤野先生》，解泽春译，中国华侨出版社2008年版，第60页）"关于作品《藤野先生》，在中国，一般把它看作是一篇'回忆性散文'（基于事实的自传）。而在日本，则一直认为它是一篇具有自传体风格的作品（小说）。"（［日］渡边襄：《评注〈藤野先生〉》，载《鲁迅与藤野先生》出版委员会编《鲁迅与藤野先生》，解泽春译，中国华侨出版社2008年版，第106页）

变了自己在《仙台医专的医学教育与藤野先生的授课情况》中的观点,不再认为《藤野先生》是"小说"或"作品"。①

其三,日本学者的固执表现在不顾中国学者的反对和可能产生的严重后果上。2004 年 10 月 14 日,大村泉在北京日本驻华大使馆宣传文化中心介绍《鲁迅与仙台》时介绍了日本学者对"幻灯片事件"的看法:"鲁迅在仙台医学专门学校看过的幻灯片中,很可能没有日本军处死为俄军充当间谍的中国人的画面。鲁迅在作品《藤野先生》中写到,他之所以弃医从文就是因为遇到了这个'幻灯事件'。但是,这个说法按照事实尚存疑问。"② 对此"当时中共中央编译局(中国共产党中央委员会附属机关,担负中国共产党的重要文献和海外文献的中外文翻译工作)的一位女研究员发言说:"这种看法不能接受,首先应该尊重鲁迅先生的意见,否则,就无从谈起。"2005年 9 月 27 日,东北大学研究人员大村泉、渡边襄、阿部兼也在"鲁迅的起点:仙台的记忆"国际研讨会上发表报告,坚持认为"幻灯片事件""可能不存在":"其理由是,60 年代在东北大学医学部细菌学教室发现的当时的幻灯底片(原版)中没有这个画面,鲁迅在他的另一部作品《呐喊》中也谈到了'幻灯事件',但有关处刑的方法在《藤野先生》中说是枪杀,而《呐喊》中却说是斩首,这样重要的事件其说法缺乏一贯性。"③ 对此,时任上海鲁迅纪念馆副馆长的王锡荣结合自己丢失的一份文献,提出了不同看法:"即使一些细节确实失真,即使鲁迅在别的文章里确实有过虚构的成分,也

---

① 根据坂井建雄发表在《鲁迅研究月刊》2010 年第 4 期的《关于鲁迅在仙台上的解剖学史课》可以知道,他确实改变了《藤野先生》是"小说"的观点:"应该指出《藤野先生》一文中的描述,有几处与事实有出入。经与迄今所收集的资料以及课堂笔记加以对照,大部分属于记忆错误,是可以理解的,不存在有意歪曲事实的问题。"
② [日] 大村泉、[日] 佃良彦:《中文版后记》,载鲁迅·日本东北大学留学百周年史编辑委员会编《鲁迅与仙台:鲁迅留学日本东北大学一百周年》,中国大百科出版社 2005 年版,第 254 页。
③ [日] 大村泉:《鲁迅的〈藤野先生〉是"回忆性散文"还是小说?》,载绍兴文理学院等编《鲁迅:跨文化对话:纪念鲁迅逝世七十周年国际学术讨论会论文集》,大象出版社 2006 年版,第 285—286 页。

还不足以认定鲁迅在'幻灯事件'上一定有虚构成分。"①2006年10月，大村泉在"鲁迅：跨文化对话"国际学术研讨会上作了《鲁迅的〈藤野先生〉是"回忆性散文"还是小说？》的报告。对此，辽宁师范大学的王吉鹏教授进行了回应。在回应时，王吉鹏语重心长地说道："我想对日本朋友说点心里话：我是上个世纪四十年代出生的一个中国知识分子，在我成长的年代，就知道日本帝国主义发动侵华战争，对中国人民犯下了滔天的罪行。正是我上初中的时候，读了《藤野先生》这篇课文，它培植了我和我们一代代中国人对日本人民的美好的感情。我们知道了，在我们中国东方有个岛国叫日本，它侵略过我们，使我们民族蒙羞，带来深重的灾难，也给他们国家的人民带来不幸。但我们更知道，在这个岛国，还有成千上万像藤野先生这样对中国人民友好的善良的人们。所以，说《藤野先生》是'小说'，虚构的，我感情上也通不过。"②看看以下文字可以知道，日本人并不是不知道《藤野先生》在中日交往方面的重要作用："文豪鲁迅——留学生周树人，与藤野严九郎教授的交往，使我们重新认识到，他们的交往，对于长期以'不幸'二字来概括和说明的近代日中两国历史，究竟能在多大程度上给予挽救，那是无法估量的"③；"现在，考虑到亚洲，特别是东亚所面临的局势及其未来，我认为，缅怀一百多年前中国文豪鲁迅与我们芦原市的藤野严九郎先生之间的师生情谊，即以深沉的人类之爱结成的纽带，进一步加强人与人之间的理解，加深与中国的友好交流，这正是时代赋予我们的伟大使命，是我们应尽的义务"④。遗憾的是，看看2008年出版的《鲁迅与藤野先生》中的相关文

---

① 王锡荣：《关于"幻灯事件"的"诗"与真实问题——兼谈我遗失的一份文献》，《上海鲁迅研究》2007年夏季号，上海文艺出版社2007年版，第154页。
② 王吉鹏：《有关当前鲁迅研究中的几个问题》，《上海鲁迅研究》2006年秋季号，上海文艺出版社2007年版，第108页。
③ 《江泽民主席访问东北大学》，载鲁迅·日本东北大学留学百周年史编辑委员会编《鲁迅与仙台：鲁迅留学日本东北大学一百周年》，中国大百科出版社2005年版，第4页。
④ [日]竹内正文：《我们的使命》，载《鲁迅与藤野先生》出版委员会编《鲁迅与藤野先生》，解泽春译，中国华侨出版社2008年版，第224页。

章可以知道，大多数日本学者仍然坚持认为《藤野先生》是"小说"。为了坚持自己并不一定正确的观点，日本学者全然不顾中国学者的反对，不顾可能产生的严重后果，其固执的程度实在令人吃惊！

三、敏感

日本学者的敏感具体表现在对"鲁迅医学笔记"的评价上。

为了从医史学角度研究"鲁迅医学笔记"，金泽医师泉彪之助1993年8月、1994年7月先后两次前往鲁迅博物馆，对"鲁迅医学笔记"的外观、用纸、各门课程的标题页（写有课程名称和任课教师）及部分内容进行了拍照。在对所拍内容进行研究后，泉彪之助写作了《藤野教授与鲁迅的医学笔记》，内云："我从来没想过，藤野严九郎用红笔批改鲁迅的笔记，有可能对鲁迅产生否定的影响。但是，看了藤野严九郎的批改后，我觉得有些过分，鲁迅也许有过反感。"[①] 该文不但被收入了《鲁迅仙台留学90周年纪念国际学术、文化讨论会报告论集》（日本东北大学言语文化部，1994年），它的日文稿和中文译稿还交给了鲁迅博物馆，遗憾的是，至今未见在中国大陆发表，一般的中国学者只能通过日本学者的引文知道其部分内容。

2004年，为了纪念鲁迅留学仙台一百周年，鲁迅·东北大学留学百周年史编辑委员会在出版《鲁迅与仙台》时，决定对1991年出版的《鲁迅与日本》一书所介绍的12张照片进行解读、翻印。在《鲁迅与仙台》出版之际，主编大村泉召集几位参加了本书编辑工作的东北大学学生（包括中国留学生）对鲁迅的"医学笔记"进行了一次讨论。对12张照片进行初步解读的野泽悦正发表了他对藤野先生的修改的看法："有很多批改，从内容上看

[①] [日]阿部兼也：《关于藤野教授对鲁迅解剖学笔记的批改》，载绍兴文理学院等编《鲁迅：跨文化对话：纪念鲁迅逝世七十周年国际学术讨论会论文集》，大象出版社2006年版，第402页。

没有什么太大的区别,直率地说,鲁迅是否接受了这些批改,要是我的话,可能会有些反感的。"①看了"医学笔记"后,东北大学研究生院医学研究科教授百百幸雄的看法为:"对藤野先生这种过分的批改,鲁迅内心的反感在《藤野先生》中也有所描述。"②由此可见,不管是日本学生还是教授,他们对此看法类似。

2005年12月,日本东北大学收到北京鲁迅博物馆赠送的"鲁迅医学笔记"电子复制版后,成立了"东北大学鲁迅研究课题组",对"鲁迅医学笔记"及相关内容进行调查、研究。现在我们来看看一些课题组成员全面研究"鲁迅医学笔记"后对于藤野先生批改"鲁迅医学笔记"的看法:"藤野先生轻易地涉入了那个特殊的领域——年轻的周树人画在笔记上的'画'。对此,周树人的反感,以及两人之间的微妙关系,我们不难想象。但是,藤野先生决不肯改变他的指导方法。作为一个医学研究人员和教育工作者,藤野先生理所当然的批改,一定极大地伤害了这位具有绘画才能的青年的自尊心"③;"在周树人和藤野的意识中,很可能存在着微妙的交错。藤野为医学专业的学生周树人,尽了最大的努力。他对解剖学笔记过分细致的批改,就是其中的一个例子。对藤野来说,周树人是他接触的第一个留学生,他要竭尽全力给予关照。不过,藤野的做法有时不顾别人的心情片面地强加于人。可以认为,藤野的热情远远超出了周树人所能承受的范围"④。由此可以知道,尽管日本学者对"鲁迅医学笔记"进行了全面研究,他们中的部分人仍然认为藤野先生

---

① [日]大村泉:《"小而言之是为中国……大而言之是为学术……"是藤野先生的话》,载鲁迅·日本东北大学留学百周年史编辑委员会编《鲁迅与仙台:鲁迅留学日本东北大学一百周年》,中国大百科出版社2005年版,第157页。

② [日]百百幸雄:《〈解剖学笔记〉读后感》,载鲁迅·日本东北大学留学百周年史编辑委员会编《鲁迅与仙台:鲁迅留学日本东北大学一百周年》,中国大百科出版社2005年版,第154页。

③ [日]笹野百合:《藤野先生批注的"注意"》,载《鲁迅与藤野先生》出版委员会编《鲁迅与藤野先生》,解泽春译,中国华侨出版社2008年版,第103页。

④ [日]岛途健一:《所谓相遇——对当事人来说、对后人来说》,载《鲁迅与藤野先生》出版委员会编《鲁迅与藤野先生》,解泽春译,中国华侨出版社2008年版,第148页。

详细的修改可能令鲁迅反感。

　　从以上介绍可以看出,尽管日本学者研究"鲁迅医学笔记"的范围有所扩大——从部分到全部,人数有所增加——从个人到课题组,他们中的不少人的感受却是一致的:认为鲁迅可能对藤野先生详细的修改产生反感情绪。只要看看中国留学生对此的看法便可知道,日本学者的这种看法实际上是由于自己过分敏感所致:"日本学生对老师在自己的笔记上所做的批改,也许会有些反感,但我们留学生是不会反感的,至少我是不会的。上日语学校时,老师教我们汉字的读法,对学生很有好处。汉字的发音,汉语和日语完全不同,我们请老师在汉字上注上了平假名。藤野先生的批改,对留学生来说,不只是专业,在日语学习方面也是很难得的指导,我想,鲁迅一定是非常感激的。"①

　　确实,鲁迅在文章中叙述了他对藤野先生修改一幅解剖图的"不服气"。不过,只要认真读读《藤野先生》便会知道,该文写作于事情发生二十多年后,鲁迅是带着尊敬、感激、自责等复杂感情写作该文的:他对藤野先生的人格充满尊敬,对藤野先生对自己的格外关照充满感激,对自己在仙台时的"任性"和离开仙台后便中断了联系的做法充满自责。在这种情况下,鲁迅在写作《藤野先生》时便特别突出了自己的一次"任性"行为,以此来表达自己深深的歉意。确实,鲁迅离开仙台后便中断了与藤野先生的联系,但是,这照样不能成为鲁迅反感藤野先生详细批改的证据。读读文章便会知道,鲁迅中断与藤野先生联系的原因为:一、为了安慰藤野先生,鲁迅临行前说自己"想去学生物学,先生教给我的学问,也还有用的",离开仙台后却走上了文学创作和翻译的道路,如果鲁迅此时与藤野先生联系,他只有两个选择,即要么继续撒谎,要么告诉实情而令藤野先生更加失望,这两种情况都不是

---

① [日] 大村泉:《"小而言之是为中国……大而言之是为学术……"是藤野先生的话》,载鲁迅·日本东北大学留学百周年史编辑委员会编《鲁迅与仙台:鲁迅留学日本东北大学一百周年》,中国大百科出版社2005年版,第157—158页。

鲁迅所希望看见的，所以他只好中断与藤野先生的联系；二、鲁迅离开仙台后"状况也无聊"（被逼与朱安结婚、创办《新生》却未成功、《域外小说集》的销路极差等），这些事情"说起来无非使他失望，便连信也怕敢写了"；三、"经过的年月一多，话更无从说起，所以虽然有时想写信，却又难以下笔，这样的一直到现在，竟没有寄过一封信和一张照片"[①]，鲁迅只好把自己对藤野先生的复杂感情深埋心底，直到 1926 年通过写作《藤野先生》表达出来，以了却自己的一桩心愿。如果说《藤野先生》是"小说"因而所写内容值得怀疑的话，那么看看以下三个确实存在的事实：一、决定弃医从文的鲁迅，"医学笔记"对他已经没有实际作用，鲁迅却没有抛弃它，而是装订成册，作为永久的纪念；二、鲁迅不但将藤野先生的照片珍藏着，后来还挂在自己书桌的对面作为自己的精神动力；三、鲁迅不但写作了《藤野先生》，1934 年 12 月 2 日还在给增田涉的信中特别强调要将《藤野先生》"译出补进"即将在日本出版的《鲁迅选集》里面。[②] 试想想，如果鲁迅对藤野先生的详细修改反感的话，他可能这样做吗？

从以上分析可以看出，日本人的国民性确实具有认真、固执、敏感的特点。正因为认真，所以日本学者竭尽所能地搞清楚了《藤野先生》及其周边的史实；正因为固执，所以他们在《藤野先生》是"小说"的前见的影响下，尽管做了大量工作，仍然没有改变自己并不正确的观点；正因为敏感，所以他们在面对藤野先生对鲁迅笔记的详细修改时，误以为鲁迅可能对此产生反感情绪。单就认真而言，这是一种值得发扬的国民性，它能够使本国人民尽可能地把事情干好。单就固执而言，这是一种需要慎重对待的国民性：在正确思想指导下，它能够促使国民克服重重困难直到取得最后胜利；在错误思想指导下，它却可能使国民一错到底。单就敏感而言，这是一种需要慎重对

[①] 鲁迅：《朝花夕拾·藤野先生》，《鲁迅全集》第 2 卷，人民文学出版社 2005 年版，第 318 页。
[②] 鲁迅：《341202 致增田涉》，《鲁迅全集》第 14 卷，人民文学出版社 2005 年版，第 328 页。

待的国民性：在严于律己的同时，却可能误会他人的言行。当认真、固执这两种国民性集中在一个国家的人民身上时，这样的国家是值得高度重视的：在正确思想指导下，它可能极大地造福于本国和他国人民；在错误思想指导下，却可能对本国和他国人民造成毁灭性的灾难。当一个国家的人民具有认真、固执的国民性时，这样的人民应该对敏感这种国民性有充分的认识并保持高度的警惕，否则，这样的国家完全可能由于误会对他国人民造成严重伤害，并最终伤害到本国人民。

原载《鲁迅研究月刊》2016 年第 8 期

钱玄同与鲁迅交往始末
——以日记为视角

侯桂新

从1917年"文学革命"发生到1926年鲁迅离京南下，钱玄同与鲁迅成为新文化阵营中关系最为密切的朋友中的一对。之后两人关系迅速疏远，甚至当面发生过不快，最后走到了破裂的边缘。对于这一转变，以往学界多从鲁迅的视角出发，从鲁迅日记和书信等文字中寻找证据，作出的评价并不客观。自《钱玄同日记》(整理本)于2014年出版以来，学界已注意到此书的重要史料价值，其在研究钱玄同与鲁迅的交往史上具有不可替代的作用。陈子善在《钱玄同日记与鲁迅的〈狂人日记〉》[1]一文中，对于《狂人日记》等小说的诞生过程提供了一些实证性的史料。傅国涌以《钱玄同日记中的鲁迅》[2]为题，粗线条勾勒了双方交往的始末；陈漱渝曾根据钱玄同日记的手稿本撰成《钱玄同日记中的鲁迅》[3]一文，引述过几则重要日记，以阐释两人交往中的一些重要片段。除去重复的不计，以上三位学者共引述过约20则钱玄同日记。笔者在阅读钱玄同日记的过程中，发现还有一部分关于鲁迅的记载尚未引起学界的注意。经个人统计，钱玄同日记中对鲁迅的记载总共有近40次。这些记载有些可以和鲁迅日记相互印证，有些则可补鲁迅日记之不足。考虑

---

[1] 《文汇报》2015年3月6日。
[2] 《深圳特区报》2015年4月14日。
[3] 《鲁迅研究动态》1985年第3期。

到学界对鲁迅日记相对熟悉,是以本文以钱玄同日记相关记录为基础,结合鲁迅日记等相关史料,对钱玄同与鲁迅的交往史实进行较为全面的梳理和考释,间以个人理解,以就正于方家。

一、从东京初见到北京再识

钱玄同和鲁迅因为同听章太炎讲学相识于1908年的东京。这年7月2日,鲁迅第一次出现在钱玄同的日记中。是日,钱玄同在日记中记录了自己誊录《说文解字》课堂笔记的情况,提到自己"不明者多",但"好在不久尚要听第二遍",因为"有许季茀、周……等,要趁暑假在《民报》社另班开讲听讲。余与龚、遯二人拟再去听"。① 他听闻许寿裳和周氏兄弟等准备请章太炎再开一个国学小班,但"周"姓之后的省略号说明他此时尚未见过周氏兄弟,而且连其名字都没有记住。7月11日,这个小班在章太炎寓所正式开讲,当天朱希祖日记(7月3日至31日钱玄同日记中断)有云:"八时起,至太炎先生处听讲音韵之学,同学者七人。"② 听讲的八人中,包括从大班转来重听的龚未生、钱玄同、朱希祖、朱宗莱等四人和来自伍舍的周氏兄弟、许寿裳和钱家治等四人。这是钱玄同第一次见到鲁迅。

从1908年7月11日至9月8日,也就是暑假期间,章太炎在小班每周讲学两次,从9月20日至次年4月15日,每周讲学一次。③ 这9个月左右时间,钱玄同与鲁迅见面当达数十次,但他后来回忆:"我那时虽已与他相识,但仅于每星期在先师处晤面一次而已,没有谈过多少话。"④ 在他的日记中也没

---

① 杨天石主编:《钱玄同日记》(整理本),北京大学出版社2014年版,第134页。
② 朱希祖著,朱元曙、朱乐川整理:《朱希祖日记》,中华书局2012年版,第77页。
③ 关于章太炎此次讲学的详细情况,参见侯桂新《章太炎东京讲学史实补正》,《鲁迅研究月刊》2016年第1期。
④ 《钱玄同文集》第2卷,中国人民大学出版社1999年版,第306页。

有出现周氏兄弟的名字。至于鲁迅，虽与钱玄同交流不多，却暗地里开他的玩笑，他见钱玄同课间常在席上爬来爬去，就给他起了个"爬来爬去"的绰号。①1909 年和 1910 年，鲁迅与钱玄同先后回国，在江浙一些城市任职，这期间没有相互往来的记录。

　　直至 1913 年 3 月 16 日，已经在北京居住了大半年的鲁迅收到时在浙江教育司任职的钱玄同来信，在日记中留下了记录："得钱中季书，与季市合一函。"②这是钱玄同第一次出现在鲁迅的日记中。当时，鲁迅在京和马幼渔、朱希祖等太炎弟子都有来往，和许寿裳及钱稻孙（钱玄同之侄）等更是教育部同事，钱玄同可能是从钱稻孙或老同学处打听到鲁迅和许寿裳的住处，然后通过书信重建联系。这年 9 月 13 日③，钱玄同来到北京，任职于国立北京高等师范学校等处，但在北京的最初两个月，他的日记中断，没有记录。倒是在鲁迅的日记中留下了他初到北京的身影。9 月 27 日，鲁迅日记有云："赴广和居，稻孙招饮也，同席燮侯、中季、稼庭、遏先、幼渔、莘士、君默、维忱……"④这一次聚饮，做东的是钱稻孙，参加聚会的多是钱玄同在东京时期的老同学，有可能是钱稻孙为初到北京的钱玄同接风，有意识地请来一些老朋友见面。从现存记录看，这是钱玄同和鲁迅阔别四年多后第一次见面。两天之后，也即 9 月 29 日，鲁迅日记有云："午前稻孙持来中季书，索《域外小说》。"⑤9 月 30 日又云："上午以《域外小说集》二册交稻孙，托以一册赠中季，一册赠黄季刚。"⑥根据这几则记载，结合钱玄同日记的基本内容可知，爱好交游的钱玄同一到北京就和许多老同学恢复了联系，也许是睽违已久，

---

① 参见许寿裳《亡友鲁迅印象记·许寿裳回忆鲁迅全编》，上海文化出版社 2006 年版，第 29 页。
② 《鲁迅全集》第 15 卷，人民文学出版社 2005 年版，第 53 页。
③ 钱玄同 1933 年 9 月 10 日日记提到"九月十三日是我到平的二十周年纪念"，见杨天石主编《钱玄同日记》（整理本），北京大学出版社 2014 年版，第 956 页。
④ 《鲁迅全集》第 15 卷，人民文学出版社 2005 年版，第 80 页。
⑤ 《鲁迅全集》第 15 卷，人民文学出版社 2005 年版，第 80 页。
⑥ 《鲁迅全集》第 15 卷，人民文学出版社 2005 年版，第 81 页。

他在重建和鲁迅的交往时,最初是通过钱稻孙牵线搭桥,而事由则是索取周氏兄弟所翻译的《域外小说集》。该书 1909 年于日本东京出版,当时钱玄同正和周氏兄弟同学,应当知道甚至看到过此书,时隔数年索书,表明了对此书的重视。这一事实本身,可以视为《域外小说集》接受史上的一个细节。

1914 年,鲁迅在日记中 5 次提到和钱玄同的见面,其中除了 1 月 31 日是在游厂甸时偶遇,其他 4 次所记都是在朋友处见到。可见,这一年两人还没有直接访问对方。该年钱玄同只在 9 月中记下了 12 天的日记,巧的是 9 月 27 日的日记恰可和鲁迅日记相对照。这一天,鲁迅日记有云:"上午得沈尹默、畍士、钱中季、马幼渔、朱逷先函招午饭于瑞记饭店,正午赴之,又有黄季刚、康性夫、曾不知字,共九人。"①钱玄同日记则云:"心孚明日将行,今日予与朱、马、二沈宴之于瑞记。同座者为季刚、通一、豫才,请季茀而未来。"②两相对照,可知当日的午宴由钱玄同等 5 人发起,事由是为康心孚送行,而请鲁迅等 4 人作陪(许寿裳未至)。鲁迅似乎对钱玄同等请客的事由不是很清楚,另外与同席的曾通一(也是太炎弟子)是陌生人,都记不住对方的字。不管怎样,这是钱玄同和鲁迅第一次"互见"于对方的日记中,似乎象征了两人在北京对对方的"再识"。

这样的"互见"在 1915 年也出现了一次。该年 1 月 31 日,钱玄同日记有云:"今日尹默、幼渔、我、坚士、逷先、旭初、季茀、预才八人公宴炎师于其家,谈宴甚欢。"③而同日鲁迅日记则只有更为简略的记录:"午前同季市往章先生寓,晚归。"④没有提到其他太炎弟子的名字。两周之后,恰逢阴历元旦,类似的宴会又举行了一次。2 月 14 日钱玄同日记有云:"晚餐本师

---

① 《鲁迅全集》第 15 卷,人民文学出版社 2005 年版,第 134 页。
② 杨天石主编:《钱玄同日记》(整理本),北京大学出版社 2014 年版,第 276 页。
③ 杨天石主编:《钱玄同日记》(整理本),北京大学出版社 2014 年版,第 279 页。
④ 《鲁迅全集》第 15 卷,人民文学出版社 2005 年版,第 158 页。

宴，同座者为尹默、逖先、季芾、豫才、仰曾、夷初、幼渔诸人。"① 同日鲁迅日记则云："午前往章师寓，君默、中季、逷先、幼舆、季市、彝初皆至，夜归。……得钱中季信。"② 这一天，鲁迅和钱玄同在相处了大半天后，回家还收到钱玄同的一封信。2月16日后，该年钱玄同日记中断，而他在鲁迅日记里则还出现了5次，其中3月8日和3月12日记录书信往还，4月10日则记为"得钱中季信并《会稽故书杂集》书面一叶"③，可见在3月12日的去信中，鲁迅曾请钱玄同为自己纂辑的《会稽郡故书杂集》题写封面。该书6月于绍兴以会稽周氏的名义木刻刊印，并分赠友人。鲁迅6月20日日记有云："晚朱遏先、钱中季来，各遗《会稽杂（集）》一册，又以三册托分致沈尹默、叙士、马幼渔。"④ 就现所见史料而言，这是钱玄同前往绍兴会馆探访鲁迅的最早记载。虽是偶一为之，却为此后埋下了伏笔。6月24日鲁迅日记有云："寄钱中季信并《永明造像》拓本一枚。"⑤ 可见两人1915年的交往是以鲁迅纂辑的书籍和收藏的文物为媒介，反映出两位文化人的风雅。

1916年，钱玄同的日记先后中断了9个多月，而在鲁迅的日记中也找不到关于钱玄同的记录。这一年，两人似乎没有任何往来。

二、从夜访频频到音信日疏

钱玄同和鲁迅时断时续的零星交往在1917年秋天发生了变化，变得频繁起来。1917年上半年，在两人的日记中，只有鲁迅在5月13日留下了"得钱玄同信，即复"⑥的简略记录。而到了八九月份，两人的关系迅速升温。

---

① 杨天石主编：《钱玄同日记》（整理本），北京大学出版社2014年版，第281页。
② 《鲁迅全集》第15卷，人民文学出版社2005年版，第160页。
③ 《鲁迅全集》第15卷，人民文学出版社2005年版，第167页。
④ 《鲁迅全集》第15卷，人民文学出版社2005年版，第176页。
⑤ 《鲁迅全集》第15卷，人民文学出版社2005年版，第176页。
⑥ 《鲁迅全集》第15卷，人民文学出版社2005年版，第284页。

1917年8月9日，鲁迅日记有云："下午钱中季来谈，至夜分去。"[1] 该日钱玄同日记中断失记。有人认为这是"钱玄同第一次到南半截胡同绍兴会馆与周氏兄弟聚谈"[2]，不确，因为早在1915年6月20日，钱玄同已经与刘半农一道造访过绍兴会馆。不过，1917年8月9日可能是钱玄同第一次单独探访周氏兄弟。据鲁迅日记，8月17日和27日晚，钱玄同又二度来访。9月24日，钱玄同再度来访，并在日记中记录："午后五时顷访蓬仙，就在他那里吃夜饭。八时顷访豫才兄弟。"[3] 如陈子善所言，"这是钱玄同日记中造访周氏兄弟的首次记载"[4]。自然，鲁迅同日日记也有记录。当天钱玄同和鲁迅所谈话题，从两人后面几天的日记中可以推知，涉及使用拼音字母改良汉字方面的问题。9月28日鲁迅日记有云："寄钱中季信。"[5] 这封信钱玄同当天就收到了，并在日记中记下了信件的部分内容："得豫才信，知日本有鼓吹用罗马字拼音之杂志曰'Romaji'。用罗马拼音之新文字撰著之书，豫才所知者有二：……此二科学书想来未必易看，因托豫才转购'Romaji'杂志，以资改良中国文字之参考。"[6] 这一则日记提供了两点有趣的信息：一是在文学革命兴起之后，钱玄同和鲁迅都对汉字改革抱有兴趣；二是虽然鲁迅更早归国，但他对日本的出版情形更加熟悉，对购买日本书刊的渠道更加了解，因此钱玄同托他转购。从现存鲁迅日记和书信来看，他曾多次为钱玄同代购语言或文学类日本书刊，或为其答疑，这至少持续到1925年初。[7]

---

[1] 《鲁迅全集》第15卷，人民文学出版社2005年版，第292页。
[2] 张耀杰：《鲁迅与钱玄同的化友为敌》，《长城》2010年第1期。
[3] 杨天石主编：《钱玄同日记》（整理本），北京大学出版社2014年版，第296页。
[4] 陈子善：《钱玄同日记与鲁迅的〈狂人日记〉》，《文汇报》2015年3月6日。
[5] 《鲁迅全集》第15卷，人民文学出版社2005年版，第296页。
[6] 杨天石主编：《钱玄同日记》（整理本），北京大学出版社2014年版，第319页。
[7] 例如，鲁迅1918年2月19日日记有云："上午东京堂寄来《口语法》一本，代钱玄同买。"（《鲁迅全集》第15卷，人民文学出版社2005年版，第319页）而在1925年1月12日致钱玄同信中，针对钱玄同询问《出了象牙之塔》"原名为何""价钱若干""哪里有得买"等问题，鲁迅作了详细说明，尤其是对于购买渠道，不仅告知东京的福永书店，而且提供了日本人在北京"东单牌楼北路西"所开东亚公司可以代买的信息，以求"更为稳当"（《鲁迅全集》第11卷，人民文学出版社2005年版，第457页）。

1917年9月30日，是旧历中秋，这一天钱玄同外出。"午后二时访蓬仙。四时偕蓬仙同访豫才、启明。蓬仙先归，我即在绍兴馆吃夜饭。谈到十一时才回寄宿舍。"①而同日鲁迅日记则云："朱蓬仙、钱玄同来。张协和来。旧中秋也，烹鹜沽酒作夕餐，玄同饭后去。月色极佳。"②可以想见，是夜宾主尽欢，心情十分舒畅。10月8日，钱玄同再到绍兴会馆：

> 晚访周氏昆仲。豫才见《新青年》三卷六号我致适之信内称《留东外史》为时人所撰小说中之第二流，颇不谓然。吾亦知此等称誉为过情，惟就中国今日之小说论，短中取长，所以如此说法。其实若真从现世纪新文学方面观察，即《水浒》《红楼》犹为过去时代之佳构，李伯元、吴趼人、李涵秋及著《留东外史》者，固尤不足道耳。③

从中可知，当晚两人讨论过对中国小说的评价问题，而看法不一。钱玄同将《留东外史》评为当时的第二流小说，鲁迅"颇不谓然"，认为评价太高。可见鲁迅的审美眼光是很高的，这应和他自留学日本时期开始大量阅读域外小说得到的启迪有关；而他对当时社会影响甚大的《留东外史》等时俗小说十分不满，这应是激励他后来创作高质量白话短篇小说的动力之一。钱玄同的观点也值得重视，他将《留东外史》置于第二流，是考虑到当时国内小说创作现状"短中取长"，而他对"现世纪新文学"所抱的理想很高，按他的理想标准，新文学应当超越《水浒传》《红楼梦》等"过去时代之佳构"。这种乐观主义，无疑有助于激发他参与文学革命的热情。10月13日，钱玄同又"访周氏兄弟，谈到半夜才回寄宿舍"④，话题估计仍和文学革命有关。

整个1917年，钱玄同在鲁迅日记中共出现了12次，鲁迅在钱玄同日记中出现5次，双方"互见"于对方日记5次。这"互见"的5次集中于9月

---

① 杨天石主编：《钱玄同日记》（整理本），北京大学出版社2014年版，第320页。
② 《鲁迅全集》第15卷，人民文学出版社2005年版，第296页。
③ 杨天石主编：《钱玄同日记》（整理本），北京大学出版社2014年版，第321页。
④ 杨天石主编：《钱玄同日记》（整理本），北京大学出版社2014年版，第322页。

24日至10月13日这20天以内，基本可以确认话题都和文学革命有关，包括文学革命所引发的对改良汉字和革新文学的思考。钱玄同多次在日记中反省自己不懂"文学"[①]，只通"应用文"，但他对陈独秀、胡适所发动的文学革命抱以极大的热情，并从自己熟悉的领域入手，迅速加以声援。早在1917年2月25日，他就在读到胡适的《文学改良刍议》之后撰写长信，谈文学改良与用典的问题，并在信末宣称"对于应用之文"，由于所论甚长，当在异日"写成一文，以就正有道"[②]。因校课繁忙，此文于1917年6月终告写成，仍取信件形式，详论应用文"改革之大纲十三事"[③]。而自1918年之后，他讨论新文学的话题日趋广泛，包括用韵、文体、文法、注音字母、句读符号、废除旧戏等方面，其中关于文学方面的热情和见解，显然受到胡适、陈独秀与周氏兄弟的影响。可以说，鲁迅作为一个新文学作家横空出世，钱玄同作为一个文字音韵学家却贡献出不少文学改良的意见，都和钱玄同经常造访周氏兄弟高谈阔论有关，双方的影响是相互的。

1918—1919年是钱玄同和鲁迅交往的高峰期，也正是《新青年》的鼎盛时期。这两年的交往在钱玄同日记中出现不多，因为他1918年的日记累计中断了9个多月，1919年的日记累计中断了8个多月。但在鲁迅笔下，钱玄同的身影频频出现。钱玄同的名字，在1918年的鲁迅日记中共出现过53次，平均每周一次，1919年出现过44次，合计近100次。其中约有一半是记载书信往来等事，另一半则记载钱玄同来访之事。由于鲁迅当时在教育部任职，白天要去办公，所以钱玄同一般选择夜晚往访周氏兄弟。于是，在钱玄同日记中，多次出现"晚访周氏兄弟"的记录，而在鲁迅日记中，"晚钱玄同来""夜钱玄同来"的记载几乎俯拾即是。

[①] 如1917年1月1日钱玄同在日记中提到"余则素乏文学知识，于此事全属门外汉，不能赞一词"。直到1932年4月24日，钱玄同还在日记中认为学生来和他谈文学，"把自己的作品给我看，这实在是问道于盲"。参见杨天石主编《钱玄同日记》（整理本），北京大学出版社2014年版，第296、857页。

[②] 《通信》，《新青年》1917年3月1日第三卷第一号。

[③] 《通信》，《新青年》1917年7月1日第三卷第五号。

1918年后钱玄同和鲁迅交往频密，一方面是感情升温的自然表现，另一方面，则和事务上的需要有关——该年《新青年》改由同人轮流编辑，钱玄同负责第四卷第二号（2月15日出版）和第四卷第五号（5月15日出版）等各期的编辑工作，眼看存稿质量不佳，因钦佩周氏兄弟的学识思想，他频频于夜间前往绍兴会馆，鼓动他们为《新青年》撰稿。钱玄同的鼓动和辩论催生了鲁迅的《狂人日记》等小说，这一段文坛佳话，在鲁迅的《呐喊·自序》等文中早有说明，在陈子善等的考证文章里更有清楚的揭示，是以本文不赘，而想结合双方日记等史料，谈谈他们交往的另一些侧面。

1918年1月2日钱玄同日记有云："又独秀、叔雅二人皆谓中国文化已成僵死之物，诚欲保种救国，非废灭汉文及中国历史不可。此说与豫才所主张相同，吾亦甚然之。"[1]这一天钱玄同并未见到鲁迅，他在和陈独秀等人的交流中，听到对方对中国传统文化包括汉字和历史的看法，联想到鲁迅当时的主张，特意在日记中留下一笔，将鲁迅引为同道。类似的记录还有，如1919年1月7日他如此记录："和半农同访周氏兄弟，豫才说：如其大东海国大皇帝竟下了吃孔教的上谕，我们惟有逃入耶稣教之一法。豫才主张用耶教来排除中国旧儒。我本来是不赞成的，但彼等若竟要大家吃孔教来研究那狗屁的'三纲五常'，则我们为自卫计，惟有此法而已。颂平说：他入耶稣教全为反对丧礼，这是和豫才一样的意思。"[2]类似的记录不但有助于后人复原当时新文化同人们激烈反传统的时代背景，而且明了其将激烈反传统作为一种斗争策略的思维方式。从中可见，当时陈独秀、鲁迅、钱玄同等赞成废灭汉文与中国历史以及入耶稣教等极端做法，很大程度上是为了"保种救国"和反对孔教的权宜之计，而不一定能代表他们对于传统文化本身的真实评价。1月24日钱玄同日记有云："午后三时，半农来，说已与《新青年》脱离关系，

---

[1] 杨天石主编：《钱玄同日记》（整理本），北京大学出版社2014年版，第326页。
[2] 杨天石主编：《钱玄同日记》（整理本），北京大学出版社2014年版，第339页。

其故因适之与他有意见，他又不久将往欧洲去，因此不复在《新青年》上撰稿。……独秀劝他去研究小说、戏剧，我与尹默也很以为然，日前曾微劝之，豫才也是这样的说。他今日谈及此事颇为我等之说所动。"① 这一则日记一方面记下了《新青年》阵营内部的人事矛盾，从侧面反映出胡适在这一阵营里拥有很高的地位，同时也传达出众多同人对刘半农的深厚友情。一句"豫才也是这样的说"，表明在钱玄同心目中，鲁迅的意见是具有相当重要性的。而把钱玄同这三则貌似顺带提及鲁迅的日记放在一起来看，这一时期的《新青年》同人多数之所以能同声相应，同气相求，组成一个坚固的阵营，最大的原因在于他们有着共同关心的话题，而对传统文化等基本议题的看法和立场也大体一致（尽管这些看法未必客观），因而能够成为同一战壕里的朋友。这促成了《新青年》的黄金年代。

当然，钱玄同在和鲁迅的交往中，除了探讨救国保种等大的命题，也会交流生活起居等方面的琐碎事情。钱玄同自小体弱，工作繁重时常常头胀欲裂无法做事，鲁迅知悉后便担任了他的医疗顾问。1919年1月26日钱玄同日记有云："这一两个月以来，我天天觉得头脑昏胀，胃节酸痛，因之人亦异常懒惰。豫才说治神经衰弱症可以吃 Sanatogen，今日到信昌大药房里去买了一瓶来，计价三元八角。"② 大约此药对他而言疗效不佳，鲁迅听说后，在8月13日信中又向他推荐了一种日本牌子的鱼肝油，并详细写明该药有红色和蓝色两种包装，前者"对于肺病格外有效"，后者是"普通强壮剂，为神经起见，吃蓝包的就够了"③。关切之情溢于笔端。

1920年《新青年》阵营内部分裂的迹象日益明显，到9月陈独秀等将《新青年》迁回上海编辑。此事可能影响到钱玄同访友的热情，他和鲁迅的交往走向平淡。这一年，钱玄同的日记有10个多月中断，只在1月4日的日

---

① 杨天石主编：《钱玄同日记》（整理本），北京大学出版社2014年版，第343页。
② 杨天石主编：《钱玄同日记》（整理本），北京大学出版社2014年版，第344页。
③ 鲁迅：《190813 致钱玄同》，《鲁迅全集》第11卷，人民文学出版社2005年版，第379页。

记中记下了对周氏兄弟的访问，鲁迅全年则记下了钱玄同的3次来访，以及双十节收到钱玄同的明信片。1921年，钱玄同的日记有9个多月中断，全年没有关于鲁迅的记录。这年1月1日，钱玄同在日记中自我反省说："我在两三年前，专发破坏之论，近来觉得不对。杀机一启，绝无好理。……万物并育而不相害，道并处而不相悖，方是正理。佛有小乘、大乘，孔有三世之义。其实对付旧人，只应诱之改良，不可逼他没路走。……终日恨恨仇视之，于彼无益，而有损于我之精神，甚无谓焉。"[1] 这一思想上的变化，可能影响到他和鲁迅的关系，因为其时鲁迅仍在振奋精神大声呐喊，搒击旧物。这一年，鲁迅日记中有关钱玄同的记录共有10次，其中7次记录书信往来，2次记录在朋友的饭局上相见，只有2月14日记录"夜钱玄同送来《汉宋奇书》一部二十本"[2]。一年当中钱玄同才来访一次，而且是为了送书，不是为了"闲谈"，双方通信也只有三四个来回，似乎意味着这一对密友的关系已经淡化为普通朋友。

1922年元旦，钱玄同再次自我反省，认为自己"平日有两个最大的毛病，就是'懒惰'和'无恒'"，并激励自己，此后要"天天写日记，不再间断"[3]，此后几年，果然大有改观。然而整个1922年，他日记中都没有和鲁迅见面的记载，而鲁迅1922年的日记不幸遗失，因此这一年两人的交往记录成为一个空白。不过，这一年钱玄同在日记中4次提到鲁迅。一是3月5日他去北京大学听爱罗先珂讲演《世界语及其文学》，其后蔡元培宴请爱罗先珂，他和鲁迅都在座。二是8月24日他在日记中记录："上午至商务购得：一、爱罗童话。二、周译小说。三、安特来夫《小人之忏悔》。四、《意门湖》。一、二、三，三种兼购一册，畀秉雄。"[4] 这一天他去商务印书馆买了4种书。

---

[1] 杨天石主编：《钱玄同日记》（整理本），北京大学出版社2014年版，第367页。
[2] 《鲁迅全集》第15卷，人民文学出版社2005年版，第424页。
[3] 杨天石主编：《钱玄同日记》（整理本），北京大学出版社2014年版，第383页。
[4] 杨天石主编：《钱玄同日记》（整理本），北京大学出版社2014年版，第429页。

其中第一种应是鲁迅编辑并作序的《爱罗先珂童话集》，所收译文包含鲁迅的 9 篇，1922 年 7 月由上海商务印书馆印行。第二种则是周氏三兄弟合译的《现代小说译丛》，里面也含有鲁迅的 9 篇译文，1922 年 5 月由商务印书馆出版。购买行为本身说明，钱玄同没有去鲁迅家里索书，鲁迅也没有主动赠书。三是 10 月 10 日双十节，钱玄同参加天安门国民裁兵大会："到王府井大街时，大家齐声唱'打倒军阀'！'救国救民'！'裁兵运动'等语。我不禁联想及于当年做学生时，唱'请看那印度、波兰，马牛奴隶性……'和'最可耻一种奴隶心，波兰人终被俄征服，最可鄙一种依赖心，印度人人堕进地狱'等军歌。这种军歌周氏兄弟从一九〇七、八在东京时，撰文痛骂（登在《河南》等杂志上），一直骂到现在。我当时看了他们的议论，才知道中国人骂印度、波兰才真是可耻可鄙，才算是马牛奴隶性。我的狭隘的爱国心，崇拜军国民主义，轻视印度、波兰的谬见，赖读周文渐渐破除，现在想来，真不得不感谢良友也。"[1] 这一段回忆弥足珍贵，表明早在东京留学时期，钱玄同就及时读到了周氏兄弟所写的《摩罗诗力说》和《论俄国革命和虚无主义之别》等饱含思想启蒙意味的论文，并接受了他们的启蒙，破除了自身狭隘的民族主义。由此，周氏兄弟等当年在东京倡导的"新生"文艺运动，虽然响应者寥寥，但他们的文章对读者无疑发生过影响，在思想史上应有自己的位置。四是 12 月 27 日，钱玄同日记有云："看豫才的《社戏》一篇。"[2] 鲁迅的《社戏》写于 1922 年 10 月，初刊 1922 年 12 月上海《小说月报》第十三卷第十二号，按照钱玄同的阅读习惯，他可能是在收到杂志的当天即进行了阅读，在这一期《小说月报》里，他单点出《社戏》一篇，表明对鲁迅小说的关注和欣赏。

1923 年，钱玄同日记中仍无探访鲁迅的记录，而鲁迅该年在日记中只提

---

[1] 杨天石主编：《钱玄同日记》（整理本），北京大学出版社 2014 年版，第 459 页。
[2] 杨天石主编：《钱玄同日记》（整理本），北京大学出版社 2014 年版，第 488 页。

到钱玄同2次，都是送书的记录，一是8月24日送钱玄同一册刚出版的《呐喊》，一是12月22日送钱玄同一部刚出版的《中国小说史略》上册。该年钱玄同日记中有关鲁迅的记录共有4次。其中，1月11日记道："看《晨报副镌》有一位△△先生的《△△△》一篇，也有痛骂《小说世界》的。前几天孙伏园来信说，周氏兄弟和他不久都有骂《小说世界》的文章发表。这△△不知是谁？《小说世界》要是能够因我们这一场大骂，青年们少许多人去看它，这就好了。我们对于青年别的事情的拯救，或者没有这能力，这劝他们别看坏书的警告，我们一定是能做的。我那篇未完之稿，日内尚拟写全，再送《晨报副镌》登载。"① 他引述孙伏园来信中有关周氏兄弟写作动向的内容，对朋友们（也包括他自己）文章的价值作出个人评估，表明大家仍在同一阵营。虽然他自己对于"拯救"青年已经不怎么抱有奢望，但仍在努力做一点力所能及的事情——"劝他们别看坏书"。2月23日他在日记中记录自己在沈士远家中见到周氏兄弟。8月24日记录"鲁迅送我一本《呐喊》"②，这是他第一次在日记中改"豫才"的称呼为"鲁迅"。虽然"鲁迅"这一笔名早在1918年即开始使用，但钱玄同对这位朋友一直是以字相称，现在称其笔名，显然是突出老朋友的作家身份。其时，鲁迅早已成为新文学阵营中的首席小说家，也是全国最优秀的新文学家，而将小说结集出版，无疑表明了这一地位的巩固和提升。8月27日钱玄同日记有云："看鲁迅的《阿Q正传》。"③ 在日记中特书一笔，表明他对鲁迅作品的一贯重视。

1924年，钱玄同和鲁迅日记中仍无互访的记录。是年钱玄同日记中2次提到鲁迅，而鲁迅日记中6次提到钱玄同。双方日记共记下了3次见面情形。3月21日钱玄同日记有云："午后至北大自写讲义。晤鲁迅，谈了半个钟头，

---

① 杨天石主编：《钱玄同日记》（整理本），北京大学出版社2014年版，第497页。
② 杨天石主编：《钱玄同日记》（整理本），北京大学出版社2014年版，第547页。
③ 杨天石主编：《钱玄同日记》（整理本），北京大学出版社2014年版，第548页。

甚快。"①4月13日鲁迅日记有云："上午至中央公园四宜轩。遇玄同，遂茗谈至晚归。"②6月30日又记："午访孙伏园，遇玄同，遂同至广和居午餐。"③双方三次见面都是偶遇，后两次遇见后还一起喝茶吃饭，可以看出心情愉快，谈兴很浓。此外，鲁迅6月27日记下寄给钱玄同《中国小说史略》下卷一本，和上年赠送的上卷成为合璧。而钱玄同该年日记关于鲁迅的另一处记录发生在9月25日，很有趣味：

> 五时访孙伏园，他说鲁迅近来发明三条真理：
>
> 一、真理的数目，和鞋店里的鞋子一样多，因为人人都可以得到一双合他的脚寸的鞋子；
>
> 二、文学是从胃里出来的，文学家和香水瓶一般，一拿上手，便可闻到香味；
>
> 三、世界是傻子造成的，因为聪明人只会批评，不肯做事，所以他不是组成世界的份子。④

他在日记中详细记下鲁迅发明的"三条真理"的具体内容，可见这"三条真理"对他是有吸引力的。这些"真理"是鲁迅对现实和人生进行哲理性思考的结晶，有些他后来专门写成文章予以阐发。譬如第三条关于聪明人和傻子的议论，一年多以后的1925年12月26日，他写成《聪明人和傻子和奴才》一文，补充了关于"奴才"的思考，该文后收入《野草》。两年多以后的1926年11月11日夜，他作《写在〈坟〉后面》，文中说："世界却正由愚人造成，聪明人决不能支持世界，尤其是中国的聪明人。"⑤11月27日他在厦门集美学校讲演，话题临时定为"聪明人不能做事，世界是属于傻子"⑥，

---

① 杨天石主编：《钱玄同日记》（整理本），北京大学出版社2014年版，第577页。
② 《鲁迅全集》第15卷，人民文学出版社2005年版，第508页。
③ 《鲁迅全集》第15卷，人民文学出版社2005年版，第518页。
④ 杨天石主编：《钱玄同日记》（整理本），北京大学出版社2014年版，第604页。
⑤ 鲁迅：《坟·写在〈坟〉后面》，《鲁迅全集》第1卷，人民文学出版社2005年版，第302页。
⑥ 薛绥之主编：《鲁迅生平史料汇编》第4辑，天津人民出版社1983年版，第97页。

再次强调自己这一见解。把它们和钱玄同日记相对照，可以发现虽然经过了孙伏园的转述，但钱玄同的记载仍相当忠实。此外，可以看出鲁迅的一个写作习惯，即有了某种想法以后，不是将它保密起来，而是到朋友圈中去交谈，在谈论的过程中想法更为成熟，之后再执笔为文。这种"去神秘化"的写作方式表明鲁迅并不是一个"内向"的人。也因为这样，从产生思想的火花到最后成文，构思的过程往往相当漫长，这使得鲁迅的不少文章具有一种深思熟虑的思想家气质。

1925年，是钱玄同和鲁迅"互见"于对方日记中的最后一个年份。这一年，鲁迅在钱玄同日记中出现了4次，钱玄同在鲁迅日记中出现了9次，但这9次都是记载书信往来，因此钱玄同的4次记录更有助于后来人理解双方当时的关系。3月22日钱玄同日记有云："晤黎邵西，他说日前遇鲁迅，谓汉字革命之提倡实有必要。他主张别读中国书，是同样的意思。纵使过高，亦是讨价还价也。此说甚是。"① 所谓"讨价还价"，有学者将其概括为一种"思想路径"和"思想方法"，指的是"借'过正'来保护自己的主要意见"，这种思路，钱玄同和鲁迅都很熟悉，"用得很多"②。可见也是一种策略。4月24日钱玄同日记有云："鲁迅所办之《莽原周刊》于今日出版。下午在北大晤鲁。据别人说，他近来愤慨之至，大有鼓吹革命之意云。"③ 他引述别人对鲁迅的看法，而避开当面质询，似乎两人之间已经有些生分，不再无话不谈了。6月13日有记："午后至北大晤鲁迅，与同访小峰，知卅一期《语丝》因篇幅过多，故今日未能出版，恐须迟至下星期二方能出版矣。"④ 7月4日又记："午劭西、一庵来。伏园来。与劭西同'雅'。移时一庵、伏园均来，并晤鲁

---

① 杨天石主编：《钱玄同日记》(整理本)，北京大学出版社2014年版，第628页。
② 顾农：《从钱玄同日记看鲁迅的"讨价还价"》，《中华读书报》2015年4月1日。
③ 杨天石主编：《钱玄同日记》(整理本)，北京大学出版社2014年版，第634页。
④ 杨天石主编：《钱玄同日记》(整理本)，北京大学出版社2014年版，第642页。

迅。晚十时偕伏园同访小峰。"① 而这 3 次见面，在鲁迅的日记中都没有出现。其中，6 月 13 日鲁迅日记有云："午后往大学买各种周刊并访小峰。"② 钱玄同笔下的"同访小峰"变成了鲁迅的独访。7 月 4 日鲁迅日记有云："午后往中央公园，在同生照相二枚。"③ 只记下了照相一事，对当天下午所见各人一概不提。对于钱玄同，这一年鲁迅除了例行公事般地记下收信发信之事，对于双方见面的事已经不放在心上了。于是，他日记中对于钱玄同的记录最终定格在 1925 年 7 月 21 日的一句"夜得玄同信"④。此后，他的日记中还曾出现个别与钱玄同有关的内容，但钱玄同的名字却不再出现。而在钱玄同日记中，自 1925 年 7 月 5 日至 1931 年 10 月 1 日，长达 6 年多的时间里，有关鲁迅的记录也成为一片空白。

三、从纸上腹诽到形同陌路

钱玄同从鲁迅日记中消失后，鲁迅在钱玄同的日记中还出现了 6 次，时间跨度为 6 年（1931—1936 年）。但和 1925 年之前的记录相比，钱玄同对鲁迅的态度和评价已经有很大不同。其中部分原因，在于两人在现实中关系日益疏远，甚至发生了当面冲突。

鲁迅居留北京的最后两年，在思想上和钱玄同已经渐行渐远，日常来往已经很少，他离京南下以后，进一步"左转"，和钱玄同更是无法保持立于同一阵营。而以鲁迅的个性，他一旦不再认同乃至开始讨厌某人，往往不但"口诛笔伐"，有时还会怒形于色，酿成当面冲突。这样的冲突，1929 年 5 月 25 日——钱玄同和鲁迅最后一次见面的日子——便在这两位旧时好友身上发

---

① 杨天石主编：《钱玄同日记》（整理本），北京大学出版社 2014 年版，第 645 页。
② 《鲁迅全集》第 15 卷，人民文学出版社 2005 年版，第 569 页。
③ 《鲁迅全集》第 15 卷，人民文学出版社 2005 年版，第 571 页。
④ 《鲁迅全集》第 15 卷，人民文学出版社 2005 年版，第 574 页。

生过一次。对于冲突的具体情形，钱玄同日记中断失记，鲁迅在日记中只字不提，只在当天深夜在致许广平信中如此描述："途次往孔德学校，去看旧书，遇钱玄同，恶其噜苏，给碰了一个钉子，遂逡巡避去；……"①但到底是个什么"钉子"，信中并未明言。直至鲁迅去世以后，钱玄同撰文《我对于周豫才君之追忆与略评》，详细描述了冲突的过程：

> 十八年五月，他到北平来过一次，因幼渔的介绍，他于二十六日到孔德学校访问隅卿（隅卿那时是孔德学校的校务主任），要看孔德学校收藏的旧小说，我也在隅卿那边谈天，看见他的名片还是"周树人"三字，因笑问他"原来你还是用三个字的名片，不用两个字的"。我意谓其不用"鲁迅"也。他说："我的名片总是三个字的，没有两个字的，也没有四个字的。"他所谓四个字的，大概是指"疑古玄同"吧。我那时喜效古法，缀"号"于"名"上，朋友们往往要开玩笑，说我改姓"疑古"，其实我也没有这样四个字的名片。他自从说过这句话之后，就不再与我谈话了，我当时觉得有些古怪，就走了出去。②

在这篇文章中，钱玄同虽然没有看过鲁迅致许广平的原信（如上引。收入《两地书》时有较大改动），但也将此事描述为鲁迅让他碰了一个"钉子"。事情过去7年多，他对碰钉子的细节还记得如此清晰，可见这个"钉子"确实来得太突兀，滋味很不好受。

"名片事件"发生后，鲁迅多次在书信中对钱玄同进行抨击。譬如，1930年2月22日他在致章廷谦信中写道："疑古玄同，据我看来，和他的令兄一样性质，好空谈而不做实事，是一个极能取巧的人，他的骂詈，也是空谈，恐怕连他自己也不相信他自己的话……""疑古和半农，还在北平逢人便即宣传，说我在上海发了疯，这和林玉堂大约也有些关系。我在这里，已经收

---

① 鲁迅：《290526　致许广平》，《鲁迅全集》第12卷，人民文学出版社2005年版，第175页。
② 《钱玄同文集》第2卷，中国人民大学出版社1999年版，第308—309页。

到几封学生给我的慰问信了。但其主要原因,则恐怕是有几个北大学生,想要求我去教书的缘故。""语丝派的人,先前确曾和黑暗战斗,但他们自己一有地位,本身又便变成黑暗了,一声不响,专用小玩意,来抖抖的把守饭碗。""贱胎们一定有贱脾气,不打是不满足的。今年我在《萌芽》上发表了一篇《我和〈语丝〉的始终》,便是赠与他们的还留情面的一棍,此外,大约有几个人还须特别打几棍……才好。"①鲁迅认为钱玄同和刘半农在北平散布关于自己的谣言,原因是怕他重回北平教书,威胁到他们的位置。这种对流言的捕风捉影和主观推测,当然并不能视为理解双方关系变化的可靠证据。1930年3月21日他在致章廷谦信中说:"半农玄同之拜帅,不知尚有几何时?"②表明他非常关注钱玄同在大学里的位置变化。

　　冲突归冲突,与鲁迅一样,钱玄同也仍然在关注对方的一些动向。这在他的日记中以及给周作人等的信中都有反映。1931年10月2日,钱玄同日记有云:"上午至琉璃厂,在北新购得鲁《小说史》改订本。"③《中国小说史略》上下册出版后,鲁迅都很快就给钱玄同赠书,如今七八年过去,钱玄同又买来其改订本,可见对鲁迅这一最重要学术著作的重视和认可。然而,对于鲁迅1927年之后的杂文,他却很不喜欢。1932年11月7日,钱玄同日记有云:"购得鲁迅之《三闲集》与《二心集》,躺床阅之,实在感到他的无聊、无赖、无耻。"④这是钱玄同第一次在日记中对鲁迅作品及鲁迅人格予以否定性的评价,而且语气非常严厉,有若寇仇。《三闲集》和《二心集》分别收入鲁迅1927—1929年与1930—1931年所作杂文,其中直接涉及钱玄同的是《二心集》里的《我和〈语丝〉的始终》一篇。该文在谈到北京时期语丝社每月聚会情形时说:"从此市场中的茶居或饭铺的或一房门外,有时便会看见挂

---

① 鲁迅:《300222　致章廷谦》,《鲁迅全集》第12卷,人民文学出版社2005年版,第222—223页。
② 鲁迅:《300321　致章廷谦》,《鲁迅全集》第12卷,人民文学出版社2005年版,第225页。
③ 杨天石主编:《钱玄同日记》(整理本),北京大学出版社2014年版,第825页。
④ 杨天石主编:《钱玄同日记》(整理本),北京大学出版社2014年版,第889页。

着一块上写'语丝社'的木牌。倘一驻足，也许就可以听到疑古玄同先生的又快又响的谈吐。但我那时是在避开宴会的，所以毫不知道内部的情形。"①文字本身并无明显的褒贬意味，也许是"疑古玄同"的称呼唤起了钱玄同对"四个字的"名片的不快回忆。此外，鲁迅这两本集子中有大量对"革命"和"阶级性"的相关论述，显然和钱玄同的思想相抵牾。钱玄同曾在1931年12月8日的日记中记道："与两儿畅谈，对于国家事，我以为什么都可以，就是不可某产——不可听命于莫斯科。"②1932年9月21日日记又云："又得一人之函，要求在国文系设唯物史观一课。历史系已有了，岂《圣经》须各处宣传，如道旁之赠《马太福音》者乎！"③他在日记中对鲁迅的杂文破口大骂，可能主要源于其内容因素。

就在钱玄同购读鲁迅杂文4天之后，鲁迅从上海动身回北平省亲。而鲁迅这次北上，又引起双方的进一步冲突。据说，北平师范大学的学生想邀请鲁迅到校演讲，时任国文系主任的钱玄同非常生气，不仅不提供鲁迅的住址，还说自己"不认识有一个什么姓鲁的"，并公开宣布"要是鲁迅到师大来讲演，我这个主任就不再当了！"④。鲁迅听说后自然非常愤慨，但最终还是于1932年11月27日前往讲了一次。

"演讲事件"发生后，鲁迅更频繁地在日记、书信和杂文中对钱玄同进行腹诽乃至公开嘲讽。1932年12月29日，距从北平回到上海约有一月，他将自己所作《教授杂咏》录以赠人，并在日记中录下两首诗的内容，其一云："作法不自毙，悠然过四十。何妨赌肥头，抵当辩证法。"⑤虽未出现钱玄同的名字，但明眼人一望即知其嘲讽对象。1933年12月27日，鲁迅在致台静农

---

① 鲁迅：《我和〈语丝〉的始终》，《鲁迅全集》第4卷，人民文学出版社2005年版，第172页。
② 杨天石主编：《钱玄同日记》(整理本)，北京大学出版社2014年版，第834页。
③ 杨天石主编：《钱玄同日记》(整理本)，北京大学出版社2014年版，第881页。
④ 王志之：《鲁迅印象记》，四川人民出版社1980年版，第13页。
⑤ 《鲁迅全集》第16卷，人民文学出版社2005年版，第340页。

信中谈到请人书写《〈北平笺谱〉序》的事情时，如此解释自己为何不托钱玄同书写："至于不得托金公执笔，亦诚有其事，但系指书签，盖此公夸而懒，又高自位置，托以小事，能拖延至一年半载不报，而其字实俗媚入骨，无足观，犯不着向悭吝人乞烂铅钱也。"①对钱玄同的为人和书法都予以否定。至于公开发表的文字，至少有三。一是将上述致许广平信中相关表述修改为"途次往孔德学校，去看旧书，遇金立因，胖滑有加，唠叨如故，时光可惜，默不与谈……"②编入《两地书》，1933年4月公开出版。二是写作《门外文谈》，1934年8—9月发表于《申报·自由谈》，署名华圉，文中提到"有'士大夫'竭力的要使文字更加难起来，因为这可以使他特别的尊严，超出别的一切平常的士大夫之上"，"还有一种方法是将字写得别人不认识……最近还有钱玄同先生的照《说文》字样给太炎先生抄《小学答问》"。③三是写作《死所》，1935年5月20日发表于《太白》半月刊，署名敦者，文中说："今年，北平的马廉教授正在教书，骤然中风，在教室里逝去了，疑古玄同教授便从此不上课，怕步马廉教授的后尘。"④尖刻地讥讽钱玄同胆小怕死，又有违逻辑，只能可笑地选择"坐在家里"等死。⑤

相比于鲁迅，钱玄同笔下的反应相对平静。1933年1月2日，他从魏建功手上看到一份章太炎所开列的弟子名单（同门录），一共22人，但奇怪的是许多熟人不在其内，以至于他在日记中写下了自己的疑惑："不但周氏兄弟、季市失，一批不与，连龚未生、范古农、张卓身、张敬铭也不在内。甚

---

① 鲁迅：《331227 致台静农》，《鲁迅全集》第12卷，人民文学出版社2005年版，第532—533页。
② 鲁迅：《两地书·一二六》，《鲁迅全集》第11卷，人民文学出版社2005年版，第307页。
③ 鲁迅：《且介亭杂文·门外文谈》，《鲁迅全集》第6卷，人民文学出版社2005年版，第95页。
④ 鲁迅：《集外集拾遗补编·死所》，《鲁迅全集》第8卷，人民文学出版社2005年版，第434页。
⑤ 鲁迅此文中对马廉"在教室里逝去"的记载和对钱玄同"从此不上课"的推测皆不准确。查钱玄同日记可知，因为身体多病，不胜负荷，1935年2月初，钱玄同已经计划从大学辞职，不再教书，改为专心编辑字典，并和北平师范大学文学院院长黎邵西商量过此事。2月19日，马廉于课堂晕倒，送院不治，加重了钱玄同对自己身体状况的担心。此后他长期休假，但1936年10月后重新回到北平师范大学课堂，选上少量课程。

至连景梅九、景大昭也不在内。断烂朝报乎？微言大义乎？殊难分。"①说明在他看来，周氏兄弟应进入太炎的优秀弟子之列。此后，钱玄同继续及时购读鲁迅的单行本著作。他读到了《两地书》以及《准风月谈》（是否看到过《门外文谈》和《死所》等单篇文章则不得而知），1935年1月12日，他在日记中记道："在东安市场又购得旧的《孽海花》一、二两册，购得新出版鲁迅之《准风月谈》，总是那一套，冷酷尖酸之拌嘴骂街，有何意思？《人间世》第十九期寄到。归来后即躺卧被中，看鲁《人》之两种，甚疲倦，渐入睡乡矣！但夜不安眠。"②一方面觉得没意思，一方面又躺在被窝里看，似乎阅读鲁迅早已成为他无法更改的习惯。

1929年的"名片事件"和1932年的"演讲事件"无疑给钱玄同和鲁迅的关系带来很大伤害。对于这种伤害的程度，有人认为，1929年5月25日事件意味着两人"正式绝交""化友为敌"③。这样的理解并不准确。从鲁迅的角度而言，所谓"噜苏""胖滑有加""唠叨如故""夸而懒""悭吝人""特别的尊严"，等等，主要表达一种嘲讽意味，而非敌视态度。从钱玄同的角度而言，他固然觉得鲁迅的晚期杂文"无聊""有何意思"，但在鲁迅去世之后，他虽然没有表示什么痛惜之情，但还是撰文作出了相对公允的评价。1936年10月31日他在日记中写道："未记，此两周中又未记，可记者为十九日周豫才死：一八八一——一九三六（五十六岁）。我因为青年们吹得他简直是世界救主，而又因有《世界日报》访员宋某电询吾家，未见我，而杜撰我的谈话，我极不愿，因作《我对于周豫才君之追忆与略评》一文，登入该报及转载于师大之《教育与文化》（按：应为《文化与教育》）第△期中。"④钱玄同这篇总结式的文章，对他的"老朋友"鲁迅作了一个盖棺论定式的评价，大部分篇

---

① 杨天石主编：《钱玄同日记》（整理本），北京大学出版社2014年版，第896页。
② 杨天石主编：《钱玄同日记》（整理本），北京大学出版社2014年版，第1063页。
③ 张耀杰：《鲁迅与钱玄同的化友为敌》，《长城》2010年第1期。
④ 杨天石主编：《钱玄同日记》（整理本），北京大学出版社2014年版，第1224页。

幅持褒扬态度。对于自己半生和鲁迅的交往,他如此总结:"我与他的交谊,头九年(民前四—民五)尚疏,中十年(民六—十五)最密,后十年(民十六—二十五)极疏——实在是没有往来。"①"自从他上厦门去到现在,这十年中,我除了碰过他那次钉子以外,还偶然见过他几本著作(但没有完全看到),所以我近年对于他实在隔膜得很。"②或许"极疏"与"隔膜"是对双方最后关系的恰当描述。至于由密转疏的原因,文中暗示有两个方面。一是思想方面:"他所持论,鄙见总是或同或异,因为我是主张思想自由的,无论同意或反对,都要由我自己的思想来判断也。"③其实,将"或同或异"改为"由同转异"可能更为准确。二是个性方面,他认为鲁迅有"多疑"和"迁怒"的短处。④

1936年11月9日,鲁迅去世3个星期之后,他的名字最后一次出现于钱玄同的日记中:"又至中华购《中国小说史料》,孔另境编。据说为鲁迅大弟子之一,郑振铎序此书大恭维他一顿,又借此痛诋梁、胡诸君之开国学书目,殊可笑。海派!其实孔氏此书极为简陋也。"⑤表面上是批评孔另境著作简陋,但特意点明其为"鲁迅大弟子",以顺手牵羊的方式捎带给了鲁迅一个差评。不过需要说明的是,钱玄同对鲁迅的不满基本停留在日记和书信中的腹诽,在公开发表的文字中,他表现得比较克制,没有说过太难听的话。

通过上文梳理可知,钱玄同和鲁迅曾是一对关系非常密切的朋友。以日记而论,钱玄同的日记时断时续,尤其是在双方交往最频繁的几年大量中断,但仍留下了近40次有关鲁迅的记录。鲁迅的日记从不间断,就算1922年日记大量遗失(许寿裳曾抄出片段),总共仍留下了近170次有关钱玄同的记

---

① 《钱玄同文集》第2卷,中国人民大学出版社1999年版,第305页。
② 《钱玄同文集》第2卷,中国人民大学出版社1999年版,第309页。
③ 《钱玄同文集》第2卷,中国人民大学出版社1999年版,第310页。
④ 参见钱玄同《钱玄同文集》第2卷,中国人民大学出版社1999年版,第311页。
⑤ 杨天石主编:《钱玄同日记》(整理本),北京大学出版社2014年版,第1227页。

录，其中记录钱玄同来访的就有 70 次，记录双方通信的有 79 次（鲁迅收信 39 封，去信 40 封）。然而他们的关系后来由密转疏，令人唏嘘。从双方日记来看，这种转变和《新青年》的变故有密切关系。"五四"之后，《新青年》阵营内部逐渐分裂，1920 年《新青年》迁回上海编辑，加剧了这一态势。同年，钱玄同和鲁迅的来往明显减少，1921 年 2 月 14 日之后，喜欢外出访友的钱玄同就再也没有去探访过鲁迅。这之后的三四年，虽然双方关系仍很融洽，仍在通信维持来往，但通信的频率也变得很低。鲁迅给钱玄同的最后一封信写于 1925 年 7 月 20 日，这封信有幸保存下来，从内容和表达看，与前无异，仍充满了戏谑和俏皮意味，但在次日收到钱玄同的复信后，鲁迅没有再作回复，而且从此几乎断绝了和钱玄同的往来。1926 年鲁迅南下以后，两人断绝了直接联系，形同路人，而且逐渐心生芥蒂，发生不快，相互腹诽，情感淡漠。其中固然有双方个性和人事等方面的原因，但主要还是源于思想分歧，他们已经失去了共同话题，因而偶遇之际只能勉强搭讪而话不投机了。当年文学革命兴起初期，两人情投意合，常常谈到深夜，不觉"唠叨"，不数年却变得无话可说。这样的遭遇不仅发生在钱玄同和鲁迅之间，也广泛地发生于《新青年》团体内部，为后人透视新文化阵营的聚合与离散提供了一个重要的观察角度。

原载《鲁迅研究月刊》2016 年第 8 期

旧事何以重提：《朝花夕拾》的杂感笔法

王本朝

鲁迅在《朝花夕拾·小引》中说："这十篇就是从记忆中抄出来的，与实际内容或有些不同，然而我现在只记得是这样。"[①] 记忆是有选择的，现实体验就是历史记忆的过滤器，记忆并非完全与历史相重合，也并非是照片与底片的关系。人们一般将《朝花夕拾》看作回忆性抒情散文，将其作为鲁迅个人的历史真实，而忽略它与社会现实的关联。鲁迅为什么要重提这些旧事呢？有学者认为是鲁迅的"休息"和"精神还乡"。[②] 实际上，鲁迅的回忆旧事并非为回忆而回忆，而是现实的倒逼和挤压，在回忆的旧事里混杂了丰富的现实感受，过去与现在、记忆与批判相互交织，感伤与反讽、抒情与议论互融共生，由此形成文体的"杂乱"特点，成为杂感与随笔的混合，或者说是议论性杂感和抒情性散文的合集。关于它的杂感特性，王瑶先生认为它的"个别篇章确实也有较浓重的杂文色彩"，但又"和一般杂文不一样"。[③] 不同于"一般杂文"的"杂文色彩"就是杂感笔法，它主要体现为对个人旧事叙事和抒情时"忽然想到"社会现实，并不时穿插议论，夹杂感想，由此产生或明或暗、或多或少的批判色彩，构成鲁迅文学观念和艺术探索的重要特点。

---

① 鲁迅：《朝花夕拾·小引》，《鲁迅全集》第2卷，人民文学出版社2005年版，第236页。
② 参见李怡《〈朝花夕拾〉：鲁迅的"休息"与"沟通"》，《首都师范大学学报》（社会科学版）2009年第1期；宋剑华《无地彷徨与精神还乡：〈朝花夕拾〉的重新解读》，《鲁迅研究月刊》2014年第2期。
③ 参见王瑶《论鲁迅的〈朝花夕拾〉》，《北京大学学报》（哲学社会科学版）1984年第1期。

一、旧事为何重提：现实的纷扰

鲁迅说："我有一时，曾经屡次忆起儿时在故乡所吃的蔬果：菱角、罗汉豆、茭白、香瓜。凡这些，都是极其鲜美可口的；都曾是使我思乡的蛊惑。后来，我在久别之后尝到了，也不过如此；惟独在记忆上，还有旧来的意味留存。他们也许要哄骗我一生，使我时时反顾。"① 这里提及的"记忆""思乡"和"反顾"似乎说明是"儿时""故乡"的"留存""蛊惑"和"哄骗"才使鲁迅回忆起旧事。按一般常理讲，情形也往往是这样，过去引诱现在，因有所系才有所忆。但鲁迅并非忆旧之人，这一点恰恰不同于他的弟弟周作人。鲁迅之回忆旧事主要来自现实的挤压和纷扰。

1926 年的鲁迅不同平常，卷入女师大学潮和"三一八"惨案，离开北京辗转厦门，结集出版《彷徨》，一连串事情都发生在这一年。并且，1925 年出现的关于"流言"和"必读书"等的争论还没有结束。在这些事件中，对鲁迅震撼最大影响最深的是"三一八"惨案，鲁迅由此看到了"中国的女性临难竟能如此之从容"②，反动政府的凶残暴虐，"所谓学者文人的阴险的论调"③，特别是关于学生"自蹈死地，前去送死的"的种种评论，让鲁迅"觉得所住的并非人间"，"人们的苦痛是不容易相通的"。④ 围绕学潮与惨案，鲁迅写下了《我还不能"带住"》《无花的蔷薇之二》《记念刘和珍君》《空谈》等文，支持青年学生，表达自己的生存体验。也正是在这样的背景下，鲁迅不但写作了《华盖集》《华盖集续编》等杂文，还重提旧事，创作了《朝花夕拾》。1926 年 2 月 21 日创作的《狗·猫·鼠》就有与现代评论派论战的起因。文章开篇就从现实处境谈起："从去年起，仿佛听得有人说我是仇猫的"，

---

① 鲁迅：《朝花夕拾·小引》，《鲁迅全集》第 2 卷，人民文学出版社 2005 年版，第 236 页。
② 鲁迅：《记念刘和珍君》，《鲁迅全集》第 3 卷，人民文学出版社 2005 年版，第 293 页。
③ 鲁迅：《记念刘和珍君》，《鲁迅全集》第 3 卷，人民文学出版社 2005 年版，第 289 页。
④ 参见鲁迅《"死地"》，《鲁迅全集》第 3 卷，人民文学出版社 2005 年版，第 282 页。

所写文章"碰着"了一些人的"痛处","得罪了名人或名教授"以及"'负有指导青年责任的前辈'之流",让自己处在"危险已极","这些大脚色是'不好惹'的"。他们冒公理正义之名,大讲歪理逻辑,只要是鲁迅说的,"二二得四,三三见九"也是错的,绅士们自己说的"二二得七,三三见千"也是"不错"。由此,说到动物界"适性任情,对就对,错就错,不说一句分辩话。虫蛆也许是不干净的,但它们并没有自鸣清高;鸷禽猛兽以较弱的动物为饵,不妨说是凶残的罢,但它们从来就没有竖过'公理''正义'的旗子",而人呢,虽"能直立了"、"能说话了"、"能写字作文了",但却"说空话"、"颜厚又忸怩",说"违心之论",还"党同伐异",不准别人说话,阴险之极。鲁迅的仇猫,因为它捕食时"幸灾乐祸"、"慢慢地折磨弱者",还带"一副媚态",再就是鲁迅10岁时猫偷吃了他"可爱的小小的隐鼠"。文章回忆了儿时饲养小隐鼠,听来的猫虎学艺故事,喜欢老鼠招亲花纸等,夹叙夹议,妙趣横生,批评现实的文字却占了主体部分,随处见对绅士、"君子"们的嘲讽。如"几百年的老屋中的豆油灯的微光下,是老鼠跳梁的世界,飘忽地走着,吱吱地叫着,那态度往往比'名人名教授'还轩昂"。"也许鼠族的婚仪,不但不分请帖,来收罗贺礼,虽是真的'观礼',也绝对不欢迎的罢,我想,这是它们向来的习惯,无法抗议的。"文章也在讥讽中结束,"我大概也总可望成为所谓'指导青年'的'前辈'的罢,但现下也还未决心实践,正在研究而且推敲"。嬉笑怒骂,不留情面。

在《狗·猫·鼠》之后的3月10日,鲁迅又创作了《阿长与〈山海经〉》,行文朴实,充满儿时记忆,但也有现实指向,如写阿长送给鲁迅所喜欢的绘图版《山海经》,作者说:"我向来没有和她说过的,我知道她并非学者,说了也无益。"这里的"学者"是反语,指其言而无信。其间"三一八"惨案爆发,惨案当天,鲁迅就写下了《无花的蔷薇之二》,文末标注"三月十八日,民国以来最黑暗的一天",他痛苦而悲哀地写道:"当我写出上面这些无聊的文字的时候,正是许多青年受弹饮刃的时候。呜呼,人和人的魂灵,是不相通的。"① 于是发出控诉:"如此残虐险狠的行为,不但在禽兽中所未曾见,便是在人类中也极少有的,除却俄皇尼古拉二世使可萨克兵击杀民众的事,仅有一点相像。"② 接着,3月25日写下了《〈死地〉》,3月26日写了《可惨与可笑》等。3月26日,传出被段祺瑞政府通缉的名单,除李大钊等革命党人外,周树人和周作人等文化人士也赫然在列,鲁迅不得不到山本医院、德国医院和法国医院病房或木匠房中避难,4月8日回家。

在避难"流离"中,鲁迅继续构思"旧事重提"。5月10日写《二十四孝图》,5月25日写《五猖会》,6月23日写《无常》。这也是鲁迅所说的"前两篇写于北京寓所的东壁下;中三篇是流离中所作,地方是医院和木匠房"③。环境的险恶和残酷,让鲁迅避开了《记念刘和珍君》直接批判执政府当局的写作思路,而转向对幕后帮凶的批判。《二十四孝图》对诅咒白话者发出"诅咒":"只要对于白话来加以谋害者,都应该灭亡!"鲁迅无法直接批判时任教育总长的章士钊,但对文言白话之争中的文言论者却予以"最黑暗的诅咒",包括对陈西滢等"正人君子",鲁迅有这样的感叹:"在中国的天地间,不但做人,便是做鬼,也艰难极了。然而究竟很有比阳间更好的处所:无所谓'绅士',也没有'流言'。"阴间比阳间好,至少没有"流言"!情难自禁,文章写了一小半,才将话题拉回到"旧事",依然不忘对以"文言"为载体的传统道德的批判。在创作《二十四孝图》时,鲁迅也写作了《古书与白话》《再来一次》,它们构成互文关系,散文与杂文都指向文言白话之争的新老旧账,以及背后的章士钊和陈西滢们。《五猖会》叙述因父亲逼其背书而感受不到赛会的乐趣,表明传统伦理对儿童自然天性的扼杀。文中也有批判现实的感受,如:"赛会虽然不像现在上海的旗袍,北京的谈国事,为当局所禁止,然而妇孺们是不许看的,读书人即所谓士子,也大抵不肯赶去看。只有游手

---

① 鲁迅:《无花的蔷薇之二》,《鲁迅全集》第3卷,人民文学出版社2005年版,第278页。
② 鲁迅:《无花的蔷薇之二》,《鲁迅全集》第3卷,人民文学出版社2005年版,第279页。
③ 鲁迅《朝花夕拾·小引》,《鲁迅全集》第2卷,人民文学出版社2005年版,第236页。

好闲的闲人,这才跑到庙前或衙门前去看热闹;我关于赛会的知识,多半是从他们的叙述上得来的,并非考据家所贵重的'眼学'。"《无常》写出无常的"鬼而人,理而情,可怖而可爱",表现乡民对"无常"的喜爱和好奇,多处引用现代评论派胡适、陈西滢、徐志摩等人的语言穿插其中,反话正说,显其种种荒谬处。

1926年8月26日,鲁迅应厦门大学文学院聘请启程赴厦门,9月4日抵达厦门。远离了京城人事的纷扰,加之地方荒僻,鲁迅多了孤独与沉静:"直到一九二六年的秋天,一个人住在厦门的石屋里,对着大海,翻着古书,四近无生人气,心里空空洞洞。而北京的未名社,却不绝的来信,催促杂志的文章。这时我不愿意想到目前;于是回忆在心里出土了。"① 先前中断的"记忆"在"沉静"中得以复活。《从百草园到三味书屋》记录了鲁迅最为温馨而快乐的记忆,《父亲的病》则描述了父亲的病痛、庸医的冷漠、生活的困窘。但厦门大学当局以研究成果考核教员:"学校当局又急于事功,问履历,问著作,问计划,问年底有什么成绩发表,令人看得心烦"②,"对于教员的成绩,常要查问",这种"无非装门面,不要实际"③的做法,让鲁迅感到"在金钱下呼吸,实在太苦,苦还罢了,受气却难耐"④。"'现代评论派'的势力"也继续"膨胀起来","当局者的性质,也与此辈相合"。⑤ 各种或隐或显的矛盾,让鲁迅深感绝望,感到如"穿湿布衫","将没有晒干的小衫,穿在身体上"。⑥ 回忆里依然不无讽刺,杂感笔法如影随形,不时将过去的"那时"与写作的"当今"连在一起,时间虽有变迁,命运却永远相似,只是今天的"我"比旧时的"我"更为无畏和悲哀。如《琐记》中记录曾经受"掉在冷水里"的流

---

① 鲁迅:《故事新编·序言》,《鲁迅全集》第2卷,人民文学出版社2005年版,第354页。
② 鲁迅:《两地书》,《鲁迅全集》第11卷,人民文学出版社2005年版,第121页。
③ 鲁迅:《两地书》,《鲁迅全集》第11卷,人民文学出版社2005年版,第208页。
④ 鲁迅:《两地书》,《鲁迅全集》第11卷,人民文学出版社2005年版,第230页。
⑤ 参见鲁迅《两地书》,《鲁迅全集》第11卷,人民文学出版社2005年版,第166页。
⑥ 参见《鲁迅全集》第11卷,人民文学出版社2005年版,第654页。

言，还愤愤表示"倘是现在，只要有地方发表，我总要骂出流言家的狐狸尾巴来，但那时太年轻，一遇流言，便连自己也仿佛觉得真是犯了罪，怕遇见人们的眼睛，怕受到母亲的爱抚"。

二、旧事何以重提：现实的比照

《朝花夕拾》最初以"旧事重提"之名刊于改版后的《莽原》杂志。《莽原》的创办意在唤起青年抗争和批评。鲁迅认为："中国现今文坛（？）的状况，实在不佳，但究竟做诗及小说者尚有人。最缺少的是'文明批评'和'社会批评'，我之以《莽原》起哄，大半也就为了想由此引些新的这一种批评者来，虽在割去敝舌之后，也还有人说话，继续撕去旧社会的假面。"① 由此《朝花夕拾》在回首往事时笔带机锋，时含批判和反讽，也就是可以理解的了。鲁迅脚踏两只船，重提旧事并不是完全为了回到过去，而有与现实比照的动机。历史与现实互为镜子，旧事的温情折射出现实的悲哀，现实感受又激活历史的记忆，旧事与现实搅混在一起，提及旧事即想到现实，论及现实又勾连起旧时的记忆。在这一点上，它与《故事新编》一样具有超越历史与现实逻辑，实现传统和现实双重批判的写作特点，只是《朝花夕拾》在反思传统基础上偏重批判现实，《故事新编》更偏重传统解构而已。当然，在写作方式上也有很大的不同，《故事新编》是杂感渗透在小说之中，形成反讽的叙事艺术，《朝花夕拾》则是杂感混杂于散文里，构成嘲讽的抒情艺术。换句话说，《故事新编》的讽刺主要藏在故事里面，《朝花夕拾》的讽刺直接表现在语言修辞上。鲁迅是站出来说话呢，还是躲在叙述里说话，差别主要在这里。《无常》写与活无常相对的一种鬼物，叫作"死有分"，在阴司间，"胸口靠着墙壁，阴森森地站着；那才真真是'碰壁'。凡有进去烧香的人们，必须

---

① 鲁迅：《两地书》，《鲁迅全集》第 11 卷，人民文学出版社 2005 年版，第 64 页。

摩一摩他的脊梁，据说可以摆脱了晦气；我小时也曾摩过这脊梁来，然而晦气似乎终于没有脱——也许那时不摩，现在的晦气还要重罢，这一节也还是没有研究出"。写旧事立即就联想到现实，这里的"碰壁"和"晦气"都有现实所指。在谈到"郭巨埋儿"留下的恐惧时说："我已经不但自己不敢再想做孝子，并且怕我父亲去做孝子了。家境正在坏下去，常听到父母愁柴米；祖母又老了，倘使我的父亲竟学了郭巨，那么，该埋的不正是我么？"读了《二十四孝图》却没有产生对"孝"的亲近感，反而觉得祖母与自己"不两立"，至少是和"我的生命有些妨碍的人"，"这大概是送给《二十四孝图》的儒者所万料不到的罢"。这无疑也是鲁迅对生存的现实中口口声声主张文言和传统道德的"正人君子"们的反讽。

《狗·猫·鼠》《二十四孝图》和《无常》都有现实的对照意图，童年记忆是社会现实的折射、剥离和变异。"人就苦于不能将自己的灵魂砍成酱，因此能有记忆，也因此而有感慨或滑稽。"[①] 回忆与现实一旦对接或对照，就多了一份议论和感慨，也有了荒诞和滑稽。《狗·猫·鼠》有两重情感，一是对"猫"的痛恨，它捕食雀鼠"要尽情玩弄，放走，又捉住，捉住，又放走，直待自己玩厌了，这才吃下去，颇与人们的幸灾乐祸，慢慢地折磨弱者的坏脾气相同"；二是它虽与狮虎同族但却有"一副媚态"。这样的"猫"与绅士们所持的虚伪的"公理""正义"何其相似，他们貌似公允，不偏袒"自在黑幕中，偏说不知道；替暴君奔走，却以局外人自居；满肚子怀着鬼胎，而装出公允的笑脸"。[②] 鲁迅的"仇猫"也就有强烈的现实指涉。不仅是这样直接的议论关涉社会现实，就是《阿长与〈山海经〉》描写阿长"懂得许多规矩"和"女人的神力"，《父亲的病》中的中医处方，《从百草园到三味书屋》的传统教育，《无常》《五猖会》的民俗文化，以及《琐记》中雷电学堂的"螃蟹态

[①] 鲁迅：《不是信》，《鲁迅全集》第 3 卷，人民文学出版社 2005 年版，第 236 页。
[②] 参见鲁迅《并非闲话》，《鲁迅全集》第 3 卷，人民文学出版社 2005 年版，第 83 页。

度"和"关帝庙",等等,都体现了鲁迅对传统文化的行为方式、思维习惯和文化心理有鲜明的反思和嘲讽。进而言之,即使《从百草园到三味书屋》直接书写如乐园一般的百草园,表现儿时的自由自在和自然天性,《阿长与〈山海经〉》写了底层民众的粗糙和淳朴,《五猖会》所写的鬼物,《无常》中可怖而可爱的无常,也有作为现实镜子的写作意图,鲁迅高度肯定了人的自由天性、底层民众的淳厚和质朴,以及民间社会的坚忍和单纯。《藤野先生》《范爱农》记录了鲁迅的求学经历和教学生活,也可看作是对厦门大学弥漫的旧学氛围、教员的浅薄无聊的影射与批判。厦门大学的荒僻、闭塞,难免让人产生空洞倦怠,与此不同的则是藤野先生的严谨正直、谆谆教诲,范爱农的狷介与清醒、热切与真诚。鲁迅说藤野先生是老师中最让他感激,"给我鼓励的一个","有时我常常想:他的对于我的热心的希望,不倦的教诲,小而言之,是为中国,就是希望中国有新的医学;大而言之,是为学术,就是希望新的医学传到中国去。""他的性格,在我的眼里和心里是伟大的,虽然他的姓名并不为许多人所知道。"鲁迅还说,"每当夜间疲倦,正想偷懒时,仰面在灯光中瞥见他黑瘦的面貌",就"增加勇气"了,"继续写些为'正人君子'之流所深恶痛疾的文字"。这些"正人君子"显然与藤野先生有天壤之别,他们"自诩古文明""诬告新文明""假冒新文明","都是伶俐人",做人做事"实在伶俐",最适于生存。①他们"用绅士服将'丑'层层包裹,装着好面孔","以导师自居","装腔作势"。② 在鲁迅心目中,藤野先生才称得上是真正的导师。就是《范爱农》中范爱农的愤世嫉俗,悲凉而凄苦,自尊又自虐,认真而耿介,也与现实中现代评论派"绅士"们的"聪明"完全不同,"什么保存国故,什么振兴道德,什么维持公理,什么整顿学风……心里可真是这样想?一做戏,则前台的架子,总与在后台的面目不相同"③。

---

① 参见鲁迅《忽然想到》,《鲁迅全集》第 3 卷,人民文学出版社 2005 年版,第 18 页。
② 鲁迅:《我还不能"带住"》,《鲁迅全集》第 3 卷,人民文学出版社 2005 年版,第 259 页。
③ 鲁迅:《马上支日记》,《鲁迅全集》第 3 卷,人民文学出版社 2005 年版,第 345 页。

在《朝花夕拾》中,"思乡的蛊惑"与现实中的"离奇"与"芜杂"形成相互印证和比照,鲁迅的回忆"始终有一个'他者'的存在:正是这些'绅士'、'名教授'构成了整部作品里的巨大阴影"[①]。记忆中的乡村世界和由"绅士""名教授"组成的现实世界是两个不同的世界——"阴间"与"阳间","民间"和"官方"形成对照和对立关系。[②] 鲁迅追忆的故乡是以社会底层民众质朴信仰为依托的世界,是"下等人"的世界。他们——敝同乡"下等人"——的许多,活着,苦着,被流言,被反噬,因了积久的经验,知道阳间维持"公理"的只有一个会,而且这会的本身就是"遥遥茫茫",于是乎势不得不发生对于阴间的神往。人是大抵自以为衔些冤抑的;活的"正人君子"们只能骗鸟,若问愚民,他就可以不假思索地回答你:"公正的裁判是在阴间!"他们"并没有在报上发表过什么大文章",但懂得朴素简单的道理,"无论贵贱,无论贫富,其时都是'一双空手见阎王',有冤的得伸,有罪的就得罚。然而虽说是'下等人',也何尝没有反省?自己做了一世人,又怎么样呢?未曾'跳到半天空'么?没有'放冷箭'么?无常的手里就拿着大算盘,你摆尽臭架子也无益。对付别人要滴水不漏的公理,对自己总还不如虽在阴司里也还能够寻到一点私情。然而那又究竟是阴间,阎罗天子、牛首阿旁,还有中国人自己想出来的马面,都是并不兼差,真正主持公理的脚色"。这里的"维持公理""正人君子"和"放冷箭"要么是反语,要么是借代,都带讽刺意味,所批判的正是"上等人"的不讲公理、"正人君子"的欺骗性和普通百姓的朴素认知。"阴间""下等人"和"愚民"与"阳间""正人君子"和"聪明人"是两个完全不同的世界,鲁迅则取下者、弱者和幼者立场,始终站在"下等人"和"愚民"一边。

---

① 参见钱理群《文本阅读:从〈朝花夕拾〉到〈野草〉》,《江苏社会科学》2003年第4期。
② 参见王晓初《"思乡的蛊惑":〈朝花夕拾〉及其他——论鲁迅的"第二次绝望"与思想的发展》,《学术月刊》2008年第12期。

三、杂感笔法：叙事里的议论

杂感或者说杂文笔法是鲁迅文学创作的基本格调，几乎鲁迅所有作品都或多或少带有一定的杂感色彩。如李长之所说，《野草》虽"名为诗，其实不过是凝练的杂感"，《朝花夕拾》虽"名为散文，其实依然不过是在回忆中杂了抒情成分的杂感"，"杂感"是鲁迅"在文字技巧上最显本领的所在，同时也是他在思想情绪上最表现着那真实的面目的所在"。①《朝花夕拾》采用记叙与抒情、幽默与讽刺、引用与考据等手法，形成叙述、抒情和说理相混杂的复合文体。它既是诗性的散文，也是理性的杂感，于是，文体上有鲁迅自己所说的"杂乱"。但是，陈平原认为《朝花夕拾》"首尾贯通，一气呵成，无论体裁、语体还是风格，并不芜杂"②。

《朝花夕拾》的杂感色彩主要表现在讽刺和批判上，其笔法多种多样。有的不露声色，回忆旧事时顺带发表议论。如《无常》叙述无常颇具人情，顺便讽刺"名人"和"教授"："这样看来，无常是和我们平辈的，无怪他不摆教授先生的架子。"说到故乡，"凡有一处地方，如果出了文士学者或名流，他将笔头一扭，就很容易变成'模范县'"，"模范县"是对陈西滢的讥讽。《二十四孝图》描述站在云中的雷公雷母时，顺笔写道："不但'跳到半天空'是触犯天条的，即使半语不合，一念偶差，也都得受相当的报应。……在中国的天地间，不但做人，便是做鬼，也艰难极了。然而究竟很有比阳间更好的处所：无所谓'绅士'，也没有'流言'。"《琐记》在回忆"我"求学水师学堂时因其"乌烟瘴气"而打算"走开"时，顺手就有一段议论："近来是单是走开也就不容易，'正人君子'者流会说你骂人骂到聘书，或者是发'名士'脾气，给你几句正经的俏皮话。"表面看起来，议论与叙事没有什么直接

---

① 李长之：《鲁迅批判》，北京出版社2011年版，第110页。
② 陈平原：《分裂的趣味与抵抗的立场——鲁迅的述学文体及其接受》，《文学评论》2005年第5期。

的关联，有些节外生枝，细想也有鲁迅行文的道理，"正人君子"常常自称代表"公理"和"正义"，鲁迅在叙述自己时，不自觉地就会联想到他们的眼光，捎带讥讽他们一下，似乎有些突兀，但也在情理之中。《朝花夕拾》的写作语境主要就是针对以现代评论派为主的教授、绅士们，他们大都留学国外，背靠外国势力和军阀权力，属于"特殊知识阶级"，但骨子里又是中国传统的"正人君子"，新旧杂陈，"善于变化，毫无特操"，是"做戏的虚无党"①，"用了公理正义的美名，正人君子的徽号，温良敦厚的假脸，流言公论的武器，吞吐曲折的文字，行私利己，使无刀无笔的弱者不得喘息"。鲁迅"觉悟了"，随时就他的笔，揭开他们的"假面目"，"使麒麟皮下露出马脚"来。② 有的是控制不了情绪，明白大胆地讽刺对象。如《二十四孝图》开篇就直接宣布："我总要上下四方寻求，得到一种最黑，最黑，最黑的咒文，先来诅咒一切反对白话，妨害白话者。即使人死了真有灵魂，因这最恶的心，应该堕入地狱，也将决不改悔，总要先来诅咒一切反对白话，妨害白话者。"愤慨之情溢于言表。有的是由旧事推及现实，直接表达感受和冷静的反思。《狗·猫·鼠》对隐鼠不无生动描写，又由童年赏玩隐鼠引发大段议论，文末就写道："然而在现在，这些早已是过去的事了，我已经改变态度，对猫颇为客气，倘其万不得已，则赶走而已，决不打伤它们，更何况杀害。这是我近几年的进步。经验既多，一旦大悟，知道猫的偷鱼肉，拖小鸡，深夜大叫，人们自然十之九是憎恶的，而这憎恶是在猫身上。假如我出而为人们驱除这憎恶，打伤或杀害了它，它便立刻变为可怜，那憎恶倒移在我身上了。所以，目下的办法，是凡遇猫们捣乱，至于有人讨厌时，我便站出去，在门口大声叱曰：'嘘！滚！'小小平静，即回书房，这样，就长保着御侮保家的资格。"对"猫"的态度从"客气"到"大声叱"，恰是与"正人君子"论战的经验之谈。《父亲

---

① 鲁迅：《马上支日记》，《鲁迅全集》第3卷，人民文学出版社2005年版，第346页。
② 参见鲁迅《我还不能"带住"》，《鲁迅全集》第3卷，人民文学出版社2005年版，第260页。

的病》不无幽默地针对庸医药方发表议论："似乎昆虫也要贞节，续弦或再醮，连做药资格也丧失了。"《二十四孝图》由儿童启蒙读物引发深沉的思索："每看见小学生欢天喜地地看着一本粗拙的《儿童世界》之类，另想到别国的儿童用书的精美，自然要觉得中国儿童的可怜。但回忆起我和我的同窗小友的童年，却不能不以为他幸福，给我们的永逝的韶光一个悲哀的吊唁。我们那时有什么可看呢，只要略有图画的本子，就要被塾师，就是当时的'引导青年的前辈'禁止，呵斥，甚而至于打手心。我的小同学因为专读'人之初性本善'读得要枯燥而死了，只好偷偷地翻开第一页，看那题着'文星高照'四个字的恶鬼一般的魁星像，来满足他幼稚的爱美的天性。昨天看这个，今天也看这个，然而他们的眼睛里还闪出苏醒和欢喜的光辉来。"中外儿童拥有不同读物，中国传统的启蒙读物却虐杀了儿童爱美的天性，从小就塑造了中国人麻木、落后的国民劣根性。

　　前文已作说明，《朝花夕拾》建构了两个世界，一是"目前是这么离奇，心里是这么芜杂"的现实世界，另一个是"带露折花，色香自然要好得多"的旧事世界。两个世界相互交错，叙事、抒情和议论相互交织，随笔和杂感有时还超越了叙事和抒情，虽带来了文体的"杂乱"，但也在一定程度上拓展出了新的思维空间，实现了对社会现实的批判，产生了意想不到的艺术效果。还是以《狗·猫·鼠》为例。文章开篇由现实中的"仇猫"想到名人、名教授的攻击自己，由此叙述日耳曼人猫狗结仇的童话故事，借题发挥人兽有别的议论，进而解释自己仇恨猫的真正原因，文章最后转入对童年生活中狗猫的回忆。这样，先由现实中遭遇导入回忆，再在回忆中随时插入现实感受，不时发表议论，嬉笑怒骂，妙趣横生，无所顾忌。鲁迅用弗洛伊德精神分析理论解释狗的交配之后，即发议论，"听说章士钊先生是译作'心解'的，虽然简古，可是实在难解得很——以来，我们的名人名教授也颇有隐隐约约，检来应用的了，这些事便不免又要归宿到性欲上去。打狗的事我不管，至于我的打猫，却只因为它们嚷嚷，此外并无恶意，我自信我的嫉妒心还没有这么博大，当现下'动辄获咎'之秋，这是不可不预先声明的。例如人们当配合之前，也很有些手续，新的是写情书，少则一束，多则一捆；旧的是什么'问名''纳采'，磕头作揖"；"人们的各种礼式，局外人可以不见不闻，我就满不管，但如果当我正要看书或睡觉的时候，有人来勒令朗诵情书，奉陪作揖，那是为自卫起见，还要用长竹竿来抵御的。还有，平素不大交往的人，忽而寄给我一个红帖子，上面印着'为舍妹出阁'，'小儿完姻'，'敬请观礼'或'阖第光临'这些含有'阴险的暗示'的句子，使我不花钱便总觉得有些过意不去的，我也不十分高兴"。说到跳梁的老鼠，在鲁迅眼里，它们一个个"态度往往比'名人名教授'还轩昂"，老鼠成亲，新郎新妇和宾客们"没有一个不是尖腮细腿，像煞读书人的"，于是联想到现实中的生活场景，"现在是粗俗了，在路上遇见人类的迎娶仪仗，也不过当作性交的广告看"，如此这般，谈天说地，品评世态，讽刺中不乏自嘲，既有闲暇之雅兴，也有讽刺的深刻，读来妙趣横生。

　　当然，鲁迅回忆中的叙事和抒情，也增添了文章的情感深度，呈现了丰富的审美内涵。它在叙事中抒情，在抒情中议论，创造了文体的多重性。《从百草园到三味书屋》和《藤野先生》就是典型的叙事抒情散文。《从百草园到三味书屋》从"我家的后面有一个很大的园，相传叫作百草园"，拉开回忆的思绪，处处充满着生活乐趣和诗情画意。"不必说碧绿的菜畦，光滑的石井栏，高大的皂荚树，紫红的桑椹；也不必说鸣蝉在树叶里长吟，肥胖的黄蜂伏在菜花上，轻捷的叫天子（云雀）忽然从草间直窜向云霄里去了。单是周围的短短的泥墙根一带，就有无限趣味。"《藤野先生》属于典型的人物叙事，书写自己与回忆他人相互融合，情真意切，感人至深。所以说，《朝花夕拾》既有杂感的理性和尖锐，也有散文的温情平和。在鲁迅那里，"杂感""短评""论文"和"杂文"之间虽有细微差异，但针砭时弊，不留情面，任意而谈，无所顾忌，却是相近的。无论是叙事性散文，还是抒情性散文，都在文体上近似审美意义的纯文学观念，而杂感和杂文则更接近文章观念。由此可见《朝花夕拾》在文体上拥有文章与文学的杂糅形态，这也是鲁迅的开放性文体观念不断进行艺术探索的重要实践。

原载《福建论坛》（人文社会科学版）2017 年第 9 期

谈《朝花夕拾》的自传性与鲁迅的自我塑造

王为生　邹广胜

鲁迅在《朝花夕拾》中塑造了两个自我形象：一个是早年鲁迅——从天真敏感的童年到绝望的少年再到热情而孤寂的青年，一个是中年鲁迅——尖刻的社会批评家、观察细密情感深沉的作家和学贯中西的学者，呈现了"当下"鲁迅一体三面的自我形象。早年鲁迅与中年鲁迅在文本中相互合作，从自传理论的角度共同回答了鲁迅对自我生命审视的根本问题——我是谁？我从哪里来？鲁迅在以"旧事重提"为总标题写作《朝花夕拾》时，就已形成了早年鲁迅的基本形象，但作为叙述者的中年鲁迅却常常直接现身文本，自传的色彩也更加浓厚。

一、立体的鲁迅

我们从《朝花夕拾》中能看到鲁迅关于自我的多面性的、多角度的立体的塑造，从少年到青年，再到中年，而中年的鲁迅也呈现出多方面的、复杂的，甚至是矛盾的角色与性格。

早年鲁迅形象的塑造是通过叙事手段完成的：10 篇文章"概括"他 30 年的人生旅程，他一直处于"动态"的发展过程中。如果把每一篇文章看作鲁迅人生道路上的一幅画像，它们放在一起就形成了鲁迅早期的系列影像。当然这是鲁迅时隔几十年对自己早期时光的回顾，虽有记忆为依据，但作家的创造无疑是难以避免的。正如杨正润《现代传记学》中所说的：

> 自传的主观性是无法避免的，甚至是需要的、使读者感兴趣的。自传作者的自由度比他传作者要大得多，他所写的一切，只要不违背事实或杜撰事实，他就没有违背"自传契约"……同时他也总是有意无意地把对自己的叙述尽量符合自我的身份认定和道德评价，把叙述纳入自己的价值体系和思维模式。①

借助这个多面的形象我们也得以观察鲁迅对自我人生的认知与反思。

《朝花夕拾》的前6篇是鲁迅的童年叙事，按照许寿裳的鲁迅年谱推算，大概是鲁迅5—12岁期间的生活片段。②鲁迅回忆中的童年的眼神里仿佛充满了天真的好奇，但似乎还有缕缕掩饰不住的惊恐与挫伤。鲁迅的童年叙事首先从有关动物的回忆开始。夏夜，桂树下乘凉的祖母讲起了"老虎向猫学艺"的故事：老虎学艺成功，要吃掉猫，猫上树躲避。"我想，幸而老虎很性急，否则从桂树上就会爬下一匹老虎来。然而究竟很怕人，我要进屋子里睡觉去了。"于是转而描述屋子里活跃的老鼠：从墙上贴着的"老鼠成亲"的花纸，到正月十四夜晚的盼望，"直到我熬不住了，快快睡去，一睁眼却已经天明，到了灯节了"。再到"我"捡到一只受伤的隐鼠，它或者"缘腿而上"，或者"捡吃些菜渣，舔舔碗沿"，或者"从容地游行""舔吃了研着的墨汁"，"这使我非常惊喜了"；但终于，有人告诉"我"：隐鼠被猫吃了。——于是，"我"开始了报仇的行动："追赶""飞石""引诱"，"此后似乎猫都不来近我了"。③这是个爱鼠恨猫的小男孩，心思细密敏感，散发着童真顽皮活泼的气息。他与阿长的交往中更是稚气弥漫："我"平时叫她"阿妈"，但到了憎恶她的时候，"就叫她阿长"；阿长还讲了恐怖的"长毛"的故事，又讲起女人脱了裤子防大炮的"伟大"，"从此对于她就有了特别的敬意"；但知道隐鼠是她"谋

---

① 杨正润：《现代传记学》，南京大学出版社2009年版，第294页。
② 参见许寿裳《鲁迅评传》，国际文化出版公司2010年版，第230—232页。
③ 参见鲁迅《朝花夕拾》，《鲁迅全集》第2卷，人民文学出版社2005年版，第242—245页。

害"了之后,"我"就"极严重的诘问,而且当面叫她阿长";但有一天她送来了"我"梦想的《山海经》,"这又使我发生新的敬意了"。①而《无常》与《从百草园到三味书屋》中的"鲁迅"都是这个形象的延续,只不过"场景"从家庭延伸到了学堂和戏剧的舞台上。一个天真而敏感的男孩——这是45岁的鲁迅为自己留下的第一幅"画像"。

1898年,18岁的鲁迅离开绍兴奔赴南京读书;1902年,22岁的鲁迅远赴日本留学;1912年,32岁的鲁迅赴南京不久又转入北京教育部任职——《朝花夕拾》用《琐记》《藤野先生》《范爱农》三篇文章回忆了这段人生的历程,给自己留下了青春的画像——一个人一生最美好的一段光阴。《琐记》的后半段记录了鲁迅在南京水师学堂与矿路学堂读书的情况,是鲁迅"我的大学"的上篇。水师学堂的生活并不愉快,鲁迅用"乌烟瘴气"概括其氛围;但矿路学堂的生活却让他感到新鲜,其中一幕读《天演论》的场景颇能体现鲁迅那时的心情:

赫胥黎独处一室之中,在英伦之南,背山而面野,槛外诸境,历历如在机下。乃悬想二千年前,当罗马大将恺彻未到时,此间有何景物?计惟有天造草昧。哦!原来世界上竟还有一个赫胥黎坐在书房里那么想,而且想得那么新鲜?一口气读下去,"物竞""天择"也出来了,苏格拉底、柏拉图也出来了,斯多噶也出来了。②

一个全新的世界在鲁迅的眼前展开:"一有闲空,就照例地吃侉饼,花生米,辣椒,看《天演论》"。许寿裳回忆他与鲁迅在日本留学时背诵《天演论》的"比赛":"有一天,我们谈到《天演论》,鲁迅有好几篇能够背诵,我呢,老实说,也有几篇能背的,于是二人忽然把第一篇《察变》背诵起来了。"③周

---

① 参见鲁迅《朝花夕拾》,《鲁迅全集》第2卷,人民文学出版社2005年版,第250—255页。
② 鲁迅:《朝花夕拾》,《鲁迅全集》第2卷,人民文学出版社2005年版,第306页。
③ 鲁迅:《朝花夕拾》,《鲁迅全集》第2卷,人民文学出版社2005年版,第11页。

作人则认为《天演论》造成了鲁迅"唯物思想的基础"。①阅读《天演论》的青年鲁迅仿佛又回到了童年初读《山海经》时的状态，有一种压抑不住的新鲜与渴望、热情与天真。在"我的大学"（日本仙台医专）的下篇，鲁迅又"从此就看见许多陌生的先生，听到许多新鲜的讲义"②，鲁迅的热情又激发出来，可一旦转向其生活的社会文化氛围，一个孤寂的鲁迅身影便占据了其回忆的中心：

> 头二班同学就不同了，二桌二凳或三凳一床，床板多至三块。不但上讲堂时挟着一堆厚而且大的洋书，气昂昂地走着，决非只有一本"波赖妈"和四本《左传》的三班生所敢正视；便是空着手，也一定将肘弯撑开，像一只螃蟹，低一班的在后面总不能走出他之前。③

面对着僵化的课程与横行霸道的同学，鲁迅离开了水师学堂。而在东京，樱花树下徘徊着成群结队的"盘着大辫子"的"标致"的中国留学生；傍晚的中国留学生会馆有咚咚跳舞的人们。到了仙台医专，他又面临着一种被隔离的状态。其中一个学习之余看时事电影的"镜头"最能代表他此时的生活与心理状态：

> 第二年添教霉菌学，细菌的形状是全用电影来显示的，一段落已完而还没有到下课的时候，便影几片时事的片子，自然都是日本战胜俄国的情形。但偏有中国人夹在里边：给俄国人做侦探，被日本军捕获，要枪毙了，围着看的也是一群中国人；在讲堂里的还有一个我。④

一道无形的民族的隔阂横亘在鲁迅与日本同学之间，虽然藤野与一些日本人对他展现了友好与爱意。鲁迅在南京读书与在日本留学时，是有几个要好的同学的。但在鲁迅的回忆里，他仿佛一直游离在群体之外，留下一个孤

---

① 鲁迅：《朝花夕拾》，《鲁迅全集》第2卷，人民文学出版社2005年版，第418页。
② 鲁迅：《朝花夕拾》，《鲁迅全集》第2卷，人民文学出版社2005年版，第314页。
③ 鲁迅：《朝花夕拾》，《鲁迅全集》第2卷，人民文学出版社2005年版，第304页。
④ 鲁迅：《朝花夕拾》，《鲁迅全集》第2卷，人民文学出版社2005年版，第317页。

寂的身影。许寿裳说："这时我和鲁迅已经颇熟，我觉得他感到孤寂，其实我自己也是孤寂的。"① 周作人说：

> 鲁迅自己在日本留学，对于留学生的态度却很不敬，这岂不是有点矛盾？其实这并不然。鲁迅自从仙台医专退学之后，决心搞文学、译小说、办杂志，对于热衷于做官发财的人都不大看得起，何况法政、铁路以致速成师范，在他看来还不全是目的只在弄钱么？可是留学生之中又以这几路的人为最多。②

鲁迅与其他同学的疏离，源于其人生价值观念的迥异。回到家乡任教的鲁迅，面对武昌起义，面对"内骨子依旧的"绍兴光复与被流言所包围的"师范学校校长的饭碗"，通过《朝花夕拾》的最后一篇《范爱农》以好友的悲剧命运为"镜"照出了自己"落寞"的身姿。面对中国社会的种种世态与身边人事的变化，有着自己人生社会理想的鲁迅自然蕴含着无言的落寞。

至于《朝花夕拾》中的叙述者——中年鲁迅的形象包含着作家、学者、社会批评家三重角色：作家鲁迅以审美的方式回忆叙事抒发情怀；社会批评家的鲁迅则指点江山激扬文字；学者鲁迅则以考订文字、评点书籍借古喻今。批评家的鲁迅在《狗·猫·鼠》中嬉笑怒骂的风采昭然若揭：

> 万一不谨，甚而至于得罪了名人或名教授，或者更甚而至于得罪了"负有指导青年责任的前辈"之流，可就危险已极。为什么呢？因为这些大脚色是"不好惹"的。怎地"不好惹"呢？就是怕要浑身发热之后，做一封信登在报纸上，广告道："看哪！狗不是仇猫么？鲁迅先生却自己承认是仇猫的，而他还说要打'落水狗'！"③

批评家鲁迅笔锋所指对深谙时代背景的读者而言其"挑战"的意味是不言自明的，他借"人兽之辨"批判人的虚伪，暗示"名人名教授"挑着公理、

---

① 许寿裳：《鲁迅评传》，国际文化出版公司 2010 年版，第 15 页。
② 周作人：《关于鲁迅》，新疆人民出版社 1997 年版，第 154 页。
③ 鲁迅：《朝花夕拾》，《鲁迅全集》第 2 卷，人民文学出版社 2005 年版，第 238 页。

正义的旗子厚颜而忸怩，而实为党同伐异，既折磨弱者，又向强者献出媚态，他对当时"官匪一家"的中国黑暗社会、中国传统社会的尖刻讽刺在其后来的文学实践中得到更加显著的发展。

作家的鲁迅则是其主要的身份，《朝花夕拾》也是其文学创作中，最具文学性、最具抒情意味的文学作品。鲁迅以叙事者的角色出场，特别是在童年叙事中他往往以童年的视角直抒心情，细数往事，让人感慨万端，以《从百草园到三味书屋》最为典型，其以平静而又哀婉的笔触描述了从童年鲁迅"乐园"的百草园到中年鲁迅"野草"的百草园：

> 不必说碧绿的菜畦，光滑的石井栏，高大的皂荚树，紫红的桑葚；也不必说鸣蝉在树叶里长吟，肥胖的黄蜂伏在菜花上，轻捷的叫天子（云雀）忽然从草间直窜向云霄里去了。单是周围的短短的泥墙根一带，就有无限趣味。油蛉在这里低唱，蟋蟀们在这里弹琴。①

这段景物描写堪称经典：观察细密生动，情感生动深沉，读来让人产生无限的遐想。至于彰显出鲁迅博学的学者身份的文字也随处皆是：《朝花夕拾·后记》对《二十四孝图》与《无常》中的鬼的各种坚实严谨的考订，《狗·猫·鼠》中的旁征博引，《二十四孝图》中跨越古今、穿梭中西的纵横驰骋，无不营造出一个博学的鲁迅肖像。

二、鲁迅父亲的病及其影响

法国学者菲力浦·勒热纳在自传的定义中特别强调了自传的内在要求："它强调作者的个人生活，尤其是其人格的历史。"② 而人格是一个复杂的结构系统，弗洛伊德将"精神人格"分为三个部分：本我（Id）位于无意识中的

---

① 鲁迅：《朝花夕拾》，《鲁迅全集》第 2 卷，人民文学出版社 2005 年版，第 287 页。
② [法]菲力浦·勒热纳：《自传契约》，杨国政译，北京大学出版社 2013 年版，第 101 页。

本能、冲动与欲望构成的本我,属于人格的生物层面,遵循"快乐原则";自我(Ego)介于本我与外部世界之间,归于人格的心理层面,他一方面能使个体意识到其认识能力,另一方面为了适应现实对本我加以约束和压抑,遵循"现实原则";超我(Superego)是道德化的自我,由良心和自我理性组成,遵循"理想原则"。三者之间始终处于冲突—协调的矛盾运动中:本我寻求自身的生存,寻求本能欲望的满足,是生命的原动力;超我监督、控制自我按照社会道德原则做事,保证正常的人际关系;自我既要尽量满足本我的欲望,又要接受超我的约束,保证人格的内部协调与外部交往活动的顺利,不平衡时就会产生心理的异常。[1]《朝花夕拾》的童年叙事反映了鲁迅精神人格的生长原点——民间传说、父母之爱、民间戏曲、书籍阅读,背后都隐含着本我与超我的较量,对于鲁迅敏感要强的个性产生了久远的影响。少年叙事中则包含着鲁迅人格发展的拐点:父亲病亡与衍太太的阴险,都强化了鲁迅的敏感个性与虚无心理。青年叙事则是鲁迅人格的定型阶段:敏感、世故等阴暗面与真诚、挚爱等阳光面相互冲突并存,它们一面连接着其人生历程中的坎坷而不断强化,一面联系着鲁迅的内在生命力不断寻求而不停发展。鲁迅精神人格的两面在改造国民性思想的引导下最终转化为新文学的创造。

  在《朝花夕拾》回忆童年的文章中最令人印象深刻的就是鲁迅关于父亲的病的记述。鲁迅从父亲伯宜公得病离世到去南京求学大约是1894—1898年[2],正是鲁迅告别童年迈入青年的人生途中,《父亲的病》与《琐记》的前半段就记录了这段历程。鲁迅在1922年的《呐喊·自序》中也描述了他当时的生活与心境:四年的时间,几乎每天都出入于药店与当铺;少年的鲁迅,经受着人世间的侮蔑的心理折磨。

  《父亲的病》则"省略"了出入药店与质铺的描写,而对"自序"中"最

---

[1] 参见[奥地利]弗洛伊德《梦的解析》,赖其万、符传孝译,安徽文艺出版社1996年版,第164—196页。
[2] 参见周作人《关于鲁迅》,新疆人民出版社1997年版,第412页。

有名的"医生和父亲亡故的场景进行了扩写。省略的这一部分与扩展的对医生的描写对照阅读颇富有意味：少年鲁迅出入药店与质铺的屈辱感源于世态的炎凉，也与父亲的病不可分离；鲁迅为两个"有名"的医生文学留影，除了揭露他们是"有意的或无意的骗子"，也多次提到金钱的昂贵。父亲的病过早地将鲁迅推入了社会，"他自幼历经事变，懂得人世辛酸以及炎凉的世态，由自卑与自尊两种心理所凝聚，变得十分敏感"。① 父亲去世前的现实场景是少年鲁迅最刻骨的"噩梦"：

> 早晨，住在一门里的衍太太进来了。她是一个精通礼节的妇人，说我们不应该空等着。于是给他换衣服；又将纸锭和一种什么《高王经》烧成灰；用纸包了给他捏在拳头里。"叫呀，你父亲要断气了。快叫呀?!"衍太太说。"父亲！父亲！"我就叫起来。"大声！他听不见。还不快叫?!""父亲！！！父亲！！！"……一直到他咽了气。②

这是一个典型的梦魇场景：濒死的父亲、烧纸的死亡仪式、亲人的哭喊。死亡场景的清晰再现，显示了鲁迅对父亲的爱，也表明父亲之死对鲁迅心理的巨大影响。而在父亲亡故前的一段鲁迅心理的描写，更具有心理分析的价值：

> 父亲的喘气颇长久，连我也听得很吃力，然而谁也不能帮助他。我有时竟至于电光一闪似的想道："还是快一点喘完了吧……"立刻觉得这思想就不该，就是犯了罪；但同时又觉得这思想实在是正当的，我很爱我的父亲。便是现在，也还是这样想。③

这一段是父亲去世前少年鲁迅矛盾心理的描绘，之后是连续几段对父亲的喊叫，结尾说："我现在还听到那时的自己的这声音，每听到时，就觉得这

---

① 参见曹聚仁《鲁迅评传》，东方出版中心1999年版，第159页。
② 鲁迅：《朝花夕拾》，《鲁迅全集》第2卷，人民文学出版社2005年版，第298—299页。
③ 鲁迅：《朝花夕拾》，《鲁迅全集》第2卷，人民文学出版社2005年版，第298页。

却是我对于父亲的最大的错处。"① 他"对于父亲的最大的错处"也许就是"还是快一点喘完了吧"这个念想吧。但父亲的亡故确实给少年的鲁迅带来了深深的痛苦绝望，这种痛苦绝望与《琐记》所写的险恶人心、家族与故土的世态炎凉融为一体，也与时而鲜亮的童年回忆形成了截然的对比。

少年鲁迅的绝望源于父亲的病，父亲的病促使他对中国传统文化的优越性、孝顺的合理性、中医的科学性、所谓家的完美等进行了彻底的反思。在鲁迅的眼里中医是"有意的或无意的骗子"，不仅夺去了父亲的命，给他带来无尽的伤痛，而且加速了其家庭的"破败"，这是鲁迅人生的转折，也是其人格成型的基点。他专门用《二十四孝图》与《五猖会》刻画了一颗童心所经历的心灵恐惧与挫败。卧冰求鲤的故事令他担心"性命之虞"，老莱娱亲使他觉得他"简直是装样"，"我没有再看第二回"，而郭巨埋儿则让"我最初实在替这孩子捏一把汗"，"但我从此总怕听到我的父母愁穷，怕看见我的白发的祖母，总觉得她是和我不两立"。② 一本儒家文化的儿童读物，给儿童带来的是心理的恐怖、担心与厌恶。《五猖会》前半段写民间社戏赛会给他带来的无限向往与期待及对家乡社戏的好奇与热爱，后半段写去东关看五猖会突然遇到父亲要求"我"背书的痛苦记忆：大清早起来，"我笑着跳着"，却突然遇到父亲要求背书的指令，"去拿你的书来"，"读着，强记着"，终于"梦似的背完了"，但五猖会的热闹"对于我似乎都没有什么大意思"，父亲严厉的要求带来的是时间都化不开的"挫败感"。③ 由此看来，父亲的两次出场都不是以"爱"的形象留在鲁迅的记忆中："我至今一想起，还诧异我的父亲何以要在那时候叫我来背书。"如此刻骨铭心的记忆，正是厨川白村所谓"生命力受压抑"的"症候"表现。"父亲对孩子的影响十分重大。许多孩子在一生中都会把父亲视为自己的偶像或死敌。惩罚，特别是体罚，总会伤害孩子。任何

---

① 鲁迅：《朝花夕拾》，《鲁迅全集》第 2 卷，人民文学出版社 2005 年版，第 299 页。
② 鲁迅：《朝花夕拾》，《鲁迅全集》第 2 卷，人民文学出版社 2005 年版，第 262—263 页。
③ 鲁迅：《朝花夕拾》，《鲁迅全集》第 2 卷，人民文学出版社 2005 年版，第 270—272 页。

不是以友善的方式进行的教育都是错误的教育。"① 也许我们可以寻找许多证据证明父母对鲁迅的爱意，但《朝花夕拾》中父母之爱的缺失显明了一点：在鲁迅的心中，这种爱是匮乏的。"一个孩子如果注意到他不被人爱，就会感到自卑。"② 鲁迅对童年的不停的咏叹正是他不能忘却的记忆，而这记忆正是他后来人生思想的萌芽。正如阿尔弗雷德·阿德勒所说的：

> 从呱呱坠地之日起，我们就开始摸索生命的意义。即便是婴儿，也会设法确定自己的力量以及该力量在他周围的生命中所占的比重。快6岁的时候，小孩就形成了一套完整而牢固的行为模式，他已具备自己独特的方式来处理问题，我们将这种方式称为他的"生活模式"。③

这回忆与创作也正是鲁迅所欣赏并翻译的厨川白村的《苦闷的象征》里所说的："生命力受了压抑而生的苦闷懊恼乃是文艺的根柢，而其表现法乃是广义的象征主义。""人类的在真的意义上的所谓'活着'的事，换句话说，即所谓'生的欢喜'（joy of life）的事，就在这个性的表现，创造创作的生活里可以寻到。"④ 五猖会带给童年鲁迅的惊喜、期盼与白日梦，这是内在生命力创造性的表现，但传统的道德教育却以超我的残酷方式对其进行压抑与扭曲，这种本我与超我、压抑与反抗的较量就形成了鲁迅独特的个性。曹聚仁在鲁迅印象记中谈到他"性格很强"，而又"很精明""很敏感"，⑤ 这种极端矛盾的个性就应该与他早期童年的遭遇与人生的深刻体验密切相关。这一段心理描写中虽然融入了鲁迅的道德自辩，但其颇具"弑父"色彩的矛盾心理，提醒我们换一种眼光对其重新审视。弗洛伊德分析"亲友之死的梦"时说：

---

① ［奥地利］阿尔弗雷德·阿德勒：《生命对你意味着什么》，周朗译，国际文化出版公司2000年版，第100页。
② ［奥地利］弗洛伊德：《梦的解析》，赖其万、符传孝译，安徽文艺出版社1996年版，第175页。
③ ［奥地利］阿尔弗雷德·阿德勒：《生命对你意味着什么》，周朗译，国际文化出版公司2000年版，第8—9页。
④ 参见鲁迅《苦闷的印制·译者前言》，百花文艺出版社2000年版，第2—5页。
⑤ 参见曹聚仁《鲁迅评传》，东方出版中心1999年版，第153—154页。

或者我们不敢承认大部分的人性均忽略了"第五诫"的事实，在人类社会的最低以及最高阶层里，对父母的孝道往往较其他方面兴趣来得逊色……医生往往可以看见一件可怕的事实：父亲死亡的哀恸有时并不足以掩饰儿子因此而获得自由之身的满足之感。①

用弗洛伊德的分析来解析鲁迅对临死父亲的感受虽有偏颇，但他从人性复杂面看待"父—子"关系的思路，对我们理解鲁迅对父亲的病给全家带来的灾难，包括他自己，还有道德上沉重的包袱应颇有所启发，少年鲁迅在人生的残酷现实面前深刻感受到以父亲为代表的传统已变为严酷的现实，一味地沉浸于过去，缺少"自省"意识的人生与社会都将必然灭亡，这也正是他坚决反对传统的所谓孝的意识与伦理观念的根本原因，所以鲁迅在《二十四孝图》中说：

我最初实在替这孩子捏一把汗，待到掘出黄金一釜，这才觉得轻松。然而我已经不但自己不敢再想做孝子，并且怕我父亲去做孝子了。家景正在坏下去，常听到父母愁柴米；祖母又老了，倘使我的父亲竟学了郭巨，那么，该埋的不正是我么？如果一丝不走样，也掘出一釜黄金来，那自然是如天之福，但是，那时我虽然年纪小，似乎也明白天下未必有这样的巧事。②

与《朝花夕拾》中鲁迅父亲的形象密切相关的是母亲形象的缺失，这无疑使我们产生无限的遐想与猜测，是不是母亲一生的"乏善可陈"导致了这个无言的空缺，还是母亲鲁瑞某方面的性格使然？无论这个结论是否确实，但一个基本的事实无法改变：《朝花夕拾》没有母亲的位置。阿尔弗雷德·阿德勒认为"她（母亲）是他走入社会生活的第一座桥梁"。③ 母亲的缺失与鲁

---

① ［奥地利］弗洛伊德：《梦的解析》，赖其万、符传孝译，安徽文艺出版社1996年版，第143—144页。
② 鲁迅：《朝花夕拾》，《鲁迅全集》第2卷，人民文学出版社2005年版，第263页。
③ ［奥地利］阿尔弗雷德·阿德勒：《生命对你意味着什么》，周朗译，国际文化出版公司2000年版，第91页。

迅性格中挥之不去的自卑、孤独与绝望有着必然的联系。而鲁迅以长妈妈的形象替代了空缺的母亲（《阿长与〈山海经〉》），算是对"母性"之爱缺失的一种弥补。鲁迅在《阿长与〈山海经〉》中说："哥儿，有画儿的'三哼经'，我给你买来了！""我似乎遇着了一个霹雳，全体都震悚起来；赶紧去接过来，打开纸包，是四本小小的书，略略一翻，人面的兽，九头的蛇……果然都在内。""仁厚黑暗的地母呵，愿在你怀里永安她的魂灵！"①这种鲁迅作品中少见的深情抒怀，显示了童年鲁迅对母爱的渴望与怅惘，而祖母与长妈妈所讲的关于动物的"爱恨情仇"则建立了他最早的价值模式与人格类型：对柔弱者的同情与喜爱，对霸强者的怀疑与憎恶。

三、鲁迅性格的矛盾性及其形成

鲁迅性格及人格的矛盾性是较为突出的，自传作为一部人格的历史，这在《朝花夕拾》中得到了较为清晰的体现。鲁迅精神人格中的两面——敏感、世故等阴暗面与真诚、挚爱等阳光面相互冲突并存。它们一面连接着其人生历程中的坎坷，并因不断的负面经验而强化，一面联系着鲁迅的内在生命力，并在不断的寻求中发展。正如曹聚仁《鲁迅评传》中所说的：

> 鲁迅是一个"世故"老人，他年纪不大，但看起来总显得十分苍老。他自幼历经事变，懂得人世辛酸以及炎凉的世态，由自卑与自尊两种心理所凝聚，变得十分敏感，所以他虽不十分喜欢"世故老人"的称谓，也只能自己承认的。②

许寿裳在《鲁迅评传》中也有同样的看法："至于他之所以伟大，究竟本原何在？依我看，就在他的冷静与热烈双方都彻底。冷静则气宇深稳，明察

---

① 鲁迅：《朝花夕拾》，《鲁迅全集》第 2 卷，人民文学出版社 2005 年版，第 254—255 页。
② 曹聚仁：《鲁迅评传》，东方出版中心 1999 年版，第 159 页。

万物；热烈则中心博爱，自任以天下之重。其实这二者是交相为用的。"① 作为鲁迅生前的挚友，许寿裳与曹聚仁都注意到他性格与人格上矛盾的两面。鲁迅对于自己的个性也有相当清醒的认识，所以自己虽不十分喜欢"世故老人"的称谓，却也不得不承认其合理的一面。在青年鲁迅热情、孤寂、落寞的身影上就展示出一种人格矛盾分裂的状态，他对于激发其内在情感的人与物充满了特别的热情，《天演论》可以看作是一个象征的表达：这是他童年阅读《山海经》、观看地方社戏、聆听民间传说、描绘绣像画的精神延续，也是其天真个性的进一步发展。他对藤野先生及长妈妈的爱，对范爱农——一个他曾经极端厌恶的人——的友情都透露出他情感的浓烈与深厚。但在另一面，他对于其生存的环境又显示出极大的厌恶与不满，其中的孤寂与悲愤常常跃然纸上，他对南京水师学堂的"乌烟瘴气"的描写，对东京留学生的讽刺性的刻画，对仙台医专的日本同学与课堂氛围的回忆，对辛亥革命后绍兴光复的感叹都是他生命感悟的另一面。

李欧梵以"一位作家的产生"为题，从"家庭和教育""传统和反传统"两个方面探讨了鲁迅何以成为一个伟大的作家：

> 和那种神化的观点相反，鲁迅决不是一位从早年起就毫不动摇地走向既定目标的天生的革命导师，相反，他终于完成自己在文学方面的使命，是经过了许多的考验和错误而来的。他的心智成长发展的过程，实际上是一系列的以困惑、挫折、失败，以及一次又一次的灵魂探索为标志的心理危机的过程。②

因此，分析早年鲁迅的生活历程对理解何种因素孕育了现代作家鲁迅的人格具有重要的意义。童年鲁迅天真而敏感，其中的诸多成分都包含着作家、学者、批评家的生长原点，他对"花鸟虫鱼"自然世界的细腻

---

① 许寿裳：《鲁迅评传》，国际文化出版公司 2010 年版，第 120—121 页。
② ［美］李欧梵：《铁屋中的呐喊》，尹慧珉译，岳麓书社 1999 年版，第 3 页。

观察(《狗·猫·鼠》《从百草园到三味书屋》),对于民间传说的敏锐感受(《狗·猫·鼠》《从百草园到三味书屋》),对于民间戏剧活动的向往(《五猖会》《无常》),初读《山海经》的惊喜与对书籍的强烈爱好,他的设身处地的思考及怀疑与批判精神等都显示了一位未来伟大作家的萌芽。少年鲁迅陷入了精神的绝地,却也是鲁迅最初的原动力。父亲的病是鲁迅人生的转折点,其中中医的肖像、父亲亡故时的呐喊、衍太太的脸谱,都是促使鲁迅从学医到放弃学医,从医治肉体到医治国民性,从治家到救国的人生奋斗历程。青年鲁迅的身影充满了热情、孤寂与落寞,这是成熟鲁迅的前夜;南京矿路学堂惊喜地阅读《天演论》的鲁迅仿佛是那个得到《山海经》时如获至宝的童年鲁迅的再现,仙台医专求学的鲁迅的热情最终转化为以笔为刀的写作热情,仍然是他儿时对衍太太深思的结果。《藤野先生》的结尾处他这样写道:"于是点上一支烟,再继续写些为'正人君子'之流所深恶痛疾的文字。"这已是以"社会批评家"身份自许的鲁迅了。一旦面对现实,鲁迅的"孤寂"情怀就溢于言表,他对群体的失望与疏离,他对所谓"正人君子"的叛逆与反抗,他所有的思考与抗争都充溢着这种落寞之情,这也是他在孤独与悲愤中对自我生命历程的感悟与反思。

鲁迅的富于自省精神是中国现代作家中较为少见的,也是中国传统文化中异质的因素,更为重要的是他同时也把这种精神用于沉思中国的传统社会与文化,希望中国社会与文化及生活在其中的人能在自省中奋进。鲁迅用自己的切身经历告诉世人对中国几千年传统应该采取谨慎而积极的态度,他对孝的看法更激发了我们对今日过分美化传统文化的观点的反思与警惕,传统并不是解决现实问题的灵丹妙药,而仅仅是一种有待消化与提升的资源。鲁迅在《朝花夕拾》中回顾自我的生命历程时也进行了广泛的社会文化批评。他对中国文化大、小传统进行了思考,将中国的大、小文化传统加以对比,从"人"的角度提出反思——儒家主流文化为何对孩子的精神造成伤害,通过对民间传说、地方戏曲、《山海经》等一系列中国文化小传统的描绘表达了对其真挚的喜爱；对《二十四孝图》《鉴略》、三味书屋等代表中国文化的大传统则充满尖锐的批评与反思。鲁迅同时展开了对国民性的批判，他对于其生命历程中的诸多人物都上升到国民性批判的高度，以"诚与爱"为标准，加以审视和思考。他对民族关系与辛亥革命的反思，对藤野与"爱国"的日本学生的对照，他批评民族的歧视，弘扬民族与人格的平等理念（《藤野先生》），对于辛亥革命，鲁迅更表达了"骨子里依旧"的失望情绪（《范爱农》）。至于鲁迅对于中国知识分子的思考与批判更是切肤沉痛，他将中国知识分子分为"官魂""匪魂""民魂"，《朝花夕拾》采用三种不同的方式对"正人君子"的"官魂"或"匪魂"加以抨击，且在与"官魂""匪魂"的对抗中彰显了鲁迅以"民魂"自况的身份界定。

鲁迅对国民性的思考应开始于《朝花夕拾》的衍太太，她是一个非常特别的人物：她先是在《父亲的病》的末尾粉墨登场，鲁迅有意将长妈妈的角色让她来扮演，之后她又在《琐记》的开头出场，鲁迅将其作为S城人心肝的代表。周作人后来以《S城人》为题加以回忆和评论："衍太太是平水山乡的出身，可是人很能干，却又干的多是损人不利己的事"，"这里他（注：鲁迅）表示出对于庸俗的乡人的憎恶"。[①] 衍太太的特点可用"巧言令色鲜矣仁"来说明。鲁迅在《琐记》中先是以童年视角写衍太太的"好"：她鼓励我们吃冰、打旋，

> 假如头上碰得肿了一大块的时候，去寻母亲去罢，好的是骂一通，再给擦一点药；坏的是没有药擦，还添几个栗凿和一通骂。衍太太却决不埋怨，立刻给你用烧酒调了水粉，搽在疙瘩上，说这不但止痛，将来还没有瘢痕。[②]

但鲁迅已经日渐长大，"父亲故去之后，我也还常到她家里去，不过已不

[①] 参见周作人《关于鲁迅》，新疆人民出版社1997年版，第418页。
[②] 鲁迅：《朝花夕拾》，《鲁迅全集》第2卷，人民文学出版社2005年版，第302页。

是和孩子们玩耍了,却是和衍太太或她的男人谈闲天",于是谈到没有钱,于是衍太太建议他偷偷拿母亲的首饰变卖,于是不久听到一种流言:"我已经偷了家里的东西去变卖了。"于是我真觉得犯了罪,"怕遇见人们的眼睛,怕受到母亲的爱抚",这样就完成了衍太太的心肝写真。对衍太太的回忆结束之后,鲁迅以一句"好。那么,走罢!"独立成段,其果敢与决绝,正反映了鲁迅对于 S 城人的绝望心态。①

在鲁迅的人生途中随处可见和 S 城人一样的脸和心肝,如南京水师学堂所见的"螃蟹态度":

> 初进去当然只能做三班生,卧室里是一桌一凳一床,床板只有两块。头二班同学就不同了,二桌二凳或三凳一床,床板多至三块。不但上讲堂时挟着一堆厚而且大的洋书,气昂昂地走着,决非只有一本"泼赖妈"和四本《左传》的三班生所敢正视;便是空着手,也一定将肘弯撑开,像一只螃蟹,低一班的在后面总不能走出他之前。这一种螃蟹式的名公巨卿,现在都阔别得很久了,前四五年,竟在教育部的破脚躺椅上,发见了这姿态,然而这位老爷却并非雷电学堂出身的,可见螃蟹态度,在中国也颇普遍。②

即便是日本的仙台医专也有着令人难以容忍的歧视:

> 中国是弱国,所以中国人当然是低能儿,分数在六十分以上,便不是自己的能力了:也无怪他们疑惑。但我接着便有参观枪毙中国人的命运了。第二年添教霉菌学,细菌的形状是全用电影来显示的,一段落已完而还没有到下课的时候,便影几片时事的片子,自然都是日本战胜俄国的情形。但偏有中国人夹在里边:给俄国人做侦探,被日本军捕获,要枪毙了,围着看的也是一群中国人;在讲堂里的还有一个我。③

---

① 鲁迅:《朝花夕拾》,《鲁迅全集》第 2 卷,人民文学出版社 2005 年版,第 302—303 页。
② 鲁迅:《朝花夕拾》,《鲁迅全集》第 2 卷,人民文学出版社 2005 年版,第 304 页。
③ 鲁迅:《朝花夕拾》,《鲁迅全集》第 2 卷,人民文学出版社 2005 年版,第 317 页。

即使是辛亥革命后的绍兴也没有什么大变样:

> 我就不再说下去了,这一点世故是早已知道的,倘我再说出连累我们的话来,他就会面斥我太爱惜不值钱的生命,不肯为社会牺牲,或者明天在报上就可以看见我怎样怕死发抖的记载。①

由此可见,它们都显示出一种完全与衍太太一类人相同的损人而又不利己的人生态度。"螃蟹态度"的跋扈、日本人的歧视、人与人之间的世故都完全缺乏诚与爱的心灵,鲁迅精神人格中世故、敏感的一面正是在这阴魂不散的社会人生画面中凝聚而成,这也就是鲁迅在日本时常常与许寿裳讨论的三个问题:"怎样才是理想的人性?中国国民性中最缺乏的是什么?它的病根何在?"当然,在这期间,鲁迅也遇到了善良而真诚的人,正如日本学者伊藤虎丸所说的:

> 在《藤野先生》中,藤野先生朴素的人格与日本学生造成的丧失良知的事件之间,浮现出了鲁迅所确信的超越国籍的"真的人"的关系。这种关系的反面,就是等级观念和围着被枪毙的"犯人"喝彩的群众的形象。②

鲁迅在老师藤野身上寻找到了别一类的人生,一种散发着诚与爱的光芒的人生,但更多的还是如衍太太所代表的中国看客的心理,就连鲁迅一向敬重的长妈妈也不免如此,她们"切切察察","每天每刻,都处在被'众目睽睽'地'看'的境遇中;而自己也在时时'窥视'他人"。这种自私而冷漠的心态在鲁迅看来正是阻碍中国民族进步的最大障碍,而揭示并改造这种国民性正是鲁迅毕生努力的方向。

从以上对《朝花夕拾》的分析中我们可以看出,鲁迅文学创作的自传性是非常突出的,这对我们理解鲁迅复杂的个性及其成因都有着非常重要的意

---

① 鲁迅:《朝花夕拾》,载《鲁迅全集》第2卷,人民文学出版社2005年版,第326页。
② [日]伊藤虎丸:《鲁迅与日本人——亚州的近代与"个"的思想》,李冬木译,河北教育出版社2000年版,第7页。

义，同时对理解鲁迅的文学思想及其创作也有着不可替代的作用，对鲁迅复杂个性的思考也对我们分析当前知识分子的精神状态有着同样重要的理论价值。

原载《现代传记研究》2018 年第 1 期

自我认知与文学路径
——《朝花夕拾》与《从文自传》的比较阅读

郭巧瑜

鲁迅与沈从文是中国现代少数享有"文体家"之誉的杰出作家,二者的创作都极为庞杂,但在艺术风格与文学观方面有着泾渭分明的差异。鲁迅的文学重在揭露与鞭挞,充满战斗的激情,终身以"国民性改造"为己任,显示出深沉的忧国情怀与道德担当;而沈从文的创作多为田园牧歌式的作品,以"人性"为皈依,显示出和谐、平淡、纯净的审美取向。对于二者创作风格的相异之处,已有不少研究者做出了解读,而本文选取两位作家的自传性作品《朝花夕拾》与《从文自传》,试图通过比较阅读,得出两位作家不同的自我认知与创作路径。

《朝花夕拾》与《从文自传》两部文本都强烈地显示了"乡土"对作家的影响,同时展示了鲁迅与沈从文对"乡土"迥异的接受路径,这一点已有论者指出[1],但它们对于我们的启示却不止于此。自传是一种十分特殊的文学种类,具有特殊的文献意义及史料价值,但对于"文学家的自传",我们亦不应忽视其文学及美学。而作为一种特殊的传记,自传不仅要处理"我与别人的关系""我与时代的关系"[2],还需处理极为特殊的"我(叙述者)与自我(被

---

[1] 参见尹变英《〈朝花夕拾〉和〈从文自传〉的比较研究》,《南都学坛》2003年第3期。
[2] 赵白生:《传记文学理论》,北京大学出版社2003年版,第35页。

叙述者）的关系"。考察两位作家的自传，不仅有助于我们把握其对自我的认识，对于如何解读他们的创作，亦不啻为一种有益的启示。

一、间离与认同：自我认知

中国现代自传是文学革命后个性解放、自我意识高扬的产物。① 而普实克更认为："倾重主观性、内向性，倾重描述个人经历同时也侧重抛弃一切幻想而去反映生活，甚至包括理解生活的全部悲剧意义的现实主义观点——这种总倾向的最突出成就是中国的自传文学。"② 《从文自传》无疑是这个时期自传文学最突出的代表之一，但《朝花夕拾》的"自传性"问题却曾引发过争议。在 20 世纪 80 年代，王瑶曾断言《朝花夕拾》"不是自传"③，然而随着研究的深入，这一结论已被推翻，论者已公认《朝花夕拾》即使不是严格的自传，亦至少是带有自传性质的作品。④ 法国著名自传研究学者勒热纳曾指出，要辨别一部作品是否为自传，需要"看童年叙事是否具有重要地位，或者更笼统地说，叙事是否强调人格的诞生"⑤。通过阅读我们不难发现，《朝花夕拾》是完全符合以上这些特征的，尤其是将这本散文集与鲁迅之弟周作人在同时期所作、同样以故乡风物为题材的散文作品（而非周作人晚年具有自传性质的《知堂回想录》）相比较，其"自传性"——体现其个体内在精神特质的主观性——更为强烈。事实上，鲁迅也曾写过一篇《自传》⑥，基本上只是其一生行状的客观记录，在体现其人格的形成、精神世界的历程方面，远远比不上

---

① 参见陈兰村主编《中国传记文学发展史》，语文出版社 1999 年版，第 430—432 页。
② [捷克] 雅罗斯拉夫·普实克：《普实克中国现代文学论文集》，李燕乔等译，湖南文艺出版社 1987 年版，第 24 页。
③ 王瑶：《论鲁迅的〈朝花夕拾〉》，《北京大学学报》（哲学社会科学版）1984 年第 1 期。
④ 参见辜也平《传记文学视野中的〈朝花夕拾〉》，《鲁迅研究月刊》2009 年第 11 期。
⑤ [法] 菲力蒲·勒热纳：《自传契约》，杨国政译，北京大学出版社 2013 年版，第 9 页。
⑥ 鲁迅：《鲁迅自传》，《鲁迅全集》第 8 卷，人民文学出版社 2005 年版，第 342—344 页。

《朝花夕拾》(甚至也比不上《呐喊·自序》《两地书》这样的文本)，这也是这篇自传没有被广泛引用的原因。

不过王瑶的论断也并非没有其根据，1936年5月鲁迅在致李霁野的一封信中明确写道："我是不写自传也不热心于别人给我作传的，因为一生太平凡，倘使这样的也可做传，那么，中国一下子可以四万万部传记，真将塞破图书馆。我有许多小小的想头和言语，时时随风而逝，固然似乎可惜，但其实，亦不过小事情而已。"[1] 其时鲁迅即将走到生命的尽头，从这一段夫子自道可以看出，鲁迅的"自传冲动"，即"要求认识和表现自己，也让别人了解自己，肯定和尊重自我的存在"[2] 的意愿，似乎是十分微弱的。

那么，如何解释鲁迅的自我言说与其实际创作中的这个悖论呢？实际上，"悖论"或"矛盾"乃是存在于鲁迅文学内部的一大特点，理解这一点对把握鲁迅的文学精神极为重要。我们可以为此找到许多例子，如鲁迅为"左联"五烈士写下的著名悼文就有一个悖论式的标题：《为了忘却的记念》。在《坟》的题记中，鲁迅写道："所以虽然明知道过去已经过去，神魂是无法追蹑的，但总不能那么决绝，还想将糟粕收敛起来，造成一座小小的新坟，一面是埋藏，一面也是留恋。"[3] 一面要埋藏，一面却又留恋；一面要忘却，一面却又记念。这样的悖论也同样存在于《朝花夕拾》的具体篇章中：尽管知道回忆"也许要哄骗我一生"，却又"时时反顾"[4]。正如很多论者所指出来的那样，《朝花夕拾》这一系列的散文是经过精心安排的，是一次有系统性的创作，从整体框架上完整地体现了鲁迅从童年到青年这一时期的生命历程，不论是出于艺术性的考虑，还是为了"在纷扰中寻出一点闲静来"[5]，鲁迅的确想

---

[1]《鲁迅全集》第14卷，人民文学出版社2005年版，第95页。
[2] 杨正润：《现代传记学》，南京大学出版社2009年版，第307页。
[3]《鲁迅全集》第1卷，人民文学出版社2005年版，第4页。
[4] 鲁迅：《朝花夕拾》，《鲁迅全集》第2卷，人民文学出版社2005年版，第236页。
[5] 鲁迅：《朝花夕拾》，《鲁迅全集》第2卷，人民文学出版社2005年版，第235页。

借此对给自己生命带来重要影响的人事作总体性的回顾。另一方面，读者也需注意到，鲁迅的写作虽然是在抵抗遗忘、抵抗记忆的消逝，但《朝花夕拾》在不断回忆的同时又不断拆解回忆，在很多篇章的结尾，往往笔锋一转，以与"现实"的对比，消解了"回忆"的有效性：对猫的反感"早已是过去的事了"，作者"已经改变态度，对猫颇为客气"[1]；对于长妈妈，也"终于不知道她的姓名，她的经历"[2]；对于极为向往的"五猖会"，也"完全忘却，不留一点痕迹了"[3]；童年时花费许多心力画成的绣像本也"早已没有了罢"[4]；甚至连挚友范爱农的死因，也"至今不明白他究竟是失足还是自杀"[5]，对他的后人在当时的境况也一无所知。

在《朝花夕拾》中，叙述者在追忆过去的同时，却又否定着"过去"，甚至暗示连"过去"本身也是无所追踪的，这就使文本具有了极强的反讽意味。勒热纳在分析自传中叙述者与被叙述者的关系时，将其分为两大类，一为认同的，另一为间离的[6]，无疑《朝花夕拾》就是一部"间离性"的自传。然而这种"间离"与反讽并非"今日之我"对"昨日之我"的简单否定，正如"为了忘却的记念"的最终目的，是希望历史与人民能记住牺牲的烈士一样，叙述者以某种负罪的愧疚感叙述着已不可再来甚至不可追踪的"过去"，凸显了叙述者对过去的人和事——包括"过去的自我"的珍视。若非如此，他的书写会显得毫无意义。这种文本内部既肯定又否定、既否定又肯定的反讽叙事，使《朝花夕拾》与一般的自传区别开来，与后者中张扬的自我不同，《朝花夕拾》中的"自我"是以压抑甚至否定的模式体现出来的，但同时这种压抑与否定，这种"想要遗忘却无法遗忘"的潜在话语，又强烈地彰显着传主

---

[1] 鲁迅：《朝花夕拾》，《鲁迅全集》第2卷，人民文学出版社2005年版，第245页。
[2] 鲁迅：《朝花夕拾》，《鲁迅全集》第2卷，人民文学出版社2005年版，第255页。
[3] 鲁迅：《朝花夕拾》，《鲁迅全集》第2卷，人民文学出版社2005年版，第272页。
[4] 鲁迅：《朝花夕拾》，《鲁迅全集》第2卷，人民文学出版社2005年版，第291页。
[5] 鲁迅：《朝花夕拾》，《鲁迅全集》第2卷，人民文学出版社2005年版，第328页。
[6] 参见［法］菲力蒲·勒热纳《自传契约》，杨国政译，北京大学出版社2013年版，第68页。

鲁迅的个人特质。

　　与之对比，《从文自传》明显是一部自觉的、典型的自传，且是少见的写于作家中年之前的自传。对于作家来说，这需要不同寻常的自信与魄力，即此时他必须已具有比较系统、成熟的自我认识以及梳理、叙述回忆的能力。过去论者多注重这部自传的文献价值及史料价值，但对于其在沈从文创作中的坐标意义，我们亦给予足够的重视。《从文自传》写出之后，沈从文一生最重要的代表作《边城》《湘行散记》等亦应运而生，诚如夏志清所说，《从文自传》实际上是沈从文"一切小说的序曲"①。"自传的头号问题是'我是谁'"②，亦即自传作者的"身份认同"问题。而"身份认同"问题的产生，必然与自传作者所面对的陌生的"他者"相关。在这个层面上，我们不妨把《从文自传》看作是其"乡下人"身份认同最终确立的标志。实际上，在《从文自传》的开篇中作者已暗示，本书是为"城市中人"③而作。《从文自传》中多次强调了"读书"与"教育"，特别是后者，是沈从文一生中爱用的词，这种"教育"更多指的是他从天地山川、军队行旅中所获得的现实的教育（即所谓的"大书"），与"城市中人"仅仅从课堂、书本上获得的教育（即所谓的"小书"）是截然不同的。正是这样的一种特殊的"教育"，赋予了沈从文与现代城市文明格格不入的个性与气质，为沈从文一生对"城市中人"乃至整个民族的精神状况的反思提供了源源不断的灵感与资源。正如张新颖所说："正是借助自传的写作，沈从文从过去的经验中重新'发现'了使自我区别于他人的特别因素，通过对纷繁经验的重新组织和叙述，这个自我的形成和特质就变得显豁和明朗起来。"④

　　除了"自我认同"之外，沈从文在《从文自传》中还有一种"自我塑

---

① 夏志清：《中国现代小说史》，刘绍铭等译，香港中文大学出版社 2001 年版，第 163 页。
② 赵白生：《传记文学理论》，北京大学出版社 2003 年版，第 19 页。
③ 沈从文：《从文自传》，《沈从文全集》第 13 卷，北岳文艺出版社 2002 年版，第 243 页。
④ 张新颖：《〈从文自传〉："得其自"而为将来准备好一个自我》，《文艺争鸣》2005 年第 4 期。

造"。汪曾祺曾说:"沈先生用手中一支笔写了一生,也用这支笔写了他自己。他本人就像一个作品,一篇他自己所写的作品那样的作品。"① 与《朝花夕拾》相比,《从文自传》的"自传性"相当明确,不仅体例完备,从"我"的故乡、家庭、教育到社会经历、人生理念无所不包,而且还不止一次给"我"下定义,如"我的气度得于父亲影响的较少,得于妈妈的似较多"②,"我感情流动而不凝固……我认识美,学会思索,水对我有极大的关系"③,"我不大能领会伦理的美。接近人生时,我永远是个艺术家的感情,却绝不是所谓道德君子的感情"④ 等,诸如此类"夫子自道"的段落,或长或短,在《从文自传》中俯拾皆是,文字优美而描述精当,为后世研究者所反复引用,乃是绝佳的一手材料。在《从文自传》中,传主本人的"现实经历",包括他的"心灵经历",都有着清晰可见的、令人信服的脉络。我们可以很明显地看出,沈从文在写作时,不仅是在单纯地回顾自己过往的生活,而且也是在有意识地向读者提供了解一个作家所需要的一般资料。无怪乎汪曾祺认为《从文自传》"是一本培养作家的教科书",它告诉读者"人是怎样成为诗人的"⑤。也即是说:对于要向读者所呈现出来的自我形象,沈从文有着清晰而明确的把握。可以想见,要将"自我"向读者和盘托出,除了需要创作的真诚,还需要一种自传作者所必须具备的自信以及纪念自我的本能(即所谓"自传冲动")。由此我们可以看出,《从文自传》实际上是"乡下人"沈从文"从倾泻于'自叙传'写作中的自卑"过渡"到倾注于乡土抒写里的自傲"⑥ 的分水岭。

根据这种"自傲",与《朝花夕拾》的间离相对照,我们可以把《从文自

---

① 汪曾祺:《沈从文的寂寞》,《晚翠文谈》,浙江文艺出版社 1988 年版,第 156 页。
② 沈从文:《从文自传》,《沈从文全集》第 13 卷,北岳文艺出版社 2002 年版,第 249 页。
③ 沈从文:《从文自传》,《沈从文全集》第 13 卷,北岳文艺出版社 2002 年版,第 252 页。
④ 沈从文:《从文自传》,《沈从文全集》第 13 卷,北岳文艺出版社 2002 年版,第 323 页。
⑤ 汪曾祺:《沈从文的寂寞》,《晚翠文谈》,浙江文艺出版社 1988 年版,第 165 页。
⑥ 解志熙:《爱欲抒写的"诗"与"真"——沈从文现代时期的文学行为叙论》(中),《中国现代文学研究丛刊》2012 年第 11 期。

传》归为勒热纳所说的认同性自传。在谈到所接受到的"教育"时，如前所述，沈从文不断地强调自己不仅读"小书"也读"大书"，这正是他得以与"城市中人"相抗衡的自豪的资本。而鲁迅的叙述，却是充满了创伤、羞耻与屈辱：被父亲要求背诵《鉴略》的惊惶与不解，《二十四孝图》的恐怖，当然还有"幻灯片事件"带来的深深的耻辱之感。不知读者是否记得著名的《藤野先生》充满否定与冷嘲意味的开头："东京也无非是这样。"① 对于这些从正规途径接受的教育，鲁迅几乎都无甚好感。又如在对"乡土"的描写上，《从文自传》的开篇即详尽、细致而充满深情地介绍了"我所生长的地方"的历史、地理、人文，而在《朝花夕拾》中，尽管鲁迅的故乡绍兴乃是历史上赫赫有名的江南城镇之一，作者却吝于在介绍地方人事上花费笔墨（尽管他做过不少搜集故乡地方史料的工作），而更多的是体现了对故乡的憎恶与厌倦，这一点也与鲁迅的小说一脉相承。"教育"与"乡土"乃是构成个体精神世界与人格气质的重要因素，换言之，亦即个体"自我"的反映。在对"乡土"与"教育"的态度上，我们又一次清晰地看到两部自传中叙述者与"自我"关系的不同。隐藏在两部自传中的内在自我，如沈从文自傲的一面，以及鲁迅自我压抑的一面，一定程度上被两位作家的其他重要作品（如小说和杂文）所遮蔽，也长期被大部分读者所忽略，但在考察作家创作的内部逻辑，把握住作家的精神内核方面，这一点是至关重要的。

二、负罪意识与审美观照：文学路径

如前所述，《朝花夕拾》这部回忆性的作品，揭示了一个不同于"战士"形象的鲁迅。林毓生指出："鲁迅由于理性上的考虑和道德上的关切，在完全拒绝中国传统的同时，又发现中国传统文化和道德中的某种成分是有意

---

① 鲁迅：《朝花夕拾》，《鲁迅全集》第 2 卷，人民文学出版社 2005 年版，第 313 页。

的……在他所主张的全盘性反传统的思想面前，这种态度使他十分苦恼——甚至有一种内疚的罪恶感。"①（着重号为笔者所加）这种"内疚的罪恶感"，类似于竹内好所说的"近似于宗教的原罪意识"②。

这样的负罪感，在《朝花夕拾》中的某些篇章中可以明显地窥见其端倪，如对于父亲的死："我现在还听到那时的自己的这声音，每听到时，就觉得这却是我对于父亲的最大的错处。"③包括范爱农，鲁迅对其死亡多年来耿耿于怀，未必不是这种负罪感的结果。在此意义上，这些文章与散文诗《风筝》、小说《故乡》《祝福》《在酒楼上》等文本是在同一个系统中的。这是体现在个人道德层面的负罪之感。另一层面，则是体现在"感时忧国"方面。这其中最著名的例子，莫过于《藤野先生》中记叙的"幻灯片事件"。后世公认这是鲁迅弃医从文的转折点，但亦有不少论者质疑其真实性④，颇有打破"鲁迅神话"的意味。不过，根据勒热纳的理论，"自传与小说的区别，不在于一种无法企及的历史精确性，而仅仅在于是否有重新领会和理解自己一生的真诚的设想"⑤。鲁迅对"幻灯片事件"的叙述与当年真实情况是否完全一致并非重点，重点在于鲁迅选择将这一事件戏剧式地呈现，将其描述为一生至关重要的转折点的叙事策略及其背后动机。也许"幻灯片事件"并不是鲁迅弃医从文的唯一原因，他的这一选择是由多方面的原因所决定的，然而单单突出这一事件，无疑是因为鲁迅认为这应该成为他弃医从文最主要的原因，甚至是唯一的原因，其他的因素并非没有影响，而是其重要性与此相比，几乎是微不足道。在"应然"与"实然"之间或许存在一段距离，但造成这种距离的，

---

① ［美］林毓生：《中国意识的危机："五四"时期激烈的反传统主义》，穆善培译，贵州人民出版社 1986 年版，第 179 页。
② ［日］竹内好：《近代的超克》，李冬木、赵京华、孙歌译，生活·读书·新知三联书店 2016 年版，第 82 页。
③ 鲁迅：《朝花夕拾》，《鲁迅全集》第 2 卷，人民文学出版社 2005 年版，第 299 页。
④ 如竹内好和李欧梵都怀疑，由于幻灯片未能找到，这次事件可能是虚构的。
⑤ ［法］菲力蒲·勒热纳：《自传契约》，杨国政译，北京大学出版社 2013 年版，第 18 页。

正是鲁迅"重新领会与理解自己一生的真诚的设想"。

提到"幻灯片事件",读者自然会想起《从文自传》中同样描写观看杀人砍头的经历,而且与鲁迅通过幻灯片观看的途径不同,沈从文是亲眼看到无数杀人与砍头的场景。论及此,我们不得不提王德威关于同时出现在两书中但迥然相异的"砍头"意象的著名论述。[①] 沈从文在《怀化镇》一章中写到"杀人"时,其冷静的描写令人惊异,似乎与大众想象中的田园牧歌式的沈从文作品大相径庭:他用"看热闹"[②]一词来形容军中看杀人砍头的行为,又描写了兵士们在"看热闹"的过程中喝酒、聊天、炖狗肉的事迹(他自己亦正是其中一员),似乎杀人与砍头亦不过是日常生活中一个平淡无奇的事件。但读者知道事实并非如此。正如王德威所说,在这儿,文本出现了"意义的悬置"。这种"意义的悬置"当然是沈从文有意为之的。王德威认为沈从文并不赋予杀人与砍头这种暴行任何内在的寓意,而是从中看出了"人类动机的种种复杂与共存性"。[③] 沈从文如此描写杀人与砍头的场景,并不意味着他对此是漠然处之(否则他不会在小说中反复书写这一主题),而只是在叙述策略上有自己的考虑。沈从文自述"我就是个不想明白道理却永远为现象所倾心的人。我看一切,却并不把那个社会价值掺加进去,估定我的爱憎",他"不明白一切同人类生活相联结时的美恶"[④],"不大能领会伦理的美",因此"接近人生时,我永远是个艺术家的感情,却绝不是所谓道德君子的感情"。在做出道德判断之前,沈从文首先是"用文字捕捉感觉与事象"[⑤],将他所看到的使他心有所感的种种现象记录下来,不管这些现象是多么的离奇荒诞,甚至是血腥残暴。沈从文之所以能看出"人类动机的种种复杂与共存性",一方面是与

---

① 参见王德威《想象中国的方法》,生活·读书·新知三联书店 1998 年版,第 135—146 页;王德威《历史与怪兽:历史·暴力·叙事》,台湾麦田出版社 2011 年版,第 17—55 页。
② 沈从文:《从文自传》,《沈从文全集》第 13 卷,北岳文艺出版社 2002 年版,第 308 页。
③ 参见王德威《历史与怪兽:历史·暴力·叙事》,台湾麦田出版社 2011 年版,第 34—36 页。
④ 沈从文:《从文自传》,《沈从文全集》第 13 卷,北岳文艺出版社 2002 年版,第 323 页。
⑤ 沈从文:《从文小说习作选序》,《沈从文全集》第 9 卷,北岳文艺出版社 2002 年版,第 2 页。

他艺术家的眼光有关；另一方面，也与他受"水"的德性影响关联甚大。在《一个传奇的本事》中，沈从文写道："水的德性为兼容并包，从不排斥拒绝不同方式浸入生命的任何离奇不经事物！却也从不受它的玷污影响。"[①] 在《湘行书简》中，沈从文认为"历史是一条河"，"从那日夜长流千古不变的水里石头和沙子，腐了的草木，破烂的船板，使我触着平时我们所疏忽了若干年代若干人类的哀乐！"[②] "水"赋予沈从文一种对于世间万事万物皆能接纳、包容的特质，使其不论"看"到何人何事，均将其置于广阔的人类社会历史中去看待，因此沈从文所谓的"艺术家的感情"，并不等同于孤立的、"为艺术而艺术"的鉴赏，而是将世间万事纳入时间长河中观察其"常"与"变"，正因为有艺术的审美视角与流动的、历史的审美观作为支撑，因此在处理砍头、杀人这种"离奇不经"的事物时，沈从文得以与其保持距离，以冷静的甚至是淡漠的笔调去描写，反而使文本有一种更加触目惊心的效果。

沈从文强调自己喜欢"看"，"我永远不厌倦的是'看'一切"，鲁迅也对"看"极为敏感，他的作品中最重要的批判对象之一就是麻木、冷漠、愚昧的"看客"。沈从文的不掺杂社会价值的、纯粹的、非道德的"看"，在鲁迅那儿极有可能成为被批判的对象。当然经过上述的分析，我们知道沈从文的"看"与鲁迅笔下那些"看客"的"看"是有本质区别的，但仍不能否认，在这一问题上鲁迅与沈从文持完全相反的立场。正如李长之所说，鲁迅"并不是能鉴赏'美'的人"，而"审美的领域，是在一种绰有余裕，又不太迫切、贴近的心情下才能存在"[③]，而这样一种"绰有余裕"的审美机能，是具有强烈情感的鲁迅所缺少的。在"幻灯片事件"中，个人在求学路上的挫折感，对于同胞麻木冷漠态度的痛心，对中华民族不能自立于世界的耻辱与恐惧，所有的这些浓烈的感情混合起来，对鲁迅造成的强烈的冲击，使他无法像沈从文那

---

① 《沈从文全集》第 12 卷，北岳文艺出版社 2002 年版，第 218 页。
② 《沈从文全集》第 11 卷，北岳文艺出版社 2002 年版，第 188 页。
③ 李长之：《鲁迅批判》，北京出版社 2003 年版，第 138 页。

样与其保持一种审美的距离，而更加重要的是，鲁迅认为是这一事件最终促成了他的弃医从文，也就是说，他认为自己有责任与义务去改变国民愚昧麻木的精神状况。而对沈从文而言，观看砍头与杀人似乎并没有激起他类似的使命感（他日后的"从文"另有原因），尽管二者都怀有对生命的悲悯之情。而造成二者这一重大区别的原因，笔者认为即是前面所提及的鲁迅的"负罪感"。我们知道，西方传统中的自传起源之一正是宗教自传，如奥古斯丁的《忏悔录》，直到启蒙运动的代表卢梭写自传，仍以《忏悔录》命名。鲁迅的自传不是"忏悔录"，但和宗教的忏悔类似，具有某种负罪意识。竹内好觉得："鲁迅的根柢中，是否有一种要对什么人赎罪的心情呢？"[①] 这样的一种负罪感与试图赎罪的心理，加上民族危机意识高涨的时代背景，使鲁迅不能像沈从文那样在回忆中以某种超然的姿态对待这一事件。

在这一点上，鲁迅的道德激情与负罪意识，与沈从文的审美凝视与历史观照形成了鲜明的对比。沈从文的艺术家天性与包容万物的心胸，使他的笔可以自由地抒写从铁匠打铁到土匪造反、从男女奇情到杀人砍头这样的世间万状，犹如一幅展开的风俗画卷，呈现出多姿多彩的地方风貌，不仅《从文自传》是如此，他的小说也是如此。实际上，《从文自传》中几乎包含了他除都市小说外所有小说的母题。而鲁迅所描写的人事，基本都带有强烈的人伦、道德色彩：童年赠予其宝书的保姆长妈妈、热衷散播谣言的亲戚衍太太、在异国鼓励其努力上进的老师藤野先生、英年早逝的挚友范爱农，就连他所爱的鬼魂"无常"，也是因为"近人情"才显得格外亲切可爱。其中《范爱农》一篇尤能体现鲁迅的特点。作为自传，《朝花夕拾》与《从文自传》一样包含了许多传主小说创作的母题，除了反映乡土社会与生活的数篇代表作之外，鲁迅另一类同样十分重要的知识分子题材小说，如《在酒楼上》《孤独

---

① [日] 竹内好：《近代的超克》，李冬木、赵京华、孙歌译，生活·读书·新知三联书店2016年版，第82页。

者》，几乎都能在《范爱农》中找到影子。我们知道，同样是描写志同道合的朋友，沈从文也写有传记《胡也频传》，但其相对克制、冷静的笔调（考虑到传记是在胡也频被杀害后所写），与《范爱农》中悲凉、颓丧、物伤其类的氛围对比，俨然是相反的两套笔墨。在这儿，我们又一次看到沈从文与鲁迅文学路径的分歧之处。

三、结语

从上述分析我们不难看出，《朝花夕拾》与《从文自传》这两部自传作品，除了为读者提供了了解作家生平的一般资料以外，实质上还蕴含着解读两位作家文学特质的钥匙。鲁迅与沈从文除了在艺术风格上有着明显的差异外，在如何书写、如何把握所书写的材料上，也显示出两种耐人寻味的不同路径。二者反映在自传写作中的不同特质——鲁迅的自我批判与担荷一切的负罪意识，沈从文的自我认同以及独特的审美取向，也昭示了二者日后不同的写作之途：鲁迅在自传写作后鲜有"正统"文学作品面世，而几乎把所有精力集中在面向黑暗现实的杂文创作上；而沈从文在自传写作后，顺理成章地写出了其文学生涯中最为著名的代表作。本文所做的比较阅读的尝试无意在两者间分出高下，但笔者相信，这种比较不仅能使我们更有效地把握二者创作的分歧，对于深入地解读二者的文学作品，乃至中国现代作家的自我认知，乃至现代文学中"道德的"与"审美的"两种话语之间的张力与撕裂，亦是不无裨益的。

原载《名作欣赏》2018 年第 29 期

现实照进旧事
——《朝花夕拾》中的"流言"与"自然"

邢　程

1927年5月，鲁迅在广州编订了前一年于《莽原》上连载过的十篇"旧事重提"，更名为《朝花夕拾》。在"小引"中，鲁迅谈起两件事，第一是"记忆"的"蛊惑"："他们也许要哄骗我一生，使我时时反顾。"第二则是写作前后的环境："前两篇写于北京寓所的东壁下；中三篇是流离中所作，地方是医院和木匠房；后五篇却在厦门大学的图书馆的楼上，已经是被学者们挤出集团之后了。"关于记忆，鲁迅虽然明知那可能并不如许真实，却仍然温情脉脉。关于眼下，鲁迅特别提及的是写作时的处境：前后经两城多处辗转，大抵都身陷纷争与流言之中。

纸面之外的现实与纸面之上的旧事，共同创生了《朝花夕拾》这样一个文本。"回忆"是在现实的种种作用之下，发生并被组织起来的。这提示了重新进入《朝花夕拾》的视角，也提示了面对鲁迅的"自叙"文本时，论者应该持有的态度。一直以来，《朝花夕拾》的角色，往往是令研究者在文献材料的维度上过于倚重、在文章修辞与叙事技巧的维度上又过于轻忽的。更直白地说，对《朝花夕拾》中叙述出的鲁迅之早年经历及形象，人们往往无条件地采纳接受，并将之作为一手的基础性材料，用以进行更多的研究和分析。而这个文本本身的真正的"文学性"价值，"真"与"诗"之间的张力，则始终沉默。《朝花夕拾》因此在多数人的视域里，先天地成为一把"钥匙"，被用以注疏他物，其本身的问题却始终未得破解。

黄子平在约三十年前的看法是值得注意的，他提到了"旧事"的"寓言"意味：

> 为回忆而回忆的事是没有的，旧事重提必是为了镜照现在，即所谓"怀着对未来的期待将过去收纳于现在"。一旦为了解释当前，而将旧事反复重提，使之成为现实的一项注解，旧事也就"故事化""寓言化"了。①

不必搬出哲学家的系统，"存在"与"时间"的关系，对于执笔为文者而言，其实是不难理解的：基于对未来的投射，运用过去的经历解决当下的问题，恐怕是"自叙"性写作的一种潜在动力。而写作本身，也意味着作者在当下选择的自处方式。关键在于，对于不同的作家，其"自叙"性书写的内容与进行"自叙"时的语境，又有着在在不同的复杂关系。《朝花夕拾》与其被当作静态的历史性材料，成为鲁迅早年经历的一种绝对性的叙述，不如被当作动态的文本，以之分析鲁迅在20世纪20年代中期的微观语境与书写策略。后者的难度当然更大，但却更能通向关于鲁迅以及关于"文学"的真意。

也有学者尝试症候性地读解《朝花夕拾》中的忆旧文章。吴真在《被鲁迅记忆抹去的敷波先生》一文中，经由对与藤野先生同时授业鲁迅的敷波先生的钩沉考证，指出鲁迅仅将仙台时期的深情记叙献给藤野先生，乃是出于一种"弱者的共感"②，这是突破现有文本阐释边界的极好的努力。不过，本文希望提示的是，鲁迅写作《朝花夕拾》的年代与其本文所记载的年代，相隔已远，值得注意的是这漫长隔断两端的时间节点，也就是说，1926 年的"当下"，如何介入鲁迅早年回忆中的"过去"。在这个意义上，分析和阐释仅仅局限于文本内部，或仅仅考证与文本内容所指涉之年代的历史性材料，恐怕

---

① 黄子平：《〈故事新编〉：时间与叙述》，《中国文化》1990 年第 1 期。
② 吴真：《被鲁迅记忆抹去的敷波先生》，《读书》2017 年第 11 期。

都是不足的。文本之外的另一重关键，在于鲁迅展开回忆并进行自叙其时的现实语境。

《朝花夕拾》至少在两重意义上提供了阐释的可能性：一方面，它是鲁迅对自己童年、青年时期的回忆与重构；另一方面，它也是鲁迅在中年时候的抒写与申辩。《朝花夕拾》事实上开辟了两条时空线索。一条是"旧事"，即文本的具体内容表征的早年经历。另一条是"现实"，《朝花夕拾》的写作从1926年2月21日开始，至同年11月18日，历时9个月。在空间的维度上，被书写的往事涉及绍兴、南京、东京、仙台等地，而写作其时的鲁迅，则经历由北京南下厦门，又转徙广州的变动。鲁迅在回忆旧事之时，自己也正在经历人生的动荡，"旧事"呈现出的面貌，是经由"现实"的折射的。

一、"自叙"的"当下性"：自我确认

《朝花夕拾》的十篇文本大体是按照时间发展的顺序，依次写来。其中从儿时记忆写起，包括在故家中的童年时光，进私塾读书，父亲病逝，与邻居的相处，而至于从故乡出走南京，再由南京东渡日本，最终回国，见证了辛亥革命，并加入新政府，就职于教育部，最终随部迁至北京。由今天的外部资料来看，这些经历串联起的轮廓，大致与史实相符。鲁迅在行文中，亦始终以第一人称的视角，无论叙写回忆，还是观照当下，皆是亲历者的口吻，娓娓道来。换言之，无论《朝花夕拾》的文学性几何，其在一定程度上提供了关于鲁迅本人的历史性资料，是无可置疑的。

除此之外，当将《朝花夕拾》放在鲁迅留下的所有文字中进行观审时，会发现其与鲁迅日记之间的呼应关系。在其身后不久，鲁迅的日记便部分地

见之于世了。1939 年在上海创办的周刊《鲁迅风》(后改为半月刊)①，2 月 8 日第 5 期上刊发了鲁迅的壬子日记，同期并载有景宋《鲁迅先生的日记》一文，其中指出"据保存所得的检查一下，鲁迅先生的日记是从民国元年五月到北平时写起的，一直没有间断过"。

壬子之前，鲁迅是否做过日记，又是否故意遗落，似乎已经不可考。目前看到的鲁迅日记，起首即是壬子年五月、鲁迅初抵北京之时：

五日上午十一时身抵天津……②

颇有趣的是，《朝花夕拾》的叙事，正是自幼年时起笔，顺序谈开，至于末篇《范爱农》，述至鲁迅随教育部北上赴京而讫。从时间上看，刚好与壬子日记的起点形成对接，补充了日记中不可见的前半生的空白叙述。

自然，《朝花夕拾》的文类与日记不可化约，但只就"记事"这一功能而言，二者的并置，确实令鲁迅的生平样貌在其文本内部获得了一种完整性。法国的勒热讷在其关于自传的研究中，提到过自传与日记的比对，认为尽管二者"是两种完全对立的个人题材写作形式"，但"可以具有互补性"，并且就文学史上的现象来看，"许多作家在生活中二者都写，在某一段时间写日记，到了一定时候就写（或试着写）自传"③。

壬子时，鲁迅已是壮年，《朝花夕拾》则是从童年开始写起。从自传研究的角度看，"童年叙事"乃是构成自传的重要元素，而这一判断的前提是一种基于社会心理学的认知：童年是个性型构的时期，"在童年和以后的生活之间隐含着一种牢固的联系，童年构成一部历史的第一幕"④。当强调"童年叙事"对于成人性格的重要意义时，也就意味着作者在有意地通过这样的追忆观审

---

① 《鲁迅风》于 1939 年 1 月 11 日出版，起初为周刊，是年 5 月 20 日第 14 期改为半月刊，至是年 9 月 5 日停刊。编辑人冯梦云，发行人来小雍，经售处中国文化服务社，霞飞路霞飞市场。
② 《鲁迅全集》第 15 卷，人民文学出版社 2005 年，第 1 页。
③ [法]菲力浦·勒热讷:《自传契约》，杨国政译，生活·读书·新知三联书店 2001 年，第 25 页。
④ [法]菲力浦·勒热讷:《自传契约》，杨国政译，生活·读书·新知三联书店 2001 年，第 10 页。

自己——不仅仅是对于过往记忆的回顾，而更是对当下的自己的确认。勒热讷指出，自传作者通过叙述，"鉴别出个性的所有来源，总结出生活中决定性的开端和时刻"，从而获得一种"认同感"[①]，而"认同感"的下一个心理环节，则是"探求生活的意义，甚至为将来寻找一种生活规则"[②]。也就是说，隐藏在自传尤其是其童年叙事部分背后的写作动机，关联着作者的自我认知、自我确证。某种层面上，童年叙事也是作者经由写作而寻求个体意义与生存路径的实践。

这样的观点为观审《朝花夕拾》提供了一种"发生学"的视角：童年既然关乎人格的塑造，便为成年以后的诸种事端埋下了伏笔。而传记理论家看重的"童年叙事"，在鲁迅这里或许可以进行一点扩展和延长。如前文已经指出的，《朝花夕拾》叙事的结尾，大约是1912年，对于鲁迅这个个体而言，是年随教育部的北上入京，应该是其生命中一个十分重要的节点。尽管（以后见来看）1912年的鲁迅已经走过生命的大半，但其成为"鲁迅"，却是在定居北京以后才发生的事。此前大半生的流离辗转，总算在北京时期获得了相对稳妥的安置，故而将《朝花夕拾》中所叙的时间段视为命运的酝酿期，大抵是合适的。

事实上，也正是到末篇《范爱农》，在鲁迅的自叙里，其命运方才开始与宏大历史发生直接的关联：

> 到冬初，我们的景况更拮据了，然而还喝酒，讲笑话。忽然是武昌起义，接着是绍兴光复。第二天爱农就上城来，戴着农夫常用的毡帽，那笑容是从来没有见过的。
>
> "老迅，我们今天不喝酒了。我要去看看光复的绍兴。我们同去。"

当王金发在绍兴成为都督后，鲁迅也跟着获得了一份差事：

[①] [法]菲力浦·勒热讷:《自传契约》，杨国政译，生活·读书·新知三联书店2001年，第68页。
[②] [法]菲力浦·勒热讷:《自传契约》，杨国政译，生活·读书·新知三联书店2001年，第74页。

> 我被摆在师范学校校长的饭碗旁边，王都督给了我校款二百元。

语态一转而为被动，与此前的叙事笔法颇为不同，或许也暗示了与历史发生关联之初，个体在博弈之中的弱势地位，但无论如何，此时的鲁迅，已经开始进入历史与时代的话语了。

《范爱农》的故事以后，鲁迅北上，《朝花夕拾》的自叙戛然而止，另一方面，鲁迅的日记开始被保存下来。鲁迅在北京留居十四年，其间著述成名，也曾一度偕故家亲眷安定团圆，与此前几处辗转、辛苦摸索安置自身之法的境况相比，无疑是一种成熟的征象。1926年2月开始写作《朝花夕拾》，不久离京南下，接续的又是一段短暂的奔波生活，从这个意义上看，《朝花夕拾》处在一个特殊的人生节点上：总结北京生涯的源头，并为今后的途路寻觅方向。

自叙的意义，往往在于通过叙述往事确认自己性格形成的原点与过程，一方面获得认同感，另一方面也是为了"探求生活的意义，甚至为将来寻找一种生活规则"[①]。毕竟并非所有作者都是在人生尽头才着手回顾过去，对于那些生命中尚有许多未知之数的人来说，自叙性的写作大抵也是一种朝向自我的、内面的实践。就鲁迅而言，《朝花夕拾》恐怕也具有同样的意味：一方面是申明，一方面也是在确证之后说服自己朝向未知的未来。

二、隐微的主题："自然"与"流言"

经由召唤童年记忆，建构起"一贯如此"的自我形象，并确证日后仍将如此，这是自叙文章一个重要的隐含题旨。进一步而言，当作者对遥远的回忆进行自叙的时候，他很可能身处焦虑或被压抑的现实语境中。作为"闲话"的《朝花夕拾》，形态似是一连串的散笔，实则背后未尝没有一贯的主旨在。

---

① 引菲力浦·勒热讷语。

而不时出入文本内外的细读,则是必要的分析方法。

从文体与文风上看,《狗·猫·鼠》都是大异于其余九篇的,在历来的研究中,凡提及这一问题者,大多将此篇作为另类,认为论战性较强,一带而过。①但作为"旧事重提"的起首,《狗·猫·鼠》是值得进一步细读与阐释的。

文章开篇从"仇猫的原因"开始说起,在列举了"折磨弱者的坏脾气"与"媚态"两种猫之恶处后,指出更为"可靠"的原因,其实是:

> 因为它们配合时候的嗥叫,手续竟有这么繁重,闹得别人心烦……

这里,鲁迅用了一个微妙的修辞,将猫在交配时的"嗥叫",指认为一种"手续"。略有常识的成年人都会明白,猫的嗥叫,恐怕乃是出于自然状态下的某种生理性反应,而所谓"手续",则毫无疑问指涉了一套经由人为建构起来的非"自然"之物。医学出身的鲁迅显然不会不了解二者的分别,却仍以"手续"指代"嗥叫"。这种指认在瞬间悄然地完成了一种置换,即将"自然"之物置换为非"自然"(即建构)之物,鲁迅进而指斥这种非"自然"之物对自己(即另一个个体)所造成的侵袭与干扰,并接下来以海昌蒋氏的婚礼"手续"进行补充性说明:

> 例如人们当配合之前,也很有些手续……去年海昌蒋氏在北京举行婚礼,拜来拜去,就十足拜了三天,还印有一本红面子的《婚礼节文》……然而我毫不生气,这是因为无须我到场;因此也可见我的仇猫,理由实在简简单单,只为了它们在我的耳朵边尽嚷的缘故。

有趣的是,鲁迅的闻名,很大程度上与其在文章中的社会批判及文明批判有关,而这里他却表示:礼式这种事,无论新旧、简繁,只要不妨碍到我,那么便随它去吧。他说:"人们的各种礼式,局外人可以不见不闻,我就满不

---

① 如王瑶写于1983年的《论鲁迅的〈朝花夕拾〉》,只谈到"这篇文章有明确的针对性,论战性很浓,是受了现实斗争的'刺激'而写的"。参见《北京大学学报》(哲学社会科学版)1984年第1期。

管……",举凡"要用长竹竿来抵御"的时刻,都是"为自卫起见"。把自己定位为"局外人",攻击是出于私人立场的"自卫",这种立场与姿态,明显不符合新文化运动先锋的战斗精神。但在1926年的"旧事重提"里,鲁迅却开篇亮明了别一种"自我规定":在关于"仇猫"的"自叙"中,他清除了一切被"建构"起来的话语与意识形态("新文化"事实上也是一种建构),只谈及"自然"这一层面的问题,并通过微妙的修辞将"非自然"设置为自身的对立面(猫的嗥叫作为一种非自然的"手续",构成了他的仇恨的最直接原因)。

假使不经细读,这部分杂文风的论述很容易被一带而过,但实际上对于猫配合之"手续"的痛恶,已经暗示了《朝花夕拾》的一个隐微题旨,即"自然"之物与被"建构"之物之间的冲突,或曰"自然"与"习俗"的冲突。这一题旨,在《朝花夕拾》的故乡叙事中尤为重要。比如《二十四孝图》中抨击的虚伪,其根源即在于被"建构"起来的"孝"与人之存在的自然状态出现了抵牾,而"虚伪"则是由"君子"这一类人制造出来的,在批评"老莱娱亲"这一教谕性故典时,鲁迅说:

> 在较古的书上一查,却还不至于如此虚伪。……不知怎地,后之君子却一定要改得他"诈"起来,心里才能舒服。

君子与"诈"相关,"诈"又与非自然的文化建构相关,而非自然的文化建构又会如猫的嗥叫一般妨碍到自身的存在,需要提示的是,在写作《朝花夕拾》的时候,鲁迅事实上正在与"正人君子"们进行着不可开交的笔战。在对久远时空的自叙中,如何回应着当下的问题,或者说"过去"与"当下"如何共同作用于追忆性自叙的书写,细读文本之下,大概会有新的体会。

又比如《父亲的死》的结尾,在弥留的父亲的床前,被衍太太教唆着大声呼唤,使父亲不能安详地死去,这成为鲁迅记忆中"对于父亲的最大的错处",实际上也是"自然"与"习俗"的冲突。"自然"是弥留者需要安静地离世而不受到打扰,这也是鲁迅所叙述的父亲的自然反应("'什么呢?……

不要嚷。……不……。'他低低地说，又较急地喘着气，好一会，这才复了原状，平静下去了。"），而"习俗"则表现为衍太太所坚持的某种礼式，似乎大声呼叫即是为濒死者招魂。

关于父亲的病和死，鲁迅不仅在《朝花夕拾》中提起过，更为（至少是一样）著名的片段，是《呐喊·自序》中的自叙。而在不同时期的叙述中，鲁迅择取的是事件的不同面向，1922年末的《呐喊·自序》中，父亲的病与失救而死，成为鲁迅立志学习西医的关键因由，在彼时"五四"的语境中，这甚至被上升至国族寓言的高度。但在1926年，《父亲的病》却收束在对自己服从了"习俗"的悔恨中，与之相关的，是对"自然"的确立与欲求。

《狗·猫·鼠》中开辟的另一条线索，在于仇猫的更为古旧的一个原因，在谈过"手续"之后，鲁迅笔端一荡，写道：

> 但是，这都是近时的话。再一回忆，我的仇猫却远在能够说出这些理由之前，也许是还在十岁上下的时候了。至今还分明记得，那原因是极其简单的：只因为它吃老鼠，——吃了我饲养着的可爱的小小的隐鼠。

这一条线索，一方面拉扯出"旧事"正式被"重提"的开端，引出了接下来鲁迅即将给予特写的人物长妈妈；另一方面也导向了除"自然"之外的第二层题旨：猫吃隐鼠，是长妈妈告诉鲁迅的，而"许多天之后，也许是已经经过了大半年，我竟偶然得到一个意外的消息：那隐鼠其实并非被猫所害，倒是它缘着长妈妈的腿要爬上去，被她一脚踏死了"，也就是，被捏造出来的流言。

"流言"是在《朝花夕拾》的诸篇文章中不断复现的角色。《二十四孝图》中有"然而究竟很有比阳间更好的处所：无所谓'绅士'，也没有'流言'。阴间，倘要稳妥，是颂扬不得的。尤其是常常好弄笔墨的人，在现在的中国，流言的治下，而又大谈'言行一致'的时候……"，《无常》中有"他们——敝同乡'下等人'——的许多，活着，苦着，被流言，被反噬……"，这些是在非叙述性文字中出现的"流言"，更有意思的是《朝花夕拾》的另外一些地方,在几次追忆中,"流言"都承担了某种叙事性的功能,成为推动事情发展变化的动力和因由。

离开故乡,到南京进学堂,是《琐记》里讲出的故事,而在鲁迅的叙述里,这一次"出走"似乎颇有些偶然的色彩。按照鲁迅在《琐记》中的追忆,因为与邻居衍太太闲谈时说起自己没有钱,后者便教他拿母亲的首饰去变卖,鲁迅自然没有这么做,但是:

> 大约此后不到一月,就听到一种流言,说我已经偷了家里的东西去变卖了……流言的来源,我是明白的……但那时太年轻,一遇流言,便连自己也仿佛觉得真是犯了罪,怕遇见人们的眼睛,怕受到母亲的爱抚。

紧接着,鲁迅便写道:

> 好。那么,走罢!

对比《呐喊·自序》中对于"到 N 进 K 学堂"一事的叙述,《琐记》提供了颇有意味的具体感,流言似乎成为鲁迅离开故乡的直接甚至唯一的原因。这以后,在《朝花夕拾》的自叙里,鲁迅获得了更多的见识,从南京去到东京,又从东京转赴仙台,接下来,《藤野先生》里又提供了关于著名的"弃医从文"的材料。《呐喊·自序》里对此也有记录,但仅提到了"幻灯片事件",1926 年的《藤野先生》却补充了另一个离开仙台的原因,即因为考试没有落第,故被同学诬陷"得了教员漏泄出来的题目",仍然是"流言"。

日本风波以后,《范爱农》里,鲁迅回到浙江,经历了辛亥革命,并在 1912 年获得了南京教育部的职位。从浙江到南京的这一次"出走",在鲁迅的记述里,则关联着《越铎日报》事件,即鲁迅在师范学校的学生借他的名字办报,在报上痛骂王金发,一面却收着王金发的贿款,鲁迅得知后,去质问报馆,被反驳,于是:

> 我就不再说下去了,这一点世故是早已知道的,倘我再说出连累我们的话来,他就会面斥我太爱惜不值钱的生命,不肯为社会牺牲,或者明天在报上就可以看见我怎样怕死发抖的记载。

一面预感到"流言"的发生,一面"事情很凑巧,季茀写信来催我往南京了",于是"决计往南京"。这是鲁迅在《范爱农》中的自叙,这篇文章完成于 1926 年 11 月 18 日,被学生们利用、坑害的情节,让人联想到不久之前高长虹刊在《狂飙》上的《1925,北京出版界形势指掌图》中的种种言辞[1]。11 月 15 日,鲁迅在致许广平的信里写道:"我先前为北京的少爷们当差,耗去生命不少,自己是知道的。……不过先前利用过我的人,知道现已不能再利用,开始攻击了。长虹在《狂飙》第五期已尽力攻击……其实还是利用,不过方法不同。他们专想利用我,我是知道的,但不料他看出活着他不能吸血了,就要杀了煮吃,有如此恶毒。"[2]《范爱农》中鲁迅特别写到在面对后生冷眼时所表现出的自觉的"世故",未尝不是一种面对当下有意摆出的姿态。

　　总而言之,在《朝花夕拾》的叙述中,少年时从故乡到南京求学,留学时期从仙台回东京"弃医从文",以及辛亥后再到南京任职于教育部,几次"出走",都与"流言"有关,而从日后的情形看去,这几次出走,皆是鲁迅生命的重大转折:南京成为留学日本的基石,"弃医从文"造就了文学家鲁迅,而任职于教育部则使其随后有了北上的机会,与"文学革命"直接发生关联,成为文学史上的"鲁迅"。

　　细读主要是在文本内部进行的工作,对于自叙性文本的研究,文本外部的语境考察一样重要。翻看《华盖集》与《华盖集续编》这两部集中反映 1925—1926 年鲁迅争论状况的杂文集,以及此一时期的书信,会发现其中频繁出现"流言"的字样。那背后所涉及的事件,包括女师大风潮中的所谓"某籍某系"之说[3],对此鲁迅 1925 年 6 月在《我的"籍"和"系"》中做了

---

[1] 高长虹:《1925,北京出版界形势指掌图》,《狂飙》1926 年第 5 期。
[2] 《鲁迅全集》第 11 卷,人民文学出版社 2005 年版,第 615 页。
[3] 陈源(西滢)1925 年 5 月 30 日在《现代评论》第一卷第二十五期上发表《闲话》,其中写道:"以前我们常常听说女师大的风潮,有在北京教育界占最大势力的某籍某系的人在暗中鼓励……"

回应；另外就是对于《中国小说史略》乃抄袭盐谷温作品的毁谤[①]，鲁迅 1926 年 2 月在《不是信》中做了回应；最后是关于个人生活的问题，这是鲁迅自己在信件中提到过的："我这三四年来，怎样地为学生，为青年拼命，并无一点坏心思，只要可给与的便给与。然而男的呢……看见我有女生在坐，他们便造流言。这些流言，无论事之有无，他们是在所必造的，除非我和女人不见面。……那流言，最初是韦漱园通知我的……"[②]

流言的制造者，有陈源、顾颉刚一派，也有当时的青年如高长虹者流。几乎可以说，这个时期的鲁迅，遇到了生命中前所未有的最多的敌人，遭到了最为集中的攻击。"某籍某系"的风波指向鲁迅的为人处世，"抄袭"说指向鲁迅的学问水平与治学道德，关于个人问题的闲话则指向鲁迅的隐私空间。几种"流言"叠加在一起，对于一个人的生活来说，几乎构成了全方位的指控。写作《朝花夕拾》时期的鲁迅，始终很难摆脱流言的侵扰，他所借以保护自己的，杂文固然是显见的一部分，《朝花夕拾》中借忆旧之题而进行的言说甚至申辩，恐怕也是一种更为深刻的回应：通过建构"鲁迅心灵史"，道出人之为人的"自然"，同时以一个"一贯如此"的"鲁迅"，表达对于流言，以及流言之外的一切指责之声音的蔑视与反抗。

三、主题的延续

尽管鲁迅对于自己写下的东西，几乎是不愿放弃一丝一毫的，这从他一生结集的思路中可以见出，在日后的自叙里，他也力图将自己与文学发生关系后的种种工作贯串在同一条线索中。但是，假如认真体会他一直以来的生活经历，以及所身处的宏观的、微观的语境，恐怕还是会发现他的思想存在

[①] 对于这段公案，《鲁迅研究月刊》2008 年第 5 期上发表的鲍国华《鲁迅〈中国小说史略〉与盐谷温〈中国文学概论讲话〉——对于"抄袭"说的学术史考辨》一文，有令人信服的论证。
[②] 《鲁迅全集》第 12 卷，人民文学出版社 2005 年版，第 11 页。

着某种变化。这里的"思想",并不指向形而上的哲学式的逻辑系统,而是指向他对于生命和生存的态度。这种变化落实在笔端,就是对于成长岁月的追记,也是对于他自身作为一个生存着的个体,自处方式的建构和确认。而这种自处方式,不再是初登新文学舞台时那样为某种理念而生出的东西,而是他真正身处窘境时对外界做出的回应。

需要指出的是,民国建立后,鲁迅并不首先或仅仅是一位新文学作家,他也是政府的公务人员、大学的授业讲师;在相当长一段时间内,他集官员、学者与作家(文人)三重身份于一身,在某种程度上并没有真正被辛亥革命切断的中国传统中,这颇类乎"士大夫"的生存方式。事实上也有证据表明,这样一条安置自身的路径,是鲁迅并不排斥甚至有意为之的。在1918年写给许寿裳的一封信中,他说"不如先自作官,至整顿一层,不如待天气清明以后,或官已做稳,行有余力时耳"[1]。而周作人日后的回忆录中,也曾以"跛者不忘履"譬喻兄弟二人对于读书做文从而进仕的隐隐的念想[2]。但这一切在20世纪20年代经由外力的作用而起了变故。1923年夏天,鲁迅与周作人失和,1925年开始,又先后被章士钊革职、打官司,最终离开教育部,其间与一众文人学者进行笔战,如此等等。在20世纪20年代中期,他开始进行真正的杂文写作[3],并宣告了自己与"体制"的脱离。所谓"站在沙漠上,看看飞沙走石,乐则大笑,悲则大叫,愤则大骂"[4],而拒绝进入"艺术之宫",当然意味着他在文体上获得了某种层面的自由,但同时也关联着他对于自己的社会地位以及所处的社会关系的认知,理解了后者,方才能够明白他在不仅仅是杂文中所寄托的意涵。简而言之,伴随着与某种"体制"之关系的变化,鲁

---

[1] 《鲁迅全集》第11卷,人民文学出版社2005年版,第357页。
[2] 周作人:《知堂回想录·再是县考》,河北教育出版社2002年版,第62页。
[3] 参见张旭东《杂文的"自觉"——鲁迅"过渡期"写作的现代性与语言政治》(上、下),《文艺理论与批评》2009年第1、2期。
[4] 《鲁迅全集》第3卷,人民文学出版社2005年版,第4页。

迅开始重新识别自身，也开始拣拾、选择一种安置自己的方式。这似乎也成为他作为公共文化人的义务和责任，从"载道"（"听将令"）地散布新文化诸理念，到"言志"地宣告"自然"、反抗"流言"以及与"流言"相关的人为建构之物，"立言"始终是一种诱惑，也是一种冲动。

这种变化促使鲁迅离开理念的、口号的、启蒙者的形而上的世界，而向其他领域中寻求生存和自处的凭据。于是，《朝花夕拾》以及《我的第一个师父》《女吊》中，"下等人"系列形象出现了。《无常》中特别多地使用了这样一个称谓，在行文中，鲁迅亦将自己划归于这一称谓代表的社会序列中：

> 至于我们——我相信：我和许多人——所最愿意看的，却在活无常。

对无常及无常所代表的鬼世界的喜爱，出于对人间"公理"的失望，其中更深层的意味在于：

> 这些"下等人"，要他们发什么"我们现在走的是一条狭窄险阻的小路，左面是一个广漠无际的泥潭，右面也是一片广漠无际的浮沙，前面是遥遥茫茫荫在薄雾的里面的目的地"那样热昏似的妙语，是办不到的，可是在无意中，看得往这"荫在薄雾的里面的目的地"的道路很明白：求婚，结婚，养孩子，死亡。……他们——敝同乡"下等人"——的许多，活着，苦着，被流言，被反噬，因了积久的经验，知道阳间维持"公理"的只有一个会，而且这会的本身就是"遥遥茫茫"，于是乎势不得不发生对于阴间的神往。

"下等人"在鲁迅的行文中被加上了引号，意味着这并非一种指涉阶级的称谓，不同于《新青年》时期的启蒙视角，亦不是后期左翼的立场。爬梳鲁迅的行文，"下等人"实际上更类乎人性某个侧面——或者说是基本面——的象征。在"求婚，结婚，养孩子，死亡"的必经的生命中，受苦，而仍然活着，向往着真正的公理与正义：所谓的"下等"，其实是人人都有的欲求与渴望，是生存的底线，是"自然"。与之相对的，则是人为建构的虚伪的东西，在鲁迅的叙述中，是猫配合之前的"手续"，是《二十四孝图》，是衍太太在他父亲弥留时的教唆，是"流言"，是"公理"。

在1926年的生存语境中，鲁迅找到了"自然"这一自我确认的根本凭据。这成为《朝花夕拾》的隐含主旨，串起了鲁迅的忆旧性的自叙。"下等人"朴素的"自然"，使鲁迅的论敌们的"公理"显得丑陋可笑；而成长于这一"自然"世界并始终珍惜、欲求这种"自然"的鲁迅，作为"正人君子"们的对立面，也就获得了曾经存在、正在存在并继续存在的意义和价值。对《朝花夕拾》这部散文集的解读，不能不考量鲁迅写作其时的具体语境。对久远年代往事的采集、拼贴、组织与叙述，很大程度上是由写作时的外部语境决定的。假如"旧事"不是在此时被鲁迅"重提"，而是在"五四"前后或其他时候，可能文本的面貌会大不相同。而针对现实的论争性的状况拟写关于往事的自叙，也使得《朝花夕拾》具备了某种"杂文性"——不是显白地（如任何一本文学史关于这本小书的描述那样）以征用论敌的话语或议论时事而存在的形式，而是以回忆往事的形式——《朝花夕拾》式的回忆，其本身就一定程度是杂文性的，因为"回忆"这一动作本身就是"当下"棘刺的产物。

关于"自然"的声扬，与其说是一种"思想"，毋宁说是对于生命及人之存在的观念和认知，这一直延续到鲁迅晚年。

在写于1936年的《我的第一个师父》中，鲁迅回忆了幼时因为家庭的某种迷信而拜一位和尚为师的往事。关于这位"最初的先生"，鲁迅谈的皆是他个人生活的俗事："不教我念一句经，也不教我一点佛门规矩"，虽然身为寺庙住持，却过着与俗人无异的生活，娶妻生子。文章回忆师父帮戏子在戏台上敲锣的情形，在乡下人眼里，这是犯了和尚的忌讳，于是遭到了观众的骂，师父便回骂，骂战升了级，要打，他便逃，恰好躲进了一户寡妇家里，寡妇便成了师娘。故事是富于传奇色彩的，传奇中也包含着对于"自然"的声扬。和尚不可以上戏台，不可以娶妻，而龙师父却不但参与了社戏，还娶了寡妇做妻子。虽然"论理，和尚是不应该有老婆的"，但这只是"习俗"，龙师父躲进寡妇家里，并发生了作者"也不甚了然"的故事，这是"自然"，当行为依"自然"而发生的时候,实际的结果是非常和谐圆满的,鲁迅这样描述师母:"见面的时候,她已经大约有四十岁了,是一位胖胖的师母,穿着玄色纱衫裤,在自己的家里纳凉,她的孩子们就来和我玩耍。有时还有水果和点心吃……"而当讲到龙师父的儿子有家小却"守着秘密"的时候,鲁迅说:"这一点,就可见他的道行远不及我的师父,他的父亲了。"言语之间,价值取向已经非常明显:受约于"习俗",而压抑"自然",不是一种高明的举动。

> 我只要说那位寡妇之所以变了我的师母,其弊病也就在"不以成败论英雄"。乡下没有活的岳飞或文天祥,所以一个漂亮的和尚在如雨而下的甘蔗梢头中,从戏台逃下,也就是一个货真价实的失败的英雄。她不免发现了祖传的"惰性",崇拜起来……①

关于"失败的英雄",在鲁迅的思想系统中,是一种具有正面意味的表述。在一篇写于1925年12月的文章中,鲁迅曾说:"中国一向就少有失败的英雄,少有韧性的反抗,少有敢单身鏖战的武人,少有敢抚哭叛徒的吊客;见胜兆则纷纷聚集,见败兆则纷纷逃亡。……多有'不耻最后'的人的民族,无论什么事,怕总不会一下子就'土崩瓦解'的……"②更准确地说,在鲁迅的表述里,"失败的英雄"本来是一种缺席了的正义,这种缺席证明了愚弱国民的愚弱灵魂。《我的第一个师父》里,师父和师娘却分别成为了"失败的英雄"与懂得珍视"失败的英雄"的人。鲁迅笔下那些为人们所熟知的具有批判色彩的形象,譬如狂人、阿Q等,无论是批判的主体还是批判的客体,事实上都是鲁迅在形而上的世界中构筑出来的非经验化的人物,在一个想象世界中完成了他们人格与故事情节的自洽,这种叙述,是并未下降到真实生活层面的。以某种文学标准来看,这样的写作固然是"典型化"程度很高的。但是需要区别的是,将真实存在的"一类"浓缩成"一个",与从某种概念中

---

① 《鲁迅全集》第6卷,人民文学出版社2005年版,第599页。
② 《鲁迅全集》第3卷,人民文学出版社2005年版,第152页。

抽象出"一个",两种做法,在本质上是不一样的。尽管我们可以从外部的材料中找到鲁迅创作的人物确乎是有其原型的[①],但鲁迅自己也说过,其笔下的人物即使有原型,也"往往嘴在浙江,脸在北京,衣服在山西,是一个拼凑起来的脚色"[②]。因此鲁迅创作的"典型性",与其说是对真实形象的高度概括,毋宁说是对概念的某种抽象。

生活的真正救赎并不在于不停地制造自洽的概念与体系,而将一切爱憎诉诸形而上的抽象层面:把一些东西高高悬置起来的结果,可能是永远找不到出路。在抽象的领域,逻辑可能是彻底的,但真实的生活却永远不可能彻底,后者是每一个生活者必须接受且不得不与之发生"肉搏"的真相。鲁迅的写作与人生事实上也不断纠缠在"彻底"与"不彻底"的悖论和矛盾中,特别是当他遭遇了"兄弟失和"的变故时,与论敌们纠缠不清时,身陷于各种流言中时。对此,鲁迅应该是有他自己的领悟的。所以在《朝花夕拾》里,当故乡的闰土和阿Q们从他们概念的群像中解脱出来,变成长妈妈、衍太太、寿镜吾先生、龙师父和师母的时候,鲁迅对于一切旧事物的不留情面的严厉批判,也都化作了对于人之为人的"自然"的承认、接受,甚至渴望,同时,也是对于妨碍了"自然"的文化建构以及"流言"的抵抗。

原载《中国现代文学研究丛刊》2019年第1期

[①] 参见周作人《鲁迅小说中的人物》,北京十月文艺出版社2013年版,第1页。
[②] 《鲁迅全集》第4卷,人民文学出版社2005年版,第527页。

《朝花夕拾》研究述评

任辰凯

1926年2月至11月，因"思乡的蛊惑""记忆时时闪烁"，鲁迅便"从记忆中抄出来"①十篇文章，以"旧事重提"为总题发表，分篇依次刊载于复刊后的《莽原》杂志。1927年结集为单行本时改为现名，次年9月由未名社出版。这些回忆性散文以鲁迅的童年与青年的生活轨迹为依据记述人事，虽然各篇独立，但是内容集中，内有脉络呼应，创作上亦有完整构思，不仅相对完整地回顾了鲁迅自身二十年间的生活经历，也可视作清末民初江浙一带的地方风俗画卷。

关于《朝花夕拾》的研究，大致可以划分为如下五个时期：

一、开创期（1927—1949）

《朝花夕拾》在《莽原》半月刊连载时，并未受到广泛关注。直到1932年1月，李素伯在《小品文研究》中言之不多，却不失为一种明朗判断：《朝花夕拾》是近乎"自叙传的回忆文"，"富有诗意的抒情文"，"很能摇撼读者的心灵的"，"为读者所爱着的"②，学界也普遍视此为研究起点。但是，笔者

---

① 鲁迅：《朝花夕拾·小引》，《鲁迅全集》第2卷，人民文学出版社2005年版，第235—236页。
② 李素伯：《小品文研究》，新中国书局1932年版，转引自中国社会科学院文学研究所鲁迅研究室编《1913—1983鲁迅研究学术论著资料汇编》第1卷，中国文联出版公司1985年版，第670页。

查阅资料后发现,章衣萍早在 1927 年 12 月便发表了《关于"无常"》[①]一文,他对《朝花夕拾·后记》中"无常"的考证提出了一些看法,虽非严格意义上的研究论文,却无疑将研究开端往前推进了几年。

1935 年,阿英在《鲁迅小品序》里认为:虽然"《朝花夕拾》也能作为一部优美的散文",但是他"舍去了这些,原因就是他的杂感是更足以作为典型"[②]。在阿英看来,这也是很合鲁迅心意的,因为鲁迅在《小品文的危机》中反对小品文,提倡利刃和战斗。实际上,阿英和李素伯都把《朝花夕拾》放在了相对私人的意义上,意见相去不远。而赵真在写于 1932 年 8 月的《零金碎玉的〈朝花夕拾〉》中认为《朝花夕拾》贯彻了鲁迅"不客气的冷嘲热骂"的风格,鲁迅在书中痛斥了假道德家、庸医、假革命分子。[③]

鲁迅逝世后,批评者不兼顾鲁迅整体思想而单论其具体作品似乎不太妥当。1940 年署名怀霜的书评,首次出现了一些解释性的文字,但解释的冲动和尝试也恰恰彰显了矛盾。他批评阿英将《朝花夕拾》看作是"小摆设"的观点,认为《朝花夕拾》这类抒情作品,"与他(鲁迅)的议论文字不过形貌不同而已,却一样藏着一个战士的心魄","忆旧的情怀"中渗透着作者的"余痛"[④]。总之,新中国成立前的《朝花夕拾》研究,数量不多且文字简陋,大多只是读后感悟,阐释较为肤浅,却也有少数触及了主要问题。

[①] 章衣萍:《关于"无常"》,载《樱花集》,北新书局 1927 年版,转引自中国社会科学院文学研究所鲁迅研究室编《1913—1983 鲁迅研究学术论著资料汇编》第 1 卷,中国文联出版公司 1985 年版,第 305 页。
[②] 阿英:《鲁迅小品序》,转引自《现代十六家小品》,光明书店 1935 年版,第 1092 页。
[③] 参见赵真:《零金碎玉的〈朝花夕拾〉》,转引自《中国新书月报》第 2 卷第 8 号,第 687—689 页。
[④] 怀霜:《朝花夕拾》,《中央日报》(昆明)1940 年 3 月 11 日。转引自中国社会科学院文学研究所鲁迅研究室编《1913—1983 鲁迅研究学术论著资料汇编》第 3 卷,中国文联出版公司 1987 年版,第 52 页。

二、深入期（1949—1966）

新中国成立后，鲁迅研究以政府支持为依托，研究队伍日益发展壮大，《朝花夕拾》的研究也有所突破。这一时期的研究呈现出整体化、系统化、学术化和综合分析的趋势，为后来的研究者奠定了坚实的学术与理论基础。

对思想意义与艺术价值的研究成为热点。1951年10月，叶兢耕主张必须将《朝花夕拾》和"约略同时写作的《野草》与《华盖集》及其续编对照着看"，从中可以看出鲁迅在彷徨时期的情绪发展轨迹。这个提议不仅有利于了解鲁迅写作《朝花夕拾》时的社会背景，也从文本对读角度切入打开了研究思路。他还认为《朝花夕拾》把"抒情、议论、叙事熔于一炉，这是在散文文学的发展史上值得注意的一点"[1]，暗示了《朝花夕拾》的文学史地位。随后，李湘的《谈"朝花夕拾"》(《文史哲》1955年第2期)、甘民重的《"朝花夕拾"思想意义和艺术特色》(《厦门大学学报》1956年第5期)等文章[2]深入探索了《朝花夕拾》的思想意义与艺术价值，显示了一定的研究规模和特点。其一，注重整体研究，不光将《朝花夕拾》作为一个有机整体来解读，而且主张将它放进鲁迅的所有作品中，与小说、杂文、散文诗比较研究，进而从鲁迅整体的思想发展历程与脉络来研究。其二，是学术争鸣的发起，集中于对《朝花夕拾》的性质与创作动机的不同看法上，尤以李湘的"战斗间歇论"所引起的激烈辩论为代表。

《朝花夕拾》作为自传色彩鲜明的回忆散文，很有必要结合与鲁迅过从亲密的他人之回忆来辅助解读。而李霁野作为鲁迅的好友、《莽原》杂志的负责人之一，对《朝花夕拾》的近相阐释很有参考价值。他的《漫谈〈朝花夕

---

[1] 叶兢耕：《朝花夕拾》，《进步青年》第240期，转引自袁良骏《当代鲁迅研究史》，陕西人民教育出版社1992年版，第75页。
[2] 参见胡冰《试论〈朝花夕拾〉——纪念鲁迅先生二十周年》，《北方》1956年第10期；王西彦《读〈朝花夕拾〉札记》，《文艺月报》1956年第12期；吴欢章《论〈朝花夕拾〉的艺术成就》，《上海文学》1962年第4期等。

拾〉》(《人民文学》1959 年第 10 期),对于当时鲁迅的创作过程和心理有较为真实的认识和体会,为后来的研究者提供了珍贵、翔实的材料。陈鸣树也将《朝花夕拾》与《野草》并论①,可见其眼光已不再拘囿于单一文本了。

三、停顿期(1966—1976)

由于学术研究受阶级斗争论与极"左"思潮的影响,鲁迅被严重"神化",沦为政治工具。鲁迅研究整体被歪曲变形了,庆幸的是,《朝花夕拾》的内容与社会政治现实联系并不十分紧密,所以也不乏真知灼见的闪现。

歪曲主要体现在片面夸大《朝花夕拾》的战斗主题,严重忽略了抒情审美特性,这在文章标题上便可得到证实。②个别篇章的阐释亦是如此,且集中在《朝花夕拾》中批判意味较强的篇目。③这类论文大都以马克思、毛泽东等伟人的言论开篇,然后从《朝花夕拾》中拣选几句用作论据加以论证,断章取义,随意拔高,完全不顾及鲁迅的思想实际。

相对而言,倪墨炎基本上从文本出发,认为《朝花夕拾》是在"当年鏖战的形势下诞生的",从而归纳出《朝花夕拾》的总主题,即"歌颂革命,催促新生,批判孔孟之道,反对复辟倒退",进而指出典型人物和事件的回忆以及杂文笔法的运用都是"根据主题的需要"。如写《范爱农》鲁迅意在总结辛亥革命的不彻底性,及时地为当时南方的反复辟运动提供了宝贵的历史经验和教训。杂文笔法的穿插,非但没有影响文章的整体效果,反而"使这些

---

① 参见陈鸣树《论鲁迅的抒情散文——关于〈野草〉和〈朝花夕拾〉》,载《保卫鲁迅的战斗传统》,百花文艺出版社 1959 年版,第 260—276 页。
② 例如,胡若定:《伟大的革命家的战斗情怀——读〈朝花夕拾〉》,《南京大学学报》(哲学社会科学版)1976 年第 3 期;倪墨炎:《战地黄花分外香——读〈朝花夕拾〉》,《人民文学》1976 年第 5 期;何星伟:《掷向封建教育制度的锋利投枪——读〈朝花夕拾〉》,《江苏师院学报》(增刊)1976 年第 8 期等。
③ 参见陈元胜《〈从百草园到三味书屋〉分析》,《鲁迅研究》1974 年第 1 期;严恩图《虚伪的道德,复辟的工具——读鲁迅评〈二十四孝图〉》,《安徽文艺》1975 年第 4 期;冯天瑜《冲破封建教育牢笼的时代强音——读〈从百草园到三味书屋〉》,《武汉文艺》1976 年第 4 期等。

散文生气勃勃","显得和谐、统一"①。可见,虽然论文也沾染了"左"的思想,其视点却始终落在特定的历史时期,且论述较为客观,在当时已算难能可贵了。

四、发展期(1976—1989)

在拨乱反正、思想解放的潮流影响下,新时期伊始,鲁迅研究便以清明的理性冲击弥漫于"圣坛"的宗教性想象。②学理精神开始复归,学术研究焕发生机。《朝花夕拾》的研究也迈入繁荣发展阶段。

王瑶的《论〈朝花夕拾〉》(《北京大学学报》1984 年第 1 期),论及《朝花夕拾》的构思、思想性、艺术特征、创作动机以及文献价值。这篇学理化的研究之作,代表了学术复归后的最高成就,迄今也在《朝花夕拾》研究史上占据举足轻重的显要地位。③李希凡则较为全面地论述了《朝花夕拾》的思想内容与艺术特征,综合整理了这两方面的研究。④潘旭澜则对《朝花夕拾》的艺术特色进行了整体梳理。⑤钟敬文、王士菁、顾农、温儒敏等研究者在思想内容与艺术特色的多元阐释方面也做出了很大贡献。随着研究的深入,有些学者开始将研究的视角转向文本内部,窥测鲁迅自身的思想理念与感情

---

① 倪墨炎:《战地黄花分外香——读〈朝花夕拾〉》,《人民文学》1976 年第 5 期,转引自西北大学鲁迅研究室编《鲁迅研究年刊》(1975、1976 年合刊),第 387—391 页。
② 参见高远东《鲁迅研究的传统与当代发展》,《中国现代文学研究丛刊》1995 年第 2 期。
③ 1990 年便有论者表示:"如果说新时期的鲁迅作品研究的学术'记录'大多由中青年学者所创造(如《呐喊》《彷徨》研究之于王富仁、汪晖,《野草》研究之于孙玉石、钱理群),那么关于《故事新编》和《朝花夕拾》研究的最高'记录'则仍由王先生这样的前辈学者保持着。个中原因颇耐人寻味。"参见高远东《王瑶先生的鲁迅研究》,《现代如何"拿来"——鲁迅的思想与文学论集》,复旦大学出版社 2009 年版,第 242 页。
④ 参见李希凡《童心的世界 绵长的情谊——〈朝花夕拾〉阅读琐记》,《北疆》1981 年创刊号;《论〈朝花夕拾〉的个性与风格》,《延河》1981 年第 11 期。
⑤ 参见潘旭澜《〈朝花夕拾〉的艺术》,转引自复旦大学中国语言文学研究所鲁迅研究室编《纪念鲁迅诞辰一百周年论文集》,复旦大学出版社 1981 年版,第 190—205 页。

世界，涌现出一批内视角研究倾向的文章[①]，无疑为20世纪90年代《朝花夕拾》的解读打下基础。

传记学视域下的批评与质疑。由于鲁迅自云《朝花夕拾》"是从记忆中抄出来的"，是所谓"回忆性散文"，所以"传记学研究"也就成了此书研究的一个重心。如李霁野、王瑶、钟敬文、李振坤等有代表性的研究文章都将《朝花夕拾》的"文献价值"作为论述的一个重点。这一时期对它的质疑也偏重于传记学批评。

《二十四孝图》的开篇是一句对"反对白话者"的切齿咒诅。无可讳言，这句措辞近乎"恶毒"，与整部集子的"闲话"风格极不相宜。但有些论者从美学的角度进行解读，或认为它有着"巨大的令人沉醉的魔力"，是"正义与爱的显现形式之一"[②]，或认为它是"闲谈"中的"硬气"，有一种"凄厉""怨愤"的色彩，较之鲁迅同时表露出来的"慈爱"与"悲怆"更显"丰厚"，更见"风骨"[③]。更有许多论者从新旧文化之争的角度认定此种"恶毒"是有其现实必要性的。如唐弢就认为："我们如果回顾一下当时黑暗势力的浓厚，那些白话文反对者居心的毒辣，巧言令色，欺世盗名，用种种手段欺蒙社会舆论的事实，就会觉得鲁迅这样说并不过分。"[④] 而王元化则认为这不过是"文学史家习用的套语"，并没有"真正将双方辩论的真实情况揭示出来"，"'五四'时期的文白之争，其性质是属于文化上的问题，可是参加这场论争的人，都自以为掌握了绝对真理"，所以将意见不同的人视为"异端"，"这哪里还是什

---

① 参见徐若男《从〈朝花夕拾〉看鲁迅早期思想》，《锦州师范学院学报》（哲学社会科学版）1981年第1期；王晓明《伟大人格的投影——读〈朝花夕拾〉》，《名作欣赏》1982年第6期；殷国明《鲁迅与〈朝花夕拾〉》，《海南大学学报》（哲学社会科学版）1987年第4期等。
② 张鲁高：《先驱者的痛苦：鲁迅精神论析》，安徽教育出版社2003年版，第25页。
③ 钱理群：《作为散文家的鲁迅》，《鲁迅九讲》，福建教育出版社2007年版，第179页。
④ 唐弢：《〈鲁迅日文作品集〉序》，《文汇月刊》1981年第8期。此外，周恩来曾在一份政府报告中引用过这句话，将之解读为鲁迅对"守旧派"的有力"反击"，参见《关于发展国民经济的第二个五年计划的建议的报告》，载《中国共产党第八次全国代表大会文件》，人民出版社1956年版，第316页。

么学术民主自由讨论？"。①

《藤野先生》为鲁迅传记学研究提供了重要材料，也就是促使鲁迅"弃医从文"的"幻灯事件"，在海内外各类关于鲁迅生平的著作中大都得到忠实的转述乃至浓墨重彩的渲染。竹内好的《鲁迅》是个例外，他认为这是"鲁迅传记被传说化了的一个例证"，未必实有其事。② 此外，李欧梵更乐意将之看作一个"象征性"事件③。也有国内学者对"幻灯事件"提出质疑。④ 总而言之，"幻灯事件"即便不能获得直接证据来证实，但也不能轻易就被证伪。

《范爱农》曾为鲁迅亲自编入其《自选集》，但当他得知佐藤春夫和增田涉在编选日译本《鲁迅选集》时，鲁迅却建议他们将此篇抽去，自称"写法较差"⑤。顾农认为《范爱农》"写法较差"的主要原因是"虚构过多"⑥，其证据源于周作人的相关回忆："那篇《范爱农》的文章里说，自己主张发电报，那为的是配合范爱农反对的意思，是故意把'真实'改写为'诗'，这一点是应当加以说明。"⑦ 且不论周作人的回忆是否"真实"，单说顾农在此将"真实性"奉为散文（哪怕是"回忆性散文"）的金科玉律，显然是不妥的。周作人在致

---

① 参见王元化《思辨录》，上海古籍出版社 2004 年版，第 383—384 页。
② 参见［日］竹内好：《鲁迅》，李心峰译，浙江文艺出版社 1986 年版，第 55—60 页。
③ ［美］李欧梵：《一个作家的诞生——关于鲁迅求学经历的笔记》，载乐黛云编《国外鲁迅研究论集》（1960—1980），北京大学出版社 1981 年版，第 119 页。
④ 葛红兵和张闳都认为这是一个"神话"，后者并且拿出了依据："当时放映的那组幻灯片已经找到，奇怪的是，唯独没有鲁迅所描述的那一张。"由此张闳觉得此事只宜当作一个"寓言"看待，"作为一个事实，则未免过于戏剧化了。"（张闳：《走不近的鲁迅》，《橄榄树文学月刊》2000 年第 2 期）张闳显然参考了《鲁迅在仙台的记录》一文的相关内容，该文披露：东北大学医学部细菌学教授石田名香雄在细菌学教室发现了一盒日俄战争幻灯底版，"现在剩有十五张，却没有'枪杀中国人'的底版"。（薛绥之主编：《鲁迅生平史料汇编》第 2 辑，天津人民出版社 1982 年版，第 106 页）但这并不意味着当初鲁迅看到的那张幻灯片就一定不存在。该文同时转录了当时日本报纸有关中国籍"俄探"遭日军捕获和处决的一些报道，其中《河北新报》1905 年 7 月 28 日载有题为《俄探四名被斩首》的通讯，所述情形与鲁迅的叙述极为接近。（同上书，第 67 页）此外，《西北大学学报》1983 年第 4 期刊登了一张由日本教授太田进发现的日本士兵砍杀"俄探"的照片，在杀人者与被杀者之外，还有一群表情麻木的"看客"，也符合鲁迅的描述。
⑤ 鲁迅：《341202 致增田涉信》，《鲁迅全集》第 14 卷，人民文学出版社 2005 年版，第 328 页。
⑥ 顾农：《〈朝花夕拾〉分组研究》，《山东师范大学学报》（社会科学版）1985 年第 1 期。
⑦ 周作人：《徐锡麟事件》，《周作人回忆录》，湖南人民出版社 1982 年版，第 190 页。

曹聚仁的信中说：“鲁迅写文态度本是严肃，紧张，有时戏剧性的，所说不免有小说化之处，即是失实——多有歌德自传《诗与真实》中之诗的成分。”① 若不把《朝花夕拾》当作纯粹的传记学材料，那么"诗"与"真"其实也并不矛盾。

五、转向期（1990—2018）

《朝花夕拾》的研究在 20 世纪 90 年代明显后劲不足，许多文章仍旧拘囿于前人研究成果。但与此同时，研究也在积极地寻找新的突破口，转型的趋势十分明显，尽管暴露出蹈袭前故、理论先行、以论带史、缺乏同情之理解等弊端，但已推陈出新的学术追求也推进着研究进展。

研究者们开始反思《朝花夕拾》没能成为鲁迅研究热点的缘故，在文本细读、价值重估中寻找研究的症结所在。② 于是，新视角、新话语的操练成为《朝花夕拾》研究"负重前行"的独特风景。例如，通过研究鲁迅创作心理来分析③，比较研究也进展得如火如荼④，此外，《朝花夕拾》的民俗研究⑤、文体

---

① 周作人 1958 年 1 月 20 日致曹聚仁信，载钟叔和编《周作人文类编》第 10 册，湖南文艺出版社 1998 年版，第 239 页。

② 参见彭斌柏《重读〈朝花夕拾〉》，《鲁迅研究月刊》1991 年第 4 期；李振坤《文化·文献·审美——〈朝花夕拾〉价值说》，《鲁迅研究月刊》1998 年第 8 期等。

③ 参见金红《心灵的落英——〈朝花夕拾〉的创作心态漫议》，《鲁迅研究月刊》2005 年第 2 期；魏洪丘《〈朝花夕拾〉"朝""夕"谈》，《景德镇高专学报》2005 年第 3 期；李怡《〈朝花夕拾〉：鲁迅的"休息"与"沟通"》，《首都师范大学学报》（社会科学版）2009 年第 1 期等。

④ 参见赵学勇《表现于洒脱背面的沉重——〈朝花夕拾〉与〈文化苦旅〉的精神联系》，《兰州大学学报》（社科版）2000 年第 5 期；尹变英《〈朝花夕拾〉和〈从文自传〉的比较研究》，《南都学坛》2003 年第 3 期；杨会芳《异曲同工——浅析〈呼兰河传〉与〈朝花夕拾〉》，《安徽文学》（下半月）2009 年第 4 期等。

⑤ 参见石欢欢《鲁迅〈朝花夕拾〉的越地民间文化》，硕士学位论文，浙江师范大学，2015 年；薛祖清《"伪士当去，迷信可存"——读〈朝花夕拾·后记〉》，《名作欣赏》2012 年第 23 期等。

研究等也开始受到关注，而近年来研究"记忆"、时空关系的文章大幅增加[①]。2008年11月，王吉鹏、王鹤舒合著的《〈朝花夕拾〉论稿》由中国窗口出版社出版，因其综合性的研究内容、突破性的研究视角、多元化的研究方法，可称其为第一本《朝花夕拾》综合研究的学术专著。

有关《藤野先生》的文本论争也成为鲁迅研究中的一个热点。在2006年10月召开的"鲁迅：跨文化对话"国际学术研讨会上，日本学者大村泉发表《鲁迅的〈藤野先生〉是"回忆性散文"还是小说？》，使《朝花夕拾》再次引起学界关注。黄乔生、姜异新、张学义等学者撰文对其观点进行了商榷。2009年，辜也平从传记文学的特性出发，重新审视了大村泉的质疑，同时也是对周作人、周建人提出的《朝花夕拾》与他们的回忆有偏差的一个客观解答。[②]

2000年以来，一线语文教师对入选各版教材的相关篇目：《阿长与〈山海经〉》《五猖会》《从百草园到三味书屋》《藤野先生》的关注度显著提升，在《语文学习》《语文建设》《中学语文教学》等刊物上发表许多文章，主要涵盖文本解读、教学内容和教学设计等，而文本解读主要从文题、主旨、人物形象、写作艺术、质疑商榷五个方面切入，同期也出现了四部与之相关的硕士学位论文[③]。

---

① 参见陈建芳《回忆的诗学：〈朝花夕拾〉的一种研究路向》，硕士学位论文，福建师范大学，2009年；李淑英《回忆与忘却的双重拒绝与强化——鲁迅作品中的"记忆与遗忘"主题解读》，《鲁迅研究月刊》2014年第1期；胡梅仙《在时间回忆和自由反抗的两端——论鲁迅的〈朝花夕拾〉》，《学术界》2018年第9期；魏庆培《论〈朝花夕拾〉的时间与空间》，《鲁迅研究月刊》2018年第5期等。
② 参见辜也平《论传记文学视野中的〈朝花夕拾〉》，《鲁迅研究月刊》2009年第11期。
③ 检索CNKI数据库，2001年以来以"朝花夕拾"为主题的硕士学位论文共有30篇。其中，语文教学研究4篇，翻译研究14篇（限于能力，笔者无从评价）。

六、结语

对鲁迅而言，写作（当然也包括翻译、编刊）或许是他最重要的一种"介入"时代生活的方式。在《朝花夕拾》的写作中，他其实不断思考着许多问题：写什么？怎么写？怎么活？《朝花夕拾》既是他的提问，也是他的回答。

散文相较于小说而言，更多指向作家主体，使研究者难以获得整体性的把握。[1] 从研究推进的角度来说，要把《朝花夕拾》写作时的包括日记、书信、翻译等文本都勾连起来，考察它们相互间的影响、关系。研究除了向前延伸，寻找思想资源外，其实还需向后延伸，研究《朝花夕拾》与鲁迅最后十年的思想与写作的关系。

纵观既往的文本解读，呈现出两种路向：一种侧重于对文本以及鲁迅本意的追究，另一种则注重对文本可能性的重新发掘。在研究方法上，前一种方式严格遵循《朝花夕拾》自身的构成，将之看作一个整体，它有写作的时间顺序，呼应着鲁迅思想的脉动。然而这种研究，其实有一个前提性的假设（文本有一个完整的构思，而鲁迅在写作中也有递进的推动）。另一种方法，是将《朝花夕拾》视为一个文本群，而顺序并不是特别重要，因而这种研究不看重顺序和整体性，甚至会排除某些文本，只取其中一些重要的文本。

所以，《朝花夕拾》既是紧闭的，又是敞开的。一方面是"紧闭的"，单篇文本有其内在的自足性，我们可凭借结构主义或新批评的方式进行文本细读。另一方面它又是"敞开的"，我们可循新历史主义的范式，将文本内与外的屏障打通，考虑作家具体的生活经历以及大历史时代对作家心灵的影响等。研究者需对经典的丰富性与可能性给予尊重，而非采取全能视角或后见

---

[1] 难怪有论者表示："鲁迅研究的其他领域都会发生严重的危机，但唯有鲁迅小说的研究是不可摧毁的，而只要鲁迅小说的研究生存下来，它就会重新孕育鲁迅研究的整个生机。"参见王富仁《中国鲁迅研究的历史与现状》，福建教育出版社 2006 年版，第 21—22 页。

之明，阻碍研究向阐释史敞开，因此，"非确定判断"亦是经典文本研究的重要品质。

然而，为何鲜有论者通过文本形式的凝视与思索，穿透"有意味的形式"呈现出的破碎，在鲁迅阐释的整体观照下，概括出形式化的内容呢？当中学的孩子们对《朝花夕拾》的时代性价值产生疑惑时，学术研究何为？或许除了更为深入细致的文本解读外，研究者还需融进时代脉搏下切身的感受，在这个意义上，经典的阐释才能使一位作家真正走进全民的文化视野与情感方式中，而不是服膺于某种理论原则后，仅仅作为时代意识形态的论据或注释而存在。

时至今日，对《朝花夕拾》的研究已历90年，当现代文学研究"历史化"成为既定事实后，娴熟运用史料阐释论点者众，与历史对话后抵达心灵感悟者寡。整体的鲁迅研究也是困难重重，许多研究者把目光投向了别处，《朝花夕拾》研究面临着机遇和考验，但我们也有理由相信，阐释的失语状态只是暂时的，一旦研究者找到适合的语法与恰当的视角，《朝花夕拾》的意义定会被照亮显现。

原载《鲁迅研究月刊》2019年第2期

"朝花"何以"夕拾"：恋爱契机与鲁迅的主体重构

仲济强

王瑶先生最早注意到了《狗·猫·鼠》的"杂文色彩"与其余九篇回忆性散文的差异，并将之归因于"现实斗争"与"思乡的蛊惑"[①]，从而提出了现实世界和乡土世界的二分法。钱理群和王本朝都将"杂文色彩"视为笼罩性的存在，并将王瑶的二分法分别转写为绅士世界与民间世界[②]，或现实世界与旧事世界[③]。宋剑华则将"鲁迅眷恋故乡文化的浓浓思绪"视为笼罩性存在，致力于发掘"鲁迅精神还乡"的"隐喻性地表达"[④]。

本文试图将视角转向创作主体的自我意识表达，通过梳理外在刺戟与恋爱事件所引发的身份认同的变化，来揭示鲁迅的主体重构与《朝花夕拾》写作方向调整的关系，并考察其书写层面的实效。

一、旧事重提的初心：近事刺戟与远事考掘

"旧事重提"里的"旧事"有两个层面。首先是1925年鲁迅与《甲寅》、现代评论派论争的"近事"，其次是"迅哥儿"成长过程中所发生的"远事"。

[①] 王瑶：《论鲁迅的〈朝花夕拾〉》，《北京大学学报》（哲学社会科学版）1984年第1期。
[②] 钱理群：《文本阅读：从〈朝花夕拾〉到〈野草〉》，《江苏社会科学》2003年第4期。
[③] 王本朝：《旧事何以重提：〈朝花夕拾〉的杂感笔法》，《福建论坛》（人文社会科学版）2017年第9期。
[④] 宋剑华：《无地彷徨与精神还乡：〈朝花夕拾〉的重新解读》，《鲁迅研究月刊》2014年第2期。

在首篇《狗·猫·鼠》里，对近事的讽喻占主要篇幅，处于从属地位的远事是作为近事映在古镜里的镜像而被重提的，其所指也最终落实到对近事的讽喻上；第二篇后，以对远事的追述为主，偶尔掺入对近事的影射，写法也由隐喻调整为叙述。即便是鲁迅离京前最后一次"舒愤懑"的《无常》，内中的近事也已被压到纸背上了。

近事与远事的数量差异与写法转换暗示了《朝花夕拾》写作主题的调整。在女师大论争尘埃落定后的1926年1月30日，徐志摩精心策划了一期商业味颇浓的"攻鲁专号"。这期的重磅炸弹是陈源的公开信《致志摩》[1]。徐志摩除了公开发表此信外，还加了个貌似公允实则偏袒陈源的"编者按语"[2]，一方面说陈源"意气分明是很盛"，"重新翻起了这整件的讼案；他给他的对方人定了一个言行不一致，捏造事实诬毁人的罪案"，呼吁双方"训练理智来驾驭本性，涵养性情来节止意气"；另一方面攻击鲁迅"深文周纳"，质疑鲁迅的"动机"，认为"言论包含有私己的情形"。此后，徐志摩又作公允状刊发《结束闲话，结束废话！》，用哈代"有经验的狗"来暗骂鲁迅，与陈源笔下"一群悻悻的狗"遥相呼应，还从鲁迅杂文中诊断出"私人的意气"，归因于弗洛伊德意义上的力比多，称其为"不十分上流的根性"，希望"大学的教授们""负有指导青年重责的前辈""身体里有余勇要求发泄时，让我们望升华的道上走"。[3]

陈源所发表的《致志摩》，将1925年内自家所积攒的对鲁迅的怨念一吐而尽，内中不乏"流言"。比如，称鲁迅有"绍兴的刑名师爷的脾气"，常常"跳到半天空"，"无故骂人"，还躲在"假名"后面"放冷箭"，是个十足的"土匪"。不仅如此，还根据听来的流言蜚语斥责鲁迅虚伪与抄袭。

"攻鲁专号"刺戟并伤害了鲁迅的一生，以至于其中的语词，在鲁迅的

---

[1] 西滢：《致志摩》，《晨报副刊》1926年1月30日第1433号。
[2] 徐志摩：《关于下面一束通信告读者们》，《晨报副刊》1926年1月30日第1433号。
[3] 徐志摩：《结束闲话，结束废话！》，《晨报副刊》1926年2月3日第1435号。

其他书写形式中也被一再重提、戏拟甚至化用，其中"刀笔"和"冷箭"甚至被重提了十几次之多。创伤性刺戟也使鲁迅疏离了上等人，产生了下等人认同。

1926 年 2 月，鲁迅所有写作都在应战陈源的"旧事重提"。《不是信》《我还不能"带住"》以杂文笔法"带露折花"式全篇即时回应。《〈华盖集〉后记》附带回应。《无花的蔷薇》以近乎《野草》的写作方式来通篇回应。

之后，鲁迅采取了新的回应策略。《送灶日漫笔》以送灶日百姓用胶牙饧捉弄灶君起兴，引出"公论与请帖之间""吃饭之于发议论"[1]的关联，重提女师大论争的旧事，将陈源们自居的俨然"公论"溯源至生理性的本能私欲，颇得尼采的思致。

《谈皇帝》看似通篇在谈"靠天吃饭的圣贤君子"如何将菠菜"'正'名"为"红嘴绿鹦哥"，以此来愚君，却也处处有"正人君子"们的"饭局"以及"靠公论吃饭"[2]的影子。借谈古来说今，揭出老例的写法，跟"旧事重提""故事新编"相仿，都可以称为"刨祖坟"式书写。在鲁迅看来，正是旧的因袭导致了新的驳杂，只有揭出新现象背后的旧面影，才能达到喻世醒世警世的目的。

二、人面的家畜：《狗·猫·鼠》里的脸谱考古学

1925 年 11 月 13 日，鲁迅购得长谷川如是闲《犬·猫·人间》[3]，受该书内"人＋兽性＝西洋人"的启发，得出了"人＋家畜性＝某一种人"[4]的新公

---

[1] 参见王世家、止庵编《鲁迅著译编年全集》第 7 卷，人民出版社 2009 年版，第 47—50 页。
[2] 参见王世家、止庵编《鲁迅著译编年全集》第 7 卷，人民出版社 2009 年版，第 54—55 页。
[3] 参见王世家、止庵编《鲁迅著译编年全集》第 6 卷，人民出版社 2009 年版，第 433 页。
[4] 参见王世家、止庵编《鲁迅著译编年全集》第 8 卷，人民出版社 2009 年版，第 76 页。

式。不论是篇名还是写作方式，《狗·猫·鼠》[①]都在向长谷川如是闲致敬，致力于发掘家畜性印记，以动物隐喻来刨陈源之流的"祖坟"。

"猫"是对"老虎报"《甲寅》主持者章士钊的戏谑性影射，看似披着虎皮，实则是被家主豢养的色厉内荏又媚态十足的猫而已。

章士钊的复古姿态与海昌蒋家烦琐的复古婚仪也有相通之处。鲁迅曾以章士钊呈文中"媒孽"不堪的"'荒学逾闲恣为无忌'，'两性衔接之机缄缔构'，'不受检制竟体忘形'，'谨愿者尽丧所守'"等词为例，揭发其貌似古雅，实则并非"内心真是干净者"[②]的底细。这恰如猫，明明只是直截了当的生理性配合，却发明出一套远离生理本能的烦琐"手续"来。当然，猫"愧不如人"[③]，章士钊和海昌蒋氏毕竟比猫更会"谈道理，弄玄虚"，他们所借助的是堂哉皇哉的礼仪的名义："堂哉皇哉兮嗳嗳唷。"[④]

在《二十四孝图》中，鲁迅将以章士钊为代表的"妨害白话者"称为"一班别有心肠的人们"，类比为"蒸死小儿的麻叔谋"，他们对文学革命以来儿童教育书籍改革的阻遏，正是为了"要使孩子的世界中，没有一丝乐趣"[⑤]。鲁迅意在揭露复古者貌似高大上的伦理表象背后那不可见的生理性的本能冲动，即在"妨害白话"的复古者心中，隐伏着的是对人肉的饕餮之欲。

"狗"可视为对陈源、徐志摩笔下"一群悻悻的狗""哈代的狗"的反批评。解释猫狗"成仇的'动机'"时，鲁迅指出"猫的弓起脊梁，并不是希图冒充，故意摆架子的，其咎却在狗的自己没眼力。……我的仇猫，是和这大大两样的"。

鲁迅暗示，现代评论派对下野前后的章士钊"前恭后倨"，其咎在于"自

---

① 参见王世家、止庵编《鲁迅著译编年全集》第7卷，人民出版社2009年版，第56—62页。
② 王世家、止庵编：《鲁迅著译编年全集》第6卷，人民出版社2009年版，第450页。
③ 王世家、止庵编：《鲁迅著译编年全集》第6卷，人民出版社2009年版，第184页。
④ 鲁迅《复仇》第三首歌中语，鲁迅曾提醒增田涉该句有伟丽雄壮与猥亵小调的张力。
⑤ 参见王世家、止庵编《鲁迅著译编年全集》第7卷，人民出版社2009年版，第137—138页。

己没眼力"。《论"费厄泼赖"应该缓行》中对"装怯作勇"的"'打死老虎'者"的嘲讽,也可以与之构成互文关系。该文以打狗类比打虎,指出:当狗落水后,之前没有与狗奋战的人,"便即附和去打,自然过于无聊,或者竟近于卑怯"①,此处貌似勇猛实则卑怯的附和打狗者,与《狗·猫·鼠》里因自己没眼力而"仇猫"的狗,简直如出一辙,都是现代评论派的镜像。

再说鼠,老鼠虽说并不是被豢养的家畜,但却也依附于家宅而生存。在"几百年的老屋中""跳梁"的"老鼠"则延续了《诗经》中"硕鼠"的隐喻,指的是"老大中国"里的剥削阶层,如海昌蒋家之类。当然也有现代评论派的影子,毕竟鲁迅说过:"现在的教育界中实无豺虎,但有些城狐社鼠之流。"②

除了硕鼠的意涵之外,不幸且不争的奴才相也是老鼠的题中之义。《铸剑》③提到眉间尺踏死"夜夜咬家具,闹得他不能安稳睡觉"的老鼠后,却又觉得"非常难受"。之所以难受,是因为鼠并非最"有实力的",在它的食物链的上端还有猫,"猫的捕鼠,不声不响的是猫,吱吱叫喊的是老鼠;结果,还是只会开口的被不开口的吃掉"④。眉间尺母亲"杀它呢,还是在救它?"的问询正是鲁迅所面对的两难困境。

文学者里也有老鼠,"老鼠出现,驰骋文坛"⑤那种"叫苦鸣不平的文学"便被鲁迅称为老鼠的文学:"老鼠虽然吱吱地叫,尽管叫出很好的文学,而猫儿吃起它来,还是不客气。"⑥而且在作为文学者的老鼠群体中,还有一种骑墙者,"眼光都练得像老鼠和老鹰的混合物一样"⑦,这便是"老鼠似的东西生着

---

① 参见王世家、止庵编《鲁迅著译编年全集》第6卷,人民出版社2009年版,第547—553页。
② 王世家、止庵编:《鲁迅著译编年全集》第6卷,人民出版社2009年版,553页。
③ 王世家、止庵编:《鲁迅著译编年全集》第8卷,人民出版社2009年版,第58—73页。
④ 王世家、止庵编:《鲁迅著译编年全集》第8卷,人民出版社2009年版,第78—79页。
⑤ 王世家、止庵编:《鲁迅著译编年全集》第8卷,人民出版社2009年版,第527页。
⑥ 王世家、止庵编:《鲁迅著译编年全集》第8卷,人民出版社2009年版,第80页。
⑦ 王世家、止庵编:《鲁迅著译编年全集》第15卷,人民出版社2009年版,第306页。

翅子"的蝙蝠。蝙蝠的骑墙属性恰恰与"攻鲁专号"上徐志摩貌似公允实则骑墙的行为具有相似性。此后，鲁迅也曾用"作为骑墙的象征的蝙蝠"[①]来讽刺徐志摩的新月派社友梁实秋。

老鼠也不尽是"坏种"，也有不彻底者，甚至也有"好种"，鲁迅就用"地下的土拨鼠，欲爱人类而不得"来形容作为世界主义的"爱罗先珂的悲哀"[②]。《狗·猫·鼠》里"只有拇指那么大"的"隐鼠"，也因其体量的关系而成为"我所爱的"，这里隐伏的是鲁迅一贯的"救救孩子""救救青年"的思路。

作为文学者，鲁迅笃信的是"富有反抗性"的"怒吼的文学"："哀音而变为怒吼。怒吼的文学一出现……他要反抗，他要复仇。"[③]"怒吼的文学"，用鲁迅惯用的动物隐喻来转译的话，就是"蛇的文学"。在鲁迅看来，"真的愤怒"都具有"纠缠如毒蛇"[④]的属性。蛇是不断蜕皮的动物，可以作为尼采式自我更新自我超越的表征。"蛇的文学"，换句话说，就是《墓碣文》里"口唇不动"[⑤]的腹语，其发声部位因与大地的亲近而具有了合宜性。"蛇的文学"不同于作为家畜的狗、猫的文学，也不同于鼠的文学、土拨鼠的文学，唯有"可怕的屠伯——蛇"的腹语才是鲁迅眼中以言行事的文学样态。《狗·猫·鼠》也说，"猫是饲养着的，然而吃饭不管事"，原本被赋有"御侮保家"资格的"猫"，并不能有效捕鼠，捕鼠工作必须要靠"蛇"来完成。而野生的"蛇"，并不同于公权力豢养的猫，明显带有鲁迅的自我投射。

---

① 王世家、止庵编：《鲁迅著译编年全集》第15卷，人民出版社2009年版，第198页。
② 王世家、止庵编：《鲁迅著译编年全集》第18卷，人民出版社2009年版，第107页。
③ 王世家、止庵编：《鲁迅著译编年全集》第8卷，人民出版社2009年版，第80页。
④ 参见王世家、止庵编《鲁迅著译编年全集》第6卷，人民出版社2009年版，第211—212页。
⑤ 王世家、止庵编：《鲁迅著译编年全集》第6卷，人民出版社2009年版，第265页。

三、主体重构：恋爱契机与写作方向的转变

1926年3月6日，鲁迅写道："旧历正月二十二日也，夜为害马剪去鬃毛。"①"害马"是鲁迅对许广平的昵称，旧历是仪式性的标识。在鲁迅日记中，除了旧历年、除夕、家人及自己生日以外，提及旧历之处，仅此一例。由此可见，"为害马剪去鬃毛"的仪式化事件对鲁迅而言，是何等的重要。它表征着鲁迅的身份认同正在悄然变化，其意义不亚于生命的重塑。

此时，欣然与爱我者发生关联的鲁迅，正在转身成为更加社会性的角色：未来的丈夫、潜在的父亲、现代家庭的组建者、社会网络里的节点。②"'人'之子""'人'之夫""'人'之父"等议题首次以切身性的方式捕获了他。作为自由意志的推崇者，鲁迅必然要为自己的选择所带来的结果负责。为此，他试图诉诸回忆，借助反思自己的成长历程来系统地解决这一新的切身性议题。

鲁迅曾说："我本以绝后顾之忧为目的，偶失注意，遂有婴儿。"③看似鲁迅无意于做父亲，实则不然。作为礼仪化的语体，文言未必完全呈现自我。饶是如此，鲁迅也不小心露出一个"忧"字。然而，当换成白话语体的时候，鲁迅就转忧为喜了："因为长久没有小孩子，曾有人说，这是我做人不好的报应，要绝种的。房东太太讨厌我的时候，就不准她的孩子们到我这里玩，叫作'给他冷清冷清，冷清得他要死！'但是，现在却有了一个孩子……"④ 用"旧事重提"的方式来宣告自己有了孩子，这种"舒愤懑"式的书写所揭示出的正是鲁迅对孩子的在乎，无子的郁闷如鲠在喉，至此才一吐为快。

"为害马剪去鬃毛"后，仅过了四天，鲁迅就写出了《阿长与〈山海

---

① 王世家、止庵编：《鲁迅著译编年全集》第7卷，人民出版社2009年版，第70页。
② 大概在"为害马剪去鬃毛"之前，鲁迅曾试图与朱安离婚，正式迎娶许广平入门。1926年3月1日，周作人《花煞》一文将鲁迅试图正式迎娶许广平遇挫的事与陈源、徐志摩的"攻鲁事件"捏搭在一起，看似在谈绍兴民俗，其实对鲁迅极尽嘲讽之能事。
③ 王世家、止庵编：《鲁迅著译编年全集》第13卷，人民出版社2009年版，第46页。
④ 王世家、止庵编：《鲁迅著译编年全集》第16卷，人民出版社2009年版，第340—341页。

经〉》。之前并无创作，同日还写了《中山先生逝世后一周年》，以纪念"创造民国的战士"。要知道，鲁迅的老师章太炎和他所在的光复会群体并不喜欢这位国父。鲁迅将这位国父塑造成"站出世间来就是革命，失败了还是革命"[①]的不断革命的韧性战士。开始创造现代家庭的鲁迅提笔写出了纪念民国创造者的文章，这本身就是个有意味的瞬间。之后，他便要追踪着这位先行者的踪迹去创造一个新的现代家庭。

鲁迅提道：在西医已经束手无策的情况下，这位"永远的革命者"虽然已经病危，但却断然拒绝了服用中药的建议，因为他"以为中国的药品固然也有有效的，诊断的知识却缺如。不能诊断，如何用药？"。据鲁迅所讲，这种超越于自我保存的"分明的理智和坚定的意志"，"不下于他一生革命事业地感动过我"。

这与其说是纪念革命前贤，不如说是个人投射式的书写，"分明的理智和坚定的意志"恰如《杂忆》里所强调的"勇气和理性"[②]，这种思想，来源于尼采式的弃绝一切安全感与确定性的爱命运的求真意志。鲁迅却把它投射给了民国肇造者。

对国父的评价折射出了鲁迅彼时身份认同的变化。"为害马剪去鬃毛"后，鲁迅固然转身成为潜在的"'人'之夫""'人'之父"，但此前整个恋爱过程对鲁迅身份认同和主体重构的影响也不可小觑。恋爱之前，鲁迅有很深的自忏意识，甚至有尼采笔下否认生命的教士的面影。自认从旧垒里来，难逃中间物的命运，只能"自己背着因袭的重担，肩住了黑暗的闸门，放他们到宽阔光明的地方去"[③]。深谙"无爱情结婚的恶结果"之苦味的鲁迅，仅打算"陪着做一世的牺牲，完结了四千年的旧账"[④]。彼时的鲁迅看似在为他人牺牲，

---

① 王世家、止庵编：《鲁迅著译编年全集》第7卷，人民出版社2009年版，第70—71页。
② 王世家、止庵编：《鲁迅著译编年全集》第6卷，人民出版社2009年版，第263页。
③ 王世家、止庵编：《鲁迅著译编年全集》第3卷，人民出版社2009年版，第205页。
④ 王世家、止庵编：《鲁迅著译编年全集》第3卷，人民出版社2009年版，第122页。

其实还没有意识到他人之为他人的异在性面容,他意谓中的他人不过是自我一厢情愿的意向性构造。

与许广平通信初期,觉得自己灵魂里有"毒气和鬼气"①的鲁迅闪避道:"我的思想太黑暗……只能在自身试验,不能邀请别人。"②恋爱成功后,鲁迅也曾坦承过当初的怯弱:"我先前偶一想到爱,总立刻自己惭愧,怕不配,因而也不敢爱某一个人。"③"异性,我是爱的,但我一向不敢,因为我自己明白各种缺点,深恐辱没了对手。"④

其实,自从兄弟失和以来,作为长子的鲁迅从旧家庭的血缘关系场域中脱逸而出之后,就陷入了深深的身份危机。这种危机集中呈现在《野草》初期,不论是《秋夜》中惊悚于自己的笑声的"我",还是《影的告别》里告别身体与别的影独自远行的影,还是《希望》里耗尽了青春的"我",都透露出了"我"已不足以成为我自己的隐忧。

有感于"身外的青春"的难寻,鲁迅写出了"一掷我身中的迟暮"的《过客》,试图切断与他人的一切关联,以自我更新自我超越的尼采式的超人进路来解决危机。然而,过客那种"以血赠答,但又各各拒绝别人的血"⑤的有情的单向赠予模式很难给鲁迅带来救赎,何况此时的他还要诅咒爱我者的死亡:"倘使我得到了谁的布施,我就要像兀鹰看见死尸一样,在四近徘徊,祝愿她的灭亡。"⑥

《过客》见刊后的第3天,鲁迅收到许广平首次信,5个月内通信19次,大醉2次,确立了恋爱关系。伊恩·伯基特曾将"细致记录每天的生活,比如身体怎样,饮食如何,以及整体的起居规律"的写信活动所开启的自我叙

---

① 王世家、止庵编:《鲁迅著译编年全集》第5卷,人民出版社2009年版,第285页。
② 王世家、止庵编:《鲁迅著译编年全集》第6卷,人民出版社2009年版,第241页。
③ 王世家、止庵编:《鲁迅著译编年全集》第14卷,人民出版社2009年版,第362—363页。
④ 王世家、止庵编:《鲁迅著译编年全集》第10卷,人民出版社2009年版,第135页。
⑤ 王世家、止庵编:《鲁迅著译编年全集》第6卷,人民出版社2009年版,第210页。
⑥ 王世家、止庵编:《鲁迅著译编年全集》第6卷,人民出版社2009年版,第110页。

事视为"关注自我、照看自我……选择自己想要成为什么样的人"的有效技术。① 鲁迅的"两地书"也可作如是观。

值得注意的是，通信期间，鲁迅正为许广平她们开课解读厨川白村的《苦闷的象征》。厨川白村与弗洛伊德有关"尽要满足欲望的力和正相反的压抑力的纠葛冲突而生的精神底伤害，伏藏在无意识界里"②的共识，促使鲁迅开始反思独身者的精神问题："因为不得已而过着独身生活者，则无论男女，精神上常不免发生变化……尤其是因为压抑性欲之故，所以于别人的性底事件就敏感，多疑；欣羡，因而妒嫉。"③该反思虽意在讽刺"杨荫榆姊姊"④，但考虑到鲁迅往往"从别国窃得火来，本意却在煮自己的肉"⑤，"解剖自己并不比解剖别人留情面"⑥，此类对"本能之力的牵掣"的反思八成也指向自己长期的独身生活。

五四时期，鲁迅虽然反驳过本能的"不净"观，将之视为"保存生命"和"继续生命"的前提⑦，但彼时的鲁迅更加认同"对庸众宣战""个人的自大"的独异个人，而对庸众和群众心存警惕⑧，大致延续了留日时期"凡是愚弱的国民，即使体格如何健全，如何茁壮，也只能做毫无意义的示众的材料和看客，病死多少是不必以为不幸的"⑨的看法，并不相信庸众整全的本能足以超克精神上的愚弱。

1924年9月，钱玄同却惊讶地听闻，鲁迅近来发明了"世界是傻子造成

---

① 参见[英]伊恩·伯基特《社会性自我：自我与社会面面观》，李康译，北京大学出版社2012年版，第7页。
② 王世家、止庵编：《鲁迅著译编年全集》第5卷，人民出版社2009年版，第307页。
③ 王世家、止庵编：《鲁迅著译编年全集》第6卷，人民出版社2009年版，第449—450页。
④ 王世家、止庵编：《鲁迅著译编年全集》第6卷，人民出版社2009年版，第275页。
⑤ 王世家、止庵编：《鲁迅著译编年全集》第12卷，人民出版社2009年版，第41页。
⑥ 王世家、止庵编：《鲁迅著译编年全集》第8卷，人民出版社2009年版，第420页。
⑦ 参见王世家、止庵编《鲁迅著译编年全集》第3卷，人民出版社2009年版，第206页。
⑧ 参见王世家、止庵编《鲁迅著译编年全集》第3卷，人民出版社2009年版，第95页。
⑨ 王世家、止庵编：《鲁迅著译编年全集》第4卷，人民出版社2009年版，第650页。

的"①的真理。鲁迅的发现受益于厨川白村。厨川白村借助弗洛伊德的性欲升华与尼采式超善恶的伦理路径,肯定了本能自足性,呼吁"将自己的生命力,适宜地向外放射"②,以创造性的游戏与劳动,向外升华本能,从而走出一条"从肉向灵而进行"的进路,以达成"有肉体的精神,有物的心"③。由此,他认为傻子基于自足本能,能够不避利害,超越善恶,直面人生的事实性,有所行动:"所谓呆子者,其真解,就是踢开利害的打算,专凭不伪不饰的自己的本心而动的人;是决不能姑且妥协,姑且敷衍,就算完事的人。……是在炎炎地烧着的烈火似的内部生命的火焰里,常常加添新柴,而不怠于自我的充实的人。"④

受厨川白村启发,鲁迅也开始将本能视为重塑自我撬动社会的阿基米德点,认为只有在保障本能的自足性的前提下,自我才会有勇气向他人敞开。因此,他格外称赞汉唐人豁达闳大的气魄与格局,因为他们的本能自足性尚未被异族奴役所破坏,言动是非反思性的:"凡取用外来事物的时候,就如将彼俘来一样,自由驱使,绝不介怀……无需思索。"⑤当本能的自足性被戕害后,人们的自我便不再自足,随之流于卑怯,丧失了向他人敞开的勇气,不敢与异己者发生关联,"推拒,惶恐,退缩,逃避,抖成一团,又必想一篇道理来掩饰"。

大概由于讲解厨川白村与恋爱的同步性,1925年鲁迅高频度地反思卑怯、怯弱等现象,呼唤青年"敢说,敢笑,敢哭,敢怒,敢骂,敢打"⑥,要求"偏重于勇气和理性"⑦,甚至怂恿青年掷去诸如"导师"之类的尊号,"摇身一

---

① 杨天石主编,阎彤整理:《钱玄同日记》,北京大学出版社2014年版,第604页。
② 王世家、止庵编:《鲁迅著译编年全集》第6卷,人民出版社2009年版,第482页。
③ 王世家、止庵编:《鲁迅著译编年全集》第5卷,人民出版社2009年版,第425页。
④ 王世家、止庵编:《鲁迅著译编年全集》第6卷,人民出版社2009年版,第74—75页。
⑤ 王世家、止庵编:《鲁迅著译编年全集》第6卷,人民出版社2009年版,第48页。
⑥ 王世家、止庵编:《鲁迅著译编年全集》第6卷,人民出版社2009年版,第167页。
⑦ 王世家、止庵编:《鲁迅著译编年全集》第6卷,人民出版社2009年版,第263页。

变，化为泼皮，相骂相打"①。

意识到"我可以爱"②的鲁迅，走出了自忏与自毁意识，获得了新的深入世界的能力，开始认同诸如"爱，并非将自己去做牺牲的爱；乃是将自己扩充开来的爱。……透彻了自己和他人的生命的根本的真的爱。真的勇气，就从这样的爱孕育出来"③之类的言论，试图基于本能的自足性所生发出的爱与勇气，不断地与共在的他者关联，不断地界认并扩展自我的边界，"寻朋友，联合起来，同向着似乎可以生存的方向走"④，"从与他人的互动中，界认出我们的自我"⑤，互补性地获得普遍的自我意识，重构动态的社会性自我。

恋爱带来的主体重构，直接改变了后期《野草》的写作方向。《死火》里死火的"烧完"，离不开朋友的"温热""惊醒"⑥。《狗的驳诘》《失掉的好地狱》反省了人与人之间借威权机制来打压异己的主从关系。《墓碣文》宣告了以决心自食寻求封闭自我本心的无望，自我并不是预先给定的有待寻找的静态的自然事实，而是必须去塑造的、动态的、有待成为的可能性。塑造自我的地方也不是通过向内的反思自己所思所感为自己创造的内在世界，而是与他人共在的外在世界。《颓败线的颤动》揭开了自觉自愿的牺牲者或曰肩起黑暗的闸门者被反噬的命运。《死后》以闹剧化的悬想克服了自我牺牲的自毁意识。《这样的战士》呼唤更多基于本能自足性的敢于迎战无物之阵的战士的养成。

《聪明人和傻子和奴才》将他者切割为主人、奴才、聪明人、傻子，重申世界是由本能自足的非反思性的傻子造成的，体现了对下等人的认同。《腊

---

① 王世家、止庵编：《鲁迅著译编年全集》第 6 卷，人民出版社 2009 年版，第 143 页。
② 王世家、止庵编：《鲁迅著译编年全集》第 8 卷，人民出版社 2009 年版，第 23 页。
③ ［日］中泽临川、［日］生田长江：《罗曼罗兰的真勇主义》，鲁迅译，《莽原》1926 年第 1 卷第 7、8 期。该文虽然翻译于 1926 年，然而《近代思想十六讲》却购买于 1924 年 10 月 11 日，鲁迅应该早就熟悉这些表述。
④ 王世家、止庵编：《鲁迅著译编年全集》第 6 卷，人民出版社 2009 年版，第 219 页。
⑤ ［英］伊恩·伯基特：《社会性自我：自我与社会面面观》，李康译，北京大学出版社 2012 年版，第 236 页。
⑥ 王世家、止庵编：《鲁迅著译编年全集》第 6 卷，人民出版社 2009 年版，第 182 页。

叶》用病叶隐喻病肺，进而隐喻残缺的自我，从而感念"爱我者"①的不离不弃。《淡淡的血痕中》呼唤不同于怯弱者的真的猛士的养成。《一觉》②折射出"活在人间"的自觉以及对"不肯涂脂抹粉的青年们"的粗暴魂灵的认同。此时的鲁迅已然寻得了所谓"身外的青春"③，有了"无穷的远方，无数的人们，都和我有关"④的自觉。

将自我奠基在本能自足性上，向共在的他人敞开，以生命理解生命，在尊重彼此独立性和异在性的前提下联合起来，在社会关系中界认自我，以超克个人的无治主义，在沙漠中长成一片"吸取露，吸取水，吸取陈死人的血和肉，各各夺取它的生存"⑤的草原。这便是经历过恋爱事件的鲁迅所悬想出的新的主体性结构。同时，现实刺戟与对昇曙梦、片上伸、托洛斯基的阅读又形塑了鲁迅的下等人认同。"为害马剪去鬃毛"则为新的社会性自我提供了再确认的契机。

此时此刻，亟须召唤自己的成长记忆，以维系身份认同变化之后的新的连续性。因为"作为个体出生时所进入的位置，比如我们所属的家庭、邻里、社会接触、社会阶级、社会性别、族群，以及我们被教育的信念与价值，这些都会给我们所养成的自我，留下可观的印记"⑥。"我把自己作为过去做过如此这般事情的人加以回忆。……可以说我在遥观自我。……我们过去的历史是自我观的重要根源。"⑦只有召唤记忆，回到早期生活史，梳理一己成长经历，在人我互动的社会世界中，才能界认出自我的同一性，给未来的言动提

---

① 王世家、止庵编：《鲁迅著译编年全集》第 13 卷，人民出版社 2009 年版，第 348 页。
② 王世家、止庵编：《鲁迅著译编年全集》第 7 卷，人民出版社 2009 年版，第 116—117 页。
③ 王世家、止庵编：《鲁迅著译编年全集》第 6 卷，人民出版社 2009 年版，第 3—4 页。
④ 王世家、止庵编：《鲁迅著译编年全集》第 20 卷，人民出版社 2009 年版，第 227 页。
⑤ 王世家、止庵编：《鲁迅著译编年全集》第 8 卷，人民出版社 2009 年版，第 98 页。
⑥ [英]伊恩·伯基特：《社会性自我：自我与社会面面观》，李康译，北京大学出版社 2012 年版，第 4—5 页。
⑦ [美]保罗·唐纳顿：《社会如何记忆》，纳日碧力戈译，上海人民出版社 2000 年版，第 19—20 页。

供稳固支点。

洛克告诉我们："意识在回忆过去的行动或思想时，它追忆到多远程度，人格同一性亦就达到多远程度。"① 由此，洛克将自我身份认同的理念与人的回忆能力勾连起来。人的意识在回忆的延展空间里达成了自我身份认同在时间上的同一性。这种自我的同一性是由意识的同一性奠基的。阿莱达·阿斯曼指出，"洛克称为'意识'的东西，实际上是记忆的一种功能；是在时间之内的整合力，是自我控制、自我组织和自我建构的机构"②。

阿莱达·阿斯曼认为："我能够讲述自己的故事。在此视角上，身份认同借助讲述得以构建。这一讲述整理了我们自传记忆的凌乱储备并赋予了它可回忆的形象意义。"③ 形成于当下的新的身份认同，就像是对过去的搜索镜头一样，在鲁迅的操持下，巡视并且剪辑着自己的过往经验，力图呈现出一个有连续性的完整的有关成长记忆的影像。当鲁迅借助象征反讽叙述等修辞的手法从记忆中钩沉出自我同一性的连续踪迹时，在文学演示结束的终点，作为历史人物的"我"，就变成作为文学人物的"我"，再也不能把他回放到大历史的场域中加以指认与辨析了。如上所述，所有的身份认同都是建构性的，问题在于，作为一个书写者，如何用线性文字的形态对这一自我进行塑形。

四、为了忘却的记念：身份认同如何记忆

诚如阿莱达·阿斯曼所言，"过去是在各自当下的基础上的一个自由建

---

① [美]洛克：《人类理解论》，关文运译，商务印书馆1959年版，第310页。
② [德]阿莱达·阿斯曼：《回忆空间：文化记忆的形式和变迁》，潘璐译，北京大学出版社2016年版，第103页。
③ [德]阿莱达·阿斯曼：《回忆的真实性》，载[德]阿斯特莉特·埃尔、冯亚琳主编《文化记忆理论读本》，北京大学出版社2012年版，第143页。

构"①。对读者而言，过去是"缺乏个人体验的纯粹的过去"；而对书写者而言，却是"幸存者充满了个人体验的当下的过去"②，正是"幸存者的视角特权化，使之成为公认的正确的回忆"③，即幸存者视角重建了过去与现在的连续性，也确保了回忆者身份的同一性。作为炼狱中幸存者的鲁迅，设定了一个类似于洛克所谓白板意义上的迅哥儿。迅哥儿表征着一个具有本能自足性的清白无辜的自我，除了在生命的层面上能与他人相通之外，无法理解诸如对阿长而言有意义的新年祝福，对父亲而言有意义的背诵《鉴略》，对寿镜吾而言有意义的吟诵之类的否定生命的言动，他的自我只朝向具有现代意涵的意义系统敞开。一段正确性的回忆，必然伴随着一种新的叙述伦理的生成。由于迅哥儿是吃下等人的奶长大的，虽然出身于上等士绅的家庭，但仍可突破阶级差别，以生命理解生命，与下等人或曰受害者群体产生认同："我总以为下等人胜于上等人。"④

鲁迅说："我自己觉得我的记忆好像被刀刮过了的鱼鳞，有些还留在身体上，有些是掉在水里了，将水一搅，有几片还会翻腾，闪烁，然而中间混着血丝。"⑤ 与共在的他人关联时所产生的创伤经验，经过从信任到期待遇挫的过程，原本值得信任的人被切割为具有陌异面孔的他者，"身份依靠的是对差异的标识，每一个'我们'的形成都必须排除一个'他们'"⑥。如赠与《二十四孝图》的族中长辈、逼背《鉴略》的父亲、治死父亲的庸医、制造流言的邻

---

① ［德］阿莱达·阿斯曼：《回忆空间：文化记忆的形式和变迁》，潘璐译，北京大学出版社 2016 年版，第 9 页。
② ［德］阿莱达·阿斯曼：《回忆空间：文化记忆的形式和变迁》，潘璐译，北京大学出版社 2016 年版，第 5 页。
③ ［德］阿莱达·阿斯曼：《回忆有多真实》，载［德］哈拉尔德·韦尔策编《社会记忆：历史、回忆、传承》，季斌等译，北京大学出版社 2007 年版，第 66 页。
④ 王世家、止庵编：《鲁迅著译编年全集》第 9 卷，人民出版社 2009 年版，第 196 页。
⑤ 王世家、止庵编：《鲁迅著译编年全集》第 16 卷，人民出版社 2009 年版，第 271 页。
⑥ Kathryn Woodward (ed.), *Identity and Difference*, London: Sage Publications Ltd. / Open University, 1997, p. 302.

居和日本同学，都是曾经试图信任，却总是期待遇挫，造成了创伤体验。经过对差异的发现与排除，这些加害者被"我"洞悉其言动逻辑之后摒挡在自我认同之外。

加害者是在绝对主体的意义上被摒挡的。"加害者把自己理解为高于世界的法律秩序，可以在一种例外状态（阿甘本的意义上）中随心所欲地决定一切。"① 鲁迅曾身受过"正人君子""自诩的绝对主体性"："读书人的心里大抵含着杀机，对于异己者总给他安排下一点可死之道。……去年有些'正人君子'们称别人为'学棍''学匪'的时候，就有杀机存在。"②

朱迪丝·N.施克莱认为，当加害行为发生时，不仅有"受害者的恐惧"，也有"施害者的恐惧"，而且"恐惧使后者变得残忍，使前者遭受更多苦难"③。对此鲁迅也颇懂得，狼子村的村民之所以吃恶人的心肝，恰恰是出于恐惧，正是恐惧让他们变得卑怯，进而触发更加残忍的行为。因此，"对付别人要滴水不羼的公理"的绝对主体，饶是如何义愤，也只会发出"抽刃向更弱者"的"怯者愤怒"④。要摆脱施害—受害—施害的循环，勇气就成了必要条件，而勇气来自本能的自足性："英勇是残忍的对立面，残忍只是怯懦的表现，而英勇则表现得恢宏大度。"⑤ "将英勇视为至高的美德、受害者的荣耀——其实就是他们对苦难遭遇和怯懦的施虐者所取得的道德胜利。"⑥ "作为英雄的受害者象征着即使在枷锁之下已然拥有普遍人类自由的可能性。"⑦

这恰是鲁迅思想试验中最精彩的一环：出于本能的不自足，绝对主体才不敢向他者敞开，而代之以色厉内荏的互害。就像以加害童养媳为己任的恶

---

① [德] 阿莱达·阿斯曼：《创伤，受害者，见证》下册，陶东风译，《当代文坛》2018 年第 4 期。
② 王世家、止庵编：《鲁迅著译编年全集》第 7 卷，人民出版社 2009 年版，第 102 页。
③ [美] 朱迪丝·N.施克莱：《平常的恶》，钱一栋译，上海人民出版社 2018 年版，第 36 页。
④ 王世家、止庵编：《鲁迅著译编年全集》第 6 卷，人民出版社 2009 年版，第 211 页。
⑤ [美] 朱迪丝·N.施克莱：《平常的恶》，钱一栋译，上海人民出版社 2018 年版，第 25 页。
⑥ [美] 朱迪丝·N.施克莱：《平常的恶》，钱一栋译，上海人民出版社 2018 年版，第 30 页。
⑦ [美] 朱迪丝·N.施克莱：《平常的恶》，钱一栋译，上海人民出版社 2018 年版，第 31 页。

姑一样，将无主名的集体无意识当成了自己的使命，当她施加伤害时，也就放弃了自己的个体自我。对此，鲁迅多有揭示："狮子似的凶心、兔子的怯弱，狐狸的狡猾……我晓得他们的方法，直捷杀了，是不肯的，而且也不敢，怕有祸祟。所以他们大家连络，布满罗网，逼我自戕。"①

诚如格特鲁德·科赫所言，"精神创伤的可怕性乃在于它的不情愿性"②。不情愿性不仅导致了对过去经历的闪避，也滋生出了不致向他人敞开的怯弱。在新旧身份认同的临界点上，鲁迅自愿将创伤经验赋予叙述秩序，本身就有"承认过去、记住过去，并与超负荷的过去达成和解"的意涵，恰如阿莱达·阿斯曼所言，"记忆本身并不是目的和终点，锻造一个新的开始才是最终目的，记忆只是一种途径。……将痛苦的过去提升到语言和意识的层面，以便能够继续前行并把过去留在身后。……这个过程的目的是为了促进人们能够承认过去，与过去达成和解，并最终能够'忘却'"③。这种操作，用鲁迅的语汇说，就是"为了忘却的记念"④。

安克斯密特也指出："我们之所以能够超越过去，必要的条件是能讲述一个最终故事，其内容是关于我们恰恰由于讲述此故事的能力而将放弃的东西——因而，那也就是对创伤性经验的克服。"⑤将创伤经验纳入到终极性的故事中，创伤经验的承受者才能得以解脱，将加害者作为局外人切割出去，将受害者群体纳入到自我认同之中，从而拓宽自我的边界："视残忍为首恶的人希冀从受害者那里找到能打消疑惧的道德品质，这是他们直觉性的冲动和策略。"⑥自称"堕入九层地狱""在蛋盆中展转待拨"的许广平当然首先被珍视

---

① 王世家、止庵编：《鲁迅著译编年全集》第3卷，人民出版社2009年版，第23页。
② ［德］格特鲁德·科赫：《感情或效果》，载［德］哈拉尔德·韦尔策编《社会记忆：历史、回忆、传承》，季斌等译，北京大学出版社2007年版，第79页。
③ ［德］阿莱达·阿斯曼：《记忆还是忘却》，陶东风、王蜜译，《国外理论动态》2017年第12期。
④ 王世家、止庵编：《鲁迅著译编年全集》第15卷，人民出版社2009年版，第31页。
⑤ ［荷］F.R.安克斯密特：《崇高的历史经验》，杨军译，东方出版中心2011年版，第273页。
⑥ ［美］朱迪丝·N.施克莱：《平常的恶》，钱一栋译，上海人民出版社2018年版，第22页。

为受害者群体的一员。

受害者的道德品质是由惊喜体验来发现的。惊喜体验重建了对他人的信任，从而将原本毫无信任关系的他者纳入到自我认同之中，使得自我得以丰富和完善。吉登斯提到"在儿童的早期生活的缓慢发展中，在成人的活动中，信任他人就是体验稳定的外在世界和完善自我认同感的源泉"[1]。比如阿长、藤野先生和范爱农便经历了这一过程，从而被纳入到鲁迅的自我认同之中。

在将他人的生活编织在自己的回忆里时，鲁迅并非将他人纳入到一个后见之明的绝对主体的抽象观念法则之下，将之作为单纯的追忆对象来呈现，而是将之作为活在人间与我们共在的人来呈现。将他人看似陌生甚或愚昧的生活方式做语境化处理，重塑自我与他人的共在感，从生命的角度为他人的他性做体贴化的呈现（不全是理解，也有如得其情哀矜勿喜的悲悯，但似乎不是居高临下的上帝式的悲悯，而是体现了同理心式的深入陌生世界的能力），尊重他人的异在性面容，在纵向和横向上重建与他人与周围世界的关联，超克掉自我的有限性与虚空感，重构更纵深更宽广的自我。

正如上等人口中的《山海经》到了阿长那里就成了"三哼经"一样，多数下等人甚至未能掌握知识者所使用的语言，并不能与上等人或知识者分享同一套意义系统。如何用现代知识分子的书写语言来最大程度地转译他们的意义系统，便成了"旧事重提"的难点。在追忆自我与下等人的关联时，鲁迅采取了限知的方式，以迅哥儿和阿长的交互视角相互参差，在尊重他人异在性的前提下，来进行自我与他人的关联，以生成一个包容个别性和普遍性的多维自我。阿长的多数言动虽未得到迅哥儿的理解，但却被作为书写者的鲁迅通过日后不断延续的经验而得以理解，并被整合进鲁迅的自我认同之中。

概而言之，《阿长与〈山海经〉》与《二十四孝图》讲的是前现代经典教

---

[1] ［英］安东尼·吉登斯：《现代性与自我认同》，赵旭东、方文译，生活·读书·新知三联书店1998年版，第57页。

育文本对身份认同的影响，聚焦于对儿童自然天性或曰自足本能的保护。《阿长与〈山海经〉》侧重于发掘处于传统教育外围的，有助于刺激想象力的非正统图书的积极价值，同时借助追忆自己获得阿长赠送的《山海经》礼物时的惊喜经验，将自我对下等人的群体性认同钩沉出来。《二十四孝图》则着力于重估与清算处于传统教育核心的教诫类图书的价值悖谬，通过阅读过程中的创伤经验的再现，将前现代的父子关系中悖谬的自我认同切割出去。《五猖会》与《无常》关注民间信仰对身份认同的影响。前者侧重于对迎神赛会的追述，从"殊与'礼教'有妨"[①]的淫祀之中发掘对"下等人"的认同，借助叙述背《鉴略》的创伤经验，反思了前现代礼教网络中"父亲"的专制形象，将之与自我的身份认同切割开来。而《无常》则将目光聚焦在迎神赛会里的"鬼而人，理而情，可怖而可爱的无常"身上，从中发掘出"活着，苦着，被流言，被反噬"的"下等人"在"求婚，结婚，养孩子，死亡"的底层劳作经验中"不欺心"的"苦趣"[②]，当"苦趣"被接受者体察到的时候，自我对他者生存处境的同理心也就被促生出来了，而生命无所逃遁的有限性与死亡的终极正义也就被呈现出来。

《从百草园到三味书屋》则以自身的苦乐经历反思了私塾教育的弊端，百草园无疑是自然的象征，儿童游戏其间，本能的自足性也就获得了养成。《父亲的病》则对传统孝道思想进行了价值重估，何廉臣以医术为名的交感巫术和衍太太以孝顺为名的野蛮礼法，都败坏了父子之间基于天性的生命体验。作为施虐者的父亲同样为他所信奉的意义系统所虐杀。《琐记》所反思的是晚清学堂教育对身份认同的影响，呈现出去寻求别样的人们的自我扩容。《藤野先生》在赞许东洋教育理念的同时，将藤野建构为自己心目中替代性的父亲，虽然也蕴含着坏种没有国界的教训。《范爱农》则以个人记忆对抗僵化的官方

---

① 王世家、止庵编：《鲁迅著译编年全集》第 7 卷，人民出版社 2009 年版，第 152 页。
② 参见王世家、止庵编《鲁迅著译编年全集》第 7 卷，人民出版社 2009 年版，第 170—175 页。

记忆，在与秋瑾、徐锡麟、范爱农等牺牲者的关联中，建构出了自我身份的连续性与延展性，同时探讨了真正的革命人的资格问题。

　　外在刺戟让鲁迅有了受害者的认同，被爱的经历，又使得他走出了自毁意识，致力于生命整全性的保全，为自我向他人敞开奠定了自足性的基础。唯有自足的自我，才不惮于打开自己，向他者敞开，才会用生命感染生命，求同存异，达成既尊重差异又摆脱主从关系的相互主体性设想。这种奠基在本能自足性之上，向他者敞开的新的自我认同，使得鲁迅的自我以自为存在为基点扩展了为他存在的一面，以具有相互主体性意涵的人道主义超越了个人的无治主义。鲁迅后来"左转"并卷入左翼内部论争，在这里也能够找到根源。

原载《文学评论》2019 年第 3 期

文学作品对传主生平建构的可能性及其局限性[①]
——以鲁迅《朝花夕拾》为例

斯 日

> 问题也许不在于你自何而来,而在于人们怎样对待你。
>
> ——伊格尔顿

关于传记的文类属性,伊格尔顿那句"所有的文学作品,从降生那一刻起,都是孤儿"[②],也许是一个满含"了解之同情"的贴切的比喻。相比其他文类,传记处于孤儿般状态。鉴于其真实性与虚构性的兼顾,学界在具体研究中将传记归入跨学科领域——在史学与文学之间跨越。乔纳森·卡勒认为理论是跨学科的,是一种具有超出某一原始学科的作用[③],为理论赋予了高于某个固定的/单独的学科的意义。但作为跨学科的传记则没有享受如此高的荣誉,传记被归属于跨学科,实则根本没有有效发挥其跨学科优势,而一直在史学和文学两个学科的边缘徘徊,无法得到正式身份,文类属性困境是传记的根本命题。政治哲学家汉娜·阿伦特在阐述人之所以成为人的条件时,曾解读过如何认识或了解"某人是谁"的问题。她认为这个问题的答案,应从

[①] 本文原发表标题为《"凡事经自己之口说出来永远都是诗"——文学作品对传主生平建构的可能性及其局限性》。
[②] [英]特里·伊格尔顿:《文学阅读指南》,范浩译,河南大学出版社2015年版,第133页。
[③] [美]乔纳森·卡勒:《文学理论入门》,李平译,译林出版社2013年版,第16页。

作为人的"真实生平故事"的传记中去寻找，随之传记书写和研究所面临的困境也被阿伦特所论及：

> 只要我们生活着就必然卷入的真实故事，既没有可见的作者，也没有不可见的作者，因为它根本不能被制造。故事唯一揭示出的"某人"是它的主人公，故事也是通过对言行的事后追溯，让一个与众不同的"谁"从最初的不可见变为可见的唯一媒介。换言之，某人是谁或曾经是谁，我们只能从了解以他为主人公的故事或他的传记中得出，而我们对他的其他方面的了解，包括他创作并流传下的作品，只能告诉我们他是什么人或曾经是什么人。①

阿伦特的传记观局限在哲学层面，似乎有些令人费解，不过经过认知的过程，触摸到这个问题的正确答案，则对传记研究有启发意义。

其实，阿伦特论述的问题在传记研究领域是一个常态性问题：传记与文学是什么关系？细究，这个问题又包含两个问题。一是传记的本质问题，即传记是真实的还是虚构的？一是文学传记的问题，这个问题又包含着两个子问题：书写传记的材料可否来自传主创作的作品？书写传记的文体可否呈现纯粹的文学性？

从字面意义分析，阿伦特的传记观对应的是第二个问题的第一个子问题——书写传记的材料可否来自传主创作的作品，但其意义则更具广泛性，涉及和回应了传记的真实性与虚构性之间永恒的矛盾问题。

阿伦特认为，传记是关于"主人公的故事"，传记是来回答"某人是谁或曾经是谁"的问题，而这个谁的故事是"根本不能被制造"的，从而与这个人"创作并流传下的作品"无关。阿伦特的观点很明确：传记以真实为本，不应从传主创作的作品中去寻找关于他的真实人生故事，因为创作就是"被制造"的。这里要记住两个核心词：不能被制造、被制造。

---

① [美] 汉娜·阿伦特：《人的境况》，王寅丽译，上海人民出版社2017年版，第146页。

阿伦特这个观点并不是无的放矢，在传记写作中尤其是在作家传记里，这个现象一直存在，一直在引起着不同角度、不同程度、不同层面的争议和质疑。这种争议和讨论，在国内传记领域也未曾断绝过，比较典型的是关于鲁迅传和周作人传中引用他们创作的作品，并以此作为传主真实的经历来对传主人生进行叙述，完成构建传主生平的任务。

第二个子问题——书写传记的文体可否呈现纯粹的文学性，这个涉及传记文本可否采用文学表现手法建构虚构性的问题。传记文本文学性及其带来的问题，正如杨正润在《现代传记学》中所表述的：

> 文学传记也会引起一些争议，作者常常带着感情写作，对传主的态度和倾向都比较明显，因此对历史材料有很多主观的取舍和选择，也有相当多的细节的虚构，在叙事中用了各种手法和技巧，这样同一位传主在不同的文学传记中会以很不相同的形象出现，究竟哪个更符合历史的真实，常常难以判断。①

这类传记，有斯特雷奇的《伊丽莎白和埃塞克斯》、张梦阳的《鲁迅全传·苦魂三部曲》等。

文学传记与"他是谁""他是什么"

鲁迅传一直是国内传记领域最炙手可热的品种之一。这个热度，从鲁迅还在世时开始，至今一直未曾减弱过。有学者统计，目前已经出版的鲁迅传记有近百部。这些鲁迅传的写作在多大程度上引用了鲁迅本人创作的作品，因为没有相关的统计，无从得出确凿的数据。

通过阅读各种版本的鲁迅传，读者不同程度地都会对鲁迅生平有个大概的了解：鲁迅出生于绍兴一个周姓大家族里，祖父仕途坎坷，因受科举考试

---

① 杨正润:《现代传记学》，南京大学出版社2009年版，第276页。

舞弊事件牵连而坐牢；在夏天的夜晚，祖母在一株大桂树下摇着芭蕉扇为躺在小板桌上的幼儿鲁迅猜谜、讲故事，而鲁迅忽然从暗森森的树枝中看到一对闪闪的眼睛，这一发现打断了祖母的话，她另讲老虎拜猫为师的故事，听完故事，鲁迅也吓得不敢再睡在树荫底下，进屋睡觉去了；鲁迅养了一只小隐鼠，莫名死亡，长妈妈告诉他是猫偷吃了，从此鲁迅仇猫，后来才知道事情的真相——小隐鼠被长妈妈不小心踩死了；父亲的病一直不见好转，水肿日益严重，后来终因无知庸医误治而去世，少年鲁迅在邻居衍太太的"催促"下在父亲临终昏迷时连喊三声"父亲"，然后在多年后回忆起此事倍感后悔，觉得这是他对父亲的最大的错处；邻居衍太太散播关于鲁迅偷窃家里东西去变卖的谣言，对周围环境厌恶至极的鲁迅离开绍兴，远赴南京读书，而这所水师学堂因为曾经有两个学生在游泳池中溺亡，遂将池子填平，上面还造了一所关帝庙，并每年七月十五日请一群和尚来做法事，现代水师学堂竟然搞迷信活动，厌恶乌烟瘴气的学习环境，鲁迅转学到矿务学堂读书，毕业后东渡日本留学；在仙台学医期间遇到了对鲁迅格外照顾和关心的藤野先生，也因此引起了同班日本同学的各种质疑，再后来在课堂上观看了关于中国人充当俄国人的间谍被日本人枪决，而围观的竟是麻木不仁的中国人的幻灯片，鲁迅彻底觉醒，认为与其医治中国人身体上的疾病，精神上的愚昧无知更需要医治，从此弃医从文，等等。

鲁迅传记中这些讲述得绘声绘色的生平事件无一不是来自《朝花夕拾》。《朝花夕拾》是鲁迅的散文集，收入鲁迅写于1926年的十篇散文，这些散文曾从1926年3月25日到12月25日，分十次发表在《莽原》半月刊上，1927年结集出版，出版时鲁迅加写了"小引"和"后记"。在"小引"里，鲁迅关于这十篇文章的性质作了说明："这十篇就是从记忆中抄出来的，与实际内容或有些不同，然而我现在只记得是这样。"文学史上，《朝花夕拾》被定义为回忆性散文，依据就是鲁迅这句话，由此这些散文里讲述的事情被当作鲁迅真实的人生经历，也因此每部鲁迅传无一例外地引用这些事情。

散文是作家创作的作品，传记家把传主在其散文中描述的事件视作真实的经历，并在传记写作中引用，如前所述，这正是阿伦特所反对的。阿伦特认为作品是属于"被制造"的，而传记是让传主"生活着就必然卷入的真实故事"，"不能被制造"，只有"通过对言行的事后追溯"才能够将一个人的传记写出来，即能够回答"某人是谁或曾经是谁"这个问题。

这里，有必要解读阿伦特由哲学概念衍生出的传记观。

阿伦特的身份是政治哲学家，她同时也是一名出色的传记家，她从20世纪50年代开始在12年的时间里陆陆续续写了11篇传记文章，传主有早期德国共产主义运动家罗莎·卢森堡、德国存在主义哲学家卡尔·雅斯贝尔斯、奥地利诗人赫尔曼·布洛赫、德国文学批评家瓦尔特·本雅明、德国著名戏剧理论家贝尔托·布莱希特、罗马教皇约翰二十三世等，涉及人物领域从革命家到哲学家、诗人、评论家、宗教人士，这些人物无论从知名度还是从影响力而言都不是一句大名鼎鼎所能够形容尽的。1968年，阿伦特将这11篇传记结集为《黑暗时代的人们》一书，由纽约出版社出版。

阿伦特写这些传记的目的很明确，她在《黑暗时代的人们》的"作者序"里作了如下阐述："这本论文和随笔集的时间跨度逾十二年之久，它的写作缘于各种场合或时机的激发。它首先是关于一些个人的——他们如何生活，如何在世界上生活，如何被他们所处的历史时代所影响。"[1]

阿伦特的传记观与她的政治哲学思想一脉相承，以哲学术语表述传记的意义以及作用，富有思辨性，自然也带着些许晦涩难懂的特征。她的传记观最早出现在她1958年出版的专著《人的境况》。

在《人的境况》里，阿伦特将传记所应完成的任务——"关于一些个人的"记录，记录"他们如何生活，如何在世界上生活，如何被他们所处的历史时代所影响"，表述为讲述"他是谁"的问题。讲好一个人的故事即是回答

---

[1] [美]汉娜·阿伦特:《黑暗时代的人们》，王凌云译，江苏教育出版社2006年版，第1页。

好"他是谁"的问题。

"他是谁"是哲学的问题。阿伦特在考察"行动"这一人的行为形态时从"他是谁"和"他是什么"的区别角度论述了"他是谁"的意义。阿伦特认为,"他是谁"与"他是什么"有着本质的区别,"他是谁(who)"是人之所以成为人的唯一差异性,与"他是什么(what)"这个人的社会属性是完全不同的。

根据《牛津高阶英汉双解词典》的解读,"他是谁(who)"里的中心词"谁(who)",其所要回答的是关于某人的信息方面的问题,如关于人的姓名等唯一的独特的属性,即如阿伦特所说的"人的差异性":

> 人的差异就是人的独特性。的确,一切存在者都具有他者性(英otherness;德alteritas)。如果没有这种他者性,那么,就无法将一个存在者同其他的存在者区别开来并加以认识……由于人能够觉察自己与其他个体之间的差异,因此,人的他者性和差异性(distinctness)便成为人的唯一性(uniqueness)。①

在阿伦特看来,人的差异性只在于"或者行动者同谈话结伴而行,或者行动以谈话的形式进行,只有这样,才可能表露出行动者作为唯一存在者的性质和人格特征[阿伦特称之为'谁'(who),从而区别于人的'什么'(what)即人的特质、天分、能力和缺陷等特征)]"②。前文所引阿伦特"言行的事后追溯"中的"言行"即是指人的活动与其语言结伴而行而形成的人的唯一性。

而"他是什么(what)"里的中心词"什么(what)",其所要回答的是关于某人的社会属性方面的问题,如其身份等,这正如阿伦特所说:

> 问题的关键在于,社会中的人都必须回答他是什么(what)——这

---

① [日]川崎修:《汉娜·阿伦特:公共性的复权》,斯日译,河北教育出版社2002年版,第252页。
② [日]川崎修:《汉娜·阿伦特:公共性的复权》,斯日译,河北教育出版社2002年版,第254页。

与他是谁（who）这一问题是完全不同的——他的角色是什么，他的作用是什么；并且这一问题的答案永远不能是：我是独一无二的（unique）。[①]

简而言之，"他是什么"回答的是除了人的唯一性之外的社会属性，与"他是什么"相对应的是阿伦特所表述的那些"被制造"的，即"创作并流传下的作品"，这些并不是人独一无二的特征，它告诉人们"他是什么人或曾经是什么人"，比如他是作家，或者他是音乐家，如此等等的社会属性。

理解了"他是谁""他是什么""言行"等哲学概念，再回过头来看阿伦特所说的传记就是要对传主的"言行的事后追溯"，阿伦特实际上阐明了传记写作的核心问题：传记家要真实记录传主的言行，当然这种记录一定并只能是后视视角。

"传记家在确定传主以后和书写传记文本之前，还需要一个相当长的时间来完成准备工作，这就是传记所需要的材料的收集、整理、鉴别和研究。"[②] 在传记写作中，传主的"言行"即对应着传记材料，需要"事后追溯"的传主的"言行"即指传记家在传记写作中所需要搜集的传记材料。

传记材料从其"内容看，可以分成两大类：一类是传主本人的材料，关于他的生平、性格以及同他直接联系在一起的人物和事件的材料；另一类是同他间接有关的，关于他的时代、环境以及各种相关知识的材料的收集"[③]。阿伦特所说的"言行"，从狭义上可以说是属于第一类材料，不过每一个人都是一个时代、社会、文化相互作用下的结果，不存在独立于这些因素之外的人，所以可以说是包含广义上的传记材料，即涵盖两大类材料，这也与阿伦特所说的传记是写"他们如何生活，如何在世界上生活，如何被他们所处的历史时代所影响"这一论述相符合。

那么，具体到作家的传记，作为作家，"他创作并流传下的作品"归属

---

① [美]汉娜·阿伦特：《黑暗时代的人们》，王凌云译，江苏教育出版社2006年版，第144页。
② 杨正润：《现代传记学》，南京大学出版社2009年版，第495页。
③ 杨正润：《现代传记学》，南京大学出版社2009年版，第495页。

于哪类材料呢？阿伦特认为，这些不应该被当作传记材料。那么，依照阿伦特的观点来分析，《朝花夕拾》是鲁迅"创作并流传下的作品"，其中所描述鲁迅童年与青年的往事等是"被制造"的，其性质与讲述鲁迅"卷入的真实故事"的传记所需要的"言行"不同，后者是"不能被制造"的，所以引自《朝花夕拾》的"故事"不能确定"鲁迅是谁"这个鲁迅区别于他人的唯一性，《朝花夕拾》只能告诉人们"鲁迅是什么"这个鲁迅的社会属性，即鲁迅是一个作家。

作为传记材料的"言行"与作品中的"言行"

阿伦特反对把"被制造"的创作作品视作传主的生平事实，其实，这个观点并不是阿伦特第一个提出来的，早在20世纪40年代，勒内·韦勒克就讨论过这个问题。他在《文学理论》的第三部分"文学的外部研究"中专门探讨了"文学和传记"之间的关系。韦勒克提出两个问题：一是传记家以诗人的作品为根据来撰写传记，这里有多大程度的可靠性？二是文学传记的成果对理解作品本身又有多大关系和重要性？韦勒克批评根据莎士比亚剧作和十四行诗的内容来撰写莎士比亚传记的现象，说："我们不能根据虚构的叙述，特别是戏剧中虚构的东西，做出有效的推论，以此编写一个作家的传记。"[①]

韦勒克在这里说的是虚构的叙述，那么，散文的叙述可否视作事实呢？韦勒克说：

作家不能成为他笔下的主人公的思想、感情、观点、美德和罪恶的代言人。而这一点不仅对于戏剧人物或小说人物来说是正确的，就是对

---

① [美] 勒内·韦勒克、奥斯汀·沃伦：《文学理论》，刘象愚、邢培明、陈圣生、李哲明译，浙江人民出版社2017年版，第64页。

于抒情诗中的那个"我"来说也是正确的。作家的生活与作品的关系，不是一种简单的因果关系。①

在鲁迅传记中，散文集《朝花夕拾》中描述的事件一直被当作鲁迅真实的经历来引用，这样的事实，如果用韦勒克和阿伦特的传记观来看是应当反对的：这里的"言行"是属于"被制造"的，与作家真实人生中的能够来回答"他是谁"这个终极问题的"不能被制造"的"言行"有着本质上的区别。

鲁迅曾在《中国小说的历史的变迁》中笑谈王渔洋误把《三国演义》中虚构的地名视作真实地名一事：

> 王渔洋是有名的诗人，也是学者，而他有一个诗的题目叫"落凤坡吊庞士元"，这"落凤坡"只有《三国演义》上有，别无根据，王渔洋却被他闹昏了。②

鲁迅的观点很明确，《三国演义》是小说，说其"七分是实的，三分是虚的"是不十分准确的，"容易招人误会……人们或不免并信虚者为真"，王渔洋过分相信《三国演义》中那七分实事，忽略了三分虚构，所以才误把虚构的"落凤坡"当作一个真实的地名，闹了一个笑话。③

然而，在传记写作的实践中，鲁迅自己创作的文学作品同样面临着如何区分其真实与虚构的问题。其实，把《朝花夕拾》里描述的事件视作鲁迅真实的经历，这个认识背后的实质是无视《朝花夕拾》作为文学作品的散文属性，而直接将之视作鲁迅自传作品来看待了。

关于《朝花夕拾》该不该属于鲁迅真实的经历，即是不是鲁迅自传，20世纪80年代王瑶在《论〈朝花夕拾〉》中曾对此提出过否定，他说："《朝花夕拾》是鲁迅回忆童年和青少年时期生活的散文，但它不是自传。"不过，20

---

① ［美］勒内·韦勒克、奥斯汀·沃伦：《文学理论》，刘象愚、邢培明、陈圣生、李哲明译，浙江人民出版社2017年版，第65页。
② 《鲁迅全集》第9卷，人民文学出版社2005年版，第333页。
③ 参见赵白生《传记文学理论》，北京大学出版社2014年版，第47页。

世纪 80 年代至今近四十年时间，鲁迅传记写作依然在引用《朝花夕拾》，这个现象在说明，王瑶的否定观点没有得到认可。

辜也平在《中国现代传记文学史论》中对王瑶的这个观点提出了质疑。辜也平说，王瑶反对《朝花夕拾》不是鲁迅自传的理由是"鲁迅是不赞成给自己写传记的"，"传记是以宣扬'本传主'的生平事业为内容的，鲁迅自居于普通人之列，并不想宣扬自己的贡献和成就"。但鲁迅在《朝花夕拾》写作的前后，也两次写过"自传"，所以，因鲁迅不赞成给自己写传记而认定《朝花夕拾》不是自传实际上是没说服力的。①

辜也平认为，《朝花夕拾》不是一般的回忆性散文，应属于自传性散文，甚至可以说是自传。辜也平分析道，《朝花夕拾》中的十篇文章并不是随意安排的，并不是鲁迅自己所说的"从记忆中"随便"抄出来的"，而是作者鲁迅根据时间顺序精心安排的，所以《朝花夕拾》是匠心独具的自传作品，鲁迅的目的是要"讲述自己从一个天真无邪的儿童成长为今天的'鲁迅'的成长过程"。由此可以认为，这十篇文章看似毫无关联，实则自成一体——自成一个连贯的叙述整体，"除了三、四、五篇'流离中所作'外，前后两篇和后五篇都是比较讲究过渡和转接的"，从而具备了自传作品的首要的特征。

辜也平的依据来自法国著名自传专家菲力浦·勒热纳关于区分自传与散文随笔或自画像等文体的观点。勒热纳认为，自传与随笔等文体的根本区别在于文本的论述和结构遵从的是叙述还是逻辑。勒热纳说："自传首先是一种叙述，它按照顺序叙述某个人的历史；而随笔或自画像（如让·科克托的《存在之难》，1947）首先是总结的努力，文本不是按照编年顺序，而是按照逻辑关系、根据一系列观点或分析的各个阶段而展开。"②《朝花夕拾》是按照时间顺序展开的叙述，不是综合的逻辑观点，所以属于自传文体。

---

① 参见辜也平《中国现代传记文学史论》，人民文学出版社 2018 年版，第 140 页。
② [法]菲力浦·勒热纳：《自传契约》，杨国政译，北京大学出版社 2013 年版，第 23 页。

辜也平甚至认为，在《父亲的病》中被周作人指出是虚构情节的衍太太的出场一事，也是鲁迅特意安排的，属于"并非失真的艺术虚构"："我认为作者特意安排衍太太在这里出场，目的是为了篇章之间的衔接。"[①] 鲁迅是为了力求完整地叙述"自己心灵的发展史"[②]。如果这个推理能够成立，那么可以说，鲁迅是有目的地虚构了事实，从而在这部自传性叙述里留下了让人轻而易举发现的如阿尔都塞所说的"症候"，即作家"风格的裂缝"。[③] 依照辜也平这种分析，笔者认为，鲁迅的这种目的性虚构，属于柏拉图在美德伦理学中讨论的过渡性目的，虚构事实并不是为了虚构本身，而是为了达到终极目的，即建构自己的心灵发展史。

这里需要交代清楚另一个问题：周作人说鲁迅在《父亲的病》里描写自己在衍太太的催促下大声呼喊父亲一事是虚构的，其实，衍太太这个人也是虚构的，实际生活中根本不存在有个叫衍太太的人。陈淑渝在《搏击暗夜：鲁迅传》中对此进行了详细的说明：衍太太这个名称是虚构的，不过她有原型，是鲁迅的一位叔祖母。[④] 这种虚构似乎与弗吉尼亚·伍尔夫关于传记的虚构事实观十分相似，伍尔夫说："传记家的想象力不断受到激发，用小说家的艺术——谋篇布局、暗示手法、戏剧效果——来拓展私生活。"[⑤] 鲁迅虚构衍太太的出场也许是为了"拓展私生活"。

作为自己观点的延续，辜也平同时对大泉村等日本学者质疑《藤野先生》中"幻灯片事件""医学笔记"调查等，作出了不同的意见，认为："从理论上讲，史书、传记甚至回忆录掺杂了传闻或虚构都是很令人诟病的，但我们并不能因此而一概否认《朝花夕拾》讲述的一些内容与生活实际存在着差

---

① 辜也平：《中国现代传记文学史论》，人民文学出版社 2018 年版，第 140 页。
② 辜也平：《中国现代传记文学史论》，人民文学出版社 2018 年版，第 144 页。
③ 参见赵白生《传记文学理论》，北京大学出版社 2014 年版，第 79 页。
④ 参见陈淑渝《搏击暗夜：鲁迅传》，作家出版社 2016 年版，第 17 页。
⑤ 参见赵白生《传记文学理论》，北京大学出版社 2014 年版，第 50 页。

异。"①

关于鲁迅在《藤野先生》中有没有虚构一些事实,学界讨论得比较多,虽然无法得出一个言之凿凿的结论,但这些讨论中廖久明的系列研究得到学界普遍认可。廖久明在《从〈藤野先生〉的研究看日本人的国民性》一文中对日本学者所认为的《藤野先生》是"有定评的小说"的观点提出了反对意见。廖久明认为,日本学者之所以罔顾事实而坚持认为《藤野先生》是虚构的小说,与日本人的认真、固执、敏感等国民性是密不可分的。②联系到前文所引鲁迅反对关于《三国演义》的"七分实事、三分虚构"论,可以认为,日本学者确实可能罔顾或忽视更是视而不见鲁迅本人对小说虚构与事实虚构的观点。

《朝花夕拾》在文学史上遭遇的诸多质疑,用伊格尔顿在讨论文学的定义时所说的一段话来形容非常贴切:"一件作品可能是作为历史或哲学而开始其生命的,然后逐渐被列入文学;或者,它可能是作为文学而开始的,后来却由于其考古学上的意义而受到重视。"③

回到前面的问题,即辜也平从文本叙述的顺序性、连贯性出发,指出表面看由毫无关联的十篇文章里十个毫无关联的故事组成的《朝花夕拾》,实则是作者鲁迅精心布置的自传文本,这个结论符合传记不是流水账式的记录,个别富有代表性的事件的组合完全能够塑造传主形象的观点,阿伦特本人也持有这样的观点:"人……这些事件最终可以讲述为故事或写成自传……言和行……这两种活动的确总是可以讲成一个连贯的故事,无论单个的事件及原因是多么的偶然或意外。"④那么,如果说《朝花夕拾》是自传作品,是否就此可以认为鲁迅传记写作中引用《朝花夕拾》就符合了阿伦特的传记观呢?

---

① 辜也平:《中国现代传记文学史论》,人民文学出版社2018年版,第145页。
② 参见廖久明《从〈藤野先生〉的研究看日本人的国民性》,《鲁迅研究月刊》2016年第8期。
③ [美]特雷·伊格尔顿:《二十世纪西方文学理论》,伍晓明译,北京大学出版社2007年版,第8页。
④ [美]汉娜·阿伦特:《人的境况》,王寅丽译,上海人民出版社2017年版,第71页。

换言之，如果《朝花夕拾》就是鲁迅的自传，呈现的是鲁迅真实的人生事实，那么，《朝花夕拾》可否构成阿伦特所说的可以组成传记材料的"不能被制造"的"真实故事"呢？

这个问题的提出，引出了另一个悖论式的问题：阿伦特视作传记材料的能够回答"他是谁"的"言行"的活动，是"不能被制造的"，而自传在形式上是"被制造的"，是传主"创作并流传下的作品"，这与其内容真实与否没有实质的关联。问题看似很复杂，更是无解，其实，这与阿伦特一贯坚持的自传观是相一致的。

阿伦特对自传的自我建构性持有怀疑态度，她认为，自传为了达到自我建构目的而不乏艺术地建构其真实性，以下这段话清楚地表达了阿伦特对自传艺术建构性的不信任："当你能讲述或书写关于生活的故事和诗时，请不要去使自己的生活诗意化，把它当成艺术品那样去度过它（像歌德曾经做过的那样），也不要利用它来实现这个'观念'。"[①]

对自传之所以持有不信任态度，是因为阿伦特认为，自传不可能做到对一个人的"言行"进行"事后追溯"，因为自传不可能完整地呈现"某人是谁的本质"，而"某人是谁的本质，只有在他生命终结、仅仅留下一个故事的时候才真正地形成"[②]。所以，阿伦特才说，某人是谁或曾经是谁，我们只能从了解以他为主人公的故事或他的传记中得出，这里之所以强调"他的传记"，就是为了区别于自传。

阿伦特强调："自传性素材只有让人感到一种独特性，拥有一种无法复制的独特价值时，才值得再讲述。"她自己没有留下自传性叙述，不能不说与其对自传叙述的自我建构功能不信任的态度不无关系。

在这一点上，鲁迅似乎与阿伦特观点极其相似。虽然同时代的胡适大力

---

① [美]汉娜·阿伦特：《黑暗时代的人们》，王凌云译，江苏教育出版社2006年版，第101页。
② [美]汉娜·阿伦特：《人的境况》，王寅丽译，上海人民出版社2017年版，第152页。

提倡传记，关于传记文学作了多次演讲，反复强调传记文学是"中国最缺乏的一类文学"[①]，还劝说身边的人都写自传，更是率先垂范，自己带头写自传，但鲁迅一直是对此抱持否定态度。

鲁迅留下了两篇自传，两篇均不足千字：一篇是写于1925年的《俄文译本〈阿Q正传〉序及著者自叙传略》；一篇写于1934年，美国人伊罗生编译出版一本中国现代短篇小说集《草鞋脚》，出版方要求入选作家提供小传，鲁迅为此撰写了其生平中第二篇自传，不过只写到1927年。从严格意义上讲，这两篇自传算不上是现代传记学意义上的自传，只是按照生平时间顺序简单陈述了自己的经历而已，缺乏法国学者勒热纳为自传所作的定义中最核心的本质——"某人以自己的生活为素材用散文体写成的后视性叙述，它强调作者的个人生活，尤其是其人格的历史。"[②]鲁迅的这两篇自传既没有后视性叙述，也没有强调其人格的历史，所以只算作生平简介。也正因如此，这两篇的真实性从未被质疑过，而《朝花夕拾》遭遇如此之多的质疑，不能不说与其散文属性是分不开的，即使鲁迅本人强调了其是"从记忆中"来的，是"旧事重提"。

其实，这样的现象再次说明，作为文学作品，无论是哪种文体，都无法逃脱被多元化解读的命运，正如伊格尔顿所说："所有的文学作品，从降生那一刻起，都是孤儿。就像子女成人以后，父母不再控制他们的生活，诗人也无法左右自己的作品会被放到什么样的情景下，做出怎样的解读。"[③]这亦是艺术的魅力所在，超越有限的存在，趋向无限的时间与空间，是有限人生的无限延伸。

---

① 赵白生：《传记文学理论》，北京大学出版社2014年版，第18页。
② [法]菲力浦·勒热纳：《自传契约》，杨国政译，北京大学出版社2013年版，第2页。
③ [英]特雷·伊格尔顿：《文学阅读指南》，范浩译，河南大学出版社2015年版，第133页。

结语：文学与传记之间

传记的真实性与虚构性是传记研究领域的常态性问题，也是一个常说常新的问题。此外，从虚构性即文学性又衍生出两个问题：书写传记的材料可否来自传主创作的作品，书写传记的文体可否呈现纯粹的文学性。如前文所分析，这些问题反映了传记研究的根本命题，即传记文类属性困境，所以这些问题的性质亦如传记文类的复杂性，呈现出难以归类的特性，更是难以对此给出一个非此即彼的明确答案。

在此只举一个例子，就能够充分说明传记写作问题所面临的复杂性和困境了。

如本文所论述，阿伦特反对把传主"创作并流传下的作品"视作传主真实的故事，作为传记写作材料，然而，阿伦特自己并没有坚守住自己的这个观点。

1968年，阿伦特在《黑暗时代的人们》一书中所收入的传记文章《贝尔特·布莱希特（1898—1956）》就是一个这样的例子。在文中，阿伦特介绍作为"迷惘的一代"代表的布莱希特生平事迹及其创作情况时，其作为依据的传记材料主要来自布莱希特的作品，包括剧作和诗歌。关于这样文学式的传记写作方法，阿伦特自己是有清醒认识的，她在文中作了特别的声明：

> 首先，我必须提到一些——很少的一些——传记性的细节资料。我们无须进入布莱希特的私人生活。对私人生活，布莱希特比20世纪其他任何作家都更加沉默，不愿去提及（这种沉默，就像我们将看到的，是他众多优点中的一种），但是，当然，我们必须去跟随他诗中那些优雅的线索。[①]

阿伦特在理论与实践之间表现出的矛盾，在某种意义上类似于她在《人

[①] ［美］汉娜·阿伦特：《黑暗时代的人们》，王凌云译，江苏教育出版社2006年版，第206页。

的境况》一书中关于思与积极生活关系思考所表现出来的含混性，抑或还可以从另一种角度来进行解读：

> 她（阿伦特——著者注）对人物的评判经常显得极其曲折（例如她对布莱希特的描述，常常是在一段话中就有好几次褒贬的转换），因为她始终处在一种对事实复杂性的辨别和沉思之中。①

韦勒克在《文学理论》中说："我们决不可把作家的声明、决定和活动同其作品的实际社会含义相混淆……在作家的理论和实践之间、信仰和创造力之间，可能有着很大的差异。"②就阿伦特以上矛盾现象而言，韦勒克这句话很有概括力。

文学作品的解读永远不会有唯一的标准答案，传记作品亦如此，不过在文学与传记的关系方面，韦勒克的观点有必要将之放置于首要位置："艺术作品不是供写传记用的文献。"③这个"艺术作品"自然也含括散文随笔之类徘徊在真实与虚构之间的文体。需要补充的是，类似《朝花夕拾》等被标注为回忆性的散文，面对其真实性，虽然无法得出泾渭分明的答案，但应该抱持的一个认识是：把散文中的"那个'我'"及其所做所说完全等同于实际生活中作家本人实际的所做所说，需要谨慎，更需要进行甄别。

原载《百家评论》2019 年第 3 期

---

① ［美］汉娜·阿伦特：《黑暗时代的人们》，王凌云译，江苏教育出版社 2006 年版，第 257 页。
② ［美］勒内·韦勒克：《文学理论》，刘象愚、邢培明、陈圣生、李哲明译，浙江人民出版社 2017 年版，第 67 页。
③ ［美］勒内·韦勒克：《文学理论》，刘象愚、邢培明、陈圣生、李哲明译，浙江人民出版社 2017 年版，第 63 页。

"五四"前后：鲁迅在书信日记中的活动

程光炜

写这篇文章有一个缘由。有一次，在学校教授研究室里枯坐，等候晚上上课时间的到来，顺手翻出书架上1981年版的《鲁迅全集》书信、日记等卷。看着看着，竟差一点把上课的事情忘记了。

查鲁迅1919年1月至9月的日记[①]，所述多是与钱玄同、刘半农、周作人、胡适、孙伏园等人的交游，其中钱、刘、周和孙最为密集，胡仅偶尔提到，似乎疏远；或是去琉璃厂购拓片、书画、墓志，寄返《新青年》《每周评论》《新潮》，谈译稿事宜，赴银行存款，看牙医等琐事。因说"五四前后"，我尤为注意3月至9月间的活动，大致抄录如下：

三月一日。晴。下午大风。晚钱玄同来。

四月三日，晴。晚孙福源君来。十日，晴。下午往陈医生寓所治牙。至留黎厂，易得《崔宣华墓志》，作券三元。又买《元珍墓志》一枚，券五元。十六日，晴，大风。上午得钱玄同信，附李守常信。下午得傅孟真信，半农转。十七日，晴。寄傅孟真信，寄玄同信。二十三日，晴。下午寄钱玄同信。

"五四"之前，"朋友圈"没有异常迹象。

五月三日，晴。得钱玄同信。四日，昙。下午孙福源君来。刘半农

[①] 参见《鲁迅全集》第14卷，人民文学出版社981年版，第345—367页。

来。九日，雨。夜得玄同信并杂志十册。十日，昙。晚孙福源君来。十五日，晴。晚钱玄同来。二十日，晨得三弟信，言芳子于十五日午后五时生一男子。午后往留黎厂买残墓志一枚，《陈世宝造像》一枚，各券一元。晚雨一阵。二十三日，晴。夜胡适之招饮于东兴楼，同坐十人。二十八日，晴。午后往前门大街，又至留黎厂。二十九日，晴。晚钱玄同来。

5月是五四运动爆发，并渐至高潮，鲁迅仿佛照常生活，十分平静。再看6月至9月。

六月二日，晴。晚钱玄同来。四日，晴。孙福源来。十一日，昙，下午小雨。晚刘半农、钱玄同来。十四日，晴。晚孙福源君来。

至于6月19日至25日的活动，一是与周作人去观摩学生所演话剧《终身大事》，胡适之作。另一是得钱玄同信。

7月至9月，分别叙述的，依然是与钱玄同、刘半农的书信交往，孙伏园来访，向孔德学校捐款，周作人帮助购买《欧洲文学史》，去前门外某银行换钱等。

以上种种，一直未见有任何异常的现象。

再查鲁迅1919年1月至8月的书信，因是书信，比日记记述人事往来活动相对详细一些。① 他在1月16日《致许寿裳》信中称，"大学学生二千，大抵暮气甚深，蔡先生来，略与改革，似亦无大效"，是说五四运动之前北大校园的现状。《新潮》杂志问世，他开始与傅孟真、罗家伦等来往。4月28日《致钱玄同》信中提到，寄给他小说《药》，请钱给外国文学有关的内容把关。五四运动之前的书信，就这两条与"五四"有一些似有若无的关系。前者是表达对北大学生暮气沉沉的精神状态不满，后者是交寄小说《药》，信中内容谈的是小说创作方面的技术问题，请钱玄同把关斟酌。7月4日《致钱玄同》信中，出现"听说世有可来消息，真的吗"的文字。第365页下注（5）称：

---

① 参见《鲁迅全集》第11卷，人民文学出版社1981年版，第357—367页。

"一九一九年五月九日，北京大学校长蔡元培为抗议北洋政府镇压五四运动辞职离校。后在校内外的催促下始通电放弃辞职，并于九月十二日回京主持校务。"①如果不是 1981 年版《鲁迅全集》对蔡元培在五四运动中的辞职风波加以比较翔实的注释，书信表面看不出什么。"注释"带入的，当然是后人对那段历史的评价态度，是对"日记原文"的再创造。另看 8 月 13 日《致钱玄同》一信，告诉钱玄同孙伏园的住址情况。鲁迅还告诉钱玄同，鱼肝油不是诊治神经衰弱的药，对肺病格外有效，一种蓝包的是普通强壮剂，如果神经衰弱，服用蓝包即可。②

等到写这篇短文，陡然想起周作人所谓"文抄公"的说法。写文章时，一边编排自己的思路，一边照抄研究对象的原话，似乎产生了一种就站在他的面前与他对话的错愕印象。过去，我不是很理解"文抄公"的含义，等到年龄渐长，才慢慢懂得周作人修养深厚、见识广博，果然就是这样。

书信、日记是作家的私密文字，不足以反映他全面的思想活动。因此，拿这些东西分析作家在一个重要年头的思想活动，肯定是比较单薄的，不足以说服人，还会有以偏概全的危险。不过，有的时候，在某种特殊时代语境中，这个"内部"的文章，与作家"外部"的文章可以发生相互作用的关系。有时候，或者是自己希望的那个时候，书信、日记可能包含着远比公开发表的文章更丰富详细的历史信息。

我对鲁迅"五四"前后的书信、日记有以下几点浅近的印象：

一、1919 年 5 月前后北京的空气很好，大风、小雨比较频繁，晴天亦较多。那个时候的北京城，仅有一些不成规模的小作坊式的工业，周围都被广大的农村包围着。因此，不会有今天的环境问题困扰。另外，即使在大学教书，也不会被各种表格袭扰，北大教师钱玄同、刘半农频繁出入绍兴会馆周

---

① 参见《鲁迅全集》第 11 卷，人民文学出版社 1981 年版，第 365—366 页。
② 参见《鲁迅全集》第 11 卷，人民文学出版社 1981 年版，第 367 页。

氏的宿舍，是为《新青年》约稿，但很多时候恐怕还是来此闲谈聊天。当然，闲谈聊天是否涉及过时事新闻之类，因为是书信、日记，大多简略，即使有，也不会详细描述，我们只好猜测。对鲁迅这个南方人来说，他是否适应这里的气候也不太知道，从其各种活动的情况看，这个季节的气候应该是赏心悦目的，否则，他也不至于记述得这么轻松。

当然，其中应当少不了与二弟周作人兄弟怡怡的内容。他们曾经是多么其乐融融啊，谁都没有想到，最后竟然会走向无法弥补的分裂境地。如果对照周作人写的那本《知堂回想录》，或许可以对其做一点补充，许多年前我读这本回忆录的时候，对他们曾经融洽的家庭气氛以及兄弟怡怡的场景，记忆深刻。在这里，至少不失为一个参照。

二、日记多记述与当时文人钱玄同、刘半农、孙伏园和胡适之等的交游，买书、购拓片和墓志，亦有吃请，其中，往返的书信比较多。书信对具体的"五四事件"有所涉及，比如"五四"前北大的沉闷气氛，"五四"后蔡元培的辞职。无论从日记还是书信均可看出，作为一个中年人，鲁迅对学生运动和思潮似乎保持着距离，对具体事件及其进展，也没表现出特别的热心。

这也并不奇怪，在五四运动中，北大时有学生被警察逮走。人们知道，胡适刚开始时态度也比较消极，并不支持学生的行为，虽然他比鲁迅年龄还要小些。不过，与鲁迅不同，他是这所学校的正式教员，想不卷入都不可能。比如，当学生被逮走之后，他还是奔走呼号，积极做了点营救的工作，这都有书籍记载，不是我这里随意议论。可以说，鲁迅这种态度并非独有，他们那个知识阶层，在当时多半是这种样子，不是"超然""冷静"等措辞能够完全解释的。

即使不看上述书信、日记，仅从他故世后二弟和很多朋友的回忆文章中，尤其是通过二弟周作人后来的详细著述，都可以知道，"五四"之前鲁迅就有逛琉璃厂，搜求墓志、拓片等爱好习惯了。这方面，已经有许多成熟的研究成果，不需要我在这里啰唆。只是当时，鲁迅是出于无意，等到鲁迅研究逐渐走向成熟完备系统之后，人们把他当年这些东西拿出来，研究他的思想、文化修养，包括文学作品的审美趣味和艺术风格，就显得活灵活现了起来。这是当时的鲁迅根本想不到的。作家跟后世研究者的关系，只有等到作家故世很多年后，随着研究视野不断开拓，历史距离拉得很开之后，才能这样加以体现。因此，不管作家愿意不愿意，他都不会想到，也无法干涉研究者怎么去理解他完整的思想艺术世界。

三、由上述可见，鲁迅对具体事件的"五四"和新文化运动的"五四"，在态度上是有所区别的。对前者，他只是远远地观望，在日记中，甚至观望的姿态都看不出来；对后者，他是投入了很多热情的，有那么多小说、散文、笔谈和杂文为证。比如，1919年4月，鲁迅的《孔乙己》发表于《新青年》第6卷第4号，深含着对科举制度终结后，读书人出路问题的不祥的忧虑。一个月后，《药》发表于《新青年》第6卷第5号，提出革命者与被拯救民众无法改善的隔阂的问题。

周作人晚年写过一批跟鲁迅有关的书，例如《鲁迅的故家》《鲁迅小说里的人物》《鲁迅的青年时代》和《知堂回想录》等。有些谈到了先兄的为人处世，有的对他的文学作品有所评论，角度和大多数人好像是不太一样的。譬如他在评论《狂人日记》时指出，小说是一篇宣传文字，揭露和批判礼教吃人，而文艺和学术问题在这篇小说里是次要的事情。[1] 周作人认为，《药》的想象来源于《水浒传》中的人肉馒头，《本草纲目》里并没有"人肉可煎吃"的知识，小说做了发挥，"表示这药的虚妄"[2]。针对当时评论界把阿Q形象简单化的倾向，周作人指出，作品的"内容"其实"有点复杂"[3]，因而他不愿附和对这个形象随意演绎的意见。在周作人看来，《祝福》中祥林嫂的原型是鲁迅本家的一个远房伯母，祥林嫂的悲剧是"封建道德和迷信的压迫下的妇女

---

[1] 周作人：《鲁迅小说里的人物》，江苏人民出版社2018年版，第16页。
[2] 周作人：《鲁迅小说里的人物》，江苏人民出版社2018年版，第25—26页。
[3] 周作人：《鲁迅小说里的人物》，江苏人民出版社2018年版，第79页。

的悲剧"①。然而，在旧中国"除了礼教代表的士大夫家以外，寡妇并不禁止再嫁，问题是没有她的自由意志"②。"鲁四老爷"也有暗示新台门周家之意，但鲁迅当时"在故乡已经没有家"，所以他认为这是对人物做了"小说化"处理，不能再从"写实"的角度来理解。③他在论及鲁迅的"故乡观"时，认为除了地方气候和风物，鲁迅对故乡并未有过深的怀念；鲁迅最反感的乡下人士，除了封建士大夫，还有师爷、钱店伙计等。④他又认为，《孤独者》中主人公的性格，有一些范爱农的影子，但留下了鲁迅"不少自述"的痕迹。⑤而《伤逝》这篇小说大概"全是写的空想"⑥，故不应该随意演绎和放大。按照以上思路，他在《鲁迅的青年时代》一书中指出，鲁迅前期思想虽然走的是"弃医从文"和"文艺救国"的路，但也不能对它的意义任意夸大。他认为进化论影响了鲁迅前期思想的形成，但也不应排除国学对他潜移默化的影响，"他爱楚辞和温李的诗，六朝的文，现在加上文字学的知识，从根本上认识了汉文，使他眼界大开"⑦。

不过，我的结论是，"五四"前后的"鲁迅形象"究竟有多少是他自己原初的，有多少是后来鲁迅研究者以及各种历史叙述追加、填补、想象和整理上去的，不是十分清楚。仅以书信、日记做文章虽有些偏颇，但也能找到作家本人真实的感觉，比较贴近他的实际。按照中国人的说法，书信、日记这种"尺牍形式"，最能揭示作者内心世界里的真实活动。

原载《探索与争鸣》2019 年第 5 期

---

① 周作人：《鲁迅小说里的人物》，江苏人民出版社 2018 年版，第 204 页。
② 周作人：《鲁迅小说里的人物》，江苏人民出版社 2018 年版，第 198 页。
③ 周作人：《鲁迅小说里的人物》，江苏人民出版社 2018 年版，第 203 页。
④ 周作人：《鲁迅小说里的人物》，江苏人民出版社 2018 年版，第 213 页。
⑤ 周作人：《鲁迅小说里的人物》，江苏人民出版社 2018 年版，第 227—229 页。
⑥ 周作人：《鲁迅小说里的人物》，江苏人民出版社 2018 年版，第 237 页。
⑦ 周作人：《鲁迅的青年时代》，江苏人民出版社 2018 年版，第 44 页。

作为"中间物"的鲁迅传记写作

张元珂

在现代作家传记史上,鲁迅传记的数量肯定位列榜首。据张梦阳统计:"鲁迅的传记到 20 世纪 90 年代末已达 28 种。其中,半部的 4 种,未完稿 1 种,全部的 23 种。计有 5 人写过 2 种,2 人合著 1 种,多人合作、1 人执笔 2 种,总计是 23 人写出 27 种鲁迅传。"[1]事实上,这种统计并不准确。再加上各种形态的回忆录、印象记以及带有传记学性质的著作(比如,李长之的《鲁迅批判》),特别是如果再将日俄等国外学者的鲁迅传统计在内[2],其数量肯定会远超 27 部。进入 21 世纪,学者们为鲁迅作传的热情持续高涨,据笔者不完全统计,截至 2019 年 4 月,鲁迅传总量已接近百部(含译著)。虽然鲁迅传数量已相当可观,但与传主本身地位、成就以及在国内外所产生的巨大影响力相比,目前这些传记的质量与水平尚不足以与之相匹配。鲁迅传写作依然在路上,或者说,在鲁迅传记史上,已出版传记虽都有各自优长,但也有各种缺陷:要么史料误用或错用,相关内容经不住推敲;要么理念老旧,文笔枯索,可读性差;要么远离"鲁迅本体","真实"被遮蔽或被改写;要么篇幅冗长,缺乏裁剪,不经转化,把鲁迅传搞成资料集,故与我们理想中

---

[1] 张梦阳:《鲁迅传记写作的历史回顾(一)》,《鲁迅研究月刊》2000 年第 3 期。
[2] 根据日本汲古书院的统计,20 世纪 80 年代以前,就有十几部各种样态的鲁迅传记问世。参见袁韶莹《战后日本出版的鲁迅传记书目》,《国外社会科学文摘》1983 年第 6 期。

的鲁迅传样态尚有较大差距,它们只能作为"中间物"[①]而存在。

1949 年以前:片段化、资料性,以及整体架构的初步尝试

鲁迅在生前曾婉拒过友人为己作传的提议,理由是自己"不热心",且"一生太平凡"。"不热心"或许是实情,但说自己"一生太平凡",则纯属一句修辞大于实指的客套话。在君子看来,不加自估,便欣然应诺他人之"授",则实在有失斯文。其实,论成就与地位,鲁迅在当时即已获公认,故鲁迅之为传主,已足堪当。鲁迅传能否有作之必要,已不是问题,问题是,怎么写以及如何写,或许鲁迅所虑即在此。若非,在其生前,他为什么会那么热心接受若干友人有关此话题的问询,甚至过目人家写的初稿呢?更有甚者,在 1933 年的一次与曹聚仁的对谈中,直接问:"曹先生,你是不是准备材料替我写传记呢?"[②]事实上,能否作传,已由不得他,他的地位、成就与威望决定了鲁迅传以及鲁迅传写作,作为中国名人传记写作的热门选题,已先在性地成为中国现代传记文学史和"鲁迅学"的标志性课题之一。

鲁迅尚在世时,就有白羽、王森然、李长之等同时代作家、学者,以及 H.E.Shapick(英国)、增田涉(日本)、埃德加·斯诺(美国)等外国友人或研究者,尝试着为其作传。由此看来,在新文学经典作家群体中,鲁迅传记写作起步很早。这也与其文学地位以及对同时代所产生的巨大影响力相匹配,

---

① 鲁迅在《写在〈坟〉后面》中说:"大半也因为懒惰罢,往往自己宽解,以为一切事物,在转变中,是总有多少中间物的。动植之间,无脊椎和脊椎动物之间,都有中间物;或者简直可以说,在进化的链子上,一切都是中间物。""中间物"一词屡屡出现于鲁迅笔下,是一个带有极强理论色彩和丰富含义的关键词。与之类似的概念还有"桥梁",比如:"但祖父子孙,本来各各只是生命的桥梁的一级,决不是固定不易的。现在的子,便是将来的父,也便是将来的祖。"(《我们现在怎样做父亲》)"只将所说所写,作为改革道中的桥梁,或者竟并不想到作为改革道中的桥梁。"(《古书与白话》)关于鲁迅"中间物"思想,已有汪晖、王得后、郜元宝等众多学者从鲁迅世界观、社会观、人生观、语言观、文艺观等多个角度予以深度研究、阐释,此不赘述。

② 曹聚仁:《鲁迅评传》,香港新文化出版社 1961 年版,第 1 页。

同时代学者们争相为之作传,恰逢其时,意义重大。鲁迅生前出现的传记,其价值不容低估。一方面,这些传记皆为短制,其中很多也经由鲁迅阅读,甚至亲自参与修订过。因为有鲁迅的过目与参与,其中很多论述就有了可供后继者参考的文献价值。比如,增田涉有关鲁迅与创造社、太阳社的关系,特别是有关青年人思想幼稚,陷入李立三"左"倾机会主义泥淖中而不自知的记述,埃德加·斯诺有关鲁迅"不是一个真正的无产阶级作家"的观点,都为后人的鲁迅传写作提供了崭新的视点和第一手的材料。另一方面,这些传记虽也倾向于整体性的把握(比如,王森然的《周树人先生评传》),但这方面的努力以及由此而达到的效果显然非常不理想,因为他们大都写得相当简略,且止于就事论事层面,少有也难有深入挖掘之作。反而,在某些局部或细部处理上——即侧重撷取其某一生平片段,某一突出精神品质,或某一为人、为文特质,并予以描述或突出,试图以崇敬之心、真实之笔为其画像,继而呈现出一个与众不同的传主形象——显示了该阶段写作的重要价值。比如,王森然在《周作人先生评传》结尾处以不乏幽默之笔,对鲁迅"事母至孝""铅笔恒置于右耳上""有时畅谈,一小时不动讲义""与人力车夫,卖报童叟,共坐一凳,欣然大餐""口衔纸烟,囚发蓝衫"等细节、场景或外貌的生动描述[①],对其形象的刻画就栩栩如生,让人过目难忘。即使是今天的鲁迅传写作,这种"传记+文学"的笔法也不多见。

鲁迅生前出现过一部专门的"作家论",即李长之的《鲁迅批判》。李著是中国现代文学批评史上的经典之作,但李著并非沿袭常见的文学批评思路,而是融传记学方法与学术研究理路于一体,而又尽显现代传记写作样式的综合性实践。也可以说,不同时代的不同学术背景的学者,在阅读李著时,都会获得不一样的知识体验。其中根由似也不难理解:李著所展开的有关鲁迅性格与思想、人生与精神历程、创作得失、诗人与战士形象等方面的分析与

---

① 王森然:《近代二十家评传》,(北京)杏岩书屋1934年版,第288页。

研判，无论研究方法，还是论析理路与观点，都可谓新颖独到、自成一家；其行文与研判，皆建立在西式文本细读基础上，且重主体的审美体验，而轻外在的"作者要素"或意识形态依附。故他的那些依凭一己体验所作出的独立判断尤为后人所称道。无论他认为《头发的故事》《一件小事》《端午节》等小说"写得特别坏"，"故事太简单"，"独白而落于单调"，"沉闷而又平庸"，从而得出鲁迅"不宜于写都市"的结论①，还是对鲁迅"粗疏、枯燥、荒凉、黑暗、脆弱、多疑、善怒"②性格的指认，并认为他在情感上是"病态的"，在理智上是"健康的"③，无论对鲁迅贡献所做的辩证分析，即"因为鲁迅在情感上的病态，使青年人以为社会、文化、国家过于坏，这当然是坏的，然而使青年敏锐，从而对社会、世事、人情，格外关切起来，这是他的贡献"④，还是对鲁迅多层面身份属性的整体感知，对其精神演进过程的划分与论析⑤，特别是对其所作带有一定宿命式观点的结论，即"总令人很容易认为是他的休歇期，并且他的使命的结束，也好像将不在远"⑥，李之研判都独立发声，常言人之未言，可谓发人深省，对读者来说，读之不能不深受启迪。更重要的是，在此论析过程中，他始终将西方的精神分析理论、传统的"知人论世"与"以意逆志"说，以及现代传记学方法融为一体，继而论析鲁迅思想、人格及创作得失的批评实践，也堪称方法论上的重大探索与实践。这种批评方法自李之后，似只有瞿秋白、曹聚仁、钱理群、王富仁、汪晖、王晓明等少数学者型批评家，能继承此种理路并在鲁迅研究界产生重大影响。

鲁迅去世后，各种带有传记色彩的回忆类文章明显增多，但在前四年中，

---

① 这些引文见李长之《鲁迅批判》，北新书局 1936 年版，第 116—119 页。
② 李长之：《鲁迅批判》，北新书局 1936 年版，第 198 页。
③ 李长之：《鲁迅批判》，北新书局 1936 年版，第 200 页。
④ 李长之：《鲁迅批判》，北新书局 1936 年版，第 203—204 页。
⑤ 指出鲁迅有"虚无主义"思想，"他不够一个思想家，因为他不够一个思想家所应有的清晰以及在理论上建设的能力"；他也不是杂感家，"因为对鲁迅并不能以杂感家来概括"；将鲁迅精神发展划分为七个阶段，并对每一阶段特质作出论析。
⑥ 李长之：《鲁迅批判》，北新书局 1936 年版，第 55 页。

大部头专著并未出现。这些作者大都为鲁迅生前的门生、故交或亲人，为文多以一抒情怀、以表奠念为旨归，很多文章并不注意史料运用上的准确与否，所以，他们写的这些类似记述性散文或随笔体杂感的单篇文章并非严格意义上的传记或传记文学。相比而言，周作人的《关于鲁迅》和《关于鲁迅之二》、景宋（许广平）的《最后的一天》和《鲁迅和青年们》、张定璜的《鲁迅先生》、萧红的《回忆鲁迅先生》、黄源的《鲁迅先生》、许寿裳的《鲁迅的生活》、内山完造的《忆鲁迅先生》等文章是该阶段接近"传记文学"特质的代表作。如果把这类文章综合起来作为一个整体来看待，其价值和意义当不可小觑。正是这些层出不穷的散文随笔体文章，为四年后大部头鲁迅传写作，提供了方法与史料上的重要支撑。

20世纪40年代，先后有平心的《人民文豪鲁迅》、小田岳夫（日本）的《鲁迅传》、欧阳凡海的《鲁迅的书》、郑学稼的《鲁迅正传》、王冶秋的《民元前的鲁迅先生》、王士菁的《鲁迅传》、许寿裳的《亡友鲁迅印象记》、林辰的《鲁迅传》[①]等几部初具整体架构形态的大部头著作面世。这些专著的出现标志着鲁迅传写作进入第一个高峰期和收获期。从整体上看，这时期较完整的大部头传记大都从童年生活写起，既而依次述及南京求学、留学日本、回绍兴任职、北京十四年佥事任职生涯、在厦门与广州的经历、在上海等几个"时间单元"内所发生的重要事件，同时也非常注意对鲁迅所处时代历史背景的交代（王士菁的《鲁迅传》尤其注重这方面的书写），并从此出发试图揭示出鲁迅的思想特质，且在重点作品的解读方面比前一阶段有了质的飞跃。以王士菁的《鲁迅传》为代表的这种书写体例基本奠定了在此后几十年间鲁迅传写作的结构模式。这部曾得到许广平盛赞（"比较客观的一部鲁迅传"[②]）但

[①] 发表于《民讯》第4、5期，仅发表了两章：《家事及早年生活》《无需学校的学费》。2004年5月，完整版的《鲁迅传》才由福建教育出版社出版。

[②] 景宋：《鲁迅传·序》，载王士菁《鲁迅传》，新知书店1948年版。

在曹聚仁看来"那简直是一团草,不成东西"[①]的著作,却以其相对明晰的时间线索、切近时代与传主生平关联、初具整体性架构的文体实践,以及在国内首开完整版本鲁迅传撰写之先河,而一跃成为鲁迅传写作史上的重大事件,并对此后鲁迅传研究中的"马克思主义学派"的写作,产生了不小影响。中华人民共和国成立后,王著以及由此而衍生的众多小册子,在全国得到大量发行,其影响力由此可见一斑。一直到了"新时期",以王著为代表的偏于"神化"鲁迅的著作,才渐趋式微。

40年代,学者们撰写鲁迅传的积极性较高,理念也相对开放、多元。以崇敬心态投入写作,力求客观,旨在真实,成为撰者们的首要追求,所以,他们基本能按照各自理解素描出各自心目中的"鲁迅形象"。而且,其中很多观点、方法、体例,也都具有首创之功或示范价值。无论小田岳夫有关鲁迅是"制造新中国的实质而毕生受着苦痛的人""一个寂寞的孤独的时代的受难者"[②]形象的指认,欧阳凡海以学术性思维对鲁迅核心思想("奴隶观")或个性意识(压抑、苦闷,以及对这种压抑与苦闷的反抗)的细致研究,王治秋对少年鲁迅心理样态的考察以及成年后一系列游走经历的梳理,还是王士菁从生活、思想、创作等方面对鲁迅所作出的趋于整体视野、宏大架构的写作实践,在鲁迅传写作史上,都具有重要的价值与意义。即使像郑学稼这类以带有嘲讽、挖苦心态投入写作的作者,也会被传主某方面的特质所深深吸引,因而在批评之余,又常不乏真知灼见的光彩。其中,《亡友鲁迅印象记》(许寿裳)记述与老友鲁迅的交往经历,涉及与鲁迅有关的众多生活细节、文坛掌故,特别是交代鲁迅整理古籍、抄古碑、研佛经的内容,从史料价值上来说,都弥足珍贵。

在40年代,郑著是一部很特殊的鲁迅传。特殊之处就在于,它的作者是

[①] 曹聚仁:《鲁迅评传》,香港新文化出版社1961年版,第3页。
[②] [日]小田岳夫:《鲁迅传》,范泉译,开明书店1946年版,第2页。

反共、反"鲁迅热"的,而他又力求从学术上投入对鲁迅身份、思想和创作的整体把握和细致研究。然而在内地,如何评价郑学稼及这部鲁迅传,一直以来是一个较为棘手的话题。实事求是地说,作为资产阶级右翼学者的代表,郑学稼在意识形态上对鲁迅、"鲁迅热"以及"左翼文学"所持有的先入为主的政治意识形态偏见[1],以及该著在史料运用上的某些误用、误判和误导,从而导致某些观点的偏离或错判,也都是显而易见的。同时,郑学稼对时人送予他的那些所谓"思想家""青年导师""无产阶级革命家"等头衔也深不以为然,在当时语境中,这种带有意识形态论争性质的见解必然引起马克思主义学派的强烈不满。故内地学界尤其是马克思主义学派对郑学稼及其《鲁迅正传》的批判素来严厉、彻底。毫无疑问,内地马克思主义学派对于提高鲁迅研究以及鲁迅传写作的档次和学术地位,可谓功勋卓著,但类似郑学稼这种资产阶级右翼学者的研究方法与成果,亦应辩证对待。其实,郑著中个别观点也同样值得关注。比如,郑对鲁迅文学家身份的认知与评价:"鲁迅真正的价值,就是他以文学家的身份,指摘中国旧社会的残渣。他是这工作的优秀者,他又是这工作在文艺上的唯一完成者。"[2]也就是说,他致力于反映出鲁迅作为常人特别是"文学家"的身份特征和精神特质,反对无端拔高鲁迅形象。

该时期的鲁迅传写作也存在一些明显的缺陷。一、引证过多、过频,且时常有误。过分依赖史料堆积,从而拉长传记长度,素材不经筛选与转化便被机械地拉入文本,从而使得鲁迅传蜕变为资料集,可读性非常差。二、上述大部分专著只能是传记或准传记,而非"传记文学"。史料匮乏,传记写作理论与经验准备不足,都是根因所在。三、对鲁迅本体的把握与阐释还远远不够。鲁迅传写作刚刚起步,尚存在诸多未涉领域。鲁迅与周作人失和经过

---

[1] 比如,曹聚仁认为郑著是在侮辱鲁迅,张梦阳认为郑对某些史料的处理"孤陋寡闻,连最起码的资料都没有掌握,就竟然妄作什么传记。然后又道听途说,信口雌黄,谬以千里"。对鲁迅作品的评述则"简陋、浮浅",在写法上"也是非常简陋,不入堂室的"。(《鲁迅传记写作的历史回顾(一)》,《鲁迅研究月刊》2000年第4期)。

[2] 郑学稼:《鲁迅正传》,香港亚洲出版社1954年版,第112页。

与原因，鲁迅与朱安的情感关系，鲁迅在北京抄古碑、研究佛经时期的心理世界，鲁迅与国际友人的关系，鲁迅与后期"左联"的关系，鲁迅与"第三种人"、现代评论派等众多文人的论战实况，等等，都少有提及或即使提及也语焉不详。四、在1949年以前的传记写作中，"神化"鲁迅与"人化"鲁迅的写作范式也都初露端倪。前者以王士菁、平心为代表，后者以许寿裳、郑学稼为代表。1949年新中国成立后，前者成为主流，即所谓官方钦定的"正传"，后者成为支流，遭到压制，所发挥的空间极其有限。

表1 1949年以前鲁迅传记代表作一览表

序号	作者	书名（或文章题名）	出版时间（或发表时间）	出版社（或发表期刊）	约计字数（单位：万）或其他相关说明
1	增田涉	鲁迅传	1932.4	日本《改造》4月号，中文最早刊于1935年《台湾文艺》新年号	2
2	白羽	鲁迅评传	1933.1	《社会新闻》第5卷第15期	0.25
3	王森然	周树人先生评传	1934.6	（北京）杏岩书屋	为《近代二十家评传》之一章（第277—295页）
4	埃德加·斯诺	鲁迅——白话大师	1935.1	《亚洲》杂志	收入第二年出版的《活的中国》，改题为《鲁迅评传》
5	李长之	鲁迅批判	1936.1	北新书局	带有突出的传记学特征
6	萧红	回忆鲁迅先生	1940.7	生活书店	附件中收有许寿裳的《鲁迅的生活》、景宋的《鲁迅和青年们》两篇文章
7	平心	人民文豪鲁迅	1941.2（1947年第三版）	心声阁	

续表

序号	作者	书名（或文章题名）	出版时间（或发表时间）	出版社（或发表期刊）	约计字数（单位：万）或其他相关说明
8	小田岳夫	鲁迅传	1941.12（1946.10再版）	（长春）艺文书屋（再版开明书店）	10 开明本译者为范泉
9	欧阳凡海	鲁迅的书	1942.5	桂林文献出版社	30
10	郑学稼	鲁迅正传	1942.7	（江西）胜利出版社	10
11	王冶秋	民元前的鲁迅先生	1943.4	（重庆）峨眉出版社	10
12	邓珂云、曹聚仁编校	鲁迅手册	1946.10	群众杂志公司出版博览书局发行	内收鲁迅写的自传，以及周作人、茅盾、内山完造等作家的印象记
13	许寿裳	亡友鲁迅印象记	1947.10	峨眉出版社	
14	王士菁	鲁迅传	1948.1	新知书店	40
15	林辰	鲁迅传	1949.1 1949.2	《民讯》月刊第4、5期	

从"十七年"到"文革"：一元化、神化，以及并不意外的收获

从20世纪50年代到70年代的鲁迅传写作大体可分为以下几种情况。（一）新创作的带有普及性质的通俗读物。比如林维仁的《鲁迅》、钟子芒的《鲁迅传》、王士菁的《鲁迅》①、连环画版的《鲁迅传》②。这类传记写得简明扼要、通俗易懂，且大都配有插图，字数也不多（大都在五万字以内）。这类小书的读者主要定位于学生群体和识字的普通大众，属于旨在普及文学知识的

---

① 常见的版本主要有生活·读书·新知三联书店版（1951）、中国青年出版社版（1958）、作家出版社版（1962）。这三个版本在文字及体例方面都不一样。
② 广州鲁迅纪念馆等单位合编，广东人民出版社1977年版。

大众读本。（二）为纪念鲁迅逝世二十周年而创作的大部头传记。比如，朱正的《鲁迅传略》。朱著以史料运用的精准、叙述的客观真实，以及对阿Q人物形象的精辟解读和对《野草》的创造性阐释而著称。该著共分十章，后又多次修订，代表了"十七年"间鲁迅传写作的最高水平。（三）直接阐释主流政治意识形态的传记。比如姚文元的《鲁迅——中国文化革命巨人》、石一歌的《鲁迅传》（上）。这类作品借鲁迅来直接阐释政治，书中的"鲁迅"是一个没有了七情六欲、只有革命和斗争的像神一样的存在物。（四）按照新中国意识形态规范和要求而再版或新创作的传记。比如王士菁的《鲁迅传》、陈白尘和叶以群等人集体创作的电影文学剧本《鲁迅传》。前者在初版本基础上做了较大修改、补充，等同于再创作，强化或突出了配合主流政治意识形态方面的要求；后者具有划时代的意义，即他们首先尝试以电影方式呈现鲁迅形象，尽管不可避免地带着那个时代的政治印痕，但其开创之力，功不可没。（五）鲁迅亲人创作的带有回忆录性质的传记。比如，周启明的《鲁迅的青年时代》、许广平的《关于鲁迅的生活》。这类传记在史料处理上较为可靠，但也存在出入（比如许广平的一些回忆录）。总之，第一类写得较为浮浅，第三类和第四类类同政治读本或准政治读本，第二类和第五类最具价值，值得深入研究。而朱正的《鲁迅传略》和周启明的《鲁迅的青年时代》是其中最重要的两部作品。

　　在"十七年"时期，文学制度与规范对文学创作的影响是极其内在而深远的。鲁迅研究不单纯是学术问题，也是政治问题。鲁迅传写作当然也不例外。对于鲁迅传作者而言，并入主流政治轨道，并在写作中融入对新中国主流意识形态，特别是毛泽东思想的认识，也本是题中应有之义。毛泽东在各个时期评价鲁迅的话语，即是鲁迅传写作的总纲领。在毛泽东看来，鲁迅是"向着敌人冲锋陷阵的最正确、最勇敢、最坚决、最忠实、最热忱的空前的民族英雄"，"鲁迅的方向，就是中华民族新文化的方向"，又因为"鲁迅是新中国的圣人"，是"文学家、思想家、革命家"，因此"一切革命的文艺工作者，都应学鲁迅的榜样",那么,如何学呢?"做无产阶级和人民大众的'牛'",要"鞠躬尽瘁,死而后已"。纲领已颁布,方向已明确,剩下的就是不折不扣地贯彻执行。对于鲁迅传作者来说,在鲁迅传中切实贯彻与阐释这种纲领、思想,才是最根本之所在。具体到鲁迅传作者,早在 1948 年,王士菁的《鲁迅传》就已初露端倪,至 1959 年新创作的《鲁迅传》的出版,其模式化、公式化的倾向已清晰可见。① 王著成为"十七年"间鲁迅传写作紧贴主流政治的模范代表作。即便像朱正这种以追求"真实"为己任的作者,也必须在《鲁迅传》中大量引用毛泽东著作中的原文,以突出"纲领"的主导地位。而陈白尘、叶以群等人在合创电影文学剧本《鲁迅传》时,为迎合政治需要,突出政治的作用,甚至随意虚构情节或细节,从而出现了违逆生活真实与历史真实的内容。②

鲁迅传写作在理念与实践上被统一为"一元",即基本是对上述话语的直接或间接阐释。在这种情况下,除了那些众所周知的基本事实外,可留待作者们发挥的空间就变得极其有限了。由于对资产阶级思想甚至小资产阶级意识的表达已不符合新中国文艺政策之要求,鲁迅传写作中就必然存在不宜深入表现的领域。比如,对于鲁迅潜意识心理特别是内心的矛盾、苦闷与虚无的表现,对其日常生活特别是私人情感的描述,就要有所淡化或回避。而在普及性更广和传播力更强的戏剧影视领域,这方面的规训或要求,当然也就更严格。陈白尘、叶以群、唐弢等人合编的《鲁迅传》并未表现鲁迅的旧式婚姻之苦(不提鲁迅与朱安的关系),并未展现鲁迅个性化的言行,并未聚焦鲁迅复杂的内心世界,因为这类话语不符合当时的时代要求。时代需要革命的、斗争的、颂歌的鲁迅,以服务于新中国意识形态建设。但如此一来,传

---

① 其大众普及版《鲁迅》(作家出版社 1962 年版)的副标题即为"伟大的革命家、思想家和文学家"。
② 比如,1926 年,鲁迅离京南下的主因是寻求与许广平的结合,而非剧中共产党人李大钊的政治性动员;1927 年,鲁迅离粤赴沪亦主要出于个人原因,而非剧中共产党人的主使。这种改动显然是违背历史真实的。

记中的"鲁迅"因缺乏作为个体的"人"之属性，而逐渐远离"鲁迅本体"，而到"文革"时期，受极"左"思潮影响，传记中的"鲁迅"已完全蜕变为干巴巴的政治符号了。真实的鲁迅有诸多面孔与形象：早期鲁迅、中期鲁迅、后期鲁迅，其间差别太大了。"十七年"时期所建构的那种作为革命者、思想家的鲁迅形象仅是其中一种，并不代表那就是鲁迅的全部。

在"十七年"时期，周启明的《鲁迅的青年时代》是一部很具参考价值的小册子。周启明以回忆录形式，以述而不议的姿态，记述了鲁迅在绍兴、南京、东京、仙台等地的日常生活，提供了很多别人所不知道的细节，对于读者认识真实的青年鲁迅将大有助益。在"神化"鲁迅的时代，周专述这些平淡无奇的小事实，似也开了在"十七年"间书写"人化"鲁迅传的先河。

在港台地区，该时期相继有曹聚仁的《鲁迅评传》、苏雪林的《鲁迅传论》、郑学稼的《鲁迅正传》（增订版）、一丁的《鲁迅：其人，其事，及其时代》四部（篇）传记问世。

曹聚仁与鲁迅相识甚深，对鲁迅思想、性格与精神体系的认识，就比他人更胜一筹。曹聚仁擅长随笔体写作，文学修为亦高，且与中共保持着密切关系，因而，由他作传，并能写出好传，且能在内地广为传播，自是必然。首先，他把鲁迅当作"大活人"来写的意图，以独立品格、客观立场，力在接近和把握"鲁迅本体"的传记学意识，以及以随笔体写传记的文体实践，堪称创新的急先锋。其次，他对与鲁迅有交集的陈源、徐志摩、顾颉刚、梁实秋等现代文人的正面评价，对鲁迅与"左联"关系的细致论述（涉及对"激进主义""革命""革命文学"的看法），对鲁迅思想、性格和精神体系的系统论析，对鲁迅文笔、文体，特别是后期杂文的独到阐释，都是难得一见的好识见。总之，曹著在鲁迅传写作史上是一个重要收获。

在 20 世纪 70 年代末，另一香港学者一丁著有《鲁迅：其人，其事，及其时代》。这部秉承"用鲁迅自己的话来解释鲁迅"原则写成的鲁迅传，也以对史料运用的严谨和对真实性的追求，成为继曹聚仁《鲁迅评传》之后又一部产生一定影响力的著作。

与"捧鲁派"针锋相对,苏雪林向以反鲁著称。在鲁迅逝世三十周年(1966)时,她在《传记文学》(台湾)发表长达 2.7 万字的《鲁迅传论》,更是将其"反鲁事业"推向了一个新高潮。苏之贬鲁、批鲁自成体系,其中有些观点如认为鲁迅有"矛盾人格""多疑性格",等等[1],亦堪称真知灼见,但其偏见、极端、不合情理与事理之处也异常明显。以此心理与标准来从事鲁迅传写作,其缺陷也不可避免,特别是其中带有人身攻击的恶毒话语,或者借鲁迅传写作,起而挑拨"反共"情绪,都是不可取的,甚至是有害的。总之,读苏著,当不可被其情绪化语调所误导,而对其中观点亦须仔细甄别、推敲,辩证看待。

与苏相比,同为"讽鲁派"的郑学稼去台湾后,对鲁迅的评价就相对温和了许多。在 20 世纪 70 年代,他出版了增订版的《鲁迅正传》。在这个版本中,他删除了初版本中那些讽刺鲁迅的话语,调换了一些不合乎事实的资料,使相关论述尽量趋于客观而真实;增订版由原来的十章扩充为二十二章,并附多篇论文于书末,因而,许多章节的论述很具开拓意义。比如,其中有关鲁迅与"民族主义文学""第三种人"论战的细节,有关"浪子之王"的论述,就颇有新意。其实,如前所述,郑著反对神化鲁迅,尤其反对将之政治偶像化,其姿态并不过激,但郑著在内地的评价向来不高。比如,张梦阳就认为郑著"代表了资产阶级右翼政治派别的一种鲁迅观,即从政治上攻击和否定鲁迅的左翼倾向,又不得不承认鲁迅的文学天才和文化修养"[2]。这种观点当然也是一家之言。郑著在港台及海外学界颇有市场,常被指定为参考书,而在内地,有关郑著的客观评价文字,也逐渐多起来。

总之,从"十七年"到"文革",无论内地还是港台,主流政治对鲁迅传

---

[1] 这方面的论述在李长之的《鲁迅批判》中有所涉及,但并未充分展开。直到 1993 年 1 月王晓明的《无法直面的人生——鲁迅传》出版,才标志着这方面的探析有了实质性突破。

[2] 张梦阳:《鲁迅传记历史写作的历史回顾(一)》,《鲁迅研究月刊》2000 年第 3 期。

写作的影响是巨大的。内地鲁迅传写作模式渐趋一元，所开拓的空间极其有限，台湾亦未摆脱国民党意识形态的操控，以苏雪林、郑学稼为代表的鲁迅传作者，也陷进了党争之泥淖。但是在如此严苛的语境中，依然有优秀鲁迅传面世。在这个意义上，曹聚仁的《鲁迅评传》、朱正的《鲁迅传》、周作人的《鲁迅的青年时代》依然是这个时期的重要收获。但这收获一点也不意外，原因很简单，这些传记家始终未泯灭内心对"真实"（历史之真、生活之真、人性之真、艺术之真）的探求，并始终未离开"鲁迅本体"而作凌空高蹈之态。他们作为优秀学者的主体精神依然存在，在特殊时期，尽管他们根据政治需要对"鲁迅形象"也有所修正甚至作部分更改，但总体上并未远离"鲁迅本体"。他们传记中的"鲁迅"依然真实！这也再一次表明，除了充分占有材料外，拥有独立的主体意识、探求真理的勇气和健全的知识素养，是写好鲁迅传的基本前提。

表2 新中国成立后三十年间的鲁迅传记代表作一览表

序号	作者	书名（或文章题名）	出版时间（或发表时间）	出版社（或发表期刊）	约计字数（单位：万）或其他相关说明
1	林维仁	鲁迅	1950.12	商务印书馆	2
2	钟子芒	鲁迅评	1951.3	太平洋出版社	为"新少年丛书传记"之一种
3	王士菁	鲁迅	1951.10	三联书店	为"中国历史小丛书"之一种
4	许广平	关于鲁迅的生活	1954.6	人民文学出版社	4.1
5	朱正	鲁迅传略	1956.10	作家出版社	10.5
6	曹聚仁	鲁迅评传	1956	香港世界书局	
7	周启明	鲁迅的青年时代	1957.3	中国青年出版社	7.5
8	姚文元	鲁迅——中国文化革命的巨人	1959.9	上海文艺出版社	16.1
9	王士菁	鲁迅传	1959.10	中国青年出版社	18
10	陈白尘	鲁迅传	1961.1 1961.2	《人民文学》杂志	电影文学剧本

续表

序号	作者	书名（或文章题名）	出版时间（或发表时间）	出版社（或发表期刊）	约计字数（单位：万）或其他相关说明
11	苏雪林	我论鲁迅	1967.3	文星书店股份有限公司	为"文星丛刊"之一种
12	石一歌	鲁迅传（上）	1976.4	上海人民出版社	为"学习与批判丛书"之一种，"石一歌"即"十一个"的谐音
13	郑学稼	鲁迅正传	1979.8	时报文化出版事业有限公司	增订版
14	一丁	鲁迅：其人，其事，及其时代	1978.9	巴黎第七大学亚洲出版中心	为"东亚丛书"之一种

"新时期"：回归本体、范式转变，以及多元景观

"文革"结束后，中国进入"新时期"。20世纪80年代的思想解放为鲁迅传写作预设了较为自由、宽松的文化环境。在学术界，从"回到'十七年'到回到'五四'"等口号的提出，从"向内转"到"性格组合论"等文学理念的深入人心，"新时期文学"逐渐成为较早介入时代主潮并对时代问题作出有效呼应的急先锋。它不仅加入了思想解放和文化创生的阵营，还以容纳中西、除旧创新之势，为现代中国的现代性诉求和发展蓝图注入了独属于现代中国文人的文化基因。鲁迅传写作当然也是在这个大背景下有效、有序展开的。伴随"新时期"的到来，鲁迅研究也逐渐步入正轨。80年代也是鲁迅研究的第二个高峰期，根据葛涛的统计，在整个80年代总共有373部鲁迅研究专著面世。各年统计数据如表3[①]。

---

① 葛涛：《鲁迅研究著作出版状况的调查与分析（1980—2010）》，《中华读书报》2012年5月16日。特此说明：本文表格中部分数据采自该文。

表3　1980年至1989年鲁迅研究专著出版数量统计表（单位：部）

年份	1980	1981	1982	1983	1984	1985	1986	1987	1988	1989
A	55	96	50	32	31	22	52	20	7	8
B	15	27	7	2	4	6	7	2	0	0
C	4	7	4	8	6	2	6	5	1	1
D	2	4	2	1	2	1	1	1	1	2

说明：A 鲁迅研究著作总数　B 生平及史料研究类著作　C 思想研究类著作　D 鲁迅传

从表3可知，80年代初期形成了鲁迅研究的热潮，与鲁迅传密切关联的"生平及史料研究""思想研究"亦达到有史以来创作高峰阶段。它们作为重要依托，为大部头鲁迅传写作打下了坚实的学术基础。1981年正值鲁迅诞辰一百周年，鲁迅研究特别是鲁迅传写作也迎来了有史以来的最高峰。本年度共有曾庆瑞的《鲁迅评传》、吴中杰的《鲁迅传略》、林志浩的《鲁迅传》、林非和刘再复的《鲁迅传》四部鲁迅传出版。此后几年内，又先后有彭定安的《鲁迅评传》、朱正的《鲁迅传略》（修订版）、陈漱渝的《民族魂——鲁迅的一生》等几部重要鲁迅传问世，待1989年1月林贤治的《人间鲁迅》（第一、二部）出版，"新时期"的大部头鲁迅传写作已经形成了相当可观的局面。如果再将周作人的《周作人回忆录》（1980）、陈漱渝的《鲁迅史实新探》（1980）、陈涌的《鲁迅论》（1984）、周建人的《故家的败落》（1984）、林辰的《鲁迅述林》（1986）、钱理群的《心灵的探索》（1988）、包忠文的《鲁迅的思想和艺术》（1989）等带有传记或准传记特征的专著统计在内，那么，80年代的鲁迅传以年均出版2部的数量，显示了其在鲁迅传写作史上的不俗成就。

"新时期"的鲁迅传创作首先以几部作品的再版而引人关注。先是王士菁的《鲁迅传》于1979年2月由中国青年出版社再版，继而是朱正的《鲁迅传》（修订版）于1982年9月由人民文学出版社出版。这两部传记的再版标志着鲁迅传写作已步入正轨。如果说，王著依然在旧有体例内修修补补，那么，朱著则在初版基础上做了较大调整与补充，字数也由初版的 10 万字增加到 20 多万字。朱著修订版除纠正原版史实上和提法上的一些错误和把许多转述的史料改为直接引用外，还根据新材料，补写鲁迅在日本仙台的经历，增加"南中国文学会"状况、罗章龙与东方饭店会议以及与他人论战经历等其他重要内容，记述与朱安的婚姻、与许广平的爱情、与二弟周作人失和、与高长虹决裂等重要生活事件，从而大大丰富了传记中的"鲁迅形象"。从朱著传导出的重要信息即是，鲁迅传作者们可以大踏步向"鲁迅本体"靠近了，可以深入鲁迅的日常生活世界的历史事件了。

除了将"十七年"时期的鲁迅传加以修订并出版外，进入 20 世纪 80 年代后，为适应新时期时代需要，创作新鲁迅传便成为当务之急。而且，新时期也的确为产生优秀的大部头鲁迅传提供了充分条件。这些条件至少有：鲁迅研究作为一门显学，已在鲁迅生平、思想、作品的研究，特别是文献史料整理方面取得了重大突破；前三十年间鲁迅传写作所取得的经验和暴露出来的问题也为新时期作者所参照；较之前三十年，此时期学者在知识结构、精神素养、理论准备方面更趋于合理。曾著、吴著、林著、林刘合著、彭著、陈著六部鲁迅传，就是在具备这些主观或客观"条件"下诞生的。他们的写作表现出了几个明显的共有倾向：其一，扭转因受极"左"思想直接干预而致使鲁迅传写作远离"鲁迅本体"的局面，从而从"教条式昏睡"中觉醒，并努力在具体的写作实践中追求客观、真实，成为这一阶段所有作者的第一诉求；其二，按照线性时间，尽量将鲁迅每一阶段的人生际遇叙述得周全、圆满，追求传主人生历史脉络的清晰，并且重视细部与细节的营构，尝试揭示出鲁迅作为个体的"人"的属性；其三，都努力追求在体例、方法上的创新，虽结果大都不如所愿，但每一位作者在写作中的具体实践，都对此后的传记写作提供了弥足珍贵的经验；其四，每一位作者都特别重视整体性视野，即把鲁迅生平、思想研究、作品论析、时代背景融为一体，力图揭示出各自理解中的"鲁迅形象"，又由于各自知识背景和价值诉求的差异，每个人的鲁迅传写作都不一样，这就形成了风格与方法的多样性；其五，客观评价与鲁迅有交集的历史人物（比如章士钊、徐志摩、陈源、梁实秋、林语堂等）、具体的历史事件（比如"女师大风潮"、二周失和等），有针对性地分析鲁迅思想、创作与日俄等国外文艺思潮的内在关联。上述五方面的"共性"，堪称鲁迅传写作领域内的"拨乱反正"。

如此一来，在中国内地，一种崭新的鲁迅传写作范式的转变便悄然发生，即由"国家政治范式"向"文化启蒙范式"转变。如果说以王士菁、林志浩、陈漱渝为代表的马克思主义学派，依然延续自"十七年"以来的理路，并因这理路的部分修正，以及依托根深蒂固的学派传统[①]，而在新时期有了自立于学界的充分合法性，那么，以王富仁、林非、刘再复为代表的偏于文化启蒙的一派，以"回到鲁迅""回到'五四'"为旗帜，秉承文化启蒙意识，在鲁迅传或准鲁迅传写作中，强化对日常生活、人性人情、心理世界、精神样态等在前三十年中被有意遮蔽或弱化领域的开掘与表达，以从中阐释出崭新的议题，也同样因顺应"新时期"拨乱反正、思想解放的时代潮流，而有了充分的合法性。事实上，早在1982年前后的鲁迅传中，兼具生活真实与历史真实的鲁迅形象已初步建构起来。不过，那时鲁迅传写作依然以"向外拓展"为主，而"向内转"的取向并不明显。到1985年后，沿此理路，先是钱理群出版准传记性质的《心灵的探索》，后到林贤治提出"民间鲁迅"写作理念，并以《人间鲁迅》（第一、二部）的出版为标志，从而标志着20世纪80年代鲁迅传写作在理念与方法上有了质的飞跃。

从整体上看，20世纪80年代鲁迅传写作普遍追求"大而全"，几乎每一部鲁迅传在某些领域都有所突破，这当然与鲁迅史料的充足和研究的充分有

[①] 这一传统上承瞿秋白论断（最早提出鲁迅由"进化论"向"阶级论"转换的思想），下接毛泽东思想（"鲁迅方向""三家说"，等等），并在1949年以后的三十年间，成为主导"鲁传"写作的唯一合法范式。"文革"结束后，该范式遭到质疑、批判，但其基础依然坚实。在20世纪80年代，他们依然是"鲁传"写作中一支不可忽视的主力军。

关。①同时，作者们在方法与理念上也有了全新的面貌，尽管实践效果尚不尽人意，但对真实的表现，特别是致力于建构一个"有血有肉的鲁迅"形象的努力，至少在愿景上是相当一致的。而且，作者们也大都在写作中融入一己情感，使得主客密切交融，从而出现了像林刘合著的《鲁迅传》、钱理群的《心灵的探索》、林贤治的《人间鲁迅》这类优秀之作。那种依靠堆积材料而拉长篇幅的现象，已经退出历史舞台。另一方面，以林志浩、陈漱渝为代表的马克思主义学派的传记写作也引人关注，但缺陷也明显。他们的鲁迅传在表现"三家论"或建构"革命民主主义者"形象方面，特别是在处理鲁迅与中共、鲁迅与苏俄关系方面，依然在视野、方法与行文方面放不开，难有大突破。而且，那种带有先验论色彩的似曾相识的理论话语，那种带有概括性、提纯性特点的行文方式，常常给人以千篇一律之感，从而让笔下的"鲁迅形象"失去生命力。从这个角度来说，他们的鲁迅传反不如林非、刘再复、林贤治们的作品更接近"传记+文学"的特质。这么说，不是要否定林志浩、陈漱渝们的鲁迅传写作，而是说，他们在延续这一脉写作理路时，有关"怎么写"（不是"写什么"）方面的探索幅度、力度，与前者尚有较大距离。任何写作都忌教条化，鲁迅传写作更是如此，传记作家更应当充分吸收中外先进的创作理念。"……反而把鲁迅写成一个超阶级、超党派的虚无主义者，从总体上扭曲了鲁迅和他所处的时代，所以，鲁迅写作的根本原则，实际上并不在于是否写出真的鲁迅，而在于怎样才能写出真的鲁迅。"②张梦阳评价曹聚仁的《鲁迅评传》时说的这句话就颇有代表性。在20世纪80年代，怎么写的确比写什么更重要，但他的前半句中的观点实难服人。从实际来看，用"超阶级""超党派""虚无主义者"来界定鲁迅的主体形象，肯定是有失偏

---

① 比如，朱金顺的《鲁迅演讲资料钩沉》、北京图书馆编的《鲁迅研究资料索引》、薛绥之主编的《鲁迅生平史料汇编》、中国社会科学院文学研究所鲁迅研究室编的《1913—1983鲁迅研究学术论著资料汇编》、袁良骏编的《鲁迅研究史》。另外，不少传记作家还亲自参与《鲁迅全传》点校工作，也掌握大量的一手资料，比如朱正。

② 张梦阳：《论七种新版鲁迅传的新进展》，《学习与研究》1984年第11期。

颇的，但用以指称某段时期内的某种"鲁迅形象"，则是合乎实际的。"革命民主主义者""文化启蒙者""存在主义者"（"虚无主义者"）都是"鲁迅形象"的一部分，也就是说，鲁迅形象并非某个单一指称。曹聚仁以"虚无主义"指称鲁迅某个时期的思想倾向，正显示了他在鲁迅思想研究方面的真知灼见。在中国内地鲁迅传写作中，有关这一方面的探讨与表现，直到90年代，才在王晓明、吴俊的写作中大放异彩。张梦阳如此评价曹聚仁的写作，正反映了在80年代前半期，一部分学者在理论与观念上，与文学现代性理念有了某种深层隔阂。

90年代："向内转"、文体多样，以及深度模式的初步尝试

1990年5月，林贤治的《人间鲁迅》（第三部）出版。这为90年代鲁迅传写作开了一个好头。"人间鲁迅"，即意味着不是"官方鲁迅"。的确，鲁迅是远远超越官方界定的。事实上，任何假定的阐释或先验的界定，都是对鲁迅形象的遮蔽！他的多疑、虚无、孤独、郁结、好斗，他的绝望与反抗绝望，他的永在"十字路口"上的"荷戟独彷徨"，他对青年人在信任与不信任之间的犹豫不决，等等，在90年代的鲁迅传写作中，都得到充分展开。而类似王士菁、林志浩们的那种写法，已经跟不上鲁研界的发展大势了，读者对这一脉的写作理路已心生厌倦。[①]

表4　20世纪80年代鲁迅传记代表作一览表

序号	作者	书名 （或文章题名）	出版时间 （或发表时间）	出版社 （或发表期刊）	约计字数 （单位：万）或 其他相关说明
1	曾庆瑞	鲁迅评传	1981.5	四川人民出版社	58
2	吴中杰	鲁迅传略	1981.6	上海文艺出版社	13

---

① 王森然：《近代二十家评传》，（北京）杏岩书屋1934年版，第288页。

续表

序号	作者	书名 (或文章题名)	出版时间 (或发表时间)	出版社 (或发表期刊)	约计字数 (单位：万)或 其他相关说明
3	林志浩	鲁迅传	1981.8	北京出版社	37
4	林非 刘再复	鲁迅传	1981.12	中国社会科学出版社	28
5	彭定安	鲁迅评传	1982.7	湖南人民出版社	35
6	朱正	鲁迅传略 (修订版)	1982.9	人民文学出版社	22
7	陈漱渝	民族魂： 鲁迅的一生	1983.7	浙江文艺出版社	12
8	朱正	鲁迅	1985.6	人民文学出版社	9
9	钱理群	心灵的探索	1988.7	上海文艺出版社	25.4
10	林贤治	人间鲁迅 (第一部、第二部)	1986.9、1989.1	花城出版社	第一部17、 第二部30

表5　20世纪90年代鲁迅传记代表作一览表

序号	作者	书名 (或文章题名)	出版时间 (或发表时间)	出版社 (或发表期刊)	约计字数 (单位：万)或 其他相关说明
1	林贤治	鲁迅传(第三部)	1990.5	花城出版社	30
2	曾智中	三人行：鲁迅与许广平、朱安	1990.9	中国青年出版社	26
3	林志浩	鲁迅传(增订本)	1991.7	北京十月文艺出版社	50
4	朱文华	鲁迅、胡适、郭沫若连环比较评传	1991.10	上海文艺出版社	27
5	彭定安	走向鲁迅世界	1992.5	辽宁教育出版社	68
6	唐弢	鲁迅传	1992	《鲁迅研究月刊》第5—10期	未完成稿
7	吴俊	鲁迅评传	1992.8	百花洲文艺出版社	13
8	吴俊	鲁迅个性心理研究	1992.12	华东师范大学出版社	22

续表

序号	作者	书名（或文章题名）	出版时间（或发表时间）	出版社（或发表期刊）	约计字数（单位：万）或其他相关说明
9	王晓明	无法直面的人生——鲁迅传	1993.12	上海文艺出版社	17.4
10	陈漱渝	鲁迅	1997.4	中国华侨出版社	13.8
11	黄乔生	度尽劫波——周氏三兄弟	1998.1	群众出版社	38
12	陈平	鲁迅（上、下）	1998.4	江苏文艺出版社	90
13	钮岱峰	鲁迅传	1999.1	中国文联出版公司	55

从表5可以看出，90年代的鲁迅传写作显得较为稳健（年均1部），且以前四年和后三年为生产期。90年代是改革开放快速起步时期，发展是压倒一切的主题，作为文化范畴内的鲁迅传写作亦然。如果说，学者们在80年代提出"回到鲁迅"，并能达成共识，且也展开了卓有成效的实践，那么，在90年代，就不单单是共识和实践层面的探讨，而是如何落实以及取得何种实效的问题了。在这种情况下，鲁迅传作者们首先要在理念和方法上完成自我更新。如果再延续过去那种老旧的写作套路，或者单纯依靠资料堆积以拉长长度的做法，显然是出力不讨好了。而与那些贪大求全的鲁迅传相比，类似陈漱渝《鲁迅》[①]这种经过精心裁剪、抓主放次、字数不超20万字的鲁迅传更

[①] 这部"鲁传"是在20世纪80年代《民族魂——鲁迅的一生》基础上增删、修订而成，初版11.9万字，修订版13.8万字，中国华侨出版社1997年版，为"名家简传书系"之一种。删去"二十八一份珍贵的情报"，新增第十章"阿Q的诞生"、第十一章"东有启明西有长庚"、第十九章"景云深处是吾家"、第二十章"妻子秘书学生"、第二十一章"两人世界到三口之家"，同时，将"二十六共产党人的朋友和同志"改为"第三十一章共产党人的诤友"，内容也有所变动。新增章节进一步丰富了生活细节，加强了作品分析，特别是对二周失和、鲁迅与许广平婚后生活等方面的考证与分析，颇显功力。

受读者欢迎。当然，亦不能一概而论，比如，彭定安的《走向鲁迅世界》①采用复式结构，以无限接近鲁迅本体为追求，继续把鲁迅当作"人"来写，从而在20世纪90年代的大部头鲁迅传写作中脱颖而出。

90年代的鲁迅传写作非常明显地显示出了"向内转"的态势。不仅林贤治的《人间鲁迅》、彭定安的《走向鲁迅的世界》、吴俊的《鲁迅评传》等传记在论及鲁迅思想谱系时普遍重视对其心理与精神世界的把握与描述，而且还出现了吴俊的《鲁迅个性心理研究》、王晓明的《无法直面的人生——鲁迅传》②这类完全"内转"——聚焦鲁迅内在心理世界——的鲁迅传出现。吴著与王著的出现，标志着我国鲁迅传写作在体例、理路、范式方面取得了重大突破。无论是吴著对鲁迅人格与精神结构（多疑性格、自虐倾向、攻击性心理、性心理）、虚无与反抗虚无的思想、暮年意识（疾病与死亡）的学理性探究与论说，还是王著对鲁迅危机与痛苦、悲观与虚无、呐喊与彷徨、"鬼气"与大绝望、对青年人的戒心等内面心理结构和精神动态的研析，都显示出了十足的原创性。在鲁迅传写作史上，这种带有难度与深度的鲁迅传写作模式，当具有重大的开拓意义。

90年代的鲁迅传在文体探索与实践方面也卓有成效。首先，文体样式多样。彭定安的《走向鲁迅的世界》采用立体结构和复式笔法，使得这部长达66.8万字的传记，颇具"学术+史诗"的大格局气度。唐弢的《鲁迅传》③

---

① 这部"鲁传"是在1982年版《鲁迅评传》基础上修订而成，全书68.8万字，1992年由辽宁教育出版社出版。该著新增内容计50多万字，仅保留初版本中的十几万字，近于再创作。主要变化有：注意对鲁迅自身心态的描述；大大强化鲁迅后期的生活、思想和作品（特别是杂文）的记述与评价；对鲁迅的艺术思维和艺术世界做出了精到的分析；对鲁迅和同时代人的关系做出了较为客观的论析。

② 王晓明的《无法直面的人生——鲁迅传》是一部在中青年读者中产生了很大影响的著作。笔者认为，自80年代提出反对"神化"鲁迅、"回到鲁迅"以来，该著堪称是实践最彻底、效果最明显、创新性最超前的一部经典之作。即便在资料使用上，王著也做出了开拓性的示范——不直接引述原文，而是采用整合或转述，并注明出处。这是一种更切近传记文体特质的资料使用方式。张梦阳认为该著"态度新""思维新""体式新""话语新""感悟新"。（参见张梦阳《鲁迅传记写作的历史回顾（五）》，《鲁迅研究月刊》2000年第7期）。

③ 这部传记为未完成稿，原作拟写40万—50万字，但作者仅写到第十一章，即从鲁迅出生到从日本归来这一阶段的经历。这十一章发表于《鲁迅研究月刊》1992年第5—10期。

采用书话体和笔记体，首先从文化和民俗角度切入鲁迅世界，进而以对鲁迅的精神世界和气质的精准把握，而在鲁迅传写作中显得卓然不群。朱文华的《鲁迅、胡适、郭沫若连环比较评传》采用连环比较体，对其生平、创作、思想等方面做了对比性分析、论说，文体形式颇为新颖。曾智中的《三人行》与黄乔生的《度尽劫波——周氏三兄弟》也与此类似，巧妙地截取鲁迅与他人在时空中的交集经历，从而切入对鲁迅世界的发掘与描述。其次，普遍重视对文学性与可读性的追求。上述吴俊、王晓明的鲁迅传自不必说，其他诸如彭定安富有诗意的拟题方式，林贤治的散文抒情笔调，唐弢的笔记体和书话体，陈平的小说式笔法，钮岱峰的优美文笔，等等，都可表明作者们在"怎么写"方面的探索与实践，也有了长足的进展。

21世纪以来：图像化、比较体，以及大鲁迅传写作的尝试

21世纪以来，不仅旧作屡屡再版，新作也层出不穷，这当然与鲁迅研究的持续繁荣密不可分。表6是笔者统计的各年鲁迅传出版数量分布情况。

表6 2001年至2019年鲁迅研究专著出版数量统计表（单位：部）

年份	2001	2002	2003	2004	2005	2006	2007	2008	2009	2010
产量（>）	2	0	1	3	2	2	0	1	2	3
年份	2011	2012	2013	2014	2015	2016	2017	2018	2019	
产量（>）	1	5	5	4	5	3	3	3	2	

据不完全统计，21世纪以来至少有52部鲁迅传问世，数量可谓惊人。在这52部鲁迅传中，前十年有16部，后九年为36部。可以明显看出，21世纪第二个十年间，鲁迅传写作呈现"井喷"态势——年均4部的生产量，这在过去任何时代都是不可想象的。从整体上看，21世纪以来的鲁迅传写作表现出了以下几方面的突出特点：

其一，图像化，即由单纯文字版向着以文字为主的"文字+图像"或以图像（图画、照片）为主的"图像+文字说明"方向发展，进而呈现出鲁迅传写作的图像化叙事的转型趋向，是 21 世纪以来鲁迅传写作所展现出的一个突出特征。图传或画传自有其适合阅读与传播，且能便捷表现和呈现鲁迅形象的不可或缺的先天优点。21 世纪以来，中国进入"读图时代"，以图像消费为主体的读者群体快速崛起，为适应这种阅读趋向的转型，以图传和画传为载体的鲁迅传写作，也在这十几年间剧增。在这 52 部鲁迅传中，以图传和画传形式出现的就多达十几部。虽然自 20 世纪 40 年代就陆续有鲁迅图传或画传出现[①]，但真正形成规模，成为一个引人注目的现象，则发生于 21 世纪以来的十几年间。余连祥、朱正、黄乔生等人的《鲁迅图传》，王锡荣、吴中杰、林贤治、白帝、罗希贤、李文儒等人的《鲁迅画传》，都是这方面的代表作。显然，鲁迅传写作的图像化，正适应了时代发展需要。

其二，比较体鲁迅传写作模式，即将鲁迅与同时代某位有过交集的名人合并一起，并予以作传的方式，也成为 21 世纪以来鲁迅传写作中一个突出现象。代表作有黄侯兴的《鲁迅与郭沫若："呐喊"与"涅槃"》、许京生的《鲁迅与瞿秋白》、孙郁的《鲁迅与陈独秀》、陶方宣的《不是冤家不聚头：鲁迅与胡适》、袁权的《萧红与鲁迅》、孙放远的《鲁迅与夏目漱石》、周海婴的《直面与正视：鲁迅与我七十年》。这种出现于 20 世纪 90 年代，繁荣于 21 世纪的比较体鲁迅传书写模式，不仅进一步拓展了鲁迅传写作的领域，也为鲁迅传写作在文体上开启了全新实践模式。

其三，大鲁迅传，即在篇幅上追求长度，在格局上追求史诗规模，作为 21 世纪鲁迅传写作中一个现象，也引人关注。这种模式早在林贤治的《人间鲁迅》（共三部）、彭安定的《走向鲁迅世界》、陈平的《鲁迅》等鲁迅传中已初露端倪。进入 21 世纪后，又先后有倪墨炎的《大鲁迅传》（第一部）、胡

---

① 比如，1981 年，陈漱渝等人合编的《鲁迅画传》就颇有代表性。但这类画传仅是个案，属于个别现象。

高普和王小川合著的《鲁迅全传》、张梦阳的《鲁迅全传》问世。这都充分表明，创作一部大鲁迅传，一直就是作者们的一个伟大愿望。而张著的面世，则标志着我国"大鲁迅传"写作取得了重大突破。这部鲁迅传有以下几个突出特点。一、构架恢弘。副标题为"苦魂三部曲"，由"会稽耻""野草梦""怀霜夜"三部组成，总字数达 116 万。这种意图和架构从大处着眼，气度不凡[①]，在以往的鲁迅传写作中，极少见到。二、史、诗同构。张著以缜密考证的史实为基础，以写出一个近于真相的鲁迅为目标，全面描写鲁迅的生活史、思想史和精神史，从而立体地呈现鲁迅形象、性情和气质。同时，也以鲁迅为本位，力图反映出鲁迅与他的时代、鲁迅与同时代人的整体风貌。最关键的是，作者在处理这些材料和人物时，始终从审美角度把握和使用之，从而表现出了在"史"的维度上，试图以"诗化"方式激活材料和历史场景的实践向度。三、长篇传记文学笔法。该著在主干事件上严格依据事实，而在细部或细节上适当展开虚构，同时始终采用长篇小说方式，对这些基本事实和细节进行审美整合、加工与转化，从而另辟蹊径，更接近于文学传记的本体特质。四、具有传记学史意义。该著以其宏大规模、文学性笔法和史诗性追求，成为鲁迅传写作史上的又一标志性的重大事件。

其四，常规鲁迅传创作也成果丰硕。辛晓征的《国民性的缔造者——鲁迅》、陈越的《鲁迅传论》、项义华的《人之子——鲁迅传》、高旭东和葛涛合著的《鲁迅传》、陈漱渝的《本色鲁迅》等鲁迅传，以及（俄）波兹德涅耶娃著，吴兴勇、彦雄译的《鲁迅评传》、林辰的《鲁迅传》，曹聚仁的《鲁迅评传》，朱正的《鲁迅传》，许寿裳的《鲁迅传》等旧作再版或修订后出版的鲁迅传，都是这个阶段的重要收获。而像王彬彬的《鲁迅的晚年情怀》、林贤治

[①] 作者在前言中说："《鲁迅全传·苦魂三部曲》，选择鲁迅一生的早、中、晚三个点，分为'会稽耻''野草梦''怀霜夜'三部曲，是力图全景式地再现鲁迅和他那个时代的长篇文学传记，旨在刻画鲁迅作为中国 20 世纪最痛苦的灵魂的心灵史，以及他周围各色人物的社会众生相，展现 20 世纪中国知识分子的精神史。"

的《鲁迅的最后十年》这类专注某一阶段或从某一侧面表现鲁迅形象的写作，也别具特色，成果卓著。

其五，该阶段的鲁迅传作者也进一步多元化，老中青三代同场竞技，各有优长。老一代作者延续已有理路，热衷于建构深度模式，以表现各自心目中的"鲁迅形象"，而对于一些中青年作者来说，视点进一步下沉，首先把鲁迅当作一个常人来写的观念，更是得到不折不扣的实践。像程争鸣的《360度鲁迅》、赵瑜的《小闲事：恋爱中的鲁迅》、萧无寄的《在民国遇见鲁迅》、李静的《大先生》（剧本）这类鲁迅传中的鲁迅就显得更平凡、鲜活、有趣，特别是那些有关亲情、爱情、友情，以及情感、言行、心理的讲述，较之大部分鲁迅传，就更多了一点"人间烟火色"。这种不追求深度模式、面向大众写作的普及性文本，也代表了鲁迅传写作的一个重要方向。

表7 21世纪以来"鲁传"代表作一览表

序号	作者	书名（或文章题名）	出版时间（或发表时间）	出版社（或发表期刊）
1	陈越	鲁迅传论	2000.1	江苏文艺出版社
2	辛晓征	国民性的缔造者——鲁迅	2000.4	湖北教育出版社
3	［俄］波兹德涅耶娃著，彦雄等译	鲁迅评传	2000.6	湖北教育出版社
4	王锡荣	鲁迅画传	2001.5	上海辞书出版社
5	缪君奇（执笔）	鲁迅画传	2001.9	上海书店出版社
6	项义华	人之子——鲁迅传	2003.11	浙江人民出版社
7	朱正	鲁迅图传	2004.5	广东教育出版社
8	林辰	鲁迅传	2004.5	福建教育出版社
9	林贤治	鲁迅画传	2004.10	团结出版社
10	吴中杰	鲁迅画传	2005.1	复旦大学出版社
11	白帝	鲁迅画传	2005.1	现代出版社

续表

序号	作者	书名（或文章题名）	出版时间（或发表时间）	出版社（或发表期刊）
12	曹聚仁	鲁迅评传	2006.1	复旦大学出版社
13	陈漱渝	鲁迅评传	2006.10	中国社会出版社
14	吴中杰	鲁迅传	2008.8	复旦大学出版社
15	刘春勇	多疑鲁迅	2009.3	中国传媒大学出版社
16	余连祥	鲁迅画传	2009.8	江西人民出版社
17	刘再复	鲁迅传	2010.1	人民日报出版社
18	北京鲁迅博物馆	鲁迅画传	2010.3	河南文艺出版社
19	宋志坚	鲁迅根脉	2010.7	福建教育出版社
20	林贤治	鲁迅的最后十年	2011.11	复旦大学出版社
21	肖同庆	先生鲁迅：无法告别的灵魂	2012.1	文汇出版社
22	黄侯兴	鲁迅与郭沫若："呐喊"与"涅槃"	2012.7	河北人民出版社
23	许京生	瞿秋白与鲁迅	2012.7	华文出版社
24	黄乔生	鲁迅图传	2012.8	中央编译出版社
25	赵瑜	小闲事：恋爱中的鲁迅（增补本）	2012.12	中国青年出版社
26	孙郁	鲁迅与陈独秀	2013.1	现代出版社
27	徐东波	鲁迅传	2013.2	黄山书社
28	高旭东 葛涛	鲁迅传	2013.7	人民出版社
29	倪墨炎	大鲁迅传（第1部）	2013.7	上海人民出版社
30	胡高誉 王小川	鲁迅全传	2013.10	华中科技大学出版社
31	程争鸣	360度鲁迅	2014.1	江西高校出版社
32	陶方宣	不是冤家不聚头：鲁迅与胡适	2014.1	中国物资出版社
33	萧无寄	在民国遇见鲁迅	2014.2	海潮摄影出版社
34	袁权	萧红与鲁迅	2014.10	华文出版社
35	孙放远	鲁迅与夏目漱石	2014.12	吉林大学出版社
36	王彬彬	鲁迅的晚年情怀	2015.1	中国书籍出版社
37	高旭东 葛涛	鲁迅传（图本）	2015.1	长春出版社
38	陈漱渝	本色鲁迅	2015.3	漓江出版社

续表

序号	作者	书名（或文章题名）	出版时间（或发表时间）	出版社（或发表期刊）
39	姜宝昌 黄生	鲁迅	2015.7	晨光出版社
40	李静	大先生（剧本）	2015.8	中国文史出版社
41	刘金平	鲁迅传	2016.1	北京时代华文书局
42	陈漱渝	搏击暗夜：鲁迅传	2016.2	作家出版社
43	张梦阳	鲁迅全传	2016.8	华文出版社
44	罗希贤	鲁迅图传	2016.8	上海书店出版社
45	梁由之	孤独者鲁迅	2016.9	上海三联书店
46	许寿裳	鲁迅传	2017.8	九州出版社
47	李文儒	鲁迅画传（1881—1936）	2017.8	天地出版社
48	黄乔生	百年巨将·鲁迅	2017.9	文物出版社
49	范阳阳	古国的呐喊：鲁迅传	2018.1	长春出版社
50	陈光中	走读鲁迅	2018.1	当代中国出版社
51	朱正	鲁迅传（修订版）	2018.4	人民文学出版社
52	周海婴	直面与正视：鲁迅与我七十年	2019.1	作家出版社
53	许广平	我与鲁迅	2019.1	江苏文艺出版社

结　语

自王士菁的大部头鲁迅传问世以来，我国鲁迅传写作也有七十多年的历史了。七十多年来，据笔者不完全统计，总共有九十多部鲁迅传面世。然而，由于我国现代传记学观念与实践起步较晚，尽管鲁迅传写作已取得了不容置疑的成就，且在观念、理路上已有了重大突破，但诚如张梦阳在十九年前的认定——"又不能不承认至今仍然没有出现一本与传主鲁迅相称、达到世界传记文学高水准的鲁迅传。"[①]——时至今日，我国的鲁迅传写作依然没有出现

---

① 张梦阳：《鲁迅传记写作的历史回顾（六）》，《鲁迅研究月刊》2000年第8期。

与司马迁的《史记》、斯特雷奇的《维多利亚女王传》、茨威格的《三大师》、罗曼·罗兰的《名人传》等世界经典相媲美的传记作品。当前，有关鲁迅传写作的基本材料已不是问题——经过几代学者的共同努力，那一卷卷研究资料已足够支撑传记作家们写出一部"大著"或"巨著"了——那么，什么样的作者才能担此重任呢？笔者认为至少以下几条不可或缺：（1）他必须是一个具备独立精神、自由思想的人；（2）他必须是一个人文素养极高，知识结构完备，对鲁迅与"鲁迅学"有精深研究的人[①]；（3）他必须是一位学者型的作家，能以文学家的思维与能力，创造性地整合与转换那些卷帙浩繁的材料，并做到化腐朽为神奇；（4）他必须是一个在现代传记学理论与实践中有自己独到认识或发现的人。第一项是基本前提；第二项是保证，如若不是"鲁迅通"，即使写出新鲁迅传，那也难有超越性；第三项是能力，如果不是"学者+文学家"型的作者，便无从处理那些客观材料（所有鲁迅有关研究资料，包括文字、照片、影像，等等），并从中获得灵感，从而将传主、作者、材料、时代等基本要素融合为一体，继而借助文学性的语言，写活鲁迅形象；第四项是必要条件，若没有起码的传记学理论与实践，鲁迅传写作也难有新气象。以前那种把鲁迅传写成"资料长编"，或写成"传记"而非"传记+文学"的实践，早是前车之鉴了。在当代中国，同时具备上述四项的作者极其少见。后三项姑且不说，单第一项就已把大部分作者拒之门外了。退一步来看，从鲁迅传创作史来看，凡是在当时以及此后持续产生一定影响力的，基本具备前两项标准[②]。再退一步来看，同时具备前三项的，不能说没有，只能

[①] 我国大部分鲁迅传作者，也就仅具备这一条标准，即由于精通"鲁迅"，继而写鲁迅传。但把这一条做到极致，也能成为优秀传记作家，也能写出备受读者喜爱的优秀鲁迅传。朱正、陈漱渝、彭定安等可为代表。

[②] 比如，20世纪40年代的许寿裳、60年代的曹聚仁、80年代的林非与刘再复，21世纪以来的林贤治，基本合乎前两项标准。

说，即使有①，其实践也与理想状态相差很大。②那么，伟大的鲁迅传作家的出现，也只能寄托于将来了。作为"中间物"的鲁迅传写作，无论正面的还是反面的经验，都值得细加考究，以警示未来鲁迅传写作少走弯路；作为"大著"或"巨著"的鲁迅传写作，我们只能寄托于未来。鲁迅传写作依然在路上，依然任重而道远！

原载《传记文学》2019年第6、7期

---

① 20世纪90年代的王晓明和吴俊似展现出了这方面的天赋与可能，只可惜，他们此后不再涉足鲁迅传记。
② 张梦阳的《鲁迅全传·苦魂三部曲》之所以取得不俗口碑，与对上述四项标准的躬身实践密不可分，但对第四项的探索与实践依然稍显薄弱。另外，"三部曲"长达一百多万字，此前也出现过七十万字以上的鲁传，比如林贤治的《人间鲁迅》(再版本)86万字，陈平的《鲁迅》90万字，彭定安的《走向鲁迅的世界》近70万字。而一些20万字以内的鲁传，比如王晓明的《无法直面的人生——鲁迅传》仅17.4万字，陈漱渝的《鲁迅》13.8万字，同样备受读者欢迎。看来，鲁传写得如何，关键不在篇幅有多长，而在如何写、怎么写。当然，张著的确在这方面用力不少，比如采用文学笔法，对某些细节展开适当虚构，等等，但在文体上可探索的空间似乎还没有完全打开。

论 21 世纪传记文学中鲁迅形象的多维建构

丰 杰

　　从 1932 年增田涉的《鲁迅传》出版至今，鲁迅传记书写与传播已近 90 年历程。20 世纪 80 年代中后期，随着文学"向内转"的变化，鲁迅传记的书写也发生了标志性的转向，林贤治的《人间鲁迅》可谓其代表。随着鲁迅形象走下神坛，"人之鲁迅"的形象已经逐渐为人接受。21 世纪以来，鲁迅传记有了更为丰硕的成果，而这些鲁迅传又大都源自 20 世纪已经成名的鲁迅传著者的"再读"性创作。如林贤治的《鲁迅的最后十年》是继 1986 年《人间鲁迅》之后的"二读鲁迅"；朱正的《周氏三兄弟》、《一个人的呐喊：鲁迅 1881—1936》(港版《鲁迅传》)、《鲁迅的人际关系——从文化界教育界到政界军界》(以下简称《鲁迅的人际关系》)是继 1956 年《鲁迅传略》和 1982 年修订版后的"三读、四读、五读鲁迅"；黄乔生的《鲁迅像传》《八道湾十一号》是继 1996 年《历尽劫波——周氏三兄弟》的"二读、三读鲁迅"；陈漱渝的《搏击暗夜——鲁迅传》(以下简称《搏击暗夜》)是继 1983 年《民族魂：鲁迅的一生》后第二度为鲁迅写传；孙郁的《鲁迅与陈独秀》，是继《鲁迅与周作人》《鲁迅与胡适》之后的"三读鲁迅"。在 21 世纪的文化语境中，这种再读性创作所显示出来的共性特征无疑代表着鲁迅研究的重要进展。史料更为翔实、细节更为丰富、价值更为多元、形象更为立体，都是可以预料的题中之义。而尤为值得注意的是以下三个方面的阶段性进展：其一，随着对传记文体和历史哲学的认识不断深入。传记作者在注重史实考据的同时，也开始愈加重视文学本身的主体性和人物形象的可塑性。其二，鲁迅传作者和鲁迅研究者还将目光延展至与鲁迅有关的女性人物身上，建构起鲁迅的情感世界和情感世界中的鲁迅形象。在此基础上催生了一批与鲁迅关系密切的女性人物传记，如马蹄疾的《鲁迅生活中的女性》、林贤治的《漂泊者萧红》、乔丽华的《我也是鲁迅的遗物：朱安传》（以下简称《朱安传》）等。其三，聚焦于鲁迅与同时期社会各界名人之间的交往，以期还原鲁迅所生活的社会系统。基于这三种叙事目标，一批鲁迅本传、"她传"、合传应运而生。换句话说，21世纪以来鲁迅形象的不断丰富与传记文学的不断发展是相辅相成、互为表里的。本文将就21世纪以来具有代表性的十余本传记来探讨鲁迅形象在三个维度中的具体面貌和建构过程。

一、本传：暗夜中的苦魂

20世纪80年代以来，鲁迅形象逐渐"破却"了"革命家""思想家"等多重身份而回归"文学家"的本位。21世纪以来，鲁迅传记作者更为重视"思想家"这一身份，并以深入建构"思想家"鲁迅形象作为一大叙事目标。在张梦阳看来："鲁迅正是为了改变中国人的精神而走上文学道路的，他是……深邃探索人类精神现象、深刻反思中国人精神的伟大思想家……致力于中国人精神革命的'精神界之战士'……鲁迅就是对中国人的精神进行深刻反思的伟大思想家。"[①] 他的"苦魂三部曲"也正是围绕着"伟大思想家"这一身份定位来塑造鲁迅形象的。"领头的周大先生，矮个儿，方额，稠密得有些粗莽的平头发型，头发硬硬地直挺着，唇上留着浓黑的八字胡，上唇被浓须覆着，把下唇衬得有几分孤傲、不屑和诡谲。单眼皮的双眼，冷峻、严厉，炯炯有神。……手里老拿着烟卷，好像脑筋里时时刻刻都在那儿想什么

[①] 张梦阳：《关于鲁迅学的哲学追问》，《鲁迅研究月刊》2012年第11期。

似的。"①《野草梦》中,作家鲁迅登场便尽显思想家的气质与神韵。张梦阳的观点是有代表性的。朱正在《鲁迅传》里引用《摩罗诗力说》中"今索诸中国,为精神界之战士者安在?"②这一名句,并认为"鲁迅是决心要求自己成为一个这样的思想界之战士了"③。重视鲁迅作为"思想家"的成就和地位,最为直观的体现是对晚年鲁迅的重视。"苦魂三部曲"中最厚重的一部是写晚年鲁迅的《怀霜夜》。陈漱渝的《搏击暗夜——鲁迅传》有近一半的篇幅聚焦于上海时期的鲁迅。而最为典型的,当属林贤治的《鲁迅的最后十年》(东方出版中心 2006 年版)。

《鲁迅的最后十年》聚焦于晚年鲁迅的精神世界,简省了对外部环境和日常生活的叙述。在表达方式上,林贤治颠覆了传统传记的叙事语言,而以议论为主。林贤治曾谈及《人间鲁迅》的写作手法:"我在书里也尝试使用内心分析的方法,还借鉴意识流小说的手法,都是此前的鲁迅传记所没有的。从前过多地强调外部的社会环境,而忽视内部的精神状态,包括他的孤独、苦闷、寂寞。外部环境又往往被等同于政治事件的叠加,而忽视周围知识社会的状况,精神氛围,人际关系,种种分裂与冲突。"④《鲁迅的最后十年》显然延续并加强了对鲁迅"内部精神状态"的关注。全传舍弃了传统传记以时间为线索的架构方式,而是以"国民党'一党专政'""反文学:'革命文学'""自由与人权""书报审查制度""专制与改革""知识分子的内战""国家、民族、统一问题"这七个问题作为子主题,以鲁迅上海时期的杂文作为最主要的材料,归纳与评价鲁迅在这七个问题上的原则和态度。林贤治激活了鲁迅杂文所构建的整体精神世界,"还原"了使鲁迅"被迫应战"和"不得不

---

① 张梦阳:《鲁迅全传:苦魂三部曲之二·野草梦》,华文出版社 2016 年版,第 6—7 页。
② 鲁迅:《摩罗诗力说》,《鲁迅全集》第 1 卷,人民文学出版社 2005 年版,第 102 页。
③ 朱正:《鲁迅传》,三联书店(香港)有限公司 2008 年版,第 80 页。
④ 赵大伟:《林贤治:自由的星辰在远方照亮我的写作》,载刘炜茗《问学录》,大象出版社 2018 年版,第 29 页。

战"的时代处境，勾勒出了一个勇敢坚韧地"横站"着的鲁迅形象。

　　林贤治对鲁迅思想价值的辨析，并不止于鲁迅所处的那个时代，而是将其放置在整个人类文明的进程中，与世界历史范围内的思想家进行比照，从而归纳出鲁迅思想的超越性。如在"自由与人权"一章中，林贤治提出"关于人权问题，鲁迅确实在著作中形成了一套反理论型态的理论"[1]，接着将卢梭的废奴主义观点与鲁迅的理论作比较，得出"鲁迅与废奴主义者有相同的地方，都致力于奴隶的解放，只是鲁迅也把自己看作'奴隶'而已"[2]的结论。在这种观点的碰撞与文化的互审中，鲁迅精神处境的实质得以呈现："自由，人权，与宪政制度特别是专制主义制度之间，一直处于战争状态。……现存秩序的反对者，也称异议者，他们是自动站到荒原之中的人物，因此注定是少数，甚至是单个人。"[3]不难看出，林贤治的意识流手法和论述风格，归根结底是为了深入解读鲁迅晚年的精神世界。

　　鲁迅形象的审美化，是21世纪以来鲁迅传的一大重要开拓。张梦阳认为"所有真正的文学艺术作品，本质上都是诗"[4]。张梦阳的"苦魂三部曲"的文学性，既表现为小说笔法的运用，也体现为字里行间一种诗性的飞扬。张梦阳将鲁迅的思想与人生赋予了浓重的黑色之美。在鲁迅的世界中，黑色成为一种具有象征意义的颜色。《会稽耻》以娓娓道来的方式"复现"了鲁迅童年时期的那些绍兴人事，讲述了一个深厚与顽固的传统是如何给鲁迅以灵魂的负重，逼迫他"走异路，逃异地"的。黑色包裹着黯淡窒息的过去"铸就一颗忧愤而痛苦的灵魂"[5]。"他越来越爱黑夜，爱穿黑衣，或在桌案上一盏油灯下，披着黑衣抄书，或躺在桌边的竹床上，将黑衣盖在胸前，呆呆地看着一

---

[1] 林贤治:《鲁迅的最后十年》，复旦大学出版社2013年版，第77页。
[2] 林贤治:《鲁迅的最后十年》，复旦大学出版社2013年版，第85页。
[3] 林贤治:《鲁迅的最后十年》，复旦大学出版社2013年版，第86页。
[4] 张梦阳:《鲁迅全传：苦魂三部曲之三·怀霜夜》，华文出版社2016年版，第495页。
[5] 张梦阳:《鲁迅全传：苦魂三部曲之一·会稽耻》，华文出版社2016年版，第314页。

晃晃的油灯火苗在黑暗中闪动。仿佛夜永远不会结束,而且越来越沉黑,只有火苗和书像有生命似的,成为自己的唯一伴侣,和自己不时悄悄低语。"[1]这种飞扬的诗性,正与顾城"黑夜给了我黑色的眼睛,我却用它寻找光明"异曲同工,无疑是传记作者对鲁迅思想与灵魂的一种美学升华。

大量"梦境"的描写,构建了鲁迅的诗性人生。在"苦魂三部曲"中,梦境承担了许多叙事功能。一是与逝去的亲人故友相逢来倾吐鲁迅的思念;二是借梦境来抒发人生理想,慰藉灵魂的苦闷;三是连接现实生活与文学创作。《会稽耻》中,"樟寿梦见自己的黑色身影在乌云下、荒草中向前疾行"[2],形象地展露着少年鲁迅的人生理想。少年樟寿"在夜里还是常常做那杀头的噩梦,不断从梦中惊醒,醒后也颤栗不止……"[3],以梦境的形式表达传主的哲学思考,化主观议论为客观叙事,便不至于破坏整体的叙述风格。到了《野草梦》,"梦境"构建得越来越多,自成一个丰富绚烂的世界:

> 他昏昏沉沉睡着,"梦见自己在做梦"……在梦中成熟了一个故事。爬起身来……在稿纸上写着……颓败线的颤动……[4]

> 就在这个值得永远纪念的一九二五年四月二十三日夜里,他突又陷入梦中。梦见自己在冰山间奔驰……[5]

> 夜里,睡梦中,他遇见了嵇康:早孤,有奇才,远迈不群。……得见这位同是会稽人,有同是早孤的奇人,树人如见神仙……树人一觉醒来,龙章凤姿的嵇康不知去向,但此生却与自己永不相离。但又要汲取他人教训:善于保护自己,不去做无谓的牺牲。[6]

前两个梦流畅地连接了鲁迅的生活与创作,后一个梦则传达了鲁迅对嵇康

---

[1] 张梦阳:《鲁迅全传:苦魂三部曲之一·会稽耻》,华文出版社2016年版,第262页。
[2] 张梦阳:《鲁迅全传:苦魂三部曲之一·会稽耻》,华文出版社2016年版,第264页。
[3] 张梦阳:《鲁迅全传:苦魂三部曲之一·会稽耻》,华文出版社2016年版,第205页。
[4] 张梦阳:《鲁迅全传:苦魂三部曲之二·野草梦》,华文出版社2016年版,第225页。
[5] 张梦阳:《鲁迅全传:苦魂三部曲之二·野草梦》,华文出版社2016年版,第156页。
[6] 张梦阳:《鲁迅全传:苦魂三部曲之二·野草梦》,华文出版社2016年版,第152—156页。

的敬佩与引为知己之情。大量"梦境"的书写，契合了《野草》所独具的诗性境界，也是鲁迅夜间写作的一种艺术化写照，可谓《野草梦》最为精彩之处。

不避讳鲁迅的爱与欲，是21世纪以来鲁迅传写作中的另一个闪光点。陈漱渝的《搏击暗夜——鲁迅传》作为"中国历史文化名人传丛书"的一种，其"普及鲁迅"，尤其是向青年普及鲁迅的意旨和20世纪80年代的《民族魂——鲁迅的一生》是一致的。但《搏击暗夜——鲁迅传》所建构的是更为"有血有肉的'活的鲁迅'形象"[①]。陈漱渝的再读性创作，将鲁迅的婚恋生活放回鲁迅的传记人生之中，成为《搏击暗夜——鲁迅传》里一条重要的副线。陈漱渝赋予鲁迅和许广平的恋爱行为以反抗封建礼教的现代道德之美。两人都深受包办婚姻的痛苦，而如果去爱，就需要鼓足跟旧家庭决裂的勇气。在这一意义上，两人的爱情异于寻常爱情。于是，许广平便显示出了超凡脱俗和坚韧无畏。鲁迅对许广平而言，也"就像太阳的吸引万物，万物的吸引太阳一样"[②]。这种道德之美的阐释，在孙郁的《鲁迅与周作人》中也有表述。孙郁认为："生命是需要爱抚的，没有爱的婚姻，是人间最大的不道德。"[③]

如果说《搏击暗夜——鲁迅传》阐释了鲁迅婚恋生活的一种超拔于寻常的道德之美，那么《野草梦》则是从爱与欲中，展现了鲁迅婚恋生活的寻常之美。许广平信中的"挑逗"，鲁迅盼望来信的心情，两人定情后不自禁的亲吻、生理冲动与理性克制，等等，这些爱与欲的描写所塑造起来的恰是普通男女在爱情中的模样。对爱和欲的坦诚展示，让鲁迅和他生活中的一系列人物有了普通人的脉搏和呼吸，确具一种"返真"之美。

与人交往时的"孩子状"则显示了鲁迅形象的情感之纯粹、灵魂之纯洁。在《怀霜夜》中，描写了鲁迅与很多青年的交往。在萧军眼中，"鲁迅是个赤子，是个没有把自己包裹起来的一个小孩子。……鲁迅的心灵是非常开敞的，

---

① 马蹄疾：《鲁迅生活中的女性》，南开大学出版社2017年版，第1页。
② 陈漱渝：《搏击暗夜——鲁迅传》，作家出版社2016年版，第135页。
③ 孙郁：《鲁迅与周作人》，现代出版社2013年版，第136页。

他的心地是他伟大的一个源泉"①。在唐弢眼中,"鲁迅是永远年轻的老人"②。听冯雪峰谈及前线的消息,鲁迅"不时爽然大笑,频频举杯,像一个天真的'大孩子'!"③。"孩子"的形象,既凸显了鲁迅与青年相处时年轻的心态,也写出了鲁迅对青年永不设防、永远爱护的深情。在鲁迅与众青年的交往之中,"苦魂三部曲"写得最动情的还是鲁迅与瞿秋白的知己之情。正如标题所表白的那样,《怀霜夜》的核心线索就是鲁迅对于瞿秋白的深沉怀念。《怀霜夜》的序幕用倒叙的方式讲述了鲁迅与瞿秋白夫妇的相识以及瞿秋白的被捕。第二章写瞿秋白被捕之后,鲁迅对瞿秋白的回忆,交代了编辑《海上述林》的缘起。在鲁迅弥留之际,他又恍惚见到瞿秋白在呼唤自己,《怀霜夜》中鲁迅形象的深情是催人泪下的。笔者认为,"霜"既指瞿秋白,但同时也映照出鲁迅一生的"白"。黑夜与白霜在"苦魂三部曲"中是构成强烈对比的意象,始于黑而终于白。鲁迅热爱黑夜,但是他的灵魂却是洁白的,始终如"霜"一般圣洁而又孤独。

二、"她传":凡尘中的男性

在20世纪90年代,马蹄疾撰写了《鲁迅生活中的女性》,由知识出版社出版。2017年这本书又由南开大学出版社再版发行,收入了"鲁迅研究新视野"书系。笔者认为,《鲁迅生活中的女性》的"视野之新"在于为鲁迅形象的建构提供了一种性别视角。这一视角的开启,让鲁迅富于感情的一面得到了更为集中的关注。

在男女交往中,"爱情"无疑是重要的主题。在"许广平的'令弟'许羡苏"中,马蹄疾仔细比对了鲁迅与许羡苏和许广平的通信次数,又详细梳理

---

① 张梦阳:《鲁迅全传:苦魂三部曲之三·怀霜夜》,华文出版社2016年版,第218—219页。
② 张梦阳:《鲁迅全传:苦魂三部曲之三·怀霜夜》,华文出版社2016年版,第142页。
③ 张梦阳:《鲁迅全传:苦魂三部曲之三·怀霜夜》,华文出版社2016年版,第286页。

了许羡苏对鲁迅生活上的关怀，进而提出了一个猜想："他们之间师生感情绝非一般。"[①] 最后联系孙伏园的说法，暗示了鲁迅和许广平、许羡苏之间"三角恋"的可能性。而在"在无爱中死去的朱安"一节中，作者以"无爱"为出发点，对鲁迅的《自题小像》进行了特别的解读："我这纯洁的心灵呵！／想逃也逃不脱丘比特爱神／胡乱射来的箭。／回首望去——／祖国和家乡还是处在一片／漆黑的年代。／我虽然再三向母亲表白了／我的意见，／而母亲却不予体察和理解。／我只得忍受着痛苦，／把自己的一腔热血洒向／祖国的大地人间。"[②] 马蹄疾认为《自题小像》"贯穿着对封建婚姻的愤懑和不满"，实质上是在倾吐"'无爱'和'无所可爱'的哀怨"[③]。这些猜测赋予鲁迅的情感生活以言情小说般的阅读观感，一定程度上是作者对鲁迅形象的主观塑造。在爱情之外，《鲁迅生活中的女性》还从亲情、友情、师生情等角度建构了一个忠于家庭、爱护青年、不畏强权、有情有义的鲁迅形象。

延续并深化了性别视野的，是乔丽华于2009年出版的《我也是鲁迅的遗物：朱安传》。鲁迅与朱安、许广平在事实上构成了一种"三角"关系。20世纪80年代以来，陈漱渝的《许广平的一生》《许广平传》、李浩的《许广平画传》等许广平传记相继出现，但作为"三角"中重要一环的朱安，却没有得到太多的关注。除却新中国成立后至"文革"期间因神化鲁迅的需要而对朱安进行"藏匿"的时代原因之外，更深层的原因或许还在于：从男性视角出发，朱安的人生价值是由其对鲁迅事业和生活的贡献所决定的。因此，新时期以来朱安在鲁迅传中仍只是一个影子般的存在。陈漱渝认为朱安存在的价值主要就是为周氏三兄弟贴身照料了他们的母亲，"使他们减少了后顾之忧，在不同领域作出了各自的贡献"[④]。马蹄疾也认为朱安的人生价值在于"怀

---

① 马蹄疾：《鲁迅生活中的女性》，南开大学出版社2017年版，第102页。
② 马蹄疾：《鲁迅生活中的女性》，南开大学出版社2017年版，第62页。
③ 马蹄疾：《鲁迅生活中的女性》，南开大学出版社2017年版，第62页。
④ 乔丽华：《我也是鲁迅的遗物：朱安传》，九州出版社2017年版，第4页。

着无望的爱，去服侍鲁迅，使鲁迅一往无前地冲锋陷阵，从这个意义上说，是有她的一份贡献的"①。《我也是鲁迅的遗物：朱安传》的开拓性价值，便是从女性视角为朱安的不幸发出了以往极为鲜有的"呐喊"。

《我也是鲁迅的遗物：朱安传》在鲁迅与朱安婚姻关系的两个问题上有独创性的见解。第一个问题是鲁迅和朱安为何结婚？在"男性视角"中，鲁迅是一个上当受骗者。陈漱渝认为"这位媒人（按：伯㧑夫人）……没有透露朱安当时身材矮小、发育不全的实情，显然是出于成心欺骗"②。这种判断源自周作人在《知堂回想录》（六四）中的说法。《我也是鲁迅的遗物：朱安传》则做了四种版本的分析。其一是鲁迅母亲主动提出，其二是鲁迅母亲受骗上当，其三是朱安家受鲁老太太之骗，其四是周家出于经济上的考虑。前两种是以往鲁迅传记所普遍采用的说法：《搏击暗夜——鲁迅传》采用的是第二种，"苦魂三部曲"采用的是第一种。第三种版本是朱家立场上的评价，坦承了不幸婚姻对朱安及朱家人带来的伤害。客观来说，这种感受确实被人为地长期忽略了。

第二个问题是鲁迅在这段婚姻中究竟扮演了什么样的角色？通常来看，鲁迅在这段婚姻中是一个极为苦闷的形象。他对朱安尽到了"供养"的义务，但却面对着"无所可爱"的婚姻困境。在《搏击暗夜——鲁迅传》中，通过婚礼当天朱安掉鞋子的细节、"颇谬"书信一事和"wife"一说，勾勒了一个守旧、迷信、发育不全的朱安形象，为鲁迅的苦闷做了注解。这是一种较为通用的解读。《我也是鲁迅的遗物：朱安传》则建构了一个对妻子冷漠决绝的鲁迅形象，以至于让人产生"过分同情朱安，贬损了鲁迅"③的感受。乔丽华认为鲁迅与朱安婚姻的悲剧并不能完全归咎于"包办婚姻"本身，甚至也并不源于两人在文化上的巨大差距。乔丽华以一个女人的直觉，对妇论"颇谬"

---

① 马蹄疾：《鲁迅生活中的女性》，南开大学出版社2017年版，第72页。
② 乔丽华：《我也是鲁迅的遗物：朱安传》，九州出版社2017年版，第132页。
③ 乔丽华：《我也是鲁迅的遗物：朱安传》，九州出版社2017年版，第3页。

这一细节提出了质疑,认为"一句话说错"何至于引发丈夫如此大的反感。造成这个悲剧的最根本原因,还是"无情"。鲁迅之"无情"一是因其对朱安"侏儒症"的失望。乔丽华对"wife,多年中,也仅仅一两次"这句话的理解是夫妻间性生活的缺失。这一点,在陈漱渝、张梦阳的鲁迅传中也被提及。二是鲁迅的性格使然。乔丽华将鲁迅与周作人放在一起进行比较,认为鲁迅的性格比周作人强硬决绝;又将鲁迅与胡适进行比较,认为胡适的婚姻能够幸福的最大原因是他对妻子的迁就,而鲁迅在这方面则表现出了长久的傲慢与冷漠。这些感受和结论是基于朱安立场所得出的。

为了"保持公正",2017年再版的《我也是鲁迅的遗物:朱安传》做了一些文字上的调整,如将章节标题中的"弃妇"二字改成了"深渊",等等。但从创作机理看,艺术形象必然包含作者对这一形象的理解与情感。站在一个对爱与婚姻有着憧憬的普通女性的视角"同情"与"贬损"都不算过分,反倒让一些因视角过于固定而被遮蔽的问题浮出水面。最值得注意的是《我也是鲁迅的遗物:朱安传》写出了这种紧张冷漠的婚姻关系,与鲁迅克己、多疑、深沉的性格形成之间的关系。乔丽华引用了顾颉刚攻击鲁迅的一段话:"名为同居而实无衾枕之好,其痛苦何如?……鲁迅作文诋杨荫榆,谓其独身生活使之陷于猜疑、暴躁之心理状态,故以残酷手段施诸学生,虽非寡妇而有寡妇之实,故名之曰'准寡妇'。以此语观鲁迅,则虽非鳏夫而有鳏夫之实,名之曰'准鳏夫'可也。"[①] 可以想见,这种人身攻击正因为有一定的事实基础,才对鲁迅产生了杀伤力。乔丽华还认为,婚姻生活的不幸福,还加速了鲁迅的出走。以往我们对鲁迅从绍兴去南京的原因,多解读为对"辛亥革命"的失望。《我也是鲁迅的遗物:朱安传》则提出,是时两人的婚姻已成为一种折磨,并暗示鲁迅对"故乡人事"的不满很大一部分是对朱安的不满。[②]

---

① 乔丽华:《我也是鲁迅的遗物:朱安传》,九州出版社2017年版,第135页。
② 参见乔丽华《我也是鲁迅的遗物:朱安传》,九州出版社2017年版,第77页。

这种折磨和不满，让鲁迅必须"走异路，逃异地"。客观来看，这种说法一定程度上也符合情理。在《我也是鲁迅的遗物：朱安传》中，无爱的婚姻不仅铸造了鲁迅"古怪"的性格，还将他从家庭推向了更广阔的世界。

如果说《我也是鲁迅的遗物：朱安传》塑造了一个家庭生活中"有义无爱"的丈夫形象，那么同出于2009年的林贤治的《漂泊者萧红》则塑造了一个"博爱"的慈父形象。同一个作者，在鲁迅传和萧红传中塑造的晚年鲁迅形象有无差异，这是一个很有意思的话题。《鲁迅的最后十年》几乎通篇议论，建构的是精神战士之鲁迅，《漂泊者萧红》则以小说式的叙述方式，借女性视角写出了鲁迅的爱与温度。由于祖父的逝去成了萧红最深的灵魂之痛，所以她的出逃便潜藏着一条寻找"父爱"（祖父之爱）的心理线索。在萧红出逃后，第一个向她伸出援助之手的萧军，是"父爱缺失"的第一次补偿，但这个"父亲"角色并没有令她真正摆脱痛苦。接下来萧红所遇到的更为贴近"父亲"（祖父）角色的，便是鲁迅。鲁迅为"漂泊者"萧红提供的，恰恰是一种家的温暖。鲁迅的慈爱与扶持，不仅让萧红渐渐摆脱了生活的困苦，也让她在文学世界中建构了一个独立的自我。

林贤治笔下的鲁迅形象，因萧红视角的浸染，充盈着对青年的爱。这一方面体现为对青年事业上的鼓励与扶助。"二萧"第一次给鲁迅写信，竟很快得到了回复。鲁迅在信中热烈欢迎他们加入"斗争的文学"创作队伍，表现出尊重与鼓励年轻作者的谦逊态度。另一方面是对年轻人生活上的关照和爱护。一个最为典型的细节是鲁迅给萧红二十块钱的方式。在《搏击暗夜——鲁迅传》中，陈漱渝将这个细节写成："鲁迅掏出早已准备好的二十块钱，帮助他们维持安定一些的生活。萧红接过鲁迅用血汗换来的钱，觉得内心刺痛。"[①] 这些描述写出了萧红对鲁迅的理解。而《漂泊者萧红》则强调鲁迅将钱特别放在了一个信封里递过去，顾及了青年的自尊心。林贤治写出的是鲁迅

---

① 陈漱渝：《搏击暗夜——鲁迅传》，作家出版社2016年版，第237页。

对"二萧"的爱护。同一细节,不同视角,感受的都是来自对方的善意和爱。

《鲁迅生活中的女性》《我也是鲁迅的遗物:朱安传》《萧红传》,从不同女性的视角描绘了鲁迅情感世界的不同侧面,构建了一个凡俗世界中复杂而又率真的男性形象。

三、合传:社会人与文化人

对于鲁迅传记的种类而言,合传并不是 21 世纪以来的首创。孙郁的《鲁迅和周作人》《鲁迅与胡适》、黄乔生的《度尽劫波——周氏三兄弟》出版于 20 世纪 90 年代后期。21 世纪以来,鲁迅合传的代表作有朱正的《周氏三兄弟》《鲁迅的人际关系——从文化界教育界到政界军界》、孙郁的《鲁迅与陈独秀》。

在家族视野中,朱正的《周氏三兄弟》描摹了一个有担当有气度的长兄鲁迅形象。鲁迅在生活和事业上始终对两位弟弟倾力照顾。即使面对弟弟有意的攻击,也一直保持退让与包容,不进行回击。"价值观"是朱正著述的关键词。鲁迅与周作人的分道扬镳自然是描写重点之一。《周氏三兄弟》既对"失和"问题进行了中肯的分析评价,也描述了失和后两人在女师大学潮、"三一八"惨案、李大钊遇害等一系列问题上的相同立场,并指出羽太信子在周作人一系列人生选择上所起到的作用。陈平原在《二周还是三周——现代中国文化史上的周建人》一文中提出了周建人是"被忽视的一人"[1]的问题。他在梳理周建人与两位兄长之间关系的基础上,肯定了周建人在现代文化史中的独立地位与价值。这种思路在《周氏三兄弟》中也有较为明显的体现。晚年鲁迅对周建人生活上的帮助是明显的,而周建人价值观的确立也不能不说在一定程度上受到了鲁迅的影响。在"兄与弟:汉奸与义民""弟与兄:高级干部与政治贱民""两兄弟的最后岁月"三节中,通过比较周作人与周建人

---

[1] 陈平原:《二周还是三周——现代中国文化史上的周建人》,《中国现代文学研究丛刊》2019 年第 1 期。

自抗日战争以来的价值选择和实际行动，客观上树立起了一个越来越高大的周建人形象，"兄与弟""弟与兄"，兄弟位置的交换，极为形象地概括了两人社会地位的反转。

鲁迅的社会性是21世纪以来合传的重要表现内容。从强调"人间性"到强调"社会性"是21世纪以来鲁迅传记的一个重要特征。朱正的《鲁迅的人际关系——从文化界教育界到政界军界》，以鲁迅为线索，梳理了鲁迅与胡适、鲁迅与林语堂、鲁迅与傅斯年等各界名人的复杂关系。朱正不做太多引申和评价，而是让读者在比对中得出自己的结论，可谓延续了他的《鲁迅传》所坚持的"无一字无出处"的严谨精神。《鲁迅与胡适——兼析周作人与胡适的交往》和《鲁迅与林语堂》是最为翔实的两篇，其对胡适和鲁迅、鲁迅与林语堂在交往中的"合"与"分"、"聚"与"离"的来龙去脉叙述清晰，材料翔实，勾画出了传主们的性格特点和胸襟格局。林语堂曾说："其即其离，皆出自然，非吾与鲁迅有轩轾于其间也。"[1] 朱正的著述实际上也起到了"释嫌"的作用。而从更深层的意义来说，《鲁迅的人际关系——从文化界教育界到政界军界》"还原"了与鲁迅生命存在共时性的社会评价体系，并于这一体系中建立起了一个立体多维的鲁迅形象，还生发出了更丰富的意义空间。例如，该著并未单独谈及"鲁迅与苏雪林"，但在《鲁迅与胡适》一篇中，于鲁迅与胡适的"交恶期"谈及了苏雪林给胡适写信批判鲁迅一事。胡适给苏雪林回信道："我很同情于你的愤慨，但我以为不必攻击其私人行为。……此是旧文字的恶腔调，我们应该深戒。"[2] 苏信的内容大家并不陌生，但在鲁迅与胡适的交往中来审视此事，既通过第三人的立场评价了鲁迅和苏雪林，也能照见胡适治学为人的正直宽厚。这样的阐述效果，在鲁迅单人传中恐怕很难办到。

与朱正全方位关注鲁迅与各界的交往不同的是，孙郁集中关注着鲁迅的

---

[1] 朱正：《鲁迅的人际关系——从文化界教育界到政界军界》，中华书局2015年版，第148页。
[2] 朱正：《鲁迅的人际关系——从文化界教育界到政界军界》，中华书局2015年版，第93页。

文化人身份，着重考察了以鲁迅为线索的"五四"文化名人之间的异同。孙郁将鲁迅和周作人看作"历史上不易重复的两种文化人标本"[①]。周作人认为鲁迅再婚是"弃妻"的行为，与许广平的结合是一种"多妻"的行为。[②]对此，孙郁提出："因为距离太近，作为文化人的鲁迅便在视界里显得模糊，而对作为凡俗人的鲁迅，便体味太深。所以，周作人眼里的鲁迅，与共产党人不同，和国民党右翼文人也不一样。"[③]孙郁对周作人之于鲁迅态度的评析无疑是切中要害的。

孙郁写于21世纪的《鲁迅与陈独秀》则更为纯粹地将两种"文化人标本"鲁迅与陈独秀的思想与人生作出比较。鲁迅的政治意识不如陈独秀强烈。陈独秀是激烈的政治革命者，而鲁迅则始终站在弱小者一边，不主张无谓的牺牲。鲁迅在个人情感和生活上的自律也是明显的。文学中如此："在旧诗文里，鲁迅是没有多少士大夫气的，感伤的东西很少，不太爱写己身的泪水。陈独秀则不掩饰儿女情长，所遇所感，每有凄苦，辄援笔书之，和政论文中的形象很有差距。"[④]生活中也是如此：同样是在杭州的一段生活，"鲁迅那时相对比较封闭，没有广结社会贤达的欲念。陈独秀则有点绿林气，于沙龙茶社间过着快意的生活。……鲁迅那时是独居生活，对婚姻是悲观的，过的是一种无爱的生活"[⑤]。《鲁迅与陈独秀》突出了鲁迅形象的弱者立场与其艰苦克己的生活情状。

鲁迅与陈独秀在文字与生活上的交集，较胡适要少得多，和周作人更无可比较。孙郁从文化的角度发现了两个伟大灵魂的互相辉映。一是人格特点——两人都真实无防，有着惊世骇俗的逆反性格，又都不爱写自传，不是做官的材料。二是思想精神——两人都有超常的智慧闪光，都是孤独的精神

---

① 孙郁：《鲁迅与周作人》，现代出版社2013年版，第342页。
② 参见孙郁《鲁迅与周作人》，现代出版社2013年版，第138页。
③ 孙郁：《鲁迅与周作人》，现代出版社2013年版，第178页。
④ 孙郁：《鲁迅与陈独秀》，现代出版社2013年版，第76页。
⑤ 孙郁：《鲁迅与陈独秀》，现代出版社2013年版，第44—45页。

战士，其文章均始于忧患意识，其在大是大非上的态度又是"惊人的相似"①。三是晚年境况——鲁迅进入左派阵营后，其"苦境，和陈独秀在党内遇到的环境，是那么的相近"②。晚年陈独秀"孑然一身的知识分子的形象，与鲁迅笔下的'过客'庶几近之"③。孙郁还通过第三人与两位传主的交往之区别来探析传主的异同。如此涉及的第三人有瞿秋白、章士钊、毛泽东、托洛茨基。本是与陈独秀紧密关联的"托派"问题，成了审视鲁迅形象的一种独特视角，打开了又一个丰富的阐释空间，孙郁由此就发现鲁迅与托洛茨基有着理念上的相合之处。在搜索归纳陈独秀与鲁迅在人格、精神、理想、境遇上的相同之处时，孙郁也在寻求二人情感上的共鸣，不经意间冲淡了鲁迅灵魂的孤独，勾画了混沌时代之中思想独立的知识分子共同的精神苦闷。

21世纪以来的传记文学，从内容上抓住了鲁迅的思想性、凡俗性和社会性，多维度、多层次地建构了作为整体的鲁迅形象和鲁迅所生活的中国，在形式上又"敢于打破线性时间顺序，大胆使用时空转换、蒙太奇、个人独白、他人述说等意识流现代主义文学手法"④，推进了传记文学主体性的发展。无论是"本传""她传"，还是"合传"，实质上都是鲁迅研究者调整自身的站立位置，通过不同视角"重读鲁迅"的一份份答卷。正如孙郁所说的，鲁迅兄弟是他身上"附着的两个灵魂"，客体鲁迅的丰富与伟大既吸引着当代知识分子不断地开掘其文学和精神的丰富意义，又使著者和读者在这开掘的途中不断地受其浸润和影响。鲁迅形象正是在这种跨时空的灵魂交往中达到不朽，并影响着中国知识分子的文化品格。

原载《山东社会科学》2019年第7期

---

① 孙郁：《鲁迅与陈独秀》，现代出版社2013年版，第110页。
② 孙郁：《鲁迅与陈独秀》，现代出版社2013年版，第178页。
③ 孙郁：《鲁迅与陈独秀》，现代出版社2013年版，第187页。
④ 张梦阳：《鲁迅全传：苦魂三部曲之三·怀霜夜》，华文出版社2016年版，第496页。

从两部"鲁迅年谱"看鲁迅形象的塑造

陈华积

一

1937年许寿裳版的《鲁迅先生年谱》(以下简称"许版年谱")在鲁迅研究史上无疑占有重要的地位。它不仅仅是完整地介绍鲁迅生平的第一部年谱，而且也因许寿裳作为鲁迅一生中患难相交、荣辱与共的挚友之一，使得这部带有诠释意向的《鲁迅先生年谱》有着无可代替的地位。有研究者指出"许寿裳所掌握的材料，既丰富，且可信"，"他的关于前期鲁迅的研究文章，就更有重要价值，甚至可以说，凡是要研究前期鲁迅的研究者，都不能不参考许寿裳的研究论著"。[1]而孙玉石在纪念许寿裳逝世五十周年的文章中不无真切地提到"许寿裳对于鲁迅精神的阐释，虽然已经过了近五六十年，因为它的逼近人格真实和没有现代流行理论形成的主观臆造性，今天读起来，仍然给人以异常的亲切感与无限的启发性"[2]，则是显示了1937年的许寿裳版《鲁迅先生年谱》自编撰以来，至今依然具有鲜活的生命力。

作为第一部完整、平实、可信而又具有鲜活生命力的鲁迅年谱，许寿裳

---

[1] 周葱秀:《谈许寿裳的鲁迅研究》,《鲁迅研究月刊》1990年第8期。
[2] 孙玉石:《"民族魂"的知音——重温许寿裳对鲁迅阐释的一个侧面》,《鲁迅研究月刊》1998年第6期。

的首创之举功不可没,然而,也因其"首创"及"年谱贵简洁"的编撰态度,其所采用粗线条勾勒和简略叙述的方法受到研究者的诟病。[1] 许寿裳也多次为其仓促编就的《鲁迅先生年谱》"太简"而引为平生憾事。[2] 许广平在《〈鲁迅年谱〉的经过》一文中坦承了许寿裳的《鲁迅先生年谱》编撰过于"简略",同时对未来编撰一部更为完备的《鲁迅年谱》充满了信心和期待。

1981年鲁迅博物馆鲁迅研究室编的4卷本《鲁迅年谱》(以下简称"鲁博版年谱"),可谓是最大限度弥补了许寿裳和许广平当年"过于简略"的《鲁迅年谱》。这部由鲁迅博物馆馆长李何林主持,以鲁迅研究室成员为编撰主体的《鲁迅年谱》,从撰写到出齐历时7年,4卷共计124万字,第一卷于鲁迅诞生一百周年前夕出版,第四卷于1984年出版。当年的编撰者之一陈漱渝指出,1981年版的《鲁迅年谱》在编撰的过程中不但借鉴了其他年谱编撰的优秀经验,还吸收了同类年谱——特别是复旦大学、上海师大、上海师院合编的《鲁迅年谱》的不少成果,因此基本上达到了观点比较正确、资料比较翔实的预期目标,是6种鲁迅年谱中较好的一种。[3]

这部耗时"七个春秋""观点比较正确""资料比较翔实"的大型鲁迅年谱,不仅弥补了许版年谱编年史料不足的缺点,还纠正了不少史实错误。[4] 在编撰原则上,许版年谱由于是周作人、许寿裳、许广平三人分段合编在一起,而周作人与许寿裳在编撰原则上难以达成一致,因此,许版鲁迅年谱并没有列出明确的编撰原则。而鲁博版年谱则在开篇的"编写说明"中就明确地标示出其编撰原则:"毛泽东同志指出:'鲁迅是中国文化革命的主将,他不但是伟大的文学家,而且是伟大的思想家和伟大的革命家',是'在文化战线上,代表全民族的大多数,向着敌人冲锋陷阵的最正确、最勇敢、最坚定、

---

[1] 周黎庵:《关于鲁迅年谱——为鲁迅先生六十年祭作》,《宇宙风》(乙刊)1940年第27期。
[2] 参见1937年5月21日许寿裳致许广平的信与1940年10月19日《许寿裳日记》。
[3] 参见陈漱渝《〈鲁迅年谱〉(四卷本)得失谈》,《辞书研究》1989年第3期。
[4] 参见鲁迅博物馆鲁迅研究室编《鲁迅年谱》(一),人民文学出版社1981年版,第87页。

最忠实、最热忱的空前的民族英雄'","为了贯彻这一精神和使大家能够更好地了解、学习与研究鲁迅的生平事迹及其思想发展的过程,我们编写了这部《鲁迅年谱》。为了体现鲁迅革命的光辉形象和不凡的一生,我们力求掌握能够得到的材料,运用辩证唯物主义和历史唯物主义的观点进行分析,希望能够符合上述精神"。[1]

而在编排体例上,许版年谱按编年顺序,摘编鲁迅的生平事迹、社会活动经历等。鲁博版年谱则在广泛搜罗鲁迅事迹、社会活动经历的基础上,以大量的史料来呈现鲁迅生活中的各个侧面,不但逐年逐月列出事例,在1913年以后还精确到每日的思想行为与生活状况。而在考证鲁迅生平事迹方面,鲁博版年谱广泛搜罗史实,编撰者不仅认真阅读了鲁迅本人的著译、日记、书信等第一手文字资料,参考了鲁迅保存的聘书、剪报、来函、契约等大量文物,还查阅了大量当时的报刊和鲁迅同时代人的日记、回忆录等。[2]

本着编著一部通俗易懂的鲁迅年谱的原则,鲁博版年谱还仿照新时期以来的前三种鲁迅年谱,在"本事"之前增加了相关的背景介绍,在"本事"后面增添了详细的"注释"。"颇具特色"的"注释"具体又分为四种类型。一是评介与鲁迅有关的人物、书刊、社团、事件等。二是介绍引文出处和提供资料线索。三是介绍有关争鸣意见。四是订正鲁迅的疏漏。《明天》《一件小事》《狭的笼》等作品的写作时间,以及《译后附记》等译作的写作日期都明显有误,后根据鲁迅作品发表的原刊、鲁迅书信等有充分说服力的材料给予订正,并通过注释说明了情况。[3]另外,鲁博版年谱还增加了不少与鲁迅相关的插图,不但起着活跃版面的装饰作用,还向读者展示了不少珍贵文物,使得鲁博版《鲁迅年谱》图文并茂,极具收藏价值。[4]

---

[1] 鲁迅博物馆鲁迅研究室编:《鲁迅年谱》(一)"编写说明",人民文学出版社1981年版。
[2] 参见陈漱渝《〈鲁迅年谱〉(四卷本)得失谈》,《辞书研究》1989年第3期。
[3] 参见陈漱渝《〈鲁迅年谱〉(四卷本)得失谈》,《辞书研究》1989年第3期。
[4] 参见陈漱渝《〈鲁迅年谱〉(四卷本)得失谈》,《辞书研究》1989年第3期。

比较起来，1981年鲁博版年谱虽然还存在着如编撰者所说的"新史料未被采用"、"还存在一些史实性错误"、"个别"时代背景"条目的取舍"等问题，但比起前几种鲁迅年谱，其在史料的订正、补充、体例安排、图文并茂等方面确实"是六种鲁迅年谱中较好的一种"，而其在史料、史实方面比起许版年谱也远为丰富。但同时也应该注意到一个容易被忽略的问题，那就是年谱作为一种史书，其"历史叙述"都不免带有"阐释"的成分和倾向性。

二

论述历史修撰的理论家海登·怀特认为："所有历史叙事都包含着不可简约的和无法抹掉的阐释因素。历史学家必须阐释他的材料以便建构形象的活动结构，用镜像反映历史进程的形式。"[1] 他同时也指出："历史学家必须'阐释'他的材料，以假定的或纯理论的东西填补信息中的空白。因此，一个历史叙事必然是充分解释和未充分解释的事件的混合，既定事实和假定事实的堆积，同时既是作为一种阐释的一种再现，又是作为对叙事中反映的整个过程加以解释的一种阐释。"[2] 历史叙述中"阐释"成分不可避免地存在使得一切历史解释必然具有一定的主观倾向性。福柯认为"历史的首要任务已不是解释文献"，而是"对文献进行组织、分割、分配、安排、划分层次、建立体系、从不合理的因素中提炼出合理的因素、测定各种成分、确定各种单位、描述各种关系。因此，对历史来说，文献不再是一种无生气的材料"[3]。这就把历史编撰、历史阐释中的主观"倾向性"说得更加明白了。新时期以来鲁迅

---

[1] ［美］海登·怀特：《后现代历史叙事学》，陈永国、张万娟译，中国社会科学出版社2003年版，第75页。
[2] ［美］海登·怀特：《后现代历史叙事学》，陈永国、张万娟译，中国社会科学出版社2003年版，第75页。
[3] ［法］米歇尔·福柯：《知识考古学·引言》，谢强、马月译，生活·读书·新知三联书店1998年，第6页。

年谱的编撰者都普遍认识到了这个问题，正如鲁博版年谱编撰者所达成的共识一样："年谱既然是一种史书，它就必然要求编撰者具有'史识'。事实上，无论对材料的取舍，对人物的褒贬，对事件的评价，对作品的分析，乃至对要义警句的摘取，都无不反映出编者的立场、观点和倾向性"。①

许版年谱与鲁博版年谱在"材料的取舍，对人物的褒贬，对事件的评价"等方面无疑都具有一定的主观倾向性，所不同的是其程度深浅不一而已。虽然许版年谱历史叙述的主观倾向性并不明显，许寿裳在其与许广平、周作人等人的书信往来以及其平时的文章中也都极少提及鲁迅年谱编撰的思想倾向，但这也并非无迹可寻。许广平在谈到她所执笔的一部分鲁迅年谱的编撰过程时提到"对于年谱，虽然三个人执笔，许先生是总其成的，也许因为早期生活比较简单，没有什么可以记载，而末期的生活，对于民族解放思想的努力，各方面的人事关系，是没法简单化的，所以，第一次我的草稿拿来和许先生寄下的对照一下，为了体裁一律，就删去了一大半，后来又删了不止一次"②。许广平显然是以"民族解放思想"来统摄鲁迅末期的生活与思想行为，而"为了体裁一律"删去的大量材料，不仅没有削弱鲁迅"对于民族解放思想的努力"，反而更突出了这一思想主题。比如许广平对鲁迅后期外出演讲的重视，在其编撰的年谱中就有多处提到，不但占有很大的篇幅，并且贯穿鲁迅后期的社会活动，而在1927年至1932年的条目下，关于演讲有如下记录：

1927年：

二月　往香港演说，题为《无声的中国》，次日演题：《老调子已经唱完》；

七月　演讲于知用中学，及市教育局主持之"学术讲演会"，题目为《读书杂谈》，《魏晋风度及文章与药及酒之关系》；

---

① 陈漱渝：《〈鲁迅年谱〉（四卷本）得失谈》，《辞书研究》1989年第3期。
② 许广平：《〈鲁迅年谱〉的经过》，《宇宙风》（乙刊）1940年第39期。

本年　沪上学界，闻先生至，纷纷请往讲演，如劳动大学，立达学院，复旦大学，暨南大学，大夏大学，中华大学，光华大学等；

1928 年：

五月　往江湾实验中学讲演，题曰：《老而不死论》。

1929 年：

五月十三日　北上省亲。并应燕京大学，北京大学，第二师范学院，第一师范学院等校讲演。

十二月　往暨南大学讲演

1930 年：

二月　"自由大同盟"开成立会

三月二日　参加"左翼作家联盟"成立会

八月　往"夏期文艺讲习会"讲演

1931 年：

四月　往同文书院讲演，题为《流氓与文学》

六月　往日人"妇女之友会"讲演

八月二十四日　为一八艺社木刻部讲演

1932 年：

十一月二十二日　在北京大学，辅仁大学，北平大学，女子文理学院，师范大学，中国大学等校讲演。①

许广平对鲁迅多次演讲活动及演讲题目的细致记录，无疑是为了对应鲁迅"对于民族解放思想的努力"这一编撰主题。细察整部许版年谱"民族解放思想的努力"也是整部鲁迅年谱的中心主题。这从年谱中许寿裳对鲁迅不同时期的思想发展与参与社会活动的描述中就可以看出来。如鲁迅幼年时期对《二十四孝图》的反感，青年时期留学日本对人性及国民性问题的关注，

---

① 许寿裳：《鲁迅年谱》，载《鲁迅传》，国际文化出版公司 2010 年版，第 236—238 页。

中年时期参与"新文化运动"而从事《狂人日记》等文学创作,"掊击家族制度与礼教之弊害,实为文学革命思想革命之急先锋",及至晚年除了大量的文学创作以外,又多以"演讲"这一更有轰动效应的社会媒体方式,致力于"民族解放思想"的传播等,许寿裳对鲁迅"民族解放思想"主题的勾勒虽若隐若现,但却是贯穿始终的。

　　与许版年谱隐晦的历史叙述倾向性相较而言,鲁博版年谱历史叙述的倾向性要鲜明得多。周海婴上书毛泽东时便提到"我们到现在还没有拿出一部按照主席对鲁迅的评价写出来的观点明确、材料详细可靠的鲁迅传记",而这成为鲁迅博物馆设立鲁迅研究室的缘由和重要任务之一,在《鲁迅年谱》的"编写说明"中也作了明确的表述。① 鲁博版年谱的编撰,明显是遵从毛泽东对鲁迅所作的"三家"(文学家、思想家和革命家)、"五最"(最正确、最勇敢、最坚定、最忠实、最热忱)的评价来进行编撰的,其目的是"体现鲁迅革命的光辉形象和不凡的一生"。作为编撰者之一的陈漱渝在评价这部《鲁迅年谱》的得失时就曾"承认",对文献进行组织、分割、分配、安排时存在着明确的"倾向性","力图以历史唯物主义和辩证唯物主义观点为指导,体现出鲁迅作为'伟大的文学家'的辉煌业绩和作为'伟大的思想家和伟大的革命家'的本质特征,同时也不回避鲁迅思想(特别是早期、前期思想)中的某些局限性"。②

　　通过上述比较,许版年谱历史叙述的倾向性指向鲁迅的"启蒙者"角色,而鲁博版年谱历史叙述的倾向性则指向鲁迅的"革命者"角色,此可谓不言而喻。这两种不同的"倾向性"在其各自编撰的过程中客观上逐步形成了两种类型的故事:一个是关于"启蒙者"启蒙思想形成、发展到发扬传播的故事,另一个则是关于"革命者"如何从初具民族解放思想转变成具有共产主

---

① 参见鲁迅博物馆鲁迅研究室编《鲁迅年谱》(二)"编写说明",人民文学出版社1983年版,第1页。
② 参见陈漱渝《〈鲁迅年谱〉(四卷本)得失谈》,《辞书研究》1989年第3期。

义"思想战士"的成长故事。我们很容易就能从许版年谱中分辨出一个"启蒙者"鲁迅的"故事",而从鲁博版年谱中分辨出一个"革命者"鲁迅的"故事"。由于许版年谱所"建构"的鲁迅形象在前,相对于1937年许寿裳所"建构"的"启蒙者"鲁迅形象而言,1981年鲁博版年谱无疑是在许版年谱以及其他鲁迅年谱的基础上,重新构筑了另一个"异质"的"革命者"鲁迅形象,从而完成了20世纪50年代初以来在新民主主义的历史叙述框架内对鲁迅历史内涵与形象的"重构"。

  然而,考察许版与鲁博版两部鲁迅年谱历史叙述的构成,不难发现,许版年谱与鲁博版年谱存在着不少的共通之处。首先,二者在框架结构上几乎完全一致,都以鲁迅思想的形成、发展为中心来勾勒鲁迅一生的主要经历。其次,在编撰鲁迅经历的依据上,二者都把鲁迅的著作和日记作为重要的参证。许广平在描述鲁迅年谱的编撰过程中就详细地披露了这一细节[①],而鲁博版年谱在这方面则下了更大的功夫[②]。在搜集鲁迅思想与生活的旁证资料上,许版年谱与鲁博版年谱都非常重视从鲁迅身边亲近之人的回忆中搜集材料。[③]再次,在具体的编排上,许版年谱中周作人、许寿裳与许广平三人合编的次序分别对应了鲁迅三个时期的生活,而鲁博版年谱中的鲁迅在民元前的这段经历诚如编撰者所言"充分利用了周作人日记提供的线索"和许寿裳对鲁迅日本留学时期的部分回忆,从民国初年到1926年鲁迅南下以前,则以鲁迅的日记、著作还有其他鲁迅周围的亲友的回忆、书信为主,而鲁迅南下广州,到最后定居上海以后,则以许广平和冯雪峰等人的回忆叙述为主,两种版本的鲁迅年谱在内容编排上几乎步调一致。

  由此可见,鲁迅遗留的及同时代人所提供的历史材料、历史叙述成为鲁

---

① 参见许广平《〈鲁迅年谱〉的经过》,《宇宙风》(乙刊)1940年9月16日第39期。
② 参见陈漱渝《〈鲁迅年谱〉(四卷本)得失谈》,《辞书研究》1989年第3期。
③ 原版指1981年版《鲁迅年谱》。参见姚锡佩《增订本〈鲁迅年谱〉的遗憾》,《鲁迅研究月刊》2001年第3期。

博版年谱的重要支撑，而许版年谱中同时代人对谱主的叙述则成为主体叙述。也就是说"鲁迅圈子"①的各种历史叙述实际上已经充当了许版年谱与鲁博版年谱关于鲁迅思想进程的描述的重要来源和旁证，甚至可以不无夸张地说，整部鲁迅年谱都是由"鲁迅圈子"的"历史叙述""建构"起来的。然而，问题在于许版年谱与鲁博版年谱同样都是以"鲁迅圈子"中的大量历史叙述为主体的年谱，何以会出现"两个鲁迅"——作为"启蒙者"的鲁迅与作为"革命者"的鲁迅？而1981年鲁博版年谱又是通过什么方式来完成对鲁迅"异质"的重构？它是如何重构的？

三

海登·怀特曾指出"历史学家对编年史中的'事件'进行选择、排除、强调和归类，从而将其变成一种特定类型的故事，也就是通过'发现'、'识别'、'揭示'或'解释'而为编年史中掩藏的故事，编排情节"②。具体应用到鲁迅年谱的编撰过程中，我们发现，鲁迅年谱编撰者们正是通过把"编年史"中最小的单位"事件"，重新进行"选择、排除、强调和归类"，从而把鲁迅的"编年史"变成一种特定类型的故事的。许版年谱对鲁迅后期生活中倾向于"革命"的"事件"剪裁，就很能说明许版年谱是如何把鲁迅的"编年史"变成一种特定类型的"故事"的。许广平为了"体裁一律"而几次"删减"③鲁迅年谱中的后期部分，鲁迅在上海参加过带有革命倾向的"三盟"活动在年谱中显得语焉不详④，而1936年"两个口号之争"之类重要而敏感的政治事

---

① 特指鲁迅同时代人与鲁迅在生活上、思想上关系密切的人。
② [美]海登·怀特：《后现代历史叙事学》，陈永国、张万娟译，中国社会科学出版社2003年版，第75页。
③ 许广平：《〈鲁迅年谱〉的经过》，《宇宙风》(乙刊)1940年9月16日第39期。
④ 如在"自由大同盟"的"事件"下，并没有列出鲁迅的参与和作为列名的发起人；而在接着的"左联"事件中，许寿裳版年谱却"故意"把鲁迅的革命倾向都删减掉。

件则是直接缺失。"两个口号之争"作为鲁迅与左翼文学阵营矛盾的激化，同时作为最能体现鲁迅的文学与政治倾向的事件，在许版年谱中竟然没有收录与记载，这确实不能不体现出许寿裳编撰年谱时尽量"剪除"鲁迅与革命活动有关的事件，淡化与革命事件关系的总体倾向。

相对于许版年谱在材料上所做的"减法"，鲁博版年谱则是在与鲁迅"革命"倾向相关的材料上大做"加法"。在鲁迅后期的生活中，不但大量地挖掘、补充鲁迅与"革命"有关的人事关系、社会活动等材料，把鲁迅后十年在上海的生活内容膨胀至年谱一半的分量，而且把鲁迅在北京、厦门、广州与上海时期的写作活动、社会活动紧密地与"革命"倾向联系在一起，这在叙述1975年中山大学发现鲁迅1927年4月10日的佚文《庆祝沪宁克复的那一边》这一事件上体现得最为明显。鲁博版年谱对此评价说：

> 在一片欢庆的锣鼓声中，鲁迅清醒地看到在北伐高潮中依然潜伏着失败的危机，他以列宁的观点作为立论的指导，指出，在胜利的"那一边"，在"黑暗的区域里，反革命者的工作也正在默默地进行"；"最后的胜利，不在高兴的人们的多少，而在永远进击的人们的多少"。他高度称赞"俄国究竟是革命的世家，列宁究竟是革命的老手，不是深知道历来革命成败的原因，自己又积有许多经验，是说不出来的"。（中略）这篇文章整段转引了列宁的观点，并用以分析中国革命的形势，总结阶级斗争的历史经验和教训，是鲁迅思想发展的鲜明标志之一。[①]

鲁博版年谱在对鲁迅佚文"断章取义"式的"引述"中，将鲁迅呈现为一个能预知国民党将要发动"四一五"反革命政变的预言者，又因鲁迅文章中"整段转引了列宁的观念"，而认为这是鲁迅在思想上转向"共产主义"信仰的一个重要证据。在鲁博版年谱对鲁迅佚文、社会活动关系的挖掘、补充之中，鲁迅在新文化运动以后的思想从逐步马克思主义化到一跃而成为马克

---

① 鲁迅博物馆鲁迅研究室编：《鲁迅年谱》（二），人民文学出版社1981年版，第388—389页。

思主义者的转变是毫无疑义了，而鲁迅在上海时期与左翼文学阵营的矛盾却通过淡化而使鲁迅的"革命"思想与从事"革命"活动取得了很好的一致性。

编年史中"事件"的取舍固然能产生历史叙述的倾向性并将其精心塑造成"一个特定类型的故事"，从而把鲁迅的"故事"变成关于一个纯粹"启蒙者"的故事或"革命者"的故事。而两部鲁迅年谱对同一范畴的事件重新"编排情节"，并赋予其不同的意义，却更能消除这种"编造"痕迹的影响。如在对鲁迅新文化运动时期代表作之一的《阿Q正传》的解释上，鲁博版年谱不但与许寿裳的解释分歧很大，也与鲁迅的原意相去甚远。鲁迅在讲《阿Q正传》的创作缘由时提道：

> 据我的意思，中国倘若不革命，阿Q便不做，既然革命，就会做的。我的阿Q的运命，也只能如此，人格也恐怕并不是两个。民国元年已经过去，无可追踪了，但此后倘再有改革，我相信还会有阿Q似的革命党出现。我也很愿意如人们所说，我只写出了现在以前的或一时期，但我还恐怕我所看见的并非现代的前身，而是其后，或者竟是二三十年之后。①

许寿裳对阿Q及其成因作了高度的概括和引申："鲁迅在创作里面，暴露社会的黑暗，鞭策旧中国病态的国民性，实在很多。例如有名的《阿Q正传》是一篇讽刺小说。鲁迅提炼了中国民族传统中的病态方面，创造出这个阿Q典型。阿Q的劣性，仿佛就代表国民性的若干面，俱足以使人反省。""阿Q的劣性必须首先铲除净尽，所以非彻底革命不可。"② 而鲁博版年谱则更为看重阿Q的"农民"身份特征与《阿Q正传》关于"阶级斗争"的内容："小说通过主人公流浪雇农阿Q的命运，深刻反映了辛亥革命前后江南农

---

① 鲁迅：《华盖集续编·〈阿Q正传〉的成因》，《鲁迅全集》第3卷，人民文学出版社2005年版，第397页。
② 许寿裳：《鲁迅与民族性研究》，载倪墨炎、陈九英《许寿裳文集》上卷，百家出版社2003年版，第221页。

村的生活面貌。它揭露了地主阶级对农民的残酷的剥削和压迫，批判了由于长期的屈辱地位和统治阶级思想的毒害而造成的阿Q的变态性格和心理——'精神胜利法'。作者是把这种精神上的弱点，当作当时大多数国民所具有的弱点来批判的，目的是希望加以改革。作品着力描写了阿Q在辛亥革命消息的激发下'神往'革命，要求'造反'，但终于连阿Q式的幼稚的革命要求也遭到投机革命的反动势力的扼杀，被推上了断头台的悲剧，批判了辛亥革命的不彻底性。""总之《阿Q正传》以生动形象的艺术画面，总结了辛亥革命要求的历史教训，尖锐地提出了启发农民革命觉悟和满足农民的革命要求的问题，这在我国由旧民主主义革命转变到新民主主义革命时期，无疑有着重大的现实意义和深刻的历史意义。"①

鲁博版年谱在对鲁迅作品的重新阐释时，赋予了其新的内涵，而其在对《呐喊》《彷徨》《野草》等作品中带有农民身份特征的人物同样都以"阶级斗争"的标准来揭示其所受的阶级压迫时，正是通过"发现""识别""揭示"或"解释"，"从而把编年史中罗列的'事件'变成一个个可以辨认的'故事'"②，进而把鲁迅作品中原有的内涵极大地简化成关于"革命"与"阶级斗争"的"故事"。这正如海登·怀特所说的"一个历史学家作为悲剧而编排的情节，在另一个历史学家那里可能成为喜剧或罗曼司"③，而这与鲁博版年谱对鲁迅形象的重构有异曲同工之妙。

四

通过对两部鲁迅年谱的细致剖析，可以发现，鲁博版年谱这种"内化"

---

① 鲁迅博物馆鲁迅研究室编：《鲁迅年谱》（二），人民文学出版社1981年版，第60页。
② [美]海登·怀特：《后现代历史叙事学》，陈永国、张万娟译，中国社会科学出版社2003年版，第75页。
③ [美]海登·怀特：《后现代历史叙事学》，陈永国、张万娟译，中国社会科学出版社2003年版，第75页。

的"情节编排",把鲁迅的"编年史"进一步"故事化",不但赋予了鲁迅编年史中的事件以新的意义,而且使后来的读者、研究者更容易相信这才是他们所接触到的真实的鲁迅。从这里也可以看到,"情节编排"模式在"鲁迅圈子"历史叙述中对于"故事内核"的"形成"与"建构"所发挥的巨大作用,然而,同样不可忽视的是"鲁迅圈子"中被意识形态化的历史叙述也会对"形塑"另一个"异质"的鲁迅起着不可替代的"桥接"作用。

"意识形态"作为历史叙述更深层的本质构成之一,其影响几乎无处不在。卢卡奇早在1936年论述意识形态与叙述的关系时就曾指出"没有意识形态,作者永远不能叙述或建构一个可理解的、结构清晰的、多层面的史诗性作品"[1],在强调"意识形态"对话语叙述的作用方面,卢卡奇的观点虽然不无偏激,认为叙述是"意识形态"在话语中的反映,叙事话语是意识形态生产的手段,使话语叙述完全沦为"意识形态"的附庸,但从"意识形态"对话语叙述尤其是历史叙述的统摄力来看,"历史叙述"与"意识形态"的关系也确如克罗齐所言的"一切历史都是当代史"一样密不可分。鲁博版年谱的编撰者们无疑受到当时意识形态的影响,其历史叙述的倾向性也相当地明显,但作为"史料"部分的"鲁迅圈子"的历史叙述如果没有与编撰者们的意图相结合的话,其"真实性"便会大打折扣,因此"鲁迅圈子"的历史叙述的"桥接"功能就显得非常重要了。20世纪以来"意识形态"在历史中频繁地变动,才让我们得以窥探到"鲁迅圈子"的历史叙述与当下意识形态"桥接"时所留下的"缝隙"。

许广平在1961年版的《鲁迅回忆录》中"悲愤"地叙述了鲁迅1927年9月离开广州时的心情:"为了新的胜利,他痛心疾首地离去了当时由革命策源地一变而为反革命策源地的广州。面对着这座由共产党员和革命青年的鲜

---

[1] [匈]卢卡契:《叙述与描写——为讨论自然主义和形式主义而作》,载中国社会科学院外国文学研究所外国文学研究资料丛刊编辑委员会编《卢卡契文学论文集》,中国社会科学出版社1980年版,第73页。

血染遍，由反革命刽子手的血手污染的城市，鲁迅余怒未息地对我说：'一同走吧！还有什么可留恋的！'就这样，我们终于在一九二七年九月二十七日离开广州，共同向未来的战斗阵地——上海去了。"① 鲁博版鲁迅年谱在叙述鲁迅这一段"历史"时，原封不动地采用了这段许广平的叙述，并且与鲁迅对国民党反动派发动"四一五"反革命政变的态度连接起来，从而顺理成章地表达了鲁迅的"悲愤"与坚决反对国民党的立场。但是，对照周海婴在 2010 年主编出版的许广平 1961 年《鲁迅回忆录》的手稿，许广平所描述的鲁迅"悲愤"心情却是另外一个版本："'为了走向共同的事业，为了诀别这革命策源地成为当时黑暗的旧的恶势力所占有，他劝我也走出广东，1927 年的 10 月我们指向上海的目标前进。'（手稿注明：手稿末页左旁白处标注有某人评点的若干意见：对清党？有准备　发挥目瞪口呆这一段　著作为证　对清党　一同走吧尚有何留恋　对清党之痛恨）。"② 在周海婴所提供的许广平原稿中清晰地显示了《鲁迅回忆录》被修改的过程，原稿中并没有出现"面对着这座由共产党员和革命青年的鲜血染遍，由反革命刽子手的血手污染的城市，鲁迅余怒未息地对我说：'一同走吧！还有什么可留恋的！'"等话语，而鲁博版年谱却为适应当时意识形态的需要，不加区分地采用，"恰如其分"地被添加进去，却甚至可以说，正是这本被修改了的《鲁迅回忆录》"暗合"了年谱编撰者的意图，从而成为编撰者们叙述鲁迅思想转变的一个重要"依据"。这种内在于"意识形态化叙述"内部的"历史叙述"若非因意识形态在历史中频繁变动，以及 20 世纪 80 年代以来历史叙述的去意识形态化，我们也是难以窥探出"鲁迅圈子"的历史叙述中"桥接"的秘密。

由此可见"情节编排"模式与被"意识形态化"的历史叙述是鲁博版年谱重构鲁迅形象与内涵的重要方式和途径，而这一切都是建立在"鲁迅圈子"

---

① 许广平：《鲁迅回忆录》，作家出版社 1961 年版，第 76 页。
② 周海婴版原文如此。参见周海婴主编、许广平著《鲁迅回忆录》，长江文艺出版社 2010 年版，第 89 页。

的历史叙述的基础之上才得以实现的。"鲁迅圈子"的历史叙述在鲁迅研究史上扮演着支撑起鲁迅历史内涵与形象的角色，其重要性不言而喻，然而需要进一步追问的是，这些历史叙述是在何种历史背景下形成的？对于它们在还原鲁迅历史的同时又被掺杂进"当下鲁迅"意识形态建构过程中的特殊性，是像以往一样把它们看作鲁迅研究的"客观材料"，还是应该予以重新的认识？而这种在芜杂而多重力量角逐下的历史叙述是真的能让我们更接近1881年至20世纪30年代的鲁迅，还是又一种关于鲁迅历史的再建构？这些问题的提出，都成为我们今天重新来研究"鲁迅""鲁迅圈子"与鲁迅形象重构的起点。

原载《鲁迅研究月刊》2019 年第 8 期

"党同伐异"：厦门鲁迅与国民革命

邱焕星

关于厦门鲁迅，既往研究普遍受其《〈自选集〉自序》里"逃出北京，躲进厦门，只在荒凉的大楼上写了几则《故事新编》和十篇《朝花夕拾》"[①]的影响，偏于探究其精神的苦闷以及这两类创作，总体上将鲁迅定位为"孤岛过客"[②]，然后视厦门阶段为一个中转站或消沉期。但是，这种认知和鲁迅更早时的一些自述相矛盾，他在1927年曾多次表示"离开厦门的时候，思想已经有些改变"[③]，"沉静而大胆，颓唐的气息全没有了"[④]，"抱着和爱而一类的梦，到了广州"[⑤]。显然，厦门阶段的面向远比既往认识复杂得多，还发生了一些使鲁迅受到强烈冲击的事件，最终让其摆脱了颓唐苦闷的状态。

近些年来，开始有学者尝试从在厦门时鲁迅与高长虹的冲突、对学院文化的疏离等抗争性角度给出新的解释[⑥]，但总的来看，这些事件都不足以提供鲁迅状态何以转变的合理解释。究其根源，是既往研究者没有重视鲁迅《两

[①] 鲁迅：《〈自选集〉自序》，《鲁迅全集》第4卷，人民文学出版社2005年版，第469页。
[②] "孤岛过客"来自房向东的《孤岛过客——鲁迅在厦门的135天》(崇文书局2009年版)书名。
[③] 鲁迅：《答有恒先生》，《北新》1927年10月1日第1卷第49、50期合刊。
[④] 鲁迅：《270102 致许广平》，载鲁迅、景宋《两地书全编》，浙江文艺出版社1998年版，第599页。
[⑤] 鲁迅：《在钟楼上》，《语丝》1927年12月17日第4卷第1期。
[⑥] 参见朱水涌《厦门时期的鲁迅：温暖、无聊、寻路》，《厦门大学学报》(哲学社会科学版)2006年第6期；张全之《鲁迅在厦门时期思想与生活态度的变迁》，《鲁迅研究月刊》1994年第12期；王富仁《厦门时期的鲁迅：穿越学院文化》，《厦门大学学报》(哲学社会科学版)2006年第4期。

地书》原信中那些未删改的政治内容①，如果仔细考察这些原信，就会发现鲁迅在厦门这个"孤岛"虽然只待了135天，却因为此时北伐的进展，他的思想较之北京时期发生了进一步的变化。因此，本文试图以《两地书》的原信和一些新搜集的史料为基础，讨论厦门阶段在鲁迅思想道路发展上的重要意义。

一、党同国民党：欢迎北伐与倾向左派

鲁迅 1926 年南下厦门的目的，最初不但不是为了革命，甚至一度情绪消极，"很想休息休息"，"目的是：一，专门讲书，少问别事，二，弄几文钱，以助家用"②。虽然鲁迅此前曾和国民党一起对抗过北洋政府，呼应过国民革命，还出任过《国民新报》（国民党北方机关报）副刊的编辑，但随着奉系军阀杀入北京，鲁迅先是遭遇通缉传言四处避难，后因军阀枪杀知识分子，他开始意识到政治的可怕，"忽然还想活下去了"，于是选择南下，"豫定的沉默期间是两年"③。

对于广州政府正在展开的北伐行动，身在北京的鲁迅起初并没有给予太多关注，国民革命在北京的失败，让他并不看好南方的革命形势，以致颇为悲观地表示中国自元以来就"没有革命"④，实际上这也是北方社会的普遍看法，"直到国民革命军誓师北伐，北方各军阀仍未把北伐军当成自己的一个重大威胁，或认为蒋介石的北伐也会像过去'孙大炮'（孙中山）的几次北伐一样半途而折"⑤。但来到厦门后，鲁迅有机会近距离接触到各种北伐胜利的消

---

① 王得后：《校后记》，载鲁迅、景宋《两地书全编》，浙江文艺出版社 1998 年版，第 655 页。
② 鲁迅：《260617 致李秉中》，《鲁迅全集》第 11 卷，人民文学出版社 2005 年版，第 528 页。
③ 鲁迅：《答有恒先生》，《北新》1927 年 10 月 1 日第 1 卷第 49、50 期合刊。
④ 鲁迅：《马上日记之二》，《鲁迅全集》第 3 卷，人民文学出版社 2005 年版，第 362 页。
⑤ 王奇生：《国共合作与国民革命（1924—1927）》，江苏人民出版社 2007 年版，第 247 页。

息，他开始和许广平在通信中频繁交流，前后信件多达十几封。从"此地北伐顺利的消息也甚多，极快人意"①，"此地的人民的思想，我看其实是'国民党的'的，并不老旧"②，"昨天又听到一消息，说陈仪入浙后，也独立了，这使我很高兴"③等内容来看，鲁迅显然深受震动和鼓舞，其心情随着战况而不断起伏，开始自觉站在国民革命的立场上，积极拥护广州政府的军事行动。

这里最值得分析的，是鲁迅对暴力革命和军事行动的态度。早在介入国民革命前，鲁迅就认为"改革最快的还是火与剑，孙中山奔波一世，而中国还是如此者，最大原因还在他没有党军，因此不能不迁就有武力的别人"④，这种对"火与剑"的认同，和其民元情结有很大关系。一方面，鲁迅"爱护中华民国，焦唇敝舌，恐其衰微"⑤，另一方面，辛亥革命后的复辟频现又让他非常失望，因而期待孙中山能够继续革命再造民国。而孙中山也在多次依靠军阀失败后以俄为师，提出以党治国、建构党军的措施，随即获得巨大成功，先是在1925年初的东征平叛中以少胜多，后又在北伐战争中节节胜利，以至于舆论都认为"革命军之所以能达战无不利之效果，实原由该项制度之设立"⑥，"主义之昭示""军队之政化""民众之合作"是南方取胜的核心因素⑦。

鲁迅最初觉得"近几年似乎他们也觉悟了，开起军官学校来，惜已太晚"⑧，但在厦门受北伐鼓舞后，他开始相信"中国现在的社会问题，止有实地的革命战争，一首诗吓不走孙传芳，一炮就把孙传芳轰走了"⑨，此时的他还意识不到"军队为政党掌控后，政党之间的竞争也随之导入武力之途，由'文

---

① 鲁迅：《260914 致许广平》，载鲁迅、景宋《两地书全编》，浙江文艺出版社1998年版，第473页。
② 鲁迅：《261010 致许广平》，载鲁迅、景宋《两地书全编》，浙江文艺出版社1998年版，第496页。
③ 鲁迅：《261109 致许广平》，载鲁迅、景宋《两地书全编》，浙江文艺出版社1998年版，第531页。
④ 鲁迅：《250408 致许广平》，载鲁迅、景宋《两地书全编》，浙江文艺出版社1998年版，第411页。
⑤ 鲁迅：《因太炎先生而想起的二三事》，《鲁迅全集》第6卷，人民文学出版社2005年版，第576页。
⑥ 《日陆军中将南游后之革命军观察（上）》,（广州）《民国日报》1926年12月21日。
⑦ 张嘉森（张君劢）：《一党政治之评价：一党能独治耶？》，《晨报》1926年12月5日。
⑧ 鲁迅：《250408 致许广平》，载鲁迅、景宋《两地书全编》，浙江文艺出版社1998年版，第411页。
⑨ 鲁迅：《革命时代底文学》，《黄埔生活》1927年6月12日第4期。

斗'转入'武斗'"①。与此相反，鲁迅因革命胜利表现出强烈的"党同伐异"倾向，他说："现在我最恨什么'学者只讲学问，不问派别'这些话，假如研究造炮的学者，将不问是蒋介石，是吴佩孚，都为之造么？"②因此，他反对"国民党有力时，对于异党宽容大量"，认为必须"准备消灭敌人，因为现在敌人只是被征服了，而距消灭的程度还远得很"③。

不只是鲁迅，当时许多知识分子也都对北伐持肯定态度，譬如周作人就认为"南北之战，应当改称民主思想与酋长思想之战才对"④，而胡适更是宣称"南方政府是中国最好的、最有效率的政府"，"南方革命军的北伐赢得了人民的同情和支持。但它不是红色政权"⑤。不难看出，北伐成功和国民党人展示出的力量，让这些本来对暴力革命和一党专制持怀疑态度的知识分子，感受到了光明和希望，但也因此暂时性地丧失了反思批判的意识。

而相对于欢迎北伐，鲁迅与许广平厦门通信中关于国民党派系的讨论，其实也值得关注。它们最初若隐若现，后来又被有意删改，从中能看出二人当时的革命倾向。鲁迅最初是光复会成员，由于蒋介石刺死陶成章，他一直对同盟会心存芥蒂，后来他又加入过反对国民党的共和党。所以鲁迅对国民党的态度颇为复杂，他支持后者的革命行动，但又与其保持距离。不过鲁迅和不少国民党党员保持着密切的私人联系，譬如蔡元培一直是他在北京时的主要庇护人，后来他又在参与女师大风潮的过程中，和李石曾、易培基有过合作关系，而许广平更是国民党党员，回广州后出任省立女师训育主任，支持顾孟余等汪精卫派。

鲁迅南下虽然选择了厦门，但"也未尝不想起广州"⑥，许广平在听到他对

---

① 王奇生：《国共合作与国民革命（1924—1927）》，江苏人民出版社2007年版，第61页。
② 鲁迅：《261020 致许广平》，载鲁迅、景宋《两地书全编》，浙江文艺出版社1998年版，第508页。
③ 鲁迅：《庆祝沪宁克复的那一边》，《鲁迅全集》第8卷，人民文学出版社2005年版，第197页。
④ 岂明（周作人）：《南北》，《语丝》1926年11月6日第104期。
⑤ 曹伯言整理：《胡适日记全编》第4卷，安徽教育出版社2001年版，第419、420页。
⑥ 鲁迅：《261015 致许广平》，载鲁迅、景宋《两地书全编》，江浙文艺出版社1998年版，第503页。

厦门闭塞的抱怨后表示:"广州似乎还不至如此办学无状,你也有熟人,如顾某(顾孟余——引者注)等,如现时地位不好住,也愿意来此间尝试否?"[1]但鲁迅听许广平讲老同事陈启修就任中大法科主任后受到右派攻击,"在此似乎不得意,有向江西等地之说"[2],"就暂时不作此想了"[3]。不过中山大学的改制,给了鲁迅进入广州的机会。1926年10月14日中大从校长制改为委员制,戴季陶、顾孟余为正副委员长,徐谦、丁惟汾、朱家骅为委员,此举意在解散学校重新整理,来推行新的党化教育。10月16日,朱家骅致电自己之前的北大同事沈兼士、林语堂、鲁迅,想叫他们"去指示一切""议定学制",鲁迅收到信后觉得"应该帮点忙"[4],而许广平也建议:"你如有意,来粤就事,现在设法也是机会,像顾孟余,于树德……你都可以设法。"[5]

鲁迅和顾孟余订交于女师大风潮,后者担任北大教务长多年,同时还是国民党北京特别市党部筹备主任,实际是北京学潮的幕后核心,"三一八"惨案后他因政府通缉南下,之后出任中央政治会议委员,成为汪精卫派的核心人物。由于顾孟余当时主管中央宣传,为扩大宣传力度,1926年9月23日他电邀孙伏园赴粤办报,鲁迅对此非常支持,他说:"孟余们的意思,大约以为副刊的效力很大,所以想大大的干一下。"后来为了给许寿裳找工作,鲁迅还曾"托伏园面托孟余"[6]。但许广平不久透露消息,"顾先生的态度听说和在北京时有点不同,向后转了"[7]。对此,鲁迅回信说:"孟余的肺病,近来颇重,人一有这种病,便容易灰心,颓唐,那状态也近于后转;但倘若重起来,

---

[1] 许广平:《261007 致鲁迅》,载鲁迅、景宋《两地书全编》,浙江文艺出版社1998年版,第494页。
[2] 许广平:《261007 致鲁迅》,载鲁迅、景宋《两地书全编》,浙江文艺出版社1998年版,第494页。
[3] 鲁迅:《261015 致许广平》,载鲁迅、景宋《两地书全编》,浙江文艺出版社1998年版,第503页。
[4] 鲁迅:《261020 致许广平》,载鲁迅、景宋《两地书全编》,浙江文艺出版社1998年版,第506页。
[5] 许广平:《261018 致鲁迅》,载鲁迅、景宋《两地书全编》,浙江文艺出版社1998年版,第505页。
[6] 鲁迅:《261020 致许广平》,载鲁迅、景宋《两地书全编》,浙江文艺出版社1998年版,第508页。
[7] 许广平:《261018 致鲁迅》,载鲁迅、景宋《两地书全编》,浙江文艺出版社1998年版,第505页。

则党中损失也不少,我们实在担心。"① 由此可见,鲁迅对顾孟余和国民党的关切。

隔了几天许广平传来好消息:"这回改组,是绝对左倾,右派分子已在那里抱怨了,这回又决意多聘北大教授。"② 收到信后,鲁迅随即表示:"如果中大很想我去,我到后于学校有益,那我便于开学之前到那边去。"③ 据顾颉刚日记记载,鲁迅为了私下疏通,"遣其旧徒孙伏园到广州……孙到校访各委员,具道鲁迅愿至粤意,彼等示欢迎"④。最终鲁迅被聘为唯一的正教授和文学系主任,鲁迅分析这是因为中大觉得自己"非研究系的,不至于开倒车的"⑤。事实也是如此,中大的长聘原则正是"择其努力的党员,与本校有很大的劳迹关系,而根据党的旨趣以进行者,为本校永任教授"⑥。

不难看出,鲁迅此时的思想已经颇为"左倾",甚至为创造社成员离开中大而气馁,他很想联络对方在广州有所作为,许广平甚至建议他出任广州《民国日报》副刊编辑。但是左派在广州的优势是暂时性的,实际上各派斗争非常激烈,随着1926年底汪精卫、顾孟余等人随政府迁往武汉,中大的权力逐渐掌握到国民党右派手中。在这种情况下,鲁迅却在中大与共产党接近,"他对代表共青团和他接近的青年特别热情"⑦,并拒绝国民党人的宴请和约稿,这无意在"清党"之前将自己放到了一个极为危险的位置。

---

① 鲁迅:《261023 致许广平》,载鲁迅、景宋《两地书全编》,浙江文艺出版社1998年版,第514页。
② 许广平:《261027 致鲁迅》,载鲁迅、景宋《两地书全编》,浙江文艺出版社1998年版,第516页。
③ 鲁迅:《261101 致许广平》,载鲁迅、景宋《两地书全编》,浙江文艺出版社1998年版,第521页。
④ 《顾颉刚日记》第1卷(1913—1926),台北联经出版事业股份有限公司2007年版,第832页。
⑤ 鲁迅:《261115 致许广平》,载鲁迅、景宋《两地书全编》,浙江文艺出版社1998年版,第542页。
⑥ 《中大党部欢迎经代校长宣布革新计划纪略》,(广州)《民国日报》1926年9月6日。
⑦ 徐彬如:《回忆鲁迅一九二七年在广州的情况》,载薛绥之主编《鲁迅生平史料汇编》第4辑,天津人民出版社1983年版,第321页。

二、伐异顾颉刚："研究系"与"反民党"

鲁迅在厦门一步步"党同"国民党左派之时，政治思想的左倾也影响到了他和顾颉刚的关系，彻底激发了双方在北京被掩盖的矛盾，使其"伐异"也达到了一个极端的程度。顾颉刚和鲁迅本属同一阵营，他们在北大是师生关系，最初都是国学研究所和《语丝》的成员，顾颉刚"以鲁迅长我十二岁，尊为前辈"[①]，不过由于他也是胡适"整理国故"派的重要成员，同时和陈西滢是同乡好友，所以顾颉刚一直游走于浙派与皖派、英美派与法日派、《语丝》与《现代评论》之间。这种情况最初没有影响，但随着女师大风潮和国民革命的发展，两大知识群体的矛盾越来越尖锐，顾颉刚开始体会到"在夹缝中度生活"的"可怜"[②]。由于顾颉刚内心更倾向于英美派，"对于鲁迅、启明二人甚生恶感，以其对人之挑剔诟谇，不啻村妇之"[③]，所以一方面《语丝》宴会，予亦不去"，另一方面开始在《现代评论》上大量发表文章，甚至"告陈通伯，《中国小说史略》剿袭盐古温《支那文学讲话》"[④]，由此导致鲁迅和现代评论派的冲突更加激烈。

不过，两人在北京时期并没有公开的矛盾，在厦门初期关系也看似不错，"同室办公，同桌进食，惟卧室不在一处耳"[⑤]。但随着"顾颉刚是自称只佩服胡适陈源两个人的"[⑥]，鲁迅对他的恶感越来越强烈，不仅如此，顾颉刚还不断援引自己人到厦大任职，因而被鲁迅视为"有意结成苏党，与彼暨孙、章（孙伏园、章廷谦——引者注）之绍兴帮相对，于是北京大学之皖、浙之争，

---

① 《顾颉刚日记》第1卷（1913—1926），台北联经出版事业股份有限公司2007年版，第832页。
② 《顾颉刚日记》第1卷（1913—1926），台北联经出版事业股份有限公司2007年版，第673页。
③ 《顾颉刚日记》第1卷（1913—1926），台北联经出版事业股份有限公司2007年版，第710页。
④ 《顾颉刚日记》第2卷（1927—1932），台北联经出版事业股份有限公司2007年版，第15页。
⑤ 《顾颉刚日记》第1卷（1913—1926），台北联经出版事业股份有限公司2007年版，第832页。
⑥ 鲁迅：《260926 致许广平》，载鲁迅、景宋《两地书全编》，浙江文艺出版社1998年版，第481页。

移而为厦门大学之浙、苏之争"①。鲁迅开始在和许广平的通信中多次对顾颉刚加以抨击:"在国学院里的,顾颉刚是胡适之的信徒,另外还有两三个,似乎都是顾荐的,和他大同小异,而更浅薄"②;"他所荐引之人,在此竟有七人之多,玉堂与兼士,真可谓胡涂之至。此人颇阴险"③。在"顾颉刚之流已在国学院大占势力"的情况下,让情况更恶化的是现代评论派的"周览(鲠生)又要到这里来做法律系主任了",这让鲁迅觉得双方有合流的趋势,"从此现代评论色彩,将弥漫厦大"④。

而此时的北京政府正在合并女师大和女子大学,这让身在厦门的鲁迅知道消息后非常气愤,他和许广平觉得"这回女师大,简直就是研究系和国民党报仇"。在他们心目中,现代评论派和梁启超臭名昭著的《晨报》研究系是一丘之貉,他们一贯"迎合卖国政府,而利己阴谋,可恶可杀"。⑤在这种背景下,鲁迅觉得厦门"此地研究系的势力,我看要膨涨(胀)起来,当局者的性质,也与此辈相合"⑥,而顾颉刚之前在北京拒绝参加《语丝》聚会、积极参与《晨报》活动的事,就被鲁迅回忆起来了。如果查顾颉刚1926年的日记,会发现他上半年多次记录与江绍原、徐志摩、陈博生等研究系人宴游、通信和写稿,此外他还在《晨报·副刊》上发表了多篇文章,这在当时的确是一种逆潮流的"反动"行为。所以,顾颉刚很快发现"鲁迅公开向学生斥我为'研究系',以其时正值国民革命,国共合作北伐,以研究系梁启超等为打倒之对象也"⑦,显然,双方的矛盾从派系冲突上升为革命/反革命的对

---

① 《顾颉刚日记》第1卷(1913—1926),台北联经出版事业股份有限公司2007年版,第798页。
② 鲁迅:《260920 致许广平》,载鲁迅、景宋《两地书全编》,浙江文艺出版社1998年版,第476页。
③ 鲁迅:《260930 致许广平》,载鲁迅、景宋《两地书全编》,浙江文艺出版社1998年版,第489页。
④ 鲁迅:《261016 致许广平》,载鲁迅、景宋《两地书全编》,浙江文艺出版社1998年版,第504页。
⑤ 参见许广平《261014 致鲁迅》,载鲁迅、景宋《两地书全编》,浙江文艺出版社1998年版,第500、501页。
⑥ 鲁迅:《261020 致许广平》,载鲁迅、景宋《两地书全编》,浙江文艺出版社1998年版,第507页。
⑦ 《顾颉刚日记》第1卷(1913—1926),台北联经出版事业股份有限公司2007年版,第778页。

立了。

　　不过让鲁迅更加不满的，还不是"顾颉刚之流"和现代评论派这些"研究系"占据了厦大国学院，而是广州政府意识不到他们是反动派。先是许广平来信说"政府只知其一不知其二，只知到（道）国家主义的周刊《醒狮》应禁，而不知变相的《醒狮》，随处皆是"①，接着孙伏园从广州带回了顾颉刚被中大聘任的消息，让鲁迅觉得"似乎当局者于看人一端，很不了然"，因为"顾之反对民党，早已显然"②。鲁迅之所以敢这么说，是因为他很清楚顾颉刚曾在北京参加"救国团"的事情。1925年"五卅运动"之后，北大成立了救国团，顾颉刚被推举为出版股主任，负责《救国》特刊的编辑，并在孙伏园主编的《京报·副刊》上连载。救国团是一个国家主义派占主导的组织，强调"内除国贼、外抗强权"，因而既反苏俄又反国共，由于不满于女师大风潮干扰了民众对"五卅"爱国运动的注意力，谭慕愚发表了批评性的公开信，"语侵李石曾、易培基等"③。李石曾、易培基随后策动救国团中国民党人反击，谭慕愚被迫退出了文书股。在顾颉刚看来，"李石曾、易培基本是国民党中坏分子……慕愚反对其人，本是合理行为"④，为此他在《救国》特刊上发表文章声援谭慕愚，结果"邵飘萍（京报老板——引者注）以救国团攻击苏俄，不允将《特刊》继续出版"⑤。气愤难平的顾颉刚在最后一期登载谭慕愚的文章，将救国团内部"三民主义和国家主义的冲突"公开化，以致"救国团中傅启学、梁渡、李凤举、钟书衡四人来信，责我在《救国特刊》中登谭女士《呐喊后的悲哀》一文，以为我放马后炮，破坏团中名誉"⑥，自此双方彻底反目。

---

① 许广平：《261027　致鲁迅》，载鲁迅、景宋《两地书全编》，浙江文艺出版社1998年版，第516页。
② 鲁迅：《261106　致许广平》，载鲁迅、景宋《两地书全编》，浙江文艺出版社1998年版，第528、529页。
③ 《顾颉刚日记》第1卷（1913—1926），台北联经出版事业股份有限公司2007年版，第657页。
④ 《顾颉刚日记》第1卷（1913—1926），台北联经出版事业股份有限公司2007年版，第659页。
⑤ 《顾颉刚日记》第1卷（1913—1926），台北联经出版事业股份有限公司2007年版，第662页。
⑥ 《顾颉刚日记》第1卷（1913—1926），台北联经出版事业股份有限公司2007年版，第669页。

正是基于对顾颉刚这些言行的了解，鲁迅才会认为"顾之反对民党，早已显然"，如今许广平说这些人又要在中大汇聚，而当局被其伪善所迷惑，所以他提出"想到广州后，对于研究系加以打击"①。而据顾颉刚日记记载："鲁迅已到粤……即'顾某与林文庆（厦大校长——引者注）交情好，他是不肯来的'，一面又使章廷谦在厦大内宣传：'鲁迅是主张党同伐异的，看顾颉刚去得成去不成。'"②顾颉刚1927年4月到广州后，发现鲁迅不但随即提出辞职，而且发现"鲁迅有匿名揭帖，说我为研究系，要人签名反对"③。不仅如此，鲁迅还给时任武汉《中央日报》副刊编辑的孙伏园去信，"云'我真想不到，那个反对民党使兼士愤愤的顾颉刚也到这里作教授了。天下老鸦一般黑，我只得走开了！'其徒谢玉生亦与函，同是对我破口大骂，而伏园加以按语，增其力量。此信于四月某日刊出，如我在武汉者（武汉中山大学亦曾聘我），凭此一纸副刊，已足制我死命"④。顾颉刚自然非常愤怒："我诚不知我如何'反对民党'？亦不知我如何使兼士为我愤愤？血口喷人，至此而极，览此大愤。"他接着自辩："我虽纯搞学术，不参加政治活动，而彼竟诬我为参加反动政治之一员，用心险恶，良可慨叹。"⑤顾颉刚说自己"纯搞学术，不参加政治活动"，显然经不起事实考辨，但他认为鲁迅"用心险恶"，虽是揣测，也确实是鲁迅此时对反动派的基本态度："研究系比狐狸还坏，而国民党则太老实"，"国民党有力时，对于异党宽容大量，而他们一有力，则对于民党之压迫陷害，无所不至，但民党复起时，却又忘却了，这时他们自然也将故态隐藏起来"⑥，因此办法只有一个——对"研究系应该痛击"。⑦

---

① 鲁迅：《261107 致许广平》，载鲁迅、景宋《两地书全编》，浙江文艺出版社1998年版，第530页。
② 《顾颉刚日记》第1卷（1913—1926），台北联经出版事业股份有限公司2007年版，第833页。
③ 《顾颉刚日记》第2卷（1927—1932），台北联经出版事业股份有限公司2007年版，第39页。
④ 《顾颉刚日记》第1卷（1913—1926），台北联经出版事业股份有限公司2007年版，第834页。
⑤ 《顾颉刚日记》第1卷（1913—1926），台北联经出版事业股份有限公司2007年版，第836页。
⑥ 鲁迅：《261020 致许广平》，载鲁迅、景宋《两地书全编》，浙江文艺出版社1998年版，第508页。
⑦ 鲁迅：《261101 致许广平》，载鲁迅、景宋《两地书全编》，浙江文艺出版社1998年版，第522页。

不难看出，此时鲁迅和顾颉刚的关系已经演变成了革命与反革命的对立。表面看，这是"五四"后开始的新知识阶级分裂的延续，但与北京时的语丝派与现代评论派、法日派与英美派的派系冲突不同，厦门国民革命形势和鲁迅政治思想的变化，将二人从同一阵营的内部矛盾激化成敌与我的政治对立：顾颉刚变成了反革命，而自居革命的鲁迅则"准备消灭敌人，因为现在敌人只是被征服了，而距消灭的程度还远得很"。

三、学潮的悖论：党化教育与"火老鸦"

在厦门时的鲁迅与国民革命的关系，除了表现在他和政党、知识分子的关系外，还涉及青年学生，但鲁迅对学潮的态度颇为复杂，他一方面支持许广平压制广州女师学潮，另一方面却又鼓动厦大学潮，使我们看到"青年叛徒的领袖"及"党同伐异"的悖论性一面。

1926 年夏许广平毕业后，受广州教育局视导"陈向庭表叔"[①]的推荐（教育厅厅长许崇清是其堂兄），回到母校广州省立第一女子师范学校担任训育主任，"教八班，每班每周一小时三民义"[②]。这是一个新设岗位，1926 年 5 月，广东省教育大会通过党化教育决议案，"宗旨应注意平民化与革命化之教育，以完成国民革命"，要求各校"校训应定位革命尚未成功，同志仍须努力"，并"增设政治训育部"[③]。许广平能被委此重任，是因其国民党秘密党员和北京学生运动领袖的身份。而她也很想在这个位置上有所作为，她对鲁迅表示："以人力移天工，不是革命人的责任吗？所以，在女师，有时我常常起灰心，但也高兴，希望能转移她们。"[④]

---

① 许广平：《260908 致鲁迅》，载鲁迅、景宋《两地书全编》，浙江文艺出版社 1998 年版，第 468 页。
② 许广平：《260912 致鲁迅》，载鲁迅、景宋《两地书全编》，浙江文艺出版社 1998 年版，第 469 页。
③ 《全省教育大会通过党化教育决议案》，（广州）《民国日报》1926 年 5 月 10 日。
④ 许广平：《261010 致鲁迅》，载鲁迅、景宋《两地书全编》，浙江文艺出版社 1998 年版，第 498 页。

鲁迅对于党化教育虽然从未明确表态，但一直有所支持和参与，譬如他在《中山先生逝世后一周年》中，强调"革命尚未成功，同志仍须努力"，"一同努力于进向近于完全的革命的工作"①，而他之前参与的女师大风潮，正是国民党在北京高校推行国民革命和党化教育的重要举措。至于邀请鲁迅去"议定学制"的中山大学，其改制的目的就是"实施纯粹之党化教育，养成革命之前驱，以树建设之基础"②，而鲁迅正符合中大"拒绝反革命分子，聘请良好教师"③的原则。鲁迅不但主动表达前来的意愿，还对中大聘请了"反民党"的顾颉刚非常不满，认为"当局者于看人一端，很不了然"，由此不难看出鲁迅是自觉基于"革命"的标准来进行评判的。

而许广平担任训育主任后虽然抱负极大，但最初"对于训育，甚无进展"④，因为"学生会为右派把持"⑤。不过"忽然间一个机会来了"，由于学生会主席李秀梅私下选举自己的"树的派"成员参加广州学联会议，许广平以"违法召集会议，违反校规"⑥的名义，将李秀梅等人开除，她"得意"地告知鲁迅，一方面"现时背后有国民政府，自己是有权有势，处置一些反动学生，实在如反掌"，另一方面"校长教职员，有力者都是左的，事甚好做"⑦。知道此事后鲁迅评论说，"中国学生学什么意大利，以趋奉北政府，还说什么'树的党'，可笑可恨"；"校事也只能这么办。但不知近来如何？但如忙则无须详叙，因为我对于此事并不怎样放在心里，因为这一回的战斗，情形已和对杨荫榆不同也"。⑧

---

① 鲁迅：《中山先生逝世后一周年》，《国民新报·孙中山先生逝世周年纪念特刊》1926 年 3 月 12 日。
② 《中华民国国民政府令》，（广州）《民国日报》1926 年 10 月 18 日。
③ 《广东大学近况》，（广州）《民国日报》1926 年 8 月 25 日。
④ 许广平：《261018 致鲁迅》，载鲁迅、景宋《两地书全编》，浙江文艺出版社 1998 年版，第 506 页。
⑤ 许广平：《261104 致鲁迅》，载鲁迅、景宋《两地书全编》，浙江文艺出版社 1998 年版，第 524 页。
⑥ 《女师学生纠纷彻底解决》，（广州）《民国日报》1926 年 11 月 5 日。
⑦ 许广平：《261107 致鲁迅》，载鲁迅、景宋《两地书全编》，浙江文艺出版社 1998 年版，第 527、528 页。
⑧ 鲁迅：《261109 致许广平》，载鲁迅、景宋《两地书全编》，浙江文艺出版社 1998 年版，第 531、532 页。

但是，许广平发现被开除的学生先是"以共产二字诬校长，教职员"①，后又极力酝酿罢课，为此她成立了"革新学生会同盟会"进行对抗。但校方情况越来越差，经费拖欠、校长辞职，许广平为此抱怨不已。鲁迅回信安慰说："事到如此，别的都可以不管了，以自己为主，觉得耐不住，便即离开。"②然而，许广平的处境越来越糟，随着形势的"右倾"，学生开始骂许广平是"（共党人）走狗"，于是她接受了鲁迅"躲起来"③的建议，请病假逃回家里，至此广州省立女师风潮告一段落。而鲁迅在接下来 1927 年 1 月 7 日爆发的厦大学潮中，却转而支持学生反抗学校，态度发生了 180 度大转弯。

厦大学潮的爆发，实际是国民革命和鲁迅的合力所致。厦大此前就风潮不断，1924 年因校长林文庆要求学生"读孔孟之书，保存国粹"④而爆发学潮，随之被国民党利用，他们煽动一部分学生"出校创校"并提供经费⑤，最终在上海成立了大夏大学。此次风潮虽让厦大遭受重创，但因为"厦门大学为私立学校，苟陈嘉庚氏始终袒护林文庆，则改革一层，颇为不易"⑥。随着国民革命的发动，国共两党 1925 年重新派人回到厦门，"发展国民党左派，建立秘密组织"⑦。不过，"因厦地各界思想太落后，极难接受革命宣传"，到 1926 年 4 月厦大左派也只有"五十余人"⑧。在这种情况下，鲁迅等北大新文化派的到来，使他们想借机再次发动起学潮。不过，鲁迅很快察觉了他们的意图，他对许广平说："还有几个很欢迎我的人，是要我首先开口攻击此地的

---

① 许广平：《261113　致鲁迅》，载鲁迅、景宋《两地书全编》，浙江文艺出版社 1998 年版，第 540 页。
② 鲁迅：《261206　致许广平》，载鲁迅、景宋《两地书全编》，浙江文艺出版社 1998 年版，第 570 页。
③ 鲁迅：《261216　致许广平》，载鲁迅、景宋《两地书全编》，浙江文艺出版社 1998 年版，第 584 页。
④ 伐木：《厦门大学校长林文庆之怪论》，（上海）《民国日报》1924 年 4 月 14 日。
⑤ 《行将成立之大夏大学》，《申报》1924 年 7 月 4 日。
⑥ 《大夏大学成立经过及其现况》，《教育杂志》1925 年 2 月 20 日。
⑦ 连尹：《罗明与福建党组织的建立》，载郑文贞、肖学信选编《厦大党史资料》第 1 辑，厦门大学出版社 1987 年版，第 135 页。
⑧ 《夏特志关于三月份的综合情况报告（1926 年 4 月 16 日）》，载郑文贞、肖学信选编《厦大党史资料》第 1 辑，厦门大学出版社 1987 年版，第 21 页。"夏特志"即中共党团混合的厦门市特别支部。

社会等等，他们好跟着来开枪。"①"有几个学生很希望我走，但并非对我有恶意，乃是要学校倒楣。"②对此，许广平建议说："学生欢迎，自然增加你的兴趣，处处培植些好的禾苗，以喂养大众，救济大众吧。"③而鲁迅也尝试着"鼓动空气"④。首先，他支持俞念远、王方仁、魏兆淇等文学青年成立了泱泱社、创办《波艇》。其次，他参加了学生党员的会议，了解到"本校学生中民党不过三十左右，其中不少是新加入者"，但他颇为担忧地对许广平说："昨夜开会，我觉他们都不经训练，不深沉，甚至于连暗暗取得学生会以供我用的事情都不知道，真是奈何奈何。开一回会，徒令当局者注意，那夜反民党的职员却在门外窃听。"⑤再次，在公开场合多次发表演讲，譬如在厦大周会上倡导"学生应该做'好事之徒'"，在集美学校呼吁学生"应该留心世事"，以致校长叶渊后来抱怨"集美学校的闹风潮，都是我（指鲁迅——引者注）不好"⑥，鲁迅的这些言论"很得学生的信仰"⑦，他甚至抱怨"他们总是迷信我，真是无法可想"⑧。

而随着鲁迅在 1926 年 11 月私下接受中大的聘任，在厦大聘期未满的他为了脱身，故意将"要走已经宣传开去"⑨，同时拒绝校长请客和拜访，"他由此知道我无留意"⑩。不仅如此，顾颉刚还发现"鲁迅既得粤校聘书，便急切欲

---

① 鲁迅:《261010 致许广平》，载鲁迅、景宋《两地书全编》，浙江文艺出版社 1998 年版，第 496 页。
② 鲁迅:《261020 致许广平》，载鲁迅、景宋《两地书全编》，浙江文艺出版社 1998 年版，第 507 页。
③ 许广平:《261014 致鲁迅》，载鲁迅、景宋《两地书全编》，浙江文艺出版社 1998 年版，第 501 页。
④ 鲁迅:《261023 致许广平》，载鲁迅、景宋《两地书全编》，浙江文艺出版社 1998 年版，第 514、515 页。
⑤ 鲁迅:《261125 致许广平》，载鲁迅、景宋《两地书全编》，浙江文艺出版社 1998 年版，第 557、558 页。
⑥ 鲁迅:《海上通信》，《语丝》1927 年 2 月 12 日第 118 期。
⑦ 《顾颉刚致胡适（1927 年 2 月 2 日）》，载中国社会科学院近代史研究所中华民国史组编《胡适来往书信选》上，中华书局 1979 年版，第 423 页。
⑧ 鲁迅:《261224 致许广平》，载鲁迅、景宋《两地书全编》，浙江文艺出版社 1998 年版，第 591 页。
⑨ 鲁迅:《261215 致许广平》，载鲁迅、景宋《两地书全编》，浙江文艺出版社 1998 年版，第 583 页。
⑩ 鲁迅:《261224 致许广平》，载鲁迅、景宋《两地书全编》，浙江文艺出版社 1998 年版，第 591 页。

离厦校,而苦于无名,乃专骂林文庆与顾颉刚,谓厦大中胡适派攻击鲁迅派,使鲁迅不安于位,又谓校长克扣经费,使沈兼士无法负研究院责任,逼使回京云云,于是我与林遂为鲁派(旧徒孙伏园、章廷谦,新生谢玉生等)攻击之对象,不徒流言蜚语时时传播,又贴出大字报,为全校及厦门人士所周知,我与林遂均成反革命分子矣"[1]。

1926年12月31日,鲁迅正式递交辞呈,校方"怕以后难于聘人,学生也要减少",因而反复挽留,但都被拒绝。1927年1月4日,鲁迅参加了全体学生送别会,"夜中文科生又开会作别,闻席中颇有鼓动风潮之言"[2],于是"校内似乎要有风潮,现在正在酝酿,两三日内怕要爆发,但已由挽留运动转为改革厦大运动"[3]。以罗扬才为首的厦大国共两党党员迅速行动起来,以"把持校务""排斥异己"为由,要求驱逐理科主任刘树杞。[4] 得知学潮重生的陈嘉庚极为愤怒,停办国学院并开除罗扬才等19名学生(近一半出现于鲁迅日记),海军警备司令部参谋长林国赓见"此十九人中大部为驱刘委员会执行委员,隶籍国民党者十一人","知关键在民党方面,乃找市党部筹备处共出调停",最终以厦大实行党化教育、免去刘树杞职务、收回开除学生成命等为条件调解成功。[5]

在风潮越闹越大之际,鲁迅自言"此次风潮,根株甚深,并非由我一人而起"[6],但实际上他"放火"之功并不少,以致被舆论称作"火老鸦,到一处烧一处"[7]。然而从鲁迅对广州女师学潮和厦大学潮的不同态度看,他这个"火老鸦"显然并非一切"青年叛徒"的"领袖",而是视其位置和政治倾向而变

---

[1] 《顾颉刚日记》第1卷(1913—1926),台北联经出版事业股份有限公司2007年版,第832、833页。
[2] 《顾颉刚日记》第2卷(1927—1932),台北联经出版事业股份有限公司2007年版,第39页。
[3] 鲁迅:《270106 致许广平》,载鲁迅、景宋《两地书全编》,浙江文艺出版社1998年版,第603页。
[4] 参见蜀生《厦门大学的驱刘运动》,(汉口)《民国日报》1927年1月23日。
[5] 参见蜀生《厦大风潮尚未解决》,《申报》1927年3月8日。
[6] 鲁迅:《270111 致许广平》,载鲁迅、景宋《两地书全编》,浙江文艺出版社1998年版,第606页。
[7] 卓治(魏兆淇):《鲁迅是这样走的》,《北新》1927年1月29日第23期。

化，对青年学生既有鼓动支持（党同）也有压制利用（伐异）。

四、"党同伐异"与知识分子革命伦理

鲁迅后来在回顾厦门这段经历时，自觉"是到时静悄悄，后来大热闹"①，他本来因为奉系军阀入京而情绪低落，但随着国民革命北伐的节节胜利，其政治热情重新高涨，开始憧憬着进入广州这个革命的策源地。显然，厦门绝非一个中转站或消沉期，而是鲁迅从思想革命者转向国民革命同路人的最终完成阶段，因而在其思想道路发展中具有重要意义。但是，在厦门时的鲁迅在日渐左倾之时，我们却只见其批判右派的反动，不见其反思自身的激进。如顾颉刚就发现，此时鲁迅在厦大公开宣传自己"是主张党同伐异的"，甚至还在离开厦门之际撰文反对"挂什么'公理正义'，什么'批评'的金字招牌"，在报刊上公开提倡"党同伐异"，主张"以我为是者我辈，以章（章士钊——引者注）为是者章辈"②。可见，国民革命形势的高涨引发了知识分子精神和伦理价值观的重大变化。

"党同伐异"语出《后汉书·党锢传序》："自武帝以后，崇尚儒学，怀经协术，所在雾会，至有石渠分争之论，党同伐异之说。"③在提倡儒家"君子矜而不争，群而不党"④的中国社会里，"党同伐异"一直被认为是小人的行径，是一个中国传统学术批评伦理中的负面概念。这种看法一直延续到近代，"五四"思想界在引入西方自由主义伦理时，积极倡导"建设的批评论"和"学者的态度"，强调"第一，不可有党同伐异的劣等精神。第二，不可有

---

① 鲁迅:《通信》,《语丝》1927 年 10 月 1 日第 151 期。
② 鲁迅:《新的世故》,《语丝》1927 年 1 月 15 日第 114 期。
③ ［南朝宋］范晔:《后汉书》,中华书局 1965 年版,第 2185 页。
④ 刘宝楠注:《论语正义》(诸子集成本),岳麓书社 1996 年版,第 412 页。

攻击人身的论调"[1]。周氏兄弟最初也认同这种态度，譬如周作人倡导"文艺上的宽容"，反对"过于尊信自己的流别""至于蔑视别派为异端"[2]。而鲁迅更是受尼采超人观念的影响，强调"独异"和"个人的自大"，反对"党同伐异"和"合群的自大"，认为这是"对少数的天才宣战"[3]，"援引多数来恫吓，失了批评的态度"[4]。不难看出，此时的"党同伐异"仍是一个文艺批评内部与"宽容"相对的词。

但随着鲁迅卷入女师大风潮，他的态度逐渐发生改变，先是在与现代评论派的论战中，强调："不是上帝，那里能够超然世外，真下公平的批评。人自以为'公平'的时候，就已经有些醉意了。世间都以'党同伐异'为非，可是谁也不做'党异伐同'的事。"[5]后来更是在女师大复校后，反对《语丝》同人提出的"费厄泼赖"，明确提出："'费厄'必视对手之如何而施，无论其怎样落水，为人也则帮之，为狗也则不管之，为坏狗也则打之。一言以蔽之：'党同伐异'而已矣。"[6]此时的"党同伐异"已经从一个传统上被否定的对象，变成了与西方自由主义的"公理正义"和"费厄泼赖"相对的正面口号，从一个文艺批评态度变成了知识分子派系纷争时的伦理价值观。而真正将"党同伐异"进一步提升为政治斗争革命伦理，无疑是在厦门阶段：鲁迅一方面将"党同"的范围扩大到南方革命政府和国民党左派，从"朋党"转向了"政党"，从"文化"转向了"政治"；另一方面又将"伐异"指向了知识界阵营内部，将私人冲突政治化，把顾颉刚塑造成反革命的"研究系"，进而将这种知识分子派争伦理推至学生运动之中。

这种转变出现的根源是政治形势的变化，由此导致"公平""宽容"与

---

[1] 成仿吾：《学者的态度——胡适之先生的〈骂人〉的批评》，《创造季刊》1922年12月第1卷第3期。
[2] 仲密（周作人）：《文艺上的宽容》，《晨报副镌》1922年2月5日。
[3] 迅（鲁迅）：《三十八》，《新青年》1918年11月15日第5卷第5号。
[4] 风声（鲁迅）：《反对"含泪"的批评家》，《晨报副镌》1922年11月17日。
[5] 鲁迅：《并非闲话（二）》，《鲁迅全集》第3卷，人民文学出版社2005年版，第133页。
[6] 鲁迅：《论"费厄泼赖"应该缓行》，《莽原》1926年1月10日第1期。

"党同伐异"之间的关系发生了逆转。实际上,"宽容总是在强者对弱者,或者两个势均力敌的存在者之间才会呈现的美德",它其实是"强势者认同自由正当性所作出的自我约束",因而"只有在相互承认宽容交往规则的基础上,普遍宽容才有可能"。① 但问题是,不但北洋时代缺乏公共理性,充满了怨恨和不宽容,而且在女师大风潮中,鲁迅一方最初处于劣势,因而他只看到现代评论派依附政治权力压迫己方的伪善,"用了公理正义的美名","使无刀无笔的弱者不得喘息","被欺侮到赴诉无门"②。正是在这种情况下,"党同伐异"反而成了团结弱者(在野革命)对抗强者(在朝政治)的必然武器,甚至需要"犯而必校""以牙还牙"③,以革命的暴力来对抗反革命的暴力。而随着厦门时期国民革命的胜利,逐渐"左倾"并即将进入广州的鲁迅,开始从在野革命转往在朝革命,从弱者转为强者,鲁迅不但公开宣扬自己的"党同伐异",还表现出从怨恨心理到报复冲动的明显变化④,并有意借助革命势力来打击自己的"敌人"。

显然,正是革命大潮的推进逆转了双方的关系,最终"公理宽容"成了反动的"学者"态度,而"党同伐异"则从一种"道德之恶"变成了"革命之善",因其反抗和解放的进步功能,具有了政治合法性和道德正当性,成为一种与现代革命共生的现代性现象。但随之而来的问题必然是:何者为同,何者为异?鲁迅对此的看法是:"我以为只要目的是正的——这所谓正不正,又只专凭自己判断。"⑤"报复,谁来裁判,怎能公平呢?便又立刻自答:自己裁判,自己执行;既没有上帝来主持,人便不妨以目偿头,也不妨以头偿目。"⑥

---

① 参见张凤阳等《政治哲学关键词》,江苏人民出版社2014年版,第268—273页。
② 鲁迅:《我还不能"带住"》,《鲁迅全集》第3卷,人民文学出版社2005年版,第260页。
③ 鲁迅:《论"费厄泼赖"应该缓行》,《莽原》1926年1月10日第1期。
④ [德]马克思·舍勒:《道德意识中的怨恨与羞感》,林克等译,北京师范大学出版社2017年版,第7页。
⑤ 鲁迅:《250503 致许广平》,载鲁迅、景宋《两地书全编》,浙江文艺出版社1998年版,第430页。
⑥ 鲁迅:《杂忆》,《莽原》1925年6月19日第9期。

可以看出,"党同伐异"反对"公理""上帝"这些外在的绝对性、超越性标准,强调判断的个人性和主体性,但在"自我/他者"或"我们/他们"的建构中,会陷入主观性和易变性。这主要表现在鲁迅对广州女师学潮和厦大学潮的悖论态度上,从"因为这一回的战斗,情形已和对杨荫榆不同也"这句话来看,鲁迅自己并不认为这是一个"党同伐异"的悖论,因为在他的革命"战斗"精神视野里,厦大学生是革命左派,而广州女师学生是反动右派。

由此我们就发现"党同伐异"的背后,实际是革命伦理中"惟己独革""惟己真革"的专断心态。不仅如此,革命人"对于异己的,一概加以'不革命'、'反革命'的罪名,积极消灭"[1]。也就是说,"敌对者很容易转化成一种邪恶的、野蛮的'非我'"[2],最终变成恶魔。这一点在顾颉刚的命运中看得很清楚,他在厦门明显遭遇了一个从私敌到公敌再到"足制死命"的阶段变化。由此,"党同伐异"就从"暴力的批判"转变成"批判的暴力",其负面效应开始暴露了出来。首先是容易忽视论敌的复杂性,譬如顾颉刚其实看不起研究系,曾要求胡适"与梁任公、丁在君、汤尔和一班人断绝了罢",因为"他们确自有取咎之道"[3],还表示"自从北伐军到了福建,使我认识了几位军官,看见了许多印刷品,加入了几次宴会,我深感到国民党是一个有主义、有组织的政党,而国民党的主义是切中于救中国的"[4],所以他觉得"我如此欢迎北伐军,而鲁迅乃谓予'反对民党',岂不可笑"[5]。其次是容易回避对自我阵营的反思,顾颉刚就曾讽刺"鲁迅先生诋杨(杨荫榆——引者注)不遗余

---

[1] 邹鲁:《邹鲁回忆录》,东方出版社 2010 年版,第 138 页。
[2] [美]罗伯特·达尔:《多头政体——参与和反对》,谭君久、刘惠荣译,商务印书馆 2003 年版,第 121 页。
[3] 顾颉刚:《顾颉刚致胡适(1927 年 4 月 28 日)》,载中国社会科学院近代史研究所中华民国史组编《胡适来往书信选》上,中华书局 1979 年版,第 429 页。
[4] 《顾颉刚致胡适(1927 年 2 月 2 日)》,载中国社会科学院近代史研究所中华民国史组编《胡适来往书信选》上,中华书局 1979 年版,第 426 页。
[5] 《顾颉刚日记》第 2 卷(1927—1932),台北联经出版事业股份有限公司 2007 年版,第 29 页。

力,顾于易(易培基——引者注)之继任乃默无一言,能谓之认识是非乎"[1]。而陈西滢也批评鲁迅"不敢直骂军阀,而偏和握笔的名人为难"[2]。实际上,"党同伐异"的背后有一种"以革命的名义"施加的自利性,厦大学潮中鲁迅为了脱身有意利用学潮,给学校和学生带来严重后果。风潮过后,陈嘉庚怒停文科各系,闹事的学生"人心惶惑"[3],致电陈嘉庚请求妥协,自此厦大再也没有恢复元气,然而鲁迅关心的却是"我到广州后,便又粘带了十来个学生,大约又将不胜其烦,即在这里,也已经应接不暇"[4]。

尾声:走向"横站"

总之,厦门时期对鲁迅来说是一个"党同伐异"的革命化阶段,其知识分子斗争伦理开始和国民党的革命伦理趋于同一,此时他尚未发现"党同伐异"的问题,更多看到敌人一方的压迫,对于己方阵营却充满乐观的期待,"预料着广州这地方已进入光明、解放和自由的建设时代,不晓得怀着怎样的梦想和多大的希望来到这里"[5]。然而鲁迅到广州后的最大发现,却是革命党建立了自己的政府,从"在野革命"一转成为"在朝政治",最终这种"革命的政治化"导致了清党。鲁迅则因为之前北京的问题和在广州亲共,反而从"党同"变成"伐异"的对象,报纸上的流言"说我先是研究系的好友,现是共产党的同道,虽不至于'枪终路寝',益处大概总不会有的,晦气点还可以因此被关起来"[6]。因此,胡适当初劝和时的话,显示了他的前瞻性,"我怕的

---

[1] 《顾颉刚日记》第1卷(1913—1926),台北联经出版事业股份有限公司2007年版,第659页。
[2] 鲁迅:《我和〈语丝〉的始终》,《鲁迅全集》第4卷,人民文学出版社2005年版,第171页。
[3] 《厦门大学风潮之余波·尾声》,载郑文贞、肖学信选编《厦大校史资料》第1辑,厦门大学出版社1987年版,第283页。
[4] 鲁迅:《270102 致许广平》,载鲁迅、景宋《两地书全编》,浙江文艺出版社1998年版,第599页。
[5] [日]山上正义:《论鲁迅》,李芒译,载薛绥之主编《鲁迅生平史料汇编》第4辑,天津人民出版社1983年版,第290页。
[6] 鲁迅:《略谈香港》,《语丝》1927年8月13日第144期。

是这种不容忍的风气造成之后，这个社会要变成一个更残忍更惨酷的社会，我们爱自由争自由的人怕没有立足容身之地了"①。

不仅如此，鲁迅还从青年人的惨死中，反省自己之前的"党同伐异"实则是背了"战士"招牌的"奉旨革命"："我就是做这醉虾的帮手，弄清了老实而不幸的青年的脑子和弄敏了他的感觉，使他万一遭灾时来尝加倍的苦痛。"②由此，鲁迅发现了"革命"内部的"政治"压迫问题，意识到"文艺和政治时时在冲突之中；文艺和革命原不是相反的，两者之间，倒有不安于现状的同一"③，此后他就重回"在野革命"，不仅再也没有公开倡导"党同伐异"，反而在加入"左联"后严厉批评"左联"成员"摆着一种极左倾的凶恶的面貌，好似革命一到，一切非革命者就都得死，令人对革命只抱着恐怖"④。此时的鲁迅开始强调建立革命"联合战线"⑤的必要，并且特别指出"叭儿之类，是不足惧的，最可怕的确是口是心非的所谓'战友'，因为防不胜防。例如绍伯之流，我至今还不明白他是什么意思。为了防后方，我就得横站，不能正对敌人，而且瞻前顾后，格外费力"⑥。

"横站"的出现，表明鲁迅和左翼政党在"党同伐异"上出现了某种程度的分离，双方在对国民党等反动势力进行"伐异"方面仍有基本共识，但在"党同"问题上，鲁迅开始正视和批判革命阵营的政治压迫问题，因而在左翼内部选择了"横站"这个新的知识分子革命伦理。不过，"横站"并非当前一些学者总结的那样，"'横站'与'过客精神''反抗绝望''历史中间物'等构

---

① 胡适：《胡适致陈独秀（1925年12月）》，载中国社会科学院近代史研究所中华民国史组编《胡适来往书信选》上，中华书局1979年版，第357页。
② 鲁迅：《答有恒先生》，《北新》1927年10月1日第1卷第49、50期合刊。
③ 鲁迅：《文艺与政治的歧途》，《鲁迅全集》第7卷，人民文学出版社2005年版，第115页。
④ 鲁迅：《上海文艺之一瞥》，《鲁迅全集》第4卷，人民文学出版社2005年版，第304页。
⑤ 鲁迅：《对于左翼作家联盟的意见》，《萌芽月刊》1930年4月1日第1卷第4期。
⑥ 鲁迅：《341218 致杨霁云》，《鲁迅全集》第13卷，人民文学出版社2005年版，第301页。

成了鲁迅精神的核心"①，将鲁迅塑造成"两间余一卒，荷戟独彷徨"的形象，表面看抬高了他的地位，视之为非左非右的第三条路线，但严重背离了鲁迅的真实情况。实际上，"横站"是以"革命联合战线"和"革命同路人"为支撑的，因而它以"联合"为目的，试图建立广泛的"革命联合战线"来对抗敌人，由此鲁迅联合的对象就不仅有中共，还有宋庆龄、蔡元培等国民党左派以及其他可能联合的革命左派。此外，"同路人"不同于"党员"，后者无法放弃"党同伐异"的僵化路线，因为左翼政党是从阶级论出发看问题的，在此视野中个体虽然可变，但阶级性质不会变化，所以"党同伐异"的背后是阶级对立和阶级专政的问题，而革命同路人却具有"自由漂移"②性，因而能在一定程度上摆脱僵化的政治，表现出"横站"的优越性。

但是"革命同路人"的定位也说明"知识阶级"作为整体在革命时代的消失，他们放弃了充当主体阶级来领导社会变革的可能。实际上从晚清开始，梁启超就提出过"中等社会之革命"③的号召，而"五四"运动也暗示了"知识阶级"相对于政治集团的优先性，但知识阶级有着先天的结构性缺陷，即他们缺乏马克思主义政治经济学意义上的"阶级"观念，不能有意识地构建客观阶级归属（经济结构）和主观阶级认同（文化政治）合一的"知识阶级"主体，总是习惯性着眼于思想文化批判，不断因认同问题分裂，而非凝聚本阶级的力量。先是"五四"时新旧知识阶级分离，然后是国民革命时代英美派和法日派分裂，此后是鲁迅的《莽原》内部分裂，最终从一个"阶级"变为"阶层"再变为"分子"，正如曼海姆指出的，"知识阶层并非一个阶级，

---

① 林春城：《横站与中国革命传统———王晓明的批判性、介入性文化研究》，《烟台大学学报》（哲学社会科学版）2017年第4期。
② [德]卡尔·曼海姆：《知识阶层问题：对其过去和现在角色的研究》，载《卡尔·曼海姆精粹》，徐彬译，南京大学出版社2005年版，第131页。
③ 中国之新民（梁启超）：《中国历史上革命之研究》，载张枬、王忍之编《辛亥革命前十年间时论选集》第1卷下册，生活·读书·新知三联书店1997年版，第805页。

也无法组成一个政党"[1]，因而知识分子在具有"自由漂移"优点的同时，要想对社会变革有所作为，就必然陷入某种"依附性"，追随革命做一个"有机知识分子"。正是在这一点上，"横站"实际表征了"革命同路人"的困境，他们无力领导结构性的社会变革，只能依附革命政党和其他主体阶级起到某种从属性的作用，因而"向前不成功，向后也不成功，理想和现实不一致，这是注定的运命"[2]，但是，"革命的艺术家，也只能以此维持自己的勇气，他只能这样"[3]。

原载《文艺研究》2020 年第 1 期

---

[1] 【德】卡尔·曼海姆：《知识阶层问题：对其过去和现在角色的研究》，《卡尔·曼海姆精粹》，徐彬译，南京大学出版社 2005 年版，第 131、130 页。
[2] 参见鲁迅《文艺与政治的歧途》，《鲁迅全集》第 7 卷，人民文学出版社 2005 年版，第 115、121 页。
[3] 鲁迅：《"醉眼"中的"朦胧"》，《鲁迅全集》第 4 卷，人民文学出版社 2005 年版，第 65 页。

"腊叶"的回眸
——重读鲁迅《朝花夕拾》

刘 彬

在被鲁迅自己"称为创作"[①]的五种作品中,《朝花夕拾》是最易懂的一部,也是最难研究的一部。学界关于其他四部作品的研究成果已经汗牛充栋,有关《朝花夕拾》的研究则相对冷清。研究之难,或许就难在其易懂,因为易懂,所以它似乎不包含问题,而研究者如果不能从中提出问题,就无法真正进入作品梳理已有成果,围绕《朝花夕拾》提出的问题主要有:主题是思乡怀旧还是现实批判,所写细节是真实还是虚构,文体是随笔还是散文,文风是统一还是杂糅……这些问题或多或少都揭示了《朝花夕拾》的部分特征,但鉴于这部作品前后风格差异较大,由它们得出的结论往往缺乏从总体上解释整部作品的有效性。因此,我尝试从其原名"旧事重提"重新提出问题,以期打开新的思路。我的问题是:旧事为何重提?旧事怎样重提?

一、《朝花夕拾》的写作缘起

鲁迅为何写《朝花夕拾》?这个问题很难有确切的答案,却关系到我们

[①] 1932年鲁迅在《〈自选集〉自序》中将《呐喊》《彷徨》《野草》《故事新编》《朝花夕拾》并提,称"可以勉强称为创作的,在我至今只有这五种"(《鲁迅全集》第4卷,人民文学出版社2005年版,第469页)。

应该如何理解这部作品。按照鲁迅1935年在《〈故事新编〉序言》中的说法，原因是："一九二六年的秋天，一个人住在厦门的石屋里，对着大海，翻着古书，四近无生人气，心里空空洞洞。而北京的未名社，却不绝的来信，催促杂志的文章。这时我不愿意想到目前；于是回忆在心里出土了，写了十篇《朝花夕拾》。"[①] 但这个十年后的解释显然并不可靠，因为早在到厦门之前，《朝花夕拾》就已经写出了有所连贯的五篇。鲁迅的说法只对后五篇有效，且后五篇也非完全与"目前"无涉。因此，鲁迅的自述不能直接作为《朝花夕拾》真正的写作动因。

由首篇《狗·猫·鼠》来看，重提仇猫旧事是因为"从去年起，仿佛听得有人说我是仇猫的"[②]，也就是对现实的反应（尤其是对陈西滢等人的憎恶）引发了回忆，从而开启了一系列旧事重提。研究者常用这种"冲击—反应"说来解释《朝花夕拾》的写作缘起，这固然有道理，但不足以说明何以反应如此特别且呈系统化，也很难解释何以在离开北京远赴厦门、现实压迫感有所舒缓后，鲁迅对旧事的回忆依然在持续，且系统化的特点越发明显。因此，对陈西滢等人的反击及由此展开的文化批判只是旧事重提的导火索，并非深层的叙事动因。

不妨从写作时间上寻找线索。首先是冠于书首的"小引"，该篇写于1927年5月1日广州白云楼上。值得注意的是，《野草》书首的题辞同样写于白云楼，只比"小引"早了五日。这不能不使人怀疑两部作品之间可能存在某种关联。进一步看，《朝花夕拾》首篇《狗·猫·鼠》写于1926年2月21日，此时《野草》已经写到《腊叶》（1925年12月26日）并暂告一段落。梳理《野草》各篇内容与写作时间会发现，《腊叶》之后几乎同时写就的《淡淡的血痕中》（1926年4月2日）、《一觉》（4月10日）两篇不但与《腊叶》

---

① 鲁迅：《〈故事新编〉序言》，《鲁迅全集》第2卷，人民文学出版社2005年版，第354页。
② 鲁迅：《狗·猫·鼠》，《鲁迅全集》第2卷，人民文学出版社2005年版，第238—249页。文中所引《狗·猫·鼠》均出于此。

相隔长达四月之久，是因"段祺瑞政府枪击徒手民众"及"奉天派和直隶派军阀战争"[1]的直接刺激而写，内容也主要指向外在的批判或颂扬，与此前的二十余篇主要指向内在的"自啮其身"[2]式的哲思有所不同。这就是说，如果没有"三一八"惨案和军阀混战，《野草》很可能是以《腊叶》收束，不会再添写《一觉》等两篇。如果这种猜测成立，那就意味着在《野草》接近尾声时，鲁迅按计划开始了《朝花夕拾》的写作[3]，后者之于鲁迅的意义，很可能与前者相近或相辅。

关于《野草》的写作动因，学界基本已经取得共识，这里引用张洁宇的总结略做说明：

> 《野草》写于1924年至1926年间，这正是鲁迅"运交华盖"的一段日子。这两年里，鲁迅经历了"女师大风潮"、"新月派"诸绅士的围剿、教育部的免职，以及因"青年必读书"引起的各种误解与责难，直至发生了令他无比震惊和悲恸的"三·一八"惨案。而在他的个人生活里，也经历了搬家、打架，以及与许广平的恋爱……可以说，这是鲁迅在思想精神、日常生活和情感世界里都发生着巨变的两年，也正是因为这样的巨变，最终导致了他的出走南方。"《野草》时期"正是鲁迅生命里最严峻也最重要的时期，他的种种愁烦苦闷都在这时蕴积到了相当深重的程度。而《野草》……体现了鲁迅在这一特殊时期中对于自我生命的一次深刻反省和彻底清理。[4]

上述《野草》的写作背景同样适用于《朝花夕拾》。如果说《野草》是鲁迅"对于自我生命的一次深刻反省和彻底清理"，那么以追述重要往事、描述

---

[1] 鲁迅：《〈野草〉英文译本序》，《鲁迅全集》第4卷，人民文学出版社2005年版，第365页。
[2] 鲁迅：《墓碣文》，《鲁迅全集》第2卷，人民文学出版社2005年版，第207页。
[3] 这种计划不但可以从《朝花夕拾》各篇之间的连贯性看出，也可以从首篇《狗·猫·鼠》发表时就标有副标题"旧事重提之一"看出。
[4] 张洁宇：《审视，并被审视——作为鲁迅"自画像"的〈野草〉》，《文艺研究》2011年第12期。

生命轨迹为主旨的《朝花夕拾》，也应存在相同的命意。《朝花夕拾·小引》开篇说："我常想在纷扰中寻出一点闲静来，然而委实不容易。目前是这么离奇，心里是这么芜杂。一个人做到只剩了回忆的时候，生涯大概总要算是无聊了罢，但有时竟会连回忆也没有。"[1]过去人们常把"纷扰""离奇"与"芜杂"理解为外界环境对鲁迅的扰攘及其疲于应对的"无聊"[2]，这固然不错，但如果将鲁迅心里的芜杂视为《野草》所呈现的纷乱的心灵挣扎，则可能更容易解释何以想在"纷扰""离奇""芜杂"中"寻出一点闲静来"，便会走向对过往生命的"回忆"。也就是说，当用《野草》以"芜杂"的方式完成灵魂的反省与清理后，鲁迅仍需用《朝花夕拾》以"闲静"的方式对自我生命展开再审视与再体认，犹如演奏家常在疾风暴雨的密集弹奏后续以轻柔舒缓的曲段，从而完成整首乐曲。

如前所论，《野草》"自啮其身"的灵魂自剖到《腊叶》已趋终结，在这场漫长而酷烈的自剖的收尾处，鲁迅以"黄蜡似的""病叶"[3]形象自喻，最终完成自我体认。《腊叶》的内里已趋平静，由此走向"闲静"的《朝花夕拾》是自然而然之事。如果借用《腊叶》的意象来讨论《朝花夕拾》，那么《朝花夕拾》便可称为鲁迅这片"腊叶"对过往生命的回眸，亦即《二十四孝图》中所谓给"永逝的韶光一个悲哀的吊唁"[4]。

进入《朝花夕拾》之前，有必要对它与《野草》的内在关系再稍加阐明。在我看来，《野草》主要通过哲学思辨的方式进行自我审视，完成自我体认，而《朝花夕拾》则通过回忆的方式从事这项工作。《野草》着力于现时当下的

---

[1] 鲁迅：《朝花夕拾·小引》，《鲁迅全集》第2卷，人民文学出版社2005年版，第235页。
[2] 鲁迅在1925年年末所写的《〈华盖集〉题记》中也谈到这种"无聊"："我的生命，至少是一部分的生命，已经耗费在写这些无聊的东西中，而我所获得的，乃是我自己的灵魂的荒凉和粗糙。"
[3] 鲁迅：《腊叶》，《鲁迅全集》第2卷，人民文学出版社2005年版，第224页。文中所引《腊叶》均出于此。
[4] 鲁迅：《二十四孝图》，《鲁迅全集》第2卷，人民文学出版社2005年版，第258—268页。文中所引《二十四孝图》均出于此。

心灵剧烈挣扎的呈现与自剖，是一种"诗"的方式的"热"处理，而《朝花夕拾》则在历时脉络下对精神变迁进行梳理与建构，是一种"散文"方式的"冷"处理。它们共同构成了鲁迅的心灵坐标系，处于纵轴的《野草》呈现了鲁迅心灵的深度与思想的密度，处于横轴的《朝花夕拾》则呈现了鲁迅精神的发展脉络，二者都是鲁迅有意识地对心灵世界进行自我审视与体认，在重整灵魂以后再出发的重要作品。

二、集中在前半部的"乐趣"

将《朝花夕拾》读解为"'腊叶'的回眸"之后，接下来的问题是：在这次回眸中，鲁迅"凝视"了什么？换句话说，《朝花夕拾》写了什么？我认为，既然《朝花夕拾》试图有计划、有系统地重新审视和体认过去的生命，那么所写内容就应与鲁迅现在的生命与精神密切相关，也即造成今日之"腊叶"的旧日之"痕迹"。对鲁迅而言，这些痕迹或许并不全是关乎个人命运升沉起伏的大事，但却都与其心灵的塑成有关。意识到这一点，是读懂《朝花夕拾》的关键。

细读写于北京的前五篇可以发现，它们主要是对鲁迅童年时代一些细微小事的追忆，围绕两种图书（《山海经》《二十四孝图》）、一种迎神赛会（五猖会）和一种玩物（隐鼠）展开。这些事物共同指向"乐趣"一词：对乐趣的满足或扼杀。《狗·猫·鼠》中"我"仇猫的起因是听信了长妈妈所谓猫吃了"我"的"可爱的小小的隐鼠"，而"我"之所以喜爱隐鼠，是因为它满足了"我"的好奇心和趣味感。《阿长与〈山海经〉》中"我"对阿长发生情感翻转至于感动、敬爱，源于她为"我"买来了《山海经》，满足了"我"对"人面的兽，九头的蛇，三脚的鸟，生着翅膀的人，没有头而以两乳当作眼睛的怪物"[1]的好奇与沉浸其中的乐趣。《五猖会》和《无常》中对迎神赛会的喜爱，同样也是因为它们能够满足孩子观看或参与其中的乐趣。追求奇异故事与别致事物中所蕴藏的乐趣是儿童天性的表现，这在鲁迅童年时自然无从了解，但由1926年时所具备的知识结构重新凝视往事，他显然已明晰地认识到这一点，并进而为儿童天性理应被尊重辩护，为其被压抑而愤怒。在《二十四孝图》中他说：

> 每看见小学生欢天喜地地看着一本粗拙的《儿童世界》之类，另想到别国的儿童用书的精美，自然要觉得中国儿童的可怜。但回忆起我和我的同窗小友的童年，却不能不以为他幸福，给我们的永逝的韶光一个悲哀的吊唁。我们那时有什么可看呢，只要略有图画的本子，就要被塾师，就是当时的"引导青年的前辈"禁止，呵斥，甚而至于打手心。我的小同学因为专读"人之初性本善"读得要枯燥而死了，只好偷偷地翻开第一叶，看那题着"文星高照"四个字的恶鬼一般的魁星像，来满足他幼稚的爱美的天性。昨天看这个，今天也看这个，然而他们的眼睛里还闪出苏醒和欢喜的光辉来。

从这段文字中不难看出，鲁迅认识到中国传统的儿童教育观念曾束缚了自己的天性，使其得不到健康发展，由此他进一步意识到，无数像他一样好奇而活泼的儿童被扼杀了爱美、爱玩的天性，在成长中渐趋麻木、驯良。这段文字所揭示的天性被满足与被扼杀正是《朝花夕拾》前半部的一对主要矛盾。

回过头来看《阿长与〈山海经〉》。在该文前半部，使"我""不耐烦"、感到"烦琐之至，至今想起来还觉得非常麻烦"的，是阿长"懂得许多规矩"，经常要教给"我"很多"道理"。这些"规矩"和"道理"表现为"不

---

[1] 鲁迅:《阿长与〈山海经〉》,《鲁迅全集》第2卷，人民文学出版社2005年版，第250—257页。文中所引《阿长与〈山海经〉》均出于此。

该""必须""不应该""万不可"等束缚性的命令语言，在它们的约束下，"我"毫无乐趣可言，反倒是阿长偶尔讲的"长毛"故事使"我"觉得有趣，对她发生了"空前的敬意"。阿长讲故事与《狗·猫·鼠》中的祖母讲故事，同样都满足了儿时的"我"喜听故事的天性，因而记忆犹新，而《二十四孝图》则完全剥夺了儿童"幼稚的爱美的天性"与阅读的乐趣，以其说教的虚伪和肉麻"辱没了孩子"，使"我"至今憎恶不已。

在《五猖会》中，传统教育观念对儿童天性的戕害被表现得不动声色而又入木三分。"我"终于盼来了五猖会这件"儿时所罕逢的""盛事"，在大家搬东西准备前去看会时，"我笑着跳着，催他们要搬得快"，却因此招来父亲的不满，他于是叫"我"背出二三十行《鉴略》才准去看会。最终"我"虽然勉强背出，获准去看会，但早已"没有他们那么高兴"，以致后来"水路中的风景，盒子里的点心，以及到了东关的五猖会的热闹"，也都觉得"没有什么大意思"。文章结尾说，"我至今一想起，还诧异我的父亲何以要在那时候叫我来背书"[①]。其实，父亲无非是要以"背书"来压灭"我"的"笑着跳着"，因为这种活泼不合于传统教育观念对孩子应温文尔雅的要求。1934年，鲁迅在《从孩子的照相说起》一文中指出，中国的父亲教育孩子在于追求"驯良"，"低眉顺眼，唯唯诺诺，才算一个好孩子"，与日本孩子的"健壮活泼，不怕生人，大叫大跳"相比，中国孩子显得"温文尔雅，不大言笑，不大动弹"，其生命力较日本人而言已为"萎缩"。文中鲁迅不无骄傲地宣称他的儿子"健康，活泼，顽皮，毫没有被压迫得瘟头瘟脑"[②]。以这篇文章来对读《五猖会》，后者的命意便明白显现了："背书"吃掉了"看会"的乐趣，祖传的庭训压灭了活泼的天性。这既是一种面向自我的"悲哀的吊唁"，又是一种面向传统的"救救孩子"的批判。

---

① 鲁迅:《五猖会》,《鲁迅全集》第2卷，人民文学出版社2005年版，第269—275页。文中所引《五猖会》均出于此。
② 鲁迅:《从孩子的照相说起》,《鲁迅全集》第6卷，人民文学出版社2005年版，第82—84页。

从心灵自我审视的角度看，在前五篇中，鲁迅凝视了自己幼时喜爱有趣、新奇的事物与率真、有生气的民俗文化的天性，同时也凝视了以"道理"和"规矩"为表征的传统观念对这种天性的压抑。就前者而言，偏爱非正统文化并从中不断汲取营养，对底层社会和人民保持热情并以之反观上层社会与正统观念，是他一生不曾改变的精神底色；就后者而言，他越是看清这些被有意无意加在他幼年天性之上的伤，有如"病叶"上无法补救的"蛀孔"，他就越是表现出对各种面目的不近人情的"道理"和"规矩"的憎恶。例如，作为《朝花夕拾》中的阴影的"正人君子"之所以被鲁迅深恶痛绝，原因之一就是他们以"公理正义"的代言人自居，自视为"'指导青年'的'前辈'"。在鲁迅看来，他们向青年"摆尽臭架子"谈"公理"[①]，其姿态与《二十四孝图》向少年教"孝道"如出一辙，都属于"别有心肠"，不可饶恕。

与后五篇在时间（"我"的年龄增长的痕迹）和空间（"我"的生活场所的转换）上呈现出明显的较大跨度的承转接续（时间上由少年而至青年、中年；空间上由绍兴而至南京、东京、北京）不同，《朝花夕拾》前五篇在时间和空间上的连贯性较为模糊，所写事情都发生在童年时代的家门内外。以整部作品所展现的鲁迅近三十年的生命长度而言，这段时光不算很长，而所占篇幅却很大。这或许说明，当鲁迅以"将坠的被蚀而斑斓的""病叶"心态回眸平生时，他意识到，这段最初的岁月蕴藏着造就他后来的性情与道路的多种萌芽，因而对其投以最深的注目：他的天性得到最初的展露，又受到最初的压抑，他感到人间的温情（《阿长与〈山海经〉》），又发生懵懂的恐惧（《二十四孝图》）。在某种程度上可以说，鲁迅的文学之所以致力于转移性情、疗救精神，除了《呐喊·自序》和《藤野先生》中所叙幻灯片的影响之外，童年时代在性情与精神上所受正反两方面的深刻影响，也是深层动因之一。

---

① 参见鲁迅《无常》，《鲁迅全集》第2卷，人民文学出版社2005年版，第276—286页。文中所引《无常》均出于此。

三、萦绕在后半部的"受辱"

《朝花夕拾》后五篇写于厦门,此时鲁迅的心境已见于前文所引《〈故事新编〉序言》中的自述。正是这种远离了现实迫压的"心里空空洞洞",使他得以集中笔墨,一改前半部漫谈式文风,专心于勾勒过去生命的轨迹和心灵发展的脉络,"旧事重提"系列审视和体认自我精神所走过的道路的用意由此浮出水面。其中《从百草园到三味书屋》是承前启后的转捩点。首先,这篇文章所使用的"从……到……"的以时空转换为基准的叙事模式,被后半部贯彻至终;其次,前半部着墨较多的以乐趣为核心的童趣世界,在本篇浓墨重彩描绘的"有无限趣味"的百草园里达到顶点,随之告终。只有在象征意义上看待百草园,才能理解文中向百草园所做的深情告别:

> 我不知道为什么家里的人要将我送进书塾里去了,而且还是全城中称为最严厉的书塾。也许是因为拔何首乌毁了泥墙罢,也许是因为将砖头抛到间壁的梁家去了罢,也许是因为站在石井栏上跳了下来罢……都无从知道。总而言之:我将不能常到百草园了。Ade,我的蟋蟀们!Ade,我的覆盆子们和木莲们![1]

由天真的儿童视角看来,也许"不知道为什么家里的人要将我送进书塾里去了",但由回眸凝视的成人视角看来,就深解进书塾的复杂意味了,即被迫告别童趣世界,进入充斥着"道理"和"规矩"的成人世界,这是所有人都不得不经历的深刻的人生转折。鲁迅以儿童视角叙述依依不舍的告别,而告别词却偏偏使用成人后方习得的德语"Ade",其间的复杂心态,值得深味。总之,告别百草园意味着告别童年。在这以后,似乎专属于童年的"乐趣"一词就再也没有出现了,《朝花夕拾》开始走向沉重与悲哀叙事。

与前半部各篇或明或暗都指向"乐趣"一词相似,后半部各篇也都或

---

[1] 鲁迅:《从百草园到三味书屋》,《鲁迅全集》第 2 卷,人民文学出版社 2005 年版,第 289 页。

多或少指向或涉及一个重要词语——"受辱"。该词最初明确出现在《琐记》中。"我还很小"的时候，有一次偶然走进衍太太家里，衍太太和她的男人正在看书，"我走近去，她便将书塞在我的眼前道，'你看，你知道这是什么？'我看那书上画着房屋，有两个人光着身子仿佛在打架，但又不很像。正迟疑间，他们便大笑起来了"。衍太太故意让幼年的"我"看他们的房中秽书，从"我"的反应中取乐，其结果是"我"虽然不明所以，但也"很不高兴，似乎受了一个极大的侮辱"。[①] 这种受辱感在如今的回眸中越发凸显。因此，《琐记》前半篇花了不少笔墨以反语刻画衍太太的虚伪。由不谙世事的儿童的眼光看来，"她对自己的儿子虽然狠，对别家的孩子却好的"，在熟谙世事的成人眼中便能发现"狠"与"好"的名实相悖，因而看出其伪善。衍太太承"好"之名而行"狠"之实，与《父亲的病》中的陈莲河等承"名医"之名而无"名医"之术，"不过是一种有意的或无意的骗子"[②]相似，在今日看来，昔日对他们的"喜欢"和"恭敬"实质上无异于"受了一个极大的侮辱"。"我"从衍太太处所受的侮辱还有"父亲病故之后"，她在族内散布"我已经偷了家里的东西去变卖了"的"流言"。在鲁迅的追述中，这"流言"不但"实在使我觉得有如掉在冷水里，而且成为他最初"走异路，逃异地"[③]的直接动因。《琐记》中写道，"流言的来源，我是明白的，倘是现在，只要有地方发表，我总要骂出流言家的狐狸尾巴来"，显然是顺势向陈西滢等人"放冷箭"。很

[①] 参见鲁迅《琐记》，《鲁迅全集》第2卷，人民文学出版社2005年版，第301—312页。文中所引《琐记》均出于此。

[②] 鲁迅：《呐喊·自序》，《鲁迅全集》第1卷，人民文学出版社2005年版，第438页。

[③] 鲁迅：《呐喊·自序》，《鲁迅全集》第1卷，人民文学出版社2005年版，第437页。

难说是后来陈西滢等人散布鲁迅"挑剔风潮""拿卢布""抄袭盐谷温"①等"流言"刺激了鲁迅,使他在回顾往事时特别注意到并憎恶于衍太太的"流言",还是过去衍太太的"流言"曾使他在家中无法立足,因而憎恶一切散布"流言"的行为,但"流言"之于鲁迅是一种深深刺痛他的侮辱则毫无疑问。

不难发现,"流言"一词贯穿《朝花夕拾》前后两部分:《二十四孝图》中所谓"在现在的中国,流言的治下",《无常》中所谓"他们——敝同乡'下等人'——的许多,活着,苦着,被流言,被反噬",《藤野先生》中所谓"我得了教员漏泄出来的题目"②的"流言",以及虽然没有明白写出"流言"二字的"爱说闲话的就要旁敲侧击地锻成他拿卢布"等。凡此种种,都反映了多次因"流言"受辱的鲁迅对"流言"的格外敏感与憎恶。1925年末,鲁迅曾愤激地说:"我一生中,给我大的损害的并非书贾,并非兵匪,更不是旗帜鲜明的小人:乃是所谓'流言'。"③可以说,这是另一种加于他灵魂之上的伤。由其自述来看,鲁迅开始对受辱敏感,源于因父亲的病导致的家道中落。在《呐喊·自序》中,鲁迅已经写过在当铺里换钱时所感受到的"侮蔑",以及在父亲亡故后的"困顿"中所看到的"世人的真面目",这与《朝花夕拾》中作者从陈莲河、衍太太等人的身上感到的虚伪与冰冷互补,共同给鲁迅早年的心灵造成巨大的伤害,使他终生都对受辱极为敏感。

在《藤野先生》中,鲁迅也写了三次受辱。其一是上文所引"泄题流言"。这个"流言"让鲁迅备感屈辱,他愤言道:"中国是弱国,所以中国人

---

① "挑剔风潮"是1925年女师大风潮中陈西滢在《现代评论》第1卷第25期的《闲话》中对鲁迅的诽谤,鲁迅在《华盖集》多篇文章中引述并回击了这一流言;1926年陈西滢又在《现代评论》第3卷第74期《闲话》中说"有些志士""直接或间接用苏俄金钱",对此,鲁迅在《无常》中以"爱说闲话的就要旁敲侧击地锻成他拿卢布"予以讽刺,此外,《华盖集》《华盖集续编》中也有不少讽刺;"抄袭盐谷温"是陈西滢在1926年1月30日《晨报副刊》发表的《致志摩》中说鲁迅的《中国小说史略》是抄袭日本盐谷温《支那文学概论讲话》,鲁迅的回击见《华盖集续编》中的《不是信》(《鲁迅全集》第3卷,人民文学出版社2005年版,第236—257页)。
② 参见鲁迅《藤野先生》,《鲁迅全集》第2卷,人民文学出版社2005年版,第313—319页。文中所引《藤野先生》均出于此。
③ 鲁迅:《并非闲话(三)》,《鲁迅全集》第3卷,人民文学出版社2005年版,第161页。

当然是低能儿,分数在六十分以上,便不是自己的能力了:也无怪他们疑惑。"其二是著名的幻灯片事件。在日本同学因"日本战胜俄国"而发出的欢呼声中,鲁迅却因其中出现"要枪毙了"的中国人和"围着看"的一群中国人,而对日本人的欢呼感到"特别听得刺耳"。作为中国人,鲁迅从日本同学和中国同胞两方面都感到了强烈的屈辱。他既悲愤于因"中国是弱国",日本人便歧视或无视中国人,无法接受他们有意无意的讥刺,又不能不从他们的歧视或无视中反观并悲愤于中国同胞的麻木与怯弱,这使他最终做出弃医从文,以改造国人精神而求民族新生的人生抉择。如果说《琐记》中写到的受辱源于"家道中落",那么《藤野先生》中的受辱则源于"国道中落"。前者还只是个人的屈辱,后者则非但是个人的屈辱,更是以一身领受民族与国家的屈辱。显然,这两重屈辱在鲁迅的灵魂中刻下了深深的伤痕,影响了他的人生选择并造就了其敏感性格,在多年以后的回眸中,依然有压不住的激愤涌动在字里行间。

《藤野先生》中的第三种受辱不像上述两种那么明显,称之为"受辱"或许有些勉强,但也许只有从这个角度看,才能理解文字间的复杂意味,这就是藤野先生向鲁迅询问中国女人如何裹脚。在鲁迅的叙述中,藤野先生并没有表现出歧视中国之意,而是以医学研究者的好奇询问并叹息,但此事却"使我很为难"。鲁迅虽明知藤野先生是一派真诚,别无他心,但也敏锐地感受到"文明"对"野蛮"的审视,并因此感到羞耻。在日本体验到"文明"对"野蛮"的审视乃至指点或嘲笑,是鲁迅等留日学生频有的遭遇。正如严安生所说,"在赴仙台之前,(鲁迅——引者注)就已经因为同胞而不止一次地感到了耻辱",鲁迅的"很为难"背后,"必有更深切的精神上和自我意识上的疾患或者是创伤"[①]。因此,他才在《范爱农》中对"新来留学的同乡"带

---

① 严安生:《灵台无计逃神矢:近代中国人留日精神史》,陈言译,生活·读书·新知三联书店2018年版,第121页。

来"一双绣花的弓鞋"而被日本关吏翻出来"拿着仔细地看"表示"很不满"①。从日本关吏的检视中,鲁迅再次感受到"文明"对"野蛮"的审视,这使他虽然作为旁观者,也难免生出耻辱感。与因"家道中落""国道中落"而身受的屈辱相比,因母国文化而领受的耻辱使人更为痛苦,因为无论在审视者或被审视者眼中,中国传统与文化都是无可争议的"野蛮落后",除了领受耻辱并从中生出变革的勇气之外,别无办法。

在上述几种之外,《朝花夕拾》还写了另一种受辱,即《范爱农》所展现的革命志士及其理想的受辱。虽然该文并未直接写到相关细节,但全文却弥漫着浓郁的受辱感。在东京策划中国革命的仁人志士,却在革命后的中国屈死湖底,而各色旧乡绅、新军阀却纷纷窃据要津。革命付出了大批志士"杀的杀掉了,死的死掉了"的巨大代价,但换来的新政权"内骨子是依旧的"。对鲁迅、范爱农等真正的革命者及其理想来说,这是一个巨大的耻辱。这种压抑的受辱感充斥于全篇绝望冷静的叙述中。周作人曾说:"鲁迅的朋友中间不幸屈死的人也并不少,但是对于范爱农却特别不能忘记,事隔多年还专写文章来纪念他。"②显然,鲁迅写文章的目的并不仅仅是纪念范爱农,之所以"特别不能忘记",是因为鲁迅并未把范爱农之死理解为个体事件,而是视为具有象征性和屈辱感的"理想之死"。正如丸山升所说:"范爱农这样的人物不得不死,而同时,何几仲之流胸佩银质桃形的自由党党员徽章,正讴歌着自己时代的春天……甚至可以认为,范爱农的死,对于鲁迅在某种意义上,预示着'中华民国'的前途。"③

如上所论,在《朝花夕拾》后半部,鲁迅在勾勒过去生命的轨迹和精神发展脉络时,特别注意凝视在不同时空中身受的各样屈辱。"流言"之于他的

---

① 鲁迅:《范爱农》,《鲁迅全集》第2卷,人民文学出版社2005年版,第321—332页。文中所引《范爱农》均出于此。
② 周作人:《鲁迅的青年时代》,北京十月文艺出版社2013年版,第94页。
③ [日]丸山升:《鲁迅·革命·历史:丸山升现代中国文学论集》,王俊文译,北京大学出版社2005年版,第34页。

恶意,"家道中落"后感到的侮蔑,因国势衰败、文化落后而在日本领受的耻辱,革命理想的被辱没,种种写出的和未写出的受辱①,层层深入,相互叠加,在他心中留下深刻的创伤。它们与前半部所写到的那些加在他幼年天性上的伤共同造成了鲁迅这片"病叶"上的"蛀孔"。在完成于 1927 年 4 月 3 日的《铸剑》中,有着鲁迅自喻意味的"黑色人"说:"我的魂灵上是有这么多的,人我所加的伤,我已经憎恶了我自己!"②借用这句话来总结鲁迅在《朝花夕拾》中对过去生命的回眸,似也未尝不可。可以说,这"魂灵上的伤"或"病叶上的蛀孔"导致他生命与精神的痛苦,但也成为他一生文学事业的原动力。在回眸完成之际,鲁迅不会体认不到这一点。

四、《朝花夕拾》的意义生成路径

上文从"'腊叶'的回眸"的角度梳理了《朝花夕拾》各篇内容,由此考察了鲁迅以旧事重提的方式对过往生命的自我审视与体认。必须指出的是,虽然我们从《朝花夕拾》中抽出了这样一条较为清晰的脉络,但并不意味着它是唯一的脉络。事实上,这部作品十分复杂,任何一种将其提纯化或规整化读解的企图,都会伤害或遮蔽其复杂性和丰富性。上文的读解方式自然也不例外。这是因为"就鲁迅思想的深度和广度而言,同时更就他'为人生'的'社会文学'与现实主义的文学观而言,他并不太会在作品中单一纯粹地表达他个人化的情感——即便是内心情感和个人经验的表达,也都往往与社

---

① 如据许寿裳回忆,在辛亥革命后的南京,"鲁迅为我讲述当年在路矿学堂读书,骑马过旗营时,老是受旗人的欺侮,言下犹有余恨"(许寿裳:《亡友鲁迅印象记》,岳麓书社 2011 年版,第 31 页)。另据鲁迅在日本弘文学院的同学厉绥之回忆,"我们到日本时,正值甲午战败不久。走在街上,常常遭到日本少年的辱骂,我们听了十分气愤。先生说:'我们到日本来,不是来学虚伪的仪式的。这种辱骂,倒可以编在我们的民族歌曲里,鞭策我们发愤图强。'"(厉绥之:《五十年前的学友——鲁迅先生》,载柳亚子等著《高山仰止:社会名流忆鲁迅》,河北教育出版社 2000 年版,第 41 页)这两件事虽未写入《朝花夕拾》,但对鲁迅的影响,与写出的其他受辱事件相似。

② 鲁迅:《铸剑》,《鲁迅全集》第 2 卷,人民文学出版社 2005 年版,第 441 页。

《呐喊》是鲁迅重新走上文学道路的起点，在文学信念和人生道路再次遭遇重大危机之时，以旧事重提的方式展开的这场自我灵魂巡礼，从《呐喊》（由《兔和猫》引出首篇的话题）出发，最终又回到《呐喊》（精神脉络与《呐喊·自序》对接），可谓意味深长。《呐喊·自序》已经揭示，鲁迅走上文学道路是一系列精神创伤综合作用的结果，其文学也因此主要致力于疗救国民（包括自我）精神。《朝花夕拾》则再次审视了这些精神创伤的形成，其对鲁迅的意义，与《呐喊·自序》前半篇相近。或许可以说，借助《朝花夕拾》，鲁迅在《野草》之后完成了对自我走上"呐喊"道路的再审视，在过去的脚印中看清一路走来的轨迹的同时，也做好了沿着这条道路再次出发的准备。

　　既与《野草》相映，又与《呐喊》相连，这就是《朝花夕拾》整体上的特征。而在其内部，也大致形成了首尾衔接的特征，首篇由当下推到过去，末篇又重新回到当下。这一特征在首篇《狗·猫·鼠》中已有体现。这篇文章查考自己仇猫的"动机"和"理由"，不断由当下向记忆深处推进。先是将原因归为厌恶猫"折磨弱者的坏脾气"与"媚态"，但又说这理由"仿佛又是现在提起笔来的时候添出来的"；接着又将理由归为猫的"嚷嚷"令"我"厌烦，但又说"这都是近时的话"；最后才提出仇猫的原因是猫"吃了我饲养着的可爱的小小的隐鼠"。如果我们将该文倒过来读会发现，这是一个仇猫的理由不断增加的故事。换句话说，这是一个对某事、某物不断附加意义的过程。在附加了层层意义之后重看某事、某物，则该事、该物便不再仅仅呈现出最初的面貌，而是被附加的多重意义形塑成复杂的多面体。《朝花夕拾》的写作便是如此：重提旧事之时，鲁迅不断从今日的立场给往日追加意义，旧事因此不再只是关乎个人的"旧事"，而是同时成为关乎民族、国家、文化的"新事"，正如"病叶"上既有"镶着乌黑的花边"的"蛀孔"，同时也有"红，黄和绿的斑驳"。也因此，《朝花夕拾》得以生成多角度阐释的可能性。

　　在《朝花夕拾》中还可以发现另一条意义诞生的途径，即鲁迅不断地从后一时空中回看前一时空，因而对前一时空产生更深刻的认识。例如，在南京回看绍兴，看出绍兴人的伪善与愚昧；在日本回看中国，看到中国的病弱与麻木；在中国回看日本，发现日本的认真与锐进；在辛亥之后回看辛亥革命，看出革命理想的落空；等等。回看，或者说比较视域下的回忆，成了发现意义、建构意义的重要途径。正是因为经由回忆在旧事中发现了意义，而这意义恰恰是建构或解释现在不可或缺的，才促成了重提的叙事动力。就像黄子平所说："为回忆而回忆的事是没有的，旧事重提必是为了镜照现在，即所谓'怀着对未来的期待将过去收纳于现在'。一旦为了解释当前，而将旧事反复重提，使之成为现实的一项注解，旧事也就'故事化''寓言化'了。"[①]所谓"故事化""寓言化"，也就是多层面的"意义"被重提的"旧事"成功承载了。

据楼适夷回忆，鲁迅在和他闲谈时说过，"写《朝花夕拾》和《故事新编》，都是为重写小说作准备的"[②]。结合本文开篇提到的鲁迅将《朝花夕拾》与《呐喊》等统称为"创作"来看，"为重写小说作准备"的《朝花夕拾》显然在叙事中有意识地使用了小说笔法。这不仅表现在文本中充斥着大量富有戏剧性的类小说情节，也表现在有意对旧事进行增删调整，即将部分虚构穿插在整体的纪实回忆中。这种以小说笔法写作回忆散文的方式，追求的并非旧事的真实可靠，而是旧事在重提后是否能对当下产生具有解释性或建构性的意义。学界曾长期争论"幻灯片事件"等细节的真假，其实是忽视了鲁迅独特的写作观念和技术。对鲁迅来说，旧事的真假并不比其可能承载的意味更为重要，书首的"小引"在倒数第二段已有暗示。由于我们往往注目于其

[①] 黄子平：《〈故事新编〉：时间与叙述》，《"灰阑"中的叙述》，上海文艺出版社2001年版，第110页。
[②] 楼适夷：《鲁迅第二次见陈赓》，载柳亚子等著《高山仰止：社会名流忆鲁迅》，河北教育出版社2000年版，第273页。

中"思乡的蛊惑"一语，而忽视了"意味"和"哄骗"两个关键词①，鲁迅的言下之意也就没有被准确解读。因此，围绕细节真假而产生的纷纭聚讼无异于舍本逐末，无法抵达《朝花夕拾》的深处。要言之，对于鲁迅旧事重提类的回忆文章，仅仅关注写什么是不够的，还必须关注为何写以及怎么写。否则，我们将始终浮于水面，看不到水下影影绰绰的藻荇交横。

原载《文艺研究》2020 年第 1 期

---

① 参见黄子平在《〈故事新编〉：时间与叙述》（《"灰阑"中的叙述》，上海文艺出版社 2001 年版，第 111 页）中对这段文字的分析。他认为这段话有两层意思：一是记忆中的事物当或有所变异；二是即便如此，记忆仍极为可贵。前者说明了"旧事"的"故事化"之不可免，后者却证明了记忆之于我们不在其"真"（"哄骗"），而在其"意味"。

真实　亲情　传统
——谈鲁迅传记研究与写作中的几个核心问题

邹广胜　蔡青辰

鲁迅在《坟·摩罗诗力说》中说："中国汉晋以来，凡负文名者，多受谤毁，刘彦和为之辩曰，人禀五才，修短殊用，自非上哲，难以求备，然将相以位隆特达，文士以职卑多诮，此江河所以腾涌，涓流所以寸析者。东方恶习，尽此数言。"①鲁迅这样说定是深感"文士以职卑多诮"，否则不会说出"东方恶习，尽此数言"的话，至于将来的"江河腾涌"应该是当时的他所无法料到的。但是由于众所周知的原因，鲁迅实现了从"职卑多诮"到"江河腾涌"的逆转，我们从他传记的数量就可看出。鲁迅传记的研究在现当代文学史中应该是很突出的，据相关统计，鲁迅传至今已有五十余种，有多部还是几十万字，甚至近百万字的巨著，还有十余部富有时代特点的鲁迅画传，如北京鲁迅博物馆的《鲁迅画传》，上海鲁迅纪念馆的《鲁迅画传》，朱正文、王得后编图的《鲁迅图传》，林贤治的《鲁迅画传》，黄乔生的《鲁迅像传》，周海婴的《鲁迅与我七十年》等，此外还有多部连环画、电影、纪录片，可谓立体地全方位地展示了鲁迅形象与生活的各个方面，给读者提供了一个更为直观更为视觉化的鲁迅世界。

---

① 《鲁迅全集》第 1 卷，人民文学出版社 2005 年版，第 78 页。

一、鲁迅传的真实性问题

写传记乃是名垂青史的好事,但鲁迅生前并不热衷于此,他为方便读者而写的两篇自传都非常简略。1936年当李霁野建议他写自传,或协助许广平写一部传记时,他回信说:"我是不写自传也不热心于别人给我做传的,因为一生太平凡,倘使这样的也可做传,那么,中国一下子可以有四万万部传记,真将塞破图书馆。"[1] 即使增田涉把写作的计划告诉他,他立刻就写了郑板桥的诗给他"搔痒不着赞何益,入木三分骂亦精"。由此来看,鲁迅是有自知之明的,他对别人把自己当作中国的高尔基,与孙中山相提并论,甚至提名诺贝尔奖都不以为然:"诺贝尔赏金,梁启超自然不配,我也不配,要拿这钱,还欠努力。世界上比我好的作家何限,他们得不到。"[2] 更不愿因黄种人而被优待,以满足中国人的虚荣心。他更不愿,像他反复讽刺的孔子一样,成为沽名钓誉之徒的敲门砖:"一瞑之后,言行两亡,于是无聊之徒,谬托知己,是非蜂起,既以自炫,又以卖钱,连死尸也成了他们的沽名获利之具,这倒是值得悲哀的。"[3] 他甚至在《无花的蔷薇》中说:"待到伟大的人物成为化石,人们都称他为伟人时,他已经变了傀儡了。"从这里,似乎又能感觉到将来的某一天他会成为"江河腾涌"的巨人,如今日这般为万人蜂拥。

在鲁迅传记研究中,我们首先要面对的就是鲁迅传记的真实性问题,这是传记研究中的根本问题,所有鲁迅传记研究者都注意到了这个问题,如朱正《鲁迅传》所说:"我所叙述的每一件事,每一句话,都是有根据的,真实可信的,决无一字虚妄,资料不足之处,我就宁可让它单薄一些,决不想当然地添上什么。"[4] 但这并不意味着这个问题已得到根本的解决。即如许广平

---

[1] 《鲁迅全集》第12卷,人民文学出版社2005年版,第95页。
[2] 《鲁迅全集》第14卷,人民文学出版社2005年版,第73页。
[3] 《鲁迅全集》第6卷,人民文学出版社2005年版,第70页。
[4] 朱正:《鲁迅传》,人民文学出版社2018年版,第434页。

的《鲁迅回忆录》也有很多错误,当然错误可能是各种各样的原因造成的,朱正的《鲁迅回忆录正误》就是针对这本书的,林辰的《鲁迅传》中还改正了鲁迅自己的误记。由于鲁迅在新中国的特殊地位,鲁迅传的写作中为尊者讳、为贤者讳的策略可谓贯穿始终,俯拾皆是。其中的尊者不仅仅是指鲁迅,更指毛泽东在《新民主主义论》中给鲁迅的著名评价:中国文化革命的主将,他不但是伟大的文学家,而且是伟大的思想家和伟大的革命家。鲁迅的骨头是最硬的,他没有丝毫的奴颜和媚骨,这是殖民地半殖民地人民最可宝贵的性格。由此,鲁迅代表了真理,代表了权力。陈白尘等在电影文学传记《鲁迅传》中都没提到鲁迅的夫人朱安与弟弟周作人,至于鲁迅祖父的科场案更是讳莫如深,唐弢《鲁迅的故事》一开始就隐藏了鲁迅家的科场案,还说他的父亲并不重科名。①

曹聚仁在鲁迅生前就要给他写传,并给鲁迅说要把他写成人而不是神,得到了鲁迅的认可。他们发现了鲁迅的人间味,他自然也就有了人的缺点与局限,自然也就不再伟大,不再值得崇拜,甚至可以平等地视之,居高临下地研究了。然而,鲁迅之所以是鲁迅并不在于他有人间味,虽然他也是人,但他却是与众不同的人,他写了很多深刻的著作,至今还广为传诵,甚至有愈来愈猛之势,他对中国文化乃至中国人性的认识应该说至今也很少有人达到他那种高度,很多作品至今读来也让人敬佩不已,况且他也不是一个为一己之私而勇往直前的人,虽说不是什么神、圣,但称为仁人志士毫不为过。揭示这种与众不同的独立品格正是传记与各种鲁迅研究的根本价值所在,仅仅指出他是一个人,具有众人皆有的毛病与缺点,这不啻是一种贬抑。事实上,我们更多地需要理解与同情。很多学人欲与鲁迅平起平坐,居高临下地看待、评价,甚至自以为超越他,以此彰显自己的学识与勇气,这种想法其实是可笑的,因为很少有人像他那样深入人的内心与一种文化的深处,更少

---

① 参见唐弢《鲁迅的故事》,中国少年儿童出版社 1980 年版,第 1 页。

了他那种勇猛与付出。当然不是说对待鲁迅一定要毕恭毕敬,甚至是低三下四地吹捧,更不是说将来不会有人超越他,而是要设身处地以己度人地去理解和同情,无论是批评、质疑、超越、嘲讽,想想自己如在他那个时代那种环境下能否做到呢?一个靠写作吃饭的文人面对楼下的密探,即使常常更换笔名(鲁迅笔名据说有一百十四多个[①])也被反复封杀,他看世界的颜色自然与坐在温室里嗑着瓜子产生的玫瑰色是根本不同的,那些仅仅躲在书斋里唯恐烧到手指的庸人是很难理解鲁迅的。总之,只有真实才能制衡对鲁迅盲目的崇高化与过分的庸俗化,一切都交给读者来评判。

二、鲁迅的家庭矛盾及其影响

家庭矛盾一直是困扰鲁迅的重要问题,也是鲁迅传的一个关键问题,中国人深受儒家文化影响,非常重视家庭,如《论语·学而》所说:"君子务本,本立而道生。孝弟也者,其为仁之本与!"修身、齐家、治国、平天下是中国知识分子的人生理想。然而一般的鲁迅传记都遵循为尊者讳的原则,对鲁迅的家庭矛盾,要么是讳而不谈,要么是谈而不深,把问题引到一个完全无关,甚至是相反的方向上去,让人理解鲁迅发生偏差,由此鲁迅与此相关的文章也很难得到准确的解释。这是鲁迅的隐痛,他自己讳而不谈,他的家人,包括周作人、朱安、许广平、周海婴等也常常是隐而不发,这就让外人感觉更加扑朔迷离。

鲁迅的家庭矛盾首先表现在家道中落时被族人逼债画押的欺辱,再者是服从了母亲令人不满的婚姻,从而一辈子陷入与朱安的纠葛之中,与弟弟周作人的情谊及矛盾更是贯穿于鲁迅的一生。鲁迅与朱安的一生,不仅仅是鲁迅陪着做出一世的牺牲,也是朱安一世的牺牲。按照当时的社会状况,鲁迅

---

① 参见林贤治《人间鲁迅》(下),人民文学出版社2017年版,第736页。

与朱安的婚姻应该是正婚，鲁迅与许广平的婚姻应该是与主流价值观不合的，周作人就认为鲁迅对朱安是弃妻，与许广平的婚姻是多妻行为。[①] 这虽然是当时社会的普遍问题，我们也不能由此来加强鲁迅反叛的正面形象，即使在今日，其合理性也是值得商榷的。况且，按照当时鲁迅的家庭状况也很难找到比朱安更好的对象了，而这也是她母亲实事求是的根源，我们不能用鲁迅后来的成功来反推当时他的经济状况与社会地位。据说鲁迅曾劝朱安改嫁，但朱安宁愿留下来照顾周夫人，朱安留在周家，而不像一般的被赶出家门，或让朱安自谋生路，和自己唯一亲近的周夫人生活在一起，对于这个没有受过教育，裹着小脚，除了洗衣做饭没有任何生活技能的传统妇女而言，在当时的社会已经是非常人道的结局了。正如鲁迅在《娜拉走后怎样》《伤逝》中所反复表达的，朱安离开鲁家，她的生存状况应该是很差的。这也是当时对朱安而言最好的选择了，虽然双方都遭受了很大牺牲。许广平自然也要做出名义上的牺牲，因为有朱安的存在，她就要遭受来自如周作人一般的名不正言不顺的批评，甚至是讽刺了。

至于鲁迅、周作人兄弟的纠葛更是各种鲁迅传津津乐道的话题。鲁迅对周作人的帮助与扶持是众所周知的事，曹聚仁就认为鲁迅的小说《兄弟》"张沛君为了兄弟患病，四处寻医，种种忧虑奔走的情形，大部分是鲁迅自身经历的事实"。"沛君的生活，就是鲁迅自己生活的一面。"[②] 郭沫若《鲁迅与王国维》中甚至说鲁迅为弟弟捉刀："《殷虚书契考释》一书，实际上是王的著作，而署的却是罗振玉的名字。这本是学界周知的秘密。……这也和鲁迅辑成的《会稽郡故书杂集》，而用乃弟周作人名字印行的相仿佛。"[③] 竹内好的文章中也提到了鲁迅与周作人之间不分彼此的兄弟情谊，特别是二者都"共同著书，

---

① 参见孙郁《鲁迅与周作人》，现代出版社2013年版，第138页。
② 曹聚仁：《鲁迅评传》，东方出版中心1999年版，第290页。
③ 郭沫若著作编辑出版委员会编：《郭沫若全集·文学编》第20卷，人民文学出版社1992年版，第311页。

又不计在书上署谁的名,其关系之密切,远非一般兄弟可比"①。郭沫若用了嘲讽的口吻,竹内好则较为友好。国人对于此事,往往抱着家丑不可外扬的祖训为尊者讳,这也是鲁迅、周作人很少宣扬兄弟破裂的根本原因,以免兄弟手足的情断决裂与大打出手给好事者提供茶余饭后的笑料与谈资。至于更让人瞠目的解释则已被多位鲁迅研究专家驳斥。②鲁迅在《中国地质略论》中也反对过兄弟阋于墙的行径:"独于兄行,则争锱铢,较毫末,刀杖寻仇,以自相杀。"家庭的矛盾给鲁迅以深刻影响,他只好承认,在改良家庭方面,他是失败的。他在《坟·我们现在怎样做父亲》中说:"历来都竭力表彰'五世同堂',便足见实际上同居的为难;拼命的劝孝,也足见事实上孝子的缺少。而其原因,便全在一意提倡虚伪的道德,蔑视了真的人情。"③由此来看,鲁迅对注重家庭的儒家文化的剖析,对封建礼教与伦理道德的深刻憎恶与猛烈批判往往直接来自他自身的生活经验与感受,决非不着边际的空谈。家庭的矛盾影响了鲁迅的一生,成为困惑他一生的核心问题,也直接影响了鲁迅在当时世人心中的形象。

除了鲁迅的小家之外,还有一个大家,那就是国家。但鲁迅却说,"我是向来厚于私而薄于公的"④。鲁迅对家庭的态度和他对国家的态度也是密切相关的:都奉献了赤诚的爱,都得到了很多的误解。一般人对国家也采取为家讳丑的态度,不愿意谈论宣扬民族的家丑,特别是在另一个民族面前,今日还是这样。但鲁迅却正以揭示其痼疾闻名,这让很多中国读书人情感上难以承受。他在《坟·灯下漫笔》中把中国历史分成"一,想做奴隶而不得的时代;二,暂时坐稳了奴隶的时代",确实让很多喜爱中国文化的人无言以对。在《华盖集·通信》中说:中国从没有中庸之道,只有强权和屈辱。至于被奉为

---

① [日]竹内好:《近代的超克》,李冬木等译,生活·读书·新知三联书店2005年版,第43页。
② [日]中岛长文:《羽太重久看见了什么?》,白海君译,《鲁迅研究月刊》2013年第5期。
③ 《鲁迅全集》第1卷,人民文学出版社2005年版,第143—144页。
④ 林贤治:《人间鲁迅》(下),人民文学出版社2017年版,第737页。

素王的孔子，他在《且界亭杂文二集·在现代中国的孔夫子》中说："孔子这人，其实是自从死了以后，也总是当着'敲门砖'的差使的。……孔子曾经计划过出色的治国的方法，但那都是为了治民众者，即权势者设想的方法，为民众本身的，却一点也没有。"《集外集拾遗·老调子已经唱完》中说："中国的文化，都是侍奉主子的文化，是用很多人的痛苦换来的。无论中国人，外国人，凡是称赞中国文化的，都只是以主子自居的一部分。""凡称赞中国旧文化的，多是住在租界或安稳地方的富人，因为他们有钱，没有受到国内战争的痛苦，所以发出这样的赞叹来。殊不知将来他们的子孙，营业要比现在的苦人更其贱，去开的矿洞，也要比现在的苦人更其深。"① 在鲁迅看来，一切旧文章、旧思想既和现实社会没什么关系，更对普通的民众没有什么益处，至于外国人赞美旧文化，那是"软刀子"，是"利用我们自己的腐败，来治理我们这腐败的民族"，"他们愈赞美，我们中国将来的苦痛要愈深的！"。他在《且介亭杂文·病后杂谈》中说大明一朝"以剥皮始，以剥皮终，可谓始终不变"②，对熟悉明朝剥皮历史的人来说，甚至中国历史上吃人肝、请君入瓮、点天灯等之类，鲁迅之说，可谓一刀见血，寸铁杀人，甚至让那些沉迷祖传秘方的文人恨之入骨。其实鲁迅的说法也算不上故弄玄虚与耸人听闻，和真实的历史相比，即使和莫言的《檀香刑》与《酒国》比起来，其语言也算不上激烈与毒狠。

更让热衷传统文化的人不能理解的是，他竟然反复强调青年人不要读中国书。1925年《青年必读书》中说："我以为要少——或者竟不——看中国书，多看外国书。"③《坟·写在坟后面》说得更清楚："去年我主张青年少读，或者简直不读中国书，乃是用许多苦痛换来的真话，决不是聊且快意，或什么玩笑，愤激之辞。古人说，不读书便成愚人，那自然也不错。然而世界

---

① 《鲁迅全集》第7卷，人民文学出版社2005年版，第326—327页。
② 《鲁迅全集》第6卷，人民文学出版社2005年版，第172页。
③ 《鲁迅全集》第3卷，人民文学出版社2005年版，第12页。

却正由愚人造成，聪明人决不能支持世界，尤其是中国的聪明人。"在鲁迅看来，中国的聪明人是善于撒谎的，他在致孙伏园的信中曾说"中国本来是撒谎国和造谣国的联邦"①，他在《记念刘和珍君》中说："我向来是不惮以最坏的恶意来推测中国人的。"这种激愤之词，在中国是少有的。今天看来，虽不能说全对，但对很多中国文人来说也并非什么污蔑之词。当然鲁迅还有另一面，这是研究者常常用"绝望""虚无""悲观"的词语所忽略的，那就是他对中国文化与社会批判揭露及对中国人性展示与拷问的同时，并没有丧失对中华民族与中国民众的信心，他坚信中国脊梁的存在，在《且介亭杂文·中国人失掉了自信力了吗》中说："我们从古以来，就有埋头苦干的人，有拼命硬干的人，有为民请命的人，有舍身求法的人……虽是等于为帝王将相作家谱的所谓'正史'，也往往掩不住他们的光耀，这就是中国的脊梁。""说中国人失掉了自信力，用以指一部分人则可，倘若加于全体，那简直是诬蔑。"②他在1936年致尤炳圻的信中说："我们……历史上满是血痕，却竟支撑以至今日，其实是伟大的。但我们还要揭发自己的缺点，这是意在复兴，改善。"③一般的鲁迅传中，要么睚眦必报，要么虚无绝望，这深沉坚忍的一面则表现较少。

面对着国民党的残酷黑暗与白色恐怖——特务遍地，监视逮捕与暗杀随时发生，任何轻微的举动都可能带来灭顶之灾，鲁迅参加集会，发表文章与演讲，长期收留革命者，与革命者保持密切的往来，支持积极学生，没有大无畏的献身精神是不可能的。鲁迅冒着大雨，不顾生命危险和许寿裳一起去参加杨杏佛的葬礼，事后还写诗抒怀，这种大义凛然的气概不是梁实秋、胡适、徐志摩、林语堂等所能表现出的，就像不可能要求阮籍如嵇康慷慨赴死一样，虽然他们都不是坏人，学问也很渊博，有时待人接物也很客气，温文尔雅，但在面对民族危亡、大是大非的关头，他们的取舍就迥然不同了。他

---

① 《鲁迅全集》第7卷，人民文学出版社2005年版，第286页。
② 《鲁迅全集》第6卷，人民文学出版社2005年版，第121—172页。
③ 《鲁迅全集》第14卷，人民文学出版社2005年版，第410页。

们都是孔子《论语·泰伯》中所说的"邦无道,富且贵焉,耻也"。鲁迅最憎恨中国文人所谓"正人君子"的两面性与伪善,是非爱憎随着自己的利益而定,在维护公理的举止言谈中隐藏着刀笔一般的毒箭,在"正人君子"的中庸温柔中掩盖着自私冷漠的劣根性,而这一切正是当时腐败政府赖以生存的土壤。所以他在《华盖集续编·我还不能"带住"》中说:"但我又知道人们怎样地用了公理正义的美名,正人君子的徽号,温良敦厚的假脸,流言公论的武器,吞吐曲折的文字,行私利己,使无刀无笔的弱者不得喘息。"《写在〈坟〉后面》则说:"曾屡次声明,就是偏要使所谓正人君子也者之流多不舒服几天,所以自己便特地留几片铁甲在身上,站着,给他们的世界上多有一点缺陷,到我自己厌倦了,要脱掉了的时候为止。"对中国文人虚伪两面的揭露正是鲁迅的最大贡献,然而,正如张梦阳所说:"对中国封建统治者残酷的文化策略与中国知识分子奴性心态的深刻分析,实在是鲁迅留给后人的最宝贵的思想遗产,然而长期以来,除曹聚仁等极少数学者之外,一直没有人提及。"[1]中国知识分子的奴性问题之所以无人提及恐怕是因为很多人至今还深陷其中,正如鲁迅《华盖集续编·学界的三魂》中所说的:"中国人的官瘾实在深……总而言之:那灵魂就在做官,——行官势,摆官腔,打官话。"官学一体的问题至今仍是阻碍中国学术进步的一大障碍。正如1933年2月21日当斯诺问鲁迅在中国阿Q是否和以前一样多时,他竟然大笑道:"更糟了,他们现在还在管理国家哩。"[2]我们无论如何也不能说阿Q在今天已经灭绝。

三、鲁迅与传统文化及蚌病成珠问题

鲁迅虽然激烈反对孔子,但他的很多处事原则却和孔子基本一致:为人

---

[1] 参见张梦阳《鲁迅传记写作的历史回顾(二)》,《鲁迅研究月刊》2000年第4期。
[2] 朱正:《鲁迅的人际关系》,中华书局2015年版,第320页。

忠诚，处世有杀身成仁之志而又免于刑戮，富贵如不可求，从吾所好等。如游于艺，就目前出版的状况就可看出鲁迅对版画、插图、日本浮世绘、汉画像、书法、篆刻等都做过精深的研究，有着广博的收藏，仅石刻拓本就四千余种，六千余张，而北京大学至百年校庆共收藏石刻拓本一万余张。[1]无论在理论上还是在创作上他都是一位不折不扣的艺术家。为人至诚更是鲁迅一生的准则。《论语·学而》说："吾日三省吾身——为人谋而不忠乎？与朋友交而不信乎？"鲁迅与瞿秋白、许寿裳、萧红的友谊，与内山完造十年的"刎颈之交"：一个把对方看成"不出卖朋友的人"，一个把认识对方当成"一生的幸福"。还有最近网上重新流传的鲁迅与藤野先生无声的友谊都无不让人感动。鲁迅晚年，增田涉和佐藤春夫为岩波文库翻译《鲁迅选集》时，问他希望选入哪些作品，他回答说："你们选就行了，我只希望把《藤野先生》选进去。"其原因正如他在《藤野先生》里所写的："在我所认为我师的当中，他是最使我感激，给我鼓励的一个。"一个异国老师不多的善意竟使鲁迅这样终生不忘，真可谓精诚至极。在众多友谊中他和许寿裳的友谊自始至终最为紧密，许寿裳说："知我之深，爱我之切，并世亦无第二人。"鲁迅到南京临时政府教育部任职，到北京女师大兼职，直至被聘为大学院的特聘员等都无不得益于许寿裳的举荐，许寿裳《亡友鲁迅印象记》中记载了很多二人交往中令人难忘的故事，可谓同生死，共进退。对于同进退，蔡元培还说："先生在教育部时，同事中有高阳齐君寿山，对他非常崇拜，教育部免先生职后，齐君就声明辞职，与先生共退。齐君为人豪爽，与先生的沉毅不同；留德习政法，并不喜欢文学，但崇拜先生如此，这是先生人格的力量。"[2]蔡元培的人格在当时受到大多数人的尊重，正如竹内好说的："他为人淡泊名利，责任感强，笃好学问。在这一点上也与鲁迅相通。"[3]最后，蔡元培任鲁迅纪念委员

---

[1] 参见张梦阳《鲁迅传记写作的历史回顾（六）》，《鲁迅研究月刊》2000 年第 8 期。
[2] 高平叔编：《蔡元培全集》第 7 卷，中华书局 1989 年版，第 176 页。
[3] ［日］竹内好：《蔡元培眼中的鲁迅与传记材料》，靳丛林、马宁译，《鲁迅研究月刊》2009 年第 1 期。

会的主席。鲁迅与职业革命家瞿秋白的友谊,更可谓披肝沥胆、动天地泣鬼神,在中西文化艺术发展史上,只有马克思与恩格斯、歌德与席勒的友谊可与之相提并论。鲁迅一贯主张堑壕战,认为中国多暗箭,国人多麻木,挺身而出的勇士容易丧命,从明哲保身的原则来说,本应该躲为上,但鲁迅冒着生命危险让瞿秋白四次住在家里,甚至自己睡在地上,以表离别之意,落难时想方设法营救,写悲愤文章悼念,极力编辑出版文集,至于鲁迅送瞿秋白的对联"人生得一知己足矣,斯世当以同怀视之",无不彰显鲁迅肝胆赤心、精诚动人的高贵品质。至于鲁迅怀揣着刚出炉的烧饼到叶紫住的亭子间看望他两个急切索食的孩子的事,读来更是感人至深。[①] 鲁迅对这些人真诚无私就在于他认为这些人的献身精神是值得尊敬的,正如他在《南腔北调集·为了忘却的记念》中说柔石:"无论从旧道德,从新道德,只要是损己利人的,他就挑选上,自己背起来。""损己利人"是鲁迅道德的基本原则,为父母、兄弟、友人,甚至陌生人,一切营私肥己的都是他最痛恨的,即使他们高高在上;对那些小心翼翼、畏手畏脚的庸人更是不屑一顾。他在《关于太炎先生二三事》中说:"我以为先生的业绩,留在革命史上的,实在比在学术史上还要大。……我的知道中国有太炎先生,并非因为他的经学和小学,是为了他驳斥康有为和作邹容的《革命军》序,竟被监禁于上海的西牢。"[②] 从这篇文章里,我们就可看到鲁迅性格榜样的来源。

鲁迅生前的寂寞与死后特别是新中国成立后的荣光形成了鲜明的对比。他的一生算不上高歌猛进波涛汹涌一往无前的大江大海,多如歧路寸折的小溪,虽百折不移,勇往直前,但也小心翼翼,如履薄冰,无大起大落,时刻充满着对自我与世界的怀疑与悲凉。至于新中国成立后被称为奥林匹斯山上的宙斯,称为旗帜,确是他意料之外的,也和鲁迅生前的心态无关。这位独

[①] 参见陈漱渝《本色的鲁迅,真实的传记——我如何写〈搏击暗夜——鲁迅传〉》,《上海鲁迅研究》2016年第2期。

[②]《鲁迅全集》第6卷,人民文学出版社2005年版,第565—567页。

行人与先驱时刻关注着窗外的风雨雷电，内心充满着孤独、敏锐、勇猛，但他并不脆弱、深文周纳，更不病态，很多鲁迅研究者所说的"蚌病成珠"是根本不成立的。"蚌病成珠"出于刘勰《文心雕龙·才略》："敬通雅好辞说，而坎壈盛世，显志自序，亦蚌病成珠矣。"刘勰用海蚌有病而生珍珠来比喻雅好辞说的冯衍在艰难的时代用文学的形式抒发心情，创作了好作品。《文心雕龙·程器篇》又说到了冯衍的毛病："略观文士之疵：相如窃妻而受金，扬雄嗜酒而少算，敬通之不循廉隅，杜笃之请求无厌，班固谄窦以作威，马融党梁而黩货，文举傲诞以速诛，正平狂憨以致戮。"[1]在刘勰看来，冯衍和其他很多文人一样有着各种各样的毛病：司马相如窃妻受贿，扬雄嗜酒挥霍，冯衍不修养德性，杜笃贪得无厌，班固谄媚权势，马融依靠强权，孔融、祢衡都因狂妄招致杀身之祸。刘勰列举的这些文人毛病，鲁迅都不具有，何来"蚌病"一说呢？鲁迅并不是因为他的病，而是由于他的正直无私与勇猛无畏才创作了如珍珠一般精美的艺术作品；况且，鲁迅之敏感、之多疑、之愤怒、之斗争，乃是对残酷环境的自然反应，所以他在《且界亭杂文二集·"题未定"草》中反对朱光潜称艺术的极致为静穆悠远。鲁迅的一生充满了争论，然其好辩哉，不得已也。鲁迅之抗争并非为一己之私，如瞿秋白之清贫、之赴死，乃是为民众，不然他们又何以以"知音"相许！《文心雕龙·知音篇》说："知音其难哉！逢其知音，千载其一乎！"鲁迅对瞿秋白以"知音"相称，他是把瞿秋白看成自己的同类，只是以不同的方式从事相同的事业罢了，和那些躲在书斋里，津津乐道于书本的词句，像浮士德一样快乐地从此章飞到彼章的人是根本不同的。至于认为鲁迅身不由己地卷进了政治的旋涡，反抗当局捕杀柔石，冒生命危险参加杨杏佛葬礼乃是丧失理智的观点真是和鲁迅的人生价值观方枘圆凿、背道而驰了。以蠡测海，瞿秋白也就成了不可救药的蠢人，因为他连明哲保身的智慧都没有：自己很聪明，完全可以成为名教

---

[1] 刘勰著，范文澜注：《文心雕龙注》，人民文学出版社 2006 年版，第 719 页。

授，优哉游哉地飞翔于众生之上，聊以卒岁，但这恰恰是他们所厌恶的。从鲁迅崇拜章太炎、朱舜水的惊世人格来看，他的忧愁不是为自己的忧愁，而是为众生的忧愁，知我者谓我心忧，不知我者谓我何求，哀民生之多艰，吾将上下而求索。他上下求索的不是名利，而是民生，是《摩罗诗力说》中所说的中华民族及每个个体的强大。

原载《中国文学研究》2020 年第 3 期

作为自传文学的《朝花夕拾》

黄立斌

　　《朝花夕拾》是鲁迅在中年之际，面对精神危机之时，对自我所做的一次心灵探寻。在叙述上，作者、叙述者还有主人公都是同一的，通过自我叙述呈现个人成长的生活历程。一幕幕回忆往事和一个个鲜活人物，都构成回忆的自传书写。自我是自传文学的中心，突出《朝花夕拾》作为自传文学的文体特征，可以明显感受到文本中蕴含着鲁迅强烈的自我意识。因此，在前人研究和争论的基础上，首先要对《朝花夕拾》进行文体上的辨析，相对于以往将其作为回忆性散文的研究，有着不一样的认知价值。

一、《朝花夕拾》的文体辨析

　　《朝花夕拾》的文体问题众说纷纭，最为学界所接受的是将其视为一部回忆性散文集。最先对这一论断提出质疑的是周作人，根据文本与现实的误差，指出《父亲的病》一文中，衍太太不可能在父亲临终时登场。"因为这是习俗的限制，民间俗信，凡是'送终'的人到'殓'当夜必须到场，因此凡人临终的时节只是限于平辈及后辈的亲人，上辈的人绝没有在场的。"[1] 因此，周作

---

[1] 周作人：《知堂回想录》（上），河北教育出版社2002年版，第37页。

人认为鲁迅部分采用了"一种诗的描写"。[①] 既然是"诗",便具有文学虚构性,所以认为这是一部杂有虚构色彩的小说,而非散文。与周作人有相似看法的是日本学者大村泉。他在将《藤野先生》与史实比对之后发现,文中所写的"解剖学笔记"与实际情况有诸多不同,因此认定《藤野先生》是"具有相对独特的自传风格的短篇小说"[②]。周作人和大村泉都是通过文本与现实情况比对的方法,来判断《朝花夕拾》是否具有虚构和想象的成分,从而确认其文体性质。不同文体之间确乎有不同的特性,但判断一种文体仅靠一条标准就定性,未免有些操之过急。一些研究者也回应了大村泉的文体判断,认为与现实不符之处只是记忆的失真,而不是"虚构"。而大村泉所认为的"具有自传风格"的特点却为多数学者所认可。即便如此,《朝花夕拾》自传文体的性质却未受到学者们足够的重视。王瑶先生十分强调《朝花夕拾》具有丰富的文献价值,但他坚持认为《朝花夕拾》不是鲁迅的自传,最主要的原因是"鲁迅是不赞成给自己写传记的"[③]。但仅靠鲁迅个人对传记的看法,就否定《朝花夕拾》的自传属性,这显然没有足够的说服力。陈平原在《中国现代学术之建立》一书中谈到现代中国学者的自我陈述,"就文章风韵而言,绝大部分学者自述,实难与《朝花夕拾》比肩"[④]。陈平原的论述认可了《朝花夕拾》自叙传的特点。辜也平在《论传记文学视野中的〈朝花夕拾〉》一文中,重新审视大村泉的质疑,同时对王瑶和周作人的观点有客观的分析和解答。辜也平将《朝花夕拾》的文体研究纳入传记文学的视野当中,认为"《朝花夕拾》不仅作者、叙述者和人物是同一的,其叙事结构也充分体现了以个人的'历史'为时间顺序的特征"[⑤]。从叙事特点上看,《朝花夕拾》已然具备自传文学的叙

[①] 周作人:《知堂回想录》(上),河北教育出版社2002年版,第36页。
[②] [日]大村泉:《鲁迅的〈藤野先生〉一文,是"回忆性散文"还是小说?》,载绍兴文理学院等编《鲁迅:跨文化对话——纪念鲁迅逝世七十周年国际学术讨论会论文集》,大象出版社2006年,第288页。
[③] 王瑶:《论鲁迅的〈朝花夕拾〉》,《北京大学学报》(哲学社会科学版)1984年第1期。
[④] 陈平原:《中国现代学术之建立》,北京大学出版社1998年版,第444页。
[⑤] 辜也平:《论传记文学视野中的〈朝花夕拾〉》,《鲁迅研究月刊》2009年第11期。

事特性。

　　勒热纳谈到，自传是"一个实有之人以自己的生活为素材用散文体写成的后视性叙事，它强调作者的个人生活，尤其是其人格的历史"[1]。构成自传的关键是叙述者地位的问题。自传首先是一种对自我生活的叙事，叙述者与主人公都指向同一个实有之人。《朝花夕拾》在叙述上，作者、叙述者还有主人公都是同一的，都是通过鲁迅自我的叙述话语具体地呈现出来。《朝花夕拾》将传主自我置于中心位置，所记的人物和事件都是围绕自我展开，是主体自我审美和经验观照下的叙述事实。其次，在时间维度上，《朝花夕拾》展现出"个人历史"的成长过程，涵盖了生活中的细节和人格发展的脉络。由童年到青年，由家乡绍兴到南京求学，再到日本留学，而后又回国教书等经历，各事件独立成篇又前后关联，采用时间顺序，自传叙事使原本零碎的、杂乱无章的记忆事件转化为一个有机的整体。

　　一般来讲，自传是通过回忆将自己过往的生活经历呈现出来的记录性文字，而自传文学则是带有文学性色彩的自传。此外，"自传文学"与"自传"的不同之处还在于"叙述真实"。《朝花夕拾》所记之事有着"诗与真"的艺术特点。周作人也曾谈及自叙传"诗与真实"的问题。"这'真实与诗'乃是歌德所作自叙传的名称，我觉得这名称很好，正足以代表自叙传所有的两种成分，所以拿来借用了。真实当然就是事实，诗则是虚构部分或是修辞描写的地方。"[2] 自传文学是作者带有主观情感的叙述，"诗与真"两个方面都是传主作为主体的表达。传主掌控着人物和事件的叙述，但对同一事件的把握，传主在不同时间、空间中的记忆、感觉和情绪会发生变化，记忆失真势必会影响叙述的真实性。《朝花夕拾》所叙述的人生事实经历已然构成自传文学的本体，部分的想象是对这一本体的补充，并不构成为定义的标准。况且，

---

[1] ［法］菲力浦·勒热纳：《自传契约》，杨国政译，北京大学出版社2013年版，第101页。
[2] 周作人：《知堂回想录》(下)，河北教育出版社2002年版，第801页。

鲁迅并没有刻意地杜撰或创造事实，只在将内心的记忆和情感表达出来，叙述的目标都是为呈现自我服务。自传的文学性也要求作家对记忆进行个性修饰，平铺直叙必然单调乏味，缺乏美感。自传的文学性还在于塑造真实的人物，其中所叙写的长妈妈、藤野先生、范爱农等性格鲜明的人物形象也并非杜撰虚构的人物，这些人物融合了传主个性化的叙述话语，寄托了鲁迅的个人情感。

"自传是以自我为中心的书写形式，是作者回顾和自叙生平，是一种相对完整、真实和准确的叙事，其全部内容或者至少大部分内容是以作者为中心的自我叙述。"① 可见，以自我叙述为主体的"真"是自传文学所要求的"叙述真实"。自传文学是在"叙述真实"原则的制约下，将自我成长的历史事实叙述出来。对于自传事实，"（自传里的事实）之所以赤裸裸地展示在我们面前，完全是因为自传作者纵横组合的结果。纵的一方，他把事实组成一个发展链，让读者看到自我的演进过程。横的一面，他把事实周围的动机和盘托出，让读者从意义中领悟经验。自传事实就是这种纵横组合的结晶"②。总体来讲，《朝花夕拾》并没有违背自传文学"真"的原则，文本按照鲁迅内心的自我进行一种建构，对记忆事件的重构是自我不断成熟的过程，也表现出了传主的价值追求和精神世界。

"文体并不单是指一种独特的语言表达方式或叙述结构，更主要的是指作家对自己的情感记忆有了一种独特的把握。这时，文体就承担双重的内涵：既要清晰地确立和重建'过去'，又要最丰富地呈现作家的自我情感。"③ 在人生的中年之际，鲁迅选择用自传书写的方式来追忆过往，用温馨的笔触勾勒回忆镜像，融合过去与现实双重语境，表达出对自我的追求，蕴含着丰富的自我情感。

---

① 杨正润：《现代传记学》，南京大学出版社2009年版，第299页。
② 赵白生：《传记文学理论》，北京大学出版社2003年版，第26页。
③ 郑家建：《中国文学现代性的起源语境》，上海三联书店2002年版，第263页。

二、双重自我的交错

自传文学通常包含现实与过往的双重叙述视角,两种视角相互映衬,表现出"回忆之我"与"现实之我"的交错。拉康观察到婴孩第一次看到镜子中自己完整的形象时会手舞足蹈,将其称为"镜子阶段"。人的自我主体心理形成过程中,存在着主体分化的"镜子阶段",拉康将其理解为一种认同过程,"也就是说主体在认定一个影像之后自身所起的变化"①。回忆是一种"借镜",《朝花夕拾》的自传写作构成一种回忆镜像,通过"回忆之我"的重塑,来认识"现实之我",从而完成对主体自我的建构。

首先是对"过去之我"的自我认定。借助回忆机制,可以帮助我们回到童真年代,重新探索成长的轨迹和生命的价值。"我们的记忆决定了我们对自我身份的认同。我们对于我们自身的理解以及我们会成为什么,决定于我们那些随着时间的流逝会发生消退、变化或不断增强的记忆。我们的自传,亦即我们对自己生命历程的回顾,正产生与时间与记忆之间相互作用的过程。"②鲁迅选择在面对精神危机时创作《朝花夕拾》绝非偶然,他渴望走出自我的精神困境,从"纷扰中寻出一点闲静"。自传叙述就是将回忆的时间关系和空间关系共同提炼到一个"时空体"之中。当自我意识追随回忆机制运作时,每唤起成长中的某一片段,都将自我重新置于过往的"时空体"当中来思考和重塑。《朝花夕拾》将回忆中的种种事物共同构成一组回忆镜像,重拾对自我生命的认同。

其次是对"现实之我"的建构。对"过去之我"的认定是由"现实之我"的现时话语叙述的,必然带有作者现实语境的思考。"过去之我"是回忆时空中的被叙述者,"现实之我"是当下写作时的叙述者,对于过去时态中如何

---

① [法]拉康:《拉康选集》,褚孝泉译,上海三联书店2001年版,第90页。
② 赵静蓉:《文化记忆与身份认同》,生活·读书·新知三联书店2015年版,第222页。

想、如何做,自传作者都是用"现实之我"去衡量、判断和评价的。自传并非简单地拾起过往的时光,而是在重拾的过程中,完成对自我的重新建构,展现出当下的价值立场。自传是同过去的对话,对自我的认定和建构是一个复杂而矛盾的过程。记忆与人所处的生存境遇和话语语境有关,不同的社会环境影响着人的心理状态,而且,人生的不同阶段也会有不同的价值判断。当作者写作自传时,"现实之我"的显现表达了作者的现时审美选择和价值立场,具有强烈的主体性。

"自传是对过去的回忆,也是现在的自我对过去的自我的认识和评价,或者说,现实的自我同过去自我的对话。"[1]因此,传主自我在回忆"时空体"中会分裂成过去和现在,即对"回忆之我"的认定和对"现实之我"的建构,二者共同交织在自传文学的文本之中。

在叙述语言上,自传文本经常会混杂回忆话语和现时话语两种形态。《狗·猫·鼠》就鲜明地体现出这一特点。开篇就回击了现代评论派对自己"仇猫"的批评,"从去年起,仿佛听得到有人说我是仇猫的"[2]。从"现在"的语境切入回忆叙述,这其中有对论敌的批驳,也有对自己的解剖和辩解。而后,文章便转入回忆之中。"这些都是近时的话,再一回忆,我的仇猫却远在能够说出这些理由之前,也许是还在十岁上下的时候了。"[3]进一步通过回忆讲述自己"仇猫"的缘由。祖母讲猫的故事让鲁迅最初认识到猫的"凶残"和"狡诈",从小便对猫没有什么好感,而最终产生"仇猫"情绪是因为猫害死了"我"心爱的隐鼠,决心与猫为敌。"当我失掉了所爱的,心中有着空虚时,我要充填以报仇的恶念。"[4]童年鲁迅未必抱有如此深的复仇之想,这是在纠察人世后由"现实之我"发出的复仇话语。鲁迅有着深刻的复仇意识,对

---

[1] 杨正润:《现代传记学》,南京大学出版社2009年版,第299页。
[2] 《鲁迅全集》第4卷,人民文学出版社2014年版,第20页。
[3] 《鲁迅全集》第4卷,人民文学出版社2014年版,第23页。
[4] 《鲁迅全集》第4卷,人民文学出版社2014年版,第26页。

一切恶都保持警惕。隐鼠之死不仅是复仇意识的体现，更表现出对弱者的同情。《狗·猫·鼠》通过叙写自己"仇猫"的经过，鲜明地分为两种叙述形态，一是近时的话，一是回忆的事。童年鲁迅对于"仇猫"只是充满童真的爱憎，而"现在之我"则是鲁迅在洞察论敌的嘴脸后，对他们的虚伪本质充满憎恨的鲜明态度。"现在之我"通过"过去之我"显得更为深邃而强烈，凸显出鲁迅思想的沉淀，借回忆之事诙谐幽默又锋利尖锐地批判论敌。

《二十四孝图》同样借助现实斗争与童年经验相结合的方式来叙述。一开篇就强烈地表达了对守旧派的仇视。"我总要上下四方寻求，得到一种最黑，最黑，最黑的咒文，先来诅咒一切反对白话，妨害白话者。"① 鲁迅对中国的封建保守势力深恶痛绝，根深蒂固的封建意识不断禁锢着大众的思想，对孩子的书籍都严加看管。回忆起童年时枯燥的读物，是对永逝时光的一个悲哀的吊唁。但更深刻的是鲁迅对中国儿童教育的反思。"五四"新文化运动强烈寻求启蒙的道路，而启蒙读物对于一个人的成长至关重要。在《山海经》和《二十四孝图》两种读物间，鲁迅鲜明地表达自己的爱憎之感，这不仅仅是个人的喜好问题，更多的是对中国教育的反思和批判。

再次，自传写作的侧重点是建立在选择性的基础上，所叙写的都是作者记忆最深刻、对人生影响重大的事件，传主常围绕某个主题而强化对这些事件的认知。鲁迅所追求的不是宏大的叙事，而是通过一件件具体而微的事来表现出个人与时代的关系。《朝花夕拾》用温馨的笔触追忆过往，分别截取了成长中的十个片段，带有鲁迅主观的情感判断和价值选择，对美好的事物加以歌颂，对腐朽的事物则毫不手软地讽刺和鞭挞。《从百草园到三味书屋》展现出童真时代嬉戏的欢愉，私塾教育开启了童蒙时光。《二十四孝图》《五猖会》包含对传统教育观念的批判，也是童年时反封建思想朦胧的开端。《五猖会》和《无常》对故乡民风民俗的追忆，向往繁盛的迎神赛会，更向往理而

---

① 《鲁迅全集》第4卷，人民文学出版社2014年版，第35页。

情、可怖而可爱的无常。《父亲的病》让鲁迅从小康堕入困顿，与自己学医的志愿紧密关联。《琐记》记录自己毅然走出封建家庭，在新式学堂里体察社会万象。《藤野先生》记述日本留学时的所见所闻所感，产生弃医从文的心理动因。《范爱农》则叙写了与范爱农从敌对到挚友的经过，赞扬范爱农刚强坚毅的人格，也暗含了自己对革命道路的探索。可见，每一篇都蕴含着鲁迅内心深处的记忆符号，这些符号包含美好的亲情和友情、童年的乐趣和爱好、成长的困惑和时代的思考，构建了一个完整的"心灵成长史"。

最后，"回忆之我"和"现实之我"相互交错，不仅仅是鲁迅反观己身的镜像，同时，也反衬出自我与时代的紧密关系。生活于任何一个时代的人都有着自己的人生课题，一个人自我价值的实现也必然与时代紧密相连。尤其是在"五四"时期日新月异、风云突变的环境下，人的成长总随着时代的风云起伏而不断变化。鲁迅的成长经历和思想养成代表了同时代先进知识分子的人生追求。走出封建家庭，到南京求学、日本留学，不断开拓进取，突破封建传统的束缚，《朝花夕拾》建构了多重丰富的自我镜像。在自传书写的镜像中，鲁迅从"过去之我"的身上找到一种突破精神危机的契机，从回忆中汲取力量，"过去之我"给了"现实之我"最忠实的参考意见。鲁迅的精神之贵也在于此，在面对精神困境和时代束缚时，他总在寻找一种自我超越的办法。

三、精神自我的重构

以往的研究常将《朝花夕拾》的文体归为回忆性散文，回忆性散文的中心是围绕人物和事件展开的，关注的是文本所塑造的人物，如长妈妈、藤野先生还有范爱农是怎样的形象。而将《朝花夕拾》作为自传文学来考察，自我是自传文学的中心，研究中心便由他者转向自我，关注的是文本所建构出来的"鲁迅"是怎样一种形象。双重自我的回忆镜像将时空定格在文本中，并作为回忆符号呈现出来，表现出对传主精神自我的重构。

首先，《朝花夕拾》建构了一个充满自然本真的自我形象。绍兴水乡优美的风光和纯朴的人情滋养着童年的成长时光，在经历人世沧桑后，每回想起儿时，总能带来一股温馨的暖流。感悟自然生命，鲁迅笔下的植物倾注了他的人格色彩。"野草"蕴含了鲁迅的精神气质。"野草，根本不深，花叶不美，然而吸取露，吸取水，吸取陈死人的血和肉，各各夺取它的生存。当生存时，还是将遭践踏，将遭删刈，直至于死亡而朽腐。"[1] 即便自身并不完美，还饱受摧残，"野草"却依然顽强地坚持生存的信仰。鲁迅对于自然的感悟有着独特的理解，百草园中争奇斗艳的植物世界，映衬着童年自由自在的童真乐园。百草园成为鲁迅感悟自然生命的意象符号，鲁迅事无巨细地描写着这里的一草一木，唯恐错过一丝童年的乐趣。

鲁迅对自我的认知也常常用动物意象表露出来，动物身上的某些特性让鲁迅的言说更加形象而含蓄。《狗·猫·鼠》将动物意象隐喻人的世界。鲁迅从狗身上看到奴性的特点，而谈到自己"仇猫"的缘由，一是因为猫在捕食雀鼠后定要尽情玩弄，等厌烦之后才吃下去。二是猫尽管与狮虎同族，但有一副媚态。猫欺善怕恶，俨然一副小人得志的嘴脸。动物意象体现出鲁迅对人性的思考。鲁迅向来喜欢可爱的小生命，隐鼠如是，《兔和猫》中的小白兔也是。"我"站在弱者的角度，为小白兔惨遭大黑猫毒手而打抱不平。鲁迅以一颗赤子之心，同情小白兔的遭遇，以弱者为本位，对强权者无比痛恨。

童年鲁迅崇尚自然生命，向往生命的本真状态。对动物意象的感知既有天真烂漫的一面，又有同情弱势、以弱者为本位的心理，也表露出对底层民众的关怀之情。冯雪峰回忆鲁迅时写道："他谈到绍兴，每次都使我发生一个相同的感觉，就是他的故乡绍兴，似乎常常在引起他的一种很可回味的回忆。而这种回忆似乎不是由于别的，就只由于在那里有过他的童年的生活，有过

---

[1] 《鲁迅全集》第5卷，人民文学出版社2014年版，第23页。

他和农民以及下层社会人民的接近,他于是有着一种深刻的留恋和爱。"①与农民交往的童年经验是贯穿鲁迅一生的精神原型。

其次,《朝花夕拾》建构了一个充满底层关怀的自我形象。《无常》一篇表达了对"下等人"的关怀。底层人民默默耕耘,悄无声息地经历着世路的曲折坎坷,却有时连一个公理都难以得到。"无常"是底层劳动人民根据自己的愿望塑造出来的,在农民心中扮演了一个公正裁判的角色。底层人民在封建社会没有公理可言,他们将自己的诉求寄托在阴间的无常身上,表现出对公理正义的渴望。

底层关怀是鲁迅建立在"爱"和"同情"的基础上的,《朝花夕拾》以一种爱和诚的眼光来看待劳动人民。长妈妈是童年鲁迅家庭里的保姆,原本"我"对长妈妈抱有反感,因为她谋害了"我"的隐鼠。而且,"我"也不喜欢她"切切察察",用各种习俗来烦扰"我"。但最终对长妈妈的态度由厌烦转向喜爱的原因是,她为"我"买来了心仪已久的《山海经》。行文省略了目不识丁的长妈妈买书的艰难,她是如何寻找书店,又是如何向店家描述《山海经》,这些都被鲁迅省略了。最突出描写的是长妈妈将《山海经》送到面前时"我"的感受。阿长对"我"无微不至的关心,使"我"对她的"神力"肃然起敬。鲁迅在长妈妈身上寄托了亲情般的温馨之情,在最后也迎来了自我情感的大爆发,"仁厚黑暗的地母呵,愿在你怀里永安她的魂灵"②。在回忆镜像中,鲁迅在长妈妈身上倾注了最真挚的情感,同时也是鲁迅在为自己寻找一个永安灵魂的寄托。

进而言之,以底层弱势为本位,也包含有以幼者为本位的思想观。"童年的情形,便是将来的命运。"③但父权如山的中国,成人世界的种种规矩总是制约着儿童天性的成长,童年启蒙读物永远是"四书五经"和《鉴略》。自传以

---

① 冯雪峰:《冯雪峰忆鲁迅》,河北教育出版社2001年版,第51页。
② 《鲁迅全集》第4卷,人民文学出版社2014年版,第34页。
③ 《鲁迅全集》第7卷,人民文学出版社2014年版,第310页。

儿童视角来看待长者本位的封建观念，突出儿童的主体价值。当童年鲁迅正为能去看五猖会而满心欢喜时，却被父亲严厉制止，要求必须背诵完《鉴略》才可以出门。"我"只好强忍地读着、记着，以至于之前看会的兴致都消失殆尽。鲁迅在描写时，突如其来的背书严令像从头上浇了一盆冷水，文章的情感直转而下，一下子从欢乐的顶峰跌到失望的深渊。心情的落差让鲁迅备感失落，以至于在多年后回忆起来，依然耿耿于怀。"我至今一想起，还诧异我的父亲何以要在那时候叫我来背书。"[①]"何以"的疑问，正是他对这种教育观念的质疑。而这种朦朦胧胧的质疑逐渐积累，使鲁迅慢慢开始走上反封建的叛逆道路。

基于对儿童成长的思考，《朝花夕拾》建构了一个充满叛逆的自我形象。"从来如此，便对么？"鲁迅在他第一篇白话小说中就发出振聋发聩的质疑。鲁迅的叛逆性格体现在对封建教育观的反抗。《山海经》是鲁迅所喜爱的，里面充满了天马行空的想象，而《二十四孝图》则是鲁迅激烈批判的对象之一。"郭巨埋儿"的故事触目惊心，封建教育竟是如此畸形。童年的阅读感受让鲁迅看到了封建孝道的残酷性和虚伪性，"孝有如此之难"，离奇的事例竟要求孝子们要"诈""愚"，有时甚至要牺牲生命。孝道原本是维护家庭和社会和谐稳定的因素，却成为封建社会统治者的政治工具。鲁迅并非排斥孝，而是反对极端的封建孝道，对这种将孝道作为人伦根本的做法，表达了深深的怀疑，"不敢再想做孝子"便是对封建孝道的一种反叛。

鲁迅的叛逆性格还体现在对传统中医的怀疑。《父亲的病》将批判的矛头指向传统中医。"医者意也"是两位名医口中奉行的准则，他们的灵丹妙药没有实事求是地对病症有药到病除的作用。与之周旋了两年整，父亲的病却不见好，而名医陈莲河必须用原配蟋蟀做药引的说法更是让人啼笑皆非，最终父亲还是在能"起死回生"的"国手"的医治下去世了。"父亲的病"深深印

[①] 《鲁迅全集》第4卷，人民文学出版社2014年版，第45页。

刻在鲁迅的童年经验里，并影响到他后来对人生道路的选择。

鲁迅对封建文化的批判是由童年时期朦胧的反感逐渐走向决裂。走出封建家庭，学习科学知识是鲁迅思想不断深刻化的过程。如果说反封建意识的觉醒是鲁迅叛逆性格的表现的话，那南京求学、日本留学则是鲁迅求知、开拓精神的表现。

最后，《朝花夕拾》建构了一个开拓新思想的启蒙者形象。鲁迅始终带着批判的眼光来看待世界。来到南京求学，摆脱童年的稚气，青年鲁迅正经历一个性突变和新生的时代。可新式学堂竟也充满着"乌烟瘴气"，教育方式死板，没有生机。后来，考去矿路学堂，这里的课堂如地学、金石学让鲁迅觉得非常新鲜。但当时的教员并不具备西学素养，连华盛顿是谁都不知道。尽管新式学堂给予鲁迅的西学知识是有限的，但看新书的风气流行起来，可以通过自己的阅读来开拓思想。鲁迅激动地写到自己读《天演论》时的感受："哦！原来世界上竟还有一个赫胥黎坐在书房那么想，而且想得那么新鲜？"①鲁迅一口气读下来，如饥似渴地接受西方先进思想。"拿来主义"体现出鲁迅文化选择的主动性，中国社会的发展亟须引进西方文化，注入新的营养。"进化论"成为鲁迅早期思想的重要组成部分，在阅读《时务报》等进步书刊后，鲁迅彻底抛弃僵化的封建之道，走上民主科学的求知道路。

鲁迅的彷徨加深了他对祖国未来的忧患意识，他急切寻求"科学救国"的道路来改变国运，日本求学则是鲁迅更艰苦的追寻。国运衰弱让鲁迅饱受日本人的歧视，内心的耻辱感更加深了对于改变祖国命运的决心。出于启蒙救国的愿望，鲁迅怀着满腔热血出国留学，但清国留学生在东京的丑闻怪事，引起鲁迅的愤懑。他离开东京，去往仙台。日本留学对鲁迅一生影响最大的是"幻灯片事件"，由此鲁迅开始重新思考自己的选择，反思国民性。"这种欢呼，是每看一片都有的，但在我，这一声却特别听着刺耳。此后回到中国

---

① 《鲁迅全集》第4卷，人民文学出版社2014年版，第69页。

来，我看见那些闲看枪毙犯人的人们，他们何尝不酒醉似的喝采，——呜呼，无法可想！但在那时那地，我的意见却变化了。"①"意见变化"便是由"医学救国"变成"文艺救国"，人生选择的改变体现了鲁迅价值观念的转变，寻求一条全新的道路，逐渐走向文学启蒙。

范爱农的成长经历和鲁迅有些相似，人对自我的寻找必然要通过他者的观照才能真正凸显出来，鲁迅也正是通过追忆范爱农来审视自我。《范爱农》写到与范爱农的两次交集。第一次是在东京的客店里，当得知反清斗士被杀害的消息后，鲁迅与同乡们一起痛斥清政府的行径，还提议要打电报给清政府表示抗议。范爱农的反应与众人不同，在写与"我"产生口角时，鲁迅描写出范爱农看事精辟、坚毅刚直的性格特点。第二次见面，处境艰难的范爱农在乡间受到封建势力的轻蔑、排挤，在做小学教员时壮志难酬，他不满现实，向往革命，却郁郁不得志。最后，作为革命者的范爱农却在辛亥革命后坠水身死。鲁迅赞誉范爱农身上真挚刚强的性格、愤世嫉俗的精神和热切拥护革命的态度。通过多次反顾与范爱农的交往，鲁迅也在重新审视自己所走过的道路。

总而言之，《朝花夕拾》充满个性化的成长叙事，系统地讲述了鲁迅从童年到青年的成长经历，注重童年的生命体验，展现出个性成长和思想成熟的动态过程。在回忆镜像里，以自我为中心，各种各样的人与事相互交集，多维建构起鲁迅丰富的精神自我形象。

原载《现代传记研究》2020 年春季号

---

① 《鲁迅全集》第 4 卷，人民文学出版社 2014 年版，第 75 页。

论鲁迅传写作中的文体问题

张元珂

在现当代作家中，鲁迅是拥有传记数量最多的人，据笔者保守统计，且从严格意义上筛选，鲁迅传当在百部以上。[①] 惊人的数量，繁多的种类，众多的作者，都为其他作家所不可比拟。尤其进入 21 世纪，鲁迅传创作呈现加速发展态势，在 20 年间至少有 52 部（第一个十年 16 部、第二个十年 36 部）公开出版。这也堪称中国当代传记文学史上最引人瞩目的风景之一。鲁迅传记创作自 20 世纪 30 年代起步以来——鲁迅尚在世时，即陆续有若干单篇传记出现——其在过去 90 多年间所走过的路、所取得的成就及其经验教训，无论是作为一笔宝贵的文化遗产，还是其中有待反思的负面实践，都在时时提醒今人予以虔诚对待、认真总结。

一、传记文体的标准：文学体而非学术体

对"传记"文学属性的认知、阐释与实践，是胡适、陈独秀、郁达夫等新文学奠基者践行"文学革命"行动之一。他们不仅从西方引来"传记文学"这一概念并对其文体属性予以阐释，还迫不及待地争相投入创作并以此正告新文学同人和新式读者们：它首先是一种艺术品，文学性应是其最重要

[①] 据张立群考证，若将国外传记也考虑在内，已达 200 部以上了。

的文体属性。既是历史的，又是文学的，这是如今对传记文体特质最为笼统也最为通行的界定。①然而，这看似平常实则极具革命性的界定，如果没有胡适、朱东润、鲁迅、郁达夫、郭沫若、沈从文、茅盾、阿英等新文学作家在20世纪二三十年代的理论阐释或创作示范②，其在彼时现代中国语境中的迅速创生及在此后的深入人心就绝对不会来得这么快。尽管从理念到实践，后人的理解与实践存在很大争议，甚至受传统史学思维定式影响致使包括鲁迅传在内的很多传记写作依然偏于非文学形态叙述一途，但毫无疑问现代意义上的"传记"或"传记文学"已逐渐从史学领域解放出来并被赋予新文学属性，则是其中最具共识性的"革命"成果。

鲁迅传写作尽管已取得了不容置疑的成就，且在观念、理路上已有了重大突破，但整体质量依然堪忧，真正经得起不同时代读者阅读和阐释的精品并没有几部。诚如张梦阳所言："不能不承认至今仍然没有出现一本与传主鲁迅相称、达到世界传记文学高水准的鲁迅传。"③这不能不说是个巨大遗憾。导致这种局面的原因当然是多方面的，但在笔者看来，把所谓历史维度上的"真实"当作终极目标，而不注重甚至忽略文体创造，则是其根因所在。也就是说，一部真正的鲁迅传显然不只是承载了哪些内容，还在于以什么方式讲述了这些内容。作者对鲁迅认识得再深刻、再全面，若没有高超的或独一无二的传记学手法，这样的鲁迅传也难有大突破。因此，无论是草创时期的"资料+述评"范式以及"十七年"时期刻意拔高主题的"神化范式"，还是新时

---

① 传记作为一种文体在中国古代可谓渊源有自、影响深远。从在《诗经》中萌芽、在春秋史传中孕育雏形，到在汉代走向成熟（《史记》的出现，标志着创作高峰时代的到来），再到在此后两千多年间大量种类繁多的传记作品的出现，传记在中国古代形成了自身完整的历史，并产生了大量的经典作家、作品。但在古代，传记一直被归入史学范畴，或者说一直是作为史学的一个分支而存在。
② 一般认为，"传记文学"这个概念的出现从是在20世纪初，从这时期开始，传记文学才真正脱离史学而归属于文学范畴。"传记文学"这一概念最早由胡适从西方引进并大力提倡。虽后来也有"传叙文学"（朱东润提出）、"新传记"（孙毓棠提出）等命名，但"传记文学"作为区别于古代传记的一种新概念并由此而自立一统发展至今，学界依然喜欢沿用"传记文学"这一统称。
③ 张梦阳：《鲁迅传记写作的历史回顾（六）》，《鲁迅研究月刊》2000年第8期。

期以来动辄几十万字无所不包的"巨型范式",都因缺乏文体自觉与创造性实践而注定不是理想形态的现代意义上的鲁迅传。无论接受与否,作为文学文体之一种,至少在读者心目中,鲁迅传是需要被植入这种文体基因的。如此说来,真正的鲁迅传不应当被写成纯粹学术体,其知识传承与文化普及需要决定了它本来就应在文学范畴内占据相当重要的地位。

按照新文学奠基者们的原初构想,现代意义上的传记文学首先应是"文学"。关于现代传记文体特质及写法,郁达夫说:"传记文学,是一种艺术的作品,要点并不在事实的详尽记载,如科学之类;也不在示人以好例恶例,而成为道德的教条。"① 他又说:"若要写出新的有文学价值的传记,我们应当将外面的起伏事实与内心的变革过程同时抒写出来,长处短处,公生活与私生活,一颦一笑,一笑一生,择其要者,尽量写出来,才可以见得真,说得像。"② 孙毓棠说:"理想的新传记不只是一种史学的著作,它同时还应该是一种文学的著作;应该是一件完整的艺术品,给科学披上文学彩衣的艺术品。"③ 若以此检视70多年来的鲁迅传创作,最终成为"艺术的作品""披上文学彩衣的艺术品",且"见得真,说得像"者并不多见。在今天,很少有人"傻"到再去写那种依靠资料堆积(大量征引原文),然后辅之以学术论析的鲁迅传。事实上,"怎么写"或者说文体问题已经被提高到比任何时期都更为重要的位置。也可以说,它是写作是否成功或被读者广为认可的决定性标志。纵观鲁迅传写作史,能被后人反复阅读或阐释的作品,也多是在文体上有所开拓者。从20世纪30年代萧红的《回忆鲁迅先生》和王森然的《周树人先生评传》、80年代钱理群的《心灵的探索》、90年代王晓明的《无法直面的人生——鲁迅传》,到21世纪第二个十年张梦阳的《鲁迅全传》,都可看出,文体探索与实践之于鲁迅传写作所起到的重大推动作用。以此为目的的鲁迅传

---

① 郁达夫:《传记文学》,《郁达夫文集》第6卷,花城出版社1983年版,第201—202页。
② 郁达夫:《什么是传记文学?》,《郁达夫文集》第6卷,花城出版社1983年版,第283页。
③ 孙毓棠:《论新传记》,载《传记与文学》,重庆正中书局1943年版,第7页。

毫无例外地都获得了更多读者的关注以及在历史化过程中不断被阐释的可能。这么说并不是要否定其他类型的创作，而是说它更代表了鲁迅传写作的发展趋向，并因此而更能将鲁迅形象引入更广阔的阅读现场。

从文体样式上看，学术型传记占据绝对主导地位，一般人物传记写法次之，带有一定虚构性质的文学传记较为少见（包括传记电影剧本、传记小说，等等）。然而，学术传记绝大部分在本质上类同于有关鲁迅生平、思想、创作及相关延伸的学术研究成果的汇集，一般人物传记写法依然难脱传统史学所设定的条条框框，从而将之写成了类似鲁迅年谱的注释集，这两种样式都不代表现代中外经典传记的未来主流发展方向。孔子说，"言之无文，行而不远"，现代意义上的传记写作尤其如此。"今天讨论的传记文学作品，指的应是以历史或现实中具体的人物为主要表现对象（传主），以纪实为主要表现手段，集中叙述其生平或相对完整的一段生活历程的文学作品。"① 事实上，包括司马迁的《史记》、陶渊明的《五柳先生传》、林语堂的《苏东坡传》、富兰克林的《富兰克林自传》在内的古今中外各类型传记经典无一不在文学属性上有其独一无二的品格。因此，在鲁迅传记写作中在生平事实及其各向度研究已相当完备且充分的情况下，笔者认为，学术传记和一般人物传记样式在未来的发展空间已很有限。② 总之，在文体探索与实践上，文学体而非学术体或者偏于文学性营构的非纯学术体应是未来优秀鲁迅传产生的第一要求。

二、鲁迅传的文体演进过程

鲁迅传在文体探索与实践中的有益经验早在20世纪三四十年代即已初

---

① 辜也平：《中国现代传记文学史论》，人民文学出版社2018年版，第9页。
② 当然，纯然学术体依然是鲁研界学者们努力为之的实践向度，但笔者认为，这种仅限于学术界或某一狭小圈子里的写作已几无生成经典之作的可能性。因为它们很难超越时代、跨越代际或国别而被广泛阅读与传播。一部传记作品如果不能被不同时代的不同层次的读者阅读，所谓"经典化"也就无从谈起。

露端倪。草创时期的鲁迅传虽大都写得相对简单，但在某些局部或细节处理上，侧重撷取其某一生平片段，某一突出精神品质，或某一为人、为文特质，并予以描述或突出，试图以崇敬之心、真实之笔为其画像，既而呈现出一个与众不同的传主形象，显示了该阶段写作的重要文学价值。比如，王森然在《周树人先生评传》结尾处以不乏幽默之笔，对鲁迅"事母至孝""铅笔恒置于右耳上""有时畅谈，一小时不动讲义""与人力车夫，卖报童叟，共坐一凳，欣然大餐""口衔纸烟，囚发蓝衫"等细节、场景或外貌的生动描述[①]，对其形象的刻画就栩栩如生，让人过目难忘。这种笔法在萧红的《回忆鲁迅先生》中大放异彩。萧文聚焦鲁迅的日常，侧重展现一个极富人情味、生活化的鲁迅形象，其平实而内蕴情感的叙述，以及对鲁迅音容笑貌、言行举止的个性化描写，都让笔下的鲁迅及与之相关的人、事、物活了起来。文中随处可见的文学笔法——比如："鲁迅先生的笑声是明朗的，是从心里的欢喜。若有人说了什么可笑的话，鲁迅先生笑得连烟卷都拿不住了，常常是笑得咳嗽起来。""饺子煮好，一上楼梯，就听到楼上明朗的鲁迅先生的笑声冲下楼梯来，原来有几个朋友在楼上也正谈得热闹。""十九日，夜的下半夜，人衰弱到极点了。天将发白时，鲁迅先生就像他平日一样，工作完了，他休息了。"——一直以来就备受不同时代的读者喜爱。[②] 王、萧这种以文学笔法将日常和细节引入文本的叙传实践，无论在当时还是在现在，都具有十足的开拓价值。只可惜，这种写法在当时多偶见于单篇的散传中，且不成规模，不

[①] 王森然：《近代二十家评传》，（北京）杏岩书屋1934年版，第288页。
[②] 鲁迅去世后，各种带有传记色彩的回忆类文章明显增多。这些作者大都为鲁迅生前的门生、故交或亲人，为文多以一抒情怀、以表奠念为旨归，很多文章不注意史料运用上的准确与否，所以，他们写的这些类似记述性散文或随笔体杂感的单篇文章并非严格意义上的传记或传记文学。相比而言，周作人的《关于鲁迅》和《关于鲁迅之二》、景宋（许广平）的《最后的一天》和《鲁迅和青年们》、张定璜的《鲁迅先生》、萧红的《回忆鲁迅先生》、黄源的《鲁迅先生》、许寿裳的《鲁迅的生活》、内山完造的《忆鲁迅先生》等文章是该阶段接近"传记文学"特质的代表作。如果把这类文章综合起来作为一个整体来看待，其价值和意义当不可小觑。正是这些层出不穷的散文随笔体文章，为此后大部头鲁传写作，提供了方法与史料上的重要支撑。

成体系。而令人难以想到的是，带有突出传记学特征的文本实践却发生于文学批评领域，这就是李长之及其《鲁迅批判》的出场。李著并非沿袭常见的文学批评思路，而是融传记学方法与学术研究理路于一体，而又尽显现代传记写作样式的综合性实践。该著第一章"鲁迅之思想性格与环境"和第二章"鲁迅之生活及其精神进展上的几个阶段"就很合乎现代传记写法，代表正向发展趋势的新式传记。即使把其他三章评述鲁迅创作优劣得失的部分也纳入考察范畴，李著所展开的有关创作得失、诗人与战士形象等方面的分析与研判，无论研究方法，还是论析理路与观点，都可谓新颖独到、自成一家；其行文与研判，皆建立在西式文本细读基础上，且重主体的审美体验，而轻外在的"作者要素"或意识形态依附。更重要的是，在此论析过程中，他始终将西方的精神分析理论、传统的"知人论世"与"以意逆志"说，以及现代传记学方法融为一体，既而论析鲁迅思想、人格及创作得失的批评实践，也堪称方法论上的重大探索与实践。只可惜，李长之心思不在为鲁迅作传，而在文学批评，故《鲁迅批判》也不是标准的鲁迅传。在"十七年"时期，文体探索基本止步，倒是中国香港地区的曹聚仁把鲁迅当作大活人来写的意图，以独立品格、客观立场，力在接近和把握"鲁迅本体"的传记学意识，以及以随笔体写传记的文体实践，给人以深刻印象。但曹著也未脱胡适那种偏于史学思维的写作路径，整体上看，以写真实为主要目的而不重视文体探索。

  鲁迅传在文体上的自觉萌发于 20 世纪 80 年代后半期，在 90 年代结出第一批正果。所谓"萌芽"指伴随"主体性""向内传"等文学理念演进，鲁迅传写作首先在文体上迎来大变化，即那种由外向内深度拓展，以内视角书写"内面风景"的文体实践，取代流行的大而全模式，而成为推动鲁迅传写作大发展的主动力。如果说以刘再复、林非、钱理群为代表的新时期探路者侧重在理念上为鲁迅传文体探索打开新局面，那么，在 90 年代受此感召的以林贤治、吴俊、王晓明为代表的新时期学人则写出了合乎现代传记文体特质的作品，从而真正使得理念或理论落地生根，并使这种新潮写作具有传记文学史的意义。从钱理群的《心灵的探索》，中经林贤治的《人间鲁迅》（第一部），后至吴俊的《鲁迅评传》，再到王晓明的《无法直面的人生——鲁迅传》，其文体演进的线索以及各阶段的代表作亦相对明晰。由外部观照逐渐向内开掘（聚焦鲁迅内在心理世界），并凸显文学性在文本实践中的主导性，这在鲁迅传记写作史上应是开一代新风的全新实践。其中，吴著和王著的出现，标志着我国鲁传写作在体例、理路、范式方面取得了很大突破。在笔者看来，这是我国鲁迅传写作正式走向文体自觉的标志之一，主要体现在：一、文献资料被集中整合、转化后才能进入文本，而不是此前通行的直接大量引证，这至少说明，与鲁迅有关的文献资料已成为作者的审美对象，并经过作者严格的取舍、整合、转化后，内化为文本的组成部分。以前那种动辄大段征引原文，以及枯索、滞涩的叙述风格，在此得到根本改善。至少在形式上，鲁迅传首先是"传记文学"，而非其他什么半成品之类的文体理念已在此得到明证。二、无处不在的文学性气质，以及主题表达上的深度模式，成为此类鲁迅传压倒性的实践向度。无论是吴著对鲁迅人格与精神结构（多疑性格、自虐倾向、攻击性心理、性心理）、虚无与反抗虚无的思想、暮年意识（疾病与死亡）的学理性探究与论说，还是王著对鲁迅危机与痛苦、悲观与虚无、呐喊与彷徨、"鬼气"与大绝望、对青年人的戒心等内面心理结构和精神动态的研析，都显示出了十足的原创性。在鲁传写作史上，这种带有难度与深度的鲁迅传写作模式，当具有重大的开拓意义。此外，彭定安的《走向鲁迅的世界》采用立体结构、复式笔法和富有诗意的拟题方式，唐弢的《鲁迅传》[①]采用书话体和笔记体，朱文华的《鲁迅、胡适、郭沫若连环比较评传》采用连环比较体，黄乔生的《度尽劫波——周氏三兄弟》巧妙地截取鲁迅与他人在不同时空中的交集经历，等等，也都在文体实践方面可圈可点。

---

① 这部传记为未完成稿，原作拟写40万至50万字，但作者仅写到第十一章，即从鲁迅出生到从日本归来这一阶段的经历。这11章发表于《鲁迅研究月刊》1992年第5—10期。

21世纪以来，鲁迅传在数量上骤增，种类繁多，呈现持续繁荣景象。各种版本的专传、合传、画传同台竞技，但最引人瞩目的则是偏于文学性写作的"大鲁传"现象的出现。何谓"大鲁传"？一句话，即在篇幅上追求长度，在格局上追求史诗规模，在愿景上对标"经典化"的实践模式。它具有以下两个鲜明特征。一、大部头，多卷本。相比于林贤治的《人间鲁迅》（共三部）、彭安定的《走向鲁迅世界》、陈平的《鲁迅》等20世纪90年代出现的"大部头"，该时期的"大鲁传"的格局更显宏阔。无论倪墨炎的《大鲁迅传》（第一部）、胡高普和王小川合著的《鲁迅全传》，还是张梦阳的《鲁迅全传》，都充分表明，"大鲁传"写作一直就是作者们争相实践的大课题。当然，衡定"大鲁传"之"大"的标准不应局限在篇幅或字数，而主要看整体格调、气度或精神长度如何。二、切近本体，凸显文学性。以文学笔法从事鲁迅传写作，在90年代即有突出表现，比如，林贤治的散文抒情笔调，陈平的小说笔法，钮岱峰的优美文笔，但在整体格调与气度上稍显局促、保守。该时期在此基础上则有一个质的发展，从而标志着我国鲁迅传写作在文体上真正进入一个自觉的时代。也就是说，如何做到文体与内容的统一，并优先在文体上有所突破，成了大部分鲁迅传作者首先予以重点考量的书写向度。相比较而言，张梦阳《鲁迅全传》的出现，则标志着我国"大鲁迅传"写作又一次取得了不小突破。这是因为：这部传记构架恢宏，史诗同构，以缜密考证的史实基础，以写出一个近于真相的鲁迅为目标，全面描写鲁迅的生活史、思想史和精神史，从而立体地呈现鲁迅形象、性情和气质。同时，也以鲁迅为本位，力图反映出鲁迅与他的时代、鲁迅与同时代人的整体风貌。最关键的是，作者在处理这些材料和人物时，始终从审美角度把握和使用之，从而表现出了在史的维度上试图以诗化方式激活材料和历史场景的实践向度。而从写法上来看，该著在主干事件上严格依据事实，而在细部或细节上适当展开虚构，同时始终采用长篇小说方式（类似"传记小说"），对这些基本事实和细节进行审美整合、加工与转化，从而另辟蹊径，更接近于传记文学的本体特征。

三、鲁迅传缺乏精品的原因

通过上述简单梳理和阐述可知，我国鲁迅传在文体上的探索与实践，在相当长一段时期内是被搁置或严重弱化的。其中原因和教训须予以总结。

鲁迅研究成果已硕果累累，鲁迅文献资料也俯拾即是，但以此为基础的鲁迅传记写作很难说已运用或消化好这些宝贵的文化遗产了。其原因当然是多方面的，比如，史料运用上的啰唆与重复、创作理念上的老旧与狭隘、修辞实践上的神化或非人化逻辑、传记作者知识结构与素养不健全、学术话语与审美创造不兼容，等等。从文本实践情况来看，在很长一个时期内，鲁迅传作者普遍贪大求全，但往往又力有不逮，或者只聚焦对传主生平的完整叙述，而不顾及或漠视其他向度的表达——"优秀的传记不仅仅满足于对传主一生事迹的叙述，更注重揭示传主人格的形成"[①]——再加上行文枯索，可读性极差，这就使得我国鲁迅传写作一直难有大突破。这些在鲁迅传记写作中所暴露出来的一系列问题，并没有随着时代的发展和理念更新而得到有效解决。直到今天，能经得起读者反复阅读的鲁迅传依然寥寥无几。既然史料足够丰富，研究成果足够繁多，那么，在当前，事关鲁迅传记写作成败的关键，显然主要不在"写什么"，而在"怎么写"。或者说，内容、主题、思想固然是写好鲁迅传记最基本的前提，但若要有所突破，单靠这一层面的经营还是远远不够的。说白了，只有在文体上有创新，或者合乎传记这种文类的文体特质，一部鲁迅传记方能称得上优秀。大部分鲁迅传记不是写得不真或不好，而是由于普遍不具有传记特质而表现平平。与其说是一部传记，还不如说是一部学术著作；再进一步说，与其说是一部学术著作，还不如说是一部"史料＋观点"的评论集。总之，在鲁迅传写作中，"怎么写"比"写什么"更重要，或者说相比于内容，文体探索与实践是第一位的。

---

① 赵焕亭：《施建伟〈林语堂传〉童年叙事与林语堂的文学选择》，《中国当代文学研究》2020 年第 1 期。

鲁迅传记写作难有突破，精品不多，一方面，这是由"传记"这种文体的尴尬地位决定的。现代意义上的"传记文学"萌芽于"五四"时期，并自此后形成一条极具中国特色的实践之路：先拿来，后建设；先实验，后纠偏。[①] 在当时，虽然将"传记"脱离"历史"而归入"文学"范畴的理念得到一致认同，但在具体实践中依然各行其是，并未特别凸显其在文学维度上的艺术特质。这不仅致使理论探讨严重滞后于创作实际，而且发展至今成了大而无当、"一锅煮"式的巨型文类，乃至让后来者无所适从。具体到鲁迅传写作，这种只重视史实而弱化文学性的实践更为明显。从具体文本样态来看，很多鲁迅传恰似无所不包的"资料+评论"的合集，实际上，不能当作严格意义上的传记来看。再加之官方意识形态话语的介入，在一段时期内，作为真实存在的那个鲁迅反而被束之高阁，从而使得鲁迅传写作一直远离本体，那种既是"历史"又是"文学"的鲁迅传就很难生成。另一方面，这是由作者队伍构成决定的。鲁迅传的作者大部分是科研院所的研究人员，他们精通"鲁迅学"，但并不意味着一定能写好鲁迅传。或者说，以学术思维和不凡识见见长的科研人员仅靠占有知识是远远不够的，他可能是一个"鲁迅通"，但未必就是一个好的传记家。如不能从抽象的学术思维中脱身而出，并以审美投入对传主的"再创作"，很难说他写的就是现代意义上的传记。在这部分作者中，真正谙熟并依循传记这种文体特质的作者甚少。据笔者看来，大部分所谓鲁迅传不过是按照鲁迅生平排列起来并加入一点学术研究成果的介于年谱与传记之间的"半成品"。强调史料真实可靠（有来源），力求真实还原鲁迅形象，只在史学维度上精益求精，而忽视文学维度上的形式创造。这实际上将鲁迅传的写作圈子化、文献化，即从写作、阅读到传播，不过是一小撮人的学术游戏。有些传记在当时或当世备受关注，甚至有划时代的开创意义

[①] 这也是一个"西学东渐"并与中国现代语境发生内在关联的必然结果：经由梁启超、胡适、朱东润、孙毓棠等学者引进或进行理论阐释，并经林语堂、沈从文、鲁迅、郁达夫、郭沫若、谢冰心等一大批新文学作家的实践，中国现代传记文学理论、方法由此创生并自立为一科而发展至今。

（比如王士菁的《鲁迅传》），但时过境迁，除了文献价值和学科史的意义外，其他方面的价值都相当有限。年谱、日记、书信、回忆录、印象记、传主著作等都是鲁迅传写作的原始材料，只有经由作家的严格筛选与转化后，方能被使用，故那种高频率引用原文甚至以其构成鲁迅传主体内容的做法，从严格意义上来说，都是"伪传记"。总之，鲁迅传首先应是艺术品，而不是资料集或学术论文集。另一个写作队伍是鲁迅生前的亲朋好友。这些作者因熟悉鲁迅生活而侧重在"外部真实"维度上以某个生活剖面呈现鲁迅的"日常"（比如萧红的《回忆鲁迅先生》），或以真实性为旨归记述鲁迅的生命际遇（比如，无论许寿裳和曹聚仁对鲁迅一生历程所做的记述，还是小田岳夫对鲁迅最后病亡过程的细致描述），整体上写得比较客观、冷静、真实，但依然没有文体的自觉。为什么这么说？虽然许寿裳、曹聚仁、小田岳夫等作者都以各自亲历、亲见为基础，以无限接近那个真实的"鲁迅"为目标，但都难脱单一史学思维和笔法，他们的鲁迅传只满足于"真"，或者说只把"真"作为写作的起点和终点，所以，这种写作又绕到"五四"以前的史学传统中去了。上述两方面原因是国内鲁迅传写作难有质的突破的根因所在。一部鲁迅传只满足于"真"显然是远远不够的！

四、优秀鲁迅传记作者应具备的条件

在现当代传记文学史上，鲁迅传写作领域亦因"三个最"而备受瞩目，即文献资料和科研成果最丰富，已有或将有作者最多，写作最具有挑战性。那么，在未来，出现一部或若干部齐名世界经典作品的鲁迅传，则一定是当代中国传记作家们的伟大梦想。然而，一位作者须具备何种素养和条件，方能实现此梦想呢？笔者曾在一篇文章中探讨过此话题，认为至少以下几条不

可或缺①：（1）他必须是一个具备独立精神、自由思想的人；（2）他必须是一个人文素养极高，知识结构完备，对鲁迅与"鲁迅学"有精深研究的人；（3）他必须是一位学者型的作家，能以文学家的思维与能力，创造性地整合与转换那些卷帙浩繁的材料，并做到化腐朽为神奇；（4）他必须是一个在现代传记学理论与实践中有自己独到认识或发现的人。第一项是基本前提，若无，其他一切都免谈。第二项是保证，如若不是"鲁迅通"，即使写出新鲁传，那也难有超越性。第三项是能力，如果不是"学者＋文学家"型的作者，便无从处理那些客观材料（所有鲁迅有关研究资料，包括文字、照片、影像，等等），并从中获得灵感，从而将传主、作者、材料、时代等基本要素融合为一体，继而借助文学性的语言，写活鲁迅形象。第四项是必要条件，若没有起码的传记学理论与实践，鲁传写作也难有新气象。如今看来，还须加上一条：他得是一个"文体家"，或者至少在传记文体方面有不羁的创造力。以上述五条标准来衡量鲁迅传作者，当然是极为苛刻甚至是在未来很长一段时期内难以实现的命题。但是，已然存在的鲁迅传，正在生成的鲁迅传，以及未知的鲁迅传，其在时间长河中流变的轨迹一直在启示或召唤着后来者：这是一种带着"镣铐"的伟大创造——从事伟大鲁迅传的写作，是包括鲁研界在内的所有学者或作家义不容辞的责任。萧红、李长之、曹聚仁、钱理群、林贤治、王晓明、黄乔生、张梦阳……一代代人与鲁迅对话、交流，融自我、时代、历史于一体，继而向着那个未竟的"理想"靠近，而相信未来，似已成为作者和读者的共同信念。

原载《鲁迅研究月刊》2020 年第 10 期

---

① 张元珂：《作为"中间物"的鲁迅传记写作（下）》，《传记文学》2019 年第 7 期。